KB103918

천안함 7년,
의문의 기록

천안함 7년, 의문의 기록

조현호 지음

생각비행

천안함 참사 7년 된 지금 그 의문을 기록하는 이유

천안함 사건 후 우리는 어디까지 왔는가

"그리고 2010년 3월 26일에는 서해 백령도 인근 해상에서 한국 해군의 천안함이 북한의 어뢰 공격을 받아 40명이 사망하고 6명이 실종되었다. 이에 맞서 이명박 정부는 대북 제재 조치를 취하였으나…"(국사편찬위원회,《고등학교 한국사》(국정교과서), 교육부, 2017년 3월 1일 초판, 288쪽)

"그러나 10·4 남북 정상 회담에서 합의된 각종 약속에도 불구하고 북한의 지속적인 핵 개발, 2010년 천안함 폭침과 연평도 포격 등 북한의 잇단 군사도발로 남북한 관계는 악화되었다."(국사편찬위원회,《중학교 역사2》, 교육부, 2017년 3월 1일 초판 158쪽)

2017년 중고교 학생을 대상으로 천안함 사건을 기록한 대한민국 역사책의 내용이다. 올해부터 적용하기 시작한 국정교과서 최신판이다. 여기서 그치지 않는다. 교육부는 국정교과서뿐 아니라 검정교과서 8종에 대한 '2015 개정 교육과정에 따른 중등 역사과 검정 도서 집필 기준(안)'을 지난 1월 말 다시 마련했다. 과거 천안함 사건을 기술하지 않는 것을 두고 뭐라 하지 않았으나 이젠 중학교 역사 교과서 집필방향과 고등학교 한국사 교과서 집필유의점에 북한 세습 체제를 비판하면서 천안함 피격 사건을 반드시 기술하도록 했다. "천안함 피격 사건, 연평도 포격 도발 사건 등 북한의 군사 도발과 그에 따른 피해상을 기술한다"고 검정교과서 집필방향과 유의점을 내려보낸 것이다. 어느 정도 자율성을 부여했던 검정교과서마저 '천안함의 피격사건'으로 고쳐 쓰지 않을 수 없게 했다. 모두 박근혜 탄핵이 이뤄지기 전에 벌어졌다.

천안함 사건 발생 7년이 됐다. 칠흑 같은 초봄, 서해 앞바다에서 벌어진 전례 없는 초계함 파괴 사건이자 40명의 사망과 6명의 실종을 가져온 참사가 벌어진 지 벌써 그렇게 됐다. 그간 진실을 밝히고자 무수한 갑론을박과 논쟁이 끊이지 않았지만 7년이 지난 지금, 정부는 천안함 사건을 교과서에 북한에 의한 폭침 또는 피격사건으로 새겨넣었다. 지난 7년간 천안함 사건의 정부 발표를 믿지 못하면 고소고발과 검찰의 수사 및 기소, 심지어 장기 재판(7년)을 받는 처지가 되기도 해왔다. 어떤 변호사는 확신을 갖고 믿지 못한다는 이유로 헌법재판관 후보 인준이 부결된 일이 있었다. 그러다 이젠 아예 천안함 사건을 '북한의 어뢰 공격을 받아' 벌어졌다는 단 한 줄만을 중고교생들의 역사 교과서 교육에 강요하는 지경에 이르렀다. '나는 0.0001%도 못 믿겠다'는 반대 견해, 반론과 이견이 존재하는데도 말이다.

나는 천안함이 지난 2010년 3월 26일 밤 백령도 서방에서 침몰해 46명의 승조원의 희생을 낳은 참변의 순간부터 현재까지 줄곧 사건의 진상을 추적해왔다. 솔직히 말하면 의문을 품은 추적이라 할 수도 있겠다. 법정에 출석한 증인의 증언과 재판에서 논의한 증거기록을 취재했다는 것이 더 정확한 표현일지도 모른다. 사고 발생 직후엔 하루하루 터져 나오는 천안함 침몰 원인에 대한 의혹을 쫓았다. 그다음엔 정부의 발표가 나왔다. 그땐 발표 내용을 추적했다. 해외파 학자들의 거센 반박이 잇따르자 그 연구 내용을 나누며 정부 발표를 검증해나갔다. 이견을 제시한 민간조사위원은 고소고발에 이어 검찰에 불구속기소 됐다. 정부와 언론의

장에서 법정의 장으로 옮겨갔다. 취재의 공간이 법정으로 바뀌었다. 정부의 최종 보고서가 나온 이후부터 언론의 천안함 의혹 검증은 잠잠해지기 시작했다. 그래도 천안함 관련 증인들이 법적 책임을 감수하고 법정에서 증언하는 것은 다른 취재원과는 비교할 수 없을 정도의 신뢰를 준다. 위증하면 처벌받기 때문이다. 그 중압감 탓에 웬만한 강심장이 아니면 사사로운 이해관계를 위해 장난치지 못한다. 그런 면에서 '법정 증인' 취재원은 더 안전하다. 나는 이 공간을 택했으며 기록을 시작했다. 그러나 천안함 법정 취재의 시작과 함께 주변에 다른 기자들은 보이지 않았다. 아니, 아예 이 법정엔 얼씬도 하지 않는 것 같았다.

법정에 나온 증인들의 증언은 한계가 있었지만 부지불식간에 자신의 입장과 다른 증언을 하는 경우가 있다. 일부 생존장병들 사이엔 서로 정반대의 증언이 나오기도 했다. 합동조사단에서 폭발을 연구했다는 사람들은 겉모습만 요란했을 뿐 북한 어뢰에 대해 아는 게 없었다. 그러면서도 다 아는 것처럼, 과학인 것처럼 국민에게 '북한 어뢰라는 것을 밝혀냈다'고 장담했다. 군 조사책임자들의 무능과 부실함이 들통 나기도 했다.

그렇게 7년이 흘렀다. 이렇게 보낸 7년이라는 시간은 값비싼 대가를 치를 수밖에 없었다. 그 사이 천안함 사건을 정부 발표대로 묻고 지나가려는 사람이 늘어갔다. 7년째 재판 중인 신상철 전 합조단 민간조사위원의 1심 판결문을 보면, 재판부는 정부 말대로 북한 어뢰가 천안함을 공격했다고 판단했다. 누가 봐도 법정에서 나타난 뚜렷한 의문과 모순을 그냥 묻으려 한 기색이 역력했다. 여당뿐 아니라 제1야당인 더불어민주당의 유력 대선 후보인 문재인 전 대표도 이미 2년 전 북한 소행이라 말했다. 다만 그는 기자들과 국민 앞에 나와서 천안함 사건을 북한 소행이라고 밝히지는 않았다.

서두에 소개한 역사교과서는 더 말해 무엇하랴. 역사교과서에까지 불과 7년 전 벌어진 이해하기 힘든 의혹 사건을 북한 소행이라 새겨넣고야

말겠다는 세태에 이른 것이다.

나는 그래서 기록을 남겨야 한다고 판단했다. 집필은 1년 동안 이뤄져 왔다. 2010년부터 제기된 수많은 의혹은 법정의 신문과정에서 잘 정돈되거나 분명해졌다. 증인신문을 지켜보면, 근거가 부족한 면이 있었지만, 대체로 근거 없는 의혹은 아니었다는 것을 확인할 수 있었다. 그렇게 재판을 쫓아가고 있었지만 법정 밖에서는 천안함 의문이 해소되지 않은 채 시간만 흘려보낸 것이다.

더구나 신상철의 1심 재판에만 5년 6개월이라는 긴 시간이 걸렸다. 이곳에서 진행된 공판기일과 증인들은 줄잡아 60명에 가깝다. 증거기록역시 방대하다. 기나긴 1심 재판에 이어 항소심 재판 역시 언제 끝날 줄모른다. 이런 방대한 증인과 증거 기록을 그냥 창고에 놓아둘 순 없다. 이 기록은 법정에서 대부분 나 혼자 기록했으며 내가 속한 《미디어오늘》은 홀로 충실히 보도했다. 그러나 이 기록은 나나 내가 속한 매체만의 것이 아니라는 점 또한 분명하다. 가까이는 신상철 위원과 변호인들, 판검사 등 사건의 실체적 규명을 하려 노력한 주체, 나아가 증언대에 선사람들, 증인에게 물어볼 수많은 의혹과 연구를 하는 데 힘을 보탠 사람들, 법정에서 나온 증언을 토대로 또다시 의문을 추적해온 사람들 모두의 것이다. 또한 초기 의혹과 검증에 적극적으로 나섰던 언론인들도 함께 이런 기록을 검토하고 나눌 필요가 있다.

그래서 증인 57명의 증언기록의 요지를 정리 분석했다. 기록으로 남은 말을 다시 기록한 것이다. 그러니 양이 많다. 그런 작업의 한계 탓에책이 두꺼워졌다. 집필을 시작할 무렵엔 예상하지 못했던 일이다. 긴 내용이지만 꼭지마다 하나의 기사처럼 전달하고 분석하려고 구성했다. 계속 읽어나가다 보면 어딘가에서 의문이 정리되는 일도 있을 것이다. 그건 내가 가진 의문이자 문제의식을 토대로 증언을 선별했기 때문이다.

이 책에 기록된 내용은 지난 7년간 대체로 내가 쓴 기사들이지만, 7주기를 맞이하여 기록을 다시 정리하는 까닭은 정부가 천안함의 진실을 규명하기는커녕 합리적인 의문마저 지우려 하기 때문이다. 천안함을 둘러싼 의문은 지금까지 어느 것 하나 해소되지 않았다. 7년 전인 2010년 그해에 대부분의 쟁점이 다 나타나 있다. 그런 의문점에 대한 논의가 법정에서 어떻게 이어져 왔는지 끝까지 추적한 결과를 기록한 것이 이 책의 주요 작업이었다. 정부 발표를 뒤집는 새로운 가설을 제시하고자 하는 것은 아니다.

의문이 있으면 그것을 해소하든가, 근거 있는 것이라면 다시 조사해야 한다는 것이 내 생각이다. 그렇게 하지 않은 채 이런 대형 참사가 북한 소행이거나 간첩 사건으로 둔갑한 경우를 종종 목격해온 경험이 있다.

지난 1년 가까이 기록을 정리하면서 느낀 바가 있다. 7년 동안 많이 취재했다고 생각했으나 나 자신 역시 무심코 지나쳐왔거나 도통 몰랐던 일이 너무 많다는 점이다. 내가 아는 게 별로 없었다. 그동안 취재하고 보도했던 것, 국회 회의록, 국방부 속기록, 법정 증인신문조서 등을 검토하면서 새로 공부하고 많은 것을 깨닫는 과정이었다. 세상에 허투루 보내는 시간은 없었다. 작은 의문 하나를 기록으로 남기더라도 겸손한 자세로 임해야 한다는 것을 새삼 느꼈다. 7년을 취재하고 쫓아다녔지만 나는 천안함을 침몰시킨 대참사의 진실을 모른다. 그러므로 내가 기록한 것은 진실의 기록이 아니라 의문의 기록일 수밖에 없다. 모르면 모른다고 인정하고 물어봐야 한다. 그것이 진실을 향하는 시작이다.

이 책은 2장 정부 발표의 의문, 3장 폭발의 의문, 4장 육하원칙의 의문(사건의 재구성) 등 의문을 유형별로 분류했다. 해당 의문에 맞는 기록을 수집해 최대한 수록하려 했다. 또한 5장 '끝나지 않은 재판'에서는 1심 재판의 첫 공판 출석 증인부터 마지막 출석 증인을 거의 빠짐없이 기록했다. 한 사람 한 사람에게 구체적으로 물어봐야 의문에 대한 답을 얻을 수 있기 때문이다. 그래서 모든 장에 걸쳐 질문 내용과 답변 내용을 함께 실었다. 질문과 의문을 어떻게 던지느냐에 따라 답이 달라진다. 그만큼 질문이 중요하다는 의미에서다. 그다음 장(6~7장)은 언론의 문제점과 의문을 제기했던 사람들에 대한 이야기를 간략히 묶었다.

이 책이 나오는 데까지 곡절이 많았지만 고마운 사람들이 있다. 천안함 사건이 터진 2010년 3월 그 순간부터 이 사건이 갖는 엄중함을 깨우쳐주고 늘 북돋웠던 노광선 전 편집국장, 이후에 남들이 보도하지 않아도 천안함 의문기록의 중대성을 각인시켜줬던 백병규 전 편집국장에 감사의 인사를 드린다. 이 책을 낼 수 있도록 용기를 줬던 윤성한 전 편집국장에게도 감사의 말씀을 전한다. 천안함 사건 초기부터 함께 취재하고 데스크를 해준 이정환 사장에게도 감사를 전한다. 무엇보다 어느 언론조차 외면할 때도 천안함 의문의 가치를 존중하고 과감하게 지면을 내어준 《미디어오늘》의 종사자들에게도 감사를 드린다.

긴 재판에도 지치지 않고 진실투쟁의 명분을 유지해온 신상철 전 위원과 그의 대리인 이강훈 변호사, 김남주 변호사, 김종보 변호사, 심재환 변호사 등 피고 측 변호인단에게도 감사를 드린다. 무엇보다 초기부터 굳게 닫힌 증인들의 입을 열어젖히는 데 큰 역할을 한 김형태 변호사에게도 감사를 드린다. 신 전 위원과 이들이 없었다면 이런 작업은 꿈도 꾸지 못했을 것이다. 늘 취재에 도움을 줬던 이종인 알파잠수기술공사 대표, 백승우 영화감독에게도 감사의 인사를 전한다. 이 밖에 다 담지는 못하지만 재판이 열릴 때마다 법정에 늘 방청하러 오는 원로 선생님들에게도 경의를 표한다.

57명 중 1명의 증인신문조서를 열심히 필사해준 아내와 두 딸, 어머니 동생에게도 감사를 전한다. 마지막으로 이 책 작업을 기획하고 여기까지 오게 해준 생각비행 손성실 대표에게도 감사를 전한다.

2017년 3월 20일 조현호

차례

4. 사건의 재구성

6. 언론은 천안함 사건을 어떻게 다뤄왔나?

7. 천안함 의문을 제기했던 사람들

1
—
천안함 사건은
우리에게 무엇인가?

합리적 의문의 기록

이제 7년이 됐다. 2010년 3월 26일 밤 벌어진 사상 초유의 해군 초계함 침몰 사건, 천안함 사건이 발생한 지 벌써 그렇게 됐다.

이 사건은 잊히는 듯 보이지만, 결코 잊히지 않는다. 1200톤급 해군 초계함이 백령도 서해 앞바다 한복판에서 절단돼 46명의 승선 장병이 목숨을 잃은 일은 한국전쟁 이후 한반도에서 전무한 일이다. 당시 임무가 경계작전이었다 해도 평시에 발생한 최악의 사건인 것만은 분명하다.

더구나 사건의 진실이 말끔히 밝혀지지 않았다. 정부는 북한 잠수정이 침투해 은밀히 기다렸다가 발사한 어뢰에 의해 천안함이 격침됐다고 발표했다. 한미합동훈련이 이뤄지고 있을 때 북한이 NLLNorth Limited Line(북방한계선)을 넘었다는 것도 그렇지만, 거센 파도와 거친 물살, 험난한 조류 때문에 시야 확보가 어려운 상황에서 1200톤급 초계함을 단 한 발로 명중시켰다는 것은 믿기 어려운 일이었다.

더구나 북한의 이른바 '1번 어뢰'(CHT-02D)가 천안함 선저(배 밑바닥) 3~6m 아래에서 폭발을 일으켰는데도 생존자나 사망자 모두 폭발에 의한 상처를 입지 않았다. 희생 장병 46명 가운데 시신 40구(6명은 실종)의 사인에 대해 이들을 검안한 의무대장 등 군의관들은 모두 익사로 추정

(검안 보고서엔 미상으로 기재)했다. 가족들의 의사에 따라 시신을 부검하진 않았다.

남아 있는 확실한 증거 중의 하나인 생존자들과 시신의 상태에서 폭발의 흔적이 전혀 나타나지 않은 점은, 사상 초유의 북한 어뢰 공격으로 인한 수중폭발이 천안함 사건의 원인이라는 정부 발표를 신뢰하기 어려운 큰 이유 중 하나이다.

300여 명의 꽃다운 목숨을 앗아간 세월호 참사에 대한 진실도 아직 밝혀진 것이 없다. 그 진실을 규명하기 위해 아직도 국민은 정부와 힘겨운 싸움을 이어가고 있다. 정부와 해경이 구조를 제대로 하지 않아 대형 참사를 일으킨 실상도 밝혀야 하지만, 어떻게 해서 그 큰 배가 유독 그날만 그렇게 침몰했는지 역시 반드시 규명해야 할 과제이다. 그런데도 그저 '우리 사회에 쌓인 적폐 때문에 이런 결과를 낳은 것'이라는 식의 정부의 발표는 침몰 원인이 없다는 주장과 다르지 않다. 이런 접근법은 7년여가 다 돼가는 천안함 사건에 대한 정부의 태도를 떠올리게 한다.

'과적, 부실한 고박, 급변침' 같은 세월호의 침몰 원인은 무엇이 잘못이며, 누구 책임으로 저렇게 됐는지가 모호하다. 사회를 탓하고, 승객을 구조하지 않은 선장과 선원을 탓하면 그만이기 때문이다. 유가족뿐 아니라 국민이 알고자 하는 것은 세월호가 침몰하게 된 '치명적인' 그 순간이자 진실이다. 그러나 정부(해양심판원과 대검찰청)가 발표한 침몰 원인에는 침몰한 과정에 대한 뚜렷한 책임자나 '직접적 또는 물리적 동인'이 나타나 있지 않다. 더구나 '조타 미숙'의 경우 대법원에서 무죄로 확정했다.

마찬가지로 7년 전 정부(민군 합동조사단 또는 다국적 조사단)가 발표한 천안함 사건의 침몰 원인에도 북한 연어급 잠수정과 1번 어뢰만 있을 뿐 '구체적인 범행 과정'이 설명되지 않는다. '북한 어뢰 공격'이라는 결론은 남북 간 긴장이 유지되는 서해 NLL 부근에서 벌어졌다는 점에서 가장 그럴싸한 선택지였을 수 있다. 당사자인 북한을 확인하는 것 자체가 불가능할 뿐 아니라 협조 거부라는 명분을 내세워 철저히 조사하지 못해도 용인될 수 있는 성격의 결론이다. 북한이 인정하면 좋으나 인정하지 않더라도 '북한이 해놓고 자기네가 했다고 인정하겠느냐'고 반박하면 그만이기 때문이다. 그런 점에서 가장 쉬운 선택이었을 수 있다. 그러나 북한 소행으로 단정하기엔 증거와 설명이 부족하다.

문제는 그런 정부의 선택이 큰 불신과 갈등을 낳았다는 점이다. 정부의 발표를 신뢰하지 못하는 사람들의 문제 제기나 견해 표명을 법의 잣대로 가두려 하거나 고위공직자 발탁에 불이익을 주는 등 정치적 억압의 기준이 됐다. 의문과 의혹을 제기한 사람들이 수사 대상이 되거나 재판으로 내몰린 경우도 적지 않았다. 정부의 결론이 고의에 의해 조작됐다거나 사기극 같은 자극적인 표현으로 단정할 수 없다 해도 정부는 자신들의 설명에 허점과 결함, 모순이 있다는 국민의 목소리에 귀를 기울여야 한다. 과학적 조사 결과인데도 안 믿으니 '종북'이라거나 '음모론' '괴담' '유언비어'라는 말로 억압하면 할수록 천안함 침몰에 대한 의혹과 합리적 의문은 더욱 커질 것이다. 잠시 조용해졌다고 의문이 해소된 것은 아니다.

지난 7년 가까이 줄곧 천안함에 의문을 품고 진실을 추적하고자 한 목소리는 여러 형태로 나타났다. 어느 목소리 하나 서로 일치하는 것이 없었다. 사람마다 주목해서 보는 지점이 상이하고 판단이 다르기 때문이기도 하지만, 기본적으로 판단의 근거인 정보와 증거가 절대적으로 부족하기 때문이다. 정부가 열린 자세로 진실을 확인하고자 하는 수많은 시민의 열망을 보장하기 위해서라도 정부가 결론에 이르게 된 명확한 근거 자료를 제시해야 한다. 언제 어디서 어떻게 침몰했으며, 사고 전후로 무슨 일이 있었는지에 대한 상황을 설명하는 자료가 공개적으로 검증을 받아야 정부 설명이 설득력을 얻을 수 있었다. 특히 사고 순간 현장을 촬영했거나 그럴 가능성이 있는 TOD(열상감시장비) 동영상 기록 일체, 사고 전후 모든 교신 내용, 사고 해역 주변의 선박 존재 여부 및 천안함의 항적을 실시간으로 기록한 레이더 데이터 및 AIS(선박자동식별장치·천안함이 스스로 발신한 위치 신호) 일체, 천안함 함내 CCTV 일체, 감사원의 천안함 사건 감사결과 보고서 등은 당시 사건을 설명하기 위한 기본적인 자료이다. 이 밖에도 한미합동훈련 진행 상황 및 결과, 지진파 및 공중음파 데이터 원본 등도 검증에 필요한 자료이다. 그러나 정부, 국방부, 검찰은 군사기밀이라는 이유로 이를 대부분 공개하지 않았다. 공개된 TOD 영상에는 반파 순간이 나타나지 않는다. 그 밖의 다른 TOD 영상의 경우 촬영된 것이 존재하는지조차 확인되지 않았다.

이런 상태에서 천안함 사건의 진실 규명은 한계를 내포할 수밖에 없다. 정부 발표를 믿지 않는 증거를 대라고 하면서 정작 정부는 국민이 원하는 기본적인 자료를 공개하지 않았다. 정부가 내놓은 것은 자신들이 발표한 보고서(《천안함 피격사건 합동조사결과 보고서》)와 백서(《천안함 피격사건 백서》)가 전부였다. 또한 정부는 사고 해역에서 건져 올렸다는 이른바 '1번 어뢰' 추진체(CHT-02D) 잔해를 결정적 증거물이라고 주장해왔다. 하지만 이 어뢰가 천안함을 절단, 침몰시킨 그 어뢰인지는 여전히 의문투성이이다. 특히 해외파 일부 과학자를 비롯한 각 분야의 전문가 또는 시민들이 어뢰에 붙어 있는 백색물질의 데이터와 천안함 선체에 붙어 있는 백색물질 데이터가 폭발에 의해 생성된 것이 아닐 수 있다는 반박을 제기한 데 대해 국방부는 지금까지 설득력 있는 답변을 하지 못하고 있다. '전 세계에 없는 물질'이라는 말이 법정에 출석한 조사담당자의 답변이었다. 이른바 흡착물질(백색물질) 논쟁은 진실을 입증하는 데 필요한 수많은 사실관계의 일부에 불과하지만 '폭발'이라는 정부의 핵심적인 전제와 '1번 어뢰'라는 결정적 증거의 신뢰성을 떨어뜨리는 데 상징적인 역할을 했다.

이외에도 정부가 발표한 보고서 곳곳의 주요 근거가 실제와 일치하지 않거나 반론에 직면했다. 이런 반론을 제기한 이들은 대체로 주류 과학자나 공학자 집단이 아니었다. 학자나 전문가의 경우 해외에 있거나, 국내에 있다 해도 은퇴한 학자들이었다. 또한 일부는 발군의 언론인이었으며, 나머지는 대체로 생업을 갖고 있는 누리꾼이었다. 이들은 지극히 상식적인 의문과 연구를 통해 지속적이고 집요하게 의혹을 제기했다. 이들이 제기한 의문이 여전히 해소되지 않고 남아 있는 것이다. 이는 군사비밀까지 접근할 수 있는 정규 조사기관을 보유한 정부가 별도의 조사단(민군합동조사단)까지 구성해 조사한 결과에 얼마나 허점과 결함이 많은지를 보여주는 방증이기도 하다.

과학의 문제, 군사의 문제를 떠나 수많은 장병이 사망한 대형 사건에 대한 진실 규명의 문제인데도 이름 없는 수많은 국민에 의해 정부 발표의 오류와 허위가 발견되고, 불신을 초래한 현실은 씁쓸하다. 천안함 침몰에 의혹을 품은 곳곳의 숨은 고수들은 아직도 틈틈이 진실을 추적하려 애를 쓰고 있다. '숨은 고수'든 '집단 지성'이든, 이름 없는 누리꾼이든 수많은 사람이 오랫동안 쫓았던 '합리적 의문'의 방향이 최종적으로 진실에 얼마나 가까이에 있을 것인지는 알 수 없다. 그러나 그런 평가와 무관하게 이 모든 노력과 과정이 진실을 향하는 여정의 일부인 것만은 분명하다. 또한 이런 현상은 정부뿐 아니라 우리 사회가 아직도 이런 의문을 해소할 능력을 갖추지 못했다는 방증이기도 하다.

나는 《미디어오늘》의 기자로서 지난 7년 동안 천안함 사건의 진실 또는 진실에 가까이 갈 수 있는 계기를 쫓아 기록해왔다. 조사결과 발표를 전후로 의혹이 활발히 제기됐던 6개월~1년을 제외하면 대부분의 기간은 신상철 전 민군합동조사단 민간조사위원(현 서프라이즈 대표)의 천안함 명예훼손 재판 과정에 대한 취재 기록이다. 이 기록의 주요 내용은 온라인이나 오프라인 신문을 통해 보도돼왔다. 그러나 그 내용이 흩어져 있거나 서로 연결되지 않은 경우가 있었으며, 기사를 통해 담지 못하고 남겨둔 뒷얘기들을 이번 기회를 통해 되살린다는 의미에서 7년의 추적기를 재구성했다. 특히 5년 6개월 동안 진행된 신 전 위원의 1심 재판 중 45차례 공판기일에 출석한 50여 명의 증인신문조서와 당시 현장 취재 기록을 비교 검토해 주요 의문 사항을 모두 수록했다. 대부분 검찰 측 증인이었기 때문에 이 책에서 소개한 증언은 주로 의문점에 대한 신문과 답변을 위주로 선정했다.

이 기록은 어디까지나 천안함 사건의 의혹과 진실을 추적하며 보고 들은 취재 내용을 정리한 것이다. 이 기록이 곧 천안함 진실의 모든 것일 수는 없다. 오히려 긴 시간 재판을 진행해온 재판부는 정부의 발표가 맞고 이에 대한 의문과 의혹은 사실이 아니라고 단정했다. 5년 6개월 동안 정부 발표의 수많은 크고 작은 오류가 법정에서 증거로 입증되거나 증언으로 밝혀졌는데도, 재판부는 정부 발표에 대한 의문과 의혹을 두고 '합리적 의문'이라는 평가조차 내리지 않았다. 재판부 판결문의 한계와 문제점에 대해서도 지적돼야 한다. 다만 이 사건이 우리 사회에서 얼마나 민감한 문제인지를 나타내주는 사례라고 판단한다. 또한 천안함 사건에 대한 성격 규정이 이미 정치적 판단의 대상이 돼 있다는 뜻이기도 하다.

정부 발표와 재판부의 판단이 잘못된 부분과 비판받을 지점이 많지만, 그렇다고 그것을 비판하는 사람들이나 이를 기록해온 나 또한 이를 대체할 명확한 진실을 갖고 있지 않다. 그동안 제시된 많은 가설 역시 가설일 뿐 이를 뒷받침할 증거를 찾는 과정은 지금까지 걸어온 것만큼이나 지난한 것일 수도 있다. 이 기록이 그 진실을 향해 나아가는 과정의 일부이길 바라는 마음이다.

2

—

정부의 발표와 결론

정부, 성급하게 결론을 내다

2010년 3월 26일 밤 천안함이 침몰한 이후 정부는 두 달이 채 안 되는 그해 5월 20일 중간조사결과를 발표했다. 이 조사결과의 주된 내용과 상세한 대목은 그해 9월 13일 '민·군 합동조사단'과 국방부가 제작 발간한 《천안함 피격사건 합동조사결과 보고서》의 내용과 크게 다르지 않았다. 선체 절단 시뮬레이션에 따른 그래픽 이미지 등 일부가 추가된 것 외엔 5월 20일 발표와 9월 13일 발표가 거의 동일하다고 해도 과언이 아니다. 이는 사고가 발생한 지 두 달도 채 되지 않은 상태에서 내린 결론이 지금 까지 이어져오고 있다는 말과 같다.

정부는 2010년 3월 31일 민군 합동조사단을 82명(현역 59명, 관 17명, 민 6명)으로 편성한 뒤 4월 12일엔 73명(한국 49명, 외국 24명)으로 재편성해 조사활동을 했다고 밝혔다. 합조단 보고서에 따르면, 민군 합동조사단 은 6월 30일까지 약 92일간 운용됐고, 이 기간에 4차례(4월 7일, 4월 15일, 4월 25일, 5월 20일)에 걸쳐 조사활동에 대한 언론 발표를 했다. 6월 9일부 터 17일(9일간)까지 유엔 안보리에 참석하여 조사 결과를 설명하기도 했 다고 정부는 주장했다.[1] 이 얘기는 합동조사단이 활동을 개시한 4월 초 부터 중간조사결과 대국민 발표를 한 5월 20일까지 한 달 보름 만에 결론을 냈다는 뜻이다.

전대미문의 해군 초계함 파괴 사건이자 장병 46명이 사망한 참사에 대해 불과 한 달 반 만에 결론을 낸 것은, 충분한 조사가 이뤄졌다고 보기 어렵다. 더구나 당시 중간발표 나흘 뒤 이명박 대통령이 대북제재를 발표했으며, 13일 이후인 6월 2일엔 지방선거가 열렸다. 선거 결과와 무관하게 천안함 침몰 사건의 원인은 가장 핵심적인 선거 이슈가 됐다. 다른 여타 선거쟁점이 천안함 침몰 원인이라는 하나의 쟁점에 모두 빨려들어갔을 정도였다.

이 때문에 정부가 정치적으로 활용하려 했다는 비판이 나오기도 했다. 정부의 천안함 조사에 따른 결론은 '북한의 기습적인 어뢰공격'이었다.

'북한 잠수정의 어뢰공격', 1번 어뢰의 등장

정부는 민군 합동조사단의 조사활동에 따른 결론을 토대로 5월 20일 다음과 같은 조사결과를 내놓았다. 이때 발표와 9월 13일 조사보고서상 요약 발표문은 거의 일치한다.

> "민·군 합동조사단은 서해 앞바다에서 인양한 함수, 함미 선체의 변형 형태와 사고 해역에서 수거한 증거물들을 조사한 결과, 천안함은 북한에서 제조한 감응어뢰의 강력한 수중폭발에 의해 선체가 절단되어 침몰한 것으로 판단하였다"[2]

정부는 보고서에서 침몰 원인을 어뢰 피격으로 판단한 이유에 대해 8~9가지의 근거를 제시했다.

첫째, 정부는 천안함 선체의 손상 부위를 정밀계측해 분석한 결과 충격파와 버블효과로 인해 선체의 용골keel(선체의 중심선을 따라 함수와 함미를 관통해 배 밑에 설치된 부재로 우리 몸의 척추와 같은 역할을 한다)이 함정 건조 당시와 비교했을 때 위쪽으로 크게 변형됐으며 외판이 급격하게 꺾이고 선체에는 파단fracture(외력 또는 인장력을 받아 절단된 것)된 부분이 있었다는 점을 예로 들었다. 정부는 주갑판의 경우 가스터빈실 내 장비의 정비를 위한 대형 '개구부' 주위를 중심으로 파단됐고, 좌현 측이 위쪽으로 크게 변형됐으며, 절단된 가스터빈실 격벽이 크게 훼손되고 변형됐다고 주장했다. 천안함 함수와 함미의 선저가 아래쪽에서 위쪽으로 꺾인 것은 수중폭발이 있었다는 것을 입증한다고 천안함 보고서는 기술했다.

둘째, 함정 내·외부의 표면을 면밀히 조사한 결과 여러 군데서 압력, 수압, 버블흔적이 나타났다는 것이다. 정부는 보고서에서 함정이 좌우로 심하게 흔들리는 것을 방지해주는 함안정기艦安定器, Fin Stabilizer에 나타난 강력한 압력흔적, 선저 부분의 수압 및 버블흔적, 열흔적이 없는 전선의 절단, 가스터빈실 선체에 나타난 구형압력흔적 등을 들어 "수중폭발에 의한 강력한 충격파와 버블효과가 함정의 절단 및 침몰의 원인임을 알려주고 있다"고 주장했다.

그러나 선체를 자세히 들여다보면 국방부 주장대로 선저(배 밑바닥)에 남아 있는 흔적이 '강력한 버블이나 수압, 구형압력'에 의한 것인지는 분명하지 않다. 함미 선저의 수압 및 버블흔적이라는 주장은 폭발에 의한 가스버블의 흔적인지, 단순히 페인트가 벗겨진 것인지 구분하기 어렵다. 배 밑에서 수중폭발을 일으키면 선저가 저렇게 된다는 전례도 없고, 마땅한 근거도 없다. '갖다 붙이기'식 주장이 아닌지 의심마저 든다. 또한 함안정기의 철판이 압력에 밀려 안쪽으로 쪼그라드는 이른바 '디싱'dishing 현상이 나타났다는 것 역시 설득력이 떨어진다. 뒤에서 자세히 설명하겠지만, '천안함 법정'³에서 폭발의 증거가 아니라는 반박이 제기되기도 했다. 함안정기의 손상 형태는 폭발의 증거인지, 좌초의 증거인지 단정하기 어렵다. 특히 납작한 함안정기의 판 양쪽 모두에서 나타나고, 우현에도 양쪽에서 이런 현상이 보인다. 다만 왼쪽 함안정기에서 이런 현상(디싱)은 더 두드러지게 나타난다. 수중폭발로 생긴 압력이라면 힘이 한쪽 면에만 작용해야지 어떻게 앞뒷면(양쪽 면) 모두에 작용할 수 있느냐는 것이다. 힘은 직선 방향으로 작용하는 것이지 다시 돌아서 반대쪽에까지 작용할 수는 없기 때문이다. 이 정도의 설명으로는 수중폭발 시 나타난 압력이 이런 현상을 나타내는 것인지에 대한 명확한 근거로 보기엔 부족하다.

셋째, 정부는 생존자들과 목격자들의 진술을 들었다. 정부는 보고서에서 생존자들이 거의 동시에 폭발음을 1~2회 청취, 충격으로 쓰러진 좌현 견시병이 얼굴에 물이 튀었다고 진술, 백령도 해안 초병이 2~3초 동안 높이 약 100m의 백색 섬광불빛을 관측했다고 진술한 것 등을 분석한 결과 "이는 수중폭발로 발생한 물기둥 현상과 일치하였다"고 설명했다. 또한 정부는 부상자 상태와 시체검안 결과 파편상과 화상의 흔적이 발견되지 않았고, 골절과 열창 등이 관찰되어 충격파 및 버블효과로 나타날 수 있는 현상과 일치했다고 주장했다.

이 같은 설명에는 논리적으로 성립하지 않는 주장이 들어 있다. 물방울을 맞았다는 견시병을 포함해 모든 조사 대상자가 물기둥을 못 봤다고 증언했다. 그러나 80m 이상 솟구쳐 오르는 물기둥을 어떻게 아무도 보지 못할 수 있으며, 백색섬광을 봤다는데 물기둥과 일치했다고 결론을 내리는 것은 견강부회이다. 또한 이렇게 제시된 근거 자체가 수중폭발이었을 때에만 나타나는 증거가 아니라는 것을 보여준다. 다시 말해 폭발에서 나타날 수 없는 증거들이다. 정부는 비접촉 수중폭발에서는 '근접' 또는 '내부' 폭발 현상 때와는 다른 현상이 나타난다고 주장한다. 거꾸로 말하면 선체와 생존자, 시신 등 유일한 물증에 아무런 직접적인 폭발의 흔적이 없다는 뜻이기도 하다.

넷째, 정부가 든 또 다른 근거는 지진파와 공중음파였다. 한국지질자원연구원의 지진파와 공중음파를 분석한 결과 지진파는 4개소에서 진도 1.5규모로 감지됐으며 공중음파는 11개소에서 1.1초 간격으로 2회 감지됐다고 정부는 보고서에서 밝혔다. 지진파와 공중음파를 분석한 결과 폭발원은 동일했으며, 이것이 수중폭발에 의한 충격파와 버블효과의 현상과 일치했다는 것이다.

하지만 지진파와 공중음파 자체의 신뢰성뿐 아니라 이것이 폭발을 나타내는 움직일 수 없는 데이터인지에 대해서는 다양한 의문이 제기됐다. '폭발원이 동일했다'는 정부 발표 내용의 경우 처음 보고된 지진파-공중음파의 위치와 최종 정부 발표 위치와는 큰 차이가 있었다. 지진파-공중음파 보고기관인 지질자원연구원은 처음 보고한 지 사흘 뒤엔 위치를 대폭 수정해 보고했다. 지진파와 공중음파의 의문점에 대해서는 뒤에서 좀 더 자세히 설명할 것이다.

다섯째, 정부는 천안함 선체의 변형 상태에 대한 분석 결과를 내놓았다. 정부는 보고서에서 "1차 미국 측의 선체 변형 현상 분석 결과 수심 약 6~9m, 가스터빈실 중앙으로부터 좌현 3m 위치에서 총 폭약량 TNT 200~300kg 규모의 폭발이 있었던 것으로 판단되었고, 2차 한국 측의 시뮬레이션 결과는 동일 지점에서 총 폭약량 TNT 250~360kg 규모의 폭발이 있었던 것으로 분석되었으며 영국 측도 함께 참여하였다"고 설명했다.

그러나 신상철 민군 합조단 민간조사위원의 천안함 관련 명예훼손 재판과정에서 이 시뮬레이션을 담당한 합조단 조사위원은 시뮬레이션 결과가 천안함 절단 현상과 똑같지는 않았다고 증언했다. 실제로 보고서에 수록된 시뮬레이션 그래픽 이미지들을 보면, 천안함이 완전히 절단되는 과정을 구현하지 못했다. 천안함은 함수와 함미, 가스터빈실(및 외판), 연돌 등 크게 3~4 동강이 났다.

여섯째, 정부는 '아군 기뢰'의 폭발 가능성이 매우 낮다는 이유를 들었다. 정부는 보고서에서 "백령도 근해 조류를 분석해 본 결과 강한 조류로 인해 기뢰부설은 제한되는 반면, 어뢰 발사에는 영향이 미약한 것으로 판단하였다"고 주장했다. 보고서에도 박정희 정권 말 백령도 연안에 매설했던 육상조종기뢰의 폭발 가능성을 상세히 검토한 것으로 나온다. 이 아군 기뢰의 우발적인 폭발 가능성에 대해서는 미군 조사단장의 보고서에도 "가능성은 있지만 낮다"고 기재돼 있다.

일곱째, 정부는 선체에서 채취한 미량의 폭약성분을 제시했다. 정부는 보고서에서 "폭약성분 분석 결과 HMX는 연돌·함수절단면 등 28개소에서, RDX는 연돌·해저 토양 등 6개소에서, TNT는 함안정기 등 2개소에서 각각 검출됨으로써 HMX, RDX, TNT가 혼합된 폭약성분임을 확인하였다"고 설명했다.

하지만 정부는 폭약성분의 양이 유의미한 규모인지, 이 폭약성분이 북한 어뢰의 폭약성분과 일치하는지를 설명하지 못했다. 무엇보다 함수와 함미에서 발견했다는 폭약성분을 정작 1번 어뢰에서는 왜 발견하지 못했느냐는 의문에 정부는 답하지 못했다.

여덟째, 정부는 천안함 침몰 50일 만에 침몰 해역에서 수거한 어뢰추진체 등 잔해를 제시했다. 민군 합동조사단은 특수그물망을 이용하여 침몰 해역에 대한 정밀탐색을 실시해오던 중 5월 15일 침몰 해역에서 어뢰로 확증할 수 있는 결정적인 증거물로 어뢰의 추진동력장치인 프로펠러를 포함한 추진모터와 조종장치 등을 수거했다고 정부는 보고서에서 전했다. 정부는 북한이 해외로 수출할 목적으로 배포한 어뢰 소개 자료의 설계도와 크기, 모양 등이 증거물과 일치했다고 설명했다. 이른바 '1번 어뢰'로 불리는 이 증거물에 대해 정부는 천안함 사건의 침몰 원인을 밝힌 결정적 증거(스모킹건smoking gun)라고 강조했다.

그러나 정부의 발표와 반대로 이 어뢰는 많은 반박과 의문의 대상이 됐다. 예를 들어 이 어뢰가 북한산인지, 설계도가 일치하는지, 천안함 선저에서 폭발한 어뢰인지, 누가 발사했는지, 1번 글씨가 남아 있을 수 있는 것인지, 수거 당시 폭발 이후의 상태였는지, 부식 정도가 폭발 50일 후의 상태로 볼 수 있는지, 어뢰 프로펠러 구멍에서 발견된 가리비는 어떻게 붙어 있을 수 있는지, 어뢰에 붙은 흡착물질은 폭발 후 붙은 것인지 등의 의혹에 직면했다. 이런 의혹과 의문은 지금까지 제대로 해소되지 않고 있다.

이 밖에도 정부는 이른바 '흡착물질'을 또 다른 증거로 내세웠다. 정부는 보고서에서 "천안함 선체에서 발견된 흡착물질과 어뢰 추진동력장치에서 발견된 흡착물질의 성분을 분석한 결과 동일한 성분인 것으로 확인되었다"고 기술했다.

이 같은 설명은 이후 커다란 과학적 반박을 불러왔다. 채취한 흡착물질을 정밀 분석한 일군의 과학자는 이 흡착물질이 정부 발표와 달리 폭발로 생성되는 물질이 아닐 수 있다거나 일종의 알루미늄 부식물질에 불과하다는 연구결과를 제시했다. 신상철 전 합동조사단 민간위원의 재판에서 흡착물질의 실체에 대해 뜨거운 논쟁이 벌어지기도 했다.

이른바 '1번 어뢰'의 추진체 후부 안쪽에 표기된 '1번'이라는 한글 표기는 우리가 2003년에 습득한 북한의 시험용 어뢰 표기방법과 유사했다는 이유로 북한산 어뢰라고 정부는 설명했다. 이를 두고 정부는 "이러한 모든 증거는 수거한 어뢰부품이 북한에서 제조되었다는 것을 확인해 주었다"고 주장했다. 하지만 '1번' 글씨의 잉크 성분에 대해 정부가 조사한 결과 북한에서 생산하는 것이 아닌 전 세계 어디에서나 쓰이는 성분이었으며, 우리나라에서도 사용되는 잉크 성분 '솔벤트블루'인 것으로 나타났다.

이상과 같은 이유로(사실상 모든 이유에 숱한 의문이 제기됐으나) 정부는 1번 어뢰의 폭발에 의해 천안함 선체가 절단돼 장병 46명이 희생됐다고 밝혔다. 정부가 보고서에서 내린 결론은 다음과 같다.

"결론적으로 침몰 해역에서 수거된 어뢰 추진동력장치와 선체의 변형형태, 관련자들의 진술내용, 부상자 상태 및 시체검안, 지진파 및 공중음파 분석, 수중폭발의 시뮬레이션, 백령도 근해 조류 분석, 폭약성분 분석, 수거된 어뢰부품들의 분석 결과에 대한 국내·외 전문가들의 의견을 종합해 보면, 천안함은 어뢰에 의한 수중폭발로 발생한 충격파와 버블효과에 의해 절단되어 침몰되었고, 폭발위치는 가스터빈실 중앙으로부터 좌현 3m, 수심 6~9m 정도이며, 무기체계는 북한에서 제조한 고성능폭약 250kg 규모의 CHT-02D 어뢰로 확인되었다."[4]

대법원, 언론의 천안함 의혹 제기를 "합리적 의문"으로 판단

그렇다면 이 같은 '1번 어뢰'를 누가 쐈다는 것일까? 정부는 '행위자 규명'과 관련해 북한의 연어급 잠수정이라고 판단했다. 정부는 보고서에서 "한국, 미국, 호주, 캐나다, 영국 5개국의 '다국적 연합정보분석 TF'는 관련 정보를 분석하여 이 같은 결론을 내렸다"고 설명했다. 정부는 북한군이 로미오급 잠수함 20여 척, 상어급 잠수함 40여 척과 연어급을 포함한 소형 잠수정 10여 척 등 총 70여 척의 잠수함정과 직주어뢰, 음향 및 항적유도어뢰 등 다양한 성능의 어뢰를 보유하고 있다고 주장했다. 이번 천안함 사건과 관련해 서해의 북한 해군기지에서 운용되던 일부 소형 잠수함정이 천안함 공격 2~3일 전에 서해 북한 해군기지를 이탈했다가 천안함 공격 2~3일 후에 기지로 복귀한 것이 확인됐으며, 다른 주변국의 잠수함정은 모두 자국의 모기지 또는 그 주변에서 활동하고 있었던 것이 확인됐다고 정부는 보고서에서 기술했다.

어뢰추진체와 수거된 어뢰 관련 파편과 잔해를 두고 정부는 '북한산 CHT-02D 어뢰'의 설계도면과 일치했다고 주장했다. 정부는 보고서에서 "각각 5개의 날개가 있는 순회전 및 역회전 프로펠러, 추진모터와 조종장치는 북한이 해외로 무기를 수출하기 위해 배포한 어뢰 소개자료에 제시되어 있는 CHT-02D 어뢰의 설계도면과 정확히 일치했다"며 "북한산 CHT-02D 어뢰는 음향항적 및 음향수동 추적방식을 사용하며, 직경이 21인치이고 무게가 1.7톤으로 폭발장약이 250kg에 달하는 중₁어뢰"라고 설명했다.

정부는 "이러한 모든 관련 사실과 비밀자료 분석에 근거해, 천안함은 북한에서 제조·사용 중인 CHT-02D 어뢰에 의한 수중폭발의 결과로 침몰됐다는 결론에 도달하였다"며 "또한 이상의 증거들을 종합한 결과 이 어뢰는 북한의 소형 잠수함정으로부터 발사되었다는 것 이외에 달리 설명할 수가 없었다"고 주장했다.

그러나 정부는 곧바로 제기된 수많은 의문에 대해 충분한 설명을 하지 못하고 있다. 보고서 곳곳에 모순과 결함이 존재하고 있는데도 정부는 재론하지 않고 있다. 그사이에 이 사건은 대표적인 안보사건으로 단정됐다. 이런 정부의 인식은 보고서 서문에도 잘 나타난다.

민·군 합동조사단은 《천안함 피격사건 합동조사결과 보고서》 머리말에서 "본 보고서는 어뢰 공격으로 침몰된 군함의 선체를 인양하여 조사한 세계 최초의 보고서로서, 결정적 증거물Smoking gun인 어뢰추진체를 수거하고 폭약성분까지 검출한 것은 어떠한 은밀한 공격행위도 증거로 남는다는 사실을 북한과 국제사회에 널리 알리는 계기가 됐다"며 "무엇보다 북한이 도발을 자행하지 못하도록 엄중히 경고하는 의미를 지니고 있다"고 주장했다. 조사단은 "본 보고서는 이번 천안함 사태를 거울삼아 다시는 북한의 기습적 도발을 허용하지 않겠다는 다짐과 함께 우리 국민의 확고한 안보의식과 안보문제에는 어떤 개인·집단적 이해도 개입될 수 없음을 일깨워 주는 데 기여할 것으로 확신한다"고 강조했다.

한편 조사단은 보고서를 작성할 당시 각종 의혹이 쏟아진 것에 대해 비난하기도 했다. 조사단은 "민·군 합동조사단의 조사 결과에 대해 자신들의 입장에 따라 사실과 다른 의혹을 끊임없이 제기하고 유언비어를 유포하는 등 무책임한 언행을 하고 있는 것이 현실"이라고 주장했다.

이하의 장에서는 조사단이 '사실과 다른 의혹' '유언비어' '무책임한 언행'이라고 단정한 여러 의문점에 대해 검증할 것이다. 대법원 특별3부(재판장 민일영 대법관)는 지난해 7월 9일 KBS 〈추적60분〉 '천안함 편'을 징계했던 방송통신위원회의 제재를 취소하라고 최종 확정 판결했다. 당시 백령도 초병이 본 섬광의 위치와 정부 발표상의 폭발원점이 일치하지 않을 수 있다는 KBS의 의혹 제기에 대해 서울고법 행정1부(재판장 곽종훈 부장판사)는 "합리적 의문"이라고 판단했으며 언론사로서 제기할 수 있는 내용을 방송한 것이라 평가했다. 이처럼 천안함 사건에 제기된 의문과 의혹이 사실과 다르거나 무책임한 유언비어 수준인지, 아니면 정부 발표가 허점과 결함투성이였는지는 면밀히 따져봐야 한다.

3

—

천안함 사건의
합리적 의문들

1. 기초적인 의문-폭발은 있었는가?

천안함 사건을 취재하는 7년 동안 늘 가졌던 의문은 정말 폭발이 있었느냐에 있었다. 천안함 선체를 인양한 후에도 파괴된 모습에 대해 '폭발의 증거다' '아니다' 하며 해석이 분분했다. 천안함 함미는 2010년 4월 15일, 함수는 그해 4월 24일 각각 인양됐다. 그 후 군이 쌍끌이 어선과 함께 사고 해역에서 수거했다는 어뢰추진체와 그 잔해가 나왔지만 그 진위를 논쟁할 때에도 핵심은 폭발 여부였다. 여러 정황 증거를 놓고 폭발에 의한 절단이라고 주장하는 쪽과 폭발은 전혀 존재하지 않았다고 주장하는 쪽 사이의 접점은 거의 없다. 심지어 천안함을 파괴한 것이 이른바 '1번 어뢰'는 절대 아니라고 말하는 사람들 가운데에도 폭발은 있었을 것이라고 주장하는 부류가 꽤 있다. 이들은 천안함 침몰이 폭발에 의한 파괴 현상이라는 것을 인정해야 다음 논의를 통해 '새로운' 진상을 밝힐 수 있다고 주장한다. 이렇게 생각하는 사람도 적잖이 많다. 그러나 폭발이 없었다고 생각하는 사람들은 폭발의 증거가 없는데 무엇을 인정하라는 것이냐고 맞선다. 이런 사람도 마찬가지로 많다. 폭발의 흔적이 없을 뿐 아니라 폭발에 의한 손상이 아니라는 것이다.

정부의 발표

정부는 폭발로 천안함이 절단됐다고 발표했다. 북한 잠수정이 쏜 CHT-02D라는 중魚어뢰가 천안함 선저로부터 3∼6m(수심 6∼9m) 아래에서 폭발해 천안함을 파괴했다는 것이다. 정부가 제시한 폭발의 증거는 여러 가지가 있지만 크게 보면 다음과 같다.

1. 천안함 선체(함수와 함미, 가스터빈 외판 등)의 손상 형태.
2. 폭발 순간 지진파와 공중음파의 존재.
3. 쌍끌이 어선에서 수거했다는 어뢰 추진체 등 이른바 '1번 어뢰' 잔해('1번' 글씨도 결정적 증거).
4. 선체와 어뢰, 모의폭발 실험에서 채취한 동일한 백색물질, 이른바 '흡착물질'의 정체.

이 밖에 폭발 직후 이를 최초 보고한 목격자인 초병과 생존한 천안함 승조원들의 증언의 경우 이를 두고 폭발의 증거라고 주장하는 쪽도 있고, 폭발이 아니라는 증거라고 주장하는 쪽도 있다. 한편 아예 증거 능력이 없다는 평가도 있다. 시신의 상태를 놓고도 폭발의 증거 또는 폭발이 아니라는 증거로 다투고 있다.

이 가운데 정부가 내세우고 있는 가장 확실한 자료는 천안함 선체 자체이다. 천안함이 폭발로 절단됐다고 생각하는 이들 가운데 지진파나 공중음파와 같은 일종의 '움직일 수 없는' 데이터 기록을 제법 중요한 의미로 보는 사람이 있으나, 정부와 합동조사단이 작성한 보고서는 천안함 선체, 즉 함수와 함미의 절단면에 대한 사진과 설명이 상당 부분을 차지하고 있다. 또한 정부는 2010년부터 7년 가까이 천안함 선체를 경기도 평택 해군 제2함대에 전시해두고 북한의 '서해 도발' 사례로 국민에게 꾸준히 홍보하고 있다. 함수, 함미 절단면 쪽의 좌현 선저의 철판 일부가 바깥쪽에서 안쪽으로 휘어진 상태를 보면 뭔가에 맞긴 맞았나 또는 뭔가에 부딪혔나 하는 생각을 할 수 있다. 반면 좌초로 이렇게 큰 군함이 쪼개질 수 있겠어 하는 생각이 들 수도 있다. 이런 정도의 생각에 이르면 더 이상 의문을 갖지 않을 것이라 여길 수도 있다.

과연 천안함은 폭발로 파괴된 것인가? 그렇게 판단하기엔 성급하다. 우선 선체 절단면의 형태를 좀 더 자세히 들여다봐야 한다.

천안함 선체의 절단면, 폭발의 증거인가?

천안함 선체가 전시된 평택 해군 제2함대 안보공원에 가보면, 천안함 함수와 함미 절단면을 제외한 선체 대부분은 깨끗하고 큰 상처가 많지 않다. 밑바닥 일부가 긁혀 있고, 우현의 프레임(철골) 부위가 긁혀 녹슨 것을 제외하면 주로 파괴된 곳은 절단면 쪽으로 볼 수 있다. 절단면도 자세히 보면 어떤 폭발력이 작용한 것인지 분명치 않다. 파편이나 화약의 흔적이 없고, 폭발로 인해 발생한 화재의 흔적도 없다. 산산이 부서진 모습도 찾기 어렵다.

정부는 천안함 절단면을 두고 강력한 수중폭발의 증거라고 주장한다. 정부는 합조단 보고서에서 함수와 함미의 절단면 형태를 이렇게 묘사했다.

"함수와 함미의 선저 부분이 압력에 의해 아래쪽에서 위쪽으로 꺾여 올라갔으며 좌현 절단부위는 상단쪽으로 꺾이고 밀려 올라갔고, 우현 절단부위는 가스터빈실 전·후방 격벽을 기준으로 뜯긴 형태로 떨어져 나갔다. 가스터빈실 천장은 좌측이 위로 솟아오르면서 폐기관 부분이 압력에 의해 떨어져 나갔고, 함수쪽 용골은 위쪽으로 급격히 말려 올라가면서 우측방향으로 뒤틀려 있는 것을 확인하였다."[1]

정부는 이어 이런 손상을 낳은 주범이 수중폭발이라고 단언했다.

"함수와 함미 선저가 아래쪽에서 위쪽으로 꺾였다는 것은 선저 밑에서 수중폭발이 있었다는 것을 의미한다. 좌현 절단부위가 위쪽으로 꺾이고 우현 절단부위가 뜯겨 나간 것, 그리고 용골이 좌에서 우로 뒤틀린 것은 폭발 방향이 좌현 하단부에서 우현 위쪽방향으로 진행되었고, 가스터빈실이 떨어져 나갔다는 점은 선체 진행방향을 고려할 때 폭발원점이 함수쪽 가스터빈실 좌측 하단부였다는 사실을 확인하였다."

정부의 말을 종합하면, 함수와 함미의 선저가 위로 꺾여 올라갔으며, 가스터빈실 외판의 좌현이 뜯겨져나간 뒤 나머지 가스터빈 외판 중간부터 우현까지 약 7.8m가 뜯긴 형태로 떨어져나갔고, 용골keel이 좌에서 우로 뒤틀려진 원인이 폭발이라는 것이다.

그런데 그런 식으로 '뜯겨져 나간 것'이 바로 '수중폭발'의 결과라는 근거나 이유에 대해서는 더 이상 설명이 없다. 수중폭발이기 때문에 천안함 절단 부위와 같은 손상을 낳은 것이라고 주장하면서, 왜 그런지는 얘기하지 않고 있는 것이다. 정부의 주장은 좌현 아래에서 위쪽과 오른쪽 방향으로 전달된 어떤 힘이 있었다는 설명일 뿐 저런 손상의 상태 자체가 수중폭발임을 입증하지는 못한다. 절단면의 형태가 수중폭발의 직접적인 증거라고 할 수는 없다. 천안함 선체가 휘어진 것은 어떤 힘이 가해졌거나 무언가에 부딪혔기 때문이라고 얘기할 수는 있지만, 이 자체가 폭발을 뒷받침하는 증거가 되지는 못한다. 이러니 합리적 의문이 자연스럽게 생기는 것이 아니겠는가.

그런데도 정부와 합조단, 나아가 국제조사단을 이끈 미국조사단은 하나같이 버블제트에 의한 수중폭발이라면서 방대한 연구와 조사결과를 보고서에 수록했다. 이에 대해 의문을 제기하는 사람들의 주장도 여전히 의문의 단계이므로, 정부 조사결과를 무조건 부정할 수도 없는 일이다. 그러니 우선 합조단의 주장을 들여다보면서 의문을 하나하나 정리할 수밖에 없다. 보고서는 배의 철판 구조물이 얼마만큼 어떤 형태로 뜯겨나갔는지, 휘어졌는지 일일이 특정해 설명하기 때문에 읽다 보면 집중력이 떨어지거나 난해하다고 여길 수 있다. 하지만 인내심을 갖고 차분히 읽어보면 무슨 말인지 알 수 있다.

합조단은 선체의 절단 부위와 뜯겨나간 상태를 조사하기 위해 "국방기술품질원에 의뢰해 전문인력 3명이 선체 절단부위, 절단면의 변형 형태를 정밀측정하여 분석했다"고 밝혔다. 합조단에 따르면, 우현 절단면은 '프레임 72'(중간 부분)부터 '프레임 85'(중간보다 뒤쪽)까지의 철판이 뜯겨나갔다. 그 철판의 가로 방향 길이는 약 7.8m에 달한다. 또한 함수부의 선저(배 밑바닥) 용골은 '프레임 55'(중간 앞쪽)부터 변형이 시작돼 '프레임 72'에서는 1367mm(1.367m)가 위쪽으로 변형됐다. 평평해야 하는데 위쪽으로 들렸다는 얘기다. 함미부의 경우 선저 용골은 '프레임 100'(함미 뒷부분)부터 변형이 시작되어(휘어져) '프레임 85'에서 약 510mm(0.51m)가 위쪽으로 변형되었다(들어 올려졌다)고 합조단은 설명했다.

또한 합조단은 좌현 절단면에 대해 '프레임 73'(중간 부분)부터 '프레임 85'(중간에서 뒤쪽)까지 약 7.2m가량의 좌현과 선저 철판이 떨어져 나갔다고 밝혔다. 떨어져나간 부위가 균일한 형태로 '파단'됐다고도 합조단은 설명했다. '파단'fracture, 破斷이라는 말은 토목공학 용어로 "부재가 외력, 특히 인장력을 받아서 절단되는 것"을 뜻한다. 함미를 보면, 끊어진 면(파단면 프레임 85~73의 7.2m 길이)의 끝부분이 함 내부의 위쪽으로 꺾여 있고, 함수에서 끊어져 있는 면(프레임 70~73, 1.8m 길이)에서 함 내부 위쪽으로 꺾여 있다고 합조단은 설명했다.

이 밖에도 합조단은 다음과 같이 손상 상태를 설명했다.

—함미 절단면인 '프레임 85'의 격벽이 수직 방향으로 250mm (0.25m) 수축됐으며, 좌현 선저는 폭 방향(왼쪽 방향)으로 102mm (10cm) 늘어났고, 우현 선저는 1080mm(1.08m) 줄어들었다.

—함미 절단면 주갑판 폭이 34mm(3.4cm) 줄었고, 중심선을 기준으로 왼쪽(좌현) 3600mm(3.6m) 지점에서 위쪽 방향으로 680mm (0.68m:68cm) 변형됐다.

—함수 절단면의 좌현의 선저부(배 밑바닥)가 최대 4107mm(4.107m) 가 위쪽으로 변형됐고, 배 밑바닥의 정 가운데인 용골 부위도 1367mm(1.367m) 위로, 우현 밑바닥(선저)도 최대 1758mm(1.758m) 위로 변형됐다.

—주갑판은 중심선 기준 왼쪽(좌현) 2400mm(2.4m) 위치에서 위쪽 방향으로 1475mm(1.475m)가 올라갔다.

—특히 주갑판의 경우 프레임 73~프레임 77 구간에서 끊어졌으며, 떨어져 나간 부분은 없다고 합조단은 설명했다. 갑판의 '개구부 Opening' 주위로 절단된 원인에 대해 합조단은 "외력에 의한 응력 집중"이라고 설명했다.

복잡하다고 느낄 수 있으나 함수와 함미의 절단면과 가스터빈실, 주갑판 등이 뜯겨지거나 휘어진 형태에 대해 측정한 내역을 제시한 정도의 의미이다. 문제는 이에 대한 해석을 어떻게 해야 하는지에 있다. 합조단은 이렇게 선체의 변형형태를 정밀 측정해 분석한 결과 "선체 변형형태로 볼 때 함 내부폭발, 피로파괴 및 좌초 등에 의해 발생될 수 있는 선체 손상은 아니며, 좌현 하부에서 강력한 비접촉 수중폭발에 의해 발생한 강한 힘이 함 내부 우현쪽으로 전달되어 선체가 손상된 것으로 판단했다"고 결론을 냈다.

다소 자세하게 보고서 내용을 인용했지만, 합조단은 이렇게 긴 설명에도 손상의 이유가 폭발에 있다는 점을 제시하거나 입증하지는 못했다. 선체가 좌현 아래쪽에서 우현 위쪽으로 전달된 강한 힘에 의해 손상됐다는 설명 외에는 폭발에 의한 손상임을 입증하는 내용은 찾아볼 수 없다. 그저 선체가 파괴 및 손상, 절단, 휘어져 있음을 보여준 것일 뿐이다. 정 폭발로 쓰려면 '추정된다'고 해야지 '비접촉 수중폭발로 발생한 힘에 의해 선체가 손상됐다' '판단했다'고 단정적 표현을 쓴 것은 성급하다.

정부는 보고서에서 '천안함이 수중폭발로 파괴됐다'고 잔뜩 설명했지만, 왜 선뜻 그런 것 같다고 인정하기 어려울까? 우선, 수중폭발이 발생했을 때 끊어진 군함 선체의 절단면을 우리가 직접 본 경험이나 기억이 없기 때문이다. 그러니 폭발로 파괴됐구나 하는 직감이 있어야 하는데, 그런 게 없다. 더구나 정부는 어뢰의 수중폭발로 두 동강난 군함의 절단면을 제시한 적이 없다. 오히려 실전에서 어뢰의 수중폭발로 생긴 버블제트 효과에 의해 파괴된 세계 최초의 사례라고 역설하기에 바쁘다. 정말 전례가 없는 것인가? 그런 사례가 전혀 없는 것은 아니다. 실제 전투상황은 아닌 훈련 또는 실험test이지만, 어뢰폭발로 군함이 파괴된 예는 실제로 있다. 어뢰폭발로 군함을 파괴하는 테스트test(훈련) 동영상에 보이는 폭발 직후 군함의 절단면을 보면 천안함의 절단면과는 상당한 거리가 있다.

호주 토렌스함 어뢰폭발 실험

지난 2010년 4월부터 천안함 침몰 원인을 조사하기 위해 방한한 국제조사단의 미국 조사단장이었던 토머스 에클스 해군 소장(당시 계급)은 그해 5월 27일 파워포인트로 작성한 보고서(〈Loss of ROKS CHEONAN〉)에서 천안함이 어뢰의 수중폭발(버블제트 효과)에 의해 침몰했을 가능성이 높다고 썼다. 그러면서 그는 천안함이 침몰되는 순간을 설명해주는 사례로 호주 토렌스함의 어뢰폭발 실험 동영상을 소개했다. 그는 "이런 이

중 폭발 효과의 훌륭한 실례를 보고싶은 사람들은 2000톤급 구축함(호위구축함) 'HMAX 토렌스함'이 'RAN 잠수함'으로부터 발사된 295kg의 폭발력을 가진 어뢰 MK48의 폭발에 의해 (침몰하는) 장면이 담긴 유튜브 비디오에서 볼 수 있다"고 설명했다.[2] 에클스 소장은 수중폭발의 사례라고 주장하지만 실제로 그 영상을 보면 천안함과는 크게 다르다. 한편 검찰이 신상철 전 위원의 1심 재판 막바지에 법원에 제출한 토렌스함 파괴 사진의 출처 자료(홈페이지 'powershow.com')에 있는 소개 내용을 보면 당시 사용한 어뢰의 규모가 TNT 1200pound로 쓰여 있다.[3] 1200파운드를 킬로그램으로 환산하면 544.3kg로 나온다. 이 정도 규모는 천안함 1번 어뢰의 폭약량(고성능폭약 250kg)의 TNT 환산량 약 300~360kg보다 더 크다. 미국이 개발한 어뢰인데, 미국 조사단장의 자료엔 TNT 295kg으로 나오고, 홈페이지 자료엔 TNT 약 544kg으로 나오니 다소 혼란을 준다.

인터넷 아카이브 'WayBack Machine' 사이트에 수록된 호주 해군의 토렌스함 폭발 실험 결과를 보면, "호주의 해군은 1999년 6월14일 HMAS 토렌스함을 콜린스급 잠수함 '판콤함'에서 발사한 유선유도어뢰 wire guided torpedo 마크48(MK48) 한 발로 침몰시켰다"고 나온다. 토렌스함은 호주의 여섯 번째 '리버'급 타입의 호위구축함이라는 설명도 들어 있다.[4] 또한 에클스 소장이 소개한 호주 해군 촬영 유튜브 동영상을 보면, 어뢰의 수중폭발 현상이 아주 잘 나타나 있다. 우선 토렌스함 중앙부의 선저 바로 아래에서 폭발 순간 섬광이 나타나는 동시에 엄청난 충격이 선체 중앙을 강타한다. 그 사이를 뚫고 연돌 쪽에서 붉은 연기 기둥이 새어 나오고, 곧바로 150m 크기의 폭발 부유물과 연기 잔해가 포함된 물기둥이 솟구쳐 오른다. 이 물기둥은 수직 방향으로만 솟아오른 것이 아니라 거의 180도에 가까운 방향으로 퍼져나간다. 폭발 열기와 화염이 선체 중앙을 뚫고 지나가는 모습을 비교적 생생하게 확인할 수 있다.[5]

이에 반해 천안함 생존 승조원들과 좌우현 견시병, 백령도 247초소

위-1999년 호주 HMAX 토렌스함이 어뢰의 수중폭발로 절단돼 침몰하고 있다. 사진은 함수 절단면.
   사진=powershow.com
아래-2010년 3월 26일 침몰한 천안함의 함미 절단면. 2015년 4월 촬영. 사진=조현호 기자

해병대 초병 2명 모두 물기둥을 본 적 없다고 밝혔다. 군과 합동조사단
에서의 진술과 진술서, 법정에서의 증언에서도 물기둥은 전혀 보지 못했
다고 했다. 부유물이나 폭발 잔해, 먼지, 파편조차 남아 있지 않았다. 해

군 탐색구조단과 합동조사단은 폭발 잔해로 볼 수 있거나 유사한 증거를 수거하지 못했다. 폭발 열기나 폭발 시 수중에서 발생한 섬광을 본 사람은 아무도 없었다. TOD 동영상에 나온 천안함 함수, 함미의 절단 및 침몰과정에도 아무런 열기나 그 흔적이 감지되지 않는다. 촬영된 TOD 동영상은 화면 상태가 '흑상'으로 돼 있어 열기가 있으면 검게 나타나고, 없으면 희게 나타난다. TOD 속 천안함에선 생존 승조원만 검게 나타날 뿐 절단된 선체에서 검은 모습은 찾기 어렵다. TOD 영상에선 부유물이나 찌꺼기조차 일절 보이지 않는다. 다만 폭발 열기는 금방 사라지며, 부유물 등은 조류를 타고 떠내려가 이미 시야에서 벗어났을 수 있다는 반론도 있다.

토렌스함 어뢰폭발 영상에서 가장 눈에 띄면서도 참고할 만한 장면은 절단면의 모습이다. 토렌스함 함수의 절단면 동영상과 사진들을 보면, 솟구쳐 오른 물기둥이 반구 형태로 뻗어 나갔기 때문에 손상된 방향도 직선이 아니라 대각선(선체 하부에서 상부로 갈수록 함수 방향으로 대각선)의 형태로 나타난다. 또한 파단된 단면을 보면, 갈기갈기 찢겨 있거나 뭉개져 있다. 상부 갑판 쪽은 180도로 뒤집어진 채 거뭇하게 그을려진 흔적도 나타난다. 한동안 주변이 연기로 자욱하다.

이에 반해 천안함 절단면은 손상 부위가 토렌스함의 절단면과는 크게 다르다. 천안함의 경우 함미 좌현 하단부의 철판이 갑판 쪽을 향해 꺾인 것을 제외하고는 끊어진 단면이 대체로 일자 형태이며, 깨끗하다. 특히 함미 선저 쪽은 용접으로 이어 붙였던 자리가 분리된 것처럼 일자형으로 매끈하게 끊어져 있다. 함수의 선저도 마찬가지로 반듯하게 끊어져 있다. 상부갑판의 경우는 반듯하게 일자 형태로 끊어진 모습 외엔 거의 힘이 미치지 못한 흔적이 곳곳에 남아 있다. 함수 상부에 설치된 한 형광등은 깨지지 않았으며, 지금까지 손상되지 않은 채 그대로 달려 있다.

그런데도 토렌스함 폭발 동영상과 절단면 사진을 두고 합동조사단은 정반대의 해석을 했다. 윤덕용 전 천안함 민군 합동조사단 공동 조사단장은 지난 2015년 10월 12일 서울중앙지법 형사36부(재판장 이홍권 부장판사) 주재로 열린 신상철 전 합조단 민간위원의 천안함 관련 명예훼손 재판에 출석해 토렌스함과 천안함의 손상 상태가 비슷하다고 주장했다.

윤 전 단장은 당시 법정에서 합조단 조사단장으로서 조사결과 개요를 프레젠테이션 형식으로 설명하면서 호주 군함의 폭발실험 동영상에서 캡처한 사진을 제시했다. 윤 전 단장은 "오스트레일리아에서 폭발실험을 한 영상 자료로, 천안함보다 좀 더 큰 배인 토렌스함"이라며 "(폭발로 침몰했다고) 상상할 수 있는 비슷한 상황"이라고 주장했다. 그는 "(토렌스함도) 함미가 먼저 침몰하고 함수만 남아 있는 사진"이라며 "손상 상태가 천안함과 비슷하다"고 주장했다. 그는 "과거 (토렌스함과 같은) 손상 상태로 볼 때 (천안함도) 좌편 수중에서 비접촉으로 폭발이 일어나 이런 손상이 일어났을 것"이라며 "폭발량과 위치를 알아내기 위해 시뮬레이션을 실시한 결과 20m 정도에서 TNT 300kg 폭발 시 절단 가능하다는 결론을 얻었다"고 말했다.

앞서 말했듯이 아무리 자세히 들여다봐도 토렌스함의 함수 절단면과 천안함의 함미함수 절단면은 동일한 손상 상태라고 판단하기 어렵다. 설령 아주 작은 규모의 폭발이라 주장한다 해도 뜯겨진 형태와 방향, 단면의 형태와 색깔 등이 전혀 다르다. 또한 폭발 규모가 훨씬 작다고 할 수도 없다. 토렌스함을 파괴한 MK-48 어뢰는 TNT 295kg(또는 TNT 1200pound-TNT 544kg) 규모의 폭발력이며, 천안함을 파괴했다고 주장하는 1번 어뢰(CHT-02D)는 TNT 250~360kg 또는 북한제 고성능 폭약 250kg 규모이다. 윤 전 단장은 수심 20m에서 TNT 300kg이 폭발하면 절단이 가능하다고 하지만, 합조단은 보고서에서 수심 6~9m라고 결론을 내렸다. 그러면 훨씬 더 가까이에서 폭발한 것이니 폭발력이 더 커야 하는데, 절단면의 상태는 토렌스함보다 양호하다. 과학적 설명은 근거와 주장을 논리적으로 끊어짐 없이 연결할 때 명쾌하게 받아들일 수 있다. 실제 상태가 모든 것을 보여줄 수 없기 때문에 합조단의 과학적 설명에 어쩔 수 없는 한계가 있다는 점을 인정하더라도 절단면의 상태가 이렇게 다른데, 이를 비슷하다고 주장하는 것은 납득하기 어렵다.

폭발과 수중폭발, 충격파—크고 작은 모순들

군과 합조단은 천안함 침몰 원인은 1번 어뢰의 비접촉 수중폭발이라고 주장해왔다. 천안함 절단면의 손상 상태를 집중 분석해 그 근거라고 주장했다. 시뮬레이션 결과를 제시하기도 했다. 그러나 합조단은 시뮬레이션을 수중폭발로 한정했고, 조사도 끼워 맞추기식으로 일관했다. 이들은 처음부터 폭발에 의한 파괴라고 단정하다시피 했다. 과연 수중폭발이 가장 설득력 있는 천안함 침몰 원인인 것인가? 합조단은 보고서에 어뢰에 의한 '수중폭발'을 설명하면서 과거 미 해군 등이 조사해놓은 여러 공식과 방정식을 제시했다. 하지만 합조단이 주장하는 내용을 검증하다 보면 모순점이나 들어맞지 않는 주장이 발견되기도 한다.

수중폭발을 이해하려면 먼저 폭발이 무엇인지부터 알아봐야 한다. 이수경 서울과학기술대학교 안전공학과 교수는 그의 저서 《가스폭발방지공학》에서 폭발에 대해 "압력의 빠른 증가로 인해 유도되는 사건"이라고 정의했다. 그는 이런 폭발을 가능케 하는 것으로 '핵반응' '고압용기에서 내용물의 손실' '고성능 폭약' '금속 수중 증기 폭발' '폭주반응' '분진연소' 등을 들었다.[6] 화학대사전에 따르면, 폭발이란 "극심한 연소현상"으로, 엄밀하게 말하면 폭연Deflagration과 폭굉Detonations으로 구분된다. 폭연은 폭발적 연소의 의미로 폭발성 매체(전달의 매개-공기 중, 수중)에 전해지는 화염의 속도가 소리의 속도보다 작을 때를 뜻한다. 폭굉은 이런 속도가 소리의 전파속도를 넘는 초음속인 경우에 해당한다. 폭굉에서 나타나는 '초음속으로 전달되는 것'이 바로 충격파Shock wave이다. 충격파에 이어 뒤따라 나오는 연소파를 합쳐 '폭굉파'로 통칭한다. 폭굉파의 속도는 매초 수천 미터 이상이며, '파면'의 압력은 가스폭발로는 수천 기압, 폭약을 사용하면 수만 기압 이상에 달한다고 기술하고 있다.[7] 이것이 일반적으로 공기 중에서 일어나는 폭발의 화학적 의미이다.

여기에서 눈여겨봐야 할 점은 폭발에는 충격파가 생성된다는 사실이다. 이수경 교수는 충격파에 대해 "많은 에너지의 급격한 방출을 수반하는 급격한 압력의 증가 현상"이라며 "충격파는 어떠한 유체 매질 중에서도 발생시킬 수 있다"고 설명했다. '매질'이란 충격파가 전달되는 통로로 예를 들어 공기 중인 기체나 수중인 액체를 뜻한다. 다시 말하면 수중에서의 폭발 또는 폭굉이 발생하면 충격파가 나타날 수 있다는 것이다. 기체의 경우 충격파가 통과하면 일반 기체에 비해 높은 밀도와 높은 온도가 생긴다고 이 교수는 전했다.[8]

이와 관련해 우주의 빅뱅이론의 기원인 '팽창우주론'을 제안한 구소련의 물리학자 조지 가모브George Anthony Gamow도 유사한 설명을 했다. 가모브는 그의 저서 《즐거운 물리학》에서 "폭발에 의해 만들어지는 충격파는 초음속 비행기에서 만들어지는 정지해 있는 충격파와 매우 비슷하다"며 "실제로 보통의 폭탄이 폭발하면 폭탄이 가지고 있는 고체물질(TNT, RDX 등)은 빠르게 뜨거운 기체로 바뀐다"고 설명했다.

"이 때 기체는 고체가 차지하던 것과 거의 같은 부피를 차지하게 돼 압력이 엄청나게 높아진다. 엄청난 압력이 금속으로 된 껍데기를 파괴해 버리면 뜨거운 기체는 주변의 물질(공기 또는 물) 속으로 초음속으로 팽창하면서 앞쪽에 있는 물질을 밀어내게 된다. 팽창이 진행됨에 따라 폭발로 만들어진 기체는 차츰 식고 압력도 줄어든다. 어떤 단계에 이르면 압축된 매질과 속도가 느려진 기체층 사이에 경계가 만들어지고 이러한 압력의 경계(충격파)는 매질을 따라 자유롭게 전파돼 나가면서 중간에 만나는 물체에 커다란 손상을 입히게 된다. 아주 멀리에서는 충격파가 음파로 바뀌게 되고 안전한 거리에 있는 사람들은 커다란 폭발음만 들을 수 있다."[9]

폭발의 의미를 짚고 넘어가는 데에 이렇게 원론적인 얘기까지 옮기는 이유는 바로 폭발에는 충격파가 발생한다는 점 때문이다. 이 충격파는 접촉 대상에 엄청난 손상을 준다. 그것은 수중폭발에서도 마찬가지이다.

합조단도 보고서 부록에 수중폭발 시 곧바로 강력한 충격파가 발생한다는 점을 설명했다. 합조단은 부록에서 Michael swisdak의 '수중폭발 효과'에 대한 연구를 인용해 "화약이 수중에서 폭발하면 매우 높은 압력의 충격파가 수중으로 전파되고, 이어서 고온(2000~6000K), 고압(150~400Kbar)의 폭발 생성물Detonation products에 의해 구체형 버블이 형성된다"고 설명했다.[10]

워런 레이드가 지난 1996년 미국 해군의 수중폭발 연구기관에 1년 3개월 동안 참가해 얻은 정보를 토대로 작성한 보고서 〈수중폭발에 의한 배 표면 반응TheResponse of Surface Ships to Underwater Explosion〉을 보면, 저자는 수중폭발의 최초 가스버블의 압력(첨두압력peak pressure)의 크기가 충격파 압력의 크기에 비해 약 10~15% 수준이며, 가스버블이 수면으로 이동해 감에 따라 더 감소할 수 있다고 밝혔다.[11]

수중폭발 전개과정의 특징은 기상폭발과 달리 충격파 발생 이후 가스버블이 생성돼 팽창과 수축을 반복한다는 점이다. 폭발 직후 생성된 충격파가 먼저 선체에 충격을 가하고 그 뒤 가스버블이 팽창해 다시 선체에 충격을 전달한다. 그 뒤 가스구면 내부 압력과 바깥 압력의 차이로 다시 가스버블이 수축한다. 이렇게 팽창과 수축을 반복해 선체에 손상을 일으킨다는 것이다. 특히 마지막엔 수축된 가스버블이 붕괴돼 생긴 강력한 힘이 워터제트를 형성해 선체를 절단하고 100m 가까운 물기둥을 일으킨다는 것이 수중폭발 후 나타나는 현상이다.

여기서 주목해봐야 할 것이 있다. 합조단 보고서의 '부록'과 워런 레이드 등 수중폭발 연구자의 보고서를 보면, 이 모든 수중폭발 과정 각각의 단계에서 충격파가 가장 큰 압력의 크기로 전달되는 것으로 나온다는 점이다. 특히 레이드의 보고서에 나오는 것처럼, 최초 가스버블 압력의 크기가 충격파의 10~15% 수준이라는 설명을 바꿔 말하면 충격파는 최초 가스버블 크기의 6~10배 정도로 크다. 천안함을 파괴한 어뢰의 규모에 대해 합조단은 '북한제 고성능 폭약' 250kg, 또는 TNT 250~360kg 상당의 어뢰가 수심 6~9m 위치에서 터졌다고 발표했다.

합조단이 제시한 그래프에 이 크기를 적용해보면 충격파의 크기를 산출할 수 있다. 합조단 보고서 부록 '수중폭발 현상' 편에 수록된 폭발 규모에 따른 폭약으로부터 거리ᵣ 만큼 떨어진 곳에서의 충격파 첨두압력의 크기를 나타낸 그래프를 보면, TNT 260kg 규모의 폭약이 선체와 4m 떨어진 곳에서 폭발할 경우 89MPa(메가파스칼)의 압력이 나타나고, 6m 떨어진 곳에선 56MPa의 압력이 나타난다. 합조단이 발표한 폭약 최대치인 TNT 360kg 규모의 폭약이 4m 거리에서 폭발할 경우엔 100MPa의 첨두압력이, 6m 거리에선 63Mpa의 첨두압력을 갖는다.[12] 이는 수심 6~9m를 배의 흘수선부터 선저까지 깊이(약 3m)를 뺀 거리로, 즉 배 밑바닥부터 어뢰까지의 거리를 기준으로 그래프를 읽은 것이다.

합조단은 보고서 부록에 수중폭발 시 총 방출된 에너지 가운데 충격파 에너지가 53~54%이며 1차 버블진동 에너지가 46~47%라고 기재했다. 폭발 시 절반 이상이 초기 충격파 에너지로 방출된다는 것이다.

이 같은 압력의 규모가 어느 정도인지 가늠하기 위해 2010년 당시 충격파 논쟁을 제기했던 서재정 일본 국제기독교대 교수(전 미국 존스홉킨스대학교 교수)의 설명을 살펴볼 필요가 있다. 그는 2010년 《창작과비평》 가을호[13]에 실은 '결정적 증거, 결정적 의문'에서 '고성능폭약 250kg'의 폭발로 천안함이 절단됐다는 합조단 주장에 대해 "그러한 규모의 폭발이 있었다면 그에 상응하는 충격파도 생겼을 것"이라며 "충격파가 생기지 않는 폭발물은 없고, 어뢰의 경우 통상 폭발에너지의 대부분은 충격파로 전이되기 때문"이라고 밝혔다. 합조단과 국방부 모두 충격파의 영향을 인정한 점을 들어, 서 교수는 "통상적으로 어뢰에서 발생하는 충격파의 압력은 버블효과의 최고압력보다 6~10배 더 큰 것으로 알려져 있으므로 천안함이 버블효과로 타격을 입었다면 그에 따른 충격파에 의한 파괴는 6~10배 더 컸을 것"이라고 분석했다.

서 교수는 "합조단이 주장하는 것과 같은 버블효과가 실제로 천안함을 절단할 정도의 파괴력이 있었다면, 그보다 6~10배 강한 충격파는 천안함을 거의 전파하다시피 했을 것"이라며 "충격파는 폭약이 폭발하는 순간 주변의 매체(어뢰의 경우는 물)를 강하게 밀어내 생기는 파동으로 음속보다도 빠른 속도로 이동하며 천안함에 강력한 충격을 줬을 것이기 때문"이라고 강조했다.

서 교수는 합조단 주장대로 TNT 250kg 규모의 폭발이 있었다면 그 충격의 크기를 호주 국방부 국방과학기술기구가 발표한 보고서에 제시한 공식에 따라 크기를 계산할 때 34.4~55.5 MPa의 크기가 나온다고 제시했다. 이를 psi(프사이)로 환산하면 4989~8050psi이다. 서 교수가 제시한 압력의 크기는 내가 앞서 언급한 천안함 합조단 보고서의 부록에 수록된 그래프를 읽은 것보다는 약간 작지만, 대체적인 규모를 가늠하는 것이니 큰 차이가 없을 것으로 감안하고 인용했다.

"5psi의 힘으로 집이 무너질 정도라면, 이의 1000배가 넘는 충격파는 무쇠로 만든 선박이라도 만신창이로 만들었을 것이다. 그러나 어뢰의 충격파를 가장 직접적으로 받았을 함미의 절단면은 너무나도 깨끗하다. 천안함 선저의 상태 또한 어뢰의 충격파 효과와 일치하지 않는다."

서 교수는 이어 "합조단 발표와 같은 어뢰 폭발이 있었다면 천안함은 충격파와 직접 맞닿은 부분이 만신창이가 됐을 뿐 아니라, 다른 부분도 충격파의 2차적 충격을 받았을 것"이라며 "천안함이 최소한 5000psi 정도의 충격을 밑에서부터 받았다면 안전벨트를 메고 있지 않던 선원들은 총알같이 위로 튕겨나갔을 것"이라고 역설했다.

선저 아래 가까이는 3∼6m 거리에서 엄청난 양의 폭약이 수중폭발했는데도 천안함 선체에 가해진 충격이 저 정도에 불과한가라는 의문이다.

이에 대한 반론도 있다. 김인주 합조단 폭발유형분과 군측 위원(해군 대령)은 당시 《중앙일보》와 나눈 인터뷰[14]에서 "서 교수의 주장은 250kg 폭탄이 터지면 대략 33∼55메가 파스칼의 압력이 발생하고 선체가 산산조각 나야 하는데, 배가 안 깨졌으니 충격파도 폭발도 없었다는 것"이라며 "서 교수의 계산 공식은 잘못됐다"고 반박했다. 김 위원은 "그 공식을 쓰면 33∼55메가 파스칼, 즉 5000∼8000psi가 나오지만, 선체의 '항압 능력'은 그보다 훨씬 크다"며 "목조 건물은 5psi면 날아가지만 배는 5000∼8000psi가 돼도 깨지지 않는다"고 강조했다.

그는 이 분야 전문가인 국방과학연구소ADD의 황을하 박사는 '충격파로 배가 깨지는 경우가 거의 없다'고 한다며 다른 연구원의 말도 옮겼다고 이 신문은 전했다. 김 위원은 "선내 전자장비나 전기제품이 손상되는 정도"라며 "충격파의 압력이 선체에 압력을 가하는 지속 시간이 중요하기 때문이다. 바람으로 집이 날아가려면 압력이 최소 몇 초 지속돼야 하지만 천안함엔 충격파가 가해진 시간이 몇천분의 1초"라고 말했다고 《중앙일보》는 전했다.

충격파가 전달되는 시간이 매우 짧고, 천안함엔 수천 분의 1초간만 전달됐다는 것이다.

김인주 전 합조단 위원과 황을하 ADD 연구원(전 합조단 위원)의 주장처럼 합조단은 보고서에서 충격파가 선체에 전달되는 충격이 별로 크지 않다고 썼다. 합조단은 "선체 밑에서 폭약이 폭발함과 동시에 충격파는 매우 빠른 속도로 전파되어 선체에 충격을 주게 된다"며 "이러한 충격파의 초기 압력은 높지만 시간과 거리의 증가에 따라 매우 빨리 소멸되고, 구면파로 전파되기 때문에 실제적으로 선체에 가해지는 충격은 크지 않게 된다"고 주장했다. 합조단은 "이러한 전파특성 때문에 충격파가 선체에 주는 손상은 대부분 선체 내부의 전기 및 통신 시설의 오작동이나 가벼운 파손 정도로 알려져 있다"고 기술했다.

그러나 합조단은 보고서에 상당 부분을 할애해 수록한 이른바 '천안함 선체 손상 시뮬레이션'에서는 충격파로 인한 영향이 나타난다고 써놓았다. 오락가락한 것이다. 합조단은 보고서에서 '미국조사팀의 지진파 공중음파 분석과 폭약량 수심 및 수심 분석결과'를 설명하면서 "천안함 선체가 인양된 이후 절단면과 선저부분을 육안으로 검사한 결과, 충격파와 버블효과에 의한 외판 디싱Dishing과 선체 휘어짐Bending 현상이 관찰되었다"고 썼다. '충격파'에 의한 효과가 나타났다고 기재한 것이다.

합조단은 보고서에서 특히 근접 수중폭발 충격해석의 결과를 설명하면서 TNT 360kg이 수심 7m에서 폭발한 경우의 연속적인 3차원 이미지를 18쪽에 걸쳐 실었다. 이와 함께 합조단은 "(이 그림을 보면) 천안함의 가스터빈실이 어떤 순서로 떨어져 나갔는지를 확실히 유추할 수 있다"며 "즉, 먼저 충격파가 도달하여 'Punching shear'라고 불리는 전단현상(판재에 수직방향으로 작용하는 급격한 압력에 의해 판재가 두께방향으로 전단, 즉 사선으로 절단되는 현상)에 의해 가스터빈실 좌현 선저 외판의 가장 취약한 부위가 먼저 찢겨져 나가고…"라고 기술했다. 분명히 여기서는 충격파로 가스터빈실 좌현 선저 외판이 찢겼다고 기술한 것이다.

앞에서는 충격파로 인한 선체의 손상이 미미하다고 주장하고, 뒷부분에서는 충격파에 의해 가스터빈실 좌현 선저 외판이 뜯겼다고 주장한다. 또한 부록에서는 충격파가 54%로 가스버블의 팽창과 수축현상에 의한 에너지의 총량보다 훨씬 더 크다는 데이터도 수록했다. 천안함 선체의 절단면과 같은 분명한 실체와 증거를 설명할 일관된 이론이나 논리라 하기엔 어수선하다. 이는 서재정 교수 등이 제기한 어뢰의 수중폭발에 의한 충격파의 효과가 어디 있느냐에 대해 제대로 된 답변이라고 보기 어렵다.

시뮬레이션을 통해 폭발효과와 천안함 절단 상태를 구현했나

이와 관련해 합조단은 천안함 선체의 절단과정을 수중폭발에 의한 것이라는 점을 설명하기 위해 '근접 수중폭발' 분석방법을 사용했다고 밝혔다. 원거리 수중폭발 분석법은 수중폭발에서 발생하는 '충격파'와 '버블의 팽창-수축 및 워터제트 효과'를 각각 분리해서 설명할 수 있지만, 근접 수중폭발일 경우엔 모든 과정이 단시간에 나타나기 때문에 이를 따로 분리해서 해석할 수 없다고 설명했다. 이에 따라 천안함을 절단 파괴에 이르게 한 폭발을 근접 수중폭발로 해석한 것이다. 이를 위해 2단계로 해석을 했다.

첫째, 천안함의 길이방향 강도인 '종강도(길이방향)'를 잃고 절단 파괴에 이른 것으로 보고, 이를 해석하는 프로그램인 '보유추 휘핑 해석'을 실시했다. 선체를 하나의 보Beam로 유추해서 해석한다는 뜻이다. 수중폭발이 선체라는 '보'를 급격하게 휘게 하는데 필요한 요소를 계산한다는 것이다. 어떤 폭발이 함의 파괴를 일으키는지 신속하게 분석하기 위한 것이라고 합조단은 설명했다.

둘째, 합조단은 가능한 근접 수중폭발의 주요 영향을 모두 포함할 수 있도록 선체, 해수, 공기, 폭약 및 폭발작용을 모두 고려하고 '하이드로코드'를 사용해 '3차원 탄소성 유한요소 해석'을 수행했다고 밝혔다. 하이드로코드는 유체와 구조 연성Couple 문제, 고속 변형 및 파괴 해석에 적합한 해석코드의 범주를 말한다고 설명했다. 여기서 '유체와 구조연성'이란 '유체-구조연성 해석Fluid-Structure Integration'으로 '실제 물리 현상에서 발생하는 구조 문제 및 유동 문제를 복합적으로 예측하고 검토하는 해석 프로그램'으로 알려져 있다. 이들은 이 같은 탄소성 (유한요소) 해석을 하는 데에는 사용해석 프로그램인 LS-DYNA Version 971을 사용했다고 전했다. 이 프로그램은 단시간에 진행되는 현상을 묘사 및 해석하는 프로그램 명칭으로 주로 자동차 충돌실험 시 사용한다고 합조단은 설명했다.[15] 다시 말해 선체에 대한 수중폭발 시뮬레이션을 하면서 자동차 충격 프로그램을 사용한다는 것이다.

합조단은 "이 해석을 위해 조사 초기 단계부터 선체 상세 유한요소 모델링을 준비하였으며, 유력한 폭발유형이 도출된 후 해석을 수행했다"며 "이 해석방법은 충격파의 영향, 버블의 팽창, 수축의 영향을 혼합 연결하여 함을 절단 파괴에 이르게 한 주요 과정을 시뮬레이션할 수 있을 것으로 판단했다"고 설명했다. 폭발을 전제로 한 시뮬레이션을 했다는 것이다. 다만 합조단은 합조단이 설명해온 '충격파 → 가스버블 팽창 → 가스버블 압축 → 가스버블 붕괴 → 워터제트분사'의 가상 전개도에서 마지막 단계인 '워터제트 분사'에 대해서는 한계가 있다고 인정했다. 합조단은 "물의 고속 분사 및 분산 등 복잡한 작용으로 선체에 손상을 일으키며 이를 모두 고려해 해석하는 것은 현재의 수치해석 기술로는 한계가 있으나 본 해석을 통해 이 현상의 발생 단계 등 간접작용은 분석할 수 있을 것으로 판단했다"고 설명했다. 참고로 가스버블이 팽창하면서 선저 중앙에 영향을 미쳐 '역 V'자(Λ) 형태로 휘어지는 현상을 '호깅'hogging이라 하며, 반대로 영향을 미쳤던 힘이 빠지면서 'V'자 형태로 아래 방향으로 휘어지는 현상을 '새깅'sagging이라는 표현을 쓴다.

이 같은 해석 프로그램 분석 결과 첫째 '보유추 휘핑' 프로그램을 통한 천안함 종강도(길이방향의 구조물로서)의 안전성에 대해 합조단은 "TNT 폭약 100kg, 200kg, 300kg에 대해서는 폭발 거리 20m까지는 호깅 시 최종 강도 관점에서 충분히 안전하지만, 새깅 시 TNT 폭약 100kg이 폭발 거리 20m에서 폭발해도 천안함 주선체의 종강도에 기여하는 길이방향 부재에 손상이 발생할 수 있음을 알 수 있다"고 설명했다.

또한 두 번째 근접 수중폭발 해석을 위한 '3차원 탄소성 해석'을 한 결과에 대해 합조단은 보고서에 18쪽에 달하는 3차원 입체 영상 이미지를 수록했다. 합조단은 근접 폭발조건으로 TNT 폭약 360kg이 수심 7m와 9m에서 폭발한 경우 2초 동안의 힘의 전달 과정에 대해 해석을 했다고 주장했다. 그러나 TNT 폭약 360kg이 수심 9m에서 폭발한 경우에 대해 합조단은 "해석을 통해 예측된 가스터빈실의 손상 정도가 실제 천안함 손상상태와 비교했을 때 매우 미약하다고 판단돼 이 경우에 대해서는 0.9초까지만 해석을 수행하고 중단했다"고 밝혔다.

이는 TNT 360kg이 수심 9m(선저 6m)에서 폭발할 경우엔 천안함의 손상을 나타낼 수 없다는 것이다. 뒤집어 말하면 시뮬레이션을 통해서는 9m에서 폭발한 것이 아니라는 결론을 냈다는 의미이기도 하다. 그런데도 합조단은 북한 어뢰(CHT-02D) 고성능폭약 250kg이 수심 6~9m(천안함 선저 아래 3~6m 지점)에서 폭발했다고 발표했다.

다만 합조단은 TNT 폭약 360kg이 수심 9m에서 폭발한 경우에 대해서는 "근접 수중폭발 조건이기 때문에 충격파와 버블 거동에 의한 하중이 가스터빈실 및 이에 바로 인접한 격실에 집중하여 국부적으로 작용하고 있음을 알 수 있다"며 "또한 버블의 팽창 및 수축과 이로 인한 선체의 호깅 및 새깅 거동이 잘 구현되고 있음을 알 수 있다"고 주장했다. 시뮬레이션 이미지 18쪽 중에 14쪽을 TNT 360kg 7m 사례로만 채웠다. 측면, 측면 확대, 전면, 상면 등 여러 방향에서 바라본 충격과정에 대한 이미지들이었다.

그러나 이 경우에도 폭발 2초 후 최종 이미지조차 현재 천안함이 함수와 함미, 가스터빈으로 분리되는 과정이 나타나 있지 않다. 가스터빈 외판의 가운데와 좌현이 찢어지는 모습만 나타나는데 그친다. 하지만 천안함은 함수와 함미 사이에 폭 약 11m(11.43m), 길이 약 8.7m 크기의 가스터빈 외판(선저 우현 부분)이 통째로 떨어져 나왔다. 시뮬레이션처럼 가스터빈실의 가운데가 폭 방향(횡 방향)으로 찢긴 모습은 찾아볼 수 없다.

이를 두고 법원에서는 모호한 판단을 내렸다. 합조단이 천안함 절단을 재현하지 못했지만 '정성적으로 유사하다'고 판단했다. 서울중앙지법 형사36부(재판장 이홍권 부장판사)는 지난해 1월 25일 신상철 전 민군합동조사단 민간조사위원의 명예훼손 사건 판결을 통해 이같이 밝혔다.

"합조단이 TNT 폭약 360kg이 수심 7m에서 폭발한 경우를 상정하여 수행한 근접 수중폭발 충격 해석 시뮬레이션에 의하더라도 천안함의 함수, 함미가 선체 상판까지 완전히 절단되는 모습이나 가스터빈실 유실에 의한 함수부와 함미부가 분리되면서 함체가 절단되는 모습을 재현하지는 못 하였다. 그러나 최초 충격파가 도달하여 전단현상에 의하여 가스터빈실 좌현 선저 외판의 취약한 부위가 먼저 찢겨져 나가고 이어서 버블의 팽창, 수축 및 재팽창으로 인해 위쪽과 아래쪽, 다시 위쪽으로 변형되면서 점점 더 크게 찢겨져 나가는 폭발 후의 함체 손상과정을 보여주고 있다. 또한 3D 레이저 스캐닝하여 얻은 실제 손상상태와 해석을 통해 예측된 좌현 쪽의 손상 결과를 비교하여 보면, 정성적으로 유사함을 확인할 수 있다."[16]

그러면서 재판부는 "합조단의 해석모델은 물, 선체, 공기를 모두 모델링한 것으로 총 결점 및 요소수가 300만 개가 넘는 방대한 모델이었지만, 선박 내부 주요 구성으로는 가스터빈과 발전기만을 모델링한 것으로 내부 부품 모두를 모델링한 것은 아니다"라며 "합조단의 충격해석을 담당한 정정훈 박사(합조단 위원·기계연구원 책임연구위원)[17]는 선체가 찢어진 후 선체로 공기와 버블이 유입되는 과정에 관한 좋은 모델은 만들어져 있지 않고, 대변형 손상을 구현하기에는 기술적 한계가 있다고 진술하고 있다"고 썼다.

재판부는 "즉, 선체 구조의 모든 요소들을 수치화한다는 과학기술 한계가 있을 수밖에 없고, 선박 노후화 등 당시 수치화할 수 없는 곤란한 부분도 있을 수 있다"며 "따라서 충격해석을 통하여 선박의 실제 손상 모습을 완벽하게 재현되는 것을 요구할 수는 없다고 판단된다"고 주장했다.

실제 상황을 재현하기 위한 시뮬레이션이 증거를 재현하지 못했다면서도 어차피 과학기술상의 한계가 있다는 점을 인정해야 하고, 대강 비슷해보이니 이 정도면 됐다는 결론이다. 46명의 젊은 목숨과 군함의 파괴라는 사상 초유의 참사를 앞에 두고 어떻게 이렇게 엉성한 논리로 기존 발표내용을 두둔하려는 것인지 의문이다.

시뮬레이션 결과가 천안함 절단 상태와 일치하지 않는다는 의문은 합조단이 조사결과를 발표한 2010년도부터 과학계에서 제기됐던 이슈였다. 그런데도 재판부는 이를 외면한 것이다. 서재정 일본 국제기독교대 교수는 2010년 미국 존스홉킨스 대학교 국제관계학 교수 시절 낸 글에서 버블효과를 입증하는 근거자료로 제시한 시뮬레이션이 오히려 버블효과가 없었음을 드러냈다고 비판했다.

서 교수는 "버블효과를 보여주는 시뮬레이션 동영상을 보면, 천안함이 부분적으로 파손되는 모습을 보여주지만 천안함이 절단되는 것까지는 보여주지 못하고 있었다"며 "그렇다면 합조단은 어떤 근거로 버블효과가 천안함을 절단할 수 있었다고 주장하는가. 합조단은 아직까지도 그 근거를 제시하지 못하고 있다"고 지적했다.

특히 합조단의 시뮬레이션 결과를 보면 천안함 가스터빈 외판 쪽 선저가 일─자 형태로 찢겨진 것으로 수록돼 있지만 실제 천안함 선체의 가스터빈실은 일자형 찢겨짐은커녕 통째로 뜯겨져나갔다는 점에 주목했다. 또한 버블은 구형이라는 점도 고려할 사항이다. 서 교수는 "버블은 기본적으로 '구형'이므로 버블이 천안함과 충돌해 손상을 입혔다면 천안 하의 선저를 거의 구형과 유사하게 변형시켰을 것"이라며 "그러나 실제 로 천안함 선저의 피해양상은 구형이라기보다는 날카로운 물체에 밀려 서 올라간 것 같은 각이 진 모습을 하고 있다"고 강조했다.

그는 "시뮬레이션은 선저가 버블로 밀려올라가면서 가장 윗부분의 인 장이 선체의 인장강도를 넘어서 일부분 찢어지는 모습을 보여주는데 그 부분은 흘수선을 훨씬 넘어 갑판에 가까울 정도로 밀려 올라간다"며 "그 러나 천안함은 가장 많이 밀려 올라간 함수 부분도 4.107m(4107mm)만 이 밀려 올라갔고, 절단면도 역W의 모습을 하고 있어 一자 모양의 시뮬 레이션 절단선 모습과 현격히 불일치한다"고 지적했다.[18]

서 교수는 합조단의 이 같은 시뮬레이션이 외부폭발을 입증하는 증거 가 될 수 없다는 점을 강조했다. 수심 6~9m(선저 아래 3~6m)에서 북한 산 고성능폭약 250kg의 어뢰가 폭발했다는 것을 전제로 시뮬레이션을 이 조건에 끼워 맞춘 것에 불과하다는 지적이다.

"합조단 외부폭발을 입증하기 위해 외부폭발을 전제로 한 시뮬레이션을 보여주고 있다는 점이다. 즉 합조단은 버블효과로 천안함이 절단돼 침몰했 다는 증거로 시뮬레이션을 보여주고 있지만, 설령 시뮬레이션이 천안함 철 단과정을 보여준다고 하더라도 시뮬레이션이 어뢰의 외부폭발 증거가 될 수는 없다. 시뮬레이션은 250kg의 고성능 폭약이 가스터빈실 중앙으로부 터 좌현 3m, 수심 6~9m 정도에서 폭발했다는 것을 전제하고 출발했기 때 문이다. 이러한 전제가 성립한다는 가정하에 천안함에 어떠한 손상이 가해 질 수 있을까를 알아보는 시뮬레이션이 그 전제를 입증할 수 없다는 것은 기본상식이다."

서 교수는 시뮬레이션에 대해 결론적으로 "시뮬레이션이 보여주는 천안함의 파손형태는 천안함의 실제 파손모습과 일치하지 않는다"며 "버블효과가 있었음을 입증하는 근거가 없을 뿐만 아니라 근거로 제시한 시뮬레이션은 오히려 버블효과가 없었음을 보여주고 있다"고 평가했다.

2. 선체 나머지의 폭발흔적과 그 반론들

멀쩡한 시신과 부상자가 수중폭발의 근거?

합동조사단은 천안함 침몰 원인을 폭발-비폭발 가운데 '폭발'로, 접촉-비접촉 가운데 '비접촉'으로, 근접-원거리 가운데 '근접'으로 결론을 냈다. 또한 기뢰와 어뢰 가운데 어뢰가 폭발했다고 단정했다. 보고서를 자세히 보면 합조단은 어느 곳에는 단정적인 표현을 쓰기도 하고, 어느 곳에는 가능성이 높다는 표현을 혼재해 가며 썼다.

합조단은 특히 미국과 영국 등 국제조사단의 주장에 전폭적으로 의존해 모든 조사를 진행해나갔다. 미군 측의 주장은 거의 절대적이라고 봐도 과언이 아닐 정도로 어뢰폭발로 결론을 얻는데 결정적인 역할을 한다.

합조단은 보고서에서 "미국과 영국, 한국 국방과학연구소 조사팀의 의견을 종합해 보면 폭발물은 정확히 함 중앙에 유도되어 가스터빈실 좌현 3m 아래에서 근접폭발하였고, 폭발 시 발생한 충격파와 버블효과에 의해 선체가 절단되는 현상이 발생하였다"며 "따라서 어뢰에 의한 피격 가능성은 매우 높으며, 가능성 있는 어뢰는 잠수함에 의해 발사된 음향유도어뢰로 판단하였다"고 밝혔다.[19] 음향유도어뢰, 이른바 '1번 어뢰(북한산 CHT-02D)'가 비접촉 근접 수중폭발 가운데서도 가스터빈실 좌현 3m 아래 즉 수심 약 6m 지점에서 폭발했다는 것이다.

그 주장대로라면 천안함 선체뿐 아니라 시신, 생존자 부상 상태에서도 근접폭발 시 나타나는 폭발의 흔적과 효과가 분명하게 나타나야 그 결론을 유지할 수 있다. 일반적으로 폭발이 발생하게 되면 승조원의 경우 화염에 의한 화상을 입거나 급격한 압력의 상승과 충격파에 의해 고막이 나가는 청각장애 현상과, 코피를 쏟는 등 후각적 손상 상태를 낳는다고 전문가들은 말한다. 이는 대한민국의 성인 남성 대다수가 군 복무 경험이 있기 때문에 실제 수류탄을 던져봤다면, 이런 끔찍한 결과가 나타나리라는 것은 예상할 수 있는 일이다.

그러나 합조단이 보고서에 천안함 선체와 시신, 생존자 부상 상태를 분석한 지표를 보면, 이런 환자가 전혀 나타나 있지 않으며, 화재, 열손상, 화염흔적 등이 전혀 없는 것으로 나타난다. 합조단이 여러 폭발 유형을 상정한 천안함 내 손상지표를 조사한 결과를 정리해보면 다음과 같다.

탄약고폭발 시 예상 손상지표

→ • 부상자들 중 열에 의한 화상환자 및 청각장애자 다수 발생 "없음"

수상폭발 시 손상지표

→ • 폭발에 의한 전선 및 각종 케이블과 구조물 등에 열 또는 화염 흔적/그을음 "없음"

　　• 외부 격벽 또는 상부 갑판에 파편으로 인한 구멍 및 파편 "없음"

　　• 충격파와 폭발소리에 의해 청각장애 및 화상환자 다수 발생 "없음"

기뢰폭발 시 손상지표

→ • 근접폭발이 일어날 경우에는 다수의 파편이 선체 내에 존재 "없음"

어뢰폭발 시 손상지표

→ • 파손부위에 열손상이 발생하거나 부분적인 화재가 발생 "없음"

　　• 근접폭발이 일어날 경우에는 다수의 파편이 선체 내 존재 "없음"

　　• 파공 및 잔해 "없음"[20]

이 얘기는 합조단 스스로 내부폭발 시, 또는 수상폭발 시, 근접폭발

시 나타나는 현상들이 없는 것으로 조사됐다고 시인한 것이다. 합조단은 보고서에서 '수상폭발'에 대해 "폭발물이 수상 및 공중에서 함체에 직접 접촉하거나 근접폭발 시 나타나는 현상으로 폭발 위치에 꽃무늬 모양의 파공이 형성되고, 국소적 외판의 휨 현상이 발생하며 충격 손상 및 공격 무기의 잔해가 남아 있어야 한다"고 설명했다. 폭발력이 클 경우 수면상 피격지점 주변이 폭발 압력에 의해 파쇄 또는 유실될 수 있다는 것이다. 파손 부위에 열손상이 나타나고, 화재가 동반되며 전선 및 각종 케이블과 구조물 등에 열 또는 화염 흔적이 남게 된다고 합조단은 설명했다.

특히 이런 폭발 시 외부폭발이 내부폭발로 이어져 내부폭발에 의한 충격파와 폭발소리로 청각장애 및 화상환자가 많이 발생하게 된다고 합조단은 기술했다. 다만 수상에서 폭발하면 에너지의 상당 부분이 대기 중으로 분산돼 함정이 갖는 복원력을 감안할 때 순식간에 침몰될 가능성이 희박한 것으로 판단했다고 주장했다. 가까이서 폭발하거나 내부로 이어져 폭발했는데 침몰할 가능성이 낮다는 주장은 설득력이 없어 보인다.

결국 합조단이 보고서에서 이런 설명을 자세히 한 것은 접촉폭발이 아니라는 얘기를 하기 위함이다. 대신 합조단은 비접촉 수중폭발이라고 주장한다. 그렇다면 수상폭발이 아니라 수중폭발에서는 수상폭발에서 반드시 발생하는 효과가 없어야 하는 것인가? 폭발 압력에 의한 청각 환자가 단 한 명도 없고, 시신의 사인이 모두 익사로 추정됐으며, 선체 내에서도 화재흔적, 화염흔적이 단 한 곳도 나타나지 않았는데 이것이 수중폭발이라는 것인가?

합조단은 그렇다고 주장해왔다. 합조단은 보고서에서 "생존자 환자 상태 및 시신에 대한 검안 결과를 종합적으로 분석해 볼 때 환자와 시신에 화상, 파편상, 관통상은 없었다"며 "생존자 환자는 골절, 열창 및 타박상이 다수였고 시신 대부분은 비교적 경미한 상해를 입은 상태로 외상에 의한 사망 가능성은 적으며, 정황상 익사한 것으로 추정되었다"고 밝했다.

또한 합조단은 "사망자들이 발견 당시 침실, 휴게실, 화장실 등에서 체육복, 근무복, 속옷 등 평상시 일과 이후의 일상복을 착용한 상태인 것으로 보아 일상생활 중 사망한 것을 확인하였다"며 "생존자 환자와 다수의 시신에서 좌·우 한쪽으로 넘어지면서 선체와 부딪쳐 발생한 것으로 판단되는 골절, 열창 및 좌상 등이 관찰되는 등 시신상태를 고려 시 버블효과에 의한 현상과 일치하였다"고 주장했다. 시신과 생존자에게 폭발에 의한 화상, 파편상, 관통상, 청각 및 후각 손상은 전혀 나타나지 않은 반면, 골절과 열창 및 좌상이 발견된 것이 수중폭발의 버블효과와 일치한다는 것이다.

하지만 이런 논리로 주장하는 것은 결국 '폭발'로 나타난 효과가 전혀 없었다는 것과 같다. 어떤 힘이 선체에 가해져서 생존자와 시신이 부상을 입었다는 얘기 이상도 이하도 아니기 때문이다. 수중폭발은 '폭발'이 아니라는 말처럼 읽힌다. 일종의 형용모순이다. 결국 폭발에 따른 화재·화염·열흔적의 부재, 화상·관통상·파편상·청각후각손상 등 부상환자 전무 등의 현상은 수중폭발의 증거가 될 수는 없다. 반대로 근접폭발은 없었다는 강력한 근거가 될 뿐이다. 그런 점에서 미국과 영국 조사팀이 근접 수중폭발이라고 주장한 것을 반박하는 증거이다. 천안함이 어뢰폭발로 파괴됐다는 결론이 설득력을 얻지 못하고 의문이 해소되지 못하는 대표적인 이유가 바로 이 대목에 있다.

그렇다고 내가 수중폭발이 없었다고 단정적으로 결론을 내리는 것은 아니다. 합리적 의문을 던져보는 것이다. 논리적, 경험적, 보편적 인식으로 따져보자는 것이다. 군사강국들이 오래 전부터 수중폭발에 대한 연구를 활발히 하고 있는 모양이지만, 이것이 실전에서 발생하거나 실험결과(폭발 선체 및 어뢰 또는 기뢰)를 인양해서 그 상태를 분석한 일은 거의 없다. 그러므로 정확한 원인 진단을 하는 것은 분명 무리한 노릇이다. 수중폭발이라고 하기도, 절대 아니다라고 하기도 불확실하다. 더구나 천안함에 대한 합리적 의문의 제기는 이 정도로 끝나지 않는다. 이것은 어디까지나 최소한의 증거를 두고 정부와 합조단이 주장한 대목에 대한 이견을 표명하는 것이며, 전체 '합리적 의심'을 구성하는 초입 단계일 뿐이다.

멀쩡한 형광등은 뭔가

'천안함 시신의 사인이 익사이며, 시신이 비교적 깨끗했다' '생존자 가운데 물에 젖은 장병이 없었다'[21]는 것만큼이나 황당한 증거가 바로 이른바 '멀쩡한 형광등'이다. 천안함 함수 절단면 갑판 오른쪽 천정 쪽에 붙어 있는 형광등은 7년 가까이 된 지금까지도 형광등과 겉 케이스가 그대로 보존돼 있다. 합조단은 TNT 360kg 규모의 폭약이 천안함 선저 3~4m 아래에서 폭발했다는 시뮬레이션 결과를 보고서에 수록했으며 버블붕괴 후 발생한 워터제트 효과로 나타난 물기둥이 82m 높이로 솟구쳤을 것이라는 계산까지 담겨 있다. 그런데 형광등은 멀쩡하게 남아 있다.

합조단은 형광등이 부서지지 않고 남은 것에 대해 2010년 9월 13일 발표한 최종 보고서에서 어떠한 설명도 하지 않았다. 형광등이 천안함 논쟁에서 합조단 발표를 반박하는 상징적인 사례가 된 것은 그해 6월 한 블로거에 의해 형광등 사진이 SNS 등으로 삽시간에 확산되면서였다. 국방부가 평택 해군 제2함대에 보관 중이던 천안함 함수와 함미를 블로거, 누리꾼 등에 공개하면서 형광등 사진이 촬영될 수 있었다. 사진 한 장은 폭발적인 반응을 낳았다. 강력한 폭발에 어떻게 형광등이 온전할 수 있느냐는 의문은 뭐라 답하기 힘든 증거였다.

국방부는 당시 SNS와 온라인상에서 각각 두 차례 입장을 내놓았으나 이 같은 의문을 해소하기엔 역부족이었다.

대한민국 국방부가 운영하는 트위터에서 6월 9일 간략히 내놓은 입장('멘션')을 통해 이렇게 밝혔다.

"국방부 트위터에서 보여드리겠습니다. 사진을 자세히 보시면 형광등 주변의 배관이나 전선도 이상없이 보여집니다. 이는 어뢰에 의한 버블젯이 비스듬히 발생하면서 천안함을 절단시켰기 때문이죠."

이어 국방부는 그다음 날인 2010년 6월 10일 포털사이트 다음 아고라 정치토론방에 올린 '천안함 절단면 형광등에 대한 국방부 입장입니다'라는 글에서 조금 더 자세한 설명을 내놓았다.[22] 국방부는 "어제 하루 종일 이 문제때문에 국방부 내부에서도 고민이 있었다"며 "왜냐하면, 천안함 사건의 원인과는 아무런 관계 없는 사실이 단순히 사진 한장의 일부 장면으로 인해 네티즌 여러분들께 오해를 불러일으키고 있었기 때문"이라고 주장했다.

그러면서 국방부는 형광등의 설계방식이 일반 형광등과 다르다는 논리를 내세웠다. 국방부는 "해군 함정에 설치되는 형광등은 함정에 탑재되는 장비와 마찬가지로 충격설계를 적용하고 있으며, 형광등이 설치된 위치는 폭발중심으로부터 약 5m 이상 떨어진 함수의 절단면 상부에 위치해 있다"며 "함미 지하 3층에 위치한 가스터빈실 아래의 수심 6~9m에서 수중폭발되어 발생한 충격파와 버블젯은 형광등이 위치한 함수의 천안함 지하 1층까지는 직접적으로 전달되지 않는 위치(빌딩으로 치면 형광등과 폭발지점은 3층 이상의 거리)"라고 주장했다.

국방부는 "따라서 천안함 형광등 주변에 설치된 비상조명등 및 계기판, 얇은 알루미늄으로 제작된 각종 판넬류의 표면도 온전한 상태로 남아 있어 형광등에까지 충격으로 인한 직접적인 손상은 없었다는 것을 확인할 수 있는 것"이라고 덧붙였다.

트위터에서는 '어뢰의 버블제트 효과가 비스듬히 미치는 바람에 그 힘이 형광등까지 전달되지는 않았다'고 주장하고, 그다음 날 다음 아고라에서는 충격설계를 했다고 역설한 것이다. 이 같은 국방부의 주장에 대해 누리꾼뿐 아니라 일반인들도 수긍하기 어려웠다. 당시 국방부 해명에 대해 강 아무개라는 인터넷 이용자(아이디 cronoa****)는 그해 6월 9일 다음 아고라에 올린 글에서 "역시나 어이없는 답변"이라며 "엄청난 폭발 압력이란게 있었을텐데"라고 반박했다. 그는 "천안함 사건시 TNT 250kg 상당의 폭발력과 맞먹는다는 지진파를 측정한걸로 알고 있다"며 "모순이다. 엄청난 폭발로 물기둥이 수십미터 치솟고 엄청난 지진파가 발생했는데 형광등이 멀쩡하다? 다른 격실도 아니고 절단 부위의 격실인데"라고 썼다.

또한 그로부터 두 달 뒤인 2010년 7월15일 국방부가 마련한 천안함 설명회에 참여했던 참여연대 등 시민단체도 국방부의 주장을 반박했다. 이 단체는 그해 7월 19일 내놓은 참관보고서에서 '강화된 내충격 설계 기준을 적용했으며 직접적 충격이 가해지지 않아 손상되지 않았다'는 국방부 주장에 대해 "일반 형광등으로 추정된다"고 밝혔다. 참여연대는 군 설명회 당시 가스터빈실 등 천안함에서 나온 물품을 모아놓은 곳에서 형광등 더미를 촬영해 조사한 결과 이들 형광등은 (주)남영전구사의 'EAGLITE' 등의 제품으로 파악됐으며, 제조업체들에 문의한 결과 "특수 내충격 설계 형광등이 아니라"라는 답을 들었다고 지적했다. 일반형광등일 가능성이 있다는 반박이다. 국방부와 합조단은 형광등의 상태와 그에 대한 자신들의 주장을 합조단 최종결과 보고서에는 싣지 않았다.

국방부와 합조단은 그로부터 4년 가까이 흐른 후 법정에서는 그동안 주장해온 '충격에 잘 버티도록 설계된 형광등'론을 다시 폈다. 특히 자동차 안에서 풍선이 안 터지는 것과 똑같다는 '비교'를 하기도 했다. 천안함 합동조사단에서 선체구조관리분과 조사위원으로 활동한 이재혁 현 방위사업청 통신장비계약팀장(대령)은 2014년 2월 10일 오후 서울중앙지법 형사36부(당시 재판장 최규현 부장판사) 심리로 열린 신상철 전 합조단 민간위원의 명예훼손 사건 공판에 증인으로 출석해 이같이 밝혔다. 이 팀장은 TNT 360kg 규모의 폭발이 천안함 우현 선저 3~6m 아래에서 있었는데도 형광등이 멀쩡한 것과 관련해 조사단에서 분석한 것이 있느냐고 변호인이 묻자 "자동차 안에 풍선을 들고 있다가 (사고로) 충돌이 되도 풍선이 터지지 않은 것과 같다"고 답했다. 그는 "형광등 유리 자체는 약하지만 형광등을 케이스와 함께 설치할 때에는 (선체 내의) 일반장비와 동일한 강도를 갖게 된다"며 "(해당 부위를 어떤 충격이) 직접 때린 게 아니면 충격의 전달이 안될 수 있다"고 설명했다.[23]

그러나 이 같은 주장은 이후 신상철 전 위원의 1심 판결에도 그대로 인용됐다. 지난 2016년 1월 25일 서울중앙지법 형사36부(당시 재판장 이홍권 부장판사)는 신 전 위원의 명예훼손 사건 선고공판에서 형광등이 깨지지 않은 것에 대해 다음과 같이 밝혔다.

"위 형광등은 직접 외부에 노출되도록 설치돼 있던 게 아니라 본래는 그 위에 투명한 덮개가 있었으나 위 덮개 부분은 떨어져 나간 상태였다는 점에서 위 형광등 주변에도 상당한 충격이 가해졌음을 알 수 있다…위 형광등 갓의 지지 프레임이 내충격 구조를 가지도록 설계돼 있고, 주변 형광등은 모두 깨져 있다는 점을 고려하면 충격이 상대적으로 덜 미친 것으로 추정된다."

그러면서 재판부는 "수많은 변수가 있을 수 있으므로, 워트제트(워터제트) 발현의 형태를 정확히 예측하는 것에는 한계가 있을 수밖에 없다"고 주장했다.

가스터빈 외판 손상, 폭발인가 좌초인가

천안함 침몰의 원인을 밝혀줄 또 다른 증거는 뜯겨 나간 가스터빈실이다. 정부와 합조단은 천안함 선저 가스터빈실 중간(용골)으로부터 좌측으로 3m, 그 아래 3~6m 수중에서 북한 어뢰가 폭발했다고 밝혔다. 강력한 충격으로 가스터빈실은 좌현 중간부터 우현 끝까지 통째로 끊어진 채로 수거됐다. 나머지 가스터빈실 좌현 중간부터 좌현 흘수선까지의 잔해는 인양하지 않았다. 사고 해역에 그대로 방치돼 있는 것으로 보인다. 추후 사고 해역 조사를 했던 이종인 알파잠수기술공사 대표는 함미 침몰 지점 부근에서 가스터빈 외판 잔해를 발견했다고 밝혔다. 수거한 가스터빈실은 폭 약 11m, 길이 8.7m 크기에 30톤짜리의 잔해이다.

가스터빈실은 국방부와 합조단이 발표한 어뢰폭발 위치에서 가장 근접한 곳으로 폭발 충격을 가장 직접적으로 많이 받은 곳이다. 그런데도 국방부와 합조단은 2010년 5월 20일 중간조사결과를 발표하기 하루 전인 5월 19일에야 이 가스터빈실을 인양했으며, 가스터빈실에 대한 분석과 해석을 제대로 할 시간도 거치지 않은 채 발표를 했다.

국방부와 합조단의 설명처럼 가스터빈은 가장 큰 충격을 받은 흔적이 있어야 한다. 그런 점에서 가장 중요한 증거 가운데 하나이다. 가스터빈이 폭발의 충격을 받았다고 설명하기 위해 합조단은 보고서 곳곳에 조금씩 가스터빈의 손상 상태를 언급했다.

합조단은 보고서에서 가스터빈에 대해 구형 압력의 흔적이 폭발의 흔적이라고 강조했다. 합조단은 "가스터빈실 선체에 나타난 구형압력흔적 등은 수중폭발에 의한 강력한 충격파와 버블효과가 함정의 절단 및 침몰의 원인임을 알려주고 있다"(27쪽)며 "가스터빈실 선체의 용골도 구형의 압력을 받아 활모양으로 심하게 변형되었다. 이러한 현상은 좌초로는 발생할 수 없다"(50쪽)고 주장했다.[24]

가스터빈실은 합조단이 시뮬레이션한 것처럼 일자 형태로 날카롭게 뜯겨 있지 않고 최대 11m 폭 방향의 가스터빈실 철판이 통째로 뜯겨 나갔다. 선체의 가장 밑바닥인 가스터빈실 외판 쪽이 평평하지 않고 아래에서 위쪽 방향으로 일부 휘어져 있다. 이를 두고 폭발의 압력이 구의 형태로 작용해 영향을 미친 것이라고 합조단과 일각에서는 주장하고 있다. 이에 반해 종방향의 프레임(철골) 위주로 페인트가 벗겨지고 심하게 녹이 슨 것을 두고 무언가에 긁혔기 때문이라는 반박도 제기됐다. 이 상태에 대해 폭발로 어떻게 이렇게 온전할 수 있느냐는 반론과 이 정도면 큰 충격을 받은 것이라는 주장이 맞서고 있다.

이상한 점-가스터빈실이 폭발했다, 아니다?

그런데 보고서를 잘 읽어보면 이상한 구석이 있다. 가스터빈실에서 폭발이 일어난 것처럼 표현돼 있는 곳이 있다. 보고서 62쪽을 보면, 합조단은 연료탱크 폭발 가능성이 낮다고 주장하면서 다음과 같이 설명했다.

> "천안함 인양 후 연료탱크를 조사한 결과 함수 저장탱크 2개는 훼손이 없었고, 가스터빈실 옆 공급탱크 2개는 가스터빈실 폭발로 탱크격벽이 위쪽으로 밀려 치솟은 상태이며, 함미 탱크 3개는 온전한 상태였다. 결론적으로 천안함 침몰은 연료탱크 폭발로 인한 것이 아님을 확인하였다."[25]

아무리 다시 읽어봐도 "가스터빈실 옆 공급탱크 2개는 가스터빈실 폭발로 탱크격벽이 위쪽으로 밀려 치솟은 상태이며, 함미 탱크 3개는 온전한 상태"라고 쓰여 있다. 위쪽으로 치솟았다는 것은 선체 외부에서 힘이 작용해 위쪽으로 올라갔다는 것인지, 내부의 폭발 충격으로 위로 치솟았다는 것인지 분명하게 기술돼 있지 않다. 보고서를 작성할 때 표현을 불명확하게 한 오기라고 넘어갈 수도 있지만, 폭발이 있었느냐 여부를 다투는 문제를 기술하는 대목에서 잘못 표현했다는 것은 납득하기 어렵다.

보고서 69쪽을 보면, 합조단은 "천안함 함미 및 함수 인양 후 육안확인 결과 가스터빈실은 유실된 상태였으나 차후 구성품이 인양되었으며, 디젤엔진실과의 격벽에 엔진 파손 등에 의한 파공흔적(가스터빈 파손 시

합조단 보고서 62쪽. "가스터빈실 폭발로"라는 설명이 눈에 띈다.

터빈날개 등의 비산으로 주위 격벽 등에 파공이 발생하게 됨)이 발견되지 않았고, 침몰사고 직전까지 녹화된 CCTV 영상 확인 결과 화재 발생의 징후는 보이지 않았다"고 설명했다. 가스터빈 결함이나 화재, 폭발은 없었다는 설명이다.

이 설명에 따르면, 가스터빈 쪽에서는 아무 문제가 없었다는 것 같은데, "가스터빈실 폭발로 공급탱크 2개가 치솟았다"는 표현은 말끔히 해소가 되지 않는다. 사건 보고서를 쓰는 데는 글자 하나, 글귀 한 구절을 옮기더라도 신중해야 한다. 잘못 썼으면 지체 없이 정정과 사과를 해야 한다. 그렇지 않다면 적어도 해명은 해야 하지 않을까?

가스터빈실 외판 파공은 뭔가?

보고서에 작성된 허점과 오류들은 '가스터빈실 폭발'이라는 말처럼 무슨 뜻인지 도통 알 수 없는 문장 오류 수준에서 그치지 않는다. 물론 이것 역시 문장 오류나 오기인 것인지도 불명확하다. 사실에 대해 명백한 오류를 기록한 것도 있다. 합조단은 보고서에서 선체 어디에도 파공의 흔적이 없다고 밝혔다. 그러나 내가 천안함 침몰 5년 만인 2015년 4월 현장을 방문했을 때 처음 일반에 공개한 가스터빈실 외판에는 가로 세로 약 10~15cm 크기의 타원형 파공이 있었다. 그것도 용골(정 중앙 길이 방향 철골) 바로 옆(좌측)이었다. 그 파공은 가스터빈 외판 바깥에서 안쪽으로 뚫고 들어가 있었다. TNT 360kg 규모 폭약이 폭발한 것으로 발생한 파공이라기엔 크기가 너무 작고, 구멍 주변이 매끄럽다. 합조단이 설정한 폭발 위치보다 약 2.5~3m 가량 오른쪽 위치이다. 이 파공은 가스터빈 선저 가운데의 프레임과 프레임을 싸고 있는 철판이 움푹 들어가 접혀 있는 틈새에 있었다. 뭔가 솟아오른 물체에 찍혔거나 바깥에서 안쪽으로 파고들어간 형태였다. 사진 정면을 볼 때 파공의 우측 20~30cm 지점에는 오른쪽 아래에서 왼쪽 위 방향의 사선으로 나타난 스크래치도 보인다.[26]

가스터빈 잔해는 2010년 5월 19일 인양한 이후 일반에 공개되지 않았다. 지난 4년여 동안 일부 국회의원과 '천안함 침몰원인 조사·보도 언론인 검증위원회' 소속 위원, 일부 블로거 등에게 공개했을 때에도 가스터빈이 뒤집어진 채였기 때문에 천안함 본래의 모습을 구현할 수 있는 각도에서 조사하기 어려웠다. 바닥이 하늘 쪽을 바라본 형태로 보존돼 있었다. 이 때문에 참관한 사람들이 밑바닥에 어떤 충격이 있었는지 조사하려면 가스터빈실 잔해 위를 타고 올라가서 보거나 사진을 찍을 수밖에 없었다. 그래서 정확한 형태와 손상을 파악하지 못했다. 그럼에도 인양 당시 최초 가스터빈의 모습과 2010년 6월 일부 언론과 누리꾼 등에 공개했을 때 가스터빈 외판 바닥을 촬영한 모습이 남아 있다.[27] 2015년 방문 시 내가 파공을 발견하고 나서 다시 2010년 사진을 들여다보니 검은 점 모양의 파공이 촬영돼 있음을 알 수 있었다. 그간 많은 사람이 다녀갔지만 파공의 존재를 아무도 몰랐거나 보고도 지나친 것이다. 이 같은 파공

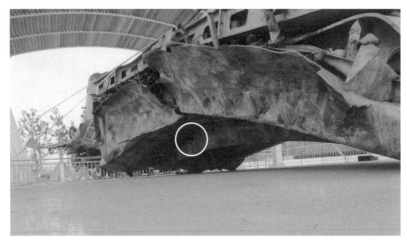

가스터빈 외판에 있는 파공을 좌측에서 촬영한 모습. 사진=조현호 기자

이 사고와 관련이 있는 것인지, 사고 이전에 생긴 것인지, 인양하면서 생긴 것인지, 전시하는 과정에서 생긴 것인지는 판단하기 어렵다. 하지만 저 정도의 구멍이 생기면 배에 엄청난 속도의 침수가 발생해 결국 침몰하거나 절단파괴에 이르는 중대한 요인이 될 수 있다고 전문가들은 말한다. 큰 사고의 증거라는 것이다. 그러나 어떤 이들은 별로 중요하게 생각하지 않거나 관심 있게 들여다보려 하지 않는다.

하지만 이 같은 파공은 매우 중요한 의미를 지닌다. 그동안 합조단이 선체 외판에 파공은 전혀 없다고 주장해왔기 때문이다.

합조단은 보고서에서 파공이 없다며 다음과 같이 주장했다.

― 외부폭발 요인 중 접촉폭발의 가능성은 낮은 것으로 판단하였다. 그 이유는 선체 내·외부에 그을음 흔적이 없고, 파공된 부분도 없었으며 절단면의 전선 및 내장재가 열에 녹은 흔적이 없었다.(44쪽)
― 디젤엔진실 폭발 손상지표
→ ● 폭발 시 파쇄현상으로 인해 파공 발생 "없음"(62쪽)
― 가스터빈실 결함 손상지표
→ ● 파쇄 현상으로 인한 파공 발생 "없음"(66쪽)
― 수상폭발로 인한 손상지표
→ ● 폭발위치에 꽃무늬 모양의 파공 형성(흔적) "없음"
→ ● 상부 구조물에 (톱니모양의) 원형 파공 형성 "없음"(72쪽)
― 기뢰폭발시 손상지표
→ ● 선체 외판에 파공 형성 "없음"(77쪽)
― 어뢰폭발시 손상지표
→ ● 선체 외판에 파공 형성 "없음"
→ ● 파공 및 잔해 "없음"(84쪽)

보고서 전체를 샅샅이 뒤져서 찾은 파공 관련 설명 내용이다. 합조단의 설명은 내부폭발이든 외부폭발이든, 수상폭발이든 수중폭발이든 발생할 수 있는 파공은 전혀 없다는 것이다. 폭발로는 가스터빈에 이 정도 크기의 파공이 생기리라 생각하지 못했을 수 있다. 하지만 문제는 파공의 존재 자체를 숨기고 '파공 자체는 없다'고 보고서에 기재했다는 것이다. 몰랐다고 할 수도 있겠으나 그건 조사를 부실하게 했다고 자인하는 것이나 마찬가지다. 이는 중대한 조사과정의 결함이자 오류가 아닐 수 없다. 파공의 원인이 좌초든 충돌이든, 어떤 폭발충격이나 파편에 의한 것이든 파공의 존재 자체를 없다고 해서는 안 되는 일이기 때문이다.

그런데 실제로 사고 첫날 청와대와 대통령에게까지 최초로 보고된 침몰 원인은 '파공에 의한 침수, 침몰, 좌초' 등이었다.[28] 이날 보고가 정확한 것이든 그렇지 않든, 가스터빈의 파공이 사고와 관련이 있든 없든 이를 기록하거나 조사하지 않은 것은 합조단과 국방부의 중대한 실책이 아닐 수 없다. 가스터빈에 생긴 구멍이 침몰사고와 연결되는 주요 정황 또는 단서가 될지 여부를 알 수 없기 때문이다. 이를 살피지 않은 채 손쉽게 '어뢰폭발에 의한 두 동강'으로 결론을 냈기 때문에 7년이 다 된 이 시점까지 합리적 의문이 계속 제기되는 것이다.

3. 지진파·공중음파, 버블주기는 어뢰폭발 데이터인가?

천안함이 어뢰의 근접 수중폭발로 침몰했다고 합조단이 주장하는 또 다른 근거는 지진파와 공중음파의 존재이다. 국방부는 애초 시간과 장소 등의 모든 혼선을 지진파 발생 시각과 추정 장소를 통해 일거에 정리했다. 남아 있는 가장 움직일 수 없는 정보이자 데이터이다. 지진파 가운데 P파가 감지됐기 때문에 인공지진이자 수중의 인공적인 폭발일 것이라는 추정으로 이어진 것이다. 그러므로 지진파는 폭발설의 근거이자 출발점이다. 하지만 뒤집어 말하면 지진파와 천안함 선저에서 발생한 수중폭발은 반드시 일치해야 한다. 수중폭발 시 반드시 지진파를 동반하며, 폭발규모와 대응하는 지진규모(또는 진도)를 갖는 지진파가 나타나야 한다.

이 데이터는 2010년 3월 26일 21시 21분 57초에 백령도 서해 해상 2.5km 지점에서 진도 1.5 크기의 지진파가 발생했다는 기록이다. 공중음파는 같은 날 21시 21분 58초에 감지됐다.

국방부 합동조사단은 지진파와 공중음파를 수중폭발의 근거라고 설명했다. 합조단은 보고서에서 "한국지질자원연구원의 지진파와 공중음파를 분석한 결과 지진파는 4개소에서 진도 1.5 규모로 감지되었으며, 공중음파는 11개소에서 1.1초 간격으로 2회 감지되었다"며 "지진파와 공중음파 분석 결과 폭발원은 동일하였으며, 이것은 수중폭발에 의한 충격파와 버블효과의 현상과 일치하였다"고 썼다.

합조단은 이어 "미국 조사팀은 천안함을 절단시킨 어뢰의 폭약량과 폭발 위치를 분석하기 위하여 폭발 당시 지진연구센터에서 감지한 지진파 및 공중음파를 분석했다"며 "백령도의 4개의 지진감시소에서는 진도 1.5의 지진파를 감지하였고, 11개의 음파감지소에서는 1.1초 간격으로 2개의 음향 파동주기가 포함된 공중음파를 감지하였다"고 썼다. 특히 수중에서 폭약이 폭발할 때 2개의 음향파동이 발생하는데, 첫 번째 파동은 폭약이 폭발 시 발생하며, 두 번째 파동은 버블 팽창 순간에 발생하는 것으로 음파간격 1.1초는 수중폭발 시 발생하는 버블주기를 나타낸다고 합조단은 설명했다.

그러나 합조단의 설명에는 지진파와 공중음파가 어떻게 나타났기에 이것이 수중폭발의 근거가 되는지에 대한 설명은 없다.

여기서 합조단이 쓴 지진 용어를 짚고 넘어갈 필요가 있다. 합조단은 '진도 1.5의 지진파'라고 썼지만, 실제로 백령도 관측소에서 감지된 지진파는 규모(ML Magnitude Local: 국지규모·)가 1.47(지질자원연구원이 노영민 의원에게 제출한 자료엔 '추정 규모 1.5')로 기재돼 있다. 지진 규모는 지진의 진원지에서 발생한 에너지의 크기이다. 그렇기 때문에 그 규모의 크기는 어디에서 감지돼도 동일하다. 하지만 합조단이 쓴 '진도'는 지상의 어느 장소에서 감지되는 세기를 뜻한다. 진도는 장소가 달라지면 당연히 그 진도의 강도도 변한다. 같은 1.5라고 해도 어느 위치에서 감지했느냐에 따라 지진규모 1.5보다 진도 1.5가 더 작을 수 있다. 쉽게 말해 진도는 땅의 흔들림의 정도일 뿐 이 진도만 갖고는 지진이 발생했을 때의 충격의 크기를 정확히 알 수 없다는 것이 지진학자들의 지적이다.[29] 더구나 지진규모 1.5는 사람이 감지하기 어려운 크기인 '미소지진'에 해당한다. '메르칼리 진도표'에 따르면, 진도 1.5 역시 '지진계만 느낄 정도의 지진으로, 아주 민감한 약간의 사람만 느낄 수 있다'고 나온다. 이는 합조단이 지진파를 폭발의 근거이자 사건의 기준점이 되는 데이터로 삼으면서도 적절하고 정확한 용어조차 사용하지 못했다는 뜻이다. 지진파의 추출 근거와 규모가 어떠하기에 폭발의 근거가 됐는지 설명도 없을 뿐 아니라 기본적인 표현도 적절하게 선택하지 못한 것이다.

이 같은 지진파와 공중음파는 이희일 당시 한국지질자원연구원 지진연구센터 연구원이 분석해 정부 당국에 제출하면서 알려졌다. 노영민 당시 민주당 의원이 공개한 자료에 따르면, 이 연구원은 2010년 3월 27일 '3월 26일 해군 초계함 침몰과 관련된 공중음파 신호 분석 결과'라는 자료에서 추정 사고 시각을 '21시 21분 58초'(백령도 지진-공중음파 관측소 신호로부터 추정)라고 기재했다. 사고 위치에 대해 이 연구원은 "백령도와 대청도 사이로 백령도 관측소로부터 219.4도 방향으로 좌표는 북위 37.85, 동경 124.56에 해당된다"고 썼다.

이 연구원은 "177km 떨어진 김포관측소 및 약 220km 떨어진 철원관측소에서도 공중음파 신호가 포착된 것으로 미루어 폭발규모가 상당히 컸을 것으로 추정된다"며 "추정 지진규모가 1.5인데 이는 TNT 약 180kg에 해당된다"고 추정했다.

지질자원연구원, 지진 위치 데이터 사흘 만에 수정

우선 데이터에 나온 장소부터 의문을 낳는다. 이 연구원이 작성한 백령도 지진관측소의 지진파 감지 위치 좌표는 북위 37.85, 동경 124.56(37°51′17.6″N 124°33′31.3″E)라고 밝혔다. 그러나 합조단이 보고서에서 발표한 사건 발생 위치 좌표는 북위 37.93, 동경 124.60(37°55′45″N 124°36′02″E)이다. 거리상 약 8~9km가량 떨어진 곳이다.

이희일 연구원은 보고서를 수정해 다시 보고했다. 사흘 뒤인 2010년 3월 30일 이 연구원은 '3월 26일 천안호 침몰과 관련된 지진-공중음파 신호 분석 결과' 자료에서 추정 위치를 "백령도 관측소로부터 5km 떨어진 219.0도 방향"으로 수정했다. 방향은 219.4도에서 0.4도 만큼 동남쪽으로 옮기고, 거리는 앞서 추정한 위치보다 백령도 해안 쪽으로 대폭 당긴 것이다.

폭발 규모에 대해서도 이 연구원은 사흘 전 보고서엔 TNT 약 180kg 규모의 폭발력이라고만 썼으나 수정 보고서에서는 "기뢰 또는 어뢰가 천안호(함) 하부에서 폭발한 경우, 수면아래 10m 지점에서 폭발한 것으로 가정하고 공중음파 신호로부터 레일리-윌리Rayleigh-Willis 공식을 이용하여 계산한 폭발력은 약 260kg의 TNT폭발에 상응한다"고 주장했다. 폭발력을 260kg까지 늘린 것이다.

이 연구원은 또한 "관측신호로부터 폭발 원인을 직접 알 수는 없으나, 만약 내부 폭발이라면 아주 짧은 시간(1.1초)에 두 번 폭발한 것으로 해석할 수 있다"며 "그러나 공중음파 신호 양상으로 볼 때 외부폭발일 가능성이 높다"고 추론했다. 지진-공중음파 신호의 백령도 관측소 도달시간의 차이가 약 14.74초로, 관측소로부터 약 5km 떨어진 곳에서 폭발이 있어났다(음파전달속도 340m/s로 계산)고 이 연구원은 설명했다. 공중음파 기록의 경우 신호가 약 1.1초 간격으로 두 개가 나타나 있다는 점을 들어 이 연구원은 "이는 만약 폭발이 내부에서 일어났다면 폭발이 두 번 있었음을 의미한다"며 "만약 기뢰 또는 어뢰가 천안호(천안함) 하부에서 폭발하였다면 그림과 같이 버블효과에 의해 신호가 2개 이상 반복해서 일어난다"고 주장했다.

지질자원연구원 지진연구센터의 담당 책임연구원의 지진파-공중음파의 장소, 규모 분석이 사흘 만에 크게 달라진 것이다.

천안함 사건 이전 열흘간 백령도관측소
한반도 지진 10건 감지-지진 규모도 엇비슷

지진 규모로 볼 때 천안함 관련 지진파가 최근 열흘간 백령도 관측소에서 감지한 지진 규모 가운데 가장 낮은 점도 의문 사항이다. 이희일 연구원은 '추정 지진규모가 1.5'라고 썼다. 그런데 노영민 의원이 입수한 자료 가운데 '백령도 관측소에서 관측한 지진파 관측내역' 자료를 보면, 2010년 3월 16일 01시부터 2010년 3월 26일 24시까지 열하루(11일) 동안 모두 22차례의 지진이 관측됐다. 지진 위치는 서해를 비롯해 중국 러시아 남북한 지역 곳곳에 해당한다. 이 가운데 한반도에서 발생한 지진만 10차례(3월 26일 포함)에 해당한다. 모두 국지규모(ML)로 1.18~2.02에 해당하는 유사한 크기였다. 천안함이 침몰하던 시각 부근으로 추정되는 3월 26일 21시 21분 58초 발생 지진의 크기는 국지규모(ML) 1.47로 기록돼 있다.

이 같은 기록으로 볼 때 지진규모로는 거의 하루에 한 번 꼴로 비슷한 규모의 지진이 발생해온 것이다. 이것 역시 움직일 수 없는 데이터이다.

지진규모와 관련해 사단법인 한국지반공학회는 "지진파로 인해 발생한 총에너지의 크기로 지진계를 이용한 계측에 의해 계산된 객관적 지수로, 지진계에 기록된 지진파의 진폭, 주기, 진앙 등을 계산해 산출된다"고 해석했다. 예를 들어 'M 5.0'이라고 표현할 때 M은 Magnitude(크기, 규모)를 의미하고 수치는 소수점 한 자리까지 나타낸다. 리히터 규모

1.0의 강도는 60t(6만kg)의 폭약TNT의 힘에 해당하며, 규모가 1.0 증가할 때마다 에너지는 30배씩 늘어간다. 규모 6의 지진은 규모 5의 지진보다 30배 강력하고 규모 4의 지진보다는 900배가 강력하다고 이 단체는 설명했다.[30]

다만 앞서 아홉 차례의 지진과 달리 3월 26일 밤의 지진만이 수중폭발로 추정되는 인공지진에 가깝다는 것이 지진학자들과 음파공학자의 주장이다. 그런데 이마저도 해석과 분석이 엇갈린다.

지진파에서 '실체파'에 해당되는 'P파'와 'S파'에서 나타나는 진폭의 비율을 분석하거나 주파수의 형태를 분석해보니 그렇다는 것이다. P파란 지진이 진원지에서 지구 내부를 따라 전파될 때, 이동하는 방향과 같은 방향으로 진동하는 파, 즉 종파를 뜻한다. 가장 먼저 도달한다는 뜻에서 'Primary'의 앞 글자를 따 P파로 부른다. S파의 경우 이동 방향과 수직인 방향으로 진동하므로 횡파에 해당된다. S파는 P파에 이어 두 번째로 도달하므로 'Secondary'의 앞 글자를 따 S파로 부른다.

이 같은 분석의 결과를 토대로, 한 지진학자는 어뢰의 수중폭발이라고 주장하고, 다른 지진학자는 기뢰의 수중폭발이라고 주장한다. 또 다른 음파공학자는 어뢰의 탄두가 천안함을 직접 가격해 폭발을 일으켰다고 분석하기도 했다. 이에 반해 주파수의 형태가 '철제 원통' 형태의 물체와 충돌했을 때 나타나는 고유진동수라는 가설을 제기한 물리학자도 나왔다. 폭발일 때 나타날 수 없는 데이터라는 분석이다.

홍태경, 수중폭발 주장 'P파 진폭비율 높고, 음파 관측, 주파수 형태'

홍태경 연세대 교수는 2011년 8월 미국지진학회지에 게재한 연구논문 〈한국 군함 천안함 침몰 2010년 3월26일의 지진 조사〉[31]에서 기상청의 백령도와 덕적도, 강화도 지진관측소에서 수집한 것을 토대로 연구한 결과 사고 발생 시각은 2010년 3월 26일 21시 21분 56.4초로 조정됐고,

지진파의 '실체파 규모'mb·body wave magnituce는 1.46으로 계산됐다고 주장했다. 실체파란 지진 진원지에서 전달되는 P파와 S파를 말한다. 따라서 실체파 규모란 "최초로 도달하는 P파의 진폭을 사용해 지진의 크기를 결정하는 방법"[32]을 설명한다. 특히 홍 교수는 감지된 지진파의 P파의 진폭amplitude과 S파의 진폭의 비율(P/S 즉 S분의 P)이 높게 나타난 점을 들어 자연지진이 아닌 수중폭발이라고 주장했다. P파의 진폭이 S파의 진폭보다 높게 나왔다는 것이다. 반면 자연지진에서는 S파의 진폭이 P파보다 강력하기 때문에 P/S의 비율이 낮다는 것이다.

홍 교수는 당시 감지된 지진파에서 8.5Hz와 17.7Hz, 34.6Hz의 주파수에서 진폭의 피크peak(스펙트럼상에 나타나는 진폭이 가장 큰 순간의 데이터—그래프에 뾰족하게 솟아오른 점의 형태임)가 나타난다는 점을 들어 수중폭발의 현상이라고 주장했다. 그는 이 스펙트럼에서 나타나는 피크들이 (폭발)원점의 수심에서 나타난 압축 에너지의 반향reverberation에 의해 확대되는develope 배음열harmonic series(2배수를 뜻하는 것으로 보임)이라고 규정했다. 이 주파수들은 '기본주파수'fundamental frequency인 8.5Hz의 배수값에 대응한다고 설명했다. 쉽게 말하면 8.5Hz의 두 배가 17.7Hz이고, 다시 이것의 두 배가 34.6Hz라는 것이다. 기본주파수는 최초에 발생한 피크로, 다음에 나타나는 주파수와 비교하기 위한 기준점이 되는 주파수 정도로 이해하면 되겠다. 그러나 홍 교수 논문의 그래프를 보면, 피크가 26Hz에도 나타난다. 이를 두고 홍 교수는 대양층(큰바다)에서 다중 반사파의 간섭을 반사해서 생긴 것이라고 설명했다.

또한 홍 교수는 지진파인 P파가 도달한 지 31.9초 만에 백령도 지진관측소에 음향파가 관측됐으며, 이는 초속 335m 속도의 단조 음향파라고 썼다. 음파의 관측은 그 소스(원점)가 폭발이며 그 수심은 얕다는 것을 시사한다고 주장했다.

정리해보면 홍 교수는 기상청의 백령도-덕적도-강화도 관측소의 지진데이터를 토대로 P파의 진폭이 S파보다 강하고, P파의 주파수에서 두 배씩 커지는 배음열이 관측됐으며, 지진파 이후 음파가 관측됐다는 점을 들어 수중폭발이라고 주장했다.

그러나 홍 교수는 P파의 진폭이 S파보다 강하다는 점을 들어 자연지 진과 차이가 있다고만 했을 뿐 수중폭발이 아닌 다른 사건, 즉 천안함이 무언가에 직접 타격을 받았거나 암초에 충돌했을 경우, 다른 선박과 부 딪혔을 경우 등에서는 어떤 형태의 지진파가 발생하는지는 제시하지 않았다. 또한 홍 교수가 인용한 마빈 와인슈타인의 1968년 〈수중폭발로 발생한 음파와 지진신호의 스펙트럼〉 논문의 경우 연구 대상의 폭발 수 심이 275~300m이며 바다깊이만 1525~2150m에 이르는 심해였다.[33] 반면 천안함이 침몰한 백령도 서해 사고 해역은 47m이며 어뢰가 폭발 했다는 위치도 수심 6~9m밖에 되지 않는다. 심해의 실험결과와 천해 의 사고가 일치하는지 입증된 적이 없다.

뒤에 설명하겠지만, 홍 교수가 제시한 P파에서 '진폭의 피크'가 나타 난 주파수를 두고 폭발이 아닌 충돌에서 나타나는 주파수 형태라고 해 석한 연구논문도 나왔다.

김소구, 아군기뢰 폭발 가능성

지진연구소장을 맡고 있는 김소구 박사도 지진파와 공중음파에 나온 데이터를 토대로 수중폭발이 있었다는 점은 분명하다고 강조해온 지진 학자이다. 그러나 김 소장은 합조단이나 홍태경 교수가 분석한 데이터 와는 전혀 다른 데이터를 제시했다. 합조단이 발표한 어뢰의 폭발규모 와 수심과 지진 데이터가 일치하지 않는다는 것이다. 폭발규모와 수심 등의 데이터뿐 아니라 지진규모도 다르다는 분석을 내놓았다.

김 소장은 2011년 내놓은 《실용지진학: 천안함 침몰의 심층분석》[34]에 서 지진파 기록을 두고 규모 1.5에 TNT 178kg에 해당한다는 언론보도에 대해 "일반적으로 지하 인공 폭발의 경우 규모가 1.5라면 방출지진에너지는 10kg에도 전혀 못 미친다"고 시적했다. 그는 "이번 천안함 침몰에서 정확히 배가 침몰한 위치는 알 수 없다"며 "상식적으로 왜 이 배가 섬 가까이 접근했는지 궁금하다"고 썼다. 그는 "모든 선박은 연안에 접근할 때는 반드시 항로를 이탈해서는 안된다"며 "수심이 일정하지 않기 때문에 암초와 충돌에서 피해야 되기 때문"이라고 주장했다. 김 소장은 "특히 서해는 조수간만의 차가 9m 되기 때문에 수심이 수시로 변해 해안에 임의로 접근할 수 없으며, 접근할 때는 각별한 주의가 필요하다"고 썼다.

김 소장은 이 저서에서 6~9m 수심에서 250kg 북한 어뢰폭발로 천안함이 파괴됐다는 합조단의 발표에 대해서도 "많은 사람들이 납득할 수 있을 만큼 신뢰성이 부족해서 재조사가 필요하다"며 "불과 두 달 안에 사고조사를 마치고 결론을 내는 것은 매우 위험한 결과를 초래할 수 있다"고 주장했다. 다만 그 원인에 대해 김 소장은 "수중폭발은 확실하"다고 밝혔다.

김 소장은 이후 이스라엘 지구물리학 연구소의 예핌 기터만 박사 등 함께 지진파 분석을 토대로 잇달아 천안함 침몰 원인에 대한 연구논문을 국제학술지에 게재했다. 그는 기터만과 함께 2012년 8월 학술지 《순수 응용 지구물리학》에 〈천안함 사건의 수중폭발 분석〉이라는 연구논문[35]을 실었다. 김 소장은 "천안함 사건에 존재하는 것은 지진파와 공중음파 기록과 완파된 군함뿐"이라며 "그 외의 모든 것은 비밀이고 동화같은 이야기들"이라고 평가했다.

김 소장과 기터만은 연구논문에서 수중폭발의 가스 버블bubble의 주파수 1.01Hz(0.990초 주기)와 2차 주파수 1.72Hz 결정과 폭발량 계산(지진규모) 그리고 P파 초동과 스펙트럼 분석과 초저주파 등을 분석한 결과 "천안함 사건이 비접촉 수중폭발이고 그에 상당한 에너지규모를 산출할 수 있었다"고 밝혔다. 특히 홍태경 교수가 주파수 분석에서 배제한 25Hz(26Hz)에 대해 김 소장 등은 "수중폭발의 반향reverberatio 주파수로서 첫번째 반향 주파수 8.5Hz와 다음 반향은 25Hz였다"고 해석했다.

김 소장 등은 합조단과 홍태경 교수가 발표한 지진규모(1.5) 폭발량(고성능 폭약 250kg), 버블주기(공중음파 주기 1.1초)를 모두 문제라고 지적했다. 김 소장 등은 지진 데이터를 분석한 결과 폭발량이 TNT 136kg 수준이며, 이는 1970년도 말 한국 해군이 이 일대에 대규모로 설치했다가 유실되도록 방치한 육상조종기뢰Land Control Mine의 폭발량에 해당된다고 주장했다. 또한 지진규모 1.5에 대해 육상에서 산출한 값이라는 점을 들어 김 소장 등은 "수중폭발량과 지진 규모의 관계를 감안해 백령도 관측소의 수직성분에 탐지된 1.01Hz의 가스버블 주파수를 토대로 지진규모는 약 2.04로 산출됐다"고 썼다. 또한 백령도 관측소에 P파가 도달한 지 30초 후에 강하게 나타난 고주파수와 지질자원 연구원 백령도관측소에서 관측된 초저주파 기록infrasound의 특이한 현상은 얕은 바다에서 일어난 수중폭발에서 나타나는 '공중음파의 위상acoustic phase'과 일종의 음파충격인 N파N-wave를 발견할 수 있었다고 김 소장 등은 전했다. 이것을 두고 김 소장 등은 "100% 천안함 사건이 수중폭발임을 증명해주는 현상"이라고 주장했다.

김 소장 등은 또 공중음파에서 나타난 주기(피크와 피크의 간격)가 1.1초라는 합조단의 주장에 대해 버블주기를 공중음파로 나타내서는 안 된다며 지진파에서 도출한 버블주기 0.990초를 제안하기도 했다.

이 논문의 요지는 천안함은 얕은 바다에서 일어난 수중폭발이며, 그로 인해 나타난 지진에너지의 방출량(폭발량)은 약 TNT 136kg(지진규모 2.04)로, 30여 년 전 그 근접 해역에 방치됐던 한국 해군의 육상조종기뢰(LCM)에 해당된다는 것이다.

배명진, 지진파 주파수는 천안함과 다른 철판(어뢰)이
직접 부딪혀 나온 고유진동수

지진파와 공중음파를 분석해 도출한 홍태경 교수와 김소구 소장의 결론이 제각각이지만, 이들은 천안함 선체 아래에서 어뢰 또는 기뢰가 비접촉 수중폭발을 일으켰다는 점은 공통된 주장이었다. 그러나 지진파에서 나온 주파수를 전혀 다르게 해석해 아예 비접촉이 아닌 어뢰의 직접타격에 의한 폭발이라는 반론도 제기됐다. 어뢰폭발이라는 주장이지만 눈여겨볼 대목은 이 주파수를 '실로폰을 쳤을 때 나는 고유의 진동현상'과 같은 공명주파수로 분석했다는 점이다.

숭실대 소리공학연구소장을 맡고 있는 배명진 숭실대 소리공학과 교수는 천안함 사고 직후 기상청으로부터 입수한 천안함 폭발 지진파의 소리음향을 분석한 결과를 그해 4월 발표했다. 배 소장의 주장은 공명주파수라는 것이다. 배 소장은 소리공학연구소 홈페이지에 2011년 2월 27일에 쓴 '그날 백령도 초병이 과연 무엇을 보았을까?'[36]라는 글에서 "지진파는 사고순간에 충돌폭발음으로 8.54Hz의 공명주파수를 나타내고 있었는데, 이것은 강한 충격파가 실로폰을 쳤을 때 내는 고유의 진동현상과 같다"며 "만일 천안함 피폭현장에서 백령도 지진계까지 수면을 따라 전파되어 왔다고 가정한다면, 지진파의 공명주파수는 천안함의 길이(전장 88m)와 정확히 일치한다"고 밝혔다. 그는 따라서 백령도 지진파 관측소에 기록된 지진파는 천안함을 울린 소리음향파로 볼 수 있다고 강조했다.

이후 그가 2012년 3월 26일 올린 글 '여기는 천안함'[37]에서 "가장 중요한 것은 그 당시에 백령도에 잡힌 지진파가 과연 천안함에서 온 것이 맞는지를 밝히는 것"이라며 "천안함의 지진파 스펙트럼에서 보면 2차폭발음이 시작하는 시점에서부터 8.54Hz의 기본 주파수가 나타나고 있다"고 제시했다. 이 주파수에 대해 배 소장은 "이 고유주파수에 전달속도를 반영하면 그 길이가 88m로 나오는데, 이것은 천안함의 선체길이와 일치한다"며 "즉, 전함은 강철판으로 만들어져서 폭발성 어뢰가 충돌하게 되면, 마치 실로폰을 채로 타격했을 때와 같이 실로폰의 진동판 길이에 따르는 소리의 고유진동수를 발생한다"고 주장했다.

배 소장은 "우리 소리공학연구소에서 2010년 4월 1일부터 근 10일 동안에 수집한 천안함 폭발 관련 지진파를 분석 규명한 결과로는 TNT 206kg의 탄두를 갖는 어뢰가 수면 2m아래에서 폭발했고 그 소리가 수면과 지표를 따라 백령도관측소에 도달했다"며 "그리고 이때 측정된 공명주파수가 8.54Hz로서 천안함 선체길이(88m)에서 발생된 소리와 일치하기 때문에 이 지진파는 천안함에서 발생한 것이라고 입증해 주었다"고 설명했다.

배 소장의 주장은 천안함에서 나타난 지진파가 비접촉 수중폭발이 아니라 접촉폭발을 설명하는 것이라는 점이다. 무언가가 폭발하기 전에 천안함을 때린 '충돌 폭발음', 즉 어떤 물체와 직접 충돌한 것이 잡혔다는 얘기이다.

정부 발표 공중음파, 천안함에서 나온 것이 맞나

지진파와 함께 제시된 데이터인 공중음파도 많은 논란에 휩싸여 있다. 지진파는 땅 밑에 설치된 지진계에 의해 깨끗하게 감지되지만, 공중음파는 공기 중에 노출돼 바람소리, 동물 등 주변의 소리에 민감하기 때문에 수십 Km 떨어진 지역에서는 정확히 감지하기 어렵다는 것이 음향학자의 지적이다.

특히 배명진 소장은 지진파의 감지와 함께 공중음파가 감지됐다고 발표한 지질자원연구원 지진연구센터의 주장에 강한 의문을 제기했다. 백령도에서 발생한 음파가 철원에서까지 감지됐다는 것이 말이 안 된다는 반박이다. 배명진 소장은 지난 2012년 10월 1일 소리공학연구소 사이트에 올린 '과연 천안함에서 발생한 공중 음파가 맞는지 묻고 싶습니다'[38]

라는 글에서 이같이 지적했다.

그는 첫째, '백령도에서 철원까지 도달한 음파가 과연 천안함의 것인
가'라는 의문을 던졌다. 철원에서 잡힌 음향파의 공명주파수가 2.532Hz
(2.532±0.969Hz: 괄호는 필자)로 나온 것을 들어 배 소장은 "피폭직경이
67m정도로 추정되는데, 이것은 천안함의 선체길이를 때려서 나오는 소
리가 아니다"라고 지적했다. 천안함 길이(전장)는 88m이다. 백령도와 김
포에서 감지했다고 발표한 고유주파수에 대해 배 소장은 "발표된 고유
주파수가 제각각 서로 다 다르다"라며 "어느 것도 천안함의 고유진동수
가 아니라는 점"이라고 썼다.

둘째, 철원까지 천안함 사건의 공중음파가 온전히 날아올 수 있느냐
는 의문이다. 배 소장은 "철원에서는 지진파가 탐지된 것이 아니라 공기
를 통해 전달된 음향파가 탐지된 것인데 음향파가 220Km를 날아왔다는
것은 백령도관측소에 비해 그 소리에너지가 484분의 1로 줄어"든다는
의미라며 "이러한 신호는 소리에너지가 전달되는 동안 주변 환경, 바람
소리 등에 묻혀버리기 때문에 음파탐지기로는 절대 포착될 수 없는 소
리"라고 반박했다. 공기 중에서의 음파탐지는 그 특성상 거리가 멀면 잡
음이 아주 심해져서 방향구분이나 규모가 매우 부정확해진다는 점을 들
어, 배 소장은 "따라서 진앙지에서 약 220km이상 떨어진 철원에서 탐지
된 잡음덩어리의 음파를 근거로 폭발규모를 260kg으로 추정한다는 것
은 거의 엉터리 측청치라고 말할 수 있"다며 "왜 깨끗한 지진파를 배제하
고 오차가 많은 철원의 엉터리 음파를 기준으로 잡아 추정했는지 잘 이
해되지 않는 대목"이라고 비판했다.

셋째, 공중음파를 울릉도를 제외한 전 지역(합조단 보고서엔 11개소에서
감지)에서 포착했다는 주장에 대해서도 배 소장은 반박했다. 지질자원
연구원의 이희일 연구원이 3월 27일 작성한 당시 자료에는 김포관측소
와 철원관측소에 공중음파 신호가 포착됐다고 쓰여 있을 뿐, 이 관측소

에서 지진신호가 나왔다는 기록은 없다. 이를 두고 배 소장은 "김포에서 지진계로도 포착되지 않았던 지진강도 1.5규모가 음파로 전국에 포착됐다면, 공중음파 탐지를 전혀 모르는 사람의 처사"라며 "일반적으로는 소리의 진앙지에서 100km가 넘는 거리에서 음파나 지진파가 포착되려면, 지진강도M:Magnitude가 2.0은 넘어야 한다"고 지적했다. 천안함 지진파가 수면과 지표면을 통해 거의 손실 없이 지진계에 전달됐으나 규모가 작아 백령도에서만 지진강도 1.5 이하로 미약하게 잡혔다는 것이다.

지질자원연구원 이희일 연구원이 자료에서 지진신호로부터 계산한 지진파 규모가 1.5로, 이는 TNT 180kg의 폭발력에 해당하며, 수면 아래 10m 지점에서 폭발을 가정할 경우 공중음파 신호로 계산하면 TNT 250kg에 상응한다고 주장한 것도 배 소장은 말이 안 된다며 비판했다.

배 소장은 "수중 10m에서 폭발이 일어나서 백령도 지진계로 지진강도 1.5가 잡혔다는 가정이 맞는다면, 수중에서 소리 감쇄율이 있기 때문에 지자원에서 계산한 TNT용량의 10배가 넘어야 한다는 계산이 나온다"며 "그렇다면 2톤이 넘는 TNT탄두라는 이야기인데 현실적으로는 전혀 말이 안 된다"고 주장했다.

동일한 지진파를 토대로 기상청은 폭발규모가 TNT 150kg, 지자원은 180kg이라고 발표한 것을 두고 배 소장은 "지진파분석의 오류(20%)를 범했다"며 "국방부 합조단과 국민들은 과연 어느 기관에서 제공한 데이터와 분석결과를 믿어야 하느냐"고 반문했다.

지진파의 주파수, 잠수함과 충돌 시 발생하는 고유진동수

천안함 사건 당시 나타난 지진파에서 추출한 주파수를 홍태경 연세대 교수와 김소구 지진연구소장이 각각 다르게 해석했으며, 배명진 숭실대 소리공학연구소장은 아예 다른 성격의 주파수로 분석했다.

여기에 물리학자인 김황수 경성대 물리학과 명예교수도 지진파 분석에 나섰다. 김 교수는 지진파에서 나온 주파수 가운데 기준이 된 주요 주파수fundumetal frequency인 8.5Hz에서 나타난 진폭의 '피크'와 뒤이어 나타난 진폭의 피크를 갖는 주파수들이 정수배(1배, 2배, 3배, 4배)라는 점에 주목했다. 즉 17.7Hz(두 배), 25Hz(세 배), 34.4Hz(네 배) 등이다. 애초 홍태경 교수와 김소구 소장은 이 같은 진폭의 피크를 갖는 주파수가 나타난 것을 수중폭발의 근거라고 설명했다. 문제는 그 근거가 되는 마빈 와인슈타인의 〈수중폭발과 관련된 음파와 지진신호의 스펙트럼〉(1968년)이라는 연구자료에는 진폭의 피크를 갖는 주파수가 정수배가 아닌 '홀수배'odd harmonic series라는 데 있다. 그렇기 때문에 17.7Hz(두 배)와 34.4Hz(네 배) 등 짝수배의 주파수에서 진폭의 피크가 나타날 수 없다고 김황수 교수는 반박했다.

이에 따라 김 교수는 머로 카레스타 영국 캠브리지 대학교 연구원과 지난 2014년 11월 20일 국제학술지 《음향학과 진동학의 진전》Advances in Acoustics and Vibration에 실린 학술논문 〈천안함 침몰의 진짜 원인은 무엇인가〉What Really Caused the ROKS Cheonan Warship Sinking?[39]에서 이 같은 연구결과를 발표했다. 김 교수는 이 논문에서 8.5Hz의 기본주파수($f_0=c/4H$: f_0는 기본주파수, c는 수중음파의 속도, H는 수심)의 짝수배 주파수인 '$2f_0$는 약 17.7Hz'(두 배)와 '$4f_0$은 약 34.4Hz'(네 배)가 나타난다는 점을 들어 "그것은 홀수배의 배음열(조화급수)이 아니다"라며 "그러므로 그것은 분석결과의 정당성에 대한 의문을 낳는다"고 지적했다.

이와 관련해 김 교수는 보고된 지진파 스펙트럼에서 나타나는 진폭 피크를 갖는 주파수가 원통형(튜브형) 철판과 천안함이 부딪혔을 때 나타나는 주파수와 유사하다는 점을 들어 대형 잠수함과 충돌했을 가능성이 있다는 결론을 내놓았다. 김 교수와 카레스타 연구원은 "보고된 지진 스펙트럼이 113m 길이의 대형 잠수함에서 나오는 진동의 고유주파수와 일치한다"며 "이 발견은 천안함이 어뢰나 수중기뢰에 의한 폭발 보다는 오히려 대형 잠수함과 충돌 때문에 침몰했을 가능성을 제기한다"
고 밝혔다. 이들은 지진파에서 나오는 특유의 주파수, 조화주파수에 주
목해 이 주파수의 특징과 패턴을 분석한 결과, 버블제트 폭발에서 나타
나는 주파수와 무관하며, 오히려 거대한 강철로 이뤄진 잠수함과의 충돌
시 나타나는 주파수와 일치한다는 결론을 냈다고 설명했다.

　잠수함의 존재와 증거 모두 없는 상태이기 때문에 김 교수 등의 이른
바 잠수함 충돌설은 여전히 가설 단계이다. 그러나 지진파의 주파수 형
태를 어떻게 해석하느냐에 따라 지진파가 폭발을 입증하는 절대적인 데
이터라고만은 할 수 없다는 근거가 됐다는 평가를 받고 있다.

4

—

사건의 재구성

대체 무슨 일이 있었던 것인가?

지금까지의 논의를 잠깐 정리하고 넘어갈 필요가 있겠다. 천안함 침몰 원인을 북한 어뢰라고 발표한 정부 주장의 핵심은 비접촉 수중폭발의 결과라는 데 있다. 앞선 장에서는 수중폭발이든 수상폭발이든 폭발의 힘으로 파괴된 것인지 남아 있는 증거를 토대로 따져봤다. 폭발의 근거라고 주장하는 천안함 선체의 잔해와 절단면, 지진 데이터 등만으로는 여전히 의문이 해소되지 않는다는 것이 나의 판단이다. 주요 증거가 정부의 설명과 맞아떨어지지 않거나 곳곳에 모순이 있기 때문이다. 충격파의 존재에 대해 오락가락하는 설명, 버블효과의 흔적, 압력흔적, 물기둥의 부재, 폭발력이 작용하는 힘의 방향과 선체 손상 상태의 불일치, 정부와 합조단 주장과 달리 시뮬레이션으로는 설명되지 않는 선체의 분리형태(두 동강 아닌 세 동강으로 분리), 함수 절단면의 멀쩡한 형광등, 가스터빈실 외관의 뚜렷한 파공 원인 설명 부재, 청각 부상이 없는 생존자·시신 등이 그렇다.

또한 수중폭발의 움직일 수 없는 근거라는 지진파 자료에 대해서도 학자들이 제각각의 해석을 내놓았다. 지진파에서 나온 진폭의 피크가 나타난 주파수가 연속된 형태를 어떻게 띠느냐에 따라 폭발로 해석되기도 하고, 충돌로 해석되기도 했다. 주파수(진동수)를 도출하는 기본공식($f=c/\lambda$: f는 주파수, c는 속도, λ는 파장의 길이)에다 파장(λ)을 4L로 계산한 학자가 있는가 하면, 2L로 계산한 학자도 있었다. 이는 천안함 지진파에서 나온 주요 주파수(8.5Hz)가 폭발에서 나온 진폭의 피크인지, 충돌에서 나온 진폭의 피크인지에 따라 달리 적용할 수밖에 없다. 둘 중 하나는 반드시 아니지만, 아직 하나를 버리고 하나를 취할 수 있을 만큼 충분한 논의가 이뤄지지 않았다. 어뢰 수중폭발의 신호라고 보고서에 기재한 합조단 스스로도 '지진파와 공중음파가 감지됐다'는 말 외에 이 데이터가 왜 수중폭발의 근거인지 설명하지 못했다.

아직 과학적 합의가 이뤄지지 않은 것은 분명하다. 설령 과학적 논쟁, 치열한 검증 과정에서 합의가 이뤄지지 않더라도 이견을 얘기할 수 있는 공간을 열어둬야 한다. 그러나 이런 과학적 논쟁 자체도 꺼리는 풍토이니 더 말해 뭣하랴.

특히 천안함 침몰이 어뢰의 폭발 때문이라고 주장하는 이들은 제기되는 의문을 싸잡아 지엽적이거나 본질과 무관한 극히 일부의 의문일 뿐이라고 치부한다. 이런 태도로는 진실에 접근하기 어렵다고 본다. 아직 천안함이 침몰하는 과정을 완벽히 재현한 증거는 없고, 그 현장을 목격했다는 사람도 등장하지 않았다. 그런 면에서 우리는 더 겸손한 자세로 임해야 한다.

지금까지는 건져 올린 물증과 데이터를 관찰하고 해석한 데 대한 여러 의문과 논쟁을 정리했다. 난해하거나 따분하게 읽은 독자들도 있으리라 본다. 이 사건을 접하는 많은 분이 보면 볼수록 어려운 사건이라고들 한다. 심지어 신상철 전 민군합동조사단 민간조사위원의 천안함 관련 명예훼손 사건의 항소심 재판장도 지난해(2016년) 11월 24일 열린 첫 공판에서 "참 어려운 사건"이라며 "지난 여름휴가 때 휴가도 못가고 이 사건 기록만 봤다"고 밝혔다. 재판이 진행 중이며 어떻게 재판을 이어갈지 모르기 때문에 무슨 의미로 한 얘기인지는 지켜봐야 하겠지만, 진실을 다투는 쟁점에 대해 판단하기가 쉽지 않다는 뜻이 포함돼 있을 것이다. 그러니 진실 규명과, 그 목표를 향해 쫓아가는 과정이 험난하거나 고통스러울 수 있다는 점을 염두에 두길 부탁드린다.

천안함 사건의 육하원칙

이번 장은 '정부의 발표'를 둘러싼 지금까지의 정적인 관찰과 해석을 넘어, 대체 그날 무슨 사건이 있었는지에 대한 논란과 의문을 검증하고 소개한다. 천안함의 증거를 다룬 앞선 장에서 거론하지 않은 핵심증거도 기록했다. 이른바 1번 어뢰, 북한산 'CHT-02D' 어뢰 잔해와 추진체의 수거과정부터 진위여부, 증거능력의 문제들을 뒷부분에서 자세히 설명한다. 이를 앞에서 한데 묶어 설명하지 않은 이유는 물적 증거를 수거하고 인양하는 과정 자체도 하나의 사건이었기 때문이다. 어뢰 검증은 천안함 사건을 통틀어 결정적 증거이거나 결정적 사기가 될 수 있는 파괴력을 지닌다. 이미 '1번' 글씨가 사라졌으며, 부식상태가 변질됐을 가능성이 있는데도 법정에서조차 증거감정이 제대로 이뤄지지 않을 만큼 뜨거운 감자이기도 하다.

천안함 침몰은 백령도 서해에서 작전 중에 발생한 사건이므로, 이번 장에서는 사건의 육하원칙을 짚어보는 방식으로 재구성했다. 천안함 사건의 육하원칙 가운데 유일하게 정해진 것은 '무엇을'밖에 없다. 즉 천안함이 파괴돼 침몰했다는 것(또는 천안함을 침몰시켰다는 것)뿐이다. 북한 어뢰에 피격됐다는 정부의 발표 내용은 천안함 사건의 육하원칙 중 '누가(북한이)' '어떻게(어뢰 발사에 의한 수중폭발)'에 해당한다. 그러나 이는 인양된 1번 어뢰의 추진체가 북한산인지, 천안함 아래에서 터진 것인지, 연어급 잠수정이 이 어뢰를 발사한 것인지 등이 모두 확인돼야 성립할 수 있다. 어뢰가 천안함과 무관하다는 반박과 진품이 아니라는 수많은 의혹이 있었지만 지금까지 해소되지 않은 상태이다. 독립적인 조사과정을 거쳤다고 보기 어려우며, 국방부가 일방적으로 구성했기 때문에 조사단 구성이 공정했다고 보기 어렵다. '어뢰설'은 아직도 가설에 불과하거나 가상의 시나리오이다. 그렇기 때문에 '누가'와 '어떻게'는 모른다는 것이 객관적인 진단이다. 천안함 침몰을 일으킨 주체가 누군지는 명확히 알 수 없다. 그런데도 북한이 쏜 어뢰가 터져 침몰한 것은 맞지만 일부 의문점을 해소하지 못했을 뿐이라고 주장하는 사람이 적지 않다. 이들의 주장이 신빙성이 있으려면 그 의문점을 말끔히 해소하기 위해 노력해야 하는 것이 아닐까?

육하원칙에서 가장 궁극적 진실인 '왜'는 천안함 사건을 누군가가 일으켰다는 전제에서 나오는 구성요건이다. 범죄 사건에서 '왜'는 동기에 해당한다. 그런데 천안함 사건은 누가 했는지조차 명백하게 확인되지 않았으므로 동기는 당연히 모를 수밖에 없다. 범인을 잡아야 왜 그랬냐고 추궁할 것 아닌가. 하지만 우리는 아직 범인을 잡지 못했다. 따라서 육하원칙 가운데 '왜'도 모른다.

그렇다면 남은 것은 '언제' '어디서'이다. 이는 시간과 공간이라는 객관적 조건에 해당한다. 잘 알려져 있다시피 천안함 사고의 발생 시각은 여러 차례 변동과 조정을 거쳐 발표됐다. 당시엔 '번복'과 '말바꾸기'라는 표현으로 언론들이 집중 포화를 퍼붓기도 했다. 그 후에도 사고의 정확한 시각은 여러 면에서 의심을 받았다. 발생 장소도 해경이 최초로 전달받은 좌표와 구조하러 간 곳, 지진파·공중음파 발생 추정 지역, TOD 위치 등이 제각각이었다. 이처럼 사고 시각과 위치를 확정하는 것조차 진통을 겪었다. 이 때문에 정부가 '2010년 3월 26일 21시 22분경 백령도 서방 2.5km 지점'에서 천안함이 침몰했다고 발표한 가장 기본적인 사건 정보도 논란이 됐다.

1. 천안함 사고 발생 시각의 문제

'언제' 무슨 일이 있었나

정부 합동조사단은 보고서에서 사고 시각을 초 단위까지 세밀하게 확정하지 않았다. 합조단은 《천안함 피격사건 합동조사결과 보고서》 34~35쪽 사건 개요에서 "2010년 3월 26일(금) 21:22경 백령도 인근 해상에서 정상적인 임무수행 중이던 해군 2함대 소속 천안함(초계함)이 북한의 어뢰 공격에 의해 침몰"이라고 썼다.[1] 발생 시각을 "2010년 3월 26일(금) 21:22"로 기록한 것이다. 좀 더 읽어보면, 합조단은 "천안함의 당시 상황은 21:22경 근무상황에 비추어 볼 때 정상적으로 임무수행 중에 있었다"고 기술했다. 사고 직전 천안함의 함교에 당직사관 등 7명, 전투상황실 7명, 통신실 2명, 함수포 상비 탄약고 3명, 기관조종실 7명, 유도조종실 1명, 디젤기관실 2명 등 총 29명이 당직근무 중이었고, 기타 인원은 식당, 침실 등에서 휴식 및 취침하고 있었다고 설명했다. 함장은 21:05경 함내 순찰을 마치고 함장실로 들어와 컴퓨터 e메일·게시판과 KNTDS Korea naval tactical data system(한국 해군 전술자료처리체계) 화면을 확인 중이었다고 한다.

보고서에는 초 단위까지 정확한 시간을 나타내기보다는 21시 22분경

정도로 표기돼 있다. 앞서 설명한 지진파와 공중음파를 감지한 시각은 21시 21분 58초였다.

합동조사단 보고서 외에 정부가 작성한 공식자료인 《천안함 피격사건 백서》(대한민국 정부 저)에는 발생 시각을 이렇게 나타낸 이유를 좀 더 자세하게 설명했다. 정부는 백서에서 천안함의 사고 발생 시각에 대해 "합동조사단은 2010년 4월 1일 TOD 화면 전체 분량을 공개하면서 21시 22분경으로 정정했고, 4월 7일 1차 조사결과를 발표하면서 피격 시각이 21시 21분 57초로 최종 확인되었다"고 밝혔다. 그런 추정 근거에 대해 천안함 백서는 다음과 같이 제시했다.

① 해안 초소 TOD에 녹화된 시각—21:23경
② 해군 전술지휘통제체계KNTDS상의 천안함 발신신호 중단 시각—21:21:57
③ 백령도 지진파 관측소의 지진파 감지 시각—21:21:58
④ 천안함의 마지막 국제상선망 교신 시간—21:19:30~21:20:03
⑤ 백령도 초병의 관측(폭 20~30m, 높이 100m의 흰색 섬광불빛) 시각—21:23
⑥ 천안함 승조원(상병)의 마지막 휴대전화 통화 시각—21:21:47

이 같은 천안함 사건 발생 시각은 여러 차례 수정과 번복을 거쳐 나온 결론이다. 하지만 이렇게 수정에 수정을 거듭한 시각은 정말 천안함 사고 발생 시각으로 믿어도 좋은 것인가? 침몰의 원인이 된 어떤 사건이 벌어진 시각인 것은 분명한가?

사고 시각, 대체 왜 이리 자주 바꿨나

정부는 천안함 발표 시각을 수시로 번복했다. 너무나 황당하게 오락가락한 나머지 군이 과연 육하원칙에 입각한 '시간' 보고를 평소 부실하게 하고 있는 것인지, 아니면 뭔가를 숨기려다 끊임없이 시간이 달라질 수밖에 없었는지 별 생각이 다 들게 한다.

2010년 3월 26일 밤 합동참모본부(합참)는 천안함 사고를 언론에 21시 45분으로 발표했다. 그러다 하루 만인 3월 27일 시간을 15분 앞당겼다. 이기식 합참 정보작전처장(해군 준장)은 이날 국회 국방위원회에 출석해 다음과 같이 발표했다.

3월 26일 21시 30분경 백령도 서남방 1마일 해상에서 아 초계함인 천안 함이 원인 미상으로 침몰된 상황 관련 보고입니다. 어제 상황 발생 현장의 기상은 남서풍이 20노트로 불었으며 파고는 3m였습니다. 수온은 8도였습 니다. 선저에 파공이 발생하였으며 파공으로 침수가 발생하면서 배가 침몰 되었습니다. 사고 지점의 수심은 24m였습니다.[2]

3월 27일 오후엔 최원일 천안함장이 유가족 앞에서 보고를 하면서 '쾅' 하는 충돌음 또는 폭발음과 함께 두 동강 났다고 주장했다. 애초 선 저 파공에 의한 침수라는 보고 내용에서 더 나아가 선체가 절단됐다는 것을 처음 언급한 것이다.

이와 관련해 3월 28일 국방부는 브리핑에서 국방부 출입기자가 '(첫날 엔) 사고 직후에 국방부가 함께 파공이 났고, 선체가 가라앉기 시작했으 나 그 다음날 저녁 합참공보실장은 폭발음과 함께 배가 두 동강이 났다 고 말했다'고 지적하자 박성우 합참 공보실장은 이렇게 해명했다.

합참에서 최초에 발표를 했을 때는 21시 45분으로 발표를 했습니다. 나 중에 국회에 보고할 때 21시 30분으로 보고를 했는데, 그 15분의 차이는 워 낙 급박하게 상황이 돌아가는 때였고, 또 하급부대에서 상급부대로 보고하는 과정에서 또 급하게 보고가 되기도 하고, 그 과정에서 미처 확인하지 못하는 부분들도 있을 수 있고, 하다 보니까 그런 15분의 차이가 났는데, 다시 정정을 해드리면, 21시 30분에 함정이 침몰하기 시작한 것으로 알고 계시면 되겠습니다.[3]

그러나 국방부는 21시 30분으로 정정한 지 이틀 만인 3월 29일 또 사고 발생 시각을 21시 25분으로 5분 더 앞당겼다. 김태영 국방부장관은 2010년 3월 29일 국회 국방위원회에 출석해 다음과 같이 답변했다.

21시 25분경에 폭발음이 나고 정전이 되고 배가 우현으로 쓰러졌습니다. 그때 함장도 함장실에 있다가 거기에서 넘어졌고 나중에 보니까 출입구가 천장으로 올라가 있는 것을, 90도로 넘어져서요. 그런 상황들이 나왔습니다.[4]

같은 자리에 참석한 다른 책임자는 또 9시 30분이라고 말한다. 계속 오락가락한 것이다.

— 김무성 당시 한나라당 의원: "사고 발생 시간이 몇 시입니까?"
= 김중련 합동참모차장: "보고에 의하면 21시 30분에 천안함의 포술장(김광보 대위-저자)이 핸드폰으로 함대에 보고를 했습니다."
— 안규백 당시 민주당 위원: "장관, 지금 목격자의 진술이 나오면서 해군의 말이 자꾸 바뀌고 있어요. 천안함 함장이 사고 직후 고속… 승선할 때까지 뭐 했지요, 그분이?"
= 김태영 국방부장관: "함장이 조치한 것은 21시 30분경에 함장이 함장실에 있다가 쓰러졌다가 잠시 깨어났는데 거기서 함정은 이미 90도로 자빠져 있는 상태였습니다."[5]

원태재 국방부 대변인은 그다음 날(3월 30일) 왜 이런 일이 벌어졌는지 기자들에게 이렇게 해명했다.

"그다음에 사고발생 시간 관련해서 국방부 입장이 혼선을 빚고 있다고 하는 것. 그 점도 이해해주시기 바랍니다. 왜냐하면, 저희는 처음에 45분이라고 했다가 30분으로 바꿨는데 그것은 무엇이냐 하면, 45분은 당일에 발표하는 과정에서 합참에서 접수한 시간을 얘기를 했었는데, 나중에는 포술장이 21시 30분에 최초 보고한 시간을 기준으로 하고 있습니다. 그래서 물론 포술장이 상황을 인지하고 그리고 나서 보고를 했기 때문에 거기에서도 몇 분간의 차이가 있을 수는 있는데, 기록상 우리가 확인할 수 있는 것은 21시 30분입니다. 사고 나면 뻔히 알지만 매번 이런 얘기가 나옵니다. 우리가 시간 정하고 일을 시작하는 것도 아니고, 사고라는 것이 불시에 일어나고, 또 그때에 바로 보고하는 게 아니라 무엇인지 파악하는 시간이 필요하다 보니까 조금 차이가 있을 수는 있습니다."[6]

정부가 쓴 《천안함 피격사건 백서》에도 이런 내용이 담겨 있다.

"국방부가 최초로 발표한 천안함의 피격 시각은 3월 26일 21:45이었다. 27일 00:23 합동참모본부 정보작전처장(해군 준장 이기식)이 '26일 21:45경 백령도 서남방 해상에서 임무수행 중이던 아我 함정의 선저가 원인미상으로 파공되어 침몰 중에 있어 인명을 구조하고 있다'고 언론에 최초 브리핑했다. 이처럼 합참은 제2함대사령부로부터 유선전화로 보고받은 시간인 21:45을 피격 시각으로 언론에 발표하였으며, 이후 국회 보고 및 언론 발표 시에는 3월 27일 10:00에 해군작전사령부에서 서면으로 정정보고한 21:30을 기준으로 했다. 그 후 다시 25분, 22분으로 정정하여 국민의 불신과 의혹을 키웠다. 피격 시각에 대한 혼선은 사건초기 급박한 상황 하에서 정확성보

다는 신속성을 강조하는 과정에서 미처 확인되지 않은 보고가 그대로 발표
되면서 발생했다."

정부는 백서에서 "피격 시각에 대한 수정은 즉각 이루어지지 않았다"
며 천안함 사건 시각을 바로잡은 결정적 계기가 지진파 탐지 시각이었
다고 설명을 이어갔다. 3월 27일 03:22 청와대 위기상황센터가 한국지
질자원연구원 지진연구센터의 지진파 감지 상황을 유선으로 보고받은
후, 27일 06:30 합참에 동 지진파 자료를 보냈지만 합참은 피격 시각에
대해 충분한 검토를 하지 못했다고 기록했다. 정부는 "지진파 자료를 접
수한 것은 사건 발생 이후 불과 9시간 정도 경과한 시점이어서 지진파
발생 '시각 추정'의 의미보다는 단지 '폭발사고' 자체를 확인해 주는 참고
자료로만 활용하였고, 예하부대에서 보고한 시간을 더 신뢰하였던 것"
이라고 자체 평가했다.

정부는 국방부나 합조단이 지진파를 중시하지 않아 청와대가 나서고
난 다음에야 시간 논란이 정리됐다고 주장했다. 정부는 백서에 "그 후 피
격 시각의 정확성 문제에 대한 논란이 가열되었을 때 합참은 지진파 자
료를 객관적 근거로 참고했다"며 "청와대 외교안보수석실은 지진파 자
료가 피격 시각을 확증하는 가장 과학적이고 객관적인 근거라고 보고
이를 공개하도록 지시했다"고 기록했다.

이처럼 시간을 번복한 과정에 문제가 있었다고 정부도 스스로 지적했
지만, 복기해볼 때 석연치 않은 점이 많고 이런 의문점은 여전히 해소되
지 않은 상태로 남아 있다. 우선 정부가 백서에서 '4월 1일 TOD 화면 전
체 분량을 공개하면서 21시 22분경으로 정정했다'고 밝힌 것부터 정확
한 표현이라 하기 어렵다. 4월 1일 나는 국방부가 TOD 영상을 공개하기
위한 브리핑에서 사건 발생 시간의 논란을 정리해 발표하던 현장에 있
었다. 당시 국방부는 브리핑 과정에서 관련 자료를 기자들에게 제공했

다. 그날 배포한 〈천안함 침몰 관련 국방부 입장〉에서 "일부 언론에서 천안함의 사고발생 시간에 대한 군의 발표가 혼선을 빚고 있다고 하는데, 사고 초기에 그런 점이 있었다"며 "군은 상황보고 시 최초, 중간, 최종보고의 절차가 있으며, 최초보고는 정확성보다는 신속성을 강조함으로 다소 오차가 있을 것"이라고 해명했다. 그러면서 다음과 같이 썼다.

– 최초 해작사로부터 유선으로 보고받은 시간인 21:45을 언론에 발표했으며, 이후 국회보고 및 언론 발표 시에는 천안함 포술장(김광보 대위)이 휴대폰으로 2함대사에 보고한 시간을 기준으로 2함대사가 해작사에 서면으로 보고한 21:30분으로 정정하였음

– 그러나 이후 합동조사단을 운영해 3월 27일(21시 25분으로 진술) 및 28일(21시 22분으로 정정진술) 등 두 차례의 함장 진술과, 포술장 대위 김광보가 2함대사 상황반장 소령 김동현에게 휴대폰을 이용하여 보고한 시간(21시 28분), 해안 6소초 TOD에 녹화된 시간 및 병사 진술(21시 23분)과 한국지질자원연구원에서 침몰 당시 측정한 지진파 발생시간(21시 21분 58초) 등을 종합해 볼 때 사고발생 시간을 21:20분경으로 판단하고 있으며 보다 정확한 것은 현재 운용 중인 합동조사단의 집중 조사 결과를 통해 최종 확인할 것임[7]

전체 맥락상 21시 22분이 맞는 것 같으나 분명히 뒷부분에 '21시 20분경으로 판단하고 있다'고 적혀 있다. 이 때문에 당시 사고 시각이 21시 20분이라는 제목의 언론보도도 여럿 있었다. 당시 질의응답 과정에서 내가 '사고 발생 시간이 아까 말씀하셨을 때는 22분이라고 했는데 여기 자료에는 20분경이라고 돼 있다. 계속해서 사고 발생 시간이 당겨지는 이유가 뭔가'라고 질의하자 이기식 합동참모본부 정보작전처장은 '자료에 써놓은 것이 맞다'고 답했다.

지금 현재 제가 여러분들께 말씀드리고 있는 것은 나눠드린 자료가 제일 정확한 것이고 여기에 대해서는 지금 조사반이 편성이 되어 있어서 어제부터 지금 조사에 들어가 있습니다. 그래서 제가 그 조사가 끝나면 모든 것들이 가장 정확하게 밝혀질 것이니까 그 조사가 끝난 다음에 다시 여러분들께 발표를 하도록 하겠습니다.[8]

공개석상에서 한 질의 때는 이렇게 답변해놓고 국방부는 그날 오후 브리핑이 끝난 후 침몰사고 발생 공식 추정 시간을 21시 22분으로 수정했다고 한다. 《머니투데이》는 "공식 사고 추정 시간이 바뀐 것은 이번이 다섯 번째"라며 "특히 이날도 공식 자료에는 '9시 20분경'으로 표기했다 브리핑이 끝난 후 부랴부랴 9시 22분으로 수정하는 해프닝도 있었다"고 2010년 4월 1일 온라인 뉴스로 보도했다. 국방부가 이렇게 자료조차 부

2. 사고발생시간 확인결과
- ○ 일부 언론에서 천안함의 사고발생 시간에 대한 군의 발표가 혼선을 빚고 있다고 하는데, 사고 초기에 그런 점이 있었음.
- ○ 군은 상황보고시 최초, 중간, 최종보고의 절차가 있으며, 최초 보고는 정확성 보다는 신속성을 강조함으로 다소 오차가 있을 것임.
- ○ 최초 국방부는 해작사로부터 유선으로 보고받은 시간인 21:45을 언론에 발표하였으며, 이후 국회보고 및 언론 발표 시에는 천안함 포술장이 휴대폰으로 2함대사에 보고한 시간을 기준으로 2함대사가 해작사에 서면으로 보고한 21:30분으로 정정하였음.
- ○ 그러나 이후 합동조사단을 운영하여, 3. 27일(21:25분으로 진술) 및 28일(21:22분으로 정정진술) 등 두차례의 함장 진술과, 포술장 대위 김광보가 2함대사 상황반장 소령 김동현에게 휴대폰을 이용하여 보고한 시간(21:28), 해안 6소초 TOD에 녹화된 시간 및 병사 진술(21:23)과 한국지질자원연구원에서 침몰 당시 측정한 지진파 발생시간(21시 21분 58초) 등을 종합해 볼 때 사고발생 시간을 21:20분경으로 판단하고 있으며 보다 정확한 것은 현재 운용 중인 합동조사단의 집중 조사 결과를 통해 최종 확인할 것임.

2010년 4월 1일 국방부가 기자들에게 배부한 국방부 설명자료 '천안함 침몰관련 국방부 입장' 1쪽.

랴부랴 수정했는지는 나도 뒤늦게 이 기사를 통해 알게 됐다. 21시 20분설은 일종의 해프닝이나 실수였다는 해명이다.

21시 45분 → 21시 30분 → 21시 25분 → 21시 22분 → 21시 20분 → 21시 22분 등 다섯 차례의 수정을 거친 것이다. 그렇다면 최종적으로 정부가 내놓은 21시 22분은 정확한 시각일까?

21시 15분의 미스터리,
정부 발표 시각 이전 천안함 아무 일 없었나

사실 이 시각('21시 22분경')은 합조단과 국방부가 내놓은 시각일 뿐 어떤 의미가 있는 시각인지는 좀 더 조사가 이루어져야 할 것이 있다. 21시 15분의 의미이다. 국방부는 이날 브리핑과 입장 자료에 기재한 여러 사고 시각 번복 가운데 정작 가장 중요한 사고 발생 추정 시각을 빼놓았다. 이른바 21시 15분(밤 9시 15분) 최초 사고 발생 의혹이다. 이 시각은 당시에도 사고 발생 시각을 규정짓는 데 가장 큰 논쟁을 불러일으켰을 뿐 아니라 여전히 이 시각에 무슨 일이 있었는지 해소되지 않고 있다.

이 시각 전후로 '최초 상황이 발생했다'는 기록이 여러 곳에 분명히 남아 있기 때문이다. 그 근거로는 해군 내부의 자체 보고(해군작전사령부, 해병대 방공진지 포음 청취), 관련 자료(상황일지, 해경 보도자료)와 증언('비상'이라며 끊은 전화 통화 및 중단된 문자), 이에 따른 여러 차례의 언론보도 등이 있다. 대체로 당시 '보고'된 내용이기 때문에 의혹의 근거는 분명하지만, 그 시각에 무슨 일이 벌어졌는지는 아직도 알 길이 없다. 합조단과 국방부는 아예 아무 일도 없었다고 부인하고 있다. 국방부의 경우 당시에 한동안은 분명한 답을 내놓지 않았다. 합조단은 21시 19분 국제상선망과 교신감도 체크 및 사고 시각(22분) 직전까지 이뤄진 승조원들의 통화 내역을 제시했다. 하지만 이 정도로는 명확해지지 않는다. 21시 15분에 최초 상황이 있었다는 보고인데, 그 최초 상황이 무엇인지를 규명하지 않은 상태에서 '21시 15분 이후에도 교신 및 전화통화 내역이 있었다'는 것은 아무 일도 없었을 개연성을 보여주는 간접 정황일 뿐 '21시 15분' 설이 허위임을 입증해주진 않기 때문이다.

과연 21시 15분에 무슨 일이 있었을까? 남아 있는 자료와 당시 기자들과 국방부가 주고받은 내용을 토대로 21시 15분의 미스터리를 재구성해보자.

우선 천안함 승조원 다수를 구조한 해양경찰청이 2010년 3월 26일 최초 구조신고를 받았을 때 천안함 사고 발생 시각을 21시 15분으로 기록했다는 점에 주목하자. 해경은 3월 28일 내놓은 보도자료에서 사고 시각을 21시 15분으로 기재했다. 무엇보다 해군이 해경에 구조 연락을 할 때 '천안함에서 9시 15분 물이 샌다'고 통보해줬다는 것이다.

이는 당시 여러 군데 언론에서 경쟁적으로 보도한 내용이기도 하다. 《한겨레》는 2010년 3월 30일자 3면 기사 〈실종 차 하사 「9시16분」 문자 중단〉에서 "해양경찰청도 지난 28일 사고 시각을 26일 밤 9시 15분이라고 적은 보도자료를 냈다"며 "해양경찰청은 '해군 쪽에서 온 최초의 구조신호는 '배에서 물이 샌다'는 것이었다'고 밝혔다"고 보도했다.[9] KBS는 3월 31일 뉴스9 리포트 〈국방부 '오락가락 발표' 의혹 증폭〉[10]에서 해경 상황보고서 내용을 인용했다. KBS가 입수한 〈해군, 초계함 침몰 사고에 따른 해양경찰 수색활동 상황〉 보고서에 따르면, "10.3.26(금) 21:15경 백령도 서남방 1.2해리에서 해군 초계함(천안함)이 원인 미상 폭발음 청취 후 선체 침몰사고 발생, 합동 구조작업 중인 상황"이라고 기재돼 있다. KBS는 "해경 상황보고서에는 침몰사고가 오후 9시 15분에 발생한 것으로 기록돼 있습니다"며 "군 공식 발표보다 15분이 빠릅니다. 군은 오늘 이 15분의 차이를 설명해달라는 요청에 즉답을 피했습니다"라고 보도했다. MBC도 그해 4월 3일 뉴스데스크 리포트 〈6분간 무슨 일 벌어졌나〉에서 "해경은 9시 15분 '물이 샌다'는 상황보고를 받은 것으로 알려졌습니다"라고 전했다.

이와 함께 정부 발표 시각 6분 전인 21시 16분에 비상이 걸렸다는 증언, 문자메시지가 끊어졌다는 증언이 잇달아 제기됐다. 문희상 당시 민주당 의원은 3월 29일 열린 국회 국방위원회에서 김태영 장관을 상대로 21시 16분 통화설을 제보에 근거해 질의했다.

- 문희상 위원: "9시 16분경에 실종자 중 1명과 통화한 사람이 '지금 비상상황이다'라는 얘기를 분명히 들었다'라는 제보가 있었는데 그것은 어떻게 평가하면 되겠습니까?"
= 김태영 국방부장관: "그것은 제가 볼 때는 정확한 제보가 아니라고 생각을 합니다. 왜냐하면 그런 비상상황이라면 그 병력들이 아마 침실에 있거나 하지 않았을 것입니다. 전부 다 아마 작전 배치가 되어 있었을 텐데, 제가 지금 알고 있는 것으로는 '일부는 침실에, 일부는 휴식 중에' 뭐 이렇게 되어 있는 것으로 봤을 때 그런 비상상황은 아니었던 것으로 제가 알고 있습니다."[11]

이종걸 당시 국회 교육과학기술위원장(민주당 의원)도 이날(3월29일) 실종자 가족과 면담 후 비상상황이 있었다는 얘기를 전했다. 《아시아경제》는 3월 29일 밤 온라인 기사 〈이종걸 의원 "사고 발생 시점 이의 있다"〉에서 이종걸 의원이 "실종자 중 사고 직전인 26일 밤 9시 15분경 비상상황을 전화로 알렸던 승조원이 있었단 얘기를 들었다"며 "이는 사고 발생 시점으로 알려진 시간과 15~20분의 차이를 보이는 것으로 사고 당시 함 내에서 일어났던 일과 함장의 초동 대처에 관한 의문이 풀릴 수 있는 부분"이라고 지적했다고 보도했다.[12] 뒤이어 나온 이종걸 의원 발언 관련 보도에선 의문점이 추가됐다.

CBS노컷뉴스는 30일 저녁 온라인 뉴스 〈이종걸 "천안함 '긴급상황'으로 백령도 출동"〉에서 이 의원이 한 실종자 가족의 증언을 근거로 '천안함은 당시 상부의 긴급명령을 받고 사고 지점으로 출동한 것'이라고 밝혔다고 썼다.[13] 이 의원에 따르면, 당시 천안함에 승선해 있던 한 장병이 가족과 휴대전화 통화를 하다 오후 9시 16분쯤 갑자기 "지금은 긴급 상황이라 통화가 어렵다. 나중에 통화하자"고 말한 뒤 전화를 끊었다는 것이다. 이 장병은 이후 연락이 두절돼 실종 상태다. 3월 29~30일 이 무렵만 해도 군은 천안함 사고 발생 시각을 21시 30분으로 발표한 상태여서 대부분의 언론은 '당국이 밝힌 시점보다 14~15분가량 빠른 것'이라고 의혹을 제기했다. 이 의원은 또 "실종자 가족들은 '백령도 레이더 기지에서 이상 징후를 발견하고 천안함과 속초함을 백령도 인근으로 이동하라는 명령을 내렸다'고 주장하고 있다"고 말했다고 이 매체는 전했다.

이종걸 의원은 다음 날인 3월 31일 CBS라디오 〈김현정의 뉴스쇼〉 전화 연결에서 "사고가 9시 30분경에 난 것으로 예측이 되는데 실종자 중 한 분에게 가족이 9시 16분경에 전화를 한 것"이라며 "그랬더니 '아버님, 지금 비상이니까 나중에 통화하면 좋겠습니다.' 하고 전화를 끊었다"고 말했다. 그는 "그때가 이 상황이 발생한 때인지 그 직전인지는 분명히 잘 판단을 못하고 가족들은 그것에 대해서 의심을 하고 있다"며 "실종자 가족들은 레이더기지에서 사고 해역에 이상 징후를 발견한 것 아닌가, 그래서 사령부에서 천안함과 속초함을 파견한 것 아닌가, 비상상황에 어떤 작전 진행 중은 아니었는가, 이렇게 생각하고 있다"고 주장했다.

이 같은 보도는 꼬리에 꼬리를 물고 나왔다. 이종걸 의원은 4월 5일 SBS 라디오 서두원의 〈SBS 전망대〉와 나눈 인터뷰에서도 "지금 사고 시간에서부터 45분에서 20분으로 갔다가 35분으로 갔다가 22분, 또 15분, 제가 또 가족들에게 들리는 얘기는 16분쯤에 벌써 가족들 전화 통화에 의해서 긴급상황이 발생한 사실, 이런 것들이 발생해서 가장 중요한 사고 시간에서부터 분명히 군 당국이 알고 있었음에도 은폐하려고 했던 초기대응 방법에 있어서 이미 국민들로부터 신뢰를 다 잃어버렸다"고 비판했다. 이 의원은 4월 17일 SBS 〈그것이 알고 싶다〉 인터뷰에서도 "아들이 9시 16분으로 딱 기억을 하고 계시더라고요. 그때 이제 좀 급한 상황이니까 전화 받기 힘듭니다 하고 전화를 끊고 이제 그 이후에 더는 전화할 수 없게 된 아들에 대한 비통한 심정 이런 것들이 전 과정에서 나왔고"라고 말했다.

이런 이 의원의 21시 16분 비상설과 함께 고 차균석 하사의 여자친구가 밝힌 '문자 중단' 증언도 미스터리한 사고 발생 시각 의문점이다. 《한겨레》는 2010년 3월 30일자 3면 기사 〈실종 차 하사 「9시16분」 문자 중단〉에서 차균석 하사와 여자친구가 마지막에 주고받은 문자를 다음과 같이 이미지로 재구성했다.

> 8시 44분 차균석 하사(이하 차): "(텔레비전에서) 백상예술대상한다ㅋㅋ"
>
> 8시 52분 차: "(모임에 친구들과) 아 진짜 다 모여서 가는 거?ㅋㅋ"
>
> 9시 7분 차: "너랑 안 놀아!!!"
>
> 9시 7분: 여자친구 김씨(이하 김) "삐졌어?"
>
> 9시 13분 차: "아니, 술 먹기 시작해?"
>
> 9시 13분 김: "아니~ 얘기하는 중"
>
> 9시 16분 차: "심심해ㅜ 나동 술!!!!"
>
> 9시 16분 김: "매화수 콜~"
>
> (이후 차 하사의 문자메시지가 끊어지고 김씨가 전화를 해도 받지 않음)[14]

MBC 〈시사매거진 2580〉, SBS 〈그것이 알고 싶다〉 등 많은 언론에서 해당 여자친구와 직접 만나 인터뷰 내용을 방송하기도 했다.

21시 15분설에 결정적인 근거를 제공한 것은 MBC가 입수한 해군의 천안함 상황일지를 공개한 것이었다. MBC는 국방부가 천안함 사고 시각을 21시 22분으로 최후로 수정한(4월 1일) 지 이틀 만인 4월 3일 9시 〈뉴스데스크〉 단독 리포트 '밤 9시 15분에 상황발생'을 보도했다. MBC 는 군 당국이 천안함 침몰과 관련해 최초 상황을 정리한 일지를 제시했 다. 그 일지엔 '21시 15분 최초 상황 발생보고(함대사 → 해작사)'로 기재돼 있고, 함대사(2함대사령부)에서 21시15분을 최초 상황 발생 시각으로 보 고했다고 나온다. 함대사령관과 해작사 작전처장이 통화한 것으로 쓰여 있다.

"천안함은 사고 당일 저녁 6시 59분부터 7시까지 1분여 동안 2함대와 통신감도가 양호한지 일상적으로 보이는 통신을 주고받았습니다. 평온했 던 두 시간이 지나고 밤 9시 15분, 천안함 소속 2함대사령부가 최초 상황 발생을 해군작전사령부에 보고했습니다. 함대사령부가 천안함과 관련한 어떤 상황을 파악했다는 것을 알 수 있습니다. 함대사령관과 작전처장이 직접 통화한 사실도 확인됐습니다."

MBC는 "곧이어 밤 9시16분, 백령도에 있는 방공33진지에서는 폭음 을 감지한 보고도 상황일지에 적혀 있습니다"라며 "침몰 당일 시간대에 따라 해군의 교신 시간과 내용, 보고 상황 등이 정리된 이 상황일지는 밤 9시 45분에 해군작전사령부에서 합동참모본부로 관련 상황을 보고했다 고 적고 있습니다"라고 보도했다.[15] 백령도 해병대의 방공33진지는 백령 도 내륙에 있으며, 사고 해역으로부터 7~8km 이격돼 있다는 설명도 붙 어 있다. 특히 이 일지엔 21시 16분에 '언론' 항목에 '여자친구와 문자 끊 김, 부친에게 긴급상황 전화끊음'이라고 쓰여 있다. 이 상황일지가 언론 보도까지 취합해 작성된 것으로 짐작할 수 있다. 또한 21시 20분엔 '백령 도 해안초병이 폭음을 청취했다'(1.8km 이격, 해안)고 기록돼 있다.

이뿐 아니라 국방부가 내놓은 자료에도 최초 사고 발생 시각을 21시

2010년 4월 3일 방송된 MBC 〈뉴스데스크〉 '밤 9시 15분에 상황발생'. 사진=MBC 뉴스데스크 갈무리

15분으로 파악할 수 있는 대목이 있다. 국방부가 그해 4월 1일 국방부 청사 브리핑룸에서 오후 브리핑을 하면서 내놓은 '천안함 침몰관련 국방부 입장'이라는 자료의 '탐색 및 구조전력 현장 도착 및 작업 지연 의혹' 부분을 보면 이런 대목이 나온다.

"해난구조대(71명)는 상황발생 40분만인 21:55에 비상 소집되어 3시간 동안 출동준비를 실시한 후 버스 2대에 분승하여 01:00에 육로로 출발, 평택까지 이동하였고, 다음날 아침 일찍 헬기를 이용 하여 백령도에 10:00경 도착, 현장 수색 및 작업 위치를 선정 후 15:00부터 구조작업을 시작하였음."[16]

2. 탐색 및 구조전력 현장 도착 및 구조작업 지원 현황

○ 해작사는 탐색 및 구조 전력 투입 우선순위에 따라 지원전력 출동 및 현장 투입을 지시하였고, 해당전력은 이동속도 및 거리를 고려하여 최단시간 내에 출동준비를 마치고 현장에 도착하여 구조작전을 지원하고 있음.

○ 해난구조대(71명)는 상황발생 40분만인 21:55에 비상 소집되어 3시간 동안 출동준비를 실시한 후 버스 2대에 분승하여 01:00에 육로로 출발, 평택까지 이동하였고 다음날 아침 일찍 헬기를 이용 하여 백령도에 10:00경 도착, 현장 수색 및 작업 위치를 선정 후 15:00부터 구조작업을 시작하였음.

2010년 4월 1일 국방부가 기자들에게 배부한 국방부 설명자료 '천안함 침몰관련 국방부 입장' 7쪽.

상황 발생 40분 만인 21시 55분에 비상 소집됐다는 것이다. 이는 21시 15분에 상황이 발생했다는 뜻이다.

21시 15분설에 국방부는 처음엔 분명한 답을 못했다. 그러다 4월 7일 국군수도병원에서 환자복을 입힌 생존 장병을 모아두고 실시한 기자회견에서 합동조사단 명의로 21시 15분설은 사실무근이라고 주장했다. 국방부의 답변과 해명을 살펴보자. 국방부는 4월 1일 오후 브리핑에서 '휴대폰 사용자가 16분에 긴급상황이라고 휴대전화를 황급히 끊었다'는 기자의 질의에 이렇게 답변했다.

"말씀을 드리겠습니다. 거기에 대해서는 제가 확인할 수가 없고요. 저희 입장에서는 가장 신빙성 있는 것은 천안함 포술장이 26분에 함장이 지시해서 휴대폰으로 2함대사령부에 본 상황에 대해서 보고를 했습니다. 그래서 제일 먼저 2함대사에서 여기에 대한 상황을 인식하고 전파를 시작한 것입니다."(이기식 합참 정보작전처장)[17]

그다음 날인 4월 2일 브리핑에서도 기자들의 질의가 집중됐다.

- 기자: "일부 실종자들이 가족들과 나눈 문자에 보면 9시 15분쯤에 비상 상황이 걸렸다고 한 바 있는데, 그것을 한 번 더 확인해주시고요, 그리고 군에서 발표한 사건시간 9시 22분과 9시 15분 사이의 교신기록이 굉장히 중요할 것 같은데, 교신기록이 남아 있습니까?"

= 이기식 정보작전처장: "그러한 것은 없는데, 저희가 모르는 다른 것이 혹시 있을지도 모릅니다. 그래서 그것도 합동조사단에서 모든 요소를 다 갖다 놓고 조사하고 있습니다. 그러한 것들이 나오면 거기서 정확한 답이 나올 것입니다."

- 기자: "9시 15분에 그러면 비상상황이었던 것입니까?"

= 이기식 정보작전처장: "그러한 정황이 나타난 것은 아직까지 아무 데도 없습니다."

- 기자: "교신기록에 없다는 말씀입니까?"

= 이기식 정보작전처장: "예. (21시) 21분 58초에 지진파가 나타났다는 것, 그것이 공인된 기록으로 인해서 모든 사람이 공감을 얻을 수 있는 것은 그것 하나뿐입니다. 그래서 저희가 어제 그렇게 22분이라고 발표했던 것이 그것을 근거로 해서 했던 것이기 때문에, 더 자세한 것은 조금 더 기다려 주시기 바랍니다."(2010년 4월 2일 언론브리핑 속기록 8~9쪽)

- 다른 기자: "16분에 비상이 걸렸다면 비상상황을 그 전에 인지를 하셨다는 것이지요?"

= 이기식 정보작전처장: "거기에 대해서는 지금 저희가 제일 풀어야 될 부분이 그 부분입니다. 그래서 합동조사반에서도 거기에 대해서 모든 역량을 집중해서 과연 그 시간에 어떤 일이 있었는가, 그 배는 무엇을 하고 있었는가, 지금 확인 중에 있으니까 이런 것들이 종합적으로 나타나면

여러분들에게…"(위 속기록 23쪽)

원태재 국방부 대변인도 이날 "16분에 통화하고 그런 얘기, 그것도 아마 현재 조사단에서 다 조사를 할 것으로 알고 있다"며 "'비상상황이 있었냐'도 저희 선에서 한 번 확인하겠다. 지금 종합적으로 조사를 하고 있기 때문에 말씀을 그렇게 섣불리 못 드리는 부분도 있다. 그런 점을 이해해달라"고 말했다.

이틀 뒤(4월 4일) 열린 브리핑에서 국방부는 MBC 상황일지 21시 15분 단독 보도에 대해서 애써 무시했다. 이기식 합참 정보작전처장은 "MBC에서 나온 일지에 대해서는 현재 우리 군에서 일상적으로 쓰는 그러한 양식의 일지가 아니다"라고 부인했다. 그러면서 처음 21시 19분에 천안함과 2함대가 교신한 기록을 찾았다고 설명했다. 특히 이날엔 박정이 민군합동조사단장(군측 단장·해군 중장)이 직접 답변했다.

"21시 22분 등 여러 가지 시간과 관련해서 혼란이 많았고, 또 여기에 대해서 논란이 많이 있는 점에 대해서 충분히 이해를 하고 있습니다. 그래서 지금까지도 아직 의혹이 안 풀렸다고 하는 부분들이 21시 16분부터 22분 사이에 아무런 기록이 없고 하다 보니까 이런 문제점을 많이 제시하고 계신데, 저희들이 최근에 확인한 바로는 21시 19분 어간에 천안함과 또 2함대사가 교신한 그런 기록을 확인했습니다. … (그러나 이번) 사건과는 관련시킬 내용이 아닙니다. 통상적인, 일상적인 평온한 상호 확인절차의 교신 활동이었습니다."[18](박정이 민군합동조사단장)

21시 19분에 교신기록이 있었다는 것이다. 그런데 사건과는 무관하다는 답변이었다. 그러자 당시 국방부 담당기자인 백승규 MBC 기자는 21시 15분 상황 발생 근거를 조목조목 제시하며 박 단장의 답변에 이의를 제기했다.

"MBC에서 어제 보도한 것이 9시 15분이라는 것을 또 제기를 했고, 그것을 확인해 줄 수 없다면 또 해경 보고서에 저희들이 입수한 것에 따르면, 9시 15분에 물이 샜다. 또 언론에서 보도가 좀 됐었고요. … 승조원들 대상으로 혹시라도 15분이라든지 또 천안함에서 사고 당일 날 물이 샜는지 혹은 그 승조원 가족들이 천안함에 평소 물이 자주 샜다는 그런 얘기를 주장하시거든요. 의혹이긴 하겠지만, 물이 샜는지 사고 당일 날 물이 샜고 그런 것들에 대해서 조사를 해보셨는지 그것이 궁금합니다."[19] (백승규 MBC 기자)

이에 대해 박정이 민군 합동조사단장은 "지금까지 제기됐던 시간대가 보면 15분, 30분, 25분, 45분 여러 가지 시간이 있고, 또 우리 함정에 물이 샜다 등 여러 가지가 언급되고 있는데, 모든 가능성을 포함해 현재 검토, 분석하고 있다"며 "그래서 그 부분들에 대해서도 나중에 추후에 여러분들께 정확하게 말씀드리도록 하겠다"고 답했다.

21시 19분 2함대와 천안함 간에 이뤄진 교신은 국제상선망을 통한 교신이었다. 접적지역(적과 가까이 붙어있는 지역)에서 경계작전을 수행하고 있는 해군 대잠 초계함이 보안에 취약한 국제상선망을 사용했다는 것도 의문이라는 지적을 받았다.

4월 5일 브리핑에서 '천안함이 국제상선망을 통해서 교신을 했다는 것이냐'는 질의에 이기식 정보작전처장은 "함정에서 사용하는 통신망들은 전부 정기적으로 우리가 흔히 얘기하는 감명도 체크라고 한다. 주기적으로 감명도 체크를 해서 이 통신망이 정상적으로 작동을 하고 있는가, 없는가를 확인하도록 돼 있다"며 "이 과정에서 천안함과 2함대사 간의 감명도 체크했던 것이 이번에 식별이 된 것"이라고 말했다. 이 같은 상선통신망이 정상작동이 됐으나 사고 이후 함 내 전원이 차단돼 비상

통신기만 가능했다고 이 처장은 설명했다.

이틀 뒤인 4월 7일 국방부는 이 당시까지 제기된 사고 발생 시각의 잦은 번복에 따른 은폐의혹 및 21시 15~16분 상황에 대해 모두 부인하는 기자회견을 열었다. 생존 장병에게 군복이 아닌 환자복을 입힌 채 국군수도병원에서 실시했다. 여기서 문병옥 민군합동조사단 대변인(해군 준장)은 21시 15분과 21시 22분 사이에 있었던 천안함과 2함대사령부 간 국제상선망 교신결과를 제시했다. 문 대변인이 발표한 자료 〈천안함 침몰사건 상황 발표〉에 따르면, 천안함은 위성통신망, 디지털전문처리체계, 전술망, 위성전화, 상선검색망을 운용해 각종 정보 및 함(함정)의 활동 보고를 하는데, 당일 천안함은 각종 통신망을 운용하던 중 21시 19경에 국제상선검색망을 이용해 2함대사와 통신감도를 확인했다는 것이다.

교신 시간은 21시 19분 30초부터 21시 20분 3초까지 33초간이었으며, 교신 내용은 다음과 같다.

> "2함대사: ○○○ 여기는 ○○○ 감도 있습니까?"
> "천안함: 여기는 ○○○ 이상."
> "2함대사: 여기는 ○○○, 감도 양호 감도 양호 이상."
> "천안함: 귀국 감도 역시 양호 교신 끝."

작전 중에 국제상선검색망을 이용한 이유에 대해 합조단은 "함정이 상선을 검색할 때 주로 사용하며 이 망의 유지상태를 확인하기 위해 부정기적으로 출동함정과 통신망을 점검한다"고 해명했다.

해군 초계함 승선 경험이 있는 전역 장교들이 이해하기 어렵다고 지적했다는 방송의 의문 제기가 있었다. SBS는 2010년 4월 17일 방송된 〈그것이 알고 싶다〉 '천안함 미스터리' 편에서 김상중 진행자의 내레이션을 통해 "국제상선망을 썼다는 설명에 대해 초계함을 탔던 전직 해군

장교들은 하나같이 이런 통신 자체가 이해 안 된다는 반응"이라며 "군통신망을 두고 보안도 안 되는 상선망을 통해 주고받는 것은 극히 이례적이라는 것"이라고 지적했다. 특히 조길현 해군 전역장교와 익명의 다른 해군 전역장교는 방송 인터뷰에서 이 같은 의문을 제기했다.

= 조길현 해군 전역장교: "함대사령부하고 상선망으로 망체크하는 경우는 거의 없어요. 감도체크라는 거는 유사시에 통신이 잘될 수 있도록 중간 중간에 체크한다는 얘기인데 뭐 하러 저걸 할까요?"

= 해군 전역장교: "상선망으로 통신을… 그러면 진짜 위급한 상황이기는 했겠는데요. 상선망을 이용했다는 거는 이제 그러니까 그냥 일반적인 우리가 육군에서도 흔히 쓰는 그런 타입의 무전기이기 때문에 함정에서 직접 전력 공급이 필요 없는 상황에서도 작동되니까 배터리 같은 걸로도 할 수 있는 통신수단이라서 그렇게 된 게 아닐까?"

— 제작진: 작전 중에 써도 되나?

= 해군 전역장교: "써서는 사실 또 안 되는 거죠. 상선이 다 듣는데"

이 밖에도 문병옥 합조단 대변인은 4월 7일 국군수도병원 발표에서 21시 16분에 각각 아버지와 통화 중 '비상'이라며 끊은 실종자, 차균석 하사와 문자메시지 도중 대화가 중단됐다는 여자친구의 주장에 대해 모두 사실이 아니라고 주장했다. 문 대변인은 사건 당일 생존자와 실종자들의 휴대전화 통화 사실 확인 결과 국방부 발표 사고 발생 시각 21시 22분 직전까지 통화한 기록을 제시했다.

— 생존자 상사 ○○○의 부인 ○○○과 21시 14분 11초에서 21시 18분 52초 (4분 41초)까지 통화.

- 생존자 하사 ○○○에게 그의 대학후배 ○○○이 2회(21시 14분 31초, 21시 21분 25초)에 걸쳐 문자 발송.
- 실종자 상병 ○○○이 실종자 중사 ○○○의 핸드폰을 이용해 21시 12분 03초~21시 16분 47초~17분 02초(15초)간 통화. 동생 ○○○은 집 전화로 21시 19분 52초~20분 14초(22초)간, 21시 21분 08초~21분 47초(39초)간 실종자 중사 ○○○의 핸드폰으로 전화해 실종자 상병 ○○○과 통화.

언론에서 제기한 사건 발생 시각 21시 16분설에 대해서도 부인했다. 문 대변인은 '실종자 중 한 명이 사건 당일 21시 16분에 가족과 전화통화 시 '지금은 비상상황이니까 나중에 통화하자'고 말했다며 의혹을 제기한 것'에 대해 "통신사실 확인자료 분석결과, 통화한 사실이 없는 것으로 확인됐으며, 만약 21시 16분경에 비상상황이었다면 21시 22분경 상황발생 당시 전투복장 차림이어야 하나 생존자 구조 시 복장이 근무복, 체육복, 속내의 등으로 다양했고, 실종자 구조 시 복장이 전투복 상의에 하의는 내복차림임을 고려 시 침몰 당시 상황은 비상상황이 아니라 정상적인 일과를 진행 중이었던 것으로 확인됐다"고 밝혔다.

문 대변인은 '실종자 하사 (차균석)의 여자친구가 문자메시지를 보냈으나 끊어지고 전화를 해도 받지 않았다는 의혹제기 건'에 대해 "제기 내용과 달리 (차균석) 하사가 21시 16분 42초에 여자친구에게 마지막 메시지를 보냈으나 여자친구가 응답하지 않은 것으로 확인되어 보도된 내용이 사실과 다름을 확인하였다"고 주장했다.

문병옥 합조단 대변인은 통화한 사실이 없었다며 이종걸 의원을 비롯한 여타 언론이 모두 보도한 사실을 허위로 둔갑시켰다. 그러나 이 같은 국방부의 발표에도 의문은 종결되지 않았다. 국방부 주장에 대한 반박이 다시 나왔다. 이정국 당시 실종자가족협의회 대표는 4월 13일 CBS 라디오 〈김현정의 뉴스쇼〉 전화 연결 인터뷰에서 그런 통화를 한 아버지가 있다고 밝혔다.

- 김현정 앵커: "마지막으로 시간이 얼마 없지만 이 사실 하나만 확인을 부탁드리겠습니다. 지난번에 민주당 이종걸 의원이 주장하기를 한 아버지가 천안함 장병과 통화를 하다가 9시 16분에 '긴급상황 발생했습니다, 아버님.' 이러면서 전화를 끊었다, 이런 증언을 하셨는데요. 해군 측에서 조사해보니까 그런 아버지는 없었다, 존재하지 않았다, 다시 반박을 했거든요. 이거 사실 여부 확인해보셨습니까?"
- 이정국 실종자가족협의회 대표: "네, 저는 사실을 확인했습니다."
- 김현정 앵커: "있습니까? 이런 아버지?"
- 이정국 대표: "아, 참 답변하기가 곤란한데요."
- 김현정 앵커: "있군요?"
- 이정국 대표: "네. 굉장히 힘든 시간을 보내셨기 때문에 있다는 것만 확인을 해드리겠습니다."
- 김현정 앵커: "있는데, 앞으로 나서지는 않고 있는 상황?"
- 이정국 대표: "아, 엄청나게 시달리셨습니다. 기자분들, 조사위원들 해서… 말씀드리기가 곤란합니다."[20]

이정국 실종자가족협의회 대표는 이후 법정에 증인으로 나와서도 이와 유사한 답변을 했다. 이 대표는 지난 2012년 10월 22일 천안함 관련 명예훼손 혐의로 기소된 신상철 전 천안함 민군합조단 민간조사위원의 1심 재판에 증인으로 출석해 통화 중간에 전화를 끊은 희생장병의 아버지가 통화했다는 사실을 확인했다고 밝혔다. 서울중앙지법 형사36부(재판장 박순관 부장판사) 심리로 열린 당시 공판에서 이 전 대표는 사고 당일 밤 9시 16분 '비상이니 나중에 통화하자'는 고 김선명 병장과 관련된 보도에 대해 "통화했다는 사실만 확인해 봤다"고 말했다. 또한 고 차준석

하사와 여자친구가 문자통화를 하다가 끊어진 사실에 대해 그는 "문자 통화를 하다가 끊겼다는 것은 확인했다"고 답했다. 그러나 이 전 대표는 그런 통화를 한 사실만 있으며 통화 내용에 대해서는 확인하지 못했다고 밝혔다.

다만 이 전 대표는 "(아버지와 김 병장이) 통화한 사실만 확인했을 뿐 통화내용은 정확히 확인하지 못했다. (비상상황이 있었다는 것은) 당시 이종걸 의원 보좌관이 했던 주장이며, 그가 (실종자가족협의회에) 잠입시켜 정보를 캐낸 것이라 (굳이) 아버지께 확인할 상황이 아니었다"고 말했다. 아버지에게 그 내용을 물어보지 않은 이유에 대해 이 전 대표는 "사건과 연관되지 않았다고 생각했기 때문"이라며 "대부분 수병은 집과 통화할 때 오랜만에 하기 때문에 쉽게 끊기가 어렵다. 그래서 통상 '비상이에요' 라는 말 정도만 하곤 한다"고 답했다.

다시 21시 15분 최초 상황 발생 의혹이 제기된 2010년으로 돌아가 보자. 국방부는 MBC가 보도한 상황일지의 '21시 15분 최초상황발생' 기록의 근거에 대해 미상의 포음 또는 소음으로 이 사건과 무관한 것을 잘못 추정한 것이라고 해명했다. 문병옥 합조단 대변인은 그해 4월 7일 발표에서 "백령도 방공진지에서 21시 16분경 미상의 큰 소음을 청취하여 위성통신망으로 상급부대에 보고하였고, 해군작전사는 방공진지에서 청취한 미상의 큰 소음이 천안함과 관련된 것으로 추정하여 21시 15분을 상황발생 시간으로 합참에 팩스를 이용하여 보고하였습니다"라고 밝혔다. 그날 기자들의 질의에 대해 원태재 국방부 대변인도 "이 사건과는 관계없는 이전에 발생한 소음"이라며 "통상 미상 소음, 미상 포음 그렇게도 기록을 하는데 이거는 원인을 모르는 소음이다. 사건 이전에 났던 소음"이라고 설명했다.

그러나 이는 '천안함 사건과 무관하다' '사건 이전의 소음이다'라는 주장일 뿐 소음 청취 사실 자체를 부인하지는 못한 것이다. 이 소음의 근거와 진원에 대해서는 어떤 설명도 없다. 그 소음이 무엇인지 모른 채 천안함 상황과 무관하다고 하기에는 설득력이 부족하다. 또한 감사원과 군 내부에서는 21시 15분 왜곡 문제로 징계요구와 징계의뢰까지 이뤄졌다. 이는 해군작전사령부로부터 받은 사고 발생 시각인 '15분'에 합참에서 'ㄴ' 자를 그려 넣어 45분에 발생한 것으로 왜곡 보고했다는 감사 결과에 따른 것이다.

감사원은 2010년 6월 10일 '천안함 침몰사건 대응실태' 감사결과(중간 발표)에서 합동참모본부에 대해 "사건 당일 해군 작전사령부로부터 사건 발생 시각(21시 15분, 해작사에서 추정한 시각이며 실제 사건 발생 시각은 21시 22분경임) 및 폭발음 청취 등 외부공격에 의한 사고 가능성 등을 보고받고도 사건발생시각을 21시 45분으로 임의 수정하고 '폭발음 청취' 등을 삭제한 채 사건 당일 장관 등에게 보고하고 대외에 발표했다"고 지적했다. 여기서 폭발음 청취는 미상 소음 청취 대목을 뜻한다. 감사원은 징계 대상 항목 가운데 '사건발생시각, 사고원인 등의 왜곡 보고'에 해당해 국방부에 검찰 고발 및 징계를 요구했다.

이에 따라 의뢰를 받은 국방부 검찰단도 같은 이유로 징계를 의뢰했다. 국방부 검찰단은 2010년 11월 3일 '천안함 피격사건 수사결과'에서 합참소속 황중선 정보작전본부장(육군 중장)에 대해 "합참소속 황 중장은 상황보고 시 사고발생시각을 해작사가 보고한 '21:15'으로 변경하지 않고 '21:45'으로 유지한 혐의사실로 형사입건 되었으나, 혐의사실을 인정할 증거가 불충분하여 불기소 결정했다"고 밝혔다. 국방부 검찰단은 "다만 합참 전투통제실 책임자로서 사고발생시각에 혼선을 야기한 점에 대하여 지휘감독 책임을 물어 징계의뢰했다"고 설명했다.[21]

21시 15분을 누락했다고 징계조치까지 한 것은 적어도 이때 발생한 '무언가'를 부정할 수 없었던 것은 분명하다. 이 시각과 관련해 청와대에서 천안함 TF 실무를 맡았던 이종헌 전 행정관은 지난 2015년 3월 출간한

《스모킹 건―천안함 전쟁실록》에 일부 내용을 기록했다. 이 전 행정관은 2010년 3월 29일 오후 2함대사령부가 해작사에 사고 발생 시각을 21시 15분으로 정정 요청한 결과 수정 발표됐다고 전했다. 그러나 군에서 21시 15분을 공식발표한 적은 없다. 이 전 행정관은 책에서 "21시 15분은 해병 6여단이 21시 45분에 2함대로 보고한 '백령도 6여단 방공 진지의 소음 청취'를 기준으로 한 것으로, 실제 해군작전사령부는 22시 26분 합참 지휘통제시스템KJCCS에 '백령도 서방 천안함 침수 상황(최초), 2010년 3월 26일 21시 15분경 백령도 서방 1.2NM에서 천안함이 원인 미상(폭발음 청취)으로 침수되어 조치 중인 상황'으로 보고를 올렸다"며 "이런 해작사의 21시 15분 수정 보고는 합참과 육군, 한미연합사 및 해경 등에도 전파됐다"고 전했다.

그러나 이 전 행정관은 "해병 6여단은 상황 확인 절차에 따라 다른 장병에게 폭발음이나 포성 청취 여부를 확인한 결과 특이사항이 없어 종결 조치했다"며 "합조단이 4월 2일 다시 조사한 결과 이들은 '통상적인 포성이 아닌 일반적인 소음을 들었다'고 진술했다. 합참까지 보고된 해병 6여단 방공 진지 폭발음은 천안함과는 무관한 일반적인 소음에 불과했던 것"이라고 평가했다.

포성이든 소음이든 천안함과 무관한지에 대해 제대로 된 검증을 어떻게 했는지에 대해서는 나와 있지 않다.

2011년 정부가 발간한 《천안함 피격사건 백서》에도 유사한 기록이 나온다. 백서는 "제6해병여단 방공포 제33진지에서 26일 21시 15분경 큰 소음을 들었다고 보고하자 여단 지휘통제실에서 방송망을 이용하여 전 부대에 확인한 결과 다른 초소에서는 청취한 사실이 없어, 이 사항은 특이사항이 없는 것으로 종결되었다"며 "이 소음은 천안함 피격사건과 관련이 없는 것으로 차후 판명되었다"고 썼다.[22]

해작사 작전처장 '여러 정황 고려 21시 15분으로 추정, 합참에 보고'

사고 발생 시각과 관련해 합참에 직접 보고한 책임자가 법정에서 증언한 내용도 21시 15분이었다. 심승섭 당시 해군작전사령부 작전처장(해군 준장)은 신상철 전 민군합동조사단 민간조사위원의 천안함 관련 명예훼손 소송 1심 공판이 열린 지난 2011년 9월 19일 증인으로 출석해 21시 15분경으로 보고했다고 밝혔다.

- 변호인(이강훈 변호사): "MBC 상황일지에 나와 있는 21시 15분 최초 상황과 관련해 파악해봤습니까."
= 증인(심승섭 전 해작사 작전처장): "해군작전사령부에서 합참에 보고할 때 21시 15분경으로 보고했습니다."
- 변호인: "21시 15분이라고 사고 시각을 보고한 근거는 무엇입니까."
= 증인(심승섭): "그 당시 21시 15분경으로 보고한 이유는 최초 보고를 21시 31분경 2함대로부터 해군작전사령부가 접수를 했고, 그 이후에 계속 상황 파악을 하던 중에 현장에 있는 천안함의 영상을 보면서 천안함의 상태를 보고 21시 30분 이전에 발생했을 것이라는 추정하에 21시 15분경으로 보고한 것입니다."
- 변호인: "대략적인 시간을 여러 정황을 갖고 추정한 것이라는 말인가요."
= 증인(심승섭): "예"
- 변호인: "이날 언제 해군작전사령부에서 합참에 21시 15분으로 보고했나요."
= 증인(심승섭): "21시 43분에서 21시 45분경에 보고한 것으로 알고 있습니다."[23]

현장에 있는 천안함의 영상을 보면서 그 상태를 보고 21시 30분 이전일 것이라는 추정을 통해 보고했다는 증언이다. 이 증언으로도 왜 21시

15분에 최초 상황이 발생했는지는 확신하기 어렵다. 하지만 이는 천안함 사고 발생 시각을 정하는 데 있어 규명해야 할 과제임에는 틀림없다.

천안함 CCTV 종료시각 21시 17분, TOD 영상에 없는 사고 순간 천안함

21시 15~16분의 근거와 그 기원을 규명하는 데까지는 이르지 못했지만, 천안함 사고를 정부의 발표 시각으로 단정하기엔 여전히 불안한 구석이 많다. 사고 이후 나타난 사고 시각을 입증해줄 결정적 장치에서 황당한 데이터가 나왔기 때문이다. 우선 천안함 내부에서 복원한 CCTV 영상에 담긴 모습과 저장된 영상이 끊어진 마지막 시각이다.

합조단 보고서상 CCTV 복원 기록표 가운데 가장 마지막 화면은 가스터빈실 후부의 화면으로 21시 17분 03초로 기재돼 있다. 합조단 보고서에 실린 표(부록)를 보면 천안함 내부에 설치된 CCTV 11개소의 카메라 가운데 6개를 복원해 분석한 결과 가장 늦게 종료된 영상은 가스터빈실후부(함미)에 설치된 카메라에서 안전당직자(고 박성균 하사)가 순찰하는 모습(21시 17분 03초)이었다. 3명이 체력을 단련하는 모습, 2명이 출입하는 모습, 안전당직자의 순찰 모습이 촬영된 함미의 후타실의 영상은 21시 17분 01초에 종료됐다고 합조단은 기록했다. 가스터빈실 전부(함미)의 경우 안전당직자 박성균 하사가 순찰하는 모습이 21시 16분 12초에 종료된 것으로 기재됐다. 그 밖에 함수의 냉동기실 영상에 대해 합조단은 '파일 손상으로 유동인원 확인불가'로 기재했으며, 종료 시각은 21시 15분 50초였다(분량은 13분 10초). 또한 디젤기관실 전부(함미)와 디젤기관실 후부 영상은 모두 안전당직자 순찰 모습 등을 담고 있으며 각각 21시 13분 16초와 21시 13분 06초에 종료됐다고 합조단은 기록했다.

종료 시각이 합조단 발표 사고 발생 시각보다 최소 4분 이상 빠른데다, 6개소의 CCTV 카메라 종료 시각이 모두 다른 것이다. 합조단 주장대로 순간적인 폭발에 의해 정전 현상이 발생했다면 모두 동일하거나 적어도 종료 간격의 오차가 그다지 크지 않아야 한다. 더구나 가스터빈실의 경우 어뢰폭발의 충격파와 가스버블 및 워터제트의 압력이 가장 가까이 전해진 곳인데도 다른 함수나 함미후타실의 CCTV보다 더 늦게 종료된 것도 이상하다.

합조단은 천안함 보고서에서 "천안함 CCTV는 11개소 카메라 각각의 시계와 통제 컴퓨터상의 시계에서 발생하는 일반적인 시간 오차가 있고, 촬영범위 내 움직임을 감지할 경우에만 촬영되며, 촬영영상은 1분 후 저장되는 특성과 생존자 진술을 토대로 분석한 결과 최종 촬영된 CCTV는 가스터빈실 CCTV로 21:21경(CCTV상 21:17:03) 작동을 멈춘 것으로 추정"했다고 밝혔다.[24] 1분 이전 장면까지 저장된다는 주장을 감안한다 해도 실제 사고 시각과 무려 4분이나 차이가 난다.

이를 두고 천안함 CCTV 복원 영상을 분석한 김옥련 전 민군합동조사단 사이버영상팀장(해군 중령)은 지난 2012년 9월 24일 신상철 전 합조단 민간조사위원 재판에 증인으로 출석해 이런 시간 차에 대해 "카메라(에) 내장(된) 시계상의 오차 때문이라고 판단했다"며 "그 외의 이유는 찾아내지 못했다"고 밝혔다. 김 전 팀장은 "카메라에 내장된 시간의 오차 때문에 차이가 생길 가능성이 있다"면서도 "CCTV를 한 개만 설치하면 시간을 맞출 수 있으나 여러 개이면 동시에 시간을 맞출 수 없다. 또한 누구도 설치 이후 시계를 보정한 적도 없다고 한다"고 증언했다. CCTV 11개에 내장된 시각이 맞춰져 있지 않아 다 다르다는 해명이다. 김 전 팀장은 "카메라마다 시계가 있고, 11개 영상이 저장되는 본체 컴퓨터(통제컴퓨터)에도 시계가 있다"면서 "하지만 본체에 있는 시계는 복원되지 않았다"고 말했다.

실제로 이날 형사36부의 주심판사는 "CCTV 영상에 표시된 시간에 이중적 오차가 있다는 데 어떻게 복원된 것이냐"며 "CCTV 최종 시각이 21시 17분 03초이며, 폭발 시각은 21시 21분 58초인데, (뒤집어보면) 폭발 시각은 미리 정해져 있고 (CCTV 시각은 마지막인지 여부가 불투명한 상황인데) 합조단이 폭발 시각에 (끼워)맞춘 것 아니냐"고 추궁했다.

김 전 팀장은 이에 대해 "후타실에서 역기를 드는 순간 정지됐다"며 "우리 조사관으로서는 정전된 것이 화면 정지의 원인이며, 그것은 이 사건에 폭발이 일어났기 때문인 것으로 판단했다"고 해명했다. 결국 CCTV 영상에 있는 시간으로는 정확한 사고 시각을 규명할 수 없다는 것이다.

CCTV에 나타난 순찰자의 녹색 복장과 발견 당시 검은색 복장

그런데 이날 법정에서 상영한 검찰 제출 천안함 CCTV 영상의 시각을 자세히 들여다보면 합조단 CCTV 분석책임자의 말이 뭔가 딱 맞아떨어지지 않음을 알 수 있다. 이때 상영한 영상은 함미 후타실(21시 09분 01초~21시 13분 00초), 디젤후부기관실2(21시 12분 24초~21시 13분 06초), 디젤후부기관실1(21시 12분 17초~21시 13분 16초), 냉동기실(21시 15분 40초~21시 15분 50초), 가스터빈 전부기관실1(21시 15분 20초~21시 16분 12초), 가스터빈 전부기관실2(21시 15분 20초~21시 16분 20초) 등 모두 9분 20여 초짜리 편집본이었다. 여기엔 함수에 설치된 냉동기실 카메라 영상을 제외하고는 모두 안전당직자 고 박성균 하사의 순찰 장면이 공통적으로 등장한다. 그의 동선을 따라가 보면 CCTV의 시간대별 흐름이 대강은 잡힌다.

고 박 하사는 CCTV 화면 아래에 찍혀 있는 시간상 가장 먼저 함미의 후타실에 등장한다. 모두 최소 3명부터 6명의 유동 인구가 등장하는 후타실 촬영 CCTV 영상에서 고 박 하사는 화면상에서 21시 09분 40초에 잠깐 등장했다가 10초 만인 21시 09분 50초에 그 화면 바깥으로 퇴장한다. 그 후 디젤 '후부기관실1'(합조단 보고서엔 디젤기관실 전부) 영상에 21시 12분 23초에 등장했다가 21시 12분 34초에 시야에서 잠깐 사라졌다가 다시 21시 12분 53초 영상에 잡혔다가 21시 13분 07초에 퇴장한다. 그런데 디젤 '후부기관실2' 영상에서 고 박성균 하사가 나타난 시각은 21시

12분 33초이며, 21시 12분 52초에 빠져나간다. 후부기관실1에 있다가 사라진 시간 동안 후부기관실2에서 잡힌 것이다. 약 1초의 오차밖에 차이나지 않는다. 그 후 가스터빈 전부기관실1과 가스터빈 전부기관실2(후부기관실)을 오가며 이동하는 것도 CCTV에 나온 시각과 들어맞는다.

시간대가 전혀 맞지 않는다는 합조단 CCTV 분석책임자의 말과 달리고 박성균 하사의 순찰 동선을 촬영한 CCTV의 시각은 많은 오차가 나거나 터무니없이 맞지 않는 상태는 아닌 것으로 보인다.

박 하사가 가장 마지막까지 영상에 잡힌 시각은 가스터빈실 전부기관실 CCTV에서 사라진 21시 15분 59초이다. 21시 17분 01초에 종료된 후타실 영상과 21시 17분 03초에 종료된 가스터빈실 전부기관실2(합조단 보고서엔 후부기관실) 영상과 정부 발표 사고 발생 시각인 21시 21분 57초를 비교해보면 약 5분가량 차이가 난다. 정전 시 1분가량 이전 것까지만 녹화된다는 주장을 받아들인다 해도 4분 차이가 난다. CCTV 최종 종료 시각 21시 17분 03초를 사고발생 시각과 같다고 가정하면 고 박성균 하사가 마지막으로 사라지기 직전 시각인 21시 15분 59초는 사고 발생, 정부 발표를 따르자면 어뢰폭발 약 1분 전의 모습이 되는 것이다.

그러나 고 박 하사가 발견된 곳은 함미가 아닌 함수의 자이로실이었으며, 복장도 녹색 전투복 차림이 아닌 검은색 근무복 차림이었다고 당시 국방부는 밝혔다. 이는 당시 많은 언론이 일제히 보도한 내용이기도 하다. 합조단 보고서는 2010년 4월 24일 함수 인양 직후 인공배수를 위해 1차 수색을 하는 과정에서 함수 중앙 부분 작전부침실 아래 가스터빈실 앞 자이로실에서 박 하사를 발견했다고 썼다. CCTV 영상에 잡힌 안전순찰 시 복장과 시신으로 발견됐을 당시 복장이 다른 것이다. 앞의 가정대로 순찰 장면이 사라진 지 1분 만에 폭발한 것이라면 그 사이에 옷을 갈아입을 시간적 여력이 있었는지가 의문으로 남는다.

다른 얘기지만, 우리 군은 함수가 완전히 침몰할 때까지 사고 직후 16시간 넘게 떠 있었는데도 함수의 침몰 위치조차 찾지 못했다. 함수에 있는 승조원을 다 구한 것처럼 여기고 수색구조를 등한시한 것은 아닌지 검증해야 한다. 그나마 수면에 가깝게 떠 있던 함수에 있던 승조원(고 박성균 하사)도 구하지 못한 우리 해군의 구조 문제도 책임을 따져봐야 한다.

다시 CCTV 시간 문제로 돌아와 후타실 영상에서 주목되는 사람이 있다. 생존자인 김용현 병장이다. 복원된 CCTV 영상 6건 중 5건이 함미에 설치된 것이어서 영상에 잡힌 승조원은 모두 숨졌다. 그런데 유일하게 김 병장만이 영상에 잡힌 것이다. 더구나 합조단 보고서 부록에 수록된 CCTV 후타실 영상 캡처 사진에도 김 병장이 등장한다. 합조단은 보고서에서 이 사진과 함께 "천안함 CCTV를 복원한 결과 가스터빈실과 디젤기관실의 모습, 안전당직자 순찰 모습, 후타실에서 체력단련 중인 모습이 확인되었으며, 관찰된 격실의 정상적인 모습과 승조원들의 복장과 표정, 함정의 안정적 운항상태 등을 볼 때 천안함은 사건 발생 직전까지 좌초 등 비상상황 없이 정상적으로 임무를 수행하다 갑작스런 폭발로 선체가 절단돼 침몰하였다는 사실을 확인하였다"고 기술했다. 마치 CCTV 캡처 사진들이 사고 직전인 것처럼 오인하도록 보고서를 작성한 것이다. 그러나 함미 가장 끝의 영상에 잡힌 승조원은 생존자였다.

러시아보고서 "폭발시각 CCTV 시각과 불일치"
미군 조사단장 "시간이 안 맞춰져서 그런 것"

이 같은 CCTV 시각과 정부 발표 시각의 불일치에 대한 의문은 러시아조사단의 보고서에도 포함된 것으로 알려졌다. 《한겨레》가 2010년 7월 입수한 러시아 천안함 보고서 요약본을 보면, 러시아 조사단은 "한국 측에서 공식적으로 언급한 폭발 시각(21시 21분 58초)은 보유 자료들에 비춰본 실제의 예상 시각이나 사건 당일에 함선 안의 전류가 끊어져 마지막으로 찍힌 동영상의 촬영 시간(21시 17분 03초)과 일치하지 않는다"

고 주장했다. 또한 이 조사단은 "천안함에 탑승해 있던 승조원이 탑승 승조원들이 부상당했다고 해안 통신병에게 핸드폰으로 알린 시각이 21시 12분 03초로서 이 첫 통화 시간 기록은 한국 측이 공식적으로 언급한 것과 일치하지 않는다"고 강조했다.[25]

러시아 조사단이 작성한 것으로 알려진 이 요약 보고서에는 이것 외에도 이른바 1번 어뢰(어뢰추진체 등 어뢰 파편)의 부식 정도가 6개월 이상 수중에 있었다는 의견도 들어 있었다. 다만 러시아 조사단은 천안함 침몰 원인을 어뢰가 아닌 좌초 후 기뢰(수뢰)폭발 가능성이 높다는 결론을 내놓았다.

우리 정부는 당시 러시아 정부로부터 이 같은 내용의 보고서를 전달받은 바 없다고 반박했다. 러시아 정부 역시 당시 한국 정부에 천안함 사건 진상규명 최종보고서를 전달하지 않았다고 밝혔다. 러시아 정부는 공식적으로 보고서를 냈는지, 한국 정부에 전달할 계획이 있는지 등에 대해 아직도 분명한 입장을 밝히지 않고 있다.

그러나 당시 이 같은 논쟁이 벌어지기 이전에 천안함 민군합동조사단과 함께 조사한 국제조사단의 미국측 조사단장은 이미 러시아 조사단 보고서를 검토했던 것으로 나타났다. 재미 잠수함 전문가(신호·음향처리 분야)인 안수명 전 안테크 대표(공학박사)가 미 해군으로부터 정보자유법 소송을 통해 받아낸 천안함 당시 조사단의 이메일 등 '미 해군 자료'를 보면 러시아보고서를 검토한 과정이 담겨 있다. 카트라이트 미 합동참모본부 차장이 에클스 미 해군 소장(천안함 미군측 조사단장)과 정보파트 책임자 새뮤얼 콕스 소장과 주고받은 이메일을 보면, 카트라이트 미 합동참모본부 차장이 그해 7월 2일 에클스 소장과 새뮤얼 콕스 소장에게 러시아 조사단의 보고서 요약본에 대해 검토할 것을 요청한 것으로 나온다.

에클스 소장은 7월 3일 반박하는 견해를 담은 이메일에서 러시아보고서 내용을 언급했다. 《한겨레》가 입수했다는 보고서와 일치하는 내용이었다. 우리 정부는 보고서를 러시아 정부로부터 전달받지 않았다고 했으나 미국 해군 조사단에는 '요약본'이 전달돼 있었던 것이다. 에클스 소장은 미 해군 관계자들에게 전한 이메일을 통해 이렇게 주장했다.

"러시아 조사단은 시계를 동기화하지 않아서 생긴 시간 불일치와 휴대 폰 내역에 있는 오류와 조작 가능성을 지적했다. 우선 우리 팀은 백령도에 도착한 첫날 한국 해병대가 사용한 TOD 카메라와 비디오 저장 및 재생시 스템이 모두 실제 시간과 약간 다른 타임스탬프(시간기록)를 갖고 있다는 점 을 파악했다. 그 효과는 저장된 정보와 (실제 시간을) 일치시키기 위해서는 몇 분의 편향bias이 있다는 것을 보여준다. 배에 있는 CCTV 시스템의 시계 가 정확히 맞춰져 있지 않았고, 육상의 시계와도 맞지 않았다고 나는 믿고 있다. 휴대폰 통화 내역은 처음 듣는 얘기이다. 이 지적은 한국에 있는 동 안이나 여기에 있을 때도 제기된 적이 없다. 기본적으로 부정확한 보고에 근거한 것이 아닌지 의심스럽다."(에클스 소장이 7월 3일에 보낸 이메일-미 해 군 자료: 저자 번역)[26]

CCTV 시간을 정확히 맞춰놓지 않았기 때문이며, 구조 요청을 한 휴 대폰 시간 문제는 처음 듣는 얘기라는 것이 에클스 소장이 반박한 주요 내용이다. 여기서 중요한 것은 러시아조사단이 보고서 요약본을 작성했 으며, 미군이 이를 입수해 분석했다는 사실이다. 국내 언론보다도 훨씬 먼저 파악하고 있었다는 점이 드러난다.

사고 직후 TOD 동영상 없다… TOD 시계 2분 40초 늦다 → 1분 40초 늦다

천안함 사고 현장이 찍힌 가장 객관적인 데이터는 TOD Thermal Observation Device(열상관측장비) 촬영 영상이다. 내가 현재까지 확보한 영상 을 다 돌려봐도 천안함이 뭔가에 충격을 받거나 또는 폭발로 반파되는 순간은 나타나 있지 않다. 이 영상은 신상철 전 민군합조단 조사위원의 명예훼손 재판에서 검찰이 2014년 법정에 제출한 자료이다.

이 영상이 나오기까지 정부는 수차례 발표를 번복했다. 대체로 이 영상에 기록된 시간에 대한 것이다. 국방부가 이 영상의 편집본을 처음 공개한 것은 2010년 3월 30일이었다. 그때는 21시 33분부터 시작되는 영상이었다. 그러다 더는 없다던 영상을 4월 1일에 공개했다. 이때까지 공개된 영상에는 함수가 거의 90도로 기울어져 있는 장면만 담겨 있었을 뿐 함미는 보이지 않았다. 여기서 문제는 공개된 TOD 영상에 찍힌 시간이 실제보다 2분 40초가 늦다고 주장했다는 데 있다. 그러나 그런 설명을 한 지 일주일도 채 안 된 4월 7일 국군수도병원에서 추가 공개한 영상에 찍힌 시간에 대해 원태재 국방부 대변인은 1분 40초가 늦다고 다시 수정했다. 이 영상에는 멀쩡하게 이동 중인 천안함이 21시 2분경(TOD상 시각) 약 3초간 보이다 사라진 뒤 약 20여 분 뒤 함수와 함미가 분리된 채 침몰 중인 장면이 등장한다.

사건의 진실을 밝혀줄 수 있는 객관적인 장비의 시간마저도 국방부는 여러 차례 조정한 셈이다. 특히 국방부는 침몰 순간 전후의 영상이 없다고 계속 주장해왔다. 그러다 이정희 당시 민주노동당 의원이 침몰 순간을 담은 TOD 영상이 있다는 의혹을 제기하자 국방부는 이 의원을 검찰에 고발했다. 그러나 2010년 5월 28일 침몰 직후로 추정되는 '8초간의 동영상'(더 자세히 카운트하면 10초)이 실재하는 것으로 드러나면서 국방부가 또 다시 사실을 은폐했다는 비판에 직면했다.

다음 내용은 국방부 공보책임자들과 기자들 간의 질의응답 요지이다. TOD 영상 공개 과정에서 국방부가 얼마나 자주 말을 바꾸고 발표를 번복했는지가 잘 드러난다.

〈3월 30일 국방부 브리핑〉[27]

－ 기자: "해병대에서 지금 열상감지장비로 찍은 사고 당시에 동영상이 있다고 하는데 공개를 하실 것인지"

＝ 원태재 국방부 대변인: "사고 직후에 TOD가 해병대에서 운영하고 있었는데 자기 경계방향을 통상 보고 이쪽으로 사고가 난 이후에 소리를 듣고 그쪽 방향을 찍은 것입니다. 제가 직접 보지는 않았는데 이미 벌써 찍었을 때에는 뒷부분은 이미 없고, 앞부분만 있는데 화면도 흐리고 검은 형태로 지금 나타나고 있습니다. 그래서 그것이 전부입니다. 그 이후에 찍은 것이 계속 그 화면의 계속이고, 내용상 특별한 공개했을 때 내용에 문제가 있는 것이 아니라 장비문제 때문에 그런 것이고 사건 원인을 규명하는데 특별한 단초가 될 만한 내용은 없습니다."

－ 다른 기자: "해병대 TOD가 사고 이전에는 못 찍고 '꽝' 소리 난 이후에 찍었다고 했는데, 제가 알기로는 TOD 동영상은 '꽝' 소리가 난 이후에 열을 추적하는 장치입니다. '꽝' 소리 나고 열 장치, 열 파장이 어느 정도 갔는지, 그게 1~2초 사이에 아무리 바닷가지만 없어지지 않거든요? (열이) 계속 이어지는데, 파도의 색깔은 흰색으로 나옵니다. 거기에서 붉은 색(실제로는 검은색임-저자) 열이 나왔다는 자체가 어느 위치에서 나왔는지 그것만 확인하면 화면이 흐리더라도 빨간색과 흰색은 구분되지 않습니까? 흑백이지만. 그것만 확인해도 외부에서 터졌는지, 내부에서 폭발했는지 그게 답이 나오지 않습니까?"

＝ 이기식 합참 정보작전처장: "지금 TOD IRInterpretation Report(최초사진판독) 기능을 말씀하셨는데요. TOD라고 해서 전부 IR이 아닙니다. IR기능과 카메라 기능을 같이 가지고 있습니다. 그래서 필요할 때는 IR기능으로 전환을 시켜야 되고, 카메라 기능으로 전환시켜야 되는데, 이번 것은 아마 IR로 안 되고 카메라로 찍었다는 그런 뜻인 것 같습니다. 그것은 나중에…"

〈3월 30일 브리핑〉

TOD 동영상 처음 공개함—21시 33분대부터 시작되는 편집본.

〈3월 31일 브리핑〉[28]

— 기자: "어제 TOD 영상을 공개하실 때 33분쯤부터 시작이 됐는데, 그것
은 왜 그때부터 시작이 된 건가요? 사고 시점은 9시 30분부터 그 이전으
로 추측이 됐는데, 33분부터 공개를 하신 이유가 있는지."

= 이기식 정보작전처장: "그것은 정부에서 했기 때문에 제가 조금 답변이
궁색합니다."

= 원태재 국방부 대변인: "의혹을 자꾸 가지고 계시기 때문에 그런 소리 하
시는데요. 저희들이 보기에는 시간대가 약간씩 움직인다고 해도 큰 문
제는 아닙니다. 그것은, 초동단계에서 그것을 정확하게 인식할 수 없었
던 그러한 여러 가지 원인이 있을 수 있고 또 각자가 조금씩 틀릴 수가
있습니다. 그런 부분은 저희가 차츰 수사가 아니라, 확인하는 과정에서
밝혀질 것으로 봅니다. 그래서 그런 점에 대해서 너무 민감하게 받아들
이지 마시고, 어제 말씀도 드렸으니까 오늘도 제가 똑같은 말씀밖에 못
드린다는 점을 양해해주시기 바랍니다."

〈4월 1일 브리핑〉[29]

함수만 떠 있는 장면 이후부터 구조 장면까지 추가 공개. 이영기 합참 대령
"TOD 시각이 실제 시각보다 2분 40초가 늦다"고 발표

〈4월 7일 브리핑〉

멀쩡하게 경비작전 중인 천안함의 모습과, 함수와 함미가 분리된 이후 함
미도 살짝 보이는 장면 추가 공개. 여기서는 1분 40초가 늦다고 정정.

〈4월 8일 브리핑〉[30]

- 기자: "초병이 TOD 영상을 보고 그렇게 판단했다고 했는데, 그러면 저희가 수도병원에서 본 이상의 영상은 확실히 없는 것인가요?"
= 원태재 국방부 대변인: "TOD 병사는 실내에 위치해서 화면으로 보는 거거든요. 바깥에서 나와서 초병이 서서 보는 것이 아니고, 그다음에 자기가 TOD 영상을 돌려서 보는 것도 그게 목격입니다. 지금 말씀하신 것은 다른 영상이 없냐고 하시는데, 조금 전에 어렵게 제가 없다고 말씀드렸습니다."

국방부 공보책임자들과 기자들 간의 질의응답 과정에서 더 이상 없다던 TOD 동영상이 또 공개됐다. 2010년 5월 28일이었다. 침몰 순간 또는 그 직후로 추정되는 영상이 나온 것이다. 이 영상은 천안함이 완전히 분리되기 직전의 영상으로, 이른바 '8초짜리 동영상'(실제로는 10초-저자)이다. 이정희 민주노동당 의원은 이날 국회에서 미공개 TOD 동영상이 있다는 것을 당일 오전에 확인했다고 밝혔다. 이 의원은 이날 오후 예정됐던 국회 천안함침몰사건진상조사특별위원회 2차 회의가 당시 한나라당과 국방부 관계자의 일방적인 전원 불참으로 개최가 무산되자 의사진행발언 형태로 이같이 밝혔다. 그는 발표 자료에서 "이날(28일) 오전, 합조단 관계자들로부터 천안함 침몰과정 TOD영상시연보고가 진행된 자리에서 전후 3시간 분량에 달하는 TOD 동영상을 직접 확인했다"며 "오늘 확인한 TOD 동영상은 3월 26일 저녁 8시부터 11시까지의 연속된 동영상"이라고 설명했다.

이 의원은 "그동안 사고 직후 최초 장면이라 했던 21시 22분 38초(TOD 동영상 기재 시간)부터 1분 1초간 (실제 시간은 21시 24분 18초부터 1분 1초간) 촬영한 함수-함미 분리된 장면의 동영상보다 1분 40초가량 앞선 21시 20분 49초부터 57초(실제 시간은 21시 22분 29초~37초)까지의 천안

방위각:4075 고각:-0045 10-03-26 21:20:53

화면상태:흐림 대조비:수동 배웅선택: 3배 작은제어:끔

이른바 천안함의 '8초간의 동영상'. 사진=《미디어오늘》

함 촬영 장면이 포함돼 있었다"며 "추가로 확인된 이 '8초간의 영상'은 합
조단에서 천안함이 어뢰에 피격됐다고 발표한 21시 21분 57초로부터
32초 뒤의 장면"이라고 밝혔다.

이 의원은 자료에서 "보고에 임한 국방부·합조단 관계자는 추가로 확
인된 영상에서 확인된 천안함이 이미 함수와 함미가 분리된 상태로 추
정된다고 말했지만, 동영상은 어뢰공격에 의한 충격도, 선체를 두 동강
낸 버블제트의 흔적도, 함수와 함미가 분리된 흔적도 찾기 어려웠다"고
지적했다.

실제로 영상을 보면, 멀리 화면 최상단 부근에 거뭇한 작은 물체가
8초간 지나간다. 이것이 천안함이라면 폭발 직후 32초가 지났는데도 절
단된 것으로는 보이지 않는다. 더구나 영상이 있는데도 없다고 부인한
국방부는 이 의원을 허위사실 유포에 의한 명예훼손 혐의로 고발하기도
했다.

이정희 의원의 발표에 대해 국방부는 당일 저녁 입장을 내어 "TOD
영상은 4월 7일에 3차 발표를 했다"며 "3차 발표 시에는 DVR 형태로 전

체 영상을 확보하고 있었으나 기자회견 시간을 고려하여 전체 분량 중 주요 장면만 편집하여 공개했다"고 해명했다.

국방부는 "영상을 공개한 후 추가적으로 분석하는 과정에서 피격 후 30여 초가 지난 시점의 영상에서 희미하게 보이는 이상 물체를 추가 식별하고 정밀분석에 들어가게 됐다"며 "민군합동조사단, 외국 전문가와 정밀분석을 실시한 결과, 천안함이 피격 후 이미 절단되어 함수는 우현 쪽으로 전복되었고, 함미는 급속하게 침수 중인 상태인 것으로 분석됐다"고 주장했다. 국방부는 이 장면에 대해 천안함이 피격된 지 30여 초가 지난 상황으로, 천안함 피격 또는 폭발 당시의 장면도 아니고 물기둥도 보이지 않으며 천안함이 V자 또는 역 V자 형태가 아니어서 원인 규명과는 직접적인 연관이 없다고 판단하여 추가적으로 공개할 필요성을 느끼지 않았다고 덧붙였다.

청와대 행정관만 반파되는 순간 영상 봤다?

TOD 영상에서 폭발 순간을 나타내는 장면은 없다. 지난 2014년 9월 검찰이 법정에 제출한 1시간짜리 분량의 해병대 238 TOD 초소 촬영 영상을 보면, 천안함이 무언가에 의해 반이 갈라지는 장면은 나오지 않는다. 이 영상은 20분짜리 3개로 이뤄진 60분 분량이다. 풀영상의 경우 2010년 당시 최문순 민주당 의원과 이정희 민주노동당 의원에게 공개한 것으로 모두 3시간 분량이었다. 이 가운데 1시간 분량만이 법원에 제출된 것이다.

그런데 문제는 지난 2015년 3월 천안함 침몰사건 5주기를 맞아 출간된《스모킹 건—천안함 전쟁 실록》을 집필한 이종헌 전 청와대 행정관이 TOD 영상에서 '천안함 가운데에 흰 선이 보이다 갈라졌다'는 침몰 순간 목격담을 기록했다는 데 있다. 이 전 행장관은 사고 순간을 잡은 TOD 영상에 대해 해병 6여단의 이 모 상병과 조 모 일병이 촬영한 것으로 썼다. 그는 "2분30여 초가 지난 시점, 멀리 수면 위로 물체가 보였다"며 "물체 가운데로 흰 선이 보였는데, 조금 뒤 그 선이 서서히 벌어지더니 물체가 반으로 갈라져 둘이 되었다. 3분 30여 초 뒤 그중 하나는 아예 물속으로 사라졌다. 그리고 다른 하나도 옆으로 기울어지기 시작했다"[31]고 묘사했다.

이 같은 장면은 실제로 공개된 TOD 동영상에는 없다. 그런데도 이를 두고 이종헌 전 행정관은 지난 2015년 4월 2일과 6일 나(《미디어오늘》 기자)와 나눈 인터뷰에서 그런 영상이 있다는 취지의 답변을 했다. 이 전 행정관은 "책에 충분히 얘기를 다했으며, 내가 알고 있는 데이터를 충실히 담았다"며 "굳이 다시 말로 얘기할 필요는 없는 것 같다"고 말했다. 그는 TOD 동영상에 침몰 순간이 없다는 반론에 대해 "(이미 공개된) 풀영상을 못봤느냐"며 "거기에 다 있다"고 밝혔다. 법원에 제출돼 있는 영상에는 없는데, 또 다른 영상이 있다는 것인지에 대해 그는 "책에 나온 그대로라는 말로 대신하겠다"며 "그 이상 얘기할 수 없다"고 말했다.

이 전 행정관은 2015년 4월 6일 인터뷰에서도 침몰 순간이 없다는 국방부와 합조단의 반박에 대해 "예스, 노를 얘기하기 전에 본 것을 썼는지에 대해서도 대답하지 않겠다"며 "이미 다 공개돼 있는 것"이라고 말했다. 그는 법정 증언 용의에 대해 "달리 드릴 말씀이 없다"면서도 "필요하면 어떤 입장을 밝히게 될 것"이라고 말했다.

이종헌 전 청와대 행정관의 이 같은 주장에 대해 합동조사단 책임자와 국방부는 그런 영상이 없다고 부인했다. 당시 천안함 합조단 군측 단장 겸 과학수사분과장을 했던 윤종성 성신여대 교수(교양학부)는 4월 3일 나와 나눈 인터뷰에서 "TOD 영상 중 침몰 순간은 없다"며 "그것이 있었으면 왜 공개 안했겠느냐. 명확한 것인데"라고 밝혔다.

해병대 238 TOD 초소 외의 다른 초소 촬영 영상의 존재 가능성을 두고 윤 전 단장은 "(촬영한) 초소는 있었겠지만 관측 구역의 제한 때문에

(천안함 활동 구역의) 모든 방위각이 다 잡히는 것이 아니다"라며 "우리도 당시 다른 초소의 TOD도 수집은 했지만 관측된 것 위주로 봤다. 상식적으로 침몰 순간이 있으면 왜 공개하지 않았겠느냐"고 설명했다.

윤 전 단장은 "당시 우리 요원을 백령도에 보내 여러 TOD 가운데 거기에 (천안함이) 나온 것 중심으로 분석했으며, 그것이 주였고, 나머지는 나온 것에 대해서는 본 적이 없다"며 "부분적으로 (촬영된 것이) 있을 수 있겠지만 (내가) 본 일은 없다"고 말했다.

최원일 "21시 25분", 박연수 "21시 24분", 백령도 초병 "21시 23분"
―계속되는 시간 오차

이 밖에도 천안함 사고 시각의 오차는 여러 곳에서 나타난다. 최원일 천안함장은 2010년 3월27일 실종자 가족 앞에서 진행된 공개브리핑에서 "26일 오후 9시 25분쯤이다. 당직 후 함장실에서 작전계획을 검토 중이었다. '펑' 소리와 함께 선체가 직각 형태로 오른쪽으로 기울었다. 폭발과 동시에 내 몸이 50cm가량 날아올랐다. 그리고 나서 책상 밑에 깔렸다. 이후 발전·통신 등 모든 교신 수단이 두절됐다"고 주장했다. 천안함 사고 발생 시각이 21시 25분이라는 것이다.

한편 천안함 사고 순간 당직사관을 맡았던 박연수 당시 천안함 작전관(대위)은 2010년 4월 7일 국군수도병원에서 열린 생존자 기자회견에서 "제가 눈으로 확인한 마지막 시간은 당직사관이 확인할 수 있는 함교 모니터상의 오후 9시 24분이었다"고 밝혔다. 백령도 247초소에서 유일하게 당시 상황을 목격한 해병대 초병 박일석 상병, 김승창 일병(당시 계급)은 21시 23분이라고 보고했다.

천안함 사고 시각에 이렇게 오차가 많이 발생한 것에 대해 국방부는 대수롭지 않게 해명하다 기자들로부터 집중적인 질타를 받았다. 다음은 2010년 4월 8일 국방부 브리핑의 질의응답 장면이다.

- 기자: "사건 발생 시각은 NTDS상 기록이나 지진파 같은 것으로 정리가 되는 것 같은데요. 어제 기자회견에서 작전장(작전관-저자)인 박연수 대위가 당직 설 때 모니터 상에서 확인한 시간이 21시 24분이라고 했는데요. 그러면 지금도 해군 모니터 시간이 잘못된 건지."

= 원태재 국방부 대변인: "그런데 저도 제 책상에 컴퓨터가 두 대가 있지만 컴퓨터 책상에 있는 시계가 제 시계하고 틀리더라고요. 그게 아마 그런 오차가 생기면 자꾸 조정을 해서 맞춰야만 되는 것으로 알고 있는데 저도 그냥 기능적으로 쓰기만 하지 그걸 조정 안 해서 그런지 시계하고 상당한 오차가 있습니다. 그래서 그런 오차로 저는 이해를 하고 있습니다."

- 기자: "이번 사건에서 보면 유독 오차가 많이 나는데요."

= 원태재 국방부 대변인: "물론 군대가 그런 것은 가장 정확해야 하는데 왜 그런 것도 정비 안 했냐, 그런 말씀도 있습니다. 그건 한번 이런 기회에 검토를 해보겠습니다. 그런데 지금 박연수 대위가 말한 컴퓨터도 지금 본인이 갖고 있지 않거든요. 그것은 확인해볼 수는 없겠지만, 혹시 기자님들 갖고 계신 거기에 나온 시간들은 다 정확한지 모르겠습니다. 개인적으로 제 컴퓨터는 안 맞더라고요. 지금 보니까, 그렇잖아도 어제 제가 확인해봤는데."

- 기자: "(21시) 24분도 그 시간(오차인가)"

= 원태재 대변인: "네. 제가 보기에는 22분 정도인데…. 통상 우리 시계들도 1~2분 차이 날 때 별로 손 안 대지 않습니까? 전 그런 것 아닌가. 지금 박 대위가 말한 그 컴퓨터가 있어야 확실히 보여줄 텐데 그것은 이미 불가능하고요. 전 그런 식으로 이해를 합니다. 22분이 여러 가지 정황은 정확하다. 그렇게 봅니다."[32]

원태재 국방부 대변인의 말은 어차피 1~2분 정도의 오차는 늘 있는 것 아니냐, 기자들의 시계도 이런 차이는 있는 것 아니냐는 취지였다. 그러나 수십 명의 희생자가 발생한 중대한 사건의 정확한 발생 시간을 확정하지 못하는 오류에 대해 국방부는 비판을 면할 수 없었다.

"한미연합훈련 천안함 사태로 종료" 그런데 종료 시각이 21시?

천안함 사고 시각 또는 사고 날짜에서 오해를 살 만한 또 다른 기록이 일부 남아 있다. 정부가 발표한 천안함 사고 발생 시각은 2010년 3월 26일 21시 22분경이다. 문제는 이날 밤 서해상에서 한미연합 훈련이 진행 중이었다는 데 있다. 이와 관련해 미 국방부 당국자가 천안함 침몰 사건 당시 한미 연합 대잠수함 훈련이 진행 중이었다고 밝혔다고 AP통신이 2010년 6월 5일(현지시간) 보도했다. 이는《세계일보》특파원이 가장 먼저 썼다.《세계일보》6월 7일자 1면 기사 〈"천안함 침몰 당시 75마일 떨어진 해역서 한미 합동 대잠훈련 중이었다"〉에 따르면, AP통신은 미 국방부 당국자의 발언을 인용해 "한미 연합 대잠수함 훈련이 지난 3월 25일 오후 10시부터 그다음 날 오후 9시까지 실시됐으며 훈련은 천안함 침몰 사건으로 중단됐다"고 전했다. AP통신은 "잠수함 훈련은 천안함 침몰 현장에서 75마일(120km가량) 떨어진 해역에서 한국 잠수함을 타깃으로 삼아 진행됐으며 미국 구축함 2대와 다른 군함들이 동원됐다"면서 "천안함 사건이 한미 양국의 대잠수함 훈련 와중에 발생함으로써 한미의 북한 잠수함 방위 능력에 심각한 취약성이 드러났다"고 평가했다고 이 신문은 전했다. 당시 진행됐던 한미 잠수함 훈련 사실은 제인 크라이턴 주한 미군 대변인이 확인했으며, 잠수함 훈련 정황이 구체적으로 공개된 것은 이번이 처음이라고 AP통신은 밝혔다.

AP통신 보도에 따르면 한미 연합 대잠훈련The US-South Korean Anti-sub exercise이 종료된 시각은 3월 26일 21시인데, 이 때문에 '어떻게 오후 9시에 훈련이 끝날 수 있느냐'는 의문이 제기됐다. 천안함 사고에 대한 정부 발표 시각은 같은 날 21시 22분경이다. AP통신 보도 내용 가운데 이 같은 문제를 낳은 대목은 "The exercise was terminated because of the blast aboard Chenan(그 훈련은 천안함의 폭발 때문에 종료됐다)"로 알려져 있다. AP통신의 보도 내용대로라면 천안함 사고가 발생하기도 전에 천안함 폭발을 이유로 훈련이 중단됐다는 시간적 모순이 일어나게 된다.

국방부는 이와 관련해 애초 예정됐던 3월 28일까지의 훈련 일정을 중단한 것이며, 원래부터 오후 9시까지 예정된 훈련이라고 밝힌 것으로 알려졌다. 원태재 국방부 대변인은 6월 7일 브리핑에서 "한미 연합 키리졸브 훈련이 3월 25, 26일 서해 태안반도 인근 해상에서 실시됐다"며 "당시 수상함 훈련은 물론, 잠수함을 상대로 한 표적훈련도 했다"고 밝혔다고 《한국일보》가 7일 보도했다. 원 대변인은 천안함 침몰과의 연관성에 대해서는 "그날 훈련은 천안함 침몰 시각보다 앞선 오후 9시께 마무리됐다"며 "더구나 침몰 수역과 약 170km 떨어져 있었기 때문에 천안함과는 아무런 관련이 없다"고 부인했다. 원 대변인은 "26일 오후 9시 이후에는 훈련이 없었다"며 "훈련이 28일까지 예정돼 있었지만 천안함 사태로 이후 모든 일정을 중단하고 구조작전에 인력을 투입했다"고 말했다고 이 신문은 전했다.

이 같은 사실을 확인하기 위해 국방부가 이정희 당시 민주노동당 의원에 제출한 요구자료를 보면 오해를 살 여지가 있는 대목이 있다. 내가 취재 과정에서 입수한 이 자료에 따르면, 국방부는 한미 독수리훈련 내용에 대해 "'10 독수리FE연습 기간 중 서해상 해군훈련은 3. 23~28까지 계획되어 있었으나, 천안함 사태로 3. 26부로 훈련을 조기 종료하였음"이라며 "훈련구역은 태안반도(격렬비열도) 서방해상으로 해당구역 최북단에서 백령도까지 약 100km 이격되어 있음"이라고 적혀 있다. 특히 3월 26일의 훈련 내용은 14시부터 21시까지 해상 대특작부대작전 훈련을 한 것으로 나온다. 애초부터 밤 9시까지만 훈련을 하기로 한 것인지, 천안함 사건으로 훈련 도중에 중단한 것인지는 분명히 나와 있지는 않다. 이 때문에 당시 온라인상에는 천안함 사고 시각이 정부 발표보다 훨씬 더 이전이 아니냐는 추측이 나돌기도 했다.

에클스 발표 자료, 사고 날짜가 3월 24일?

천안함 침몰 사건 당시 방한해 사고 원인을 조사한 미군측 조사단장 토머스 에클스 미해군 기술팀장(해군제독·소장)이 합조단의 중간조사결과 발표 이후 작성한 보고서에 천안함 침몰 사고 시각을 3월 24일로 기재한 것은 날짜에 관한 대표적인 오기이다. 그는 2010년 5월 27일 작성한 〈천안함 침몰Loss oh ROK CHEONAN〉이라는 보고서(파워포인트로 제작)에 사고 시각을 3월 24일로 썼다. 이 보고서는 그해 4월 12일부터 5월 24일까지 국제조사단으로 활동한 결과를 작성한 것으로, 미 잠수함 전문가 안수명 박사가 미 해군에 2년여에 걸친 정보공개 청구 노력을 벌인 결과 2012년 5월 미 해군으로부터 제출받은 자료이다.

에클스 제독은 이 보고서를 두고 "지난 2010년 3월 24일 대한민국 백

Loss of ROKS CHEONAN

US Support to the Republic of Korea
Joint Investigative Group
12 April through 24 May 2010

Rear Admiral Tom Eccles, USN
Chief Engineer, Naval Sea Systems Command and
Senior US Representative to the ROK JIG
27 May 2010

토머스 에클스 전 미군 조사단장이 2010년 5월 작성한 보고서 표지. 사진=안수명 전 안테크 대표

령도 인근에서 일어난 천안함 침몰의 원인을 분석하는 데 이용된 기본적인 방법을 설명한 것"이라고 밝혔다.[33]

천안함이 침몰했을 때 미태평양통합군사령부가 있는 하와이의 현지 시각이 3월 26일 오전 2시 22분에 해당하기 때문에 시차를 감안해도 도저히 3월 24일이란 날짜는 나올 수 없다. 이 때문에 이것이 단순한 오기인지 아니면 또 다른 의미를 갖는 것인지 의문을 낳기도 했다.

이와 관련해 안수명 박사는 지속적으로 3월 24일로 작성한 이유를 밝히라고 미 해군에 요청했으나 답변을 듣지 못했다고 비판하고 있다. 안 박사는 2015년 3월 12일 나와의 이메일 인터뷰에서 "에클스 제독에게 '천안함이 2010년 3월 26일이 아닌 24일 침몰했다고 생각한 이유가 무엇이냐'고 이메일을 보냈으나 아직도 답이 없다"고 밝혔다.[34]

2. 천안함 사고 장소의 의문

'어디서' 사고가 일어났나

천안함 사고가 언제 발생했는지에 대해 수많은 번복과 말 바꾸기만으로도 정부는 사건 규명을 위한 신뢰를 얻는데 실패했다. 심지어 해군작전사령부의 최초 사고 발생 시각 보고 시점인 21시 15분을 21시 45분으로 거의 날조에 가까운 조작을 했다가 감사원 감사에서 들통이 나기도 했다. 당시 국회 천안함 침몰사건 진상조사 특별위원회(천안함 특위) 소속 이정희 위원(민주노동당)은 김황수 감사원장을 상대로 공문서 위조로 보고 형사 처벌할 사안이 아니냐고 따졌다. 앞서 살펴봤듯이 21시 45분 → 21시 30분 → 21시 25분 → 21시 22분 → 21시 20분 → 21시 22분 등 구두상 또는 문서상으로 공식적 번복한 것만 해도 족히 다섯 차례는 됐다. 더구나 해군작전사령부가 해병대 방공진지에서 미상의 폭음을 청취한

21시 15분을 보고한 것에 대해 국방부는 묵살하거나 사건과 무관하다고 지금까지 주장하고 있다. 하지만 최초 상황에서 등장한 21시 15분은 사고 발생 시각을 논의하는데 있어 여전히 분명하게 밝혀지지 않았다.

시간에 관한 문제점은 정부의 발표 내용에 관한 것만 모아도 분량이 이처럼 많다. 합조단을 비롯한 정부 측은 지진파와 공중음파 발생 시각 및 KNTDS의 시각으로 모든 의문이 정리됐다고 주장하지만 그것만으로는 충분하지 않다. 예를 들어 국방부는 KNTDS상에서 천안함의 실시간 항적이 돌연 깜빡이면서 사라지기(소실되기) 시작한 시점이 21시 21분 57초부터라 주장했으나 그 시점과 그 이전의 상황은 규명되지 않았다. 정부가 그렇게 자신하는 KNTDS상의 천안함 항적은 지금까지 한 번도 공개된 적이 없다. 박영선 국회 천안함 특위 위원(민주당) 등 일부에게만 공개했으며, 그것도 10초 단위로 끊어서 알려준 것이 전부이다. 박 위원이 집요하게 파헤치지 않았다면 이조차도 알 수 없었을 것이다. 7년째 천안함 재판을 받고 있는 신상철 전 민군합조단 민간조사위원의 1심 재판부(판사들)만 보고 아무 문제없다고 주장했을 뿐이다. 재판부가 어떤 자리에서 어떤 자료를 봤는지 우리로서는 알 수가 없다. 시스템과 원리를 충분히 숙지한 뒤 판단할 준비를 갖추고 들여다봤는지도 검증할 길이 없다. 재판장이 법정에서 불러준 대로 기자들이 받아 적은 것이 전부였다.

천안함 사건의 핵심 데이터를 이렇게 부실하게 처리하는 것은 온당하지 못한 태도이다. 정보를 독점하면서 '당시 아무 문제 없었다'는 방식이야 말로 헌법에 보장된 국민의 알권리를 저버리고 한국 해군 사상 서해상에서 일어난 최악의 참사의 진실 규명을 포기하는 데 사법부마저 동참하는 것이나 다름없다. 천안함의 항적에 아무런 문제가 없다면 공개하지 못 할 이유가 없는 것이다. 천안함의 항적을 확인할 수 있는 KNTDS 데이터와 교신 기록 등의 자료는 국민이 검증할 수 있도록 보장해야 한다.

천안함의 사고 발생 시각만큼이나 말썽을 일으킨 요소가 바로 사고 발생 장소이다. 이에 대해서도 정부는 명확하게 규명하지 못했다. 스스로 내놓은 지진파, 공중음파 탐지 위치와도 다르며 박영선 천안함 특위 위원이 파악한 KNTDS 상 신호소실 지점과도 차이가 나타난다. 최초 해경이 구조요청 시 전달받은 위치 좌표와는 차이가 훨씬 더 크다. 천안함이 반파된 직접적인 원인이 발생한 장소가 어디인지, 천안함이 어디를 항해하다 사고를 당했는지 우리는 여전히 잘 모른다. 이런 기본적인 사건 정보조차 모르는 것이 가장 큰 문제이다. 국방부는 제한적으로 극히 일부에게만 이를 제공했다. 작전상 군사비밀이라는 이유 때문이라 한다.

천안함 사건은 1200톤급 초계함이 왜 백령도 근해까지 접근하다 이런 참사를 당했느냐는 기본적인 의문에 처음부터 직면했다. 높은 파고에 따른 피항, 적의 시야에 벗어나기 위함, 평소에 10여 차례 갔던 작전구역이었다는 등의 이유를 댔지만, 충분한 답변이 되지 않았다. 더구나 천안함은 유턴을 했으며, 그것도 고속으로 한 사실이 밝혀졌다. 이것이 침몰 사건과 관련이 있는지는 모르겠으나 기본적으로 천안함의 항적에 대해 알 길이 없기 때문에 예사롭지 않게 들여다볼 수밖에 없다.

수차례 번복된 사고 발생 지점

우선 정부가 천안함 사고의 발생 지점을 어떻게 발표해왔는지 되짚어보자. 대한민국 국방부가 2010년 9월 13일 내놓은 《천안함 피격사건 합동조사결과 보고서》(합조단 보고서)를 보면, 사고 발생 위치는 백령도 서남방 2.5km로 나와 있다.

발생 시각: 2010. 3. 26. 21:22
발생 위치: 37° 55′ 45″N, 124° 36′ 02″E (백령도 서남방 2.5km)[35]

합조단은 침몰지역 수심에 대해 보고서에 "침몰지점 수심은 47m이며, 당시 작전구역의 최저수심은 8.6m로 확인되었"다고 썼다.[36]

합조단 보고서 외에 대한민국 정부가 2011년 발간한 《천안함 피격사건 백서》(천안함 백서)에도 이와 동일하게 작성했다. 다만 훨씬 더 자세하게 설명했다.

"천안함은 백령도 서남방 2.5km 해상에서 피격되었다. 피격 후 완전히 분리된 함미와 함수는(서로—저자) 약 6.4km 떨어진 위치에서 각각 완전 침몰되었다. 피격 위치는 3월 26일 백령도 서남방으로만 발표되었으나, 4월 7일 해군 전술지휘통제체계KNTDS상 천안함이 자신의 위치 송신을 중단한 21:21:57 위치로 백령도 서남방 2.5km(37° 55′ 45″N, 124° 36′ 02″E)로 발표되었다. 어뢰가 폭발하며 발생하는 폭음과 섬광으로 인해 백령도 해안 초병들이 이를 주목하게 되었으며, 당시 비록 야간이었지만 일부 관측이 가능했다. 3월 29일 천안함 함미는 사건 발생지점에서 180m 떨어진 곳에 침몰해 있는 것으로 최종 확인됐다. 함수는 조류를 따라 표류하면서 함미 침몰지점으로부터 동남쪽으로 약 6.4km 떠밀려와 완전히 침몰했다. 침몰된 함미 부분은 4개의 수밀구역으로 나누어져 있지만 함미 부분의 40%를 차지하는 디젤기관실이 폭발과 동시에 침수됨에 따라 급격히 침몰되었다. 그러나 분리된 함수는 7개 수밀구역으로 나뉘어져 있어 함미에 비해 침수가 서서히 진행되면서 부력을 유지할 수 있었다."[37]

정부의 최종 발표 지점은 KNTDS상에서 천안함이 스스로 자신의 위치 송신을 중단하기 시작한 21시 21분 57초에 있던 위치라는 것이다. 이곳이 바로 백령도 서남방 2.5km 위치에 해당된다는 설명이다. 여기서 백령도 해안 초병(해병대 초병 2명)이 폭음과 섬광을 관측했다고 설명했으나 이는 실제 초병의 증언 내용과 다르다. 시간도 다르고, 위치도 다르다. 당시 백령도 초병이었던 해병대 박일석 상병과 김승창 일병은 모두 백색섬광을 21시 23분에 목격했다고 진술했다. 목격한 섬광의 위치는 두무진 돌출부 또는 해안을 정면으로 바라보고 2~3시 지점, 북쪽을 바라보고 280도 지점 등 최소한 서북쪽 방향이었다. 추후에 기술하겠지만 이들은 천안함이 '좌초됐다'고 전달받았으며, 진술서에도 그렇게 기재했다. 하지만 이 같은 위치에 대한 불일치는 빙산의 일각일 뿐이다.

정부의 발표 지점은 최초 발표 사고 지점이 아니다. 이는 몇 차례의 수정을 거친 위치이다. 이 발표는 천안함 백서에서 기술한 것처럼 2010년 4월7일 국군수도병원 생존자 기자회견에서 문병옥 합동조사단 대변인이 발표한 위치였다.

그럼 최초 발표 지점은 어디였는가. 눈썰미가 있는 독자들은 간파했겠지만 앞선 장에서 기술한 이기식 당시 합동참모본부 정보작전처장이 국회 국방위원회에서 보고한 위치는 백령도 서남방 1마일 해상이었다. 1마일은 약 1.852km에 해당되는 거리 단위이다. (여기서는 해상마일Nautical Mile 을 말한다.)

"3월 26일 21시 30분경 백령도 서남방 1마일 해상에서 아 초계함인 천안함이 원인 미상으로 침몰된 상황 관련 보고입니다. 어제 상황 발생 현장의 기상은 남서풍이 20노트로 불었으며 파고는 3m였습니다. 수온은 8도였습니다. 선저에 파공이 발생하였으며 파공으로 침수가 발생하면서 배가 침몰되었습니다. 사고 지점의 수심은 24m였습니다."(이기식 합참 정보작전처장, 2010년 3월 27일 국회 국방위)[38]

여기서 핵심은 '백령도 서남방 1마일 해상' '사고지점 수심 24m'이다. 김학송 당시 국회 국방위원장(한나라당 의원)은 회의 진행 중에 약간 다른 위치를 언급하기도 했다.

"제일 처음에 사고가 났던 지점이 백령도의 서남쪽 1.4km 해상에서 폭발이 되었고 침수가 되어서 정남 방향에서 3시간 만에 침몰이 되었다 이런 상황을 상세하게 보고를 해주면 위원들이 중복되는 질의를 안 하지요. 왜 그런 보고는 전혀 없습니까?"(김학송 국회 국방위원장, 2010년 3월 27일 국회 국방위)[39]

이날 국방위원회에서는 사고 해역의 수심에 관한 언급도 나온다.

- 유승민 위원(국회 국방위 소속-한나라당): "여기 24m라고 보고했는데…"
= 이기식 합참 정보작전처장: "그것은 처음에 피습된 위치가 그렇다는 겁니다."
- 유승민 위원: "빠진 데, 침몰된 데가 한 30m 정도 됩니까?"
= 이기식 합참 정보작전처장: "예"[40]

김태영 국방부장관은 이틀 뒤인 2010년 3월 29일 열린 국방위 회의에서 사고 해역 수심이 20m가 넘는 지역이라고 답변했다.

- 문희상 의원(국회 국방위 소속-민주당): "당초 해군이 밝힌 침몰지점이 백령도 서남쪽 1마일 부근 해상인데 통상적으로 초계함 접근이 안 되는 곳으로 제가 알고 있습니다. 그곳이 천안함의 통상적인 항로였습니까?"
= 김태영 국방부장관: "예, 천안함은 그 지역을 담당하고 이번 작전을 하고 있는데 대략 한 열다섯 번 이상 지나간 지역입니다. 물론 천안함이 어떻게 보면 뭣 하러 이렇게 1마일 안에까지 들어가느냐고 말씀하실 수 있습니다만 그쪽 수심이 20m가 넘는 지역입니다. 충분히 천안함이 기동할 수 있는 작전지역이기 때문에…"[41]

이날 문희상 위원을 비롯해 이윤성 위원도 수심 20m라는 위치를 거론하며 기뢰를 깔아놓았을 가능성을 언급하기도 했다.

- 이윤성 위원(국회 국방위 소속-한나라당): "(천안함이) 작전지역 아닌 곳으로 항해했다, 수심이 20m 플러스마이너스였다, 그곳에는 6·25 때 깔아놨든 우리가 훈련하면서 깔아놨든 기뢰가 있을 것이다, 이곳 상황에 따라서 스크루에 부딪히지 않았느냐 이것을 지금 가장 의심하고 있습니다."
- = 김태영 국방부장관: "과거에 저희가 폭뢰를 개조해서 적의 상륙을 거부하기 위한 그런 시설을 해놓은 게 있었는데 그것을 저희가 다 수거를 했고 제가 볼 때는 이런 기뢰 가능성은 없었다고 생각을 합니다."[42]

해군이 발표한 서남방 1마일 해상 가운데 수심 20~24m 지역은 실제 천안함 함미 침몰 지점보다 거리 차이가 크다. 해도상 수심이 20m 대의 해역은 비교적 가까운 연안부터 시작되며, 서방~서남방~남방까지 비교적 길게 분포한다. 합조단 보고서에 수록된 '천안함 침몰 해역 해저지형 탐사결과' 그림을 보면, 20~30m 안쪽으로 10~20m 수심의 해역이 더 넓게 분포돼 있다.[43]

천안함 사고 당시 당직사관을 하면서 운항을 지휘했던 박연수 천안함 작전관(당시 보직·해군대위)은 자신이 사고 직전 확인한 수심은 20m 내외였다고 법정에서 증언했다. 박연수 대위는 지난 2012년 7월 9일 서울중앙지법 형사36부(재판장 박순관 부장판사) 심리로 열린 신상철 전 민군합조단 민간조사위원에 대한 천안함 12차 공판에서 '사건 직후 천안함 사건이 어뢰 피격으로 판단했다'며 그 이유에 대해 "수심이 20m 내외였고, 레이더상 수상 특이접촉물이 없었으며, 절단면을 확인한 결과 이런 피해를 줄 수 있는 것은 어뢰뿐이라고 판단했다"고 밝혔다. 사건 직후 수심이 20m라 판단한 근거에 대해 박 대위는 "배에 측심기가 작동하고 있었고,

천안함 침몰 해역 해저지형 탐사 결과. 사진=합조단 보고서 52쪽

그를 보고 판단한 것"이라고 밝혔다. '쾅' 하는 소리가 나기 직전에 확인
한 것이냐는 변호인측 신문에 그는 "(수심에 대한 상황을) 수시로 본다"고
답했다.

박 대위는 사고 시간을 두고도 2010년 3월 26일 21시 20분 이후라고
주장했다. 앞서 박 대위는 2010년 4월 7일 국군수도병원 생존장병 기자
회견 때 21시 24분이라고 밝힌 바 있다. 그런데 법정에서는 이같이 판단
한 근거에 대해 그는 "매시간 30분마다 문자정보망을 이용해 기상보고
를 하는데, 보통 5분 전에 미리 작성한다. (당직장병이) 문자정보망을 작
성하는 것을 봤다"며 "그 시간은 내가 추정한 것"이라고 말했다.[44]

이 같은 증언은 적어도 천안함의 사고 발생 지점이 합조단의 최종 발
표 지점과 다를 수 있다는 합리적 의문의 근거가 된다.

사고 발생 지점 발표 기관마다 다 달라

사고 지점을 수차례 번복한 해군의 발표 외에 기관과 사건 당사자들
이 지목한 위치가 다 다르다는 것은 더 큰 문제다. 해양경찰청, 지질자
원연구원, 유가족이 직접 작전상황도에 기입한 이른바 '최초 좌초' 지점,
KNTDS상 사고 지점, 박연수 작전관이 밝힌 지점 등이 제각각이었다.

천안함 생존자를 구조한 해양경찰청 501함이 인천해양경찰서로부터 받은 최초의 사고 위치는 백령도 남서방 2마일(1마일은 1852m) 정도였다고 유종철 해경 501함 부함장이 법정에서 밝혔다. 해경은 상황보고서 1보에 이 위치에 대한 좌표를 '위도 37-50N, 경도 124-36E'로 기재한 것으로 알려져 있다. 이 위치는 최초로 해경이 전달받은 좌표로, 해군이 발표한 서남방 1마일(1.8km) 해상과도 큰 차이가 있다. 실제 이 좌표를 찍어보면 백령도 남서방이라기보다는 대청도 서방 해상이라는 말이 맞을 정도로 대청도 서해안에 근접해 있다. 사고 지점과도 약 9km 이상 차이가 난다.

이 같은 위치 좌표가 기재된 해경 상황보고서 일지를 입수해 밝힌 곳은 MBC 뉴스데스크였다. MBC는 2010년 4월 3일 뉴스데스크 리포트 〈시간·장소 보고 제각각〉에서 "해양경찰의 상황보고 일지를 단독 입수했다"며 인천해경의 상황보고 일지를 제시했다.[45] MBC는 "해경이 본청과 해군에 띄운 상황보고 1보에 나타난 좌표는 위도 37도 50, 경도 124도 36(37° 50′N, 124° 36′E)"라며 "군 당국이 발표한 천안함 최초 사고 지점 좌표는 위도 37도 55, 경도 124도 37"으로, "경찰 상황보고 1보의 위치가 군이 발표한 사고 지점에서 남쪽으로 무려 약 9km나 떨어진 지점"이라고 지적했다.

MBC는 "그런데 이후 9시 33분, 부함장이 인천해경 상황실에 전화해 통보한 천안함 위치는 다시 바뀌었다"며 "처음 지점보다 약 9km 북쪽으로 올라왔지만 군 당국이 발표한 위치보다 약 2km 서쪽"이라고 보도했다. MBC는 "해경은 이후 상황보고 2보를 내보낼 때에서야 사고 발생 지점이 군 당국 발표와 동일한 좌표로 바뀐다"고 서술했다.

천안함의 최초 지점과 해경 501함이 현장에 가서 확인한 지점이 9km 떨어져 있고, 이것이 모두 거짓이 아니라면 어떻게 가능할까. 이를 두고 MBC는 일종의 가설을 제시했다. MBC는 "해경 상황보고가 엉터리로 작성된 것이 아니라면, 천안함은 대청도 서쪽에서 처음 문제가 발생한 뒤 백령도 쪽으로 9km 정도 이동하다 침몰한 게 된다"며 "18분 동안 30노트 이상의 속도를 내서 9km이상 움직였다는 얘기"라고 추정했다. 이 속도는 천안함이 작전상황에서 가스터빈을 켜고 전 속력을 낼 때 나오는 속도라고 이 방송은 덧붙였다. 하지만 이 같은 추정을 검증하기 위해서는 천안함의 KNTDS 항적과 교신일지 등 모든 객관적인 데이터를 놓고 분석해야 한다.

실제 해경이 MBC 보도와 같이 이 같은 좌표를 받은 것인지에 대해 해경 501부함장은 대체로 유사한 답변을 했다. 유종철 당시 해경 501부함장(경위)은 2011년 8월 22일 서울중앙지법 형사36부(재판장 유상재 부장판사) 심리로 열린 신상철 전 민군합조단 민간조사위원의 천안함 관련 명예훼손 소송 1심 공판에 증인으로 출석해 다음과 같이 증언했다.

- 검사: "해경 501함이 해경 상황실로부터 받은 천안함의 좌표는 천안함 침몰 지점이 맞았나요."
= 증인(유종철 501부함장): "원래 해경 상황실로부터 백령 남서방 2마일(1마일 1852미터) 정도의 좌표를 받았던 것 같은데 그 좌표 지점과 증인이 실제로 가서 레이더상으로 확인한 좌표와는 약간 차이가 있었습니다. 남쪽으로 1~2마일 정도 조금 떨어져 있어서 바로 그쪽으로 방향을 바꿨습니다."
- 검사: "도착한 시각은 언제인가요."
= 증인(유종철): "22시 15분경 천안함 인근 해역에 도착했고, 천안함과는 1마일에서 1.5마일 정도 떨어진 지점이었습니다."[46]

유종철 경위는 또 구조를 위해 실제 도착한 지역의 위치에 대해 "북위 37도 52분 10초, 동경 124도 37분 86초"라고 답변했다. 이와 함께 당시 해경 본청의 경비과장도 인천 해경이 해군으로부터 이 같은 좌표를 통보받아 501함에 알려준 것으로 안다는 취지의 증언을 했다. 이병일 당시 해양경찰청 경비과장은 2013년 12월 9일 서울중앙지법 형사36부(재판장 최규현 부장판사) 심리로 열린 신상철 전 위원 재판에 출석해 아래와 같이 증언했다.

— 변호인(이강훈 변호사): "국방부가 천안함 사고 원점으로 최종 발표한 좌표는 백령도 서남방 2.5km 부근인 북위 37도 55분 45초, 동경 124도 36분 02초인데, 2010년 4월 3일자 MBC 뉴스데스크의 보도에 의하면, 인천 해양경찰서에서 천안함 침몰 사건 전파를 위해 작성한 최초 상황 보고서 1보에는 사고 장소를 백령도 남서방 1.5마일이라고 기재해놓고 정작 좌표는 대청도 서쪽인 '37-50N, 124-36E'라고 기재해놓았는데, 인천 해경이 침몰 사고 발생 직후 최초 상황보고서에 기재한 좌표가 백령도 남서방이 아니라 대청도 서쪽으로 기재한 이유는 무엇인가요."

= 증인(이병일 전 해경 경비과장): "그 상황에 대해서는 잘 기억나지 않습니다. 그러나 좌표는 해도상에서 60분 단위로 하는 방법이 있고, 백분율로 하는 방법이 있기 때문에 어떠한 방식을 취하느냐에 따라 조금의 오차가 발생할 수 있습니다."

— 변호인: "위 좌표는 누가 보내줬나요."

= 증인(이병일): "인천 해양경찰서로부터 보고를 받은 사항입니다."

— 변호인: "인천 해양경찰서에서도 스스로 위 좌표를 알 수 없지 않은가요."

= 증인(이병일): "예. 인천 해양경철서도 해군 측에서 통보받은 대로 하기 때문에 임의로 하지는 않은 것으로 알고 있습니다."

— 변호인: "처음에 나온 좌표는 군에서 한 것으로 파악하고 있지요."

= 증인(이병일): "잘 모르겠습니다."

— 변호인: "인천 해경에서 상황보고서 2보를 내면서는 백령도 남서방

1.8km 지점인 "위도 37도 55, 경도 124도 37"로 사고 발생 지점 좌표를 변경하였는데, 위 좌표는 중간에 어떻게 변경됐나요."

= 증인(이병일): "해양경찰청에서 통상적으로 사항을 처리할 때는 긴박한 상황이기 때문에 신속하게 먼저 보고를 해놓고 다음 첩보에 틀린 사항이 있으면 이후부터는 정정보고로 올라오는 경우가 있습니다."

— 변호인: "군에서 좌표를 받는 것은 역시 2함대 사령부에서 인천 해양경찰서로 통보를 해주는 것인가요."

= 증인(이병일): "예, 그러한 경우도 있고, 함정에서 함정 간에 보고를 해서 2함정에서 인천서로 직접 보고를 하는 경우도 있습니다."

— 변호인: "천안함은 침몰 상태라 좌표 보고를 하기 굉장히 어려웠을 것 같은데 어떤가요."

= 증인(이병일): "정확히는 모르겠지만, 이러한 상황은 통상적으로 2함대 측으로부터 통보를 받은 것으로 기억하고 있습니다."[47]

또 다른 변수는 《아시아경제》가 촬영 보도한 해군의 작전상황도에 쓰여 있는 '최초 좌초'의 위치이다. 이 작전상황도상의 최초 좌초 위치는 유가족 이용기가 해군으로부터 이 상황도를 빼앗아 위치를 알려달라고 해서 해군이 지목한 위치에 '최초 좌초'라고 기재했다고 법정에서 진술했다. 이 위치는 군의 최초 사고 발생 지점(서남방 1마일)보다도 백령도에 가깝고, 더 북쪽에 있다. 이용기는 이 위치를 박연수 천안함 작전관(해군 대위)이 찍어줬다고 증언했고, 박연수 작전관 역시 최초 사고 위치를 그곳으로 지목했다고 말했다. 다만 박연수 작전관은 좌초라는 말을 한 적은 없다고 설명했다. 박연수 작전관은 '사고 직전 마지막으로 천안함 위치를 파악했을 때 백령도와 거리는 어느 정도였느냐'는 신문에 "2마일에서 2.5마일 정도 떨어져 있었다"고 증언했다. 2마일에서 2.5마일이면 백령도 서남방 약 3.6~4.5km에 이르는 구역으로, 이 역시 합조단의 사고

이 위치에서 사고가 났고 함수의 위치는
이만큼 떨어져서 이쯤에 있다고 말씀하셨던 부분인데...

작전상황도를 들고 해군에 질문하고 있는 유가족 이용기. 사진=KBS 뉴스와 〈추적 60분〉 갈무리

발생 지점과 1km 이상 차이가 난다.

이용기와 박연수 두 사람의 증언 중 일치하는 면과 그렇지 않은 면은 추후 '좌초' 항목을 설명할 때 자세히 다루기로 하고, 일단 여기서는 지금까지 나온 천안함 사고 발생 위치만 해도 너무 차이가 많다는 점을 짚고 넘어갈 필요가 있다.

2010년 5월 5일 방송된 KBS 〈추적 60분〉 '천안함 무엇을 남겼나'에서 박형준 당시 천안함 유가족협의회 대표도 해당 작전상황도의 '최초 좌초' 위치를 해군이 설명해준 것이라고 밝혔다.

"해군 쪽에서 최초에 저희 가족들한테 설명을 해주실 때도 이런 해도를 가지고 설명을 해주셨고 이 위치에서 사고가 났고 함수의 위치는 이만큼 떨어져서 이쯤(최초 좌초 지점으로부터 남서쪽)에 있다고 말씀해주셨(습니다)."

박 전 대표는 이후 2012년 4월 23일 서울중앙지법 형사36부(재판장 박순관 부장판사) 심리로 열린 신상철 전 위원의 천안함 재판 증인으로 출석해 "TV 다시보기에 나와 있는 자막의 내 발언은 맞다"며 "자막대로라면 맞다"고 밝혔다.

천안함 사고 직후 국회 천안함 특위 소속 위원(민주당)이었던 최문순 강원도지사는 그해 5월 초부터 이처럼 사고 장소가 다 다르다는 점을 지적했다. 최 지사는 2010년 5월 12일 자신의 블로그에 올린 글 '천안함의 흑되짚기-1.사고지점을 전자해도에 표시해보니'에서 "해경은 최초접수 때 사고지점 좌표를 37-50, 124-36(위도, 경도 순)으로 발표했고, 해군은 37-50, 125-36으로 발표해 차이가 났다"며 "이에 대해 해경은 단순한 착오였다며 상황일지에서 좌표를 37-55-00N, 124-37-12E로 정정했다"고 전했다.

최 지사는 "그러나 지난달 7일 실시된 민군 합동조사단의 첫 공식발표에서는 이와 상당히 차이가 나는 발표가 나왔다"며 합조단이 2010년 4월 7일 발표한 지점('북위 37도 55분, 동경 124도 36분 해점, 백령도 남서쪽 2.5km 해상')을 들었다.

이와 함께 최 지사는 "군이 유가족에게 최초 브리핑 때 손가락으로 지도를 가리킨 곳은 이와 또 다르다"며 이를 발표시간 순으로 해도상에 표시하기도 했다. 정리해보면 다음과 같다.

1. 해경 상황보고서(최초-1차, 3월 26일): 백령도 남서방 1.5마일(37-50N, 124-36E)

2. 해경 상황보고서(2차, 3월 26일): 백령도 남서방 2마일(37-55-00N, 124-37-12E)

3. 해경 상황보고서(부표 설치 지점, 3월 26일): 부표설치 위치(37-54.318N, 124-40.970E)

4. 실종자가족 설명(3월 27일): 《아시아경제》 사진 최초 좌초 위치를 분석한 결과(37-56-30N, 124-36-50E), 평균 수면 6.4m
   #국방위 현안보고(3월 27일 오후): 백령도 서남방 1마일 해상, 사고지점 수심 24m

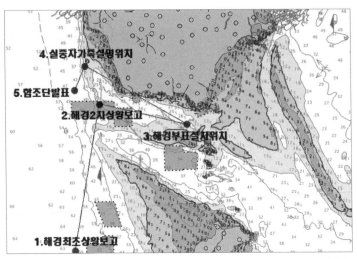

최문순 강원도지사가 지난 2010년 민주당 천안함 특위 위원 시절 백령도 주변 해도에 사고지점을 표시해 놓은 것. 사진=최문순 블로그

5. 민군합동조사단 발표(4월 7일): 백령도 서남방 2.5km(37-55-45N, 124-36-02E)

해도상(사진)의 위쪽에 있는 섬이 백령도, 아래가 대청도이며, 바다에 곡선과 함께 쓰여 있는 숫자들은 수심을 나타낸다. 숫자 옆의 작은 숫자는 소수점 이하 수이다.

최 지사는 "전자해도에 표시해 보니, 위치가 달라도 너무 다르다. 각 위치에 따라 옆에 써진 수심 수치도 확연히 바뀐다"며 "사고 지점 위치가 확실해야, 끊임없이 제기되고 있는 좌초설도 따져볼 수 있다"고 지적했다. 그는 "침몰 원인이 어뢰나 기뢰라면 그 지점에서 무슨 임무를 수행하다가, 어떻게 폭발이 일어났으며 육지에 있는 병사가 폭발 당시 장면을 목격하고, 주민들이 소리를 들을 만했는지도 규명이 가능하다"고 덧붙였다.

한편 정부가 과학적 조사 결과의 근거로 삼고 있는 지진파와 공중음파 감지 위치와 합조단 발표 최종 사고 지점도 크게 다르다. 합조단이 2010년 4월 7일 사고 지점을 백령도 서남방 2.5km로 발표한 이후 나흘 만인 4월 11일 국방부에서 열린 브리핑에서 기자들은 애초 발표위치 뿐 아니라 지질자원연구원의 발표 위치와도 다르지 않느냐고 다음과 같이 따졌다.

- 기자: "지질자원연구원이 처음 발표할 때 보고 했던 사고 위치와 군이 1.8km 떨어진 곳이었다고 발표했던 거와 2.5km 떨어졌다고 발표했던 거와 2개 다 지질자원연구소의 발표, 3개 다가 발표가 다 틀리거든요? 이것을 어느 쪽으로 저희가 맞춰서 생각해야 될지를…"

= 원태재 국방부 대변인: "그것은 아마 최초에 폭발이 일어난 지점과 또 그 다음에 함미, 함수가 발견된 부분 이런 것이 조금 차이가 있을 것입니다. 바다기 때문에 그런 건데, 그것은 저희들이 발표한 자료를 인용하시면 되겠습니다. 그런 데에서 받은 자료를 다 인용을 했기 때문에. … 그리고 그쪽(지질자원연구원)에서 우리한테 통보가 온 다음에 정확한 날짜는 기억이 안 납니다만, 하루인가 이틀 후에 저한테 전화가 왔었습니다. 자기네가 '이렇게 측정했다는 것을 공개해도 되겠습니까?' 그래서 '그쪽 판단대로 하라'고 했습니다. 그것은 우리가 발표하거나 할 일은 아니다. 우리에게는 그것이 사건 발생 시각을 규명하는 데 자료로써만 의미가 있지 자체를 사고 시간이라고 발표할 수 없는 것 아닙니까?"[48]

실제로 이희일 지질자원연구원 지진연구센터 연구원이 작성한 것으로 돼 있는 2010년 3월 27일 지진파·공중음파 자료에 따르면 사고 위치가 최초 해경이 통보받은 해경 1보 상황보고서 위치와 유사한 곳이다. 약간 서북 방향에 있지만, 합조단의 최종 발표 지점과 거리 차이가 많이 난다. 백령도 남서방 8km 이상은 족히 되는 거리이다. 이희일 연구원이 작성한 사고 시각과 위치는 다음과 같다.

  – 추정 사고 시각: 21시 21분 58초 (백령도 지진-공중음파 관측소 신호로부터
    추정)
  – 사고 위치: 백령도와 대청도 사이로 백령도 관측소로부터 219.4도 방향
    37.85, 124.56[49]

  이후 이희일 연구원은 사흘 만인 2010년 3월 30일 다시 작성한 자료
'3월 26일 천안함 침몰과 관련된 지진-공중음파 신호 분석 결과'에서 사
고 위치를 "백령도 관측소로부터 5km 떨어진 219.0도 방향"으로 수정했
다. 이 위치도 합조단이 발표한 최종 위치와는 차이가 있다.

  이 때문에 서재정 당시 미국 존스홉킨스 대학교 교수(현 국제기독교대
학 국제관계학 교수)와 이승헌 미국 버지니아 대학교 물리학과 교수, 박선
원 브루킹스 연구소 박사 등 해외파 학자들도 사고 지점에 대해 강한 불
신을 드러냈다. 이들은 2010년 10월 12일 "지질자원연구원이 최초로 보
고한 지점은 천안함 침몰 지점에서 15km 떨어진 곳이며 추후 천안함 침
몰이라는 현상을 고려하여 재조정하였으나 여전히 일치하는 지점은 아
니다"라며 "또한 국방부에서 지자연과 별도로 자체 지진파 시뮬레이션
을 실시했다는 것은 사고 발생 시각과 지점을 지진파로 조작하려 하는
것이 아닌가 하는 의구심을 갖게 한다"고 비판했다.

  이에 대해 국방부는 반박 자료에서 합동조사단이 "지질자원연구원
으로부터 폭발 지점이 천안함 침몰 지점에서 15km 떨어진 곳이라는 내
용을 통보받은 바 없으며, 지진파 관련 시뮬레이션을 한 사실도 없다"며
"한국지질자원연구원으로부터 통보받은 자료는 폭발 지점은 관측 지점
으로부터 5km 떨어진 곳(해안에서 2.5Km 지점), 진도 1.5 규모의 지진파
와 1.1초 간격의 공중음파를 감지한 자료"라고 주장했다.

국방부는 "사건 발생 시각과 장소는 KNTDS 자료와 지진파 및 공중음파 감지 시간과 장소, 승조원 통화내역 조회 등을 종합적으로 분석하여 판단하였다"고 덧붙였다.

KNTDS 좌표조차 합조단 발표 좌표와 다르다?

합조단이 발표한 천안함 사고 지점(폭발 원점)의 좌표와 KNTDS상의 사고 발생 지점이 다르다는 지적도 있었다. 박영선 국회 천안함 특위 소속 위원(민주당)은 2010년 5월 24일 개최된 위원회 1차 회의에서 합조단 (해군)이 발표한 좌표와 KNTDS상 천안함이 사라진 좌표는 약 600m 차이가 난다고 지적했다.

— 박영선 위원: "KNTDS상에 나와 있는 좌표가 사고 발생 지점의 좌표와 해군이 발표한 좌표가 이렇게 차이가 납니다. 왜 그렇습니까?"

= 김태영 국방부장관: "제가 생각할 때는 좌표가 차이가 날 리가 없으리라고 생각합니다. 그때 충분히 보시지 않았습니까?"

— 박영선 위원: "그 좌표… 이것 저희가 찍은 것도 아닙니다. 국방부에서 직접 저한테 이렇게 찍어주셨습니다. (자료를 들어 보이며) KNTDS상의 좌표는 124도 35분 47초로 나와 있고요. 해군이 발표한 좌표는 124도 36분 02, 무려 1.6km나 차이가 나고요. 위도, 경도 다 차이가 납니다. 이 데이터 하나 지금 제대로 분석을 안 하신 겁니다. 수사는 초동수사가 매우 중요합니다. KNTDS 좌표를 제가 10초 단위로 끊어서 달라고 말씀드렸습니다. 그것 분석해서 저희가 좌표 다 찍었습니다. 찍었는데 항의하는 그 좌표 방향 자체가 군사기밀이라서 제가 오늘 그것은 안 갖고 나왔습니다. 그 좌표 어디 상에도 해군이 발표한 좌표 나와 있지 않습니다. 9시 12분부터 9시 30분까지… 다 찍어봤습니다."

= 김태영 국방부장관: "알겠습니다. 그러면 좌표가 틀렸다면 저희가 다시

시정을 하겠습니다."

– 박영선 위원: "시정하실 부분이 아닙니다. 이게 초기에 얼마큼 데이터 분석을 하지 않았는지를 나타내는 대표적인 자료입니다."[50]

사고 원점에 대해 이 같은 집중적인 문제가 제기되자 합조단은 3분간 '전시되는' 가상의 좌표가 약 650m를 더 북서쪽으로 이동한 것처럼 찍힌 것일 뿐 이미 21시 21분 57초부터 천안함의 자함 신호가 중단되기 시작했다고 해명했다.

합조단은 2010년 6월 7일 '한국기자협회 제기 천안함 의문점 답변자료'에서 "5월 24일 국회 특위에서 제기된 KNTDS상 천안함이 없어진 지점은 장비 특성에 의해 표시되는 가상위치"라며 "즉 KNTDS의 특성상 천안함이 자기 위치 송신이 중단되어도 송신이 중단된 당시의 침로속력으로 약 3분간 KNTDS상에 전시된 이후 완전히 화면에서 사라지게 된다"고 주장했다. 따라서 천안함이 어뢰공격으로 침몰한 정확한 위치는 4월 7일 발표한 위치라는 것이다.

정부는 《천안함 피격사건 백서》에서도 주석을 통해 "전술지휘통제체

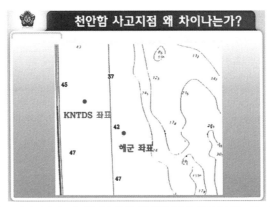

지난 2010년 5월 24일 박영선 민주당 의원이 국회 천안함 특위에서 공개한 정부 발표 사고 위치와 KNTDS상 천안함 신호 소실 지점의 차이. 사진=박영선 홈페이지

계KNTDS의 전시화면에서 천안함이 완전히 사라진 시각은 21:25:03이며, 이때 천안함은 피격 시(21:21:57)보다 650m 북서쪽에 위치해 있는 것으로 되어 있어 피격 시각과 위치에 대한 논란의 빌미가 되었다"며 "천안함으로부터의 위치 송신이 중단된 이후에도 동일한 침로·속력으로 실제보다 약 3분간 더 기동한 것처럼 전시되는 전술지휘통제체계의 특성에 기인한 것"이라고 썼다.[51]

KNTDS에서 신호가 사라진 순간부터 6분간 무엇을 했나

국방부와 합조단은 KNTDS에서의 사고 발생 지점 불일치에 대한 의문이 제기되자 신호가 사라져도 3분간 가상으로 진행하는 것처럼 나온다며 해명했다. 여기서 잠깐 짚고 넘어가지 않을 수 없는 게 있다. 21시 21분 57초부터 천안함에서 송신하는 신호가 사라지기 시작하면서 깜빡였다면 21시 28분(또는 21시 26분)분까지 4~6분간 어떤 조치를 했느냐는 것이다. 신호가 소실됐는데도 KNTDS를 보고 있던 청와대와 국방부, 해군 등 모든 안보 관련 기관은 아무런 조치도 하지 않았다. 김태영 당시 국방부장관은 이를 결국 시인했다. 천안함 포술장 김광보 대위가 휴대폰으로 '좌초됐다'는 첫 보고를 하기 전까지 아무도 천안함 침몰 상황에 대한 체크조차 하지 않은 것이다. 이 같은 지적은 사고 발생 시각과 사고 발생 지점을 최종 발표한 4월 7일 이후부터 언론과 국회에서 쏟아져 나왔다. 2010년 4월 8일부터 11일까지 국방부 브리핑에서 다음과 같이 기자들의 질타가 나왔다.

〈4월 8일 브리핑〉

— 기자: "어제 조사를 발표해서 2함대 KNTDS에서 천안함 자함 신호가 소멸된 시간이 21시 21분 57초입니다. 그리고 천안함에서 직접 휴대전화로 2함대사령부 상황장교에게 전화한 시간이 28분이고요. 고속정 편대

에 출동시간 떨어진 게 30분입니다. 그렇다면 KNTDS상에서 운영 중이던 함정이 사라졌는데, 6분 동안 2함대사령부는 뭐하고 있었고, 6분 동안 2함대사령부가 주변에 있던 속초함이라든가 다른 구역을 초계하고 있던 초계함에게 출동지시를 떨어뜨린 게 있는지 고속정 편대에 최소한 자함 신호가 사라졌으니까 천안함을 찾아봐라라고 지시한 내용이 있습니까?"

= 원태재 국방부 대변인: "제가 KNTDS에 대해서 성능에 대해서 설명할 입장이 아니지만, 제가 보기에는 아마 그런 것이 체제가 바로 사라질 경우에는 어떻게 연동되어서 신호가 오는지 그것은 제가 확인을 못했습니다. 그런 것은 제가 확인을 해보겠습니다."

− 기자: "KNTDS상에서 뭐가 사라져서 연동되어서 신호가 울리냐를 여쭈어본 게 아니고요. KNTDS상에서 초계함이라는 거대한 함정이 사라졌는데 2함대사령부가 어떤 조치를 취했는지를 여쭈어본 것입니다."

= 원태재 대변인: "그것은 상황 후에 2함대와 확인해서 알려드리겠습니다. 국방부에서 함대조치의 구체적인 것까지 즉석에서 답변드리는 것은 정보가 제한됨을 이해해주시기 바랍니다."

[…]

− 기자: "그러니까 아까 다른 레이더에서 잡고 있으면 최소한 KNTDS에는 나온다고 하셨잖아요? 그런데 천안함의 자함 신호가 사라졌다는 건 다른 레이더상에서도 천안함이 사라졌다는 얘기입니다. 그러면 해군에서는 그것을 지켜보고 있는 함대사령부는 조치를 취하실 것 아니에요?"

= 국방부 관계자: "지금 그 점은 말입니다. 지금 말씀하신 사항은 제가 정확하게 확인해봐야겠습니다."

− 기자: "그러니까 기본적으로 평상시에 정해져 있는 매뉴얼을 말씀해주시기 바랍니다."

= 국방부 관계자: "만약에 우리가 작전하는 과정에서 그것이 갑자기 심볼

이 있었는데 심볼이라는 표현이 이상하지만, 어떤 표시가 있었는데 표시가 없어졌다고 하면 이상한 거죠. 그러면 군에 대한 대응작전을 당연히 펼치죠. 없어졌는데 그것이 그 배에서 자체에서 뭐가 전자장비상에 결함이 있어서 없어졌던 것인지 안 그러면 다른 침몰이 됐던 것인지 확인해야 하지 않습니까? 그것이 당연하게 우리가 생각할 수 있는 합리적인 절차죠."

– 기자: "그런데 이번에 6분 동안 아무것도 안 이루어졌어요."

= 국방부 관계자: "그 상황은 그때 당시 상황을 할 때 제가 직접 관여한 것이 아니기 때문에 제가 답변드리기는 그렇고, 운용하고 하는 것은 나중에 답변드리겠다고 제가 말씀드렸습니다. 이상입니다."[52]

〈4월 9일 브리핑〉

– 기자: "어제 나왔던 질문인데요. KNTDS 화면상에 사라진 다음에 6분 동안 그것을…"

= 원태재 대변인: "그것을 제가 물어봤습니다. 그랬더니 지금 KNTDS 관련해서 현재 분석 중인데요. 지금 이상 징후는 1~2분 정도면 감지가 다 된다고 합니다. 이어서 부분 레이더 기계로 하여금 확인하도록 요청하고 그렇게 하는데, 아마 그렇게 해도 시간대는 아마 거의 지금 얘기된 6분이라고 한 그 시간대와 비슷하다고 합니다. 그것은 현재 우리 KNTDS 체제의 어떤 기능과 관련이 있기 때문에 현재 조사단에서 조사를 하고 있습니다. 그리고 KNTDS의 성능이나 자세한 과정에 있어서는 답변을 거부를 하고 있습니다. 그것은 군사기밀 해당되는 사안으로 이해를 해주시기 바랍니다."[53]

〈4월 11일 브리핑〉

– 기자: "KNTDS에 대해서 다시 한 번 여쭤보겠습니다. 21분 57초에 끊긴

이후의 상황에 대해서 침몰 원인과 무관하기 때문에 조사를 안 하신다는 말씀인가요? 지난번에 대변인은 6분 정도의 최초에 포술장이 휴대전화로 전화하기 전까지 6분 정도 상황 대처가 제대로 됐는지를 조사하겠다고 분명히 얘기를 했었는데, 아까 말씀하신 것을 보면, 깜박였는지 그 여부부터 해서 별로 조사 대상이 아닌 것처럼 제가 이해했는데, 그게 맞는 것입니까?"

= 문병옥 민군합동조사단 대변인(당시 해군 준장): "조사단에서 조사하게 된 것은 침몰 원인과 관련해서 침몰 시간이 언제인가를 규명하기 위해서 KNTDS를 조사한 것입니다. KNTDS에서 화면이 언제 끊겼는지를 알아야 침몰 시간을 규명할 수 있기 때문에, KNTDS에서 신호가 끊긴 시간만을 발표한 것입니다."

− 기자: "그 이후에 6분 정도 시차가 있는 동안에 휴대전화로 연락을 받기 전까지 6분 정도 해군이 조치를 제대로 했는지 여부에 대해서 대변인은 분명히 조사하겠다고 얘기를 했었는데, 조사 대상이 아닌 것입니까? 그게?"

= 문병옥 합동조사단 대변인: "그 부분은 조사단의 조사 대상이 아닙니다."

− 기자: "어떻게 된 것입니까? 말이 다른 것 아닙니까?"

= 원태재 국방부 대변인: "저하고 조사단 대변인하고 틈 사이를 파고드시는데, 제가 그때 말씀드렸습니다. KNTDS는 한 2분 정도면 일단 자함에서 발생하는 전파가 끊어질 경우에 2분 정도 후면 소멸이 되는데, 즉시 주변 기지에서 그것을 포착을 해서 잡아주면 다시 살아납니다. 기술적인 문제라서 더 이상 얘기를 안 했는데요. 그래서 그 원인을 규명하고 하는 데 유선으로 확인을 하게 되면 대강 그 시간이 우리가 28분에 보고했던 그 6분 시간대와 대개 중복이 된다고 말씀드렸습니다."[54]

기자들과 국방부 대변인 또는 합조단 대변인 간의 설전을 다시 돌아보면 국방부는 끊임없이 빠져나갈 궁리를 하는데 급급하다는 인상을 준다. 처음엔 전혀 모른다고 했다가, 파악한 뒤엔 '조치를 해도 그 정도(6분)의 시간은 걸린다'는 것이 답변이었다. 더구나 합조단 대변인은 조사 대상이 아니라며 불편한 심기를 내비치기도 해 기자들과 신경전까지 벌였다.

국회 국방위원회와 천안함 특위에서도 질타가 쏟아졌다. 김태영 국방부장관은 4월 14일 국방위원회 전체회의에서 "함정의 통신체계와 위성 다시 또 2함대로 가는 그런 체계상에, 하드웨어상에 어떤 문제가 있을 수 있고, 위성으로 우리 데이터가 가야 하기 때문에 여기서 보내는 송신처에서의 그 서로 방향이 안 맞아 가지고 잠시 놓칠 수가 있다"며 "이런 걸 방지하기 위해서 그 체계에는 대략 3분간 그것이 계속 명시되게, 표시가 되게끔 되어 있다. 그래서 대략 그 3분 동안은 정확하게 그게 소실됐는지 여부를 알 수가 없는 부분이 있다"고 해명했다. 그 이후엔 마지막 40초 동안 깜빡깜빡하면서 알려주는 시스템이 돼 있다는 것. 김 장관은 "그래서 그 당시에 대략 한 21시 25분경에는 네 군데에서 정확하게 문제가 있다는 것을 인지했다"며 "그때에도 침몰이라는 상황은 상정하지 않고 레이더사이트에 연락해서 '거기에서 다른 방법으로 다시 확인해라'고 해서 확인을, 조치를 하는 그런 경황에 있었다. 그런 상황하에서 핸드폰 전화가 온 것"이라고 설명했다.[55]

안규백 당시 국방위 민주당 간사(위원)는 "KNTDS 천안함 신호가 사라진 지 5분 동안, 6분 동안 해군은 전혀 아무것도 한 게 없다"며 "구조의 기본인 부표도 설치를 안 했고 함수나 함미가 어느 부분에 있는지도 모르고 그것을 찾는 데만 3일이 걸렸다. 초동 대응이 잘했다고 볼 수 있느냐"고 따졌다.[56]

문희상 국방위원(민주당 의원)도 "2함대사령부가 천안함 포술장으로부터 구조요청 연락을 받은 3월 26일 21시 28분 이전에는 천안함 침몰과 관련해서 보고를 받은 사실도 없고 안 사실도 없느냐'고 추궁했다.

KNTDS가 함대사령부, 해군작전사령부, 해군본부, 합참 지휘통제실, 청와대에도 비치돼 있다는 것을 두고 문 위원은 "그게 문제라고 생각한다"며 "KNTDS가 수만 개가 있으면 뭘 하겠느냐. 그것을 읽을 재간도 없고, 못 읽었다 그러면 잘못이고, 그러면 그때 당직 섰던 사람들은 다 뭐보고 있었느냐"고 반문했다. 문 위원은 "문제는 6분 후 보고가 포술장에 의해서 현장에서 됐더라는 그 사실이 중요한 게 아니라 그 이후라도 그때 못 본 것이 더 연장됐을 가능성도 있다라는 생각을 해보는 것"이라며 "포술장의 보고가 없었으면 그대로 넘어갔을 것 아니에요, 10분이고 15분이고? 그렇게 됐을 가능성도 있지 않습니까?" 하고 개탄했다.[57]

당시 이 같은 비판은 여당에서도 나왔다. 유승민 위원은 "그날 당시에 KNTDS에서 3분 후에 천안함이, 카운트다운을 해가지고 궤적을 그리다가 3분 후에 완전히 사라져버린 그 이후에 KNTDS를 보던 사람들은 어떤 보고를 했느냐"며 "즉각 위에 다 보고가 되어가지고 거기에 따른 조치가 있었느냐"고 질의했다. 김태영 장관은 "하나는 자체의 함정에 설치가 되어 있는 그것에서 발신하면 그것이 수신이 되어가지고 되는 경우가 있고, 다른 레이더에 의해서 그걸 추적해가지고 그 레이더에서 그것을 표정해주는 두 가지 방법으로 표시가 되고 있다"며 "이번 같은 경우에 천안함 스스로가 그걸 발송할 수 있기 때문에 그것이 3분 뒤에 사라져버린 것"이라고 설명했다. 김 장관은 "그렇게 되면 제일 먼저 통상 조치하는 것이 빨리 이것을 다시 되찾기 위해서 다른 레이더에, 근처에 있는 레이더에 지시해서 빨리 확인해라 하는 것이 나오는데, 이렇게 배가 한꺼번에 사라지는 경우를 사실은 경험하지 못하지 않았습니까"라고 해명했다. 유승민 위원은 계속해서 "그게 보고가 됐냐고요, 위에? '보고가 됐냐'고 제가 물었는데 그거에 대해서 대답을 안 한다"고 지적했다. 유 위원은 "그러니까 KNTDS상으로 이상이 생긴 거는 보고가 안 된 상황에서 핸드폰 전화가 왔구먼요"라며 "그런 거죠"라고 따졌다. 김 장관은 결국 "그렇지요, 그런 셈이지요. 그러니까…"라고 시인했다. 유 위원은 "KNTDS에서는 사라졌는데, '아, 이상하다, 왜 사라졌지?', 이러고 있는데 천안함에서 보고가 왔구먼요"라고 말했다.[58]

야당 의원들로만 소집했던 국회 천안함 특위 2차 회의(2010년 5월 28일)에서 박영선 위원(민주당)은 3분간 천안함이 정상 항해한 점에 대해 의문을 제기하기도 했다. 박 위원은 합조단 발표 사고 지점과 KNTDS상 사라진 좌표가 다르다는 지적을 했었다.

박 위원은 이날 "오늘 특위가 열리면 저는 KNTDS상의 좌표와 당초 해군이 유가족들에게 좌초됐다고 설명했던 지점 그리고 또 최종적으로 발표했던 지점의 좌표가 다른 이유에 대해 설명을 좀 듣고 나머지 의문점을 질의를 하려고 했었다"며 "지금 무엇이 두려워서 특위를 못 여는지는 모르겠지만 지금 특위가 열리지 않고 있다"고 지적했다.

박 위원은 "KNTDS상의 좌표를 보면 이것이 국방부는 21시 21분 57초에 배가 침몰을 했다고 발표를 했었는데 KNTDS상에는 21시 25분까지 3분 동안 배가 정상적인 6.5노트로 항해하는 것으로 이렇게 데이터가 나와 있다"며 "왜 이런 일이 일어나는지 이거에 대해서 추가로 특위에서 국방부로부터 설명을 듣고 또 이것도 밝혀야 되는 상황이라고 여겨진다"고 강조했다.[59]

천안함, 왜 백령도 해안까지 근접 항해했나

천안함 사건 발생 장소의 위치가 계속 바뀌고 발표 기관마다 다르다는 문제를 들여다보면 볼수록 생기는 의문이 있다. 천안함이 왜 백령도 해안까지 갔느냐는 점이다. 천안함은 1200톤급 초계함이자 소나(음파탐지장치)라는 장비가 설치된 잠수함 경계 기능을 갖춘 군함이다. 그런 군함이 어민들이 조업하는 백령도 근해까지 와서 경비작전을 벌일 수밖에 없는 이유가 있었느냐 하는 의문이다.

군 당국과 합조단은 이전에도 10여 차례 다니던 곳이었다고 강변하지만, 그다지 설득력 있게 받아들여지지 않는다. 백령도 주민들 사이에도 이렇게 큰 군함이 왜 여기까지 왔느냐는 반응이 나왔다. 이는 사건 초기인 2010년 3월 28일~29일 국방부 기자들과 합동참모본부 당국자사이에서 이뤄진 질의응답 내용을 봐도 잘 나타난다.

〈3월 28일 오후 국방부 천안함 사건 관련 브리핑〉

- 기자: "1200톤급 되는 함선이 1.8km 지점까지 근접한 이유에 대해서 궁금한데요. 유족들이 타고 갔던 배 같은 경우에는 근접이 안 된다고 얘기를 했었는데."

= 박성우 합동참모본부 공보실장: "그 부분은 원래 그 지역이 천안함의 작전지역입니다. 작전지역이고, 다만 평상시에는 좀 수심이 깊은 곳으로 해서 다니지만, 최근에 어떤 여러 가지 상황으로 해서 작전 해역에 대한 순찰이나 또 그 지역에서 자연스럽게 엄폐 효과도 얻을 수 있는 지역이 그 지역입니다. 그래서 천안함이 그 지역에서 작전활동을 하던 것으로 이해를 해주시면 되겠습니다."

- 기자: "통상적으로 지나다니던 길은 아니었다는 거죠?"

= 박성우 합참 공보실장: "통상적으로 지나는 길은 아니지만 그렇다고 해서 완전히 가지 않는 곳은 아니라는 것입니다. 작전지역이기 때문에."

- 기자: "침몰 지역 주변에 암초가 있습니까?"

= 박성우 합참 공보실장: "그 부분은 확인된 바 없습니다."

- 기자: "통상적으로 가지 않는 곳인데, 어떤 상황에서 가야 되는 이유가…"

= 박성우 합참 공보실장: "작전을 한다는 것은 항상 고정적으로 정해진 경로에 의해서, 방법에 의해서 하는 것은 아닙니다. 필요에 의해서 그러니

까 일정 지역을 영역을 정해놓고 어느 시기에는 A방향으로 간다든지,
어느 시기에는 B방향으로 간다든지 하는 그런 다양한 방법이 있다는 것
을 이해해주시면 되겠습니다."

– 기자: "그 위치에 확인해야 될 어떤 대상이나 그런 것이, 그것을 확인하
라는 어떤 지시라든지, 이런 것이 있었기 때문에… (간 것 아니냐)"

= 박성우 합참 공보실장: "그것은 아닙니다. 그것은 아니고요, 특별히 확
인할 부분이 있기 때문에 그쪽으로 갔다는 것은 아니고, 어차피 작전지
역이기 때문에 우리가 항상 작전지역 내에서는 어떤 방향으로든 어떤
방법으로든 이동을 할 수 있다는 것입니다."

= 원태재 국방부 대변인: "지금 발표한 합참공보실장이 해군 출신이 아닙
니다. 본인들이 확인해서 말씀드려야 할 부분도 있었고, 서해안에 배치
된 모든 함정은 작전계획에 의해서 자기 구역에서 활동하도록 되어 있
습니다. 그날도 천안함은 자기에게 할당된 해역, 경로를 통해서 기동하
고 있었습니다. … 그리고 아까 암초 얘기를 하셨는데 암초가 있는지,
없는지는 해군들이 가장 잘 압니다. 그리고 섬으로부터 1마일 해안 문
제점을 제기하셨는데 배 밑으로 들어가는, 가라앉는 부분이 3m입니다.
천안함의 경우에는, 해당 지역은 24m 깊이의 해류입니다. 다니는데 전
혀 지장이 없고, 통상적인 활동 해역입니다. 그런 점을 이해해주시기 바
라고요."[60]

〈3월 29일 오후 국방부 천안함 사건 관련 브리핑〉

– 기자: "어제 나왔던 얘기인데, 천안함이 평소 다니던 행로가 아니었다고
하던데요? 왜 그쪽 행로로 간 건지"

= 이기식 합참 정보작전처장: "오늘 장관님께서 국회에서 말씀드렸듯이
그 자리는 천안함이 경비하는 그 구역입니다. 통상적으로, 현 함장이 그
구역에서 15회 내지 16회를 경비했던 과거에 그런 경험이 있었습니다.

함정이 항해를 할 때는 연안에서 얼마나 떨어졌나, 안 떨어졌나 하는 것
도 중요하지만, 더 중요한 것은 수심이 그 배가 다니기에 적합 하냐, 안
하냐, 거기에 따라서 항로를 결정합니다. 그런데 천안함이 있던 그 위치
의 수심이 24m이었습니다. 그러면 그 배가 항해하는데 전혀 문제가 없
었기 때문에 함장이 그 항로를 선택한 것으로 생각하고 있습니다."[61]

이 같은 기자들의 의문은 군의 작전에 대해 아무것도 모르는 사람이
무작정 트집을 잡는 것과는 성격이 달랐다. 의문이 제기되는 것은 상식적
인 선이었다. 이 때문에 국회 국방위원회 등에서도 이런 의문은 끊이지
않았다. 다음은 2010년 3월 29일 국회 국방위원회와 사흘 뒤인 4월 2일
국회 본회의 긴급현안질문 내용의 요지이다.

〈3월 29일 국회 국방위원회〉
- 심대평 위원(한나라당): "또 하나 의문 나는 것은⋯ 1200t급의 대형 천안
  함이 침몰한 지역이 백령도 부근의 1마일 해상이라고 되어 있는데 왜 이
  초계함이 이렇게 육지에 근접해서 근무를 했는지, 침몰했는지, 이게 비
  상사태가 혹시 있었던 것은 아니었는지, 섬으로부터 1km까지 초계함이
  접근한, 근접해서 초계활동을 한 적이 과거에도 있었습니까?"
= 김태영 국방부장관: "1km가 아니라 1마일입니다. 대략 한⋯"
- 심대평 위원: "그러니까 1마일이라고 말씀을 드렸는데 과거에도 이같이
  초계함이 근접해서 작전을 수행한 적이 있습니까?"
= 김태영 국방부장관: "가끔은 그렇게 할 수밖에 없는 경우가 있습니다.
  특히 뭐냐 하면 그날⋯"
- 심대평 위원: "그러니까 이 초계함이 육지에 그렇게 근접해서 근무를 할
  만큼 무슨 비상사태가 있었는지?"
= 김태영 국방부장관: "그 당시에 거기 해상에 한 2.5m 정도의 파고波高,

그다음에 시정이 아주 낮은 그런 상태였습니다. 그래서 보다 섬 쪽으로 내측으로 접근해서 해라, 왜냐하면 굉장히 기상이 나빴기 때문에 그런 차원에서 함대에서 온 지침이 있었다고 합니다. 그래서 그런 지침에 따라서 운용을 했습니다."[62]

파고가 높고 기상이 굉장히 안 좋았기 때문에 2함대로부터 섬 내측에 접근해서 작전을 수행하라는 지침이 있었다는 답변이다. 이에 대해 기상이 안 좋고 파고가 높으면 더 수심이 깊은 곳으로 가야 하지 않느냐는 반론이 나오자 김 장관은 잘 모르겠다고 발을 뺐다. 통상적인 작전 항로가 아니지 않느냐는 추궁도 그날 국회 국방위원회에서 계속 이어졌다. 당시 격렬비열도 근방에 있던 이지스함과 관련성을 묻는 질의도 나왔다.

- 안규백 위원(민주당 간사): "사고 지점이 통상적으로 초계함의 작전항로 였다고 생각하십니까?"
= 김태영 국방부장관: "그쪽에서 제가 지금 보고받은 것은 한 15번 정도 그쪽 항로를 지나서 훈련을 했다고 합니다. 또 거기 수심이 한 20m 이 상이기 때문에 항로상으로 운용하는 데 문제는 없다고 생각합니다."
- 안규백 위원: "제가 알기로는, 그렇게 많이 항로를 안 했다고 지금 제가 알고 있는데요. … 초계함이 평상시에 그렇게 수심이 낮은 곳에 다니는 가요? 그날이 무슨 작전이 있었기에 그쪽으로 간 겁니까?"
= 김태영 국방부장관: "그날 기상이 워낙 나빠 가지고 바람이 심하게 불고 하기 때문에 좀 더 이쪽에 가까이 가면 바람을 막기 위해서 그렇게 움직 였다고 하는…"
- 안규백 위원 : "기상이 안 좋았으면, 파고가 높았으면 더 수심이 깊은 데 로 갔어야지 왜 수심이 낮은 데로 갑니까?"

= 김태영 국방부장관: "그것은 제가 해군한테, 정확하게 제가 잘 모르겠습니다마는 제가 보고받기는 그렇게 보고를 받았습니다."

– 안규백 위원: "상식적으로 이해가 안 가는 부분이 있어서 제가 말씀을 드리는 것이고요. … 우리가 그날 무슨 작전이 어떻게 이루어졌는가에 대해 한번 되짚어봐야 할 대목이라고 생각을 합니다. 김중련 합참차장 나오십시오. 26일 당시에 미 이지스함 2대가 서해에서 훈련 중이었는데 당시 서해안이 파고가 높았다고 장관은 진술하고 있습니다. 이지스함의 위치는 사고 지점과 얼마나 떨어진 위치였습니까?"

= 김중련 합동참모차장: "지금 격비도(격렬비열도) 남방이기 때문에 한 100마일 이상 떨어져 있습니다."

– 안규백 위원: "《프레시안》과 《뉴시스》 등 언론에서는 미 이지스함 훈련과 천안함호의 사고를 연계시키는 의혹을 제기하고 있는데 어떻게 생각하십니까?"

= 김중련 합참차장: "그렇지 않습니다. 지금 말씀드리면 '사렘 훈련'이라고 하는데요. 그 구체적인 내용에 대해서는 좀 양해해주십시오, 비밀 사항이기 때문에. 그 사렘 훈련을 하고 있었기 때문에 전혀 별개의 지역에서 별개의 목적으로 함정이 기동했던 것입니다."[63]

이에 반해 김학송 당시 국회 국방위원장은 해군의 해명을 보태 국방부를 거들기도 했다.

– 김학송 국방위원장(한나라당): "장관께서 답변한 과정에서… 이틀 전에 여기에서 답변했던 해군의 입장하고 조금 다른 부분이 있기 때문에 얘기를 하겠습니다. 제가 듣기로는 이틀 전에 원래 백령도 연해 쪽 1.8km 이런 지점은 고속정이 경계업무를 하는 지역인데 그날은 기상이 상당히 안 좋다 보니까 작전 지휘를 이 연해까지 초계정이 맡았다 이렇게 답을

들었거든요."

= 김태영 국방부장관: "예, 그날 고속정들이 대부분 피항을 했습니다. … 그래서 넓은 지역을 혼자서 담당을 해야 하는 그런 부담을 가졌습니다."

— 김학송 국방위원장: "예, 그래서 고속정이 담당하던 지역까지… 이게 처음은 아니고 그전에도 날씨가 좋지 않을 때는, 고속정이 경계업무를 할 수 없을 때는 초계함이 배가 크니까 아마 대신한 것 같습니다."[64]

국방위원회가 아닌 국회 본회의 차원에서 국회의원들의 질문도 많았다. 위 국방위원회 이후 나흘 만에 열린 국회 본회의 긴급현안질문 요지도 잠깐 훑고 넘어가자. 김태영 장관이 천안함이 기상 악화로 평소 작전구역을 약간 벗어났다고 증언한 것도 나온다.

〈4월 2일 국회 본회의 긴급현안질문〉

= 김태영 국방부장관: "북한의 새로운 전술에도 대응하기 위한 그런 요소가 있었고 그러면서 또한 그 당시에 풍랑이 아주 심했기 때문에 그러한 차원에서 좀 더 섬에 가까이, 그렇게 작전구역 내에서 움직인 것입니다. 작전구역을 약간 벗어났는데 그것은 바다에서의 작전에서는 작전구역선이 지상에서처럼 명확하게 그어지지를 않습니다. 물론 저희가 지도상에는 명확하게 그립니다마는, 그래서 그런 작전이 그렇게 이루어진 것이라는 것을 이해해주시면 좋을 것 같습니다."

— 문학진 민주당 의원: "그런데 초계함인 천안함보다 훨씬 작은, 규모가 작은 고속정 또 해안경비정 이런 것들은 인명구조를 위해서 출동을 할 수 있는 기상 상태였거든요, 그날 3월 26일 밤은?"

= 김태영 국방부장관: "예, 그렇습니다."

— 문학진 의원: "그런데 초계함이 기상 때문에 피항했다는 것은…"

= 김태영 국방부장관: "그러니까 피항이라고 해서 그쪽으로 바람을, 그러

니까 풍랑을 좀 적게 받기 위해서 움직인 것입니다. 그러니까 그리 들어

가 버린 것이 아니고 작전을 수행하기…"

- 문학진 의원: "그러면 장관께서 국회에 나와 엊그제 답변하신 것은 잘못

   된 답변이었네요?"

= 김태영 국방부장관: "잘못된 것이 아니고 피항이라는 것은… 저희가 군

   에서 쓰는 용어를 정확하게 설명을 우리 식으로… 어떻게 보면 사람들

   이 말씀하시는 쪽으로 제가 말씀을 드리지 못한 것이 죄송합니다. 그러

   나 저희가 한 말인 피항이라는 것은 바람을 피하기 위해서 움직이는 것

   을 피항이라고 말씀드렸고 항구로 들어간 것이 아니고… 거기에 항구는

   없습니다, 그쪽에는. 그런 의미입니다."[65]

"3월 26일 천안함 주변엔 아군 함정 15척 활동, 레이더 작동 중, 어떻게 적이 공격을…"

국회 국방위원회에서 김태영 국방부장관은 또한 중대한 증언을 했다. 사건이 벌어진 당시 그 주변에 15척의 함정이 주변에 있었다는 것이다. 김 장관이 어느 정도 거리였는지, 어떤 함정이었는지에 대해 추가적으로 자세한 설명을 하지 않았지만, 이 상황에서 북한 잠수함과 잠수정의 은밀한 침투에 의한 어뢰 기습 공격에 당했다는 것은 석연치 않다. 그런 다량의 함정이 있었는데도 적 잠수함, 잠수정, 어뢰 공격을 전혀 막지 못했다는 것인지, 그런 함정이 있었는데도 과연 북한이 공격을 감행할 수 있었을까 하는 의문을 낳은 발언인 것이다. 더욱 의문스러운 것은 북한이 공격할 징후가 없었다는 근거로 이 같은 정황을 김 장관 스스로 제시했다는 점이다.

"그것 말고도 저희가 여러 척의 함정이, 그날 같은 경우 한 15척 정도의 함정이 그 주변에 있었습니다. 그래서 그런 함정, 그다음에 또 백령도 연평

도 대청도 소청도 그런 데에 있는 모든 레이더들이 다 작동 중에 있었기 때문에 그런 모든 걸 평가해 봤을 때 북한에서 그때 어떤 공격을 할 징후는 없었습니다."(김태영 국방부장관, 2010년 3월 29일 국회 국방위 증언)[66]

천안함 어초지대서 고속 유턴 확인…왜 내륙 쪽으로 변침했나

합동조사단이 천안함 침몰 원인을 북한 연어급 잠수정이 쏜 1번 어뢰(CHT-02D)의 비접촉 근접수중폭발이라고 공식 보고서까지 발간한 이후에도 천안함의 항적 자체에 대한 의문점이 해소되지 않았다. 앞서 KNTDS 상 21시 21분 57초부터 천안함의 자함 신호가 전송을 중단했는데도 3분간 이른바 '가상의' 항해 항적이 나타났다는 설명으로 군 당국은 많은 사람을 어리둥절하게 했다. 이 때문에 합조단이 4월 7일 발표했던 사고 지점과 KNTDS에서 소멸된 좌표가 일치하지 않은 것으로 나타나기도 했다. 군은 이것이 신호 중단 이후에도 가상으로 천안함이 진행하다 3분 만에 끊어진 것이므로 최초 신호 소실 시작 지점을 사고 지점이라고 주장해왔다. 두 좌표는 거리상 650m 떨어져 있다.

이 같은 KNTDS의 의문은 천안함이 당일 사고 직전 백령도 서남방 어초지대에서 미상의 고속유턴을 한 항적 기록으로 이어졌다. 2010년 3월 26일 21시 4분부터 천안함이 서해상에서 변침(이른바 '유턴')을 시작해 21시 8분까지 계속됐으며, 이 시간 동안 최대 9.4노트까지 속도를 올렸다고 합동참모본부는 그해 10월 15일 국정감사장에서 밝혔다. 해도상 유턴이 끝나는 곳은 어초지대였으며, 유턴의 방향도 먼 바다가 아니라 해안 쪽으로 했다.

박영선 당시 민주당 의원은 이날 국회 법제사법위원회 소관으로 열린 군사법원 국정감사에서 천안함의 사고 직전 항적을 일부 공개했다. 박 의원은 21시 5분부터 21시 9분까지 유턴했으며, 속도를 6.5노트에서 9노트까지 올렸다고 밝혔다. 그는 이 상황을 러시아조사단의 기뢰폭발설과 연관된 것이 아니냐며 추론을 제시하기도 했다. 아래는 박 위원과 국방부장관의 국정감사 질의 답변 내용의 요지이다.

- 박영선 위원: "지금 여기에 나와 있는 이 화면은 보안검열을 다 거친 겁니다. A지점에서 B지점으로 천안함이, A지점은 사고 당일 9시 5분이고, B지점은 9시 9분이에요. 우리가 보통 유턴을 하면 가는 속도보다 자동차 운전을 해도 브레이크를 밟으면 속도가 느려지지요. 그게 상식입니다. 그런데 이날 A지점에서 B지점으로 천안함이 급격하게 유턴을 하면서 갑자기 7노트에서 7노트에서 9노트로 속도가 올라갑니다. 왜 그렇습니까?"

= 김태영 국방부장관: "그 당시에 6.5노트 이하로 계속 움직인 것으로 알고 있는데 별안간 9노트 얘기는 제가 정확하게 모르겠습니다. 확인해봐야 되겠습니다."

- 박영선 위원: "이게 KNTDS상에 나타나는 데이터 자료거든요. 제가 이것을 다 봤습니다. 이것은 지금 처음 제가 밝히는 건데요, A지점에서 B지점으로 유턴을 하면서 갑자기 노트 수가 9노트로 급하게 올라갑니다. 7노트에서 9노트로 올라가는데 이것을 가지고 제가 수많은 전문가들한테 물어봤어요. 저 파란선 지역이 어초구역입니다. 저기는 고기를 잡기 위해서 놓여 있는 것도 많고 그물도 많고 그래 가지고 지금 러시아 보고서가 지적하는 부분이 바로 이것이 아니겠느냐라고 전문가들은 이야기합니다. 회전하면서 뭔가 그물망에 스크루가 걸렸든지 무슨 어떤 장애물이 나타나 가지고 거기서 빠져나오기 위해서 갑자기 노트 수가 올라갔을 것이다, … 러시아 보고서가 이것을 근거로 해서 그물망에 걸려 있던, 그물망이 스크루에 감기면서 그 해저 밑바닥에 있던 기뢰가 딸려 오면서 나중에 폭파된 것이 아닌가 이렇게 보는 전문가들의 견해가 상당히 많더라고요. … 제가 KNTDS상에 나타나는 그 데이터 자료를 사고

날 24시간을 제가 다 점을 찍어봤습니다. 이 부분은 정말 풀리지 않는 의혹이더라고요."[67]

이에 대해 김태영 국방부장관이 기뢰폭발로 천안함이 파괴됐다는 주장은 불가능하다고 반박한 내용이 있지만, 여기서는 일단 항적에 관한 얘기를 더 들여다보겠다. 이날 이어진 박영선 의원의 2차 질의에서 김태영 장관은 천안함의 당일 변침(유턴) 시 속도가 9노트였다는 것을 시인했다. 김태영 장관은 사실이 아니냐는 질의에 "보니까 순간적으로 9노트로 간 적이 있다"며 (사실이 아닐 것이라고 주장한 데 대해-괄호는 저자) "사과하겠다"고 해명했다.

박 의원은 기뢰가 딸려 나와 터졌다면 뒷부분에서 터졌을 것이므로 기뢰설은 성립하기 어렵다는 김태영 국방부장관의 주장에 대해 "천안함이 직진했을 때의 상황이라면 지금 장관 말이 맞지만 이게 유턴을 하는 상황이기 때문에 앞이 뒤가 될 수 있고 뒤가 앞이 될 수 있고 가운데가 될 수 있기 때문에 저 부분은 정확하게 전문가들이 다시 다 되짚어봐야 된다"고 언급했다.

무엇보다 박 의원은 천안함과 관련해 국방부의 계속된 말 바꾸기와 부실한 데이터 분석을 비판했다. 아래는 박 의원의 국감 발언 요지이다.

"오늘 제가 지적을 하려고 하는 것은 국방부가 이러한 기초적인 데이터 분석조차도 하지 않고서 국민들에게 천안함 원인이 이렇고 저렇고 하고 또 새로운 사실 나오면 말을 뒤집고, 도대체 천안함과 관련해서 몇 번의 말을 바꿨습니까? 발생 시점부터 시작해서 발생 지점, 아마 한 두세 번씩 다 바꿨을 거예요. 저는 그 부분을 문제를 삼는 것이고, 그 부분이 국방부가 반성해야 되는 부분이라는 것이지요. 최소한 기초적인 데이터 분석은 정확해야 되는 것 아닌가요? 그런데 기초적인 데이터 분석도 하지 않고, 장관이 보고도 못 받고, 질의하면 처음 듣는 얘기라고 그러고, 그건 사실이 아닐 거라고 그러고… 그 태도는 잘못된 겁니다."

박영선 의원은 이와 함께 천안함의 당일 항로에 대해서 석연치 않다는 의문을 제기했다. 그는 "이날 있었던 이 항로를 추적을 죽 해보면, 제2함대사령관이 작전지역으로 규정한 그 항로는 굉장히 비좁은 곳"이라며 "백령도 서쪽해안의 아주 매우 좁은 지역인데 전문가들의 말에 의하면 이곳은 10노트 이상 가기가 힘든 곳이라는 것"이라고 말했다. 박 의원은 "실질적으로 이날 이 노트를 죽 보면 평균 6.5노트로 배가 계속 움직였다"며 "그러면 최원일 함장이 잘못이 있느냐 없느냐의 부분을 따지는 데 있어서 과연 무엇을 기준으로 사람을 기소할 것이며… 이 사고 원인과 이날 천안함의 행로와 관련해서 정확한 데이터를 가지지 않고는 끊임없는 논란이 일어날 것이고, 누구에게 과연 책임을 지울 것이냐의 부분에 있어 계속 논쟁이 일어날 것"이라고 지적했다.

이에 대해 이기식 합동참모본부 정보작전2처장(당시엔 2처장)은 변침 시간대가 1분가량 앞선 것을 제외하고는 박 의원의 고속 유턴을 대체로 시인했다. 다만 변침 시 횡(측면)에서 파도를 맞으면 배가 흔들리기 때문에 속력을 높인 것이지 어초지대를 빠져나온 것은 아니라고 해명했다.

"오전에 박영선 위원님께서 질문하신 것은 여기에 보시면 말씀 그대로 여기서 04분부터 천안함이 변침하기 시작했습니다. 그리고 여기 파란색으로 되어 있는 것이 어초가 부설되어 있는 구역입니다. 여기에서 천안함이 지정된 해역에서 일정한 속력으로 정상 항해를 하고 있었습니다. 20시 02분부터 박영선 위원님께서 말씀하신 21시 14분까지의 위치를 여기에 찍었습니다. 특히 20시경에 변침한 위치하고 21시경에 변침한 위치를 정확히 찍고 12분부터 21시까지 위치는 대략적으로 찍었습니다. … 다음으로 천안함은 정확히 21시 4분부터 8분까지 어초가 깔린 그 해역에서 변침을 했습니다. 152도의 침로로 내려오다가 21시 4분부터 변침을 하면서… 21시 6분에 속력이 9.4노트까지 올라갔다가 다시 속력이 저하되면서 5.2노트로 변침이 완료된 이후에는 계속 항해를 했습니다. 그 이전 한 시간 전에 그 위에서 변침할 때 그 상황에서의 침로 속력입니다. 350도 방향으로 올라가다가 20시 3분부터 변침을 하기 시작했는데 공교롭게도 박영선 위원님께서 말씀하신 이 시각대와 거의 비슷하게 나타났습니다. 20시 3분부터 변침을 하기 시작해 20시 6분에 9.8노트까지 올라가다가 다시 7.5노트, 6.5노트로 해서 153도 정도로 변침이 끝난 다음에 침로를 출하면서는 6.5노트 정도를 계속 유지를 했습니다. … 함정이 항해할 때는 파도를 함미 쪽에서 받든지 함수 쪽에서 받을 때는 좌우 상대방이 20도 방향에서 파도가 올 수 있도록 항해를 하면 배가 가장 적게 흔들립니다. 그래서 통상 저렇게 변침을 하는데, 변침하는 순간에는 배가 변침을 하면서 횡에서 파도를 받게 되면 그 파도의 영향에 의해서 배가 많이 흔들립니다. 그래서 빨리 변침하기 위해서 속력을 높입니다. 그러다 보니까 20시경에 변침한 것하고 21시경에 변침한 것은 일정한 속력으로 가다가 변침할 때 속력을 올리고 변침이 끝난 다음에는 이렇게 일정한 속력으로 다시 복귀하는 이러한 현상이 똑같이 나타났던 것입니다. 어초가 있는 그 구역에서 항해를 하면서 변침을 해가지고 무슨 일이 있어 가지고 이렇게 변침한 것은 아니라고 생각되어집니다."[68]

특히 이기식 처장은 해당 지역의 어초에 대해 "이 어초가 바다에 깔려 있으면 어선들이 조업을 할 때 그물을 끌게 되면 이 어초에 그물이 닿아 잘라져 버리거나 걸린다"며 "어초가 있는 데는 파란색으로 표시가 되어 있다. 그래서 어선이 가서 여기서 조업행위를 한다든지 하는 것은 극히 희박하다"고 덧붙였다.

함미 침몰 지점 부근서 발견된 미상 2000톤급 침몰선은 뭔가…현장 취재기

사고 발생 장소와 관련해 내가 백령도 현지를 취재하면서 놀랐던 점이 있다. 천안함 함미 침몰 지점 부근에 천안함이 아닌 다른 대형 선박이 침몰해 있었다는 사실이다. 천안함보다 훨씬 크고 오래된 선박이지만, 천안함 함미 침몰 지점이자 사고 발생 지점 부근에 있다는 점을 생각할 때 섬뜩함을 느끼곤 한다. 그때나 지금이나 마찬가지이다. 가뜩이나 잠수함 충돌설과 같은 '암흑의 가설'[69]을 진실로 믿는 일각의 누리꾼이 진실을 찾고자 열정을 쏟고 있을 때 등장한 이 소식은 엄청난 부담이기도 했다.

수십 년도 더 된 고선으로 잠정 결론을 내고 철수했지만 사고 해역 해저 바닥에 버젓이 갑판을 드러내놓고 있는 '괴선박'의 실체를 생각하면, 여전히 마음 한구석이 찜찜한 채로 남아 있다. 천안함 사건과 관련성이 있다고 해야 할지 그저 우연의 일치로 여겨야 할지 말이다. 그 당시 국방부는 침선의 존재를 알리지 않고 있다가 내가 속한 《미디어오늘》의 보도가 나온 날에야 시인하면서 천안함과 무관하다고 밝혔다. 그렇지만 그렇게 가까운 곳에 천안함 함미와 천안함보다 더 큰 침몰선이 함께 있었는데 수거 작업을 어떻게 했다는 것인지는 의문이다. 그런 점에서 미상의 침선 문제를 언급하지 않고 넘어갈 수가 없다. 이번 항목에서는 내 기억을 토대로 침선의 확인 과정과 당시 상황의 현장 취재기를 있는 그대로 기술하겠다.

2010년 8월 초였다. 국회 천안함 특위 소속 최문순 당시 민주당 의원과 이종인 알파잠수기술공사 대표를 중심으로 한 백령도 사고 해역 조사에 《미디어오늘》(조현호 기자-저자, 이치열 사진기자), 《한겨레》(이충신 기자, 김도성 PD), 《오마이뉴스》(김도균 기자), 《통일뉴스》(김치관 편집국장, 조성봉 사진기자), KBS(PD) 등 8명의 취재진이 동행 취재했다.

2010년 8월 4일 백령도 도착 첫날 점심 식사 후 짐을 풀자마자 조사팀과 취재진은 어선을 타고 현장으로 나갔다. 당시 최문순 의원과 이종인 대표 등은 천안함이 어떤 폭발로 절단 파괴됐다는 '폭발설' 자체에 강한 의문을 제기했다. 따라서 사고 해역과 해저 바닥, 암초지대, 247초소, 238 TOD 초소 등의 위치, 백령도 지진관측소, 레이더기지 등에 대해 폭넓게 현장 검증을 준비했다. 과거 백령도를 방문한 경험이 있지만, 천안함 사건 발생 이후 이 섬에 온 것은 나로서는 처음이었다.

조사단과 취재진은 첫날 천안함 함미가 침몰한 지점과 이른바 합조단이 발표한 '폭발 원점'(사고 원점)을 둘러봤다. 그러던 중 어군탐지기에 뭔가가 잡히자 이종인 대표가 "미상 침선밖에 없네"라고 말했다. 이 대표는 앞서 6월 22일 이 부근 사고 해역의 해저 지대 탐사와 해군 2함대(평택)에 비치된 천안함 선체 검증을 한 차례 한 바 있었다. 하지만 나는 '침선? 그건 무슨 소리지?' 하는 생각에 이 대표와 김용철 보좌관(당시 최문순 의원실 보좌관)에게 좀 더 구체적인 내역을 확인했다.

재차 확인한 결과 이 침선은 천안함 함미 침몰 좌표(북위 37도 55분 40초,

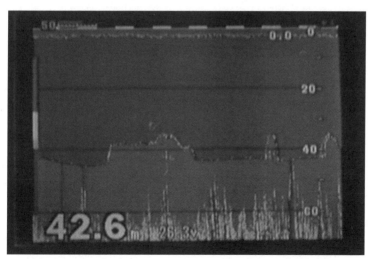

2010년 8월 4일 오후 백령도 서남방 2.5km 서해상에서 어군탐지기에 탐지된 미상 침선의 형상.
사진=이치열 《미디어오늘》 기자

동경 124도 36분 06초-합조단 보고서)로부터 반경 약 400m(북위 37도 55분 48초, 동경 124도 36분 00초-합조단 보고서) 위치에 침몰해 있었다. 그 지역 수심은 42.6m였다. 어군탐지기를 다시 확인하자 파란 해저에 붉게 솟아오른 울퉁불퉁한 선박의 형상이 잡혔다. 2000톤급 규모에 전장(길이)은 100m, 높이는 약 10m 가량이었다.

이 침선은 정체불명이었다. 미상 침선 또는 괴선박 등 다양하게 불렸다. 해당 수역 아래로 직접 내려가 촬영한 것이 아니었기 때문에 어떻게 생겼는지, 선박이 맞기는 한지 다소 불안했지만, 어선 선장과 이종인 대표 등 선박 전문가들이 모두 미상 침선이라고 확신하기에 이를 알리는 1보(첫 기사)를 이날 밤 작성했다. 기사는 5일 아침에 실렸다.

"천안함 사고 발생 인근 지점에서 천안함보다 규모가 큰 정체불명의 선박이 침몰돼 있는 것이 확인됐다. 이 선박이 발견된 지점은 해군이 발표한 천안함 사고 발생 지점과 함미 발견위치, '1번 어뢰' 잔해물 발견위치에서 반경 400m 인근 지점이다. 이에 따라 이 선박의 침몰 원인이 밝혀질 경우 천안함 침몰 원인에 대해서도 새로운 접근이 필요할 것으로 예상된다. 또 군 당국이 이 지역 수색 과정에서 이 침몰 선박을 발견하지 못했던 것인지에 대해서도 의문이 제기되고 있다. 최문순 민주당 의원과 이종인 알파잠수기술공사 대표 및 잠수부 등 민간 천안함 조사단과 취재진은 4일 오후 어선을 타고 백령도 연화리 사고 장소를 조사하던 중 해군이 발표한 사고 원점으로부터 북서방향 200m 인근에서 길이 100m, 높이 5~10m 크기의 대형 선박이 침몰돼 있는 것을 확인했다. … 이날 최 의원과 이 대표, 취재진을 사고 현장으로 안내한 선박의 선장은 '처음 사고 지점보다 위쪽에 침선이 있다는 얘긴 알고 있었지만 이렇게 큰 배가 가라앉아 있다는 건 처음 알았다'고 말했다."[70]

이 기사가 나가자 여기저기서 전화 연락이 많이 왔다. '어떻게 된 거냐' '잠수함 모양은 아니었느냐' '실제로 있기는 있는 것이냐' 등 다양했다. 함께 동행 취재했던 취재진에게는 졸지에 미안한 처지가 됐다. 같이 봐놓고 혼자 쓰면 같이 간 사람들은 뭐가 되느냐는 눈치였다. 나는 당연히 다른 기자들도 기사로 쓸 줄 알았다. 정말 다른 기자들 몰래 쓸 생각은 없었다. 다들 천안함 사건의 의혹을 검증하고 파헤치고자 애쓰는 동료나 다름없는 사람들이었다. 여하간 다른 기자들도 1보와 함께 서울의 국방부 반응을 모아 타전하느라 여념이 없었다.

무엇보다 국방부가 발칵 뒤집어진 모양이었다. 국방부가 사고 해역에서 이런 대형 접촉물이 있다는 것을 알고 있었느냐는 의문에 휩싸였기 때문이었을 것이다. 그런데 국방부는 이를 알고 있었던 것으로 확인됐다. 국방부 출입기자를 비롯해 국민에게 은폐했다는 비판에 직면했다. 사고 해역에서 파악한 천안함 이외의 침몰 선박의 존재를 알고도 왜 알리지 않았느냐는 것이다. 국방부는 《미디어오늘》의 첫 보도 직후 "전혀 아는 바 없다"고 했다가 잇달아 다른 언론의 보도가 이어지자 해당 침몰 선박의 존재를 알고 있었다고 시인했다.

국방부 정보본부 관계자는 이날 브리핑에서 "천안함 함미가 침몰한 지점에 200~250m 떨어진 수심 47m 해저에 미상의 침몰 선박이 발견됐으며 길이 75m, 폭 15m, 높이 10m였다"고 밝혔다. 이 관계자는 "미상 침선 주변에서 잔해물을 인양해 살펴본 결과 녹이 많이 슬었고 철 구조물에 다수의 리베팅이 있었다"면서 "이음새 부분을 볼트와 너트 방식으로 잇는 리베팅 방식은 매우 오래된 선박 건조 방식"이라고 설명했다. 그는 또 "백령도 현장 조사와 해군 탐색구조단의 잠수부 탐색활동, 그리고 음파탐지기 등으로 수차례에 걸쳐 침몰 선박의 상태를 확인한 결과 수십 년 전에 침몰된 상선으로 추정된다"고 덧붙였다. 천안함 사고와 관련성에 대해 이 관계자는 "침몰 선박의 높이가 10미터지만 이 지점의 수

2010년 8월 4일 오후 최문순 국회 천안함 특위 위원와 백령도 해역 탐사에 참가한 이종인(오른쪽) 알파잠수기술공사 대표가 잠수할 채비를 하고 있다. 사진=이치열 《미디어오늘》 기자

심이 47미터로 2.88미터 높이의 천안함의 항해에 지장을 주지 않는다"고 설명했다. 공개하지 않은 이유에 대해 국방부 관계자는 "천안함 사고와 침선은 관계가 없고 원인 규명에도 도움이 안 돼 공개하지 않았다"며 "이달 중 공개될 천안함 종합보고서에는 침선에 관련된 내용이 포함돼 있다"고 말했다.[71] 이어 국방부는 오후에 아예 자신들의 입장을 보도자료로 냈다. 다음은 국방부가 8월 5일 오후 낸 입장자료 전문이다.

일부 언론을 통해 보도된 '천안함 사건 현장에서 2000톤급 선박이 침몰' 됐다는 기사에 대한 국방부 입장입니다.

사건 발생해역 250m 지점에서 발견된 침몰 선박은 해도상 표기돼 있지 않음은 물론 침몰 시기 및 종류도 정확히 알 수는 없으나, 백령도 현장 조사와 해군 탐색구조단의 잠수부 탐색 활동, 그리고 '슬라이드 스캔 소나Slide Scan Sonar'로 수차례에 걸쳐 침몰 선박의 상태를 확인한 결과 수십 년 전에 침몰된 상선으로 추정됩니다.

백령도 주민들의 전언에 의하면 해당 침몰선의 존재는 주민들 간에 이미 알려진 사실이며, 천안함 피격 사건 취재 차 백령도 현장에 왔던 일부 기자들도 이러한 내용을 알고 있었으나, 당시에는 기사화되지 않았습니다.

특히, 침선 부근에서 수거한 철 구조물에 다수의 리베팅(철판을 철못으로 접합하는 것)이 있는 점은 수십 년 전에 침몰한 상선일 가능성을 뒷받침해주고 있습니다.[72]

백령도 천안함 침몰 해역 및 암초지대, 지진파 등 다양한 현장 검증을 하려던 계획이 이날 침몰선 발견 소식으로 다소 영향을 받게 됐다. 백령도 247초소 인근 해역의 '홍합여'와 같은 암초 존재 여부와 두무진 앞바다, 지진관측소 등을 두루 조사하는 일정을 모두 소화했지만, 미상 침선의 실제 모습을 완벽히 확인해야 하는 임무가 하나 더 늘어난 것이다. 그래서 조류와 파고가 잠잠해지는 때를 기다리다 애초 일정에서 하루를 연장했다. 마지막 날인 8월 7일 오전에야 알파잠수기술공사 잠수팀(김기찬 부장)이 42m 해역에 직접 내려가 침선 촬영에 성공했다. 나는 이 내용을 〈천안함 인근 침몰선 촬영 성공〉이라는 제목으로 기사화했다.

최문순 민주당 의원과 이종일 알파잠수기술공사 대표, 잠수부, 취재진 등 민간조사단은 7일 오전 6시 50분 6t급 어로작업선을 타고 백령도 장촌항을 떠나 침몰선박 해상에서 앵커를 내려 침몰선에 연결한 뒤 낮 12시 31분경 잠수부 2명이 잠수해 12시 44분경 침몰선을 육안으로 확인하고 수중 카메라로 이를 촬영했다. 육안으로 확인한 침몰선은 높이 8m(길이 100미터) 크기의 철선 혹은 상선으로 보이며, 선체의 철판들이 녹이 슬었고, 해초도 많이 엉켜 있는 등 침몰한 지 40~50년 정도 되는 것으로 확인됐다. 침몰선은 선체 좌우가 기울어져 있었다. 침몰선은 천안함 사고 지점에서 북서쪽으로 200m 정도 떨어져 있다."[73]

2010년 8월 7일 오전 백령도 서남방 천안함 함미 침몰 해역 부근 수심 42m 해저에서 알파잠수기술공사의 김기찬 부장이 잠수 후 미상 침선의 우현 갑판을 동영상으로 촬영했다. 사진=미디어오늘

국방부가 수많은 말 바꾸기뿐 아니라 미상 침몰선의 존재에 대해 은폐했다는 의혹까지 산 것은 비판을 면하기 어렵다. 실제로 해군이 미상침선의 존재에 대해 천안함 침몰 사흘 만인 2010년 3월 29일에 확인한 것으로 밝혀졌다. 합조단은 보고서에서 "3월 28일~4월 17일간 소해함 4척이 천안함 경비구역을 중심으로 사이드 스캔 소나Side scan sonar를 이용해 탐색한 결과 미상침선을 제외한 18개의 접촉물은 대부분 계통발, 철물, 암반 등이었으며, 천안함 기동항로 상에는 해저 장애물이 없음을 확인할 수 있었다"고 밝혔다. 합조단은 "사건 발생 해역 인근에서 발견된 미상침선은 해도상 표기돼 있지 않은 침선으로 침몰 시기 및 종류는 미상이지만 해군 탐색구조단의 잠수부 등이 수차례에 걸쳐 상태를 확인했다"며 "사이드 스캔 소나를 이용해 음향영상 촬영한 결과 상선의 형태이며 침선 부근에서 수거한 철 구조물에 다수의 리베팅이 있다는 점은 수십 년 전에 침몰한 상선일 가능성을 뒷받침해주고 있다"고 주장했다.[74]

그러나 천안함 인근 해역에서 천안함보다 덩치가 더 큰 선박이 침몰

했다는 것은 역설적으로 이 지역이 천안함과 같은 큰 배가 항해하기에는 위험하다는 것을 보여주는 의미이기도 하다.

이 미상 침선의 침몰 경위는 지금까지도 알 수 없으며, 인양하지 않는한 더욱 파악하기 어렵다. 군함의 형태가 아니라는 점에서 어떤 교전 과정에서 공격을 받은 것이라는 상상은 하기 어렵다. 이 선박이 인근 해역에서 좌초됐거나 다른 선박과의 충돌 같은 해난 사고로 침몰해 이 지역까지 떠내려 온 것 아닌가 하는 상상이 더 현실적이다. 선박의 종류와 형태, 침몰 경위 등에 대해 파악하지 않은 채 천안함 침몰 원인과 아무런연관성이 없다고 하는 것 역시 무책임하다. 백령도 연화리 서해 앞바다천안함 함미 침몰 지점 부근에 침선이 그대로 있기 때문이다.

백령도 초병의 진술을 토대로 한 "합리적 의문"

천안함 사고 위치와 관련해 백령도 초병의 진술도 다시 한 번 눈여겨볼 부분이 있다. 천안함 사건 당시 백령도 247초소에서 초병 근무를 했던 해병대 소속 박일석 상병(전역)과 김승창 일병(전역)의 진술서와 법정증언 내용은 합조단이 발표한 사고 발생 지점(폭발 원점)과는 거리가 있다. 더구나 21시 30분경 초계함(PCC-천안함)이 해당 초소 기준 방위각180도 3km 지점에 있었다는 진술서 내용도 다시 검증할 필요가 있다. 이 위치는 서남방 2km가 아닌 남방(정남 방향) 3km이기 때문이다. 이곳으로 온 것이 맞는지, 초병의 진술대로 사고 후 8분 만에 여기로 떠내려왔다면 어떤 과정을 거쳐 왔는지 의문이 해소되지 않고 있다.

박일석은 지난 2012년 12월 17일 오후 서울중앙지법 형사36부(재판장 박순관 부장판사) 심리로 열린 신상철 전 민군합조단 민간위원의 명예훼손 사건 공판에 출석해 2010년 3월 26일 21시 23분 쾅 하는 소리를 들었고, 그 위치는 두무진 돌출부 약간 왼쪽 방향이라고 증언했다. 그는 천안함 사건 발생 이틀 뒤인 3월 28일 작성한 진술서에서 해당 위치에 대해 "21시 23분에 낙뢰 소리와 비슷한 소리를 들어 '쿵' 소리와 함께 하얀 불빛이 247초소 기준 방위각 ∠280° 4km 지점에서 보았습니다"라고 기술했다.

이 거리는 합조단이 사고 발생 지점(폭발 원점)을 서남방 2.5km라고 한 것과 상당한 차이가 있다. 이날 재판에서 박일석은 방위각 280도라는 것에 대해 어떻게 판단한 것이냐는 변호인 신문에 "평소 중국 어선에 대해 보고하던 그 감각에 따라 보고를 한 것"이라며 "사고가 발생한 지점이라고 표시한 부근에 (평소) 중국 어선들이 보였다"고 밝혔다.

섬광처럼 보였다고 작성한 진술서의 의미에 대해 "그날은 앞이 50m 밖에 안 보일 정도로 해무가 끼어서 불빛이 퍼져나가는 것처럼 보였고, 두무진 돌출부도 밝게 보일 정도였다"며 "여단장에게 보고하기로는 1초 ~3초 정도라고 보고했다"고 설명했다. 하지만 그는 상황실에 '낙뢰'라고 보고했다. 그 이유에 대해 "갑자기 '쿵' 소리가 나서 낙뢰라고 보고했는데, 시간이 지나고 상황실에서 'PCC가 좌초됐다'라는 연락이 왔다"며 "그래서 혹시 구조자가 있을 수 있으니 서치라이트로 한번 비춰보라고 해서 비췄다"고 밝혔다. 사고 당시 소리에 대해 그는 "낙뢰라고 할 정도로 '쾅' 하는 큰 소리였다"며 "한 번 들렸다"고 전했다.

'섬광이 발생한 지점과 구조대의 불빛을 목격한 지점의 각도가 상당히 차이가 나는데 왜 그렇게 차이가 났다고 생각하느냐'는 신문에 대해 "구조대 불빛도 계속 움직여서 떠내려간 것으로 판단했다"고 밝혔다. 섬광을 처음 본 시간(진술서상 21시 23분)에 대해서는 "보고를 한 시간이 21시 23분이고, 섬광을 본 것은 그것보다 앞 시간"이라고 말했다.

그는 중대상황실에 보고한 이후 중대상황실로부터 21시 31분에 'PCC가 좌초됐다'는 연락을 받았으며 이후 10분 이상 지난 뒤 (백령도 서남방 KNTDS상 천안함 소실지점 아래쪽에서) 구조대의 불빛이 보였다고 증언했다.[75]

천안함 사고 당시 박일석 상병과 함께 초병 근무를 했던 김승창 일병도 같은 법정에 출석해 사고 장소에 대해 박일석과 거의 동일한 증언을 했다.

김승창은 박일석보다 한 달 가까이 전인 지난 2012년 11월 26일 서울중앙지법 형사36부(재판장 박순관 부장판사) 주재 신상철 전 위원 재판에 증인으로 출석했다. 김승창은 사고 발생 지점에 대해 진술서에서 '평소 관측범위였고, 두무진 돌출부 쪽이었고, 2~3시 방향으로 보았습니다. 두무진 돌출부는 시정이 좋지 않아도 위치가 잘 판단되는 지형입니다'라고 답변했다. 이에 대해 그는 법정에서 "두무진 돌출부 방향이라고 하지 않고, 2~3시 방향이라고 진술했다"고 증언했다.[76]

247초소 기준 방위각 280도 4km 지점에서 '쿵' 소리와 함께 하얀 불빛이 보였다는 박일석 상병의 진술서 내용에 대해 김승창은 "대략적인 위치는 맞는 것 같다"고 답했다. 그는 "하얀 불빛이 두무진 돌출부에 가까운 쪽에서 보였다"고 설명했다. 불빛의 형상에 대해 김씨는 "당시 저는 불빛이 퍼지는 현상은 보지 못했다고 했고, 불빛이 커져 있다가 없어지는 현상을 보았다고 했고, '꽝' 하는 큰 소리가 들려서 교육받은 대로 낙뢰로 추정해서 낙뢰라고 보고했다"고 전했다. 불빛의 밝기에 대해 그는 "주위가 환해질 정도로 큰 불빛은 아니었다"며 불빛이 생긴 이후에도 초계함을 "보지 못했다"고 밝혔다. 하늘과 바다 중 바다 쪽이 환해졌다고도 했다.

특히 합조단 보고서에서 박 상병과 김 일병의 섬광(불빛) 목격을 두고 '당시 물기둥과 하얀 불빛이 함께 발생했는데, 잘못 목격해서 물기둥을 보지 못했을 뿐 이들이 목격한 것은 물기둥이었다'고 주장해놓은 것에 대해 김승창은 "당시에 물기둥을 보지 못했다고 진술했다"고 강조했다.

진술서에 'PCC좌초 인지 후 연화리 쪽으로 중대본부 인원이 전투 배치했다고 들었습니다'라고 답변한 이유에 대해 김승창은 "초소 근무 당시에 PCC가 좌초되었다고 들었다"며 "정확한 시간은 기억나지 않고 중대본부로부터 연락을 받았다"고 증언했다.

이 밖에도 박일석 상병이 사고 직후 작성한 진술서를 보면 21시 30분경 천안함의 사고 위치를 가늠해볼 만한 대목이 나온다. 박일석 초병은 사고 직후인 2010년 3월 28일 작성한 진술서에서 "21시 30분 경 (초병이 근무하던) 247초소 기준 방위각 170도 2km 지점에서 해군 함정 3척이 와서 구조했다"며 "해안 탐조등으로 해군들이 이쪽으로 올 수 있게 247초소 근처 해안을 비췄다. 그 후로 초소 기준 방위각 180도 2km 지점으로 해군함이 계속 와서 좌초된 PCC(초계함)를 구조했"다고 작성했다.[77]

진술서에 기록된 시점이 21시 30분이라는 점을 감안할 때 초병이 목격한 백색섬광이 천안함 사건과 관계가 있는 것이라면, 21시 23분경 목격했던 섬광을 낸 '좌초된 PCC'가 남조류를 타고 7분여 만에 5km 이상 떨어진 곳으로 떠내려 왔다는 얘기가 된다. 해당 섬광이 천안함 사건과 무관하다면 천안함이 KNTDS에서 사라지기 시작한 이후 약 2km 정도를 남동 방향으로 떠내려 온 것을 목격했다고 추정할 수 있겠다.

이 같은 진술서를 사건 초기 입수했던 최문순 당시 민주당 의원은 2010년 8월 10일 나와 나눈 인터뷰에서 "이 초병은 해군이 아닌 해병대 소속인 만큼 객관적 진술이 가능할 뿐 아니라 사고 현장에서 가장 가까운 백령도 초소에서 근무한 유일한 목격자"라며 "내용과 시간이 군 발표와 많이 다르다는 점이 주목된다"고 밝혔다.

이와 관련해 김승창은 지난 2012년 신상철 재판에 증인으로 출석해 선박이 많이 모여 있는 곳으로 탐조등을 비췄다며 다음과 같이 증언했다.

〈김승창 증인 일문일답 요지 2012년 11월 26일〉

― 변호인: "탐조등을 어느 쪽으로 비췄는가요."

= 김승창 증인: "처음에는 해상 쪽으로 전체적으로 좌우로 왔다 갔다 하며

비추다가 해상 쪽에 선박들이 모여 있는 불빛을 보고 그쪽으로 비추기 시작했습니다."

- 변호인: "평상시에는 좌측 몇 도 방향에서 우측 몇 도 방향으로 비추는가요."

= 김승창 증인: "'ㄷ' 자 모양으로 돌리면서 비춥니다."

- 변호인: "선박들이 모여 있는 불빛은 어느 방향인가요."

= 김승창 증인: "두무진 돌출부에서 정반대 방향입니다."

- 변호인: "정반대 방향이라는 것은 정면을 바라보았을 때 두무진 돌출부가 2~3시 방향에서 보인다면 그 불빛 보인 곳은 몇 시 방향이 되는가요."

= 김승창 증인: "9시 방향 정도 됩니다."[78]

김승창의 증언은 선박들이 모여 있는 곳은 자신이 서쪽을 정면으로 바라보고 9시 방향, 즉 방위각으로 180도 지점으로 판단된다. 이는 247초소 기준 방위각 ∠180°로 와서 좌초된 PCC를 계속 구조했다는 박일석 상병의 진술서와 대략 일치한다. 그러나 TOD 동영상과 《천안함 피격사건 백서》에 의하면 침몰한 천안함 부근에 가장 먼저 도착한 것은 고속정 제235편대 소속 참수리 322정, 339정, 359정 등 3척으로 이들은 모두 21시 56분 3초(TOD 시각) 이후에 등장했다. 박일석이 진술서에 쓴 21시 30분에 도착한 해군함은 적어도 현재까지 법정 등에 공개된 TOD 동영상 상에서는 확인할 수 없다. TOD 화면의 시야를 벗어난 곳에 있었는지, 아니면 전혀 다른 상황을 얘기한 것인지는 장담할 수 없다.

백령도 초병의 진술과 법정 증언을 통해 우리가 얘기할 수 있는 것은 박일석, 김승창 두 초병이 본 목격 지점이 합조단 발표 사고 발생 지점(폭발 원점)과 다르다는 사실이다.

사법부에서도 이 같은 언론의 검증은 합리적 의문에 해당한다고 대법원의 판결로 확정했다. 서울고법 행정1부(재판장 곽종훈 부장판사)는 지난

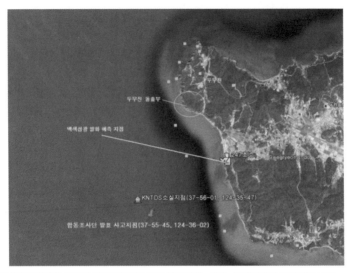

백령도 초병이 목격한 섬광의 위치와 합조단 발표 폭발 원점. 사진=신상철 재판 증거 제출 자료

2015년 2월 10일 KBS 〈추적 60분〉 '천안함' 편 방송에 대한 방송통신위원회의 제재를 취소하라고 원고승소 판결을 내렸다. 대법원 특별3부(재판장 민일영 대법관)도 그해 7월 9일 방송통신위원회의 상고를 기각하고 KBS 〈추적 60분〉 팀의 승소를 확정했다. 서울고법 행정1부 재판부의 판결문이 대법원의 확정 판결문이 됐다.

이 판결문을 보면 재판부는 백령도 초병의 진술을 토대로 합조단이 발표한 폭발 원점이 정확하지 않을 수 있다고 제작진이 방송한 내용이 합리적 의문이라고 판단했다. 방송통신심의위원회가 지적한 것은 "섬광을 목격한 초병의 진술에 차이가 있는데도 방송에서는 일치된 진술을 하고 있는 것으로 전제해 폭발 원점에 대해 객관성에 반하는 의혹을 제기했다"(심의규정 14조)는 것이다. 그러나 재판부는 "'쾅 하는 소리와 함께 두무진 돌출부 쪽 2~3시 방향에 빛이 퍼졌다가 소멸하는 것을 봤다'는 백령도 초병 김승창 일병의 진술과 '초소를 기준으로 280도에서 불빛을 봤다'는 박일석 상병의 진술이 방위각까지 일치하지는 않으나 적어도 초소를 기준으로 우측에 있는 두무진 돌출부 방향이라는 부분은 최소한 일치하고 합조단이 주장하는 폭발 원점(초소 기준 220도 지점)과는 상당한 차이가 있다"고 분석했다.

재판부는 "이들 초병 외에 남쪽의 다른 초소에서도 관측이 가능한데도 섬광이나 물기둥을 봤다는 보고가 없었다는 것을 확인한 뒤 폭발 원점에 관한 의문의 근거로 제시했다"며 "또한 국방부 관계자 역시 '남쪽 초소에서 아무도 섬광이나 소리를 인지하지 못한 것은 합동조사단으로서도 의문'이라고 밝혀 충분히 의문을 제기할 만하다는 점을 시인하기도 했다"고 제시했다. 재판부는 "이에 비춰보면 합조단이 제시한 폭발 원점과 초병들의 섬광을 목격한 지점이 불일치하다는 사실을 기초로 합조단이 발표한 폭발 원점이 정확하지 않을 수 있다는 의문을 제기하는 것은 충분한 노력을 투입해 확인된 사실에 기초해 합리적 의문을 제기한 것으로 평가할 수 있다"고 밝혔다.[79] 백령도 초병의 진술과 증언이 법적으로 증거 보존이 되는 한, 역사의 기록으로 남는 한, 이 같은 증언을 토대로 합조단의 사고 발생 지점이 틀린 것 아니냐고 묻거나 비판하는 것은 '합리적 의문'이자 '합리적 의심'의 영역에 해당되는 것이다.

기타, 언론보도 검증위원회가 제기한 의문

이 밖에도 민군 합동조사단의 천안함 침몰 원인 발표를 한 2010년 5월 20일부터 천안함 언론보도와 합조단 조사결과에 대해 검증을 벌여온 언론인 3단체(한국기자협회, 한국PD연합회, 전국언론노동조합)의 '천안함 조사결과 언론보도 검증위원회'(이하 언론 검증위)가 합조단의 사고 지점 발표에 대한 오류를 지적하기도 했다.

언론 검증위는 2010년 7월 20일 발표한 성명에서 "천안함이 어뢰 피격을 받은 곳으로 특정되어 있는 폭발 원점이 실제 장소에서 수백 미터 떨어져 있는 사실을 확인했다"고 밝혔다.

이들은 TOD 초소를 기준으로 폭발 원점이 위치해 있는 방위각이, 이미 공개돼 있는 TOD 동영상의 방위각과 모순되는 점을 발견하고 정밀분석을 한 결과, 현재의 폭발 원점이 함미, 함수 분리 이후의 천안함 위치에 해당한다는 사실을 확인했다고 주장했다. 특히 TOD 초소를 꼭짓점으로 두고 함미 침몰 해점-TOD초소-폭발 원점을 연결했을 때 사이각이 2.8도 불과하지만 TOD 동영상의 방위각 편차를 대입하면 6~8도 정도가 벌어져야 함을 알 수 있다. 폭발 원점을 함미, 함수가 분리되기 이전의 해역, 즉 북서쪽으로 최소한 400m 정도 이동시켜야 한다고 언론 검증위는 주장했다.

언론 검증위는 "합조단이 6월 29일 언론 3단체를 대상으로 개최한 천안함 공개 설명회 직후 폭발 원점의 오류를 확인하였으나, 파장을 고려해 신중한 재검증을 벌여왔다"며 "검증위가 파장을 우려하는 것은 폭발 원점과 결정적 증거물인 어뢰 잔해의 상관성 때문"이라고 강조했다.

폭발 원점이 다르다면 어뢰 잔해 수색과 수거의 전 과정이 과학적 설명의 토대를 잃게 되는 문제가 발생한다는 것이다.

언론 검증위는 "합조단이 어뢰폭발 시 잔해물은 폭발 부근 해저에 박히게 된다고 판단해 폭발 원점 근처인 30~40m 부근에 있을 것이라는 매우 구체적인 분석 정보를 수색팀에 통보했고, 합조단이 지목한 장소에서 결정적 증거물이 수거됐다"고 제시했다. 그러나 어뢰추진체와 어뢰 모터라는 2개의 어뢰 관련 잔해가 폭발 원점으로부터 수백 미터나 떨어진 곳에서 수거된 것은 기적이라고 언론 검증위는 주장했다. 특히 어뢰 모터, 어뢰 추진 후부, 가스터빈, 함미가 거의 같은 곳에서 발견되는 것이 과연 과학적으로 가능한 일인지 설명해야 한다고 촉구했다.

3. 천안함 사고의 범인, 어뢰의 의문

'누가(무엇이)' '어떻게' 천안함을 침몰시켰나

천안함의 사고 발생 시각 못지않게 사고 발생 장소 역시 여러 차례 번복됐을 뿐 아니라 발표하는 사람마다 발표 기관마다 내용이 다 달랐다. 확실한 것은 천안함 함미가 침몰됐던 백령도 서해상 2.5km 지점의 좌표와 KNTDS에서 천안함의 신호가 소실되기 시작했다는 좌표, TOD 상에서 나온 방위각을 토대로 계산한 위치 정도인 것 같다. 하지만 확신하기 어렵다. 해경의 1차보고, 수정보고, 합참의 최초 발표 보고, 지진파·공중음파를 토대로 한 위치, 해병대 소속 백령도 초병의 목격 지점은 달라도 너무나 다르다. 인간의 기억과 판단력이 갖는 한계이거나 야간에 벌어진 일이라 발생할 수 있는 부정확성, 대략의 오차 등의 범위를 크게 벗어난다. 이런 의문점은 7년이 다 돼도 분명하게 해소되지 않고 있다.

이 밖에도 천안함이 사고 직전 유턴한 위치, 해군함(고속정)이 구조하러 와 해병대 백령도 초병이 탐조등을 비춘 위치 등도 사건 발생 지점을 기준으로 표류해온 속도(조류의 속도) 등을 감안할 때 뭔가 잘 맞아떨어지지 않는다. 그런데도 사고 직후부터 지금까지 합조단을 비롯한 군 당국과 정부는 자신들이 발표한 것 외의 모든 증언과 데이터를 부정했다. 큰 사고로 인해 경황이 없었거나 부정확했다는 것이다. 하지만 불일치한 사항들이 기록으로 남아 있기 때문에 군이 없애고 싶어도 영원히 없앨 수 없다. 그러니 이런 의문을 모두 받아 안는 수밖에 없다.

합조단과 국방부가 결정적 증거물이라고 내세운 것에 이론의 여지는 없는가? 이는 천안함 사건의 육하원칙 가운데 가장 결정적인 요소인 '누가' '어떻게'에 해당하는 부분으로, 이른바 북한산 1번 어뢰에 대한 의문이다. 어뢰의 명칭은 'CHT-02D', 수거된 잔해는 어뢰추진동력장치 후부와 모터였다. 정부가 과학적 조사결과의 근거로 내세운 증거물이 바로 이것이다.

결정적 근거를 구성하는 내용은 폭발 장소 부근에 수거됐다는 점, 어뢰추진체 디스크 후부 앞면에 파란색 잉크로 쓰여 있는 1번 글씨, 어뢰추진체 프로펠러 등에 붙어 있는 하얀 분말가루(이른바 알루미늄 산화물로 된 '흡착물질') 등이다. 북한에서 숫자 단위로 '번'이라는 말을 쓰고, 하얀 흡착물질이 천안함 선체, 1번 어뢰, 수조 모의폭발실험에서 동일하게 나왔다는 것이 결정적이자 과학적 근거라는 설명이었다.

그런데 문제는 정부가 제시한 근거들이 의문을 넘어 강한 반론에 휩싸였다는 점이다. 1번 글씨의 잉크는 '솔벤트블루-5'라는 성분으로 전 세계에서 널리 사용하는 것으로 알려져 있다. 북한에서만 쓰는 성분이라고 특정하지 못할 뿐 아니라 합조단은 북한에서 어떤 잉크성분을 쓰는지도 확인하지 못했다. 폭발 순간 발생하는 충격파에 따른 열에너지에 1번 글씨가 온전했겠느냐는 과학적 반론 또한 여전히 해소되지 않는 주제이기도 하다. 지워질 수도 안 지워질 수도 있다는 과학계의 논쟁이 진행됐다. 이는 1번이라고 쓰여 있다는 것이 곧장 '폭발한' 어뢰의 증거가 될 수는 없음을 의미한다.

흡착물질이 '폭발재'이며 '비결정질 알루미늄 산화물'이라는 합조단의 발표에 대해서도 반박이 제기됐다. 광물질 또는 침전물(바스알루미나이트-양판석 박사)이라는 산화물이 아닌 수산화물(비결정질 알루미늄황산염수화물-정기영 교수)이라는 분석이었다. 성격 자체가 전혀 다른 분석이었다. 합조단에서 흡착물질이 폭발재라고 결론을 냈던 연구원은 이런 비판에 직면하자 "전 세계에 없는 물질"이라고 발을 뺐다. 더구나 재판에서 이들은 흡착물질이 어떤 것인지 명확하게 밝혀내지 못했다고 KBS 〈추적 60분〉 제작진에게 시인한 녹취록이 증거로 채택됐다. 자신들도 그 성분을 모르면서 폭발재라고 결론을 냈던 것이다. 판결문에서 이 대목을 다시 찾아 읽다보면 국방과학연구소에 있는 박사라는 사람들이 과연 무슨 생각으로 저런 결론을 내렸는지 이해할 수가 없다.

하지만 이 같은 어뢰의 발견은 그 자리에서 발견한 것 자체가 결정적 증거이지 '1번'이나 '흡착물질'이 본질은 아니라고 보는 것이 미군 조사단이나 합조단 일부 핵심 인사의 판단이었다. 미 해군자료(토머스 에클스 미군 조사단장의 이메일 자료)를 보면 흡착물질 부분을 합조단 보고서에서 뒤로 빼라는 조언을 한 것으로 나온다. 토머스 에클스 단장은 1번 글씨가 그다지 중요하지 않다고 미국 기자들의 질의에 답변하기도 했다.

그런데도 합조단은 마치 '1번'과 '흡착물질'이 결정적 증거인 것처럼 주장했다. 더구나 이것을 과학적 조사결과의 근거라고 포장하면서까지 역설하고 나섰다. 하지만 합조단의 주장과 달리 흡착물질은 결정적 증거일 수 없다는 반론은 탄탄한 과학적 토대 위에 있다. 폭발재가 아닐 수 있기 때문이다. 1번 글씨 역시 뭐가 뭔지 모른다. 수중에서의 폭발환경은 수상의 폭발환경과 다를 수 있다는 것 외에 입증되거나 증명된 것이 없다. '3000도가 넘는 폭발열기에 잉크가 안 타고 남아 있을 수 있나'라는 질문은 사람들의 머릿속에 박힌다. 이런 생각이 과학적 사고에 의한 것이 아니라고 누군가 반박할 수도 있겠다. 하지만 이런 질문은 지극히 상식적인 것이다. 과학은 상식적인 질문을 제기하는 이들이 이해할 수 있도록 설명해야 한다. 그러려면 실제로 보여줘야 한다. 복잡한 방정식을 현란하게 제시하는 것보다 몇 차례 실험을 통해 가능하다는 것을 제시하는 편이 낫다.

그런데 여기서 핵심은 사고 해역에서 수거했다는 1번 어뢰가 천안함을 파괴한 어뢰인 것인지를 입증할 수 있느냐 하는 점이다. 증거능력을 가진 수거물이냐, 정말 결정적 증거물이냐이다. 증거능력이 확인되지 않는다면 1번 어뢰에 대해 꼬리를 무는 온갖 의문과 추측은 음모론이나 괴담으로 치부할 수 없다. 그러므로 어뢰에 관한 논의를 다시 따져볼 필요가 있다.

1번 어뢰가 천안함을 파괴한 주범인가

합조단은 어뢰 잔해를 수거한 과정에 대해 비교적 자세하게 서술했다. 어뢰를 수거할 수 있었던 것은 증거물 수집 방식을 달리했기 때문이라는 설명이다. 쌍끌이어선(특수그물)의 투입이었다. 함수와 함미를 인양한 이후 '결정적 증거물'을 찾으려 애를 썼지만 여의치 않아 민·군·외국 전문가들이 머리를 맞대다 나온 방안이 쌍끌이어선이었다는 것이다. 다음은 합조단 보고서의 한 대목이다.

과학수사분과는 사건 발생 초기부터 사건원인과 관련된 폭약, 금속 등에 대한 증거물 분석을 진행하면서 보다 명확한 원인규명을 위해 결정적 증거물을 찾기 위한 방안을 지속적으로 모색하였다. 해군 탐색구조단을 중심으로 해저 증거물 수거활동을 하였으며 한국 측에서 기뢰탐색함, 구조함 등 8척, 미국 측에서는 구조함인 살보Salvor함을 투입하였고, 해양연구원의 장목호, 이어도호를 투입하였다. 또한 106명의 잠수사(SSU 73명, EOD 33명)와 로봇 해미래까지 이용하여 증거물을 찾으려 노력하였으나 침몰사건 현장인 백령도 해역의 경우 안개가 잦아 시계가 100~2000yds(91m~1828m) 정도이고, 평균 3~5kts의 강한 조류가 흐르며, 수심이 40~50m로 많은 제한이 있었다. … 침몰 해역의 기상과 지형 여건 하에서 해저 증거물을 수거하는 방법을 찾기 위해 민간·군 관계자뿐 아니라 외국 전문가와 여러 차례 토의를 가졌다. … 다른 효과적인 해저 증거물 수거방안을 찾던 중 과거 공군에서 전투기 추락사고 시 특수그물을 이용하여 전투기 잔해를 수거한 사례를 확인하고, 4월 17일 공군 안전실 조사관 등 3명, 당시 수거작업 업체(대평수산) 대표와 검토회의를 가졌다. … 합동조사단은 특수그물을 활용한 해저 증거물 수거방안을 본격적으로 검토하였고, 4월 18일 국방부 장관의 합동조사단 방문 시 승인을 받음으로써 특수그물을 활용한 해저 증거물 수거작전에 착수하게 되었다."[80]

해당업체인 대평수산은 합동조사단의 요구대로 4월 21일 특수그물 제작을 시작해 26일에 완료했으며, 4월 30일 새벽 대청도에 도착해 5월 3일엔 핵심구역 외곽지역에서 특수그물을 2회 시험 운용했다고 합조단은 전했다. 이때 그물이 손상돼 이튿날 평택항으로 돌아와 손상된 특수그물을 꿰매고 두께 14mm 줄로 보강해 5월 6일 평택항에서 출항, 5월 7일 백령도 현지로 다시 도착했다고 합조단은 설명했다. 이 과정에서 합동참모본부가 가스터빈과 같은 대형물체를 먼저 인양한 후 특수그물(쌍끌이어선)을 투입하라고 지시했다고 한다. 그런데 해당 민간업체가 도착하려면 5월 17일이나 돼야 한다고 판단해 아예 '특수그물' 투입 수거작업을 조기에 시행하기로 했다. 해군 탐색구조단의 건의를 합참이 승인해 5월 10일 18시부로 수거작업이 시작됐다고 합조단은 설명했다.

합조단에 편성된 각국 조사요원들(미국 4명, 스웨덴 1명, 영국 2명)도 5월 14일 13시부터 18시까지 특수그물을 이용한 해저 증거물 채증 현장을 방문했다고 이들은 보고서에 썼다.

"…직접 쌍끌이 어선에 탑승하여 해저 증거물 수거현장을 참관함으로써 특수그물을 이용한 해저 증거물 채증에 대한 절차와 방법을 확인하였다".[81]

수거작업에 쓰인 특수제작 그물에 대해 합조단은 "그물코 격자 크기가 가로, 세로 각각 5mm이고 가로 60m, 폭 25m, 높이 15m, 무게 5t이며 1mm 이상의 물건, 모래, 뻘 등에 대해 수거가 가능했다"고 설명했다. 운용 선박은 135t 규모의 대평 11호와 12호(2척)이었다. 운용 지역은 폭발 원점을 중심으로 가로·세로 500야드(1야드는 약 0.91m)를 25개 격자(20×20야드)로 세분화하고 1일 작업지역을 명확히 설정해 누락되지 않도록 했다고 합조단은 설명했다. 특히 합조단은 쌍끌이어선에서 내린 특수그물의 위치 파악을 위해 해군 소해함의 지원까지 받았다고 기록했다. 합조단 보고서에 따르면, 수거와 채증 절차는 우선 두 선박(쌍끌이어선)이 2~4노트(1노트는 시속 1.852km) 속력으로 움직이면서 해저에 내린 그물로 수거한 후 그물을 기계로 갑판까지 끌어올린다. 그후 합조단 채증팀과 UDT 통제인원, 선원 등이 갑판상에서 1차 분류하고 RIB을 타고 장촌리 포구로 옮겨 백령도 주둔 해병 6여단 예하 대대 연병장에 설치된 분리수거장으로 이동한다. 분리수거장에서는 수작업 또는 지뢰(금속) 탐지기를 통한 분리작업 실시 후 합조단 채증팀에서 증거물로 판단되는 물체를 채증하는 방식이었다고 합조단은 설명했다.

이렇게 해서 쌍끌이어선 대평 11~12호의 수거작전은 5월 10일부터 적게는 세 차례에서 많게는 여덟 차례까지 이뤄졌다고 한다. 그러던 중 5월 15일 오전 07시 50분경에 장촌부두에서 출항한 쌍끌이어선이 08시 30분경 'Y축 10번 격자에서 출발, 16번 격자방향으로 이동'하는 30번째 수거작전을 시작해 09시 23분경 마무리한 뒤 대평11호로 수거물 인양을 시작했다고 합조단은 설명했다. 여기서 09시 25분경 대평11호 선원이 "그물 속에 이상한 물체가 들어 있다"고 합조단 수사관에게 말해 수사관과 선원이 확인 시 프로펠러 2개가 달려 있는 물체를 확인했다고 합조단 보고서는 썼다.

합조단은 이어 어선에 함께 승선했던 탐색인양전단장, UDT대대장이 09시 30분경 2차로 확인했으며, 1분 뒤 합조단 수사관의 현장감식을 통해 전장(길이), 프로펠러 폭, 날개길이 등 부분별 실측과 사진촬영 후 09시 36분경 합조단 본부에 보고했다고 전했다. 합조단은 이와 함께 어뢰 모터의 경우 별도로 발견했다고 썼다. "이후 09:38경 추가로 모터로 추정되는 물체를 발견하여 어뢰와 연관이 있을 것으로 판단, 실측(직경, 길이 등)과 사진촬영을 하였고 09:40경 탐색구조단장 및 수행인원 5명이 현장에 도착하여 증거물을 확인하였다."

합조단은 보고서에서 09시 50분경 합조단 증거물 채증팀장 등 3명이 현장에 도착해 09시 55분경 현장에서 다시 정밀채증을 실시한 뒤, 지원요청을 통해 얻은 모포로 10시 15분경 어뢰 잔해를 포장, 결속한 다음 백령도 장촌항으로 옮겼다고 적었다. 이후 해병 6여단 헬기장에서 11시 20분경에 공군헬기로 평택으로 출발해 13시 20분경 도착해 2함대 합조단 사무실에서 합동조사단장과 과학수사분과장이 증거물을 확인하고 15~16시 정밀감식을 실시했다고 합조단은 적었다.

이틀 뒤 합조단장 주관하에 외국 조사인원 대표 4명(미국 해군대령 마크 토마스, 호주 해군중령 파월, 스웨덴 에그니 위드홀름, 영국 데이비드 맨리), 다국적 연합정보 TF의 어뢰전문가(알렉산더 케이시), 국방과학연구소 어뢰전문가(이재명 박사), 과학수사분과장, 총괄팀장 등이 참여해 수거된 어뢰 추진동력장치에 대해 합동토의를 실시했다고 합조단은 전했다.

당시 쌍끌이어선 선장인 김남식은 2010년 5월 20일 합조단 중간조사 결과 발표 시 질의응답에서 천운이 따랐기 때문이라고 말했다.

저희들이 여기 오는 과정에 많이 힘들었습니다. 그래서 조업하는 과정, 모든 게 여건에 맞지 않아 상당히 힘들었고 어망 파손도 너무 많았고 그래서 저희들이 어망도 다시 또 특수제작을 2번이나 하였고, 재질도 아주 강도가 강한 그런 재질로 어망을 다시 꾸며서 하루에도 한 3~4번 조업할 여건에 4번, 아니 8번까지도 저희들이 열심히 했습니다. 그때 상황이 저희 배에 파견 나온 여러분들 또 그때에 감독관으로 파견 나온 권영대 중령님하고 저하고 너무 호흡이 잘 맞아서 원만하게 됐다고 봅니다. 저희들이 그것을 건지는 과정도 이것은 천운이 따랐기 때문에 건질 수 있었지 않느냐, 이런 생각이 특히 많이 듭니다.(2010년 5월 20일 천안함 침몰원인 조사결과 발표 기자회견, 김남식 대평11호 선장)

이상이 합조단과 국방부가 밝힌 천안함 공격 어뢰 잔해 발견과정이다. 여기서 눈여겨볼 대목이 몇 가지 있다. 우선 증거물을 가장 먼저 발견한 사람이 누구냐는 점이다. 앞서 제시한 것처럼 합조단은 보고서에서 선원이 처음 발견하면서 '이상한 물체가 있다'고 합조단 수사관에게 말한 것이라고만 적었다.

09:25경 대평11호 선원이 "그물 속에 이상한 물체가 들어 있다."고 합조단 수사관에게 말하여 수사관과 선원이 확인 시 프로펠러 2개가 달려 있는 물체를 확인하였다."[82]

합조단은 보고서에 그저 선원 정도로만 언급했다. 그런데 쌍끌이어선 대평11호 선장 김남식은 항해사라고 밝혔다. 그것도 처음에 '어뢰다'라고 얘기했다고 증언했다. 양망, 즉 그물을 걷어 올리는 과정에서 발견한 것이라는 설명이다. 김남식 선장은 지난 2014년 7월 21일 서울중앙지법 형사36부(재판장 유남근 부장판사) 주재로 열린 신상철 전 합조단 민간조사위원의 명예훼손 재판에 출석해 이같이 말했다. 다음은 변호인과의 일문일답을 간추린 내용이다.

－ 변호인(이강훈 변호사): "처음에 이상하다고 이야기한 사람이 누구인가요."
＝ 증인(김남식 전 대평11호 선장): "항해사로 기억하고 있습니다."
－ 변호인: "항해사는 어망에 걸려 올라오는 것을 체크하는 업무를 맡고 있었나요."
＝ 증인(김남식): "그렇지 않습니다. 선원들하고 똑같이 양망작업에 임했고, 소리를 질러준 사람이 '어뢰다'라고 해서 저희들이 내려가 확인한 것입니다."
－ 변호인: "당시 '어뢰다'라고 소리를 지른 사람이 누구인가요."
＝ 증인(김남식): "항해사였습니다."

- 변호인: "위 항해사는 어뢰를 판별할 수 있는 능력이 있었던 사람인가요."

= 증인(김남식): "저나 항해사나 똑같은 수준이라고 보면 되는데, 샤우더에 프로펠러 2개가 있었습니다."

- 변호인: "위 항해사의 이름이 어떻게 되나요."

= 증인(김남식): "저희들은 1년마다 선원들이 교체되기 때문에 오래 돼 지금 기억이 잘 나지 않습니다."

- 변호인: "그물이 올라오자마자 알았던 것인가요."

= 증인(김남식): "예. 그렇습니다."

- 변호인: "항해사가 이야기를 해서 알았던 것인가요."

= 증인(김남식): "예."

[…]

- 변호인(김형태 변호사): "항해사가 이상한 물체가 올라온다고 하니까 같이 배를 탔던 주변에 있던 탐색구조단 원사나 전단장 등이 어떤 행동을 취하던가요."

= 증인(김남식): "전부 다 같이 내려가서 확인하고 봤습니다."

- 변호인: "그리고 그물을 계속 끌어올렸나요."

= 증인(김남식): "옆에 치우고 그물을 끌어올렸습니다."

- 변호인: "어뢰추진체를 발견할 당시 갑판에 어뢰추진체가 올라와서 그물을 째고 나서 알았나요."

= 증인(김남식): "아닙니다. 그물에 걸려오면 째지 않아도 다 보입니다."

- 변호인: "갑판에 올라왔을 때 이상한 물체라는 것을 알았다는 것인가요."

= 증인(김남식): "예."

- 변호인: "그랬을 때 함께 있던 군인이 어떤 행동을 하던가요."

- 증인(김남식): "양망할 때는 선원들이 양망하는 과정이기 때문에 군인들이 갑판으로 내려갈 수 없고, 조타실 옆에서 양망과정을 다 같이 보고 있었습니다. 그러다 항해사가 '어뢰다'라고 해서 같이 동시에 내려가서 확

인한 것입니다."

— 변호인: "당시 '어뢰다'라고 한 것은 갑판에 올라가서 그물을 찢었을 때 인가요."

= 증인(김남식): "당연히 찢었습니다."

— 변호인: "그리고 보고를 했을 것으로 보이는데, 어뢰추진체에 관해서 증인이나 선원들은 어떤 행동을 했나요."

= 증인(김남식): "그물에서 끄집어내 양망을 해야 하기 때문에 옆으로 치워놓고 다시 양망을 시작했습니다."

— 변호인: "그때 옆에 있던 해군들은 무엇을 하고 있었나요."

= 증인(김남식): "그 당시 '어뢰다'라고 해서 양망을 정지시키고 확인한 다음에 선원들이 끄집어내서 옆에 치워놓고 해군들이 양망하는데 있을 수 없으니까 조타실 쪽으로 올라가 있었습니다."

— 변호인: "그렇다면 어뢰추진체인지 여부는 발견해서 끄집어낸 다음에 그때 그 물체가 무엇인지 이야기가 나왔었나요."

= 증인(김남식): "전부다 이구동성으로 '어뢰추진체'라고 이야기를 했습니다. 그 당시 꼭 집어서 누가 이야기했다기보다는 그 당시 현장 상황을 보면 동시에 다 내려가서 보았고, 하물며 선원들도 '어뢰다'라는 이야기가 나왔습니다."

— 변호인: "그다음에 촬영은 언제 했나요."

= 증인(김남식): "어뢰추진체가 올라오고 나서 촬영을 했습니다."[83]

변호인과 쌍끌이어선 증인과의 신문과 응답 과정에서 분명한 것은 '항해사'가 "어뢰다"라고 소리를 치는 바람에 조타실 옆에서 양망 과정을 지켜보다 동시에 내려가서 확인했다는 내용이다. 선원이 그물을 확인하다가 합조단 수사관에게 알려줬다는 합조단 보고서 내용과 다르다는 점에 유의해야 한다.

그런데 합조단에서 쌍끌이어선 감독관으로 파견 나와 늘 대평11호에 동승했던 권영대 해군 특전대 대장(당시 중령·현재 대령)의 증언은 또 다르다. 권 대령은 항해사가 아니라 갑판장이라고 지목했을 뿐 아니라, 그 갑판장이 '어뢰'라는 말 대신 "또 발전기 같은 것이 올라왔네"라고 말했다고 기록했다.

권 대령이 지난해(2016년) 3월 집필한 《폭침 어뢰를 찾다!》(조갑제닷컴)를 보면, 그는 어뢰를 건진 순간에 대해 이같이 묘사했다.

…아침 일찍 5전단장님이 현장을 방문하시겠다는 연락이 왔다. … 최초 계획은 대평 12호가 그물을 투망하는 순서였다. 그렇지만 5전단장님에게 작업하는 모습을 이해시키고, 현장을 보여주고 싶은 마음에 이동중 대평 11호로 순서를 바꾸었다. 오늘은 그동안 수거물이 집중돼 있는 포인트로부터 작업이 시작됐다. 정확한 지점에 그물을 투하하고, 최대한 침로를 유지하면서 작업은 순조롭게 진행됐다. 양망이 시작되면서 역시나 그물에 많은 잔해물이 올라오기 시작했다. 선원들은 올라오는 그물을 찢어 잔해물을 꺼내기 시작했고, 선장은 안전을 고려해 그물 인양속도를 적절하게 조절했다. 함정의 각종 부속품들이 처참할 정도의 모습을 한 채 그물 속에 담겨 있었다. 한참을 작업하다가 갑자기 갑판장의 목소리가 귀에 들어왔다. '또 발전기 같은 것이 올라왔네'. 작업위치 바로 위쪽에서, 그 말과 함께 조그마한 스크류가 눈에 들어왔다. 그것도 트윈 스크류…. 2000년도 미국 폭발물 처리과정에서 어뢰 처리시 많이 봐왔던 21인치 어뢰 테일(꼬리) 부분이었다. 급하게 계단을 내려가 잔해물을 확인했다. 순간 머릿속이 멍해졌다. '내가 찾는 것이 이것인가?' 어뢰의 꼬리 부분은 생각보다 깨끗했다. 일부 나사 부분만 약간 녹이 있는 상태로 스크류 부분은 정확한 형태를 유지하고 있었다. 스크류 윗부분에 찌그러져 있는 얇은 알루미늄 판으로 보이는 회색의 금속물체가 있고, 본체 부분은 녹이 슬어가는 형태의 관이 길게

이어져 있었다. 그리고 특이한 것은 흰색 밀가루 반죽 같은 것이 여기저기 조금씩 붙어 있었다. 급하게 선장을 불렀다.[84]

권 대령은 갑판장의 목소리를 듣고 어뢰를 확인했다고 기술했다. 김남식 선장은 항해사가 '어뢰다'라고 외쳐서 조타실에 있다가 동시에 내려갔다고 했지만, 권 대령의 기록에는 그런 대목은 찾기 어렵다. 더구나 권 대령이 이를 확인한 뒤 "급하게 선장을 불렀다"고도 나온다. 이는 조타실에 있다 동시에 함께 내려갔다는 김 선장의 법정 증언과도 맞지 않는다.

권 대령의 책에는 항해사와 갑판장 이름도 나온다. 대평11호 항해사1(김성호), 항해사2(김용선), 갑판장(강영수).

어수선한 때이니 정확한 기억을 하지 못할 수 있다고 하기엔 너무나 엄중한 순간이다. 기억에 의존하는 것이 한계가 있지만, 그렇다고 우리는 모든 것을 기록하지 않는다. 기억에 의존하는 것은 불가피하다. 오차와 오류가 생기는 것 역시 어쩔 수 없다. 하지만 핵심 당사자들의 기억이 이렇게까지 서로 다르면 당연히 의문이 제기될 수밖에 없다. 그런 불일치와 부정확성이 너무나 많다.

권 대령을 글을 읽다 보면 이상한 점을 또 발견할 수 있다. 다시 어뢰 수거 상황으로 돌아가 보자. 권 대령은 그 근방의 구조지휘함인 성인봉함에 있던 김정두 당시 탐색구조단장(해군 중장)에게 보고하는 과정에서 어뢰의 형태 일부를 사전에 알고 있는 것 같은 대화 내용을 인용하기도 했다. 다음과 같다.

급하게 조타실로 올라갔다. 5전단장(준장-필자주)에게 21인치 스크류를 발견했다고 보고했다.

"저게 어뢰 맞아? 저런 건 한 번도 본 적이 없어서 잘 모르겠는데…."

210

"제가 미국 EOD(폭발물 처리반) 교육 받을 때 수없이 본 겁니다. 정확합니다."

"그러면 탐색 구조단장님께 보고드려"

아마도 탐색구조단장님은 잠수함 출신이시라 어뢰에 대해서 잘 아실 것으로 생각됐다.

"필승! 사령관님, 오늘 1회 작업시 어뢰 테일 부분을 인양했습니다."

"엉!! 스크류 있어?"

이어서 세부적인 형태를 설명드렸다.

"예, 트윈 스크류 21인치 어뢰 맞습니다. 일부 나사부분에 녹은 보이지만 전반적으로 깨끗한 상태입니다"

"뒷부분이 검정색으로 돼 있고, 스크류 날개가 엇갈리게 돼 있는 게 맞아?"

"예, 정확합니다."[85]

권 대령이 탐색구조단장(김정두 중장-전역 전 합참 차장)에게 어뢰를 잘 알 것 같아서 보고했더니 '뒷부분이 검정색으로 돼 있느냐'고 되물었다는 것이다. 실제로 이른바 1번 어뢰추진체 후부의 프로펠러는 검은색 알루미늄으로 돼 있다. 문제의 백색물질이 현재에도 가장 많이 붙어 있는 부위이기도 하다. 김정두 단장이 아무리 잠수함을 잘 안다고 한들 북한산 CHT-02D 어뢰의 꼬리부분 색깔까지 달달 외고 있을까. 어뢰가 원래 다 그런 것인가. 구글에서 대충 뒤져봐도 다른 색깔의 꼬리(프로펠러

CHT=02D 어뢰 모델. 사진=합조단 보고서 30쪽

부분)를 가진 어뢰 모델이 줄줄이 나온다. 북한산 어뢰만 그런지는 더더욱 알기 어렵다. 더 접근하기 힘든 정보이기 때문이다. 당시 어뢰 수거를 감독한 해군 장교가 집필한 증언록에 이런 뭔가 불일치하는 의문점이 등장하는 것은 아이러니하다.

쌍끌이어선 특수그물 투입 전엔 못 찾았다?

이른바 '1번 어뢰' 수거 단계에서 생기는 궁금증이 있다. 계속 못 찾다가 쌍끌이어선을 투입하고서야 1번 어뢰를 찾았다는 점이다. 쌍끌이어선을 백령도에서 본격 운용해 어뢰를 찾은 기간은 5월 10일부터 15일까지 엿새 동안이다. 그 후 5월 19일까지 쌍끌이어선이 작업을 더 했다고는 하나 특수그물 투망 엿새 만에 증거물을 찾을 수 있었다는 것은 여전히 놀라운 일이다. 앞에 잠깐 언급한 것처럼 김남식 선장은 기자회견에서 "천운"이라고 했다. 한국해양연구원이 투입한 이어도호와 장목호의 고성능 탐지장치(멀티-빔 에코 사운더[86], 사이드 스캔 소나[87])로도 못 찾고 해군 탐색구조단의 소해함 4척으로도 찾지 못한 어뢰였다. 그런데 엿새 동안 바닥을 긁었더니 나온 것이다.

지난 2014년 7월 21일 서울중앙지법 형사36부(재판장 유남근 부장판사) 주재로 열린 신상철 전 합조단 민간위원 재판에 제출된 한국해양연구원의 《천안함 사건 관련 한국해양연구원 지원 백서》를 보면 천안함 침몰해역에 대한 이 기관의 조사 내용이 담겨 있다. 해국해양연구원은 사고 직후인 2010년 3월 31일부터 5월 14일까지 해양연구원 연구선 '이어도호'와 '장목호', 무인잠수정 '해미래호'를 투입해 사고 해역의 해저면을 고감도 영상촬영까지 하는 등 거의 훑다시피했다. 이어도호의 경우 3월 31일부터 4월 8일까지 함수 및 함미 지역 주변의 정밀 위치와 지형, 수심, 해저면, 음향영상, 3차원 영상을 조사해 해군에 통보했다. 장목호는 4월 15일부터 22일까지, 24일부터 5월 14일까지 해저지형과 해저면 상황(사

이드스캔소나 장비로 조사) 및 3차원 입체 영상물을 조사 촬영해 해군에 제
공했다. 무인잠수정 '해미래'의 경우 4월 12일부터 5월 13일까지 해저면
탐색 및 파편 등의 촬영과 수거활동을 했다. 그러나 이들은 어뢰추진체
를 찾거나 수거하지 못하고 5월 14일 철수했다. 그런데 이들이 철수한
바로 다음 날(15일) 아침 투입된 쌍끌이어선 대평11호가 조업 시작 53분
만에 어뢰를 건졌다.[88]

이 같은 의문은 이날 재판에서 피고(신상철) 측 변호인이 증인 김남식
전 선장을 상대로 한 신문과정에서 아주 잘 나타난다.

- 변호인(김형태 변호사): "(해양연구원이 파견한) 이어도호는 정밀위치로
  GPS가 좌표를 찍고 해저지형은 어군탐지기보다 훨씬 자세할 것 같고
  해저면 상황은 사이드스캔소나를 이용할 뿐 아니라 해저면 하부지층은
  3차원 입체 영상물 결과를 제공한다고 돼 있습니다. '장목호'도 해저지
  형 해저면 상황 해저면 하부 지층 및 탐사를 수행하는 전문기계로 1개월
  이상을 찍은 것을 알고 있나요."
= 증인(대평호 11호 선장 김남식): "저희들이 포인트 주위를 조업했을 때 잔
  해하고 어뢰추진체가 올라와 배에서 확인된 것이지 해저에 있는 상태에
  서는 전혀 알 수 없었습니다."
- 변호인: "해양연구원이 장비를 갖고 2010년 4월 18일 하루 동안 수거한
  수거물을 보면 1.7×0.6m 크기는 수심 47m에서 발견했고, 가장 작은 수
  거물은 그날 02시 40분경 0.4×0.7m(가로세로 40cm·70cm)짜리 물체를
  수심 46m에서 발견했습니다. 이는 정밀탐색기로 3차원으로 보면 1m도
  안 되는 아주 작은 것까지 하루 동안 11개를 탐색한 것을 알고 있나요."
= 증인(김남식): "모릅니다."
- 변호인: "(해군탐색구조단 사건발생 해역 해저 접촉물 현황 19점) 해군탐색구
  조단에서 어탐과는 비교가 안 되는 기계를 갖고 찍어서 나온 것이라고

돼 있는데 이것을 도표 중에 몇 개를 찍어봤더니 천안함 발전기, 외부배
관, 동파이프, 천안함 하푼(미사일), 단정 엔진커버, 삼각형알루미늄, 연
돌 등을 증인이 어뢰추진체를 발견했던 궤적 선상에서도 여러 개를 발
견했는데, … 위 궤적에서 찍었을 때 다른 것은 다 나왔지만 어뢰추진체
는 나오지 않았는데, 어떤가요."

= 증인(김남식): "그것은 저는 잘 모르겠지만 어뢰추진체가 나오지 않았다
면 저의 추측으로는 그곳을 훑어가면서 잔해를 수없이 많이 건졌기 때
문에 어뢰추진체가 먼저 있었고, 그 위로 잔해가 덮었을 수도 있다고 생
각하고 있습니다. 그리고 몇 년 전에 제주도에 아시아나 화물기가 추락
했을 때도 일본에서 첨단장비를 가지고 와서 조업했는데도 상관없이 실
패하고 돈만 어마어마하게 가지고 갔다고 들었습니다. 그런데 1년 후에
저희들이 투입돼 블랙박스도 건져주고 기장의 패스포트까지 건져준 적
이 있지만 저희들은 조업방식이 아주 재래식 방법으로 하고 있는데, 때
에 따라서는 그런 방법이 첨단장비보다 월등히 성과를 낼 수 있다고 생
각하고 있습니다."[89]

어뢰 못 찾아도 발표하려 했다?

국방부는 결정적 증거물인 이른바 1번 어뢰의 잔해물을 찾지 못해도
5월 19~20일경에 중간조사결과를 발표하려 했다고 주장했다. 어뢰추
진체의 발견과 중간조사결과 발표 일정과의 상관관계에도 많은 의문이
제기됐다.

김태영 국방부장관은 2010년 5월 24일 처음 열린 국회 천안함 특위 1차
회의에서 이같이 밝혔다. 아래는 홍영표 위원의 질의에 대한 김 장관의
답변 요지이다.

― 홍영표 위원(당시 민주당 의원): "5월 20일날 합동조사단 발표 날짜를 누

가 결정했습니까?"

= 김태영 국방부장관: "왜냐하면 저희 조사를 진행하는 과정에서 가능한 빠른 시일 내에 우리가 일단 중간발표를 하지 않으면 안 되겠다, 중간발표 내에서. 저희가 그 당시에는 아직 5월 15일 날 … 어뢰에, 많은 뒷부분이 나오기 전입니다. 그래서 저희가 그때(로) 결정한 것은, 이건 빨리 뭔가 발표를 하지 않으면 안 되는 그런 시점에 와 있었던 겁니다. 그래서 저희가 그 당시 준비를 하다가 뒤늦게 그게 발견이 돼서 더더욱 저희가 보고하는 데 굉장히 도움은 됐습니다마는 그래서 저희가 5월 19일이나 20일경에는 발표를 하겠다고 준비를 하고 있었습니다."

– 홍영표 위원: "국방부장관께서는 저희가 합참을 방문했을 때 5월 10일경에 발표한다고 했습니다. … 그러면 진짜 하늘이 도와서 그 증거가 나왔습니다. 그러면 그것이 없었으면 중간보고로 20일날 보고를 하시려고 했습니까? 왜 선거가 시작되는, 법정 선거기간이 시작되는 그날 딱 그렇게 결정하셨습니까?"

[…]

= 김태영 국방부장관: "아닙니다. 그러나 국민들이 굉장히 많은 의혹을 갖고 계속 얘기를 하고 계셨고, 이런 부분에 대해서는 빨리 풀어드릴 필요가 있어서 저희가…"

– 홍영표 위원: "한 가지만 말씀을 드리면 19일날 2함사를 저희 특위 위원들 몇 분이서 방문을 했습니다. … 그날 아침 7시에 가스터빈 엔진, 유실되었던 부분들이 발견돼서 인양됐습니다. … 가스터빈 엔진 부분은 아마 외부의 충격을 가장 많이 받은 부면으로 이렇게 알려져 있습니다. 그런 내용도 포함시키지도 않고 재검토하지 않은 상태에서 그렇게 조사 결과를 발표하는 것이 맞습니까?"

= 김태영 국방부장관: "제 생각엔 가스터빈이 문제가 아니라, 지금 결정적인 파트가 나왔기 때문에 가스터빈이나 다른 것은 그렇게 중요하지 않

다고 생각합니다. 가스터빈에 대해서 조사를 안 한 것은 아니고 그 자체에서 현장조사를 했습니다. 그래서 거기에서는 특별한 내용이 없었기 때문에 저희가 바로 발표를 하게 된 것입니다."[90]

어뢰추진체 수거과정에 대한 얘기를 하다 어뢰 수거 시점과 중간조사 결과 발표 시점의 상관관계를 언급한 이유가 있다. 시점이 너무나 절묘했기 때문이다. 그때는 6·2 지방선거를 앞두고 여야가 총력을 기울이고 있던 시기이기도 했다. 어뢰 수거가 갖는 정치환경적 측면을 짚어보지 않을 수 없는 지점이다.

합조단이 (어뢰 위치) 포인트(좌표)를 줬다?

어뢰 수거 단계에서 줄곧 이어지는 의문은 어뢰가 어디 있는 줄 알고 수색을 했느냐 하는 문제였다. 합조단은 사고 발생 지점(이른바 폭발 원점) 주변으로 포인트를 지정해주고, 그 구역을 집중적으로 훑은 결과 찾았다고 했다. 사고 발생 지점 주변을 하루 전날까지 고성능장비로 샅샅이 훑었을 땐 못 찾다가 쌍끌이어선을 동원하자 찾았다는 설명이다. 지난 2010년 5월 20일 합조단의 중간 조사 결과 발표 기자회견에서 기자들도 이 같은 질의를 했다.

- 강동훈 불교방송 기자: "어떨 때는 8번 이상 작업도 했고, 어려운 난관 속에서 그물도 2번 이상 특수로 제작하셨다고 하는데, 5월 15일 오전 9시경에 건졌다는 발표인데, 그 위치를 여러 번 많이 했을 텐데, 어떤 형태로 그 증거물의 위치를 파악했고, 아니면 몇 번 스쳐간 지역, 해역에서 다시 한 것인지, 아니면 새로운 해역인지 묻고 싶습니다."
- = 김남식 대평11호 선장: "저희들이 거기 함미 부분에 포인트를 받아서 거기에 수십 차례 조업을 한 결과, 인양하게 되었습니다."

= 최두환 합동조사단 채증팀장(대령): "합동조사단 채증팀장 최두환 대령입니다. 지금 쌍끌이어선이 집중적으로 운영을 했던 것은 분화구가 있던 폭발원점을 중심으로 해서 500×500 야드를 설정을 했습니다. … 최초 저희들이 합동조사단으로부터 정보제공을 받을 때 만약에 어뢰의 잔해물이 떨어져 있을 지역이 약 폭발원점으로부터 한 30~40m 근처가 될 것이라는 조사 정보 분석 보고를 받았습니다. 그래서 폭발원점을 중심으로 해서 조류를 고려해서 어선을 운항했고 우리 선장님께서 굉장히 노련하십니다. 30년 동안 쌍끌이어선에 조업을 하셨기 때문에, 실제 어선의 진행방향하고 투망의 방향은 약간의 차이가 있는데, 그러한 지점을 이동을 하면서 약간 폭발원점보다는 조금 위쪽 부분에서 그물이 진행될 때 증거물이 채증된 것으로 저희들은 판단하고 있습니다."[91]

대평호 선장 김남식은 4년 뒤 법정 증인으로 출석해 해군으로부터 받은 포인트에 따라 작업을 했으며, 동승한 해군 감독관 권영대 중령의 지시에 따랐다고 증언했다.

- 변호인(이강훈 변호사): "군이 직접 각 배의 운용을 통제했나요."
= 증인(대평11호 선장 김남식): "예 저희들은 당연히 그 지시에 따라서 운항을 했습니다."
- 변호인: "매번 작업할 곳의 시작점과 끝점의 좌표는 군에서 주는 것인가요."
= 증인(김남식): "끝점은 정해놓은 것이 아니라 처음에 투망할 때는 정해놓고 투망을 하고, 어느 코스로 몇 도로 끌자고 해서 끌면 물조류 방향에 따라서 끝부분은 달라질 수 있는데, 양망을 하면 양망 장소를 끝부분으로 기록하는 식으로 했습니다."
- 변호인: "위 내용은 매번 군에 정해서 했나요."

= 증인(김남식): "예."

[…]

− 변호인: "다 중심점(폭발 원점-저자)을 지나는 것을 원칙으로 해서 작업을 했던 것으로 보이는데, 왜 저런 방식으로 작업을 했나요."

= 증인(김남식): "해군에서 그 포인트를 줬고, 그 포인트를 중점으로 작업을 했기 때문에 그렇게 된 것으로 알고 있습니다."

− 변호인: "위 포인트는 무엇이라고 듣고 작업을 했나요."

= 증인(김남식): "저희들도 어탐도 해봤지만 포인트 주위에 가스터빈이 있었던 것으로 알고 있었습니다."

− 변호인: "가스터빈은 포인트보다 오른쪽에 위에 있었던 것이 아닌가요."

= 증인(김남식): "그런 것으로 알고 있습니다. 그리고 저희들이 약간 밑에서 어뢰탐지기를 발견했다고 알고 있습니다."

− 변호인: "좌표를 찍어봤을 때 가스터빈이 있었던 곳과 폭발원점이라는 장소가 차이 있고, 실제 작업 중심점은 가스터빈이 있었던 곳을 피해 다니면서 작업을 했다는 것인가요."

= 증인(김남식): "그렇습니다. 가스터빈은 어구가 통과하면 장애물로 인해 어구가 파손됩니다. 그래서 저희들이 작업을 하면서 어구가 2번 파손이 됐습니다."

− 변호인: "위 포인트를 찍어준 이유는 증인이 잘 모르고, 해군에서 포인트를 찍어서 탐색을 해달라고 해서 포인트를 중심으로 계속 지나다닌 것인가요."

= 증인(김남식): "예"[92]

합조단 보고서 195쪽에 나오는 증거물 수거지역 표를 보면 가로축 1번과 세로축 10번부터 가로축 26번과 세로축 16번까지 이동한 파란 선이 그어져 있다. 좌표로 표시하면 북위 37도 55분 38초와 동경 124도 35분

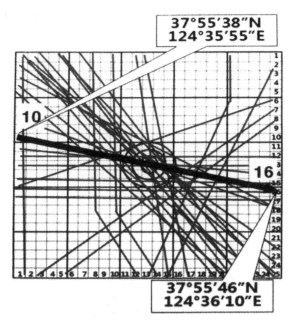

증거물 수거 지역 표. 사진=합조단 보고서 195쪽

55초부터 북위 37도 55분 46초와 동경 124도 36분 10초의 두 좌표를 이은 선을 쌍끌이어선이 통과하는 과정에서 어뢰를 건졌다는 설명이다.

이를 두고 김씨는 "(어뢰를 건진) 좌표는 항적선을 이야기하는 것"이라며 "그 구역 안에서 건진 것"이라고 말했다.

이와 관련해 천안함 합동조사단 과학수사분과장 겸 군측 조사단장을 맡았던 윤종성 성신여대 교수는 합조단이 어뢰 위치 시뮬레이션 자료를 어선에 보냈다고 밝혔다.

윤 교수는 지난 2015년 4월 2일 나와 나눈 인터뷰[93]에서 '군이 쌍끌이 어선에 미리 어뢰 좌표를 줬다'는 의문에 대해 "합조단 폭발위험분과에 소속된 ADD(국방과학연구원) 연구원들이 어뢰폭발 시 어느 정도 되면 어뢰추진체가 후방 30~40m 지점에 떨어질지 시뮬레이션한 결과 어느 정도 위치에 떨어질 것이라는 자료 등을 어선에 전부 보내줬다"며 "시뮬레이선 결과를 준 것으로 일종의 추정지역 좌표는 준 것"이라고 설명했다.

원스타 탑승하자 어뢰 수거, "성과 없어 압박받았다 생각"

한편 대평11호 선장 김남식은 법정에 증인으로 나와 어뢰를 수거하기 전 해군이 성과가 없어 압박을 받았다는 언급을 하기도 했다. 그러나 이를 캐묻자 그는 '자기 생각'이라며 발을 뺐다. 김 선장은 원스타(준장)가 2010년 5월 15일 탑승한 것과 관련해 그 이유를 묻자 이같이 답했다.

> ― 변호인(김형태 변호사): "그 당시 준장이 탔는데, 그 앞전에 타지 않다가 그 날만 왜 탔는지 이유는 모르나요."
>
> = 증인(대평11호 선장 김남식): "이유는 모르는데, 그 전에 성과가 없으니까 위에서 많은 압박을 받았다는 내용은 들었습니다."
>
> ― 변호인: "위와 같은 내용을 언제 누구로부터 들었나요."
>
> = 증인(김남식): "해군들로부터 어뢰를 건지기 전에 들었고, 그러다 보니까 현장을 한번 와서 봐야 되지 않겠나 싶어서 온 것으로 생각하고 있습니다."
>
> ― 변호인: "그 당시 해군들로부터 성과가 나오지 않아서 준장이 현장에 와 본 것이라는 이야기를 들었나요."
>
> = 증인(김남식): "그것은 저의 생각입니다."[94]

김남식 선장이 이랬다저랬다 하는 증언을 하면서 수세에 몰리자 이를 지켜보던 당시 검사가 증인을 거드는 모양새가 나타나기도 했다.

> ― 검사: "변호인의 의혹제기나 주장하는 취지는 5월 15일만 중령이 아닌 준장이 탔고, 그 당시 성과가 없어서 압박에 의해 어뢰추진체를 고의적으로 만들었다거나 끌어올린 것이 아니냐고 극단적으로 볼 수 있을 것 같은데, 어떤 물체가 있다는 것을 미리 알 수 있어서 그것을 일부러 끌어

올리려고 하면 끌어올릴 수 있는 상태였나요.”

= 증인(대평11호 선장 김남식): “그렇지 않습니다”

– 검사: “당시 어뢰추진체가 해저에 있었는지 여부를 확인할 수 있었나요.”

= 증인(김남식): “전혀 없었습니다.”

– 검사: “무엇이 올라올지 사전에 알 수 있는 상태였나요.”

= 증인(김남식): “아닙니다.”

– 검사: “무작위로 작업한 것인가요.”

= 증인(김남식): “예, 옛날 재래식 방법으로 작업을 했습니다.”

– 검사: “쌍끌이 어선에서 내용물이 배 위로 올라오기 전까지는 어떤 것이
나올지 전혀 알 수 없는 상태였나요.”

= 증인(김남식): “예.”

– 검사: “당시 성과가 없어서 위로부터 압박을 받았다고 생각했다고 했는
데, 합조단에게 선원들에게 무엇인가 빨리 찾아야 한다고 이야기한 것
이 있었나요.”

= 증인(김남식): “선원들에게 그런 것을 이야기한 것은 아니라고 생각하고,
그런 일도 없었습니다.”[95]

합조단, 쌍끌이어선에 ‘어뢰 찾으라’ 지시했나 안 했나…

어뢰추진체를 수거하기 전부터 해군이 대평11호 쌍끌이어선 측에 어
뢰를 찾으라는 요구를 했는지 여부도 관심사였다. 그러나 김남식 선장
은 재판에서 어뢰라는 말을 한 적은 없다고 밝혔다. 다만 폭발물을 찾으
라는 말은 있었다고 증언했다. 증인신문 과정을 다시 들여다보자.

– 변호인(김형태 변호사): “5월 10일부터 쌍끌이어선으로 작업했는데 무엇
을 찾으러간 것인가요.”

= 증인(대평11호 선장 김남식): “그 당시 어뢰에 의해 파괴됐다는 얘기들이

많이 나왔었는데 합조단에서 아주 작은 물체까지도 뻘 하고 같이 올려주면 자기들이 평택 2함대로 가서 분석을 하겠다는 조업지시를 받고 작업했습니다."

— 변호인: "어뢰 파편이라도 찾으면 어뢰를 알 수 있으니까 어뢰를 찾으라는 지시를 받은 것인가요."

= 증인(김남식): "어뢰라고 꼭 집어서 이야기한 것은 아닙니다."

— 변호인: "2010년 5월 10일 현재이면 함수 함미 조그마한 것까지 다 찾아냈는데, 해군이 증인을 그 먼 데서 불러다 무엇을 찾으라고 한 것인가요."

= 증인(김남식): "폭발이 돼 물체가 산산이 부서졌을 것이라는 내용이었고, 그래서 어망도 촘촘히 만들어서 뻘까지 파주라는 지시를 받았습니다."

— 변호인: "그렇다면 증인이 어뢰 잔해를 찾아달라는 지시를 받았다는 것인가요."

= 증인(김남식): "저에게 꼭 집어서 그렇게 어뢰 잔해를 찾으라고 한 것은 아니었습니다. 당시 그런 부분은 저희 김철안 사장님하고 이야기가 먼저 됐겠지만, '그쪽에 가서 작업을 해서 뻘까지 파달라고 한다, 그러면 감식은 자기들이 하겠다고 하니까 가서 조업을 해라'라는 지시를 받고 작업을 했습니다."

— 변호인(김남주 변호사): "군인이 사전 교육은 하지 않았어도 현장에서 작업하다 우리가 찾는 것이 무엇이라고 하지도 않던가요."

= 증인(대평11호 선장 김남식): "그런 이야기는 하지 않고 폭발물을 찾으라고 했습니다."

— 변호인: 폭발물 중에서 어뢰도 있을 수 있다고 하던가요.

= 증인(김남식): "그런 부분까지는 기억나지 않습니다."[96]

그런데 김남식 선장의 쌍끌이어선팀을 감독한 권영대 대령(당시 계급은 중령)은 자신의 저서에서 작업 전 탐색구조단장과 회의에서 어뢰증거물 탐색이 임무라는 언급이 있었던 것으로 기술했다. 권 대령은 일지 형식으로 작성한 저서 《폭침 어뢰를 찾다!》에서 2010년 4월 30일 상황에 대해 아래와 같이 작성했다.

오전 회의시 탐색구조단장님께 복귀 신고를 준비했다. 그런데 갑자기 날벼락 같은 상황이 전개됐다.

"사령관님! 이제 곧 쌍끌이 어선이 이곳에 들어오는데, 쌍끌이 어선을 이용해서 어뢰증거물도 찾아야 되고, 무엇보다도 백령도 어민을 설득하는 임무를 권영대 중령에게 맡기는 것이 좋겠습니다. 함장 포함 함정경력도 많고, UDT이기 때문에 적임자라고 판단됩니다."

사전에 전혀 협조되지 않은 사항을 김창헌 대령이 탐색구조단장님께 보고하였다.

"응? 그래, 권 중령 할 수 있나?"

갑작스런 상황진행과 질문에 머뭇거림 없이 즉시 답변을 했다.

"예, 열심히 하겠습니다."

나도 어쩔 수 없는 군인인가 보다. 오늘이 진해로 복귀하는 날이며, 항공기가 기다리고 있다고 답변이 나왔어야 하는 건데….(권영대, '2010.4.30.(금) 맑음, 파고 1.5m' 부분)[97]

이는 탐색구조단의 탐색 대상이 어뢰증거물이라는 것이 명백한 임무였음을 보여주는 대화 내용이다. 그러나 권 대령은 쌍끌이어선팀에게 어뢰를 찾으라고 지시했는지 여부에 대해서는 기록하지 않았다. 다만 이날 권 대령이 대평호 선주 김철안 사장과 김남식 선장을 만나 하나하나 지시하듯 설명한 내용을 기술한 대목은 있다.

"대평호에 도착후 선장을 찾았다. 조타실에는 선장과 선주가 같이 있었다. 선주는 김철안씨로 어선과는 어울리지 않는 모습을 하고 있었고, 선장은 생각보다 몸집이 작고 차분한 사람이었다.

먼저, 어선의 상태 및 작업방법, 보유 장비 등을 파악했다. 그물망의 규격, 능력, 1일 작업가능시간, 그 외 필요사항 등 세부적인 사항을 확인했다. 생소하지만 재미는 있을 것 같았다. 쌍끌이 어선은 기본적으로 해군본부에서 고용한 상태이기 때문에 하나하나를 지시하듯 설명했다.

① 작업과 관련해서는 철저하게 지시에 따르고 보고없이 행동하지 말 것.

② 수거물은 펄 한 부분까지도 전량 인계할 것. 특히, 찾고자 하는 것이 손톱 크기 정도이니 일체 손대지 말 것.

③ 작업중 생기는 어획물은 피라미 크기라도 무조건 반납할 것.

④ 백령도 어민과의 마찰방지를 위해서 선원 총원의 백령도 상륙을 불허함. 꼭 필요할 시 허가를 득하기 바람.

⑤ 어선의 위치는 항구 여건에 따라 입출항이 불가하므로 장촌항 입구 투묘 대기할 것."[98]

(권영대, '2010.4.30.(금) 맑음, 파고 1.5m' 부분)

최초 발견 시 어뢰추진체를 둘둘 감고 있는 철사뭉치는 뭔가

천안함 수거 직후 촬영했다는 동영상이 법원에 제출된 일이 있다. 초기에 방송 뉴스에서 사용한 적도 있는 것으로 보이는 이 동영상에도 의문점이 숨어 있다. 철사 뭉치와 철밴드가 어뢰추진체의 추진축과 프로펠러 기어박스 쪽을 휘감고 있던 모습이 촬영돼 있다는 점이다. 이 사실을 내가 처음 보도하기 전까지 합조단과 국방부 그 누구도 어떤 경위로 철사가 어뢰추진체를 휘감았는지에 대해 설명하지 않았다. 2010년 5월 20일 공개된 어뢰추진체엔 철사뭉치가 모두 제거된 상태였다. 수거되는 과정에서 엉켜들어온 무의미한 철사라는 것이 군 당국의 해명이지만, 무작위로 이렇게 휘감길 수 있느냐에 대한 의문이 남아 있다.

이는 영상을 조금만 눈여겨보면 바로 느낄 수 있다. 이 영상은 어뢰추진체와 어뢰모터를 수거하고 확인한 뒤 촬영한 것으로 보인다. 어뢰추진체는 그물로 덮여 있다. 권영대 대령은 자신이 쓴 책에서 "혹시나 누가 핸드폰 사진으로 언론에 미리 제공하는 문제점을 고려해서 갑판장에게 그물 여유분 일부를 잘라 달라고 해서 발견된 어뢰를 덮어놓았다"고 전했다.[99] 동영상을 보면 모터를 촬영한 뒤 조타실 옆쪽에 보관해놓은 어뢰추진체로 카메라 시야를 옮긴다. 이후 어뢰추진체에 덮인 그물을 걷고 어뢰의 크기를 상세히 측정하는 모습을 촬영했다. 어뢰를 건져 올리는 순간을 담은 영상은 아니다. 하지만 어뢰추진체의 상태와 엉겨 붙은 철사뭉치, 철사에 이어 붙은 철밴드를 확인할 수 있을 정도로 가까이 촬영돼 있다. 2015년 7월에 나는 이 내용을 기사로 썼다.

(7월) 9일 미디어오늘이 입수한 1번 어뢰 인양 직후 실측 및 처리 과정 동영상(법정 제출 자료)을 보면, 카메라가 대평 11호 갑판 위에 있는 어뢰추진체(조종장치 부분)에 다가가 그 크기를 측정하는 장면을 보기 위해 근접 촬

어뢰추진체에 엉겨 붙은 철사뭉치. 사진=신상철 재판 증거 제출 자료

영을 하자 추진체의 두 프로펠러 사이에 철사줄이 발견됐으며, 그 철사줄이 추진축(추진후부쪽)까지 이어져 있는 것으로 나타났다. 추진축에 엉켜있는 철사줄은 축을 둥글게 휘감고 있었으며, 철사줄과 함께 철로된 밴드도 함께 이어진 채로 휘감겨 있었다. 동영상에는 합조단 수사관이 감겨있는 철사줄을 위에서 아래로 밀어내고 프로펠러 날개 직경(지름)의 크기(줄자로 36cm)와 조종장치부의 추진축부터 프로펠러까지의 전체길이(줄자로 약 130cm), 방향타 길이를 실측하는 장면이 나온다. 이후 수사관이 추진축의 두께(약 6.5cm)를 실측하는 과정에서 축에 휘감겨 있는 철사더미를 추진후부쪽에 밀어넣는 장면이 뚜렷하게 보인다."[100]

문제는 《천안함 피격사건 합동조사결과 보고서》뿐 아니라 《천안함 피격사건 백서》, 심지어 권영대 대령의 저서 《폭침 어뢰를 찾다!》에도 이와 관련된 내용이 나오지 않는다는 점이다. 합조단 보고서에 수거과정이라면서 제시된 일부 사진이 있으나 그 크기가 매우 작게 인쇄돼 철사라는 것을 식별할 수 없다.

이 같은 문제점을 당시 강하게 제기했던 공군장교 출신의 IT업체 연구원 조성길은 의문점을 정리한 입장을 밝히기도 했다. 그는 당시 서울중앙지법 형사36부(재판장 이홍권 부장판사)에서 명예훼손 재판을 받고 있는 신상철 전 합조단 민간조사위원과 나에게 A4 용지 8장 분량의 〈천안함에 대한 스모킹 건smoking gun이 있는가?〉라는 글을 보내왔다. 그는 "철사가 감긴 부분을 확대해 보면 끊어내지 않고는 제거할 수 없는 정도로 엉켜 있었다"며 "축의 끝부분에 있는 원형부품의 크기와 축의 크기, 그리고 철사가 감긴 크기를 비교하면 알 수 있다"고 분석했다. 또한 철사줄이 프로펠러 쪽에도 한 가닥 감긴 채 추진축 부분의 철사더미 및 철밴드와 이어진 것을 두고 조 연구원은 "직선이 아닌 십자로 연결되어 철사와 복잡하게 얽혀 있었음을 알 수 있다"며 "철사가 조향타(추진후부)와 날개 사이에서 나와 프로펠러 아래로 지나가고 있으며, 프로펠러 아래로 들어간 철사는 프로펠러 축 밑으로 들어가 있다 보니 철사를 손으로 움직여도 프로펠러 축 밑 부분의 철사가 움직이지 않은 것은 프로펠러 축 밑에서 다른 곳과 연결돼 있기 때문"이라고 분석했다.

철사가 이런 형태로 엉켜 있기 위한 가설은 첫째, 철사와 철밴드에 휘감겨 폐기된 어뢰추진장치가 해저에 있다가 그물에 걸려 올라왔을 가능성, 둘째, 어뢰폭발 직후 해저에 가라앉는 과정 또는 가라앉은 직후 해류의 힘에 떠밀려온 철사와 철밴드에 휘감겼을 가능성, 셋째, 쌍끌이 그물에 걸려 있던 철사와 철밴드에 어뢰추진체가 엉켰을 가능성 등을 생각해볼 수 있다.

그러나 그는 "철사와 철밴드가 감기고 얽힌 어뢰추진장치가 해저에 버려진 것이며, 천안함과는 관계없이 해저에 있다가 그물에 걸려 올라왔을 가능성 외의 다른 가능성은 물리적으로 희박하다"고 판단했다.

그는 어뢰폭발 직후 해저에서 엉켰을 가능성에 대해 "해류에 휩쓸린다고 해도 엉킨 철사와 철밴드가 어뢰추진장치 끝 부분의 원형부품에 막혀서 축에 끼워질 수 없다"며 "더욱이 가라앉은 어뢰추진장치(조종장치부) 무게만 약 70kg(합조단 보고서엔 71.1kg)에 달해 그대로 뻘 속에 묻히게 돼 철사와 철밴드가 해류에 휩쓸린다고 해도 어뢰추진장치와 접촉하기조차 어렵다"고 분석했다. 또한 "프로펠러 쪽의 철사도 해류에 의해 조향타와 날개 사이에 끼워지고 프로펠러 축 아래쪽으로 연결되기는 불가능하다"고 판단했다.

그는 쌍끌이 그물의 인양과정에서 엉겨 붙었을 가능성에 대해 "작고 복잡한 타원형체(철사줄과 철사밴드)가 보다 큰 원형체에 끼워질 수 없고, 프로펠러 쪽 철사도 그물 압박에 의해 조향타와 날개 사이에 끼워지고 프로펠러 축 아래쪽으로 연결될 수도 없다"며 "쌍끌이 어선에 의한 그물에 걸려서 올라온다 해도 철사 등과 어뢰추진장치가 접촉할 수는 있어도 철사와 철밴드가 축에 끼워진 뒤 그중 몇 가닥이 다시 조향타 날개 사이로 얽힌다는 것은 물리적으로 불가능하다"고 분석했다.

이 때문에 합조단이 조사결과를 발표할 때 어뢰추진체에 엉겨 붙은 철사와 철밴드를 제거한 것 아니냐는 해석도 나온다. 조 연구원은 "제거되지 않고 (어뢰추진체가) 전시된다면 철사와 철밴드가 얽힌 어뢰추진장치는 천안함을 침몰시킨 어뢰의 부품이라고 아무도 믿지 않을 것으로 예상했기 때문일 것"이라고 추정했다.

그는 무엇보다 특정 사실을 입증하기 위해 제출되는 증거물에 대해 사실과 관련성이 있어야 하고 보관과정에서 인위적인 변형 없이 보존되어야 한다고 강조했다. 어뢰추진장치에 얽혀 있었던 철사와 철밴드는 증거물이 천안함과 무관함을 말해주는 것이라고 그는 주장했다.

이에 대해 당시 수거된 어뢰추진체를 증거물로 분석한 윤종성 합조단 과학수사분과장 겸 군측 조사단장(현 성신여대 교수)는 2015년 7월 8일과 9일 나와 나눈 인터뷰에서 바닷속엔 온갖 물체가 돌아다니기 때문에 철사에 감긴 것 자체가 중요하지 않다고 밝혔다.

윤 전 단장은 "어뢰를 잔잔한 바다도 아니라 수심도 깊고, 물살도 센 곳에서 건져 올린 것"이라며 "그곳에는 오만 잡동사니가 다 올라오지 않았느냐. 철사가 어떻게 휘감겼는지 어떻게 알겠느냐"고 말했다. 철사뭉치가 없어진 것에 대해서도 윤 전 단장은 "증거물을 재고 분석하려면 알맹이를 남겨놓고 나머지는 빼야 하지 않겠느냐"며 "그러니 옆에 있는 것을 제거할 수밖에 없는 것이지 왜 떼어냈느냐면 할 말이 없다. 그렇게 의문을 제기하면 끝이 없다"고 답했다. 윤 전 단장은 "(어뢰추진체 등을) 평택 2함대로 가져가 조사본부실에서 세부적인 것은 따져본 것으로 안다"며 "아마도 (철사뭉치와 흰색 물질을) 제거한 것은 그때 했을 것"이라고 말했다.

윤 전 단장은 "과학적인 의문이 설명할 수 있는 것은 증거에 미치지 못한다"며 "아무리 의문을 제기해도 (1번 어뢰가 증거라는) 진실은 변함이 없다"고 말했다. 김민석 당시 국방부 대변인도 그해 7월 8일 나와 나눈 인터뷰에서 "그런 곳에는 낚시나 어로장비가 많이 버려져 있다"며 "그 때문에 해군이 바다에 빠진 것을 어민을 위해 치워주기도 한다"고 주장했다. 김 대변인은 "(하지만) 철사뭉치와 철밴드가 왜 엉켜 있었는지는 잘 모르겠다"고 말했다.

나는 이런 해명으로는 철사뭉치에 대한 의문이 해소되지 않는다고 본다. 그런데도 그 이듬해 나온 신상철 재판 판결문을 보면 재판부는 1번 어뢰의 실체를 인정했다. 철사뭉치에 대해 재판부는 국방부의 이런 엉성한 해명을 반복했다.

서울중앙지법 형사36부(재판장 이흥권 부장판사)는 지난해 1월 25일 신상철 전 민군합조단 민간조사위원의 명예훼손 소송 1심 판결문에서 "피고인(신상철)은 추진후부와 프로펠러 사이에 스테인레스 클립밴드가 오랫동안 묶여 있어 발생하게 된 것으로 보이는 녹슨 흔적이 있고, 인양 현장에서도 스테인레스 클립밴드와 녹이 슨 흔적이 없는 철사가 함께 발견되었다고 주장한다"며 "그러나 피고인이 주장하는 위 흔적이라는 것은 샤프트와 직각 모습이 아닌 사선 방향이라 위 클립밴드가 묶여 있던 자국이라 보기 어렵다"고 주장했다. 재판부의 설명을 마저 보자.

"어뢰추진체를 인양할 당시의 동영상을 보면, 추진체와 함께 인양된 다소 복잡한 형상의 스테인레스 재질로 보이는 금속과 어뢰추진체의 샤프트에 감겨져 있는 철사를 확인할 수 있다. 그러나 위 금속의 형태를 볼 때 물건을 고정하는 클립밴드 등으로는 보이지 않고, 천안함 선체의 부품들 중 일부 등으로 추정될 뿐이다. 인양 당시 어뢰추진체에 감겨져 있던 철사는, 그것이 샤프트에 감겨져 있는 이유를 정확히 알 수 없으나 해저에서 그물로 인양되는 과정에서 함께 끌려와 감기게 된 것으로 추정된다."[101]

철사가 왜 어뢰추진체 샤프트에 감겼는지는 정확히 알 수 없다면서도 인양과정에서 감기게 된 것으로 추정한다는 해명이다. 모르면 모르는 것으로 끝내야지 이런 엉성한 추정으로 대충 넘어갈 일은 아니지 않은가.

1번 글씨 연소논쟁

합조단이 어뢰추진체를 발표하면서 가장 큰 관심을 받은 것은 바로 추진후부 디스크에 쓰인 '1번' 글씨 때문이었다. 유성매직으로 된 1번 글씨는 북한이 쓰는 표기방법이라는 점에서 결정적 증거라고 합조단은 강조했다. 그러나 한글을 매직으로 어뢰무기에, 그것도 안쪽의 부품에다 큼지막하게 쓴다는 것은 잘 납득이 되질 않았다. 특히 고온의 폭발열기에 그대로 남아 있을 것인가에 대해서도 과학계의 논쟁이 촉발됐다. 합조단은 보고서에서 '1번' 글씨의 인지 과정에 대해 이렇게 설명했다.

"5월 15일 09:25경 어뢰 인양 시 어선에서는 세부적인 관찰을 실시하지 않아 발견하지 못하였으나, 같은 날 헬기를 이용, 증거물을 민·군 합동조사단이 위치한 평택 2함대로 운송하여 과학수사팀이 관찰 중에 추진후부 내부에 '1번'이라 표기되어 있는 한글을 발견하였다."[102]

합조단은 "이렇게 발견된 '1번'이라는 한글표기는 '03년 포항 근해에서 습득하여 보관 중인 북한 경어뢰 헤드캡 안쪽에도 '4호'라고 표기되어 있다는 점에서 표기방법이 동일하다는 사실을 확인하여 우선적으로 필적감정을 고려해 보았으나 글자(자·모음)가 달라 제한되었으며"라고 썼다. 이들은 또 '1번' 표기의 잉크 분석과 표면 분석을 실시한 결과 글씨 위에 염분이 침착돼 있고, 내부철재 부식이 진행돼 잉크 위로 솟아오른 것이 관찰됐다며 '1번' 표기가 철재 부식 이전에 기재된 사실을 확인했다고 주장했다.

합조단은 어뢰폭발로 150°C 이상의 고열이 발생했는데도 1번 글씨의 잉크가 증발하거나 변색되지 않은 이유에 대해 "분광분석기를 이용, 표기가 있는 추진후부 부분을 정밀분석한 결과 철 위에 스테인레스강 색상과 유사한 금속 부식방지용 페인트(폴리비닐부티랄polyvinylbutyral) 위에 표기되어 있는 것을 확인하였다"며 이번 사건이 수중(수온 3°C)에서의 비접촉성 폭발이어서 맨 앞의 탄두부(72cm)에서 폭발이 이뤄져도 '표적탐지부(70cm)'와 '전지부(4.125m)'가 완충 역할을 하게 된다고 주장했다. 또한 '1번'이 표기된 부분은 추진후부 내부에 쓰여 있어 정비구 덮개로 보호를 받고 있으며, 발사 시부터는 물이 채워져 있는 상태였다는 점, 폭약 250kg 폭발 시 가스버블은 6m 내외로 가스버블이 팽창하지만, 추진동력장치는 30~40m 후방으로 튕겨나간다는 점 등을 고려해볼 때 1번 잉크가 손상되지 않은 것으로 판단했다고 합조단은 설명했다.

그러나 어뢰추진체 디스크 후부의 온전한 1번 글씨는 많은 논란을 불러왔다. 서재정 당시 미국 존스홉킨스 대학교 교수(국제정치학)와 이승헌 미국 버지니아 대학교 물리학과 교수는 고열에도 견디는 어뢰의 페인트가 타버렸지만 낮은 온도에도 타는 잉크(1번 글씨)가 남아있다는 것은 설명할 수 없다고 의문을 제기했다.

이들은 6월 1일자 《경향신문》에 기고한 글 〈'1번'에 대한 과학적 의혹을 제기한다〉[103]에서 "합조단이 공개한 것이 폭발하고 남은 어뢰의 잔해라는 점을 의심하지 않는다"며 "폭발 이전의 어뢰였다면 페인트가 남아있었을 것이고 그 부분은 부식되지 않았을 것이기 때문"이라고 설명했다.

이들은 해당 어뢰에 사용된 페인트 성분에 대해 "현재 가장 높은 열에 견딜 수 있는 실리콘 세라믹 계열의 페인트는 비등점이 섭씨 760도이고 보통 유성페인트의 비등점이 섭씨 325~500도 정도라는 점에 비춰볼 때 수거된 어뢰 뒷부분에는 적어도 섭씨 325도의 열이 가해진 것으로 추정된다"고 내다봤다. 250kg의 폭약량에서 발산될 에너지양에 근거해 계산해보면, 폭발 직후 어뢰의 추진 후부의 온도는 적어도 섭씨 325도, 높게 잡으면 1000도 이상 올라갈 수 있다는 점에 비춰볼 때 이런 추정이 가능하다는 것이다.

어뢰의 가장 뒷부분의 방향키가 부식된 점을 감안하면 어뢰 내부는 훨씬 고열 상태였을 것이고, '1번'이라고 쓰인 후부 추진체 내부도 325~1000도의 열을 받았을 것으로 이들은 추정했다. 1번 글씨가 매직으로 쓰여 있다는 점을 들어 이들은 "통상적으로 사용되는 잉크는 크실렌, 톨루엔, 알코올로 이뤄져 있는데, 각 성분의 비등점은 섭씨 138.5도(크실렌), 110.6도(톨루엔), 78.4도(알코올)"라며 "후부 추진체에 300도의 열만 가해졌더라도 잉크는 완전히 타 없어졌을 것"이라고 설명했다. 이들은 "외부 페인트가 타버릴 정도였다면 내부의 유성잉크나 페인트도 함께 탔을 것"이라며 "이러한 불일치는 설명할 방법이 없다"고 지적했다. 외부 페인트가 탔다면 '1번'도 타야 했고, '1번'이 남아 있다면 외부 페인트도 남아 있어야 하는 것이 과학이라고 이들은 진단했다.

앞서 이승헌 교수는 어뢰폭발 시 어뢰 프로펠러와 1번 글씨가 있는 추진후부의 디스크 전후면 등에 어느 정도의 열전도가 이뤄질 수 있는지 계산한 내역과 답변을 최문순 당시 국회 천안함 특위 소속 위원(민주당 의원)에 전달했다고 2010년 5월 31일 최 의원이 밝혔다.

이 교수는 우선 어뢰폭발 시 발생하는 에너지에 대해 "원자력 규제 위원회Nuclear Regulatory Commission에 의하면, 폭발 시 방출되는 에너지, E의 크기는 E(kJ 단위)=4500×W(kg 단위)이며, 이때 W는 화약의 무게이고, 대략 60%의 에너지가 열, Q로 변환된다"며 "250kg의 화약의 경우, 방출되는 열의 크기는 Q(kJ)=4500×0.6×250kg=$6.81×10^5$(kJ)=$6.81×10^8$(J)"이라고 주장했다.

또한 철로된 1.7톤(1700kg)의 어뢰가 바다의 온도 4°C로부터 150°C까지 증가하기 위해 필요한 열에 대해 이 교수는 "화약의 무게 250kg을 제한 후, 철 부분의 최대 무게는 1700kg－250kg＝1450kg, 즉 1.45톤이며, 철의 비열은 420J/kg/C"이라며 "요구되는 에너지의 크기는 420J/kg/K×1450kg×150＝9.135×10⁷J"이라고 썼다.

복잡한 식이지만 이는 폭발 시 발생하는 열의 13%만이 철로 전달됐다고 해도 철의 온도는 150℃ 이상으로 증가해 마커의 잉크가 타버리게 된다는 것을 의미한다고 이 교수는 설명했다.

폭발 시 모든 열이 철로 전달됐을 경우 철의 온도에 대해 이 교수는 열에너지를 Q로 놓으면 Q＝6.81×10⁸(J), 비열은 420J/kg/℃이며, Q＝무게×비열×온도증가이므로, 우변의 무게×비열을 좌변으로 옮겨 나눠주면, '온도증가＝Q/무게/비열＝6.81×10⁸/1450/420＝1118.23℃'의 답이 도출된다는 계산과정을 작성했다. 이 교수는 "결론적으로 250kg의 폭약량에서 발산될 에너지양에 근거해서 간단한 계산을 해보면, 폭발 직후 어뢰의 추진 후부의 온도는 쉽게 350℃ 혹은 1000℃ 이상까지도 올라가게 된다"며 "이러한 온도들에서 유기 마커펜의 잉크는 타버리게 된다"고 주장했다.

그런데 이 같은 문제제기는 카이스트 현직 기계공학과 열전도 전공 교수의 반박으로 1번 글씨 연소에 관한 과학논쟁으로 이어졌다. 송태호 카이스트 기계공학과(열전달연구실) 교수는 합조단의 주장을 뒷받침하는 주장을 폈다. 어뢰가 폭발해도 어뢰추진체 후부 디스크 후면까지 단 0.1도도 오르지 않는다는 반론이었다. 그는 이 같은 내용을 2010년 8월2일 국방부 기자 브리핑을 할 때 발표하고 보고서와 파워포인트 자료를 함께 배포했다. 국방부가 보도자료로 그의 자료를 배포하기도 했다.

송 교수는 〈천안함 어뢰 "1번" 글씨 부위 온도 계산〉[104]이라는 보고서에서 폭발 직후 가스의 온도를 구해보니 '3276K(3003℃)'이며, 그 압력은 1만 9900기압이고, 초기 버블의 체적을 151리터의 구로 보고 그 반경(반지름 R)을 계산하면 0.33미터가 된다고 설정했다. 또한 송 교수의 계산식에는 정적비열 분의 정압비열, 즉 '정압비열/정적비열의 값'인 γ(감마)가 등장한다. 여기서 비열이란 어떠한 물질(고체, 액체, 기체 포함)의 온도를 $1^\circ C$ 높이는데 필요한 열량을 말한다. 물의 경우 1g의 물을 $1^\circ C$ 높이는데 필요한 열량은 1cal이므로 물의 비열은 1이다. 온도가 변하면 부피와 압력이 변한다. 여기서 압력을 일정하게 했을 때 측정한 비열을 정압비열, 부피를 일정하게 측정했을 때의 비열을 정적비열이라고 한다. 또한 '정압비열/정적비열'의 값을 기체의 비열비, 단열비라고 하며 지수(제곱값)로 쓰인다. 이 값에 대해 송 교수는 "온도에 따라 다소의 차이가 있으나, 대략 1.3 정도"라고 썼다. 송 교수는 폭발 직후 버블이 단열팽창을 해 비열비 값 γ가 일정할 때 'Pv$^\gamma$=const(P는 압력, v는 비체적-질량당 부피, const는 일정하다 또는 '상수'의 의미)'의 관계를 유지하며 팽창하며, 체적은 버블반경의 3승에 비례하므로 v(부피 또는 체적) 대신 r(반경)을 써서 'Pr$^{3\gamma}$=const'으로 바꿔 쓸 수 있다고 주장했다. 이에 따라 송 교수는 버블이 초기 반경 0.33미터에서 디스크까지의 거리 5.47미터를 진행해 반경 5.80미터가 되었을 때, 그 압력은 처음보다 $(0.331/5.80)^{3\gamma}=1.30\times10^{-5}$배로 감소하여 0.26기압으로 떨어진다. 또한 이때에 버블의 온도는 이상기체 상태방정식, 'Pv=RT'(R은 기체상수, T는 절대온도)에 의해 계산하면 '229K(=$-44^\circ C$)라는 저온이 된다고 송 교수는 주장했다. 송 교수는 "간단한 계산으로도 버블은 팽창하면서 급격히 온도가 떨어진다는 것을 알수 있다"고 "공기 중에서 폭약이 폭발할 때에 높은 온도와 강한 속도를 동반하여 심한 물리적, 열적 손상을 주는 것과는 다른 예측"이라고 주장했다.

이 같은 예측치가 나온 이유에 대해 송 교수는 "바닷물이 공기보다 훨씬 비중(1.03정도)이 커서, 버블이 팽창하면서 바닷물을 밀어내는 데에 그 에너지를 다 쓰기 때문"이라며 "공기 중에서는 버블을 둘러싼 공기가 운동에너지를 거의 흡수하지 못하고 따라서 고속의 충격파가 멀리까지 전달되는 데 비해 바닷물에서는 마치 자동차 엔진에서처럼 팽창일(팽창하면서 생기는 에너지)을 바닷물이 운동에너지로서 흡수하기 때문"이라고 설명했다. 이에 따라 그는 "초기의 고온 고압의 버블 상태는 처음 0.03초 이내에 급격히 사라지고 이후에는 저온 저압의 상태가 된다"며 "0.03초 에는 반경 3.9미터, 1.9기압, 220℃로 떨어지고, 0.1초에 반경 6.3미터, 0.27기압, 28℃가 된다.

송 교수는 이 같은 계산과정을 거쳐 "'1번' 글씨가 쓰여 있는 디스크 후면의 온도는 바닷물 온도에서 단 0.1도도 올라가지 않는다"며 "디스크의 전면도 0.0071초에 고온의 충격파(이 시점에서 604℃)가 닿는 순간부터 급격히 온도가 상승되나 이후 가열량이 현저히 떨어지면서 0.0145초에 5.46℃를 피크로 천천히 냉각된다"고 썼다. 그 이유에 대해 송 교수는 "첫째, 버블 내 화염의 고온상태가 오래 지속되지 않는다는 것"과 "둘째, 이 디스크 앞면의 열이 뒷면까지 전달되는 시간이 몇 분가량이 걸리는데, 지금 실제로 반응이 일어나는 시간은 1초도 채 안 되는 짧은 시간에 일어나기 때문에, 전혀 앞이 뜨거워졌다는 사실이 뒤에 전달되지 않는다는 것"을 들었다. 송 교수는 이 같은 주장을 정리해 이듬해 논문을 내놓기도 했다.

이에 대해 이승헌 교수는 8월 5일 온라인 '한겨레훅'에 "1번 어뢰 안 탈 수 있다는 주장은 틀렸다"는 반박 칼럼을 통해 송 교수가 사용한 방정식인 'Pv$^{\gamma}$＝C(const:상수)'에 대해 "이상기체가 버블 안과 밖의 압력이 언제나 동일하게 유지되면서 팽창이 비교적 천천히 일어나는 가역적인 과정을 거칠 때 적용하는 식"이라며 폭발물이 공기중에서 터졌을 경우 가역적일 때와 비가역적일 때를 비교했다. 이 교수는 우선 가역적일 경우에 대해 "송 교수의 초기조건을 쓰면 폭발직후 초기버블 반지름 0.33미터에 초기온도 T_1＝3276K(섭씨 3003도)이나 어뢰길이 7m에 해당하는 곳까지 팽창했을 때 온도를 계산하면 T_2＝210K(섭씨 −63도)"라며 "얼어죽는다는 결론"이라고 반박했다.

비가역적일 경우에 대해 그는 "송 교수의 초기조건을 쓰면 폭발 직후 초기버블 내의 압력은 2만 기압에 가깝다, 대기의 기압은 1기압, 버블 내 압력에 비하면 버블 밖의 공기 압력은 진공으로 근사계산할 수 있다"며 "이런 상황에서 이상기체로 가정하면 팽창 전후 온도는 $T_1 = T_2$이므로 3000도의 기체로 사람은 화상을 입을 것"이라고 주장했다. 참고로 수중에서 폭발한다고 가정할 때 수심 9미터의 기압은 2기압이다.

이 같은 과학논쟁은 결론이 나지 않고 있는 상태이다. 물리학자(고체물리학)와 기계공학자(열전도)의 논쟁이니 따라가며 이해하는 것만으로도 힘겨운 과정이어서 일단 충실히 전달하는 데 역점을 뒀다. 대체로 둘 다 그럴 듯해 무엇이 맞고 틀린지는 모르겠으나 고성능폭약 250kg의 어뢰가 수심 6~9m에서 폭발했는데, 폭발 원점으로부터 5.8m 지점에 영하 44도의 온도가 나타날 수 있다는 계산식(이상기체상태방정식)은 당최 이해되지 않는다. 물론 간단한 계산으로 급격한 온도 저하가 발생한다는 것을 보여주기 위함이겠으나 과학을 안다는 사람도 의문을 제기하는데, 잘 모르는 이들은 더할 것이라는 점은 불문가지다.

5년 만에 사라진 문제의 잉크 성분

다음은 잉크 성분에 관한 의문이다. 어뢰추진체 '1번' 글씨의 중요성에 대해 당국은 '1번'이 적혀 있었다는 건 그걸 적은 사람이 우리나라 아니면 북한인데, 우리가 우리 초계함을 쐈을 리가 없으니 북한제 어뢰가 분명하다는 식의 논리의 근거로 사용했다. 그러나 앞서 1번이 폭발에 남아 있을 수 있는가라는 의문 외에 1번 글씨의 성분인 잉크 역시 북한산이어야 한다는 반론이 제기됐다. 그 성분은 솔벤트블루5로 드러났다. 민군 합동조사단이 지난 2010년 6월 29일 국방부 대회의실에서 열린 전국언론노동조합, 한국기자협회, 한국PD연합회 등 언론 3단체로 구성된 천안함 침몰원인 언론보도 조사발표 검증위원회 대상 설명회의 질의응답 자료를 보면 1번 잉크에 대한 분석 결과 솔벤트블루5 성분을 사용한 청색 유성매직으로 확인됐다. 솔벤트블루5는 국내뿐 아니라 전 세계적으로 사용되는 성분으로 알려져 있다.

언론검증위는 그해 7월 2일 반박자료를 내어 어뢰 잔해물에 쓰인 1번 글씨의 성분 '솔벤트블루5'에 대해 '모나미사의 유성 마킹펜용 잉크 조성물' 특허출원 자료(특허청)를 제시하며 "솔벤트블루5 색소는 국내 업체 대부분이 사용하고 있다"며 "범용 색소여서 국가를 특정하는 것은 무의미하다"고 지적했다. 노종면 검증위 책임검증위원은 "이 성분 분석결과는 사실상 '1번'으로 쓰인 것이 북한 어뢰라는 주장을 뒷받침하는 증거능력을 상실한 것"이라고 평가했다.

결국 합조단은 보고서에서 "'1번' 표기의 잉크 재질 분석을 위해 중국산 유성매직 5점을 분리분석, 비교 시험하였고, 페인트 원료에 대해서는 KIST 특성분석센터에 의뢰하여 페인트 원료 정밀분석을 실시하였으나 대부분 국가에서 유사한 원료를 사용하여 제조국 식별은 제한되었다"[105]고 시인했다. 1번 글씨의 성분을 추적하다 실패한 것이다.

문제는 이 같은 1번 잉크성분이 5년여 만에 거의 사라진 것으로 드러났다는 점이다. 폭발에도 타지 않고 남았을 뿐 아니라 바닷속에서도 크게 훼손되지 않았던 글씨 마크가 국방부 보관 5년여 만에 거의 지워져 있었다.

이 같은 사실을 가장 먼저 보도한 곳은 YTN이었다. YTN은 지난 2015년 12월 23일 새벽 5시에 송고된 〈[단독] 천안함 어뢰 추진체 훼손... 핵심 물증 1번 지워져〉[106] 리포트에서 "YTN 취재 결과, 이 어뢰추진체가 제대로 관리되지 않아 부식이 심각한 수준에 이르렀고, 핵심 물증이라던 '1번' 글자도 거의 지워진 것으로 확인됐다"고 보도했다. YTN은 5년여가 흐른 지금, 국방부 조사본부에 있는 천안함 기념관의 유리관에

지워진 1번 글씨. 사진=2015년 12월 23일 YTN 뉴스 갈무리

진열된 어뢰추진체를 보여주면서 "심하게 녹이 슬어 있다"며 "프로펠러와 추진모터, 조종장치 모두 공기 접촉으로 인한 부식으로 시뻘겋게 변했다"고 묘사했다. YTN은 "군데군데 녹가루가 흩어져 있고, 추진체에 붙어 있던 알루미늄 산화물도 떨어져 나가고 있다"며 "특히 천안함 피격의 상징이었던 추진부 안쪽 '1번'이란 글자가 산화로 거의 지워져 버렸다"고 보도했다.

YTN은 "부식을 막으려면 녹을 제거하고 약품을 바른 뒤 질소를 채워 진공 상태로 보관해야 한다"고 주장했다. YTN은 "북한은 5년여가 흐른 지금도 천안함 피격을 부정하고 있는데, 이를 반박할 중요한 역사적 사료인 어뢰추진체는 속절없이 훼손돼 가고 있다"고 주장했다.

국방부는 보도된 당일 오전 입장을 내어 "어뢰추진체는 국방부 조사본부 천안함 유리전시관에 보존되어 있으며 1번 글자가 퇴색되고 있는 것은 사실"이라면서도 "어뢰추진체는 재판의 증거물로써 증거물특수처리(산화·글자퇴색방지) 시 증거물 변형, 훼손, 조작 등 논란을 야기시킬 수 있다"고 밝혔다.

국방부는 "어뢰추진체 증거물 보존과 관련해 서울중앙지방법원 공판에서 서울중앙지검 담당검사 및 변호인측의 증거물 훼손방지요구가 있었다"며 "향후, 서울중앙지검 담당검사와 증거물 특수처리(산화·글자퇴색 방지)에 대하여 지속적으로 논의할 예정"이라고 덧붙였다.

이와 관련해 그해 10월 서울중앙지법 형사합의36부(재판장 이흥권 부장 판사)가 어뢰추진체 증거조사 및 천안함 선체 현장검증 과정에서 촬영한 어뢰추진후부의 1번 글씨를 봐도 이미 희미해져 있는 것으로 나와 있다. 피고인인 신상철 전 민군합동조사단 조사위원의 변호인이 촬영한 사진 에도 1번 글씨가 희미해져 있었다.

이미현 참여연대 평화군축센터 팀장은 그해 12월 28일 《미디어오늘》 과 나눈 인터뷰에서 "어뢰 외부의 페인트가 타버릴 정도였다면 그 안의 유성잉크로 된 1번 글씨도 타야 하는데도 살아남았다"며 "더구나 두 달 넘게 바닷속에 있었으며, 철이 부식되는 동안에도 살아남았다"고 지적 했다.

이재화 국방부 조사본부 과학수사연구소 감정지도평가과장은 "신상 철씨 재판과 관련해 손을 댈 수가 없으니 약품처리나 보존처리 조치할 수 없었다"며 "하지만 5~6년이 다 돼가 잉크로된 글씨가 퇴색되는 것은 우리가 설명할 수 없다"고 밝혔다.

이 과장은 "문서에 쓰이는 잉크 관련 전문가들한테 물어봐도 '퇴색을 막을 수가 없다, 자연적으로 시간이 지나면 퇴색된다'고 한다"며 "언제부 터 지워졌는지 알 수는 없다. 6년이라는 세월이 흐르지 않았느냐"고 말 했다.

그러나 9개월 전인 2015년 3월 《뉴스타파》 취재진이 국방부 조사본 부를 현장 취재했을 때 보여준 어뢰추진체의 1번 글씨는 이 정도로 사라 졌다고 보기 힘들다는 견해를 내놓기도 했다. 최승호 《뉴스타파》 PD는 12월 28일 나와 나눈 인터뷰에서 "지난 3월에 가서 봤을 때는 1번 글씨 가 지워지고 있다는 인상을 받지 못했다"며 "다만 과거보다는 뭔가 녹도 많이 슬긴 했다"고 말했다. 함께 취재한 심인보 《뉴스타파》 기자는 "당시 촬영은 못 했지만, 내 기억으로는 1번 글씨가 지워지지 않았다"며 "유리상자와 같은 곳에 넣어둔 1번 어뢰의 1번 글씨는 그때는 안 지워졌다. 식별이 가능했었다"고 말했다.

이에 대해 김준락 당시 국방부 대변인실 총괄장교(중령)는 같은 날 인터뷰에서 "인위적으로 지운 것 같지는 않다"고 밝혔다.[107]

애초 국방부는 2010년 합조단의 중간조사결과 발표 이후 용산 전쟁기념관으로 옮겨 일반에 공개했으나 일부 블로거(닉네임 '가을밤')에 의해 프로펠러 구멍 안에 가리비가 들어 있는 장면이 촬영되는 등 의아한 모습이 드러나자 그해 연말 이를 국방부로 회수해갔다. 그리고 전쟁기념관에는 모조품을 설치했다. 6개월 안팎으로 1번 어뢰를 전시하던 전쟁기념관은 그 이후부터 6년째 가짜 어뢰를 전시 중이다. 이 어뢰 모조품은 천안함 사고 해역에서 수거했다는 이른바 1번 어뢰추진체 형태와 거의 동일하게 제작됐다. 일반인들은 자세히 들여다보지 않으면 진품과 헷갈릴 수 있을 정도로 유사하다. 붉은 빛이 덜 띄고 표면이 거친 1번 어뢰 샤프트(추진축)와 달리 모조품 샤프트는 매끄럽게 돼 있다. 표지를 잘 읽어보면 어뢰 모형이라고 쓰여 있다.

이렇게 1번 어뢰에 대한 일반인의 접근까지 차단한 국방부는 정작 결정적 증거라 호들갑을 떨던 문제의 '1번' 글씨 하나 제대로 관리 하지 못했다. 관리 부실이든, 의도적인 방치 또는 외면이든 1번 글씨의 증거능력과 군에 대한 신뢰는 더 떨어질 수밖에 없다.

어뢰 부식 상태와 관련된 의문

천안함 선저에서 폭발하고 남은 잔해라는 1번 어뢰추진체가 공개된 이후 일반적으로 느꼈던 의문점은 폭발 후 해저에 50일 가라앉았다고 저렇게 부식이 될 수 있느냐는 것이었다. 일각에서는 사고 해역에서 막 건져 올렸을 때엔 녹이 덜 슬어 있었으나 공기 중에서 급격히 부식이 이뤄진 것이라는 주장도 있다. 그러나 이런 육안 판별은 객관적이라고 하기 어렵다. 가장 좋은 방법은 실험을 해보는 것이지만 국방부는 제대로 된 실험을 하지 않고 유야무야 넘어갔다. 해난 구조 전문가인 이종인 알파잠수기술공사 대표와 같은 민간인이 인천 앞바다 뻘에 알루미늄과 철 조각을 50일간 묻어두는 실험을 했다. 국방부는 이만큼의 실험도 하지 않은 채 천안함 선체와 어뢰추진체의 부식 상태가 비슷하다고 주장하는 것을 넘어서지 못했다. 그렇기 때문에 7년이 흐른 지금까지도 이 의문은 해소되지 않고 계속 이어져왔다.

국방부 합동조사단이 2010년 9월 내놓은 보고서에서 합조단은 세 명의 전문가에게 육안검사를 하도록 한 결과 그런 결론을 냈다고 다음과 같이 기록했다.

아울러 어뢰 추진동력장치와 선체의 부식 정도에 대한 비교 분석을 위해 함수 및 함미의 파단면과 증거물에서 시료를 채취하여 서울대학교(권동일 교수), 강릉원주대학교(최병학 교수), 국립과학수사연구소(김의수 박사)에서 합동으로 육안검사 결과 어뢰 추진동력장치 철부분(고정타)과 선체 철부분의 부식 정도는 유사한 것으로 확인하였다"[108]

그런데 합조단은 보고서를 내기 몇 달 전 하고 있다던 실험 결과에 대해서는 보고서에 수록하지 않았다. 합조단은 2010년 6월 7일 '어뢰의 부식 상태와 함체의 부식 상태가 상이하다'는 천안함 언론검증위의 의혹 제기에 대한 반박자료에서 "어뢰와 함체의 부식 상태에 대해 서울대학교 권동일 교수 등 4명의 육안식별 결과 어뢰와 함체의 부식 정도는 유사한 것으로 판단되었으며, 가속화 실험법으로 정확한 부식 기간을 감정 중이며 6월 말경 결과가 확인될 예정"이라고 설명했다. 가속화실험법에 대해 합조단은 "용존산소와 온도조건을 설정하여 실험하는 것을 말하며, 소요 기간은 4~5주"라고 썼다.

그러나 그 결과는 불가능했다는 것이다. 그런데도 합조단은 감정 중이라고 보도자료를 냈다. 그것도 이런 답을 3개월이 지난 뒤 최종결과를 발표하는 자리에서야 했다. 그해 9월 13일 국방부에서 열린 민군합동조사단의 최종조사결과보고서 발간 및 발표 기자회견에서는 아래처럼 불가능했다고 얼버무렸다.

〈2010년 9월 13일 합조단 보고서 발표 회견 질의응답〉

– 김보근 한겨레 기자: "6월 초에 말씀하실 때, 가속화실험법이라는 것을 통해서 부식 정도를 6월 말에 발표하겠다고 말씀하셨는데 여태까지 발표 안 하셨고, 최종보고서에 가속화실험법 결과가 나왔는지, 이미 나왔어도 더 나올 시간인데 어떻게 된 건지 궁금합니다. … 가속화추진법에 대해서 설명해주십시오."

= 윤종성 합조단 군측 단장: "… 그다음에 부식 가속화시험법에 대해서 말씀하셨는데, 이것은 이미 전문가들에게 의뢰를 했는데 불가능하다는 답변을 얻었어요. 그래 가지고 의혹 및 쟁점사항은 아까 말씀드린 대로 만화에 다 수록을 했는데 육안으로 한번 보시면 아마 누구나 다 구분될 겁니다. 그렇게 이해를 해주시면 되겠습니다. 한번 의혹 쟁점사항을 담은…"

– 김보근 한겨레 기자: "6월 7일 보도자료에 의하면 가속화결정법에 의해서 6월 30일 정확하게 나온다고 말씀하셨는데, 그러면 그때도 전문가들로부터는 안 나온다는 얘기를 했는데, 그렇게 보도자료를 냈습니까?"

= 윤종성 합조단 군측 단장: "저희들이 의뢰를 할 때 가속화실험법하면 가능할 것이라고 답을 얻었었죠. 그래서 의뢰서 했는데 진행을 보다보니까 그런 어려움이 있다, 과학적으로. 그렇게 해서 저희들이 지난번 때도 발표를 해드렸고, 그래서 저희들이 육안 식별하는 것은 5월 15일날 한

것 하고, 그다음에 82일 후에 저희들이 사진 찍은 것과 같이 해서 제시를 했습니다. 그렇게 이해해주시면 되겠습니다."

- 김보근 한겨레 기자: "추가 질문 드리겠습니다. 최대 녹슨 정도가 1~6배 정도 차이가 난다고 하셨는데, 그러면…"
= 원태재 국방부 대변인: "죄송합니다. 지금 여러분이 하셔야 하는데, 거의 (질문을) 독차지하고 있습니다. 이것은 논쟁하는 자리가 아니라, 가능한 답변을 우리가 듣고자 하는 자리기 때문에, 과학적으로 실험한다고 해서 모든 질문에 다 답변할 수 있는 것은 아닙니다. 과학적으로 검증이 안 된 부분도 있을 수 있고, 그것은 우리가 대화를 통해서 하는 것이지, 일방적으로 또 억지로 답변할 수는 없는 것입니다. 양해해주시기 바랍니다."[109]

부식실험 의뢰를 할 때 가속화실험법으로 하면 가능할 것이라고 답을 얻어서 진행해보니 불가능하다, 과학적으로 어렵다고 해서 결국 실험결과가 어떻게 됐는지, 계속 진행을 했는지도 밝히지 않은 것이다. 가속화실험법으로 감정 중이라고 했다면 어떻게든 그 결과는 있을 텐데 '불가능하다'는 답을 얻었다는 것 이상은 말하지 않았다. 이는 '실험을 통해 파악하는 것이 불가능하니' 실험을 중단했다는 뜻인지, 아니면 자신들의 예상과 다른 결과가 나와서 그런 것은 아닌지 의심만 잔뜩 남기고 끝났다.

이와 관련해 그에 앞서 2010년 6월 11일 열린 국회 천안함 특위 3차 회의에서 안규백 위원(민주당 의원)이 부식뿐 아니라 1번 글씨 작성 시기를 파악할 수 있는 방식을 제안하기도 했으나 국방부는 검토하겠다고만 하고 그 후 아무 얘기가 없었다. 다음은 질의답변 요지이다.

⟨2010년 6월 11일 국회 천안함 특위 3차 회의 질의응답⟩
- 안규백 위원(민주당 의원): "더 가장 과학적인 조사가 있어서 드리는 말씀

입니다. 대전에 있는 한국원자력연구소에 의하면 지금 말씀하신 우리 합조단에서 했다는 검사방법, X선 회절법 이것은 올드패션입니다. 이것은 구법입니다. 중성자 회절법이라는 게 있습니다. 중성자 회절법, 그것 적용시키면 파편에 대한 묻어 있는 것, '1번' 글자 잉크에 대한 분석, 부패 시기, 쓰여진 시기, 이런 것들을 아주 치밀하고 정치하게 알 수 있다는 거예요. 그런데 왜 보다 과학적이고 최첨단 기법을 안 쓰고, 올드패션인 지나간 구법을 쓰는 게 이유가 뭡니까?"

= 김태영 국방부장관: "그것은 한번, 지금 좋은 것을 많이 알려 주셨는데 그런 방법도 한번 검토를 하겠습니다."

─ 안규백 위원: "그러니까 알루미늄 같은 잔해물 있지 않습니까, 이런 것? 이것도 명확히 알 수 있고 어뢰 파편의 성분, 시기, 언제부터 녹이 슬었나, 이것이 중성자 회절법을 사용하면 바로 알 수 있다는 거예요."[110]

국방부가 이런 방식이라도 써서 어뢰 부식 상태에 대한 의문을 해소하고자 했을까. 실제 부식실험이나 이 같은 정밀한 실험은 하지 않았다. 그런데 불가능하다고 답변했던 가속화실험을 했다는 일부 언론보도가 그로부터 5년 지난 뒤에 있었다.

《뉴스타파》는 지난 2015년 3월 25일 〈부실조사로 얼룩진 결정적 증거〉[111]에서 부식검사에 참여한 전문가를 만나 어떻게 한 것인지 답변을 들었다.

= 부식검사 참여 전문가: "저는 개인적으로 그 부분이 충분히, 그 한 달 반인가요, 당시 40일 정도 소요하면 나타날 수 있는"

─ 심인보 《뉴스타파》 기자: "육안으로 봤을 때요?"

= 부식검사 참여 전문가: "똑같은 알루미늄 시편(실험용 금속 조각)을 가지고 대략 천안함이 뻘에 있는 그 상황을 재현할 수 있는, 물론 가속 시험

을 해야 하지만, 그에 따라 실제 부식이 될 거냐 안 될 거냐."

《뉴스타파》는 "육안 검사와 가속화실험 방법을 통해 어뢰추진체의 부식 기간이 50일 정도라는 결론을 내렸다는 것"이라며 "가속화실험은 염분의 농도를 올리거나 온도를 올리는 등 실제보다 더 부식에 유리한 조건을 설정한 뒤 시료를 빠르게 부식시키는 조사방법"이라고 방송했다. 뉴스타파 취재 결과 가속화실험법을 하기는 했다는 것이다. 그런데 어떤 방식으로 50일 정도로 일치하는지에 대해서는 나와 있지 않다.

이와 관련해 한국원자력안전기술원의 금속부식전문가인 장순식은 《뉴스타파》와 나눈 인터뷰에서 "짧은 시간 내에 장기간의 결과를 알고자 할 때 시도하는 방법이 가속화실험으로, 어쩔 수 없을 경우에는 가속화실험을 해서 이게 정답일지 아닐지는 몰라도 이런 경향을 보이더라 하는 정도지 정확한 수치를 알아내기는 쉽지 않다"고 지적했다. 《뉴스타파》는 "실험기간이 50일 정도로 짧은 때는 추정치에 불과한 가속화실험보다는 같은 조건의 바다에서 같은 금속으로 실험해보는 실제 부식실험을 해야 한다는 것"이라며 이런 실험을 했는지에 대해 정보공개를 요청했으나 국립과학수사연구원과 국방부는 모두 서로 미루며 정보 제공을 거부했다고 전했다.

그러나 《뉴스타파》 취재진은 다른 전문가를 통해 '실제 부식실험'을 하지 않았다는 답을 얻었다고 방송했다.

= 부식조사참여 전문가: "제일 쉬운 게 뭐였었냐면 그 당시에, 알루미늄 똑같은 재질을 갖다가, 그 재질이 있었어요, 제 기억에 그걸 거기다 묻어놓는 겁니다, 한 달 반 동안, 같이 묻어서 딱 보면 될 거 아니에요."

— 심인보 기자: "그럴 왜 못 했나요?"

= 부식조사참여 전문가: "그건 저도 모르죠. 제가 볼 때 그럴 만한 시간이

없었던 것 같아요. 그 당시에. 일정이 다 잡혀 있었잖아요."

— 심인보 기자: "그럼 한 달 반 만에 일어날 수 있는 부식이라는 것은 당시 모였던 전문가 분들의 의견이군요. 확실한 데이터가 아니고요."

= 부식조사참여 전문가: "모의실험을 한 달 반 해야 할 것 아니에요. 똑같은 조건으로 하려면 그런데 그 당시 한 달 반이라는 시간이 주어지지 않았잖습니까?'

심인보 기자는 방송에서 "결국 국방부는 결정적 증거라던 어뢰의 부식 상태를 밝혀낼 수 있는 간단한 실험조차 하지 않은 채 5년 동안 믿어달라는 말만 반복해온 것"이라고 비판했다.

민간에서 진행된 50일 부식실험

국방부는 간단한 부식실험조차 이런저런 핑계를 대며 하지 않은 반면 민간에서는 실제 부식실험이 진행됐다. 이종인 알파잠수기술공사 대표는 민군합조단이 중간조사를 발표하고 나흘 뒤인 2010년 5월 24일 자신의 사무실이 있는 인천 중구 항동 인천 앞바다 펄에 알루미늄과 철, 스테인리스 조각(시편)을 각각 묻었다. 그 뒤 51일째가 되는 그해 7월 13일 묻었던 곳에서 건져 올려 금속 조각의 상태를 살펴봤다. 51일 동안 인천 앞바다 펄 안에 묻혀 있던 철 조각의 부식 상태는 묻기 전과 차이가 거의 없었다. 부식이 거의 진행되지 않은 것으로 나타났다. 나도 그날 오후 현장에 가서 직접 확인했다.

대부분 금속 조각들은 어뢰추진체와 달리 극심한 부식이 이뤄지지 않았다. 실험 장소인 인천 앞바다 펄은 만조 때 수심 8m까지 올라오는 곳이며, 수거한 시각은 이날 낮 12시로 펄이 드러났을 때였다. 어뢰추진체와 유사한 금속을 유사한 조건에 동일한 기간 동안 묻어두고 얼마나 부식이 일어나는가 실험한 것은 그때가 처음이었다. 추후 합조단이 이런 유사 실험이라도 했는지는 알 수 없다.

민간에서 진행된 부식실험에 사용된 금속 조각 가운데 알루미늄의 경우 거의 녹이 슬지 않았으나 조각의 극히 일부분에서 약간 하얀 꽃무늬 같은 흔적이 발견된 곳도 있었다. 이종인 대표는 이를 두고 알루미늄이 산화된 것이라고 설명했다. 앞서 처음 묻기 직전(5월 24일)에 금속 조각 중 열을 가했던 금속의 경우 검게 뭉개져 있었다. 합조단이 공개한 어뢰추진체의 알루미늄 재질로 제작된 검은색 프로펠러(스크루)에 흡착물질이 온통 하얗게 뒤덮여 있던 것과는 큰 차이를 보였다. 철 조각의 경우 검게 녹이 슬어 있었다. 물로 펄을 닦아낸 뒤 공기 중에 놓아두니 불과 20여 분 만에 검게 슨 녹이 일부 노랗게 변하기도 했다. 합조단이 공개한 어뢰추진체 수거물 가운데 철 성분으로 돼 있는 샤프트(추진축)가 거의 붉게 변해 있던 것과 비교하면 큰 차이가 난다. 어뢰추진체의 부식이 훨씬 심각한 상태였음을 알 수 있는 결과이다. 스테인리스 조각의 경우 일부 검게 변한 곳이 있었으나 대체로 큰 부식은 없었다. 또한 알루미늄 조각에 매직으로 실험날짜를 써놓은 글씨 일부는 알루미늄 표면이 산화

이종인 대표가 인천 앞바다에서 실시한 부식실험 결과 사진. 사진=이치열 《미디어오늘》 기자

함에 따라 사라지기도 했다.[112]

한편 러시아조사단이 당시 작성한 것으로 알려진 보고서 요약본은 천안함 사고 해역에서 발견됐다는 어뢰추진체의 부식 정도가 6개월 이상이라고 평가했다.

지난 2010년 7월 27일 《한겨레》가 입수해 보도한 '러시아 해군 전문가그룹의 천안함 검토 결과 자료'(러시아 조사단 보고서 요약)를 보면, 러시아 조사단은 "제시된 어뢰의 파편을 육안으로 분석해볼 때, 파편이 6개월 이상 수중에 있었다고 볼 수 있다"고 진단했다.

수거 직후 어뢰추진체 부식 상태에 대한 재판부의 일방적인 결론

이렇게 부식 상태에 대한 의문을 누구나 갖고 있는 데도 이런 문제점을 실제로 가장 오랫동안 주관해온 법정에서 일방적인 결론을 냈다. 수거 직후 동영상을 보면 어뢰추진체의 부식 상태가 그렇게 심하지 않으며, 천안함 선체의 부식 정도와 유사하다는 것이다. 합조단이 보고서에 썼던 내용을 그냥 가져다 베낀 수준이다.

지난 2016년 1월 25일 신상철 전 민군합동조사단 민간조사위원의 명예훼손 소송 1심 선고 당시 서울중앙지법 형사36부(재판장 이흥권 부장판사)은 판결문에서 이렇게 판단했다.

… 만약 피고인의 주장과 같이 어뢰추진체가 오래 전부터 해저에 있었던 것이라면 폭발 원점 해역에서 발견된 이유와 다음에서 보는 바와 천안함 선체 철부분의 부식 정도와 어뢰추진체 추진후부의 부식 정도가 유사한 이유를 설명하기 어렵다.

4) 어뢰추진체의 부식 정도가 50여 일 동안 바다에 있다고 보기 어려울 정도로 심하게 부식된 것이 아니냐는 의혹도 제기되었다. 그러나 어뢰추진체 인양 당시의 동영상 등에 의하면, 어뢰추진체의 부분별로 녹이 슨 정도

가 달라 보이기는 하나 전체적으로 추진후부 등이 심하게 녹이 슬었다고는 보기 어렵고, 인양 후 공기 중에 노출되면서 급격히 산화된 것으로 보인다. 합조단은, 철의 부식이 열처리 등 가공 조건과 도포 여부 등에 따라 달라지므로 어뢰추진체와 선체의 부식을 정밀분석하더라도 의미가 없다고 판단하여 정밀감식을 하지는 않았으나, 앞서 본 바와 같이 부식 정도에 대한 비교 분석하여 어뢰 추진동력장치의 철 부분(고정타)과 선체 철부분의 부식 정도가 유사한 것은 확인하였다. 또한, 이러한 어뢰추진체의 부식 상태와 더불어 샤프트가 폭발 충격으로 휘어져 있는 상태까지도 고려하면, 천안함 사고 무렵 어뢰추진체를 일부러 바다에 빠뜨려 둔 것이 아니냐는 음모론은 설득력이 없다.[113]

재판부는 동영상 등을 보니 추진후부가 심하게 녹이 슬었다고는 보기 어렵고, 인양 후 공기 중에 노출되면서 급격히 산화된 것으로 보인다고 추정했다. 합조단이 철의 열처리 등의 조건에 따라 달라지므로 정밀분석해도 의미가 없다고 판단했다면서 선체와 어뢰의 부식 정도가 일치한다는 것은 무엇을 근거로 비교분석했다는 것인지는 교묘하게 뺐다. 정밀분석해도 못하는 것을 어떻게 비교분석했다는 말인가. 게다가 누가 어뢰를 바다에 빠뜨렸다고 했는지도 묻지 않을 수 없다. 누가 바다에 버렸건 몰래 조작을 했건 그것이 중요한 것이 아니다. 국방부가 건져 올렸다고 하는 어뢰추진체가 천안함 선저 아래에서 폭발한 그 어뢰추진체가 맞는지에 대한 의문을 검증하는 것이 재판부가 법정에서 반드시 해야 할 임무 중의 하나였다.

국과수 연구원이 분석한 어뢰부식 연구내용 왜 감추나

이와 관련해 국립과학수사연구원(국과수) 소속 연구원이 천안함 관련 토론회에 참석해 어뢰추진체의 부식 기간과 관련된 발표를 한 사실이 있었다. 그는 국과수 소속 김의수 박사이다. 합조단 보고서에도 합조단으로부터 부식 관련 시료를 받아 육안검사를 한 3명의 학자 중 한 사람으로 적혀 있기도 하다. 김 박사는 대한기계학회가 지난 2010년 11월 3일부터 5일까지 'ICC 제주'에서 열린 추계학술대회에서 '어뢰 부식층 두께 측정을 통한 시간 추정에 관한 연구'라는 주제로 발표를 한 것으로 확인됐다.

김성권 국과수 홍보담당 주무관은 2015년 9월 21일 나와 나눈 인터뷰에서 "김 연구원은 자신이 학술대회 때 (어뢰 부식 기간 관련) 발표한 것도 사실이며, 합조단 일원으로서 조사한 것도 사실"이라며 "합조단 보고서 내에 이런 연구를 한 것이 담겨 있다고 말했다"고 전해줬다. 어뢰 부식 여부에 대해서는 국방부 측에서 국과수에 공개하지 말라는 의견을 내놓았다고 국과수는 전했다. 김성권 국과수 연구기획과 홍보담당자는 "과거 일부 기자(심인보 《뉴스타파》 기자)가 정보공개를 청구해온 것이 있어 관계기관의 의견을 물었더니 국방부가 '재판에 영향을 줄 수 있기 때문에 공개하지 말라'는 답변이 왔다"며 "이 때문에 지금까지 우리는 재판이 끝난 뒤 공개하겠다는 입장"이라고 말했다.[114]

이종인 "수거 직후 어뢰 동영상 봐도, 3년 이상 돼 보여"

신상철 전 위원 천안함 재판의 1심 재판부가 어뢰 부식 정도를 두고 동영상을 보니 별로 녹이 슬어 보이지 않는다고 주장한 것에 대해 이종인 알파잠수기술공사 대표는 다른 견해를 내놓았다.

이종인 대표는 2017년 1월 13일 수거 직후 촬영했다는 동영상을 다시 본 후 나와 전화 인터뷰를 했다. 그는 2010년 5월 20일 처음 어뢰추진체를 공개했을 때보다 닷새 전인 5월 15일 처음 쌍끌이어선에서 수거한 직후 촬영한 영상에 나온 어뢰추진체 모습에 대해 "영상에서 어뢰추진체의 부식 상태도 무진장 오래된 것"이라며 "프로펠러에 하얀 게 나올 정도면 적어도 3년 이상 돼야 한다. 저런 알루미늄은 부식이 잘 안 되는 알루미늄인데도 저 정도의 꽃이 피려면 3년 이상 물속에 있어야 가능하다"고 말했다.

이와 달리 합조단은 어뢰추진체 프로펠러 등에 붙은 하얀 흡착물질에 대해 어뢰 폭약이 폭발한 후 생성된 비결정질 알루미늄 산화물이 흡착된 것이고 발표했다. 이 대표는 "철로된 샤프트 쪽도 모두 3년 이상이 돼야 저렇게 녹이 슬 수 있다"고 주장했다.

흡착물질은 폭발물질인가, 부식물질인가

천안함 선체와 어뢰추진체에서 채취했다는 백색 분말, 이른바 흡착물질은 해당 어뢰가 천안함을 파괴했다는 과학적 증거라며 합조단이 강조한 증거물이다. 선체와 어뢰추진체에서 발견됐으며, 모의폭발실험에서도 동일한 성분이 나타났기 때문에 폭발의 결과로 생성된 폭발물질이라는 것이다. 비결정질 알루미늄 산화물이라는 이름의 폭발재라는 것이 합조단의 설명이었다. 합조단의 보고서는 전자현미경 사진SEM과 에너지 분광EDS, X선 회절XRD 등 과학적 분석방법에 따른 데이터를 다량 수록했다.

합조단이 과학적 분석을 통해 어뢰폭발을 입증했다는 '과학적' 주장은 여러 과학자로부터 가장 많은 비판을 받았다. 물질에 대한 분석도 잘못됐을 뿐 아니라 데이터에 대한 조작도 감행했다는 혹독한 비판이었다. 폭발물질이 아닐 수 있다는 반대 연구결과까지 나왔다. 합조단이 이 물질에 대한 분석을 끝내지 못한 채 발표했다고 시인한 사실이 들통 나기도 했다. 더구나 미군측 조사단은 폭발물질이 아닐 수 있으니 보고서에서 빼거나 뒤쪽으로 옮기라는 제안을 하기도 했다. 결국 흡착물질은 합조단의 과학적 분석이라는 말 자체가 무색해지는 사례가 됐다. 공개적인 장소에서 의문을 제기한 학자들과 공동으로 실험을 해보자는 제안이 여러 차례 있었지만 합조단과 국방부는 이를 받아들이지 않았다.

흡착물질의 존재와 그 의미에 관심을 갖게 된 계기는 2010년 5월 20일 합조단의 천안함 침몰원인 중간조사결과 발표 기자회견장에서였다. 하지만 이날 합조단의 조사결과 발표문을 보면 어디에도 흡착물질이라는 말은 들어 있지 않다. 더구나 몇 달 뒤 발표한 합조단 최종 조사보고서 맨 앞장의 침몰 원인 요약본에도 흡착물질에 대한 언급은 없다. 보고서 중간 '분야별 세부분석 결과'에 반 페이지 분량의 언급(139~140쪽)과 함께 부록 중 'Ⅴ. 흡착물질 분석 결과'(Ⅱ에도 일부 포함)에 수록돼 있을 뿐이다.

2010년 5월 20일 기자회견장 상황으로 다시 돌아오자. 이날 회견에서 박정이 군측 단장이나 윤덕용 민간 조사단장의 모두 발언이나 발표문에는 '선체손상 상태' '백령도 초병 진술 및 생존자 진술' '사체 검안 결과' '지진파 공중음파' '폭발 시뮬레이션' '백령도 근해조류' '어뢰설계도와 어뢰의 1번 한글표기' '다국적 연합정보분석TF 분석결과' 등이 들어 있었고, 북한산 CHT-02D(1번 어뢰) 폭발이 천안함 침몰의 원인이었다. 이 자리에서 기자들의 질의가 이어지자 그제야 과학적 분석결과라며 흡착물질에 대해 적극적인 설명을 내놓았다. 다음의 기자 질의와 답변 요지를 잠깐만 봐도 많은 연구를 한 것처럼 보인다.

⟨2010년 5월 20일 천안함 민군합동조사단 조사결과 발표 질의응답⟩
 ― 김대경 MBC 기자: "보인 어뢰 파편이 침몰 해역 부근에서 발견됐다는 점과 북한 것으로 추정된다는 것으로 일단 천안함을 공격한 어뢰라고 볼 수도 있는데, 좀 더 정확하려면 이 어뢰가 바로 그 공격한 바로 그 어뢰인지를 알려면 상식적으로는 지금 부식이 되어 있는데, 바닷물에. 부식의 정도라든지 천안함 절단면 부식의 정도나 그 비교를 할 필요가 있겠고, 또 하나가 이와 관련된 화약이라든지 여러 부분이 함체 절단면이라든지 수거한 것과 비교하면 동일한 것으로 판단할 수 있겠는데, 그런 설명이 없었거든요? 그런 설명을 부탁드립니다."

= 이근득 합조단 폭발유형분석팀 박사: "인양된 천안함에서 다량의 흰색 물질이 흡착되어 있는 것을 보았습니다. 이와 유사한 현상이 결정적 증가물인 어뢰의 프로펠러 그리고 모터에서도 발견되었습니다. 흡착물질 분석을 위해 선체 8군데, 증거물 2군데에서 흡착물질을 채집하였습니다. 흡착물질의 성분분석과 함께 수중폭약의 폭발재 성분을 함께 비교·검토하였습니다. 수중폭약 폭발재를 얻기 위해 소규모 수중폭발 시험을 실시했습니다. 사용된 수조는 넓이가 2m, 폭이 1.5m 높이가 1.5m로 해수 4.5톤이 담깁니다. 사용된 폭약은 RDX 등으로 15g이 사용되었습니다. 이와 같은 수조 위에 폭발재를 회수하기 위해서 상부에 알루미늄판지를 거치하였습니다. (모의실험 결과 동영상 상영 후) 흡착물질은 수분을 제외한 나머지 대부분이 비결정상의 알루미늄 산화물로 밝혀졌습니다. 또 다른 중요한 점은 일부 흑연이 검출되었습니다. 일반적으로 알루미늄이 부식될 때 결정성 산화알루미늄이 생성됩니다. 흡착물질에서 발견된 비결정 알루미늄 산화물의 특징은 빠른 시간 내에 급격한 에너지를 받아서 생성되거나 또는 높은 온도에서 급격한 냉각을 통해서 비결정성 알루미늄 산화물을 얻을 수 있습니다. 흑연의 경우에는 고온·고압에서 생성되는 물질입니다. 이러한 물질들은 수중화약이 폭발될 때 얻을 수 있는 폭발재 성분입니다. 에너지 분광기 분석결과 함수, 함미 선체 흡착물질과 어뢰 프로펠러 흡착물질의 성분분석 결과 두 개가 거의 동일하게 매치가 되고, 저희가 수중실험을 통해서 얻어둔 폭발재의 성분도 일치합니다. 다음으로 X-선 회절기를 통해서 흡착물질들의 결정성을 알아보는 그래프입니다. 보시다시피 NaCl과 SiO_2 등이 검출만 되고 알루미늄 산화물에 대한 결정성은 전혀 존재하지 않습니다. 이를 통해 프로펠러 흡착물질과 천안함 흡착물질이 동일한 폭발재 성분으로 분석이 됐습니다."[115]

이근득 박사가 한 주장의 핵심은 '비결정성 알루미늄 산화물'과 '흑연'이 검출됐다는 점이다. 또한 알루미늄이 부식될 때 생기는 결정성 알루미늄 산화물은 전혀 존재하지 않는다고 X선회절기로 실험한 결과 나타났다는 설명이다.

일반적으로 알루미늄은 산화, 즉 부식될 경우 녹이 하얗게 핀다. 어뢰뿐 아니라 일부 어선이나 소형 보트의 프로펠러도 알루미늄으로 제작되는데, 이런 선박의 오래된 프로펠러에는 하얀 반죽 같은 것이 붙어 있는 경우를 종종 볼 수 있다. 모두 부식 또는 산화돼 생긴 것들이다. 그런데 이근득 박사는 부식이 아니라고 주장한 것이다.

이어 윤덕용 민군 합동조사단장도 "지금 말씀하신 요점은 저게 하얀 흡착물이 부식 때문에 생긴 것이 아니고, 화약에 들어 있던 알루미늄 파우더가 산화되면서 폭발 후에 산화되면서 생긴 물질이라는 것"이라며 "저런 흡착물이 알루미늄 프로펠러뿐 아니라 철의 표면에도 관찰됐다. 모터 속에도 저런 물질이 있는데 모터 속은 철로 돼 있다. 스테인리스스틸의 경우 거의 부식이 안 돼 있다"고 주장했다.

윤 단장은 철로 된 어뢰 샤프트(축)의 부식 정도가 함수의 철 부식 정도와 비슷하다는 점을 들어 "이런 부식 정도와 아까 설명드린 화약에서 나온 알루미늄 등을 보아서 저희는 이것이 폭발 순간에 해저로 내려갔다고 결론을 내렸다"며 "그리고 참고로 최근 어뢰에 폭약으로서 알루미늄 파우더가 약 20~30% 흔히 쓰이고 있다"고 주장했다. 그는 "알루미늄 파우더가 폭발 위력도 증가시키지만 특히 버블을 만드는 데 효과가 있는 것으로 나타났다"고 덧붙였다.

합조단 폭발위험분과의 이기봉 준장도 이날 "흡착물질 즉, 폭약이 폭발해서 발생한 잔재들이 함수 포탑에서부터 함미 포탑에 이르기까지 대부분 파단면 일대에서 검출이 됐지만 선체 전반적인 부분에서 검출이 됐다는 것"이라고 설명했다.

하지만 이 같은 분석결과에 치명적 결함이 있다는 비판이 제기됐다. 이승헌 미 버지니아 대학교 물리학과 교수(당시 도쿄 대학교 초빙교수 겸임 ―고체물리학 분야)는 2010년 6월 초 미국 코넬 대학교에서 주관하는 과학 논문 교류 사이트에 올린 논문 〈한국 공식 조사보고서에 발표된 결정적 증거는 조작됐나〉[116]에서 자신의 연구팀이 최근 실험한 결과 합조단이 자체 실험을 통해 제시한 북한 어뢰 수중폭발의 '결정적 증거'는 조작된 데이터라고 주장했다.

합조단 분석결과를 통한 결론은 '비결정질 알루미늄 산화물이 발견된 것'이 어뢰폭발의 결정적 증거라는 것이다. 합조단이 에너지분광기로 실험한 결과에서는 선체와 어뢰 잔해 흡착물, 모의폭발실험 시 생긴 물질이 모두 동일하게 나온 반면, X선 회절기 분석을 통한 합조단의 결과에선 알루미늄 산화물의 결정질이 나타났기 때문이다. 합조단 설명대로라면 나타나선 안 되는 '결정질'이 나타난 것이다. 합조단은 6월 7일 답변 자료에서 "폭발로 인해 알루미늄 성분은 다 비결정질 알루미늄 성분으로 바뀌기 때문에 당연히 비결정질로 나타나야 한다"면서도 결정질 알루미늄 산화물에 대해서는 "실험할 때 소량의 폭약(15g)을 얹은 알루미늄 판재로부터 나온 것이지, 폭약에서 나온 것이 아니다"라고 해명했다. 흡착물질이 아닌 알루미늄 판재에서 나왔다는 것이다.

이승헌 교수는 《프레시안》 기고와 《한겨레21》과 나눈 인터뷰에서 "X선 회절기 검사를 모르는 누군가가 내놓은 답변"이라며 "X선 회절기에 들어가는 물질은 예외 없이 유리 받침 위에 올려지는데 알루미늄 판재가 들어간다는 것 자체가 어불성설"이라고 비판했다.[117]

또한 이 교수는 알루미늄을 고열과 급랭을 거치는 방식으로 자체 실험한 결과 어뢰폭발 때 보다 더 높은 고열에서도 알루미늄은 부분적으로만 산화되며 실험 뒤 생긴 알루미늄과 알루미늄 산화물 역시 '결정질'이었다고 반박했다. 이 교수는 "과학적으로 내릴 수 있는 결론은 합조단의 X선 회절기 분석 데이터나 에너지분광기 데이터 가운데 하나에 조작이나 실수라고 말할 수밖에 없는 치명적 오류가 있다는 것"이라고 주장했다.

이처럼 결정질 알루미늄 산화물이냐 비결정질 알루미늄 산화물이냐 논쟁이 벌어지는 와중에 합조단이 자체적으로 재조사를 실시한 사실이 밝혀졌다. 재조사 결과 극소량의 결정질 알루미늄 산화물이 발견됐다고 시인하기도 했다. 다음은 2010년 6월 11일 국회 천안함 특위 3차 회의에서 이정희 위원(당시 민주노동당 의원)과 이기봉 합조단 폭발유형분과장(준장)의 질의답변 요지이다.

〈국회 천안함 특위 3차 회의 중에서〉

— 이정희 위원: "흡착물 알루미늄 문제인데요. 처음에는 '산화알루미늄이 비결정질이기 때문에 폭발이다' 이렇게 설명해주셨는데 어제 제가 국방부에 어뢰를 보러 가지 않았습니까? 그랬더니 그때는 다시 설명을 바꿔서 '이제 다시 재조사를 해보니, 조금 더 자세한 검사를 해보니 함미·함수와 선체와 어뢰 프로펠러와 다 알루미늄 산화물이 결정·비결정이 다 나오더라. 그러니 이제 그것은 기준이 안 된다, 알루미늄 산화물이 나왔다는 것 자체가 폭발의 기준이다' 이렇게 말씀을 하시더라고요. 왜 이렇게 과학적인 기준이 바뀌는 것이냐? 그래서 '도대체 그러면 그 새로운 조사를 언제 하신 겁니까?' 그랬더니 '5월 27일에 조사를 했다' 이렇게 말씀을 하십니다. 제가 보고를 받은 것이 5월 31일입니다. 천안함 조사 결과 언론보도 검증위원회가 이 문제에 대해 질의하니까 6월 7일에 국방부에서는 역시 똑같이 알루미늄 산화물이 '비결정질'이기 때문에 폭발의 증거라는 것을 전제로 해서 답변을 했습니다. 과학자들께서 일을 하시는데 왜 이렇게 설명이 갑자기 과학적인 전제가 바뀝니까? 의문이 제기되면 바뀌거든요. 더구나 5월 27일에 검사했다고 했는데 그전에는

'알루미늄 산화물은 비결정이기 때문에 검출되지 않는다' 이렇게 하셨다가 27일 결정물인 산화물이 나왔네, 바뀐 겁니다."

= 이기봉 합조단 폭발유형분과장(준장): "최초 함미 인양 이후 백색 성분을 발견하고 검사하게 됐습니다. 최초 4개소 채취 검사 결과 비결정질 산화알루미늄이 검출됐습니다. 그런데 그때 사실 결정질 산화알루미늄을 발견하지 못한 것은 너무 극소량이 검출돼 발견을 못 했습니다. 함수까지 다 인양되고 또 어뢰에서 흡착물질이 발견됨으로써 그것을 나중에 '왜 비결정질만 검출됐느냐? 결정질 산화알루미늄도 발견이 돼야 하는데' 하는 의혹이 나왔습니다. 다시 추가조사를 실시한 결과, 아주 극소량의 결정질 산화알루미늄을 발견하게 된 것입니다. 결론은 폭약이 폭발해서 폭발재가 형성됐을 때는 결정질의 산화알루미늄과 비결정질 산화알루미늄이 동시에 검출이 된다고 확인했고, 결정질의 산화알루미늄은 극히 미량이라는 것을 확인할 수 있었습니다."[118]

과학적 판단의 기준이 오락가락했다는 지적이다. '비결정질 알루미늄 산화물만 나와야 한다'고 했다가 다시 조사해서 결정질도 나오니 '결정질 알루미늄 산화물도 소량으로 같이 나온다'고 바뀐 것이다. 애초 모의 수중폭발실험에서 나온 X선회절기ХRD 검사결과에서 나온 결정질 알루미늄은 덮어뒀던 알루미늄판재에서 나온 것이라고 주장했다. 이런 태도가 합조단의 과학적 조사방법 자체를 신뢰하기 힘들게 했다.

이런 의문과 과학적 반박에도 합조단은 그해 9월 발표한 보고서에서 선체 및 어뢰의 부품에 흡착돼 있는 흰색 분말은 알루미늄 소재의 부식물이 아니라 알루미늄이 첨가된 수중폭약의 폭발재인 것으로 분석됐다고 결론을 내렸다. 자세한 내용은 '부록 V. 흡착물질 분석 결과'에서 26쪽에 걸쳐 실험결과와 결론을 수록했다.

흡착물질이 천안함 선체 및 어뢰 부품의 알루미늄 소재가 부식되어 생성된 물질이 아닌 이유는 다음과 같다.

- 비알루미늄 소재에도 다량 흡착되어 있음.
- 흡착물질이 표면에 치밀하게 밀착되지 못하고 쉽게 분리됨.
- 흡착물질 자체가 단단히 결합되어 있지 않고 푸석함.
- 비결정성의 알루미늄 산화물이 주성분 물질임.
- 알루미늄이 부식되면 대부분 결정성 알루미늄 산화물이 생성됨.

또한 흡착물질이 폭발재라는 근거는 다음과 같다.

- 외부로부터 유입된 흡착물질의 주성분이 비결정성 알루미늄 산화물임.
- 수중에서 비결정성 알루미늄 산화물이 생성될 어떠한 요인도 없음.
- 흡착물질 중에 흑연이 일부 검출됨.
- 알루미늄 첨가 화약의 폭발 시 비결정성 산화알루미늄이 생성됨.
- 일반 화약의 폭발 시 비결정성amorphous 탄소, 흑연, 다이아몬드 등이 생성됨.[119]

과학자들의 거센 반론 – 폭발재 아닌 "자연, 바닷물에서 생성된 물질"

합조단의 이 같은 결론에 대해 단지 흡착물질이 결정질이냐 아니냐 정도로만 끝난 것이 아니라는 데 문제가 있다. 흡착물질의 성분 자체가 알루미늄 산화물이 아니라는 실험분석 결과가 나온 것이다.

정기영 안동대 지구환경학과 교수는 2010년 11월 KBS 〈추적 60분〉 과 《한겨레21》 등의 의뢰로 이정희 당시 민주노동당 의원으로부터 천안함 선체 및 어뢰추진체 프로펠러에서 채집한 백색 분말 시료를 제공받아 분석한 결과 해저에서 상당 기간에 걸쳐 생성됐을 것으로 보이는 비결정성 알루미늄 황산염 수산화수화물AASH('아시'라고도 함)인 것으로 파악됐다고 밝혔다. 이 물질은 100℃ 이하의 바닷물 속에서 서서히 생성될 수 있는 물질로 알려져 있다. 정 교수는 "주사전자현미경을 통해 미세구조를 분석한 결과 폭발로 생기는 '무질서하게 쌓이는 흡착'이 아니라 순차적으로 쌓인 침전의 형태였으며, 바닷물 속에 녹아 있던 물질이 점액질 상태로 침전됐다"고 밝혔다. 합조단이 발표한 폭발물질이 아닐 수 있다는 반증인 것이다. 다만 정 교수는 폭발재가 아니라고 규정하지는 않았다. 추가적인 분석을 통해 이 물질의 기원을 파악해야 한다고 보았다.

당시 '언론3단체 천안함 조사결과·언론보도 검증위원회'의 의뢰로 동일한 시료를 분석한 양판석 캐나다 매니토바 대학교 지질과학과 분석실장도 정 교수와 유사한 결론을 내놓았다. 양판석 분석실장은 시료를 분석한 결과 '비결정질 바스알루미나이트'인 것으로 판명됐다고 밝혔다. 비결정질 바스알루미나이트는 약간 다른 성분이기는 하지만 알루미늄과 황의 성분 구성비가 흡사하고 폭발과는 관련성이 낮다는 평가를 받고 있다.

또한 정 교수와 양 실장의 분석 결과는 '비결정질 알루미늄 산화물'에서 나오지 않는 황s 성분이 대거 발견됐다는 점도 주목된다.

정기영 안동대 교수는 이후 2011년 신상철 전 합조단 민간위원의 명예훼손 사건 재판부에 제출한 자료에서 해당 흡착물질의 특성에 대해 "바닷물이 증발해 생긴 소금 성분이나 해양퇴적물 또는 부유 이물질이 조금 섞여 있긴 하지만, 흡착물질의 대부분은 알루미늄 황산염 수산화수화물로서 화학식은 '$Al_4(SO_4)(OH)_{10}$' 또는 금속산화물 형태로 표현하면 '$2Al_2O_3SO_3 \cdot 5H_2O$'으로, 비정질(비결정질)"이라며 "흡착물질의 황은 바닷물 기원"이라고 밝혔다.

특히 정기영 교수는 2015년 11월 13일 신상철 전 위원 재판에 증인으로 출석해서도 흡착물질이 종래의 바닷물과 같은 자연환경에서 생성됐다는 본인의 입장에 대해 다시 조사를 하더라도 바뀌지 않을 것이라고 밝혔다.

정 교수는 "공학자와 화학자는 실험실에서 물질을 만들어서 분석하는 반면, 이 물질은 백령도 앞 바닷속에서 일어나는 것(생성된 것)은 자연환경에서 만들어졌다는 의미"라고 강조했다. '인위적 폭발이 아니라는 것이냐'는 검찰 신문에 정 교수는 "검사가 오해한 것 같은데, 백령도 앞바다에서의 해도의 흐름, 당시 함체의 위치 등은 우리가 실험 조건을 준 것이 아니다"라고 답했다. 다만 정 교수는 이 물질이 폭발로 바닷물 속에서 식어서 나타난 것인지, 저절로 생겼는지 단정하기엔 무리라며 굉장히 복잡하고 많은 시간과 돈이 필요하다고 말했다.

합조단 보고서 분석의 문제점과 관련해 정 교수는 "에너지분광기EDS 분석에서 알루미늄AI 피크뿐 아니라 황S도 크게 나왔는데도 알루미늄과 황의 관련성을 배제하고 마치 '이물질'인 것처럼 넘어가고 알루미늄만 언급하면서 알루미늄 산화물이라고 결론을 낸 것은 의아했다"며 "황이 적은 양도 아닌데 어떻게 간과할 수 있느냐. 또한 정량분석도 없었다"고 비판했다.

흡착물질 분석에 합조단이 6가지 방법, 정 교수는 12가지 방법으로 분석했으나 한쪽은 산화알루미늄, 다른 한쪽은 알루미늄 황산염 수화물이라는 대립적인 결론이 나왔다. 이를 두고 정기영 교수는 "우리는 검증하기 위해 여러 모든 방법 동원한 결과 정합적으로 아귀가 맞아가면서 자연스럽게 결론이 내려진 것"이라며 "이후 비슷한 연구를 해도 다른 결론을 내리기 어렵지 않나 생각한다"고 밝혔다. 연구 수준에 대해서도 정 교수는 "합조단의 ADD와 비교하기는 어렵다"며 "이런 분석법을 쓰는 것은 국내 최고가 아니라 세계 최고 수준이라고 생각한다"고 말했다.

합조단의 해명 – "세상에 없는 물질이 선체와 어뢰에 붙어 있어 폭발재로 결론"

합조단 담당 책임자도 법정에 출석해 폭발재로 결론을 내린 이유에 대해 적극 해명했다. 당시 합조단에서 흡착물질 분석을 총괄한 이근득 국방과학연구소ADD 고폭 화약개발 담당 수석연구원은 2015년 9월 14일 같은 재판에 증인으로 출석해 흡착물질을 두고 세상에 없는 물질이라고 판단했다.[120] 이 연구원은 천안함 함수와 함미, 어뢰추진체에 붙어 있던 백색 흡착물질의 주성분이 '비결정성 알루미늄 산화물'이라면서도 폭발재로 결론 내린 이유가 세상에 없는 물질이 선체와 어뢰추진체에 붙어 있기 때문이라고 주장했다.

그는 이 물질의 성분이 '비결정질(성)'이라는 데 대해 "일반적으로 '비결정질' 물질은 분명히 '브로드한 피크'(가장 높은 성분값이 폭넓게 나타나는 현상-저자)를 나타내는데, (실제 분석결과에서 나타난) 이런 이 정도 피크(가 나타나는 비결정성 물질)는 세상에 없다"며 "XRD(X선 회절 분석) 방법으로 조사한 결과에서는 증거가 될 만한 정보가 없다"고 주장했다. 수중폭발 시 이 같은 백색물질이 생긴 것에 대해 이 연구원은 "처음이다. 전 세계에서 처음 발견한 것"이라고 주장했다. 이강훈 변호사가 '논문, 학계 보고가 없을 정도의 희한한 연구를 했다는 것인데 그렇다면 이후에라도 논문이 수십 편은 나왔어야 하지 않느냐'고 반문하자 이근득 연구원은 "(논문 나온 것은) 없다"고 말했다. 그는 이어 "폭약에 일반적으로 (연구자가) 접근하기 힘들고, 대부분 (폭발 후 물질) 현상이 바닷속에 가라앉는다"며 "더구나 이 물질을 처음 봤다. 그러니 어떻게 생겼는지 (조사하면서 연구해) 본 것"이라고 주장했다. '고폭약이 터지면 이런 물질 생긴다'고 미리 가정해놓고 갖다 끼워 맞춘 것 아니냐는 신문에 이 연구원은 "아니다. 이 물질이 뭔가. 전 세계 없는 물질이다. 뭔지를 모르니 당연히 논문을 못내는 것"이라고 말했다.

폭약이 폭발할 경우 폭약에 섞여 있던 알루미늄 100% 모두 비결정질로 변한다는 선행 연구결과가 있었는지에 대해서도 이 연구원은 "(그런 게 있었는지) 따로 채집한 적은 없다"고 말했다. 100% 비결정질로 바뀌는 것에 많은 학자들이 동의를 못하고 있다는 비판에 대해 그는 "알루미늄 판재에 소량이 붙어 있기 때문에 XRD에 일부 (결정성 알루미늄 산화물이) 나왔다. 이것 때문에 제가 혼이 났다"며 "그래서 고성능 '마이크로 XRD' 분석기를 들여왔다. 이 분석기로는 흡착물질 알갱이 하나도 촬영할 수 있다. 수조 폭발실험 때 나온 흡착물질을 걷어낸 알갱이를 찍었다. 그랬더니 '(알루미늄 산화물) 피크'가 하나도 없었다"고 주장했다.

알갱이 하나 갖고 실험했다는 얘기를 일반화하기도 어려울 뿐 아니라 왜 당시엔 반박을 안 하다 이제 와서 그런 주장을 하느냐는 지적이 나오자 이 연구원은 "이런 물질을 만들어낼 수 있는 사람이 있으면 나와보라고 하라"고 주장했다. 그는 "함미와 함수에 있는 흡착물질이 XRD(X선 회절 분석) EDS(에너지분광기 분석) 데이터 두 가지가 다 동일하다는 것인데, 약 7.4km 떨어진 곳에서 인양된 뒤에 같은 성분의 물질이 있으니 이해가 가지 않는다는 것"이라고 주장했다.

'비결정성 알루미늄 황산염 수산화수화물'로 분석됐다는 정기영 안동대 교수의 결론에 대해 "어떤 것을 통해 수산화알루미늄이라고 하는지 이해가 가지 않는다"면서도 "우리는 명시를 못 한다는 것이며 이 물질을 명명하지 못하겠다는 것"이라고 말했다.

또한 알루미늄에서 나온 '녹(부식)'일 가능성에 대해 이 박사는 "알루미늄에 녹이 생성되려면 90년 정도 바다에 있어야 한다"며 "1년에 몇 마이크로미터밖엔 안 생긴다. 녹이 잘 슬면 절대 알루미늄을 배로 안 쓴다"고 주장하기도 했다. 침전물이라는 주장에 대해 이 박사는 "바다의 침전물 중 알루미늄이 그렇게 많이 들어간 침전물이 없으며, 바스알루미나이트 역시 실험실에서조차 만들기 어렵다"며 "산에서 광물질로 존재한다"고 주장했다.

이 같은 반론을 5년 넘게 왜 하지 않았느냐는 지적에 대해 이근득 박사는 "하고 싶은데, (하려면) 국방부 통해서 해야 하는데, 시기를 놓치게 되더라"라며 "현재로서는 이것으로 고생을 좀 했고, 이슈화되는 게 싫어서 이를 잊고 살려고 했다. 덮어놓고 싶었다"고 말했다.

법원 "합조단, 흡착물질 분석 못한 채 폭발재로 결론"

이근득 박사가 법정에서 한 이 같은 증언은 어떤 물질인지 모른 채 폭발재로 결론을 냈다는 말과 같다. 실제로 합조단이나 국방부 관계자들이 2010년 11월 KBS 〈추적 60분〉 제작진과 인터뷰 과정에서 이를 실토했었다고 대법원의 판결문(서울고법 판결 확정)에도 나와 있다. 서울고법 행정1부(재판장 곽종훈 부장판사)의 추적60분 징계취소소송 항소심 판결문을 보면, 재판부가 제작진과 이근득 박사를 비롯한 합조단 관계자들의 미공개 인터뷰 내용을 증거로 인정했다. 판결문의 다음과 같은 '인정되는 사실관계'를 보면 국방부 관계자들이 흡착물질을 밝혀내지 못했다고 시인한 언급이 '사실관계'로 인정됐다.

(5) 이에 관하여 국방부 관계자들이 사전 인터뷰 과정에서 제작진에게 '흡착물질이 퇴적물이나 부식물이 아니라는 점에서는 의견이 일치한다. 그리고 알루미늄 황산염 수산화물이라는 것도 본래 예측했던 것 중의 하나이다. 다만, 알루미늄과 황이 화학적으로 결합하고 있는지 물리적으로 결합하고 있는지는 흡착물질이 비결정질 구조로 돼 있기 때문에 정확한 판별이 곤란하다. 그래서 통칭해 알루미늄 산화물이라고 한 것이고, 그 뒤에 황이 붙고 수분이 붙는 부분은 생략하였다. 주사전자현미경에 의한 분석을 하였는데 그 결과에 대해서는 확신이 서지 않았고, 흡착물질이 어떤 것인지는 명확히 밝혀내지 못했다'고 설명하였다.

(6) 또한, 합동조사단의 이근득 박사는 2010년 11월 12일 제작진과의

전화통화에서 '알루미늄 산화물'이라는 말은 통칭적으로 사용한 것이다. 화학적으로 결합돼 있는지 여부를 확인하지 못한 상태에서 흡착물질을 산화물이나 황산물이라고 이야기했다가 더 힘든 결과를 초래할 수 있어서 가능하면 이를 피한 것'이라고 진술하였다."[121]

(2015년 2월10일 서울고법 행정1부 KBS 추적60분 제재조치처분취소 항소심 판결문 중에서)

이 박사 스스로 흡착물질이 폭발재인지 황산물인지 확인하지 못했다는 것을 뜻하고, 그런데도 합조단 보고서엔 "알루미늄 소재의 부식물이 아니라 알루미늄이 첨가된 수중폭약의 폭발재(비결정질 알루미늄 산화물)인 것으로 분석됐다"고 쓴 것이다. 이것만 봐도 합조단이 보고서에 많은 분량을 할애한 흡착물질 분석이 얼마나 성급하고 무모했는지 알 수 있다.

내가 이 판결문을 보고 취재한 시기는 이근득 박사가 앞서 언급한 신상철 재판에 출석하기 전이었다. 이 박사는 당시 KBS 〈추적 60분〉 제작진과 인터뷰에서 이렇게 흡착물질을 밝혀내지 못하고 폭발재로 결론 냈다고 밝힌 사실이 판결문에 증거로 인정됐다는 사실에 대해 묻자 답하지 않았다. 나는 2015년 3월 6일 전화를 걸어 견해를 듣고자 했으나 이근득 박사는 "지나간 일이라 그 얘기는 그만하고 싶다"고 말했다.

미군 조사단장 "흡착물질, 바닷속 부식환경에서도 존재 가능…빼거나 부록으로"

합조단 내부에서 흡착물질의 성분을 밝히지 못했다는 것만이 문제가 아니었다. 미군 조사단장인 토머스 에클스 제독 역시 흡착물질을 폭발재로 무리하게 연결하려는 것에 대해 만류했던 사실이 드러났다.

미국에 거주하는 잠수함 전문가 안수명 박사(전 안테크 대표)가 미 해군과 정보자유법 소송을 통해 받은 자료 가운데 에클스 제독의 이메일에는 이런 우려가 실려 있다. 심지어 아예 해당 섹션을 보고서에서 빼거나 맨 뒤 부록으로 밀어 넣으라고 주문하기도 했다.

에클스 제독은 지난 2010년 천안함 최종보고서 초안에 대해 7월 13일 한국 국방부에 보낸 이메일[122]을 통해 "알루미늄 산화물(백색물질) 논의는 천안함이 북한 어뢰에 격침됐다는 것과 관련해 (굳이) 입증할 필요가 없으며, 과학적 타당성에 대한 의심이 훨씬 많아질 것"이라고 지적했다.

에클스 제독은 "한국에서 실시한 테스트를 믿지 않는 우리 쪽의 부식 관련 전문가들은 의심을 제거하기에 충분하다고 생각하지 않는다"며 "그들은 '비결정성 알루미늄 산화물이 평상시 바닷속 부식이 이뤄지는 환경에서도 존재할 수 있다'는 (한국조사결과에 대한) 반대 증거들이 있다고 믿는다"고 전했다.

에클스는 "나는 이 섹션을 아예 없애거나 부록으로 밀어 넣기를 추천한다"며 "이런 증거를 뒷받침하는 모든 케이스가 드러난다면 신뢰를 잃을 것이며 나는 그런 접근법에 동의할 수 없다"고 밝히기도 했다.

실제로 미 해군의 다른 보고서에도 천안함 흡착물질과 유사한 물질에 대해 미군은 부식물질로 판단한 내용이 있다. 오히려 수십 년 전의 미 해군 보고서였다. 이 내용은 블로거 가을밤으로 알려진 기계설계사 박중성이 구글을 검색하다 찾았다. 1년여 전에 나는 이에 대해 기사를 작성했는데 그 내용을 중심으로 여기에 간략히 소개한다.

당시 미해군 용역Sponsored by NAVAL FACILITIES ENGINEERING COMMAND으로 1976년에 라인하르트F. M. Reinhart가 작성한 기술보고서 '심해에서 금속과 합금의 부식'CORROSION OF METALS AND ALLOYS IN THE DEEP OCEAN을 보면 알루미늄 합금에서 생긴 부식물질을 분석한 결과가 나와 있다.

이 보고서 187∼189쪽에는 "알루미늄 합금 '3003-H14'(알루미늄 합금의 한 종류)로부터 나온 부식 생성물들은 X선회절 분석과 분광기분석, 화학적 정량분석, 적외선 분광법 등으로 분석이 이뤄졌다"며 "그 정성적 결과들은 비결정성 알루미늄산화물·수화물($Al_2O_3 \cdot XH_2O$), 염화나트륨, 이

산화규소, 알루미늄, 나트륨, 규소, 마그네슘, 철, 구리, 칼슘, 망간, 3.5% 의 클로라이드(염소) 이온, 18.77%의 황산염 이온, 상당량의 인산염 이온 등(으로 구성돼 있었다)"고 기록했다.

알루미늄 합금 '5086'에서 나온 부식생성물도 마찬가지 방식으로 분석한 결과 결과물에 '비결정성 알루미늄 산화물·수화물($Al_2O_3 \cdot XH_2O$)', 알루미늄, 나트륨, 망간, 구리, 철, 규소, 티타늄, 5.8%의 염소(클로라이드 이온), 26.2%의 황산염 이온, 상당량의 인산염 이온으로 구성돼 있다고 이 보고서는 기록했다.

이 같은 물질은 합조단이 보고서에서 천안함 선체와 어뢰, 수조폭발 실험에서 나온 흡착물질 성분에 있는 '비결정질 알루미늄 산화물 분자식(AlxOy)'과 유사하며, 정기영 안동대 교수가 분석한 '비결정질 알루미늄 황산염 수산화 수화물 분자식($2Al_2O_3SO_3 \cdot 5H_2O$)'과도 크게 다르지 않다.

모두 알루미늄이 부식됐을 때 생성된 물질에서 '비결정성 알루미늄 산화물·수화물'이 생성됐다는 것이다. 이는 합조단이 한 알루미늄의 부식물질 설명과 배치되는 결과이다.

합조단은 보고서(260쪽)에서 "(알루미늄이) 오랫동안 수분, 염기, 산 등에 노출되면 산화반응이 진행돼 백화현상을 보이게 되는데, 이 부식물의 주성분은 수산화알루미늄Bayerite($Al(OH)_3$)을 비롯해 보에마이트Boehmite($AlO(OH)$), 산화알루미늄(Al_2O_3) 등으로 구성되며, 이들은 비결정성이기보다 결정성을 나타낸다"며 "실제로 해수 또는 바닷가의 염분 등에 의해 알루미늄이 부식되는 경우에도 상기의 결정성 알루미늄 산화물이 생성되는 것으로 많은 문헌에 보고돼 있다"고 썼다.

다만 이 미군 보고서에는 이 같은 분석결과를 낳은 알루미늄 합금이 어느 정도의 수심에서 얼마나 바닷속에서 노출돼 있었는지에 대한 기록은 특정돼 있지 않다. 대신 조사대상에 사용된 알루미늄 합금 3003-H14 전체의 노출기간은 181일부터 1064일까지이며, 수심은 5피트~

5640피트(1.5m∼1719m)의 위치에 있었던 것으로 나와 있다. 다른 알루미늄 합금 5086의 경우 노출기간 181일∼402일, 수심 5피트∼2370피트(1.5m∼722.4m)에 있었다.

박중성(가을밤)은 나와 나눈 인터뷰에서 "미 해군 기술보고서의 부식 실험 데이터를 보면, 해수중의 알루미늄 합금을 수거했을 때 표면에 생긴 물질이 비결정질이었으며, 분자식도 '비결정질 알루미늄 산화물·수화물amorphous($Al_2O_3 \cdot XH_2O$)'이 등장한다"며 "이는 천안함 선체와 어뢰의 흡착물질이 폭발재로 단정할 수 없다는 것을 미 해군 보고서가 증명한다는 것을 뜻한다"고 밝혔다. 그는 "합조단이 어뢰에 붙어있는 것으로 내세운 흡착물질은 폭발을 입증할 수 없는 근거"라며 "1번 어뢰의 정체에 더 큰 의문을 갖게 한다"고 지적했다.

어뢰폭발력은 어느 정도? 화약성분은 왜 없나? 폭약량은 일치하는가?

천안함을 절단시킨 이른바 1번 어뢰의 폭발력과 폭약량도 검증할 필요가 있다. 앞서 언급했듯이 어뢰의 강력한 폭발이 천안함에 가한 충격에 대해서는 합조단이나 국방부와 의문을 가진 이들은 서로 엇갈린 판단을 했다. 화상·총상·청각 손상·후각 손상 등 시신과 생존자에서 폭발로 발생할 수 있는 현상이 발견되지 않았다. 이를 두고 폭발이 없었다는 증거라고 해난·구조 전문가 이종인 알파잠수기술공사 대표, 신상철 전 합조단 민간조사위원뿐 아니라 각종 전문가들은 주장해왔다. 반면 합조단은 내부폭발이 없었다는 증거라며 제한적으로만 '비폭발'을 인정했을 뿐, 오히려 비접촉 수중폭발로 인한 전형적인 현상이라고 주장했다.

또한 그 폭발력도 굉음을 동반한 거대한 물기둥을 형성하며, 폭발 후 부유물이 상당 기간 주변을 뒤덮는다. 호주 토렌스함 어뢰폭발 테스트 영상 외에 국내에도 어뢰 백상어의 폭발 시험 영상이 상영된 적이 있다. 2010년 6월 11일 국회 천안함 특위 3차 회의에서 당시 신학용 위원(민주당 의원)이 국내 백상어 어뢰의 버블제트 효과라면서 사진자료를 제시했다. 다음은 신 위원과 김태영 당시 국방부장관의 질의답변 내용이다.

- 신학용 위원 : "제가 지금 버블제트를 또 보여 드리겠습니다. (자료를 들어 보이며) 이게 지금 버블제트 현상입니다. 이게 1t짜리 백상어 실험입니다. 그런데 지금 피격된 것은 1.7t이래요. 이것은 1t짜리 폭발인데도 이렇습니다. 3m 밑에서. 버블제트에 의해서… 도대체 이해할 수 없습니다, 합리적으로. 북한 어뢰에 맞았다 안 맞았다를 떠나서 인정한다 하더라도 1t짜리가 저런 물기둥에 싸여 가지고 온 배가 다 적셔지는데 지금 그 시뮬레이션이 아직도 안 나왔어요. 충격파에 의한 결과 계산을 계속한다 그랬어요. 그 정도의 충격이면 형광등은 분명히 작살나야 된다, 1t짜리 버블제트 이 정도인데 북한제 1.7t짜리면 더 컸을 텐데도 물방울이 튀었다 이것은 말이 안 되고. 그 옆에 있는 견시병들은 다 날아가야 됩니다. 그리고 그 배에 탄 58명의 생존하신 장병들은 그것을 다 알아야 돼요. 그 물보라 치는데 배 안의 3분지 1은 당직 서고 있을 텐데 그 사람들이 물벼락 떨어지는 소리 다 듣고 좌측 견시병, 우측 견시병은 당연히 그 물에 날아가야 되는데 아무도 지금 설명 못 하고 있습니다."

= 김태영 국방부장관 : "버블제트가 있었는데 왜 우리 배에서 몰랐느냐 하는 것은 배에 104명이 타고 있었습니다만 2명만 밖에 나와 있었고 나머지는 다 배 안에 있었습니다. 배 안에서는 그 충격이나 배가 들려지고 하는 것 이런 것은 분명히 느꼈지만 물이 쏟아지는 것은 느낄 수가 없었을 것입니다. 그건 단지 2명의 견시병이, 밖에 있는 사람만 느끼는 것인데… 그 배의 진행 방향과 바람의 방향 이런 것들 때문에 그 영향이 극히 적었을 것이고 또 배가 바로 전복이 되는 바람에, 배가 엎어져 가지고 한쪽 견시병은 바로 물에 빠졌고 다른 한 견시병은 쓰러진 상태에서 옆의 그 배 난간이, 배 옆의 그것이 천장과 같은 역할을 해서 그렇게 적은 양의 물벼

락을 맞은 걸로 제가 보고를 받았습니다. 그래서 그것은 그런 의미, 그렇게 이해를 하시는 것이 아마 정확하지 않은가 저는 생각을 합니다."[123]

(2010년 국회 3차 천안함 특위 중에서)

이 사진에서 어뢰 백상어는 약 100미터 이상의 물기둥을 사방으로 치솟아 오르게 할 정도의 폭발력을 나타냈다. 이 정도의 수중폭발력이 나타났을 때 천안함 선체의 상태를 비롯해 내부의 승조원들에게 어떤 영향을 미쳤을지 여전히 의문이 남는다.

또한 이런 엄청난 폭발이 발생했다면 근접거리에 붙어 있는 어뢰 모터와 어뢰추진체 등 몸통에 폭약 또는 화약성분이 묻어있으리라고 예상할 수 있다. 그런데도 정작 선체에서 나왔다는 극미량(수백ng 수준: 나노그램은 10억 분의 1그램임-저자)의 RDX HMX TNT 폭약성분도 어뢰추진체에서는 전혀 검출되지 않았다. 폭발재 성분이라는 알루미늄 산화물이 어뢰의 꼬리부분인 프로펠러까지 붙어 있다고 주장하는 합조단이라면 더 많은 폭약이 들어 있는 어뢰가 터졌다면 어뢰 몸체엔 폭약성분이 더 많이 묻어 있어야 하지 않느냐는 의문이다. 이 같은 의문은 2010년 9월 13일 합조단이 최종보고서를 발표한 자리에서 국방부 출입기자의 질의에 잘 나타난다.

— 《코리아타임즈》 기자: "좀 전에 답변하신 내용 중에서 제가 한 가지만 다시 한 번 확인을 부탁드리는데요. 결정적인 증거라고 한 것이 추진체 아닙니까? 윤종성 장군께서 말씀하시기를 선체에서 발견된 폭약성분이 추진체에서 발견이 안 됐다는 것이지요? 못 했다는 것이지요? 그렇다면 일반인들의 관점에서 볼 때는 이게 계속 강조하는 것이 객관적이고 과학적이라고 그러는데 어쨌든 간에 그것의 성분을 발견하지 못했다면 이것이 과학적으로 입증됐다고 볼 수는 없지 않습니까? 이게 최종보고서

라고 말은 하지만."

= 윤종성 합조단 군측 단장: "폭약성분이 묻어 있는데 워낙 미량이고 해서 우리 검출수준이 미약해서 하지 못한 경우도 있고 거기에 흡착이 안 된 경우도 있고 지난번에 저희들이 제시한 게 흡착물질, 우리 윤덕용 단장님 께서 말씀하신 흡착물질, 흡착물질은 선체나 어뢰추진 동력장치나 다 일 치했다고 설명을 드린 바 있습니다. 그렇게 이해해주시면 되겠습니다."

= 윤덕용 합조단 민간조사단장: "폭약성분 분석은 거즈 이런 것을 써서 100곳에서 채취했는데 그게 굉장히 미량이기 때문에 100여 개 중에서 아마 일부 부분에서만 확인이 됐습니다. 그만큼 미량이었기 때문에 선체에서도 거의 모든 부분에서는 검출이 안 됐습니다. 그러니까 검출하기가 굉장히 어려운 상황이지요. 그래서 어떤 이유에서 선체는 제 짐작에는 아마 거기는 굉장히 넓은 지역이기 때문에 거기서는 100여 개 시도를 해서 검출이 일부 부분에서는 됐고요. 어뢰부품 쪽에서는 굉장히 적은 면적이기 때문에 거기서는 검출이 아마 미량이 있을 수도 있었는데 검출이 안 된 것으로 그렇게 저는 판단하고 있습니다."

– 박성진《경향신문》기자: "단장님, 그것 관련해서 하나만 여쭤보겠습니다. 극히 미량의 연돌 부분이랑 선체 부분에서 검출했다고 말씀하셨잖아요. 확실하게 규명하기 힘들 정도의 미량이라고 그러셨나요?"

= 윤종성 합조단 군측 단장: "제가 보충설명을 드리겠습니다. HMX, RDX, TNT가 36개 검출을 했습니다. 저희들이 36개소에서, 통계를 보면 HMX는 28개소에서 527.91나노그램, RDX는 6개소에서 70.59나노그램, TNT는 2개소에서 11.7나노그램을 저희들이 검출을 했습니다. 그런데 이것이 검출된 곳도 대부분 흡착이 용이한 스펀지나 헝겊 이런 데에서 많이 검출을 했거든요. 그리고 폭발지역과 가까운 곳에 저희들이 검출을 했는데, 그것은 그렇게 이해를 해주시면 되겠습니다."

– 박성진《경향신문》기자: "그래서 제가 질문드린 것인데요. 이게 지금

함정이라는 것이, 초계함이라는 것이 항상 76mm … 흡착되기 쉬운 데에서만 일부분이 발견됐다고 했지 않습니까? 그러면 다른 초계함 같은 것하고 비교를 해보셨습니까? 다른 초계함에서도 얼마든지 발견될 수가 있거든요. 그런 성분을요."

= 윤종성 합조단 군측 단장: "우리가 그런 얘기도 나왔습니다. 다른 초계함을 쪼개서 한번 검증을 해볼 수 있지 않겠느냐는 얘기를 했는데 그러한 검증은 하지 않았습니다."

− 박성진《경향신문》기자: "가장 쉽게 말해서 연돌 같은 경우도 다른 초계함하고 비교해보면 다른 초계함이 똑같은 성분이 나온다고 그랬으면 그것은 그 자체에서 RDX, HMX 나온 것이 의미가 없어지잖아요."[124]

(2010년 9월13일 국방부 민군합조단 최종 조사결과 보고서 발표 기자회견 중에서)

천안함 선체에서 검출된 화약성분이 극히 미량에 불과해 폭발의 흔적이라고 볼 수 있느냐는 의문이 생기지만, 기자들이 다른 유사 초계함의 화약성분을 조사해봤느냐는 질문에 대해 '다른 초계함을 쪼개서 하는 그런 검증은 하지 않았다'는 조사단장의 답변은 무성의해보이기까지 하다. 딱 맞아떨어지는 증거가 있는지, 확인과 검증을 더 해봤는지에 대한 물음에 대해 전반적으로 답변이 부족하다.

1번 어뢰 북한산 입증할 어뢰설계도 원본이 있는가

천안함 침몰 원인이 사고 해역에서 건져 올렸다는 어뢰추진체와 어뢰모터 등 이른바 1번 어뢰(CHT-02D)의 폭발에 의한 것이려면 이 어뢰 부품의 '원산지'가 북한이어야 한다. 그러려면 어뢰설계도상의 모습과 실제 수거한 어뢰 잔해가 일치해야 한다. 또한 어뢰 설계도상의 어뢰 명칭 'CHT-02D'라는 제품이 북한산이어야 한다. 그런데 어뢰설계도의 원본이 존재하느냐에 대해 국방부는 수년간 불분명한 답변 태도를 보였다.

카탈로그로 갖고 있다, CD에 파일로 갖고 있다, 문서로 된 설계도로 갖고 있다고 말이 바뀌는 등 오락가락한 것은 물론, 그것이 원본인지 5년 넘게 공개한 적이 없다. 가장 최근의 사실관계는 신상철 전 민군합조단 민간위원 명예훼손 사건 1심 재판부의 판결에 나와 있다. 어뢰설계도가 hwp 파일로 돼 있다는 것이다. 의문이 해소된 것이 아니라 되레 새로운 의문이 시작됐다고 할 판이다. 어뢰설계도의 중요성에 대해 인식하기 시작한 첫 시점으로 되돌아가보자. 그것은 2010년 5월 20일 합동조사단의 중간조사결과 발표 때 《조선일보》 유용원 기자의 첫 질의에서 시작됐다.

  - 유용원 《조선일보》 기자: "…두 번째로 수출 카탈로그에 어뢰의 구체적인 설계도까지 나와 있다고 하는데, 보통 카탈로그에는 그 정도까지 자세한 자료가 들어가는 경우는 드문 것으로 알고 있습니다. 실제로 북한의 무기 수출 카탈로그에 내용이 있는 것인지, 아니면 다른 정보계통으로 입수한 자료인지, 그것도 말씀해주시면 고맙겠습니다."
  = 황원동 다국적연합정보분석단장: "…현재 어뢰 CHT-02D 어뢰에 대한 팸플릿에 대해서는 저희들이 출처보호 및 기타 보안상 입수경위를 소상히 설명드릴 수는 없습니다. 그러나 앞서 보고 드린 바와 같이 팸플릿에 포함되어 있는 내용들은 어뢰의 재원, 특성, 상세한 설계도면까지 전부 포함이 되어 있습니다…"[125]

(2010년 5월 20일 민군합조단 중간조사결과 발표 기자회견 중에서)

  이와 관련해 당시 기자회견장에 실물 크기로 인쇄해서 들고 나온 대형 어뢰설계도가 해당 CHT-02D 북한 어뢰의 설계도인지에 대한 의문도 제기됐다. (한 달여 뒤 국방부는 이 어뢰설계도가 뒤바뀌었다고 실토하기도 했다.)

- CNN 기자: "…두 번째로 지금 보여주신 사진의 경우 이게 실제로 북한의 팸플릿에 나왔던 사진인지 아닌지 확인해주시면 감사하겠습니다."
= 황원동 다국적연합정보분석단장: "추가로 하겠습니다. 질문 내용에 보면 여기 제시된 설계도들이 팸플릿과 일치했냐고 하는데, 지금 이 내용들은 팸플릿을 그대로 근거로 확대해서 새롭게 그린 것입니다."[126]

(2010년 5월 20일 민군합조단 중간조사결과 발표 기자회견 중에서)

특히 이 대형으로 인쇄된 설계도의 경우 실제 CHT-02D의 설계도가 아닌 것으로 밝혀졌다. 조사결과 발표 나흘 만인 5월 24일 영국의 프리랜서 라이터 '스콧 크레이튼'Scott Creighton은 자신의 블로그 '〈우리는 사기당하고 있다〉'The Sinking of the Cheonan: We Are Being Lied To[127]라는 글에서 당시 사진에서 어뢰추진체와 함께 제시한 대형 어뢰 설계도상의 어뢰가 다르다는 점을 지적했다. 그는 맨 뒷부분의 어뢰 프로펠러 축이 도면보다 실제 추진체에서 더 크게 나타나고, 어뢰 프로펠러 축과 날개 사이에 움푹 들어간 부분이 설계도면에만 있는 반면 실제 추진체엔 아예 없다고 지적했다. 또한 그는 설계도면의 안정장치(혹은 추진장치)가 분리판(어뢰 몸통과 꼬리 부분을 나누는 판) 앞쪽에 있는 반면 실제 어뢰추진체에서는 분리판 뒤쪽에 있다고 꼬집었다.

크레이튼은 "이것은 단순한 디자인 변경으로는 설명되지 않는 중요한 차이"라며 "이것은 이러한 무기가 작동되는 핵심 디자인의 일부이며 변경될 수 없는 것"이라며 "이러한 차이는 이것들(어뢰추진체와 설계도)이 서로 다른 종류의 무기라는 것을 분명하게 가리킨다"고 밝혔다.

또한 합조단의 중간조사결과 발표 직후 전국언론노동조합 등 언론 3단체가 천안함 조사결과 언론보도 검증위원회(천안함 언론검증위)를 구성해 조사결과에 반박하는 목소리를 내기 시작했다. 이 과정에서 어뢰 설계도에 대한 의문도 제기됐다. 천안함 언론 검증위가 2010년 6월 4일

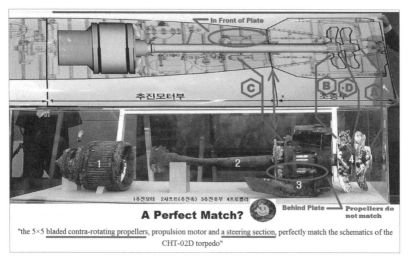

영국의 프리랜서 라이터 '스콧 크레이튼'이 자신의 블로그에 올린 어뢰설계도와 실제 어뢰 비교 분석 이미지. 사진=스콧 크레이튼 블로그

개최한 검증결과 발표 회견[128]에서 노종면 검증위 책임연구위원(전 YTN 노조위원장)은 합조단이 발표한 설계도면과 실제 어뢰 잔해물, 《조선일보》 등이 기사 이미지로 작성한 도면의 추진모터 부분에 상이점이 있으며, 설계도면 추진후부에 쓰인 일본어가 무슨 의미인지 정밀하게 밝혀야 한다고 지적했다. 또한 설계도면 원문을 공개해야 한다고 노 위원은 촉구했다.

합조단은 6월 7일 반박자료에서 일본어 글자가 나온 것에 대해 "설계도면의 일본어 표기는 일본어처럼 보이지만 일본어가 아니며, 컴퓨터의 프로그램 호환상 문제로 인해 발생한 컴퓨터상의 무의미한 기호"라고 주장했다.

그러나 합조단은 그달 29일 언론 3단체 등 초청 설명회에서 5월 20일 대형 인쇄한 어뢰설계도가 수거된 어뢰추진체의 설계도가 아니라고 실토했다. 이날 합조단은 언론인들 앞에 아예 다른 설계도를 가지고 나왔다. 내가 속한 《미디어오늘》의 현장 취재에 의하면, 당시 합조단 관계자는 "기존에 공개했던 어뢰의 설계도는 CHT-02D가 아닌 것으로 뒤늦게 확인됐다"고 설명했다.[129] 언론 단체가 사전에 제출한 질문지에는 컬러와 흑백의 설계도가 왜 다르냐는 질의가 들어 있었다. 합조단 관계자는 "지난 설명회 때는 실물 크기를 확인시켜주기 위해 비슷한 다른 어뢰의 설계도를 실물 크기로 출력해서 공개했는데 뒤늦게 일치하는 어뢰의 설계도가 발견돼 공개한 것"이라며 "부서가 달라 착오가 생긴 것"이라고 해명했다.

5월 20일 대형 인쇄를 통해 공개한 설계도면은 'PT-97W' 어뢰의 도면이었다고 국방부는 해명했다. 이 같은 일이 어떻게 벌어질 수 있었는지에 대해 당시 합조단 과학수사분과장 및 군측 단장을 맡았던 윤종성 성신여대 교수는 이듬해 집필한 저서 《천안함 사건의 진실》에서 이렇게 기억했다.

이것이 잘못되었을 줄 누가 알았겠는가? 며칠이 지나 영국 인터넷에 그림이 잘못되었다는 글이 게재되었다. 이를 확인해보니 북한의 PT-97W 어뢰의 그림이었다. 나는 즉시 박정이 장군에게 보고하고 CHT-02D 어뢰 그림으로 교체했다. 그리고 6월 29일 언론 3단체 토론회 시 권태석 중령이 '이에 대한 질문이 있을 것 같은데 어떻게 하면 좋겠냐?'고 권해서 사실대로 답변하도록 했다. 그런데 그 후유증이 만만치 않았다. 어뢰그림이 아니라 '어뢰설계도가 바뀌었다'라는 것으로 둔갑했고 어뢰를 조작했다는 이야기까지 나왔다. 그러나 잘못은 잘못이었다. 제한된 시간에 평택과 서울에서 동시에 준비를 했기 때문이기도 했지만, 서로 정보에 대한 공유가 없어서 비롯된 일이었다.[130]

짧은 시간 안에 충분한 정보 공유 없이 준비하다 빚은 실수였다는 설명이다. 그러나 윤 전 단장 말대로 잘못은 잘못이고, 대국민 거짓 발표를 생중계한 일은 영원히 남을 수밖에 없다. 나중에라도 잘못을 시인하고 바로잡았다곤 하나 어뢰설계도의 원본이 어떤 형태로 돼 있는 것을 보유하고 있었는지, 그 출처가 어디인지 등은 당시로서는 여전히 해소되지 않는 의문이었다.

합조단은 그해 6월 29일 설명회에서 "이 설계도는 CD에서 출력한 것이며 카탈로그는 CD와 인쇄물, 두 종류로 각각 다른 경로로 입수된 것"이라고 밝혔다. 합조단 관계자는 "설계도는 CD에만 들어 있다"면서 "카탈로그 원본은 존재하지 않으며 인쇄물은 책자가 아니라 그냥 종이 몇 장"이라고 설명했다.

앞서 김태영 국방부장관은 그해 6월 11일 국회 3차 천안함 특위에서 CD로 돼 있는 것을 출력했다고 설명했다. 이 과정에서 원본을 어떻게 보유하고 있느냐는 이정희 당시 민주노동당 의원을 향해 '북이 아니라는 물증을 찾으려고 애쓴다'는 표현까지 쓰면서 신경전을 벌이기도 했다. 대화의 요지를 소개한다.

— 이정희 위원(당시 민주노동당 의원): "… 또 하나는 결정적인 증거로 말씀하신 것이 '북에서 카탈로그를 발행한 것이 있고 거기에 어뢰설계도가 있다' 이렇게 말씀하셨습니다. 그래서 카탈로그를 북에서 출력된 종이 원본으로 가지고 계신 겁니까? … 종이 원본을 제가 요청 드린 이유는 카탈로그가 과연 북에서 제작된 것인지의 여부가 굉장히 중요하기 때문입니다. 저는 정부가 카탈로그 파일을 정보로 쓸 수 있다고 생각합니다. 신뢰할 만한 것인지 아닌지 여부에 대해서 물론 다른 정황 증거하고 함께 이야기하실 수 있는데 문제는 이것 때문에 이것은 북이 한 거다라고 확정짓는 결정적인 스모킹 건으로 내놓으셨다는 것이지요. 그렇다면 북에서 만든 것이 확실하냐, 정말 종이가 북에서 만든 종이냐 그리고 인쇄 형태가 북에서 나온 것이냐를 보고 싶어서 제가 보고를 요청드렸는데

가지고 온 것이 출력물이셨습니다."

= 김태영 국방부장관: "출력물입니다. 왜냐하면 그것이 CD로 된 걸 저희
가 가지고 있기 때문에 CD로 된 것을…"

– 이정희 위원: "그러면 파일을 가지고 계시다는 것 아닙니까? 그렇지요?"

= 김태영 국방부장관: "예, 그렇습니다."

– 이정희 위원: "파일을 가지고 계시다고 하면 이 파일이 북에서 작성된 것
인지 어떤 것인지에 대해 좀 더 밝혀 주실 필요가 있다고 생각합니다.
파일을 누가 작성했는지 어찌 알겠습니까? 지문이 찍혔습니까?"

= 김태영 국방부장관: "제가 볼 때는 북이 아니라는 물증을 찾으시느라고
굉장히 애 많이 쓰시는 것 같은데…"

– 이정희 위원: "아니, 아니요. 그런 식으로 말씀하시지 마시고요. 이 문제
는…"

= 김태영 국방부장관 : "그러면 좋습니다. … 그런데 저희가 그것을 지금
제공하기에는 좀 어려울 것 같습니다."[131]

읽다 보면 마지막에 김태영 장관이 트집 잡는 모습에 눈살이 찌푸려
지는 대목도 있다. 하지만 중요한 것은 우리 군(정부)이 보유하고 있는 어
뢰설계도 원본이 갖고 있는 증거능력에 대한 것이다. 이어진 질의 답변
에서 이정희 의원은 이런 점을 강조했다.

– 이정희 위원: "이 문제는 우리나라 형사절차에서도 컴퓨터 파일에 대해
서는 작성자를 확인하기 어렵기 때문에 어떤 형태로 언제 작성된 것인
지, 작성일자와 파일명칭을 확인하는 것이 일반적인 형사절차의 원칙입
니다. 그리고 이것이 어떤 방식으로 출력된 것과 동일한 것인지 확인하
는 것이 원칙입니다. 그 문제에 대해서 적어도 많은 사람들이 확신할 수
있을 정도의 자료를 제공해주시는 것이 저는 옳다고 생각합니다."

국방부는 애초엔 카탈로그 형태의 책자 또는 인쇄물로 돼 있다고 국회에서 설명한 바 있다. 안규백 의원의 질의를 보면 그런 의문이 나타난다.

- 안규백 위원(당시 민주당 간사): "조금 전에 장관께서 어뢰설계도와 관련해서 이정희 위원 질의에 대해 'CD 매체에 담겨 있다'고 말씀했습니다. 맞습니까?"
= 김태영 국방부장관: "예, 그렇습니다."
- 안규백 위원: "그런데 6월 9일 수요일 날 국방부 정보본부에서 저희들한테 보고하기로는 이게 어뢰 설계는 카탈로그 형태가 아닌… '카탈로그 책자 형태다, CD가 아니다, 그리고 이것밖에 없다'… CD 확인본을 저희들한테 보여줬거든요? 그렇다면 대체 어뢰설계도가 CD 매체에 있는 것이 맞는 것인지 아니면 책자형인지, 어떤 게 맞습니까?"
= 김태영 국방부장관: "책자가 아니고… 저희가 출처 보안 때문에 이것도 사실은 제가 말씀드리면 안 되는 것인데, 저희가 출처를 가능한 보호하기 위해서 말씀을 안 드리려고 그러는데 계속 저에게 질의를 하시니까 제가 CD에 있다는 것을 말씀을 드린 것입니다. 그래서 CD에 있는 게 정확하고, 그 출처는 저희가 좀 지키기 위해서 더 이상 이 분야에 대해서는 질문을 안 해주시는 게 좋을 것 같습니다."[132]

국방부가 2010년 9월 13일 최종 작성 발간한 합조단 보고서에는 다소 모호하게 쓰여 있다.

- 이 증거물은 〈그림요약-3〉과 같이 북한이 해외로 수출할 목적으로 배포한 어뢰 소개자료의 설계도와 크기, 모양 등이 일치하였다.(28쪽)
- 5월 15일 폭발 해역 인근에서 쌍끌이 어선의 특수그물망으로 수거된 어뢰의 부품들, 즉 각각 5개의 날개가 있는 순회전 및 역회전 프로펠러, 추

진모터와 조종장치는 북한이 해외로 무기를 수출하기 위해 배포한 어뢰 소개자료에 제시되어 있는 CHT-02D 어뢰의 설계도면과 정확히 일치하였다.(30쪽)

— 이 증거물이 어떠한 어뢰의 추진동력장치인가를 확인하기 위해 각국의 어뢰 제원 및 특성에 대해 조사한 결과 북한에서 해외에 수출하기 위해 제작한 CHT-02D 어뢰와 유사하다는 사실을 확인하여 설계도면을 확보, 비교 분석하였다. 정보분석분과로부터 CHT-02D 어뢰의 이미지를 제공받아 10배 이상 확대하여 이미지에 기재된 어뢰 각 부분별 길이를 확인, 증거물과의 일치 여부를 확인하였다(197쪽)[133]

보고서에 돋보기를 대고 찾아봐도, 입수한 설계도면이 어떤 형태(파일 또는 문서)로 돼 있는지 분명하게 설명한 곳이 없다.

서재정 미 존스홉킨스 대학교 교수, 이승헌 미 버지니아 대학교 교수, 박선원 브루킹스 연구소 박사 등은 2010년 10월 11일 정부의 합조단 보고서 발표에 대해 비판하면서 부실한 어뢰설계도를 두고 이렇게 지적했다.

북한이 자신들이 생산한 어뢰를 해외구매자들에게 회람시킬 판촉물로 준비한 것이라면 어뢰설계도는 CD동영상 파일과 카탈로그 형식의 인쇄물 두 가지 모두 제시할 수 있을 것으로 기대하였다. 합조단이 북한 어뢰피습의 증거로 강조하는 어뢰설계도는 그것이 문서형태인지 CD로 저장된 파일인지 특정하지 못할 만큼 부실한 것임은 간단히 지적하는 것으로 충분하다.

이에 대해 국방부는 보도자료에서 이렇게 답변했다.

• 합조단이 보유한 CHT-02D 어뢰 관련 자료는 팜플렛 1장, CD 1장, 북한 무역업체(청송연합) 확인서임.

• 이중 팜플렛에는 CHT-02D 어뢰의 주요제원이 수록되어 있고, CD에는 어뢰설계도 및 세부제원이 포함되어 있음.[134]

설계도면의 형태를 밝히지 않던 국방부가 팸플릿 1장, CD 1장, 북한 무역업체 확인서로 돼 있다며 말을 바꾼 것이다.

4년 여 뒤 합조단 군측 단장을 지낸 윤종성 성신여대 교수도 CD로 된 설계도와 문서로 된 것을 다 받았다고 밝혔다.[135] 그로부터 1년, 천안함 사건 발생 6년 가까이 된 시점인 2016년 1월 25일 신상철 합조단 민간조사위원의 명예훼손 사건 1심 판결에서 재판부는 합조단이 도면을 CD 형태로 보관하고 있고, 판매 광고서면(브로슈어)을 보관하고 있다고 밝혔다.

여기서 문제는 재판부가 봤다는 CD 형태에 보관된 설계도면 파일은 국산 워드프로세서 프로그램인 한글프로그램의 hwp 파일이었다는 데 있다. 판결문의 해당 부분을 살펴보자.

CD 형태와 도면으로 보관하고 있고, 어뢰(CHT-02D)의 제원이 기재된 판매 광고서면(브로슈어)을 보관하고 있다. CD 형태에 보관된 설계도면 파일은 국산 워드프로세서 프로그램인 아래아 한글프로그램의 hwp 파일로서, 국방부가 설계도면 파일을 입수하기 전 또는 입수한 이후 아래아 한글프로그램으로 변환된 형태의 파일을 보관하고 있는 것으로 보인다.[136]

어뢰설계도가 한글 hwp 파일로 보관돼 있다는 것에 대해 재판부는 설계도면 파일을 입수하기 전 또는 입수 이후 아래아 한글프로그램으로 변환된 형태의 파일로 보관하고 있는 것으로 보인다고 설명했으나, 이 얘기는 이것이 원본이 아니라는 것이다. 국방부가 입수하고 나서 아래아 한글로 변환시켰다면 변환 전 프로그램으로 작성된 파일을 추적 확인해야 한다. 그것 역시 CD 형태로 보관돼 있다면 그 CD도 확인해야 한다. 결국 재판부가 본 것은 가공된 자료를 본 것이거나, 재판부에 보여준 국방부가 보관하고 있는 설계도 파일 자체가 원 소스가 아니라는 뜻이다. 북한이 hwp 파일로 어뢰설계도면을 작성한다면 모르겠으나 상식적으로 그럴 리가 없지 않은가. 한국에서 널리 쓰는 프로그램으로 북한이 무기제품 설계도 작성에 이용한다는 것은 아무리 가능성을 열어놓고 생각해봐도 상상할 수 없는 일이다. 결국 이 재판부의 판결문은 사실 조사를 부실하게 했다는 비판을 면키 어렵다.

해당 설계도면이 들어있는 CD와 문서를 국방부가 어디에서 입수했는지에 대해 재판부 역시 모르지 않았으리라고 본다. 입수 경로는 바로 국정원을 통해서였다는 증언이 많다. 윤종성 교수는 《뉴스타파》 인터뷰에 이어 나와 나눈 인터뷰에서 이를 모두 시인했다. 또한 이 내용은 모두 영상과 인터넷 뉴스로 보도됐다. 나는 지난 2015년 4월 2일 성신여대를 찾아가 윤 교수 연구실에서 직접 인터뷰를 진행했다. 인터뷰한 기사를 잠깐 보자.

… 어뢰설계도 확보에 대해서도 윤 교수는 "우리가 확보한 것이 아니라 국정원에서 지원받은 것"이라며 "CD로 된 설계도와 문서로 된 것 다 있으며, 함께 (국정원으로부터) 받았다"고 밝혔다. 설계도 입수시점에 대해 윤 교수는 "(2010년 4월 말~5월 초) 폭약성분 일부(극미량)가 선체에서 발견되면서 합조단 정보분과에서 국방부 정보본부를 통해 관련기관에 어뢰 정보 수집 협조를 부탁한 것으로 안다"며 "당시 국정원에도 그때 협조요청이 가서 받았을 것"이라고 말했다. 윤 교수는 "국회 천안함 조사특위 위원들에게는 모두 공개했는데, 언론에 공개 안 되니 그 실체조차 의구심 갖는 것인 것 같다"며 "정보원 노출 등 제한이 없다면 공개하는 것도 괜찮다"고 밝혔다.[137]

국정원을 통해 입수한 어뢰설계도면 관련 자료라도 이것이 원본인지 아닌지 확인해야 한다. 한글 hwp 파일에 보관된 어뢰설계도가 북한 것이라는 주장을 과연 얼마나 많은 국민이 믿어줄 것인가. 한글 hwp 파일 변환 전의 파일이 실재해야 하고, 그것이 북한 것이라는 사실이 확인돼야 적어도 사고 해역에서 수거한 이른바 1번 어뢰(어뢰추진체 부품)가 북한산 CHT-02D라는 모델의 어뢰라고 말이라도 할 수 있는 것이다. 그래야 그다음 논의도 할 수 있다.

어뢰추진체의 크기, 실측치와 보고서 수록 측정치가 왜 다른가

앞서 지적한 대로 재판부와 국방부 담당책임자들마저도 어뢰설계도의 원본을 확인하는데 성공했다고 보기 어렵다. 이뿐만이 아니다. 어뢰설계도상의 어뢰와 건져 올렸다는 어뢰추진체가 일치하는 것인지에 대해서도 미심쩍다. 합조단이 보고서에 북한산 CHT-02D 어뢰의 설계도면과 함께 어뢰추진체의 길이라면서 보고서에 수록한 사진의 크기와 신상철 전 민간조사위원의 명예훼손 사건 재판부와 검사 변호인단이 국방부에 보관 중이던 어뢰추진체를 실측한 크기가 다른 것으로 나타났다. 실제 어뢰추진체의 길이가 13~14cm 더 긴 것으로 측정됐다. 이는 단지 사람이 줄자로 재는 과정에서 벌어진 실수 또는 오차 수준을 넘어선다. 우선 합조단 보고서에 나와 있는 설계도면상의 크기와 어뢰추진체의 크기에 대한 설명은 이렇다.

〈그림 3장-8-5〉에서 보는 바와 같이 길이는 프로펠러에서 샤프트까지 112cm, 프로펠러 19cm, 추진후부 27cm, 추진모터 33.3cm이고, 상부 고정타 33cm, 하부 고정타 45cm로 설계도면과 증거물의 길이가 정확히 일치하였다"[138]

그러나 2015년 10월 26일 재판부가 현장을 검증한 결과 길이의 차이가 큰 것으로 나타났다. 재판부가 국방부를 방문해 어뢰추진체를 검증한 결과는 다음과 같다.

모터 직경 29cm, 모터 최장 부분: 34.5cm, 모터 부분: 32.5cm, 모터단
자부분 포함 길이: 43cm, 프로펠러 끝~샤프트 뭉치 뒤 길이: 125.5cm, 샤
프트 끝~샤프트 뭉치 뒤 길이: 128cm, 샤프트 길이: 67cm, 추진후부 길
이: 27cm, 뒤 프로펠러 폭: 9.5cm, 앞 프로펠러 폭: 8.5cm, 프로펠러 전체
길이: 20.4cm"[139]

프로펠러부터 샤프트까지 112cm라고 썼으나 실제 재어보니 적게는
13.5cm에서 샤프트 뭉치까지 포함하면 16cm까지 차이가 나는 것이다.
반대로 모터의 경우 실제보다 오히려 더 크게 표기한 것으로 나온다. 이
정도는 그냥 넘어갈 수준이 아니었다는 지적이다.

이와 관련해 이강훈 변호사는 그해 11월 13일 서울중앙지법 형사36부
(재판장 이홍권 부장판사) 심리로 열린 공판에서 증인으로 출석한 윤덕용
합동조사단장을 신문하는 과정에서 "우리가 (재판부와 검찰측과 함께) 가서
재봤더니 33.3cm라는 모터부의 경우도 30cm(300mm) 정도밖에 안 된
다"며 "보고서에는 추진후부(27cm), 프로펠러(19cm)의 나머지 (축의) 길
이(66cm−이 길이는 보고서엔 안 나옴−저자)를 더한 112cm로 나오는데 실
제 재보니 10여cm 더 긴 것으로 나온다"고 지적했다.

문제는 이 같은 치수의 차이가 있다는 것을 합조단이 보고서 작성 이
후 알고 있었다는 점이다.

이날 재판에서 '어떻게 이렇게 치수에 큰 차이가 나는데 정확히 일치
했다고 결론을 내렸느냐'고 신문하자 증인으로 나온 윤덕용 전 합조단
장은 "크기와 특성, 날개의 수와 구멍의 수도 일치하는데, 치수에 대해서
는 실수가 있었다, 맞지 않는다"고 시인했다. 언제 알았는지에 대해 윤

전 단장은 "발표할 때는 몰랐는데, 책자 나온 (2010년 9월 13일) 다음에 수치가 틀렸다는 것 알았다"며 "여러 논의를 하다가 누가 지적이 있었는지, 자체적으로 인지한 것인지는 정확히 기억은 안 나지만 (보고서 작성 후 틀린 것을) 확인했다"고 해명했다. 윤 전 단장은 "그냥 봐도 틀리게 나온다. 어딘가는 틀렸다는 것이 확실하다. 그림 자체에서부터 잘못됐던 것으로 모순이었다"며 "그림은 대략 맞는데 치수는 틀렸다"고 주장했다.

프로펠러부도 보고서엔 19cm로 돼 있으나 실제로 재보니 20cm였으며, 다른 부분도 일일이 비교하면 틀린 곳이 많다. '이런 오류에 대해 중간조사결과 발표나 최종 보고서 작성 전에는 토론해본 적도 없다는 것이냐'는 변호인 신문에 윤 전 단장은 "그때는 전문적으로 다루는 근거가 있었기 때문에 대체로 보기에도 일치하는 것 같아서 동의했다"고 말했다.

— 변호인: "국민들 앞에 이 어뢰설계도가 맞는다고 하면서 비례까지 맞아서 사이즈도 마치 맞는 것처럼 그림을 내놨을 때는 말하자면 상당히 설득력 있는 증거로 제시한 것이잖아요. 어떻게 보면 가장 중요한 부분들 중 하나 아닙니까. 어뢰가 설계도하고 일치한다. 백색물질 이런 등등의 것들은 합조단이 조사결과를 내놓기 위한 가장 기본적이고 중요한 자료였지 않습니까. 그런데 그 부분에 대한 검증이 왜 그 정도로 허술했나 이런 지적이 있을 수 있는 거거든요."

= 증인(윤덕용 전 합조단장): "수치에 대해서는 사실은 저 도면이 어디서부터 어디까지 측정하냐. 왜냐하면 19cm 그게 정확하게 어느 부분서부터 어느 부분까지 나타내는 거냐 하는 건 좀 애매할 수 있고요. 두 가지 문제가 있습니다. 그리고 또 하나는 제가 지난번에도 말씀드렸지만, 수거된 어뢰추진체가 변형된 상태입니다. 제가 이해하기에는 폭발해서 축방향으로 힘을 받았기 때문에 옆으로 쭈그러지고 일부는 그런 변형이 됐기 때문에 그걸 직접 비교해서 이게 약간 틀리다 이렇게 얘기하는 것

은 사실 좀 무리가 있을 수 있죠. 수치보다 오히려 하나하나 구멍의 수라든지 이런 게 일치한다, 날개 수가 일치한다, 그거는 분명한 거거든요. 그러니까 1cm가 맞는다 안 맞는다 그거 가지고는 별로… 그리고 도면하고 조금 다를 수도 있습니다. 실제 제품이. 우리나라 자동차를 도면하고 비교하면 다릅니다. 도면 그대로 생산한다는 보장도 없거든요. 어차피"

— 변호인: "모터부의 경우 눈대중으로만 봐도 치수가 확연히 안 맞는데, (보고서 발간 전에는) 아무 논란이 없었다는 것인가요."

= 증인(윤덕용): "논란 없었습니다… 이 정도면 맞다고 봤습니다."[140]

윤 전 단장은 이와 함께 이 어뢰추진체를 보고 미국의 어뢰 전문가들이 중국산 어뢰와 비슷하다고 말했다고 전하기도 했다. 그는 "미국의 어뢰전문가가 와서 '1970년대 중국산과 비슷하다'고 하더라"며 "전문가들은 보면 안다. 설계도면과 비슷하다고 한 것"이라고 말했다. 그는 "그들이 적국의 어뢰인데도 놀랄 만큼 잘 알고 있었다"고 말했다.

이후 북한 어뢰설계도를 찾아 보여주니 동의했다고 윤 전 단장은 전했다. 그는 "그분들(미국 어뢰 전문가들)한테 자료를 보여주면서 '설계도를 입수했는데 같지 않느냐'고 했더니 동의했다"고 주장했다. 아무런 의문을 안 가졌느냐는 신상철 대표의 신문에 윤 전 단장은 "나도 놀랐다. 프로펠러 수가 많다는 것도 그렇고, 기계적으로는 구식으로 보였다"며 "적국의 어뢰를 국내 합조단 모두 처음 본 것"이라고 주장했다.

또한 이홍권 재판장이 '현장 검증에 참석한 어뢰전문가에 따르면, 도면의 치수가 어뢰추진체 외부의 치수로, 내부의 치수가 아니며, (설계도가) 실제가 아닌 개념도라는 설명을 했다. 분석 당시 그런 얘기가 있었느냐'고 신문하자 윤 전 단장은 "이 정도 세밀하면 수거된 추진체와 일치한다고 판단했다"고 해명했다.

윤덕용 전 합조단장이 보고서 발간 후에야 이런 사실을 알았다고 했지만 실제 어뢰추진체를 수거한 직후 촬영했다는 동영상을 보면, 줄자로 어뢰추진체 전장을 실측하는 모습이 나오는데, 보고서에서 쓴 크기와 다르다. 약간의 오차는 있을 수 있다고 해도 프로펠러에서 샤프트 끝까지의 길이가 132~133cm로 측정된 것으로 동영상에서는 나타난다. 더구나 영상에서는 측정하고 줄자의 눈금을 줌zoom으로 확대해 뚜렷하게 알아볼 수 있다. 그러니 보고서에 112cm라고 작성한 것은 실수로 보기 어렵고, 이를 몰랐다고 보기도 어렵다. 윤 전 단장이 틀렸다는 점을 시인했지만, 보고서 작성과정에서 과연 이렇게 큰 오류를 몰랐다고 할 수 있을까.

4. 천안함 사건 '범행동기'의 의문

천안함을 공격한 이유는 있었나

앞에서 언급한 어뢰추진체 의문에 대해 간략히 리뷰하고 육하원칙의 '왜' 부분을 논의하겠다. 천안함을 파괴하고 남은 잔해로 지목된 이른바 '1번 어뢰'의 증거능력에 대해서는 많은 의문이 있었다. 최초 수거과정에서 그물에 걸려 올라오는 모습은 동영상으로 촬영돼 있지 않았으며, 그나마 촬영된 영상엔 철사뭉치와 철밴드에 엉켜있는 어뢰추진체 모습이 담겨 있었다. 발견한 순간에 대한 핵심증인들의 기억도 서로 다르다. 발견한 사람에 대해 합조단 보고서는 '선원'이었다고 작성한 반면 쌍끌이어선 선장은 '항해사'라고 했고, 쌍끌이어선 합조단 파견 감독관은 '갑판장'이라고 각각 다른 증언을 남겼다. 발견 순간에 대해서도 합조단 보고서는 "이상한 물체가 발견됐다"고, 선장은 항해사가 "어뢰다"라고, 쌍끌이어선 감독관은 갑판장이 "발전기 같은 게 또 올라왔다"고 각각 말했다고 주장했다. 오래된 사건에 대한 기억 차이로 치부하기에는 '결정적 증거'가 갖는 무게감이 너무나 크다. 어뢰 꼬리 부분이 검은 색으로 돼 있느냐고 탐색구조단장이 보지도 않고 물어봤다는 증언도 기괴하다.

이 밖에도 합조단의 과학적 조사결과라는 주장의 근거였던 선체-어뢰-폭발모의실험에서의 흡착물질은 과학자들의 큰 반박을 불러일으켰다. 결국 과학적 증명이 되지 않는 근거가 됐다. 1번 글씨 역시 잉크성분을 분석한 결과 어느 나라에서나 상용되는 제품으로 드러났다. 북한을 특정하지 못했다. 폭발 순간 잉크가 불에 타지 않고 남을 수 있느냐에 대해서도 거센 과학적 반론과 재반론이 이어졌다. 이 과학 논쟁의 결론은 합조단의 조사결과가 합리적 의문을 해소할 수 없었다는 것이다. 어뢰추진체의 부식 상태는 가장 의심을 많이 사고 있는 증거가 됐다. 최소 6개월에서 3년까지 돼 보인다는 러시아 전문가와 민간전문가의 평가가 있었으나 정부는 부식실험조차 하지 않고 시간을 까먹었다. 공정성을 담보해야 할 법원조차 1심 판결에서 이 같은 실험을 하기는커녕 부식 상태가 선체와 어뢰가 비슷하다는 지극히 무성의하고 일방적인 판단으로 합조단 조사결과를 편들었다.

어뢰설계도에 대해서는 어뢰추진체의 전체 길이 수치부터 13cm 이상 보고서와 차이가 났다. 이런 것을 단순한 실수로 여기기는 쉽지 않다. 어뢰설계도 원본이 존재하는지 여부에 대한 수많은 논란을 낳은 끝에 국방부가 재판부와 변호인 측에 확인시켜준 설계도면 원본은 CD에 파일 형태로, 홍보물 브로슈어는 인쇄물로 돼 있는 등 파일과 인쇄물 모두 존재했던 것이 확인됐다. 문제는 CD에 들어 있는 설계도면 파일이 아래아 한글프로그램으로 작성된 hwp 파일이었다는 것이다. 이는 국방부가 보유한 자료 역시 원본이 아니라는 의심을 분명하게 확인시켜준 꼴이 됐다. 그게 아니면 북한이 hwp 파일로 어뢰설계도를 그렸다는 얘기가 된다. 더구나 이 어뢰설계도의 입수 경로가 국정원을 통해서였다고 하니, 군의 정보능력조차 의심하지 않을 수 없다. 국정원이 입수한 원본이 따로 있는지 가공한 것인지도 불분명하다. 어뢰추진체를 둘러싼 이 같은 의문은 대체로 제기된 지 6년이 넘었으며, 그때그때 충분한 답변이 이뤄지지 않은 채 법정에까지 이어져왔다.

북한 잠수함정 침투 후 도주 과정을 확인했나

사건의 본질을 간파하는 데 있어 가장 중요한 항목은 바로 '왜' 그 일이 벌어졌느냐이다. 이른바 1번 어뢰가 천안함 선저 아래에서 근접 폭발했다(비접촉 수중폭발)는 합동조사단의 가설이 성립하려면 그 어뢰를 누가 쐈느냐가 입증돼야 한다. 행위자, 즉 어뢰를 발사한 주체가 규명돼야 한다는 것이다. 합조단은 보고서에서 북한의 연어급 잠수정이 북한의 잠수함기지에서 출발해 'ㄷ' 자 형으로 은밀히 이동해와 잠망경으로 표적(천안함)을 확인한 뒤 CHT-02D 어뢰를 발사했다고 추정했다. 북한 잠

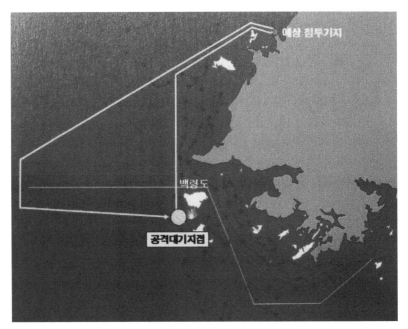

북한 잠수함정 예상 침투로. 사진=합조단 보고서 177쪽

수함정 예상 침투로라고 밝힌 것처럼 '확인'이 아닌 '예상'에 불과했다.[141] 가설을 세워놓고 정황을 토대로 한 추정 수준이다. 특히 당시 조류가 북한 잠수함정의 기동과 어뢰 발사에 미치는 영향을 분석해 조류의 영향을 극복할 수 있었을 것이라고 다음과 같이 주장하기도 했다.

- 조류가 천안함 경비구역 내에서 항해에 미치는 영향
  - 고려요소: 사건 당시(26일 21:22) 기상은 남서풍 20노트$_{kts}$, 파고 2.5m, 시정 2.5NM이었으며, 침로 및 속도는 327°-6.7노트$_{kts}$였다.
- 북한 잠수함정 예상 침투기지~백령도 간 분석
  - 동 구간의 연안에서는 조류가 빠른(0.48~2.89노트$_{kts}$) 반면 외해로 갈수록 약해(0.83노트 이하)진다. 공격 대기지점으로 추정되는 백령도 서방 5마일에서의 조류 속도는 0.22~4.66노트$_{kts}$였다. 따라서 잠수함정의 침투 및 모기지 복귀 시에는 연안보다 조류의 영향을 덜 받는 외해로 우회침투하는 것이 유리했을 것으로 분석된다.
- 조류가 북한 잠수함정 기동에 미치는 영향
  - 외해로 침투(예상 침투기지 → 외해 변침점 → 백령도 근해 공격 대기지점)할 경우에는 조류로 인한 영향을 상대적으로 덜 받기 때문에(연안 조류 속도 0.48~2.89노트, 외해 조류 속도 0.23~1.82노트) 총 침투거리 및 침투시간을 고려 시 항해형태(스노클, 잠수함정이 축전지 충전을 위해 스노클 마스트만 수면으로 노출한 상태로 항해) 별로 속도를 조정하게 되면 조류로 인한 영향을 극복 가능한 것으로 판단된다.
  - 최단경로로 침투(예상 침투기지 → NLL → 백령도 근해 공격 대기지점)할 경우는 외해 침투시보다 상대적으로 조류의 영향을 더 받기 때문에(조류 속도 0.48~2.89노트/평균조류속도 2.4노트) 총 침투거리 및 침투시간 고려 시 6시간 간격의 강한 역조류 영향으로 수중 은밀침투가 제한될 것으로 분석된다.

- 조류가 북한 잠수정 무장 운용에 미치는 영향
  - 가정사항: 북한 잠수함정이 천안함 침몰 해역인 백령도 서남방 2.5km 해역에서 보유하고 있는 무장을 운용할 경우를 가정하였다.
  - 조류가 어뢰 발사에 미치는 영향: 북한 잠수함정이 어뢰를 발사할 경우에는 '표적 운동 분석'TMA:Target motion analysis(잠수함이 어뢰 발사를 위해 표적의 움직임을 분석하는 것) 기동을 위해 6노트kts 이상의 속도로 기동해야 하고, 발사침로 유지를 위해 5노트kts 이상 속도를 유지해야 하며, 조류 속도의 영향을 덜 받기 위해서 수면 근처보다는 수심이 깊은 곳에서 어뢰를 발사해야 한다. 그러나 이러한 점을 고려하더라도 어뢰 운용 시 어뢰속도(최소 30노트) 및 유도방식(음향)을 고려할 때 조류의 영향은 미약한 것으로 판단된다.
  - 조류가 기뢰 부설에 미치는 영향: 북한 잠수함정이 기뢰의 정밀부설을 위해서는 조류의 영향이 가장 적게 미치는 시기를 선택해야 하므로, 정조 시나 순조류를 이용하여 부설할 가능성이 가장 높다. 잠수함정의 백령도근해 예상 도착 일자(3월 26일 이전) 및 3월 26일 정조 시와 사건 발생 시간대(21:22) 조류 방향·속도(161°-2.89노트)를 고려할 때 예상 부설침로는 161°~253°인 것으로 판단된다. 기뢰 부설 시에는 정밀부설을 위해 저속항해(3노트)가 불가피하기 때문에 조류의 영향을 크게 받았을 것으로 분석된다.
- 소결론
  백령도 근해 조류는 최대 5.3kts로 강한 편이나 사건 발생 시간(3. 26. 21:22) 조류는 정밀 시뮬레이션 결과 161°-2.89kts로 규명(해도상 조류 142°-2kts)되었다. 조류가 천안함 기동 및 북한 잠수함정에 미치는 영향은 해역별로 차이가 있으나 속도 및 항해 형태(스노클/수중) 조정을 통해 극복 가능한 것으로 판단된다. 또한 북한 잠수함정의 어뢰 운용 시에는 어뢰 속도(최소 30kts 이상) 및 유도방식(음향)을 고려할 때 조류의 영향이 미약한 것으로 판단되며, 기뢰 부설 시에는 정밀부설을 위해 저속운항이 불가피하기 때문에 조류의 영향을 크게 받았을 것으로 판단된다.[142]

앞서 합조단은 그해 5월 20일 합조단의 중간조사결과 발표 시에도 사건 전후 상어급 잠수함과 연어급 잠수정 각 1척의 북한기지 이탈이 확인됐다며 이들이 도발에 운영됐을 것이라고 발표했다. 황원동 다국적연합 정보분석단장(국방부 정보본부장·공군 중장)은 북한 잠수함정의 침투경로에 대한 질의에서 "이번 조사를 통해서 분석된 바에 의하면 동 기간 중에 상어급 잠수함 한 척과 연어급 잠수함 한 척이 각 기지에서 이탈하여 활동한 것이 확인되었다"며 "사용된 어뢰의 종류와 또 작전 해역의 수심 등 관련 자료들을 종합분석·평가해본 결과 연어급 잠수정 한 척이 본 도발에 운영되었을 것으로 판단했다"고 답변했다.

황 단장은 그러나 "침투 도발 경로는 식별되지 않고 엄밀하게 침투하기 위해서 수중으로 공해 외곽을 우회하여 침투한 것으로 판단하였으며, 치명적인 공격을 위하여 데이터가 야간에 목표를 식별하고 근접하여 천안함에 어뢰를 발사한 것으로 분석하였다"고 말했다.

"상어급 잠수함과 연어급 잠수정이 도발에 운영됐을 것" "수중으로 공해 외곽을 우회해 침투한 것으로 판단" "야간에 목표를 식별, 근접해 천안함에 어뢰를 발사한 것으로" 등 추정과 추측을 근거로 발표했다. 특히 "침투 도발 경로는 식별되지 않"았음을 시인했다. 결국 확인된 것이 없다는 것이다. 합조단은 북한 잠수함정이 어떻게 침투해서 어뢰를 쏘고 달아났는지에 대한 가설만 내놓았을 뿐 잠수함정의 움직임, 영상, 항적 등 객관적인 데이터를 전혀 제시하지 못했다.

합조단 보고서는 북한 잠수함정의 기동에 조류가 방해되지 않았으며 기뢰보다는 어뢰 발사에 용이한 조류였다는 결론을 내놓는 데 그쳤다. 그것도 조류의 속도와 잠수함정의 속도를 단순 비교한 수준의 시뮬레이

선이었다. 한치 앞도 분간하기 힘든 서해 바닷속 시계와 해저에서 나오는 온갖 소음을 감안하지 않은 채 당일 조류 속도가 잠수함정 속도가(확인 필요) 더 빠를 것이라는 일반적인 분석으로 북한 어뢰 발사를 위한 수중환경이 조성됐다는 결론은 과학적 분석이라기에는 많이 부족하다. 사실상 어뢰를 발사한 북한 잠수함정에 대한 현장 정보가 전혀 없었다는 것 이상도 이하도 아닌 분석이다. 어뢰를 쐈다는 북한 잠수함정이 '연어급 잠수정'이라는 주장을 폈지만 정작 '범행 현장'에서 연어급 잠수정의 흔적을 발견하지 못한 것이다.

특히 이런 보고서가 나오기 5개월 전인 2010면 4월 5일 국방부가 내놓은 '천안함 관련 설명자료(2)'를 보면, 북한 반잠수정에 대해 당시 사고해역과 속도 등의 환경에서는 운항이 곤란한 조건이었다고 밝혔다. 상어급 잠수함, 연어급 잠수정, 반잠수정 등 규모면에서 다소 차이가 있지만, 이런 잠수함정의 기동성에 대한 우리 군의 정보와 판단이 크게 엇갈렸다는 것은 분명해 보인다. 다음은 국방부가 내놓은 설명자료의 내용 일부이다.

- 주제-5. 국방부는 이번 사건 당시 북한 잠수함(정)의 동향은 없었다고 밝히고 있으나, 반잠수정에 대해서는 확인해주지 않고 있다. 북한 반잠수정 동향에 대한 국방부 의견은 무엇이며, 혹시 잠수함 및 반잠수정에 대한 우리의 정보 능력이 부재한 것은 아닌지 우려된다.
  - 반잠수정의 활동에 대해서는 연합정찰자산을 집중 운용해 침투기지에서 출항 및 귀항하는 활동에 대해 지속적으로 감시하고 있으며, 북한 서해 모기지에서 운용중인 반잠수정은 작년 12월 말 동계 결빙에 대비해 시설내부로 이동 후, 최근 실외에서 최초로 식별됐으며 현재까지도 동일 장소에서 계속 식별되고 있음.
  - 반잠수정은 당시 파고 2.5~3m, 풍속 20노트kts 등을 고려 시 운항이

매우 곤란한 조건이었음"[143]

또한 이런 추정이 설득력을 얻으려면 북한이 왜 이런 무모한 도발을 했느냐, 즉 북한의 범행동기가 무엇이었느냐가 설명돼야 한다. 수거했다는 어뢰추진체 자체만 해도 의문투성이인데, 여기에다 북한 소행이라는 것과 북한의 범행동기까지 규명되지 않는다면 북한 어뢰설은 성립하기 어렵다. 문제는 연어급 잠수정의 실체부터 침투로와 도주로 같은 범행 흔적조차 확인된 것이 없다는 점이다. 정보분석을 통한 추정일 뿐이다. 당시 서해상에서 한미 합동훈련이 진행 중이었다는 점만 봐도 과연 이런 상황에서 북한이 이렇게 대담하게 작전을 벌일 수 있었겠느냐는 의문이 해소되지 않는다. 비록 120km 거리의 격렬비열도와 태안반도 인근에서 훈련이 진행됐다고 하나 이지스함과 구축함 등 한미 해군의 대규모 함대가 합동 훈련을 하고 있는 앞마당에 유유히 침투했다는 것은 잘 이해가 가지 않는다. 기습과 함께 의표를 찌른 것이라 해도 북한의 어뢰 발사 성공률이 그렇게 뛰어난 것인가에 대한 의구심도 해소돼야 한다.

"잠수정 못 잡아도 어뢰는 잡는다" vs "음탐기로 잠수정 못 잡을 수 없다"

합조단 발표에 이 같은 의문을 갖는 이유는 국방부 스스로 북한 잠수함정이 침투할 경우 우리 초계함이 탐지를 못할 리가 없다는 입장을 밝힌 적이 있기 때문이다. 초기에 우리 군은 국회와 언론에 음파탐지기를 통해 적 잠수함정을 탐지하거나, 적어도 잠수함정에서 발사한 어뢰는 잡을 수 있다고 설명했다.

천안함 침몰사건 발생 다음 날(2010년 3월 27일) 곧바로 열린 국회 국방위원회에 출석한 이기식 합참 정보작전처장의 답변에 이 같은 군의 입장이 잘 나타나 있다.

- 김장수 위원(당시 한나라당 의원): "알았습니다. 시간이 없기 때문에 … 배에서 스크루 돌아가는 소리는 일반적으로 잠수함이나 잠수정이 진행해 갈 적에, 스크루 돌아서 갈 적에 하는 소리고 딱 끄고 스탠바이 하고 있으면 얼마든지 가능한 것 아니에요, 은밀하게?"
= 이기식 합참 정보작전처장(당시 해군 준장): "잠수정은 저희들이 못 잡더라도 잠수정에서 쏘는 어뢰는 잠수함보다 더 빠른 속력으로 돌기 때문에, 하이드로폰 이펙트hydrophone effect라고 그럽니다. 그게 굉장히 강하게 나타납니다."[144]

잠수정은 못 잡아도 잠수정에서 쏘는 어뢰의 경우 스크루가 빠른 속력으로 돌기 때문에 잡을 수 있다는 설명이다. 이기식 처장은 적 함정이 포착되지 않고 접근할 가능성이 없다고 밝히기도 했다.

- 김동성 위원(당시 한나라당 의원): "그다음에 사고 장소가 NLL에서 얼마나 떨어져 있습니까?"
= 이기식 합참 정보작전처장(당시 해군 준장): "사고 장소는 NLL에서부터 백령도를 지나서 그 뒤쪽에 있습니다."
- 김동성 위원: "몇 마일 정도 떨어져 있습니까?"
= 이기식 합참 정보작전처장: "한 6, 7마일 정도 되겠습니다."
- 김동성 위원: "그 정도면 꽤 되는 거리인데 그 장소까지 북한의 잠수정이라든지 함정이 우리한테 포착이 되지 않고 접근할 가능성이 높습니까?"
= 이기식 합참 정보작전처장: "함정이 포착되지 않고 접근할 수 있는 가능성은 없습니다."
- 김동성 위원: "그러니까 그런 것을 종합을 해본다면 이것은 북한의 도발에 의한 것이라기보다는 사고라든지 내부 폭발일 가능성이 높지 않은가 이렇게 분석이 되는 것인데, 얘기가 나온 김에 초계함의 경우에 평소 만

약에 실제로 기뢰라든지 어뢰였다고 하면 그런 것에 대한 대비책은 지금 서 있습니까?"

= 이기식 합참 정보작전처장: "예, 그렇습니다."

− 김동성 위원: "어떤 대비책이 있습니까?"

= 이기식 합참 정보작전처장: "어뢰가 배 쪽으로 오면 배에 있는 음탐기에서 그것을 포착할 수가 있습니다. 그러면 그것을 회피하는 전술이 있습니다. 거기에 의해서 회피를 다 하도록 되어 있고…"

− 김동성 위원: "그러면 본 초계함의 경우에도 그런 시스템이 다 되어 있습니까?"

= 이기식 합참 정보작전처장: "다 되어 있습니다."

− 김동성 위원: "그렇다면 이 초계함이 그런 소나sonar 장비에 의해서 음탐을 전혀 못 했다면 더더군다나 어뢰일 가능성은 낮겠네요, 그렇지요? 만약에 어뢰였다면 분명히 포착이 됐을 것 아니에요?"

= 이기식 합참 정보작전처장: "예, 그렇기 때문에 배가 들어왔을 때 그 장비를 운용했던 사람에 대해서 정확한 이야기를 들어보고 판단을 하려고 합니다."[145]

사고 직후엔 심지어 한나라당 의원조차도 어뢰일 가능성이 낮은 것 아니냐는 질의를 하고, 어뢰 공격엔 다 대비책이 있다는 것이 합참의 답변이었다. 음파탐지기에 의해 북한의 잠수함정이 포착되지 않고 접근할 가능성이 없기 때문이라는 것이다. 회피하는 전술도 있다고 했다.

북한의 소행과 거리가 멀 것이라는 이 같은 판단은 국방부와 여권 내에서 적어도 며칠간 계속됐다. 사고 사흘 뒤(2010년 3월 29일) 열린 2차 국방위원회에 출석한 김태영 국방부장관도 대체로 북한의 어뢰 공격에 대해서는 침몰 원인과 거리를 두고 있었다.

－ 김영우 위원(당시 한나라당 의원): "외부의 충격이라고 잠정적으로 추측을
해봤을 때 어뢰 아니면 기뢰인데 어뢰라든지 이런 것은 초계함인 경우
에 미리 탐지가 가능하지 않습니까?"

＝ 김태영 국방부장관: "예, 초계함에는 그런 탐지하기 위한 수단을 가지고
있습니다. 그래서 현재 그것을 운용했던 수병의 말에 의하면 그러한 징
후는 없었다고 하고 있습니다."

－ 김영우 위원: "그러면 만약 예전에 부설돼 있던 기뢰가 갑자기 부상을 해
서 배에 충격을 줬다, 그랬을 경우에는 그 기뢰에 대한 탐지는 미리 가능
하지가 않습니까?"

＝ 김태영 국방부장관: "그것은 제한됩니다."[146]

그 당시 음파탐지를 담당했던 생존 승조원도 어뢰 징후가 없었다고
증언했다는 것이 초기부터 나온 국방부의 설명이었다.

－ 유승민 위원(당시 한나라당): "…그 58명을 조사한 결과 어뢰를 본, 탐지병
이 '어뢰레이더에 확실히 어뢰 징후는 없었다' 이렇게 봤습니까? 확인이
됐습니까?"

＝ 김태영 국방부장관: "예, 그렇게 진술하고 있습니다."[147]

특히 김태영 장관은 북한의 공격 징후 역시 보이지 않았다고 진술했
다. 앞서 언급한 것처럼 김 장관은 우리 함정이 사고 당시 그 주변에 15척
이 있었다고 언급했다. 백령도와 연평도 대청도, 소청도의 모든 레이더가
작동 중이라는 점을 감안할 때 북한의 공격 징후는 없었다는 설명이다.

－ 김장수 위원(당시 한나라당 의원): "언론 보도 내용을 보면, 아마 국방부에
서 발표했지 싶은데, 침몰 당시에 레이더상의 함포나 어뢰 공격 징후가

없었다라고 발표가 됐습니다. 그것 발표한 적 있었습니까?"

= 김태영 국방부장관: "그것은 제가 좀 확인을 해봐야 되겠습니다마는 그 당시에 북한에서 어떤, 저희를 공격하려는 징후는 보이지 않았습니다."

– 김장수 위원: "함정의 레이더를 확인해 가지고 나온 말은 아니지요?"

= 김태영 국방부장관: "그렇습니다. 그 당시에 함정은 기능이 거의 상실되어 있는 상태였기 때문에 그 함정에서 나온 것은 아닙니다."

– 김장수 위원: "그러니까 흔적 발견을 못 하니까 공격 징후가, 함포나 어뢰의 공격 징후가 없었다라고 단정을 지어버린 사항이 아닌지…"

= 김태영 국방부장관: "그것은 아니고. 위원님, 그것 말고도 저희가 여러 척의 함정이, 그날 같은 경우 한 15척 정도의 함정이 그 주변에 있었습니다. 그래서 그런 함정, 그다음에 또 백령도 연평도 대청도 소청도 그런 데에 있는 모든 레이더들이 다 작동 중에 있었기 때문에 그런 모든 걸 평가해봤을 때 북한에서 그때 어떤 공격을 할 징후는 없었습니다."[148]

이 같은 국회의 검증에 이어 바로 이튿날(3월 30일) 국방부는 대언론 브리핑에서 북한 개입 여부에 대해 해명하는 데 곤혹스러워했다. 천안함 침몰 전후 북한 잠수정이 북한 잠수함 기지에서 움직였다는 언론보도(3월 31일)와 폭발음 청취 보도(4월 1일)에 사실관계를 해명하는가 하면, 천안함장이 '피습당했다'고 보고했다는 보도(4월 4일)는 사실이 아니라고 부인하는 등 북한 소행설 해명에 어려움을 겪었다. 차례로 3월 30일, 3월 31일, 4월 1일, 4월 4일 기자 브리핑 일부이다.

〈2010년 3월 30일 오전 천안함 기자브리핑에서〉

"몇 가지 오해가 있는 부분에 대해서 제가 말씀드리겠습니다. 우선 몇 가지 말씀을 드리면, 언론에 보도됐던 내용 중에서 몇 가지 보고드리겠습니다. 해명이 주로 되겠는데요. … 북한의 개입 가능성에 대해서 정부의 입장이 오락가락했다고 하는 말씀에 대해서, 여기 정부의 입장이라고 하니까 국방부가 전부는 아니니까 말씀드리기는 좀 어렵지만, 저희 국방부에서는 물론 저를 통해서 주로 발표를 했습니다. 북한의 개입 가능성에 대해서 어떠한 입장도 저희가 밝힌 바가 없습니다. … 우리 군은 발생 가능한 모든 유형을 상정해서 원인을 규명해나간다고 했고, 아직 원인은 알 수 없다고는 말씀을 드린 바가 있습니다. 또 북한의 도발 가능성, 물론 어뢰든지 기뢰가 되겠죠. 북한의 의도나 도발 목적, 또 득과 실, 이런 것은 전략적으로 또 전술적으로 현장 상황을 정확히 판단을 해서 명확한 원인이 밝혀지면 결론을 내릴 것입니다."[149] (원태재 국방부 대변인)

〈2010년 3월 31일 오전 천안함 기자브리핑에서〉

"오늘 보도 중에서 침몰 전후에 북한 잠수정이 움직였다고 하는 보도가 있었습니다. 물론 자기 내 영해 내에서 움직이는 것은 뭐라고 할 수 없는 것이고요. 그러나 군사적인 정보사항에 대해서는 저희들이 구체적으로 확인해드릴 수가 없습니다. 직접적으로 관련이 있거나 원인이 밝혀졌다면 몰라도 그런 것을 저희들이 밝혀드릴 수 없음을 이해해주시기 바랍니다."[150] (원태재 국방부 대변인)

〈2010년 4월 1일 오후 천안함 기자브리핑에서〉

"그 폭발음이라는 것은 배에서도 큰 폭음과 동시에 몸이 솟구쳤다고 그랬지 않습니까? 그 정도의 음이라고 생각하시면 됩니다. 그게 우리가 제가 여기에서 그것이 어떤 화약류에 의한 폭발이라든지 이런 것은 판단할 수가 없습니다. 그래서 그것은 나중에 인양이 다 되고 난 다음에 정밀분석을 통해서 판단할 사항이라고 생각되어집니다."[151] (이기식 합참 정보작전처장)

〈2010년 4월4일 오후 천안함 기자브리핑에서〉

"마지막으로 천안함 사고 직후, 함장은 '지휘계통에 피습을 당했다'고 최초 전화보고 한 것으로 보고가 되고 있는 바, 천안함장이 지휘계통으로 피습당했다고 최초 전화보고 했다는 일부 보도에 대해서 함장에게 확인한 결과, 이는 사실이 아닙니다. 함장이 직속상관인 22전대장에게 보고한 것은 폭발음이 들리고 난 후 배가 침몰하였으며, 현재 구조되고 있는 상황임을 보고한 것입니다. 따라서 일부 언론보도에 '함장이 피습당했다'라고 보도했다는 것은 사실과 다름을 확인하였습니다."[152] (이기식 합참 정보작전처장)

특히 북한이 어뢰를 쐈을 가능성이 굉장히 낮다는 분석은 사고 발생 일주일 후 한나라당 의원에게서 나왔다. 자신이 92함 전탐관을 했다는 박상은 한나라당 의원은 2010년 4월 2일 국회 본회의 긴급현안질의에서 어뢰보다 기뢰 가능성이 더 많다는 취지의 주장을 펴면서 수심 30m 이내에서 잠수함이 들어가서 어뢰를 쏜다는 것은 대단히 어렵다며 다음과 같이 밝혔다.

— 박상은 의원(당시 한나라당): "그러면 결국 외적인 요인으로 많이 보고 있는데, 아까 김동성 의원이 얘기를 많이 하셨는데 제가 92함 전탐관을 했습니다. 사실 수심 30m 이내에서 어떤 잠수함이 들어가 가지고 어뢰를 쏜다는 것은 대단히 어렵습니다. 오히려 거기에서 잠수함이 공격을 당할 가능성이 더 많기 때문에. 그렇다면 결국 기뢰의 가능성이 굉장히 많고 또 어제 지질연구소에서 발표한 것도 제가 볼 때는 다이너마이트 약 175kg, 180kg 정도면 기뢰와 성능이 비슷한 정도의 화력이거든요. 장관님 견해는 어떻습니까?"

= 김태영 국방부장관: "제가 여러 전문가까지를 다 불러 가지고 많은 토의를 했습니다. 그러나 제가 볼 때는 어느 가능성도 저희가 결코 그것을

배제할 필요는 없다고 생각을 합니다. 물론 여기에 일반적으로 여러 분마다 그리고 전문가마다 조금씩 다른 견해를 표현하고 있습니다마는 저희는 하여간 있을 수 있는 모든 가능성을 다 열어놓고 그것에 대해서 완벽한 조사를 통해 확실히 규명할 수 있도록 노력을 하겠습니다."

— 박상은 의원: "이게 엄중한 일이기 때문에 어떤 가정을 하기는 힘들지만 북한과 연관시키는 것은 지금 상당히 어려운 일이지요?"

＝ 김태영 국방부장관: "예, 하여간 명확하지 않은 사실을 갖고 그것을 자꾸 가정을 만들어서 가정으로 불필요한 논란을 만드는 것은 제가 볼 때 불필요한 국론 분열을 가져올 수도 있기 때문에 그것보다는 우리가 좀 더 인내심을 가지고 조사결과가 나올 때까지 기다리시는 게 좋지 않겠나 이렇게 생각합니다."[153]

여기서 '북한과 연관시키는 것은 어려운 일이냐'는 박상은 의원의 질의에 김태영 국방부장관은 "명확하지 않은 사실을 갖고 그것을 자꾸 가정을 만들어서 가정으로 불필요한 논란을 만드는 것"이라고까지 규정했다. 그러면서도 '정말 북한과 관련성이 없느냐'고 확답을 요구하면 국방부는 우리가 북한을 '종심'까지 100% 다 들여다보지 못한다고 한발을 뺐다. 이날 문학진 민주당 의원의 질의에 대해 김태영 장관은 앞서 박상은 의원 질의에 대한 답변과는 다른 기류의 설명을 했다.

— 문학진 의원(당시 민주당): "그런데 이 정부가 애매모호한 입장을 일관되게 취하고 있어요. 오히려 혼란을 부추기고 있다고 봅니다. 북한의 어뢰 공격설을 얘기해 보면 국방부는 천안함 침몰 사건 발생 전 일주일 동안 북한군 도발과 관련한 특이활동이 없다 이랬지요? 그다음에 주한미군사령관도 이것을 확인했습니다. 그렇지요?"

＝ 김태영 국방부장관: "예, 그렇습니다."

- 문학진 의원: "그다음에 북한의 반잠수정 활동 정황도 발견되지 않았다 이렇게 발표했습니다. 맞지요?"

= 김태영 국방부장관: "예, 맞습니다."

- 문학진 의원: "그런데 한편 동시에 국방부가 천안함의 침몰 원인으로 어뢰에 의한 피격 가능성도 있다, 아직도 그렇게 얘기하고 있잖아요?"

= 김태영 국방부장관: "지금은 조사단계에 있기 때문에 제가 볼 때는 이런 있을 수 있는 가능성을 다 열어놓고 봐야 합니다. 그래야만 정확한 조사가 되지 여기에서 아직 아무것도 조사가 되지 않은 상태에서 이것저것 있을 수 있는 가능성을 가지고 얘기하면서 목소리를 높이는 것 자체는 무의미하지 않을까 생각합니다. 그래서 저희는 모든 가능성을 열어놓고 그런 것에 대한 확실한 조사를 해서 명명백백하게 밝히도록 하겠습니다."

- 문학진 의원: "그런데 사정은 다소 이해는 가지만 이미 북한의 도발 관련 정황이 없다, 이것은 국방부가 명확하게 지금 입장을 내놓은 거잖아요, 그렇지요?"

= 김태영 국방부장관: "예, 그 당시의 북한 군사적인 움직임은 저희가 종심까지 죽 봐야 합니다, 앞에 보이는 것만이 아니라 종심까지. 그런 것을 봤을 때 북한에서 어떤 도발을 하기 위해서 움직이는 큰 움직임은 전혀 없다는 겁니다, 어떤 훈련이나 이런 것은 있지만. 그래서 그런 의미에서 말씀을 드렸고, 그러나 북한은 아주 특이한 국가이지 않습니까? 거기에는 특수한 부대들이 있고, 그래서 그러한 부대들이 그러는 가운데에도 또 별도로 하는 일이 있을 수 있기 때문에 저희는 그러한 가능성에 대해서 다 우리가 고려를 해야 한다고 생각합니다."

- 문학진 의원: "그런데 북한 움직임에 대한 우리 군의 감시능력에 대해서 우리 국민들은 우리 군이 현대화됐고 매우 고도로 첨단장비들을 갖추고 있고 해서 북한 움직임 정도는 말하자면 손바닥 들여다보듯이 볼 수 있는 것 아닌가, 그리고 미군도 엄연히 주둔하고 있고, 그런데 이번 사건과

관련해서 이게 너무 정보가 부재한 것 아닌가, 국민들이 좀 불안해하고 있지 않나 이런 느낌이 아주 짙게 듭니다. 이 점에 대해서 어떻게 말씀하시겠어요?"

= 김태영 국방부장관: "저희는 지금 한미 연합으로 모든 정보체제를 운영하면서 한미가 가지고 있는 모든 정보수단을 풀가동해서 하고 있습니다. 그러나 정보라는 것은 그렇게 한다고 해서 저희가 정말 24시간 내내 적을 그렇게 100% 들여다볼 수는 없는 것입니다. 그런 것은 저희 능력에 한계가 있습니다. 그러나 저희는 적 지역을 사진으로 찍어낸다면 하루에 적어도 한 번 또는 많을 때는 세 번까지 적 지역을 스크린하고 있고, 그것 외에도 다양한 수단을 통해서 노력하고 있습니다. 그러나 그렇다고 해서 적을 100% 손바닥에 보듯이 보는 것은 어느 나라도 그것은 할 수가 없습니다. … 많은 정보를 보고 있습니다마는 그러나 역시 그 정보는 항상 어느 제한점을 가지고 있는 것은 이해를 하셔야 합니다."[154]

사라진 잠수정의 침투 가능성은? 김태영 "연관성을 좀 낮게 보고 있다"

합조단은 보고서에서 "서해 북한 해군기지에서 운용되던 일부 소형 잠수함정이 천안함 공격 2~3일 전 기지를 이탈했다가 공격 2~3일 후 기지로 복귀한 것이 확인됐다"고 밝혔다. 여기서 이탈 후 복귀한 것을 확인했다는 소형 잠수함정이 천안함을 공격했다는 것처럼 써놓았다. 하지만 국방부는 4월 초까지만 해도 이 같은 북한 기지 이탈 잠수함정과 천안함 사건과는 연관성이 낮다고 판단했다. 그 이유에 대해 김태영 장관은 "잠수함의 운항 속도, 또 북한의 잠수함의 잠항 능력이 미국 최신형 잠수함처럼 오랜 잠항 능력을 갖고 있지 않기" 때문이라고 설명했다. 다음은 4월 2일 국회 본회의 긴급현안질문에서 김동성 한나라당 의원과 김태영 장관의 질의답변 요지이다.

- 김동성 의원(당시 한나라당): "북한 사곶 기지에는 20여 척의 북한 잠수정이 배치되어 있지요?"

= 김태영 국방부장관: "사곶에는 사실 잠수정이 없고 지금 있는 곳은 해주, 비파곶, 남포 등에 그러한 잠수함들이 배치가 되어 있습니다."

- 김동성 의원: "조선일보 보도에 의하면 북한 잠수정 중 4척이 3월 26일 경에 며칠간 사라진 적이 있다라고 지금 보도가 되어 있는데 그게 사실입니까?"

= 김태영 국방부장관: "세 곳의 군항 중에서 한 곳에서 잠수함이 2척이 보이지 않은 바가 있었습니다, 4척은 아니고. 그래서 그러한 것에 대해 저희가 죽 추적을 했는데, 저희가 항공사진만이 아니고 통신이라든가 다양한 수단에 있어서 또 그것을 추적을 하고 있습니다. 그런 차원에서 봤을 때에는 그곳이 꽤 먼 곳이기 때문에 거기에서 저희 이 지역하고 연관되는 움직임하고는 조금 연관성이 약하다 이렇게 생각을 하고 있습니다."

- 김동성 의원: "그 두 척의 움직임을 처음서부터 끝까지 추적을 했던 겁니까, 아니면 놓친 적이 있습니까?"

= 김태영 국방부장관: "완벽한 추적은 불가능합니다. … 그때 또 기상이 그 지역 일부가 나빴기 때문에 완벽하게 추적할 수는 없는 제한성을 가지고 있습니다. 그러나 잠수함은 굉장히 속도가 느린 편입니다. 그래서 그쪽 지역에서 저희 백령도 지역까지 오는 데는 좀 제한성을 가지고 있으리라고 판단합니다."

- 김동성 의원: "이것이 중요한 부분인 것 같은데요. 언제 사라졌다가 언제 다시 확인이 됐습니까?"

= 김태영 국방부장관: "저희가 확인한 것은 24일 날부터 27일까지 그 어간에 확실하게 보이지 않는 게 한 두 척이 있습니다."

- 김동성 의원: "딱 그 시기랑 겹치네요, 어떻게?"

= 김태영 국방부장관: "연관성은 있을 수 있으나 지금 보이지 않은 그 지

역에서부터 백령도까지의 거리가 상당히 멀고 또 잠수함이 매우 느리게 움직일 수밖에 없는 그런 제한성을 볼 때 직접 연관성이 어느 정도 있다 하는 것은 우리가 관측을 해 봐야 하고, 또 최근에 저희가 백령도나 대청도 일대만이 아니라 이와 같이 북한의 어떤 잠수정이 안 보이거나 할 때는 경계를 훨씬 강화하고 있습니다. 그런데 그런 면에서 확실한 어떤 징후는 전혀 저희가 발견하지 못하였습니다. … 그러니까 물론 저희가 징후를 못 찾아서 그것이 완벽하다고는 저희가 얘기할 수 없습니다마는 그 연관성은 좀 약하지 않은가 이렇게 판단하고 있습니다."

– 김동성 의원: "지금까지 3일 동안 어디에 있었는지 그 잠수정이 위치가 불명했음에도 불구하고 우리 군 당국은 이번 사고와 관련성이 없는 것 같다라고 계속 말씀을 하셨거든요. 그 근거가 뭐지요?"

= 김태영 국방부장관: "지금 말씀드린 것처럼 잠수함의 운항 속도, 또 북한의 잠수함이 우리가 통상 영화에서 보는 그런 미국의 아주 최신형 잠수함처럼 오랜 잠항 능력을 갖고 있지 않고 하기 때문에 그런 면에서 그렇게 멀리 잠항을 했으리라고 생각하지는 않습니다. 꽤 먼 거리에서 보이지 않은 것이기 때문에 그런 면에서 좀 저희가 … 가능성은 있습니다. 그런 가능성은 저희가 열어놓고 검토를 하고 있습니다."[155]

북한의 범행 동기 "대청해전에 대한 보복이었다"

'북한이 왜 이 같은 도발을 했는가?' 하는 범행 동기와 관련해 군 일각에서는 대청해전에 대한 북한의 보복이라는 주장이 있다. 국방부와 합참도 이 같은 설명을 하다가도 따져 물으면 '추정'이라고 답변하기도 했다. 6년여가 흘러 소설책을 낸 오병홍 합참 전비태세검열실 차장(육군 준장·전역)은 아예 우리 해군이 대청해전 당시 북한 경비정에 과잉 공격을 했다가 보복을 당한 것이라고까지 과감한 주장을 폈다. 문제는 북한의 잠수함의 기동 항적이나 도주로 등을 전혀 확인하지 못했다는 점이다.

증거가 뒷받침되지 않는 한 추정 또는 추측일 뿐이다.

2009년 11월 10일 발생한 대청해전은 북한 경비정 1척이 대청도 동쪽 6.3마일 지점에서 NLL 이남으로 내려오자 우리 해군이 경고사격과 격파사격까지 가해 퇴각시킨 교전 사례이다. 이에 대한 보복의 일환으로 북한이 천안함 사건을 일으켰다는 것이 대청해전 보복설의 요지이다. 주로 이 같은 주장은 탈북자(박상학 자유북한운동연합 대표)의 입으로 제보자로부터 들은 내용으로 일부 언론에도 보도가 됐다. 박상학 자유북한운동연합 대표는 2010년 4월 12일 "2월 초순 김정일 국방위원장이 북한 서해함대사령부를 방문해 지난해 11월의 대청해전을 언급하며 '수단방법을 가리지 않는 무자비한 보복을 단행하라'고 지시했다"는 내용을 《세계일보》가 보도했다.[156] 이 신문은 "제보 내용에 따르면 김 위원장 방문 뒤 서해함대는 관련 특수전부대 등과 함께 김 위원장 생일인 2월 16일 대청해전 보복 결의대회를 열었다"며 "박 대표가 인민무력부에 근무하는 군인과 연락이 닿는 다른 제보자를 통해 확인한 결과 북한군 사이에서 최근 '장군님(김정일)의 명령을 빛나게 관철했다' '한방 먹였다'는 소문이 나돌았다는 것"이라고 전했다.

검증하기 힘든 제보자와 소문에 근거해 주장한 탈북자의 주장을 여과 없이 보도한 것이다. 당시 여러 언론이 이를 보도했으나 진실을 알 수 없으므로 이런 주장을 터무니없다고 배척하기도 어렵다. 다만 사실 여부를 확증할 수 없는 전형적인 아니면 말고식 주장에 불과하다는 것만큼은 분명하다. 이런 주장이 설득력을 얻으려면 불투명한 제보자와 소문에 의존할 것이 아니라 더 객관적이고 투명한 방식으로 규명돼야 한다는 정도만 지적해두자.

한편 우리 군이 대청해전 패배에 대한 보복이라는 북한의 '범행동기'설에 대해 사전에 대비하긴 했다는 증언이 있다. 김태영 장관이 4월 2일 국회본회의 긴급현안질문에서 북한이 대청해전 패배에 대한 보복으로 새로운 공격을 할 것으로 보고 있었다고 다음과 같이 답했다.

> = 김태영 국방부장관: "또 한 가지는 북한의, 최근에 지난번 대청해전 이후
> 에 북한이 보복을 하겠다고, 하면서 뭔가 저희를 공격하는 방식을 바꿀
> 것으로 저희가 예상을 했기 때문에 … 저희 함정을 보호하기 위해서 소
> 위 백령도, 좀 저희 반대쪽으로 그쪽으로 부대를 배치한다든가 하는 걸
> 저희 작전적으로(작전으로-저자) 지시해놓은 상태입니다."
> — 김동성 의원(당시 한나라당): "그 새로운 공격방식이 뭐지요?"
> = 김태영 국방부장관: "지금까지 하던, 즉 함대함을 벗어나서 소위 지대함
> 미사일이라든가 또는 이런 새로운 지금까지 해상 전투에는 잘 활용하지
> 않던 그런 수단을 운영하는 것을 우려해서 저희가 해군에 그러한 지시
> 를 한 바가 있습니다."[157]

2010년 5월 20일 중간조사결과 발표 때도 이와 관련해 일부 언급이
있었다. 황원동 다국적연합정보분석단장(국방부 정보본부장·공군 중장)은
이날 "과거 아웅산 테러사건, 대한항공기 폭파사건 등을 북한 정찰국이
주도했던 전례로 볼 때, 금번 사건도 정찰총국이 주도한 소행일 가능성
이 큰 것으로 현재 판단하고 있다"고 밝혔다. 이 같은 군의 주장을 두고
SBS 등 언론은 "지난해 대청해전 패배에 대한 보복과 경제난에 따른 주
민 불만 무마, 그리고 내부결속을 노린 의도된 도발이란 분석"이라고 전
했다.

그러나 국방부는 이후 처음 열린 국회 천안함 1차 특별위원회에서
이런 북한의 범행의도에 대해 추정일 뿐이라며 꼬리를 내렸다. 그 또한
추측이자 가설이라는 것이다. 지난 2010년 5월 24일 열린 국회 천안함
특위 1차회의에서 안규백 민주당 의원과 김태영 장관의 질의답변 요지
이다.

– 안규백 의원(당시 민주당): "황원동 정보본부장께서는 북한 천안함 공격 의도에 대해서 지난 12월 대청해전 패배에 대한 보복이라고 언급을 하셨거든요. 장관님, 이에 대해 동의하십니까? 정말로 대청해전 패배에 대한 보복이라고 보십니까?"

＝ 김태영 국방부장관: "그것은 저희가 추정이라는 것을 그때 말씀을 드렸습니다. 북한이 왜 이런 것을 했을까 하는 것에 대해서 여러 가지 검토를 하면서 이러이러한 것들이 북한이 아마 이런 도발을 한 이유가 아닐까 하는 것을 저희가 말씀을 드린 것입니다."[158]

당시 가장 먼저 천안함 침몰 원인 전반을 조사했던 오병홍 전 합참 전비태세검열실 차장은 천안함 사건이 대청해전 패배에 대한 북한의 보복 공격설을 사건의 진실로 확신하고 있다. 그가 지난 2016년 3월 저술한 천안함 관련 소설 《나비와 천안함》(지성의샘)을 보면, 그는 "천안함 사건은 우연이 아니라 대청해전의 필연이었다"며 "천안함의 불행은 우리가 소홀히 했던 대청해전의 보복이었다"고 주장했다. 소설 형식이었지만 인물의 이름과 부대 명칭을 가명으로 쓴 것을 제외하고는 모두 사실을 기록한 것이라고 오 전 차장은 나와 나눈 인터뷰에서 밝혔다.

그가 판단한 천안함 사건의 본질은 이렇다. '우리 해군의 승전으로 포장된 대청해전은 교전규칙을 지키지 않은 무리한 과잉 사격을 가한 것이었으므로, 이후 발생한 천안함 사건은 우연이 아니라 이런 대청해전의 필연이었다. 천안함 사건은 대청해전에 대한 북한의 필연적 보복이었다.' 그해 오 전 차장은 《미디어오늘》과 문자메시지 답변에서 "제가 쓴 나비와 천안함이란 책은 제목 그대로 장편소설"이라며 "어느 부분이 팩트이고 어느 부분이 픽션인지는 독자들이 알아서 판단할 몫"이라고 밝혔다. 그는 문자에서 "제가 조사해서 확실히 알고 있는 진실은 천안함은 북한군이 대청해전에 대한 보복으로 잠수함에서 어뢰를 발사하여 폭침

시켰다는 것"이라며 "우리 군은 적의 잠수함 공격을 충분히 예견하고 전술토의를 하는 등 대비책을 강구했으면서도 설마 하다가 당했다는 것"이라고 주장했다.

오 전 차장은 북한의 어뢰 공격이라는 전제로 책을 썼지만 곳곳에 국방부장관 및 합참의장과의 갈등, 군 검찰로부터 압수수색을 당한 경험 등 본인의 조사과정과 그 이후의 문제점 위주로 기술했다. 천안함 침몰 원인을 명확히 가늠할 심층적이고 객관적인 분석이나 조사내용은 상세하게 담겨 있지 않다. 다만 오 전 차장은 침몰 원인을 북한의 어뢰 공격이라고 쓰면서도 초기 조사과정에서 해군의 어뢰 주장을 육군 출신의 조사관들이 신뢰하지 않았다는 경험담 등도 수록했다.

"잠수함 보복 공격은 검토한 사항 중 가장 가능성 낮았다"
"북한의 특이동향 없었다"

그러나 이 같은 가설에 대해 국방부 내에서는 북한의 잠수함 보복 공격의 경우 가장 가능성이 낮다고 보았다. 다음은 지난 2010년 6월 11일 국회 천안함 특위 3차회의에서 김태영 국방부장관이 답변한 내용의 일부이다.

"저희가 작년 11월 10일에 대청해전을 겪으면서 이게 앞으로는 분명히 뭔가 좀 다른 방법을 택할 것이다 이런 생각을 해서 합참의장하고 제가 서로 긴밀히 논의를 하면서 한번 이 분야에 토의를 해보자, 그래서 토의를 해서 한 서너 가지, 세 가지 정도의 다른 가능성을 저희가 찾았습니다. 그래서 그중에 이런 적의 잠수함에 의한 공격 가능성을 그중의 하나로 꼽았습니다. 그런데 그때만 해도 저희가 그 셋 중에서 그것이 제일 우선순위가 낮았다고 그렇게 생각을 합니다. 지금까지 주로 있었던 것이 잠수함에 있어서도 적이 잠수함을 타고 저희 후방 지역에 침투를 시키기 위해서 운용을 한

적은 있지만 잠수함으로 저희 배를 공격한 적은 한 번도 없었습니다. 그러니까 어떻게 보면 저희도 그런 생각의 틀을 크게 못 벗어나 가지고 분명히 이런 것들이 있을 수 있지만 그런 검토를 했습니다. 그래서 그걸 전술토의를 했고 나중에 1월 달에 지시까지 내렸습니다."[159]

이 자리에서 김태영 장관은 이어 이런 대응을 하려면 여러 가지가 필요하다며 "일반 함정에 잠수함 대응 장비를 갖추고 훈련하고 함정 운용 방식을 바꿔야 하는 것이 진행되는 과정에서 피격을 당한 셈"이라고 해명했다. 그러면서 김 장관은 "좀 더 빠르게 대응했더라면 이런 문제가 적었을 텐데, 그런 면에서 정말 큰 책임을 느끼고, 죄책감을 느낀다. 죄송하다"고 사과했다.

국방부뿐 아니라 청와대 등 모든 기관이 천안함 사건 초기에 하나같이 북한의 특이동향이 없다고 밝혔다가 조사결과 발표 후 앞선 입장을 번복한 것은 다시 검증해볼 필요가 있다. 초기부터 박선영 자유선진당 의원이나 같은 당의 심대평 의원, 유승민 한나라당 의원, 김학송 위원장 등이 북한 소행에 대한 의심을 내놓거나 질의를 하며 '북한어뢰 여론'을 이끌었다. 이런 흐름에 반하여 김태영 장관이 특이동향이 없다고 밝힌 이유를 해명했다. 아래는 2010년 4월 2일 국회 본회의 천안함 긴급현안 질문에서 박선영 의원과 김태영 장관의 질의답변 요지이다.

- 박선영 의원(당시 자유선진당): "…국방부에서는 사고가 나자마자 '북한의 특이동향은 없다'라고 강조를 하셨었지요?"
= 김태영 국방부장관: "예, 저희는 정확하게 그 당시에 특이한 동향이 없기 때문에 없다는 사실을 말씀을 드렸습니다."
- 박선영 의원: "사고 당일을 전후해서 24일부터 27일까지 북한 잠수정이 보였었고, 2대가 없어졌었고, 그랬고 또 비행편대도 나타났었는데 어떻

게 특이동향이 없다고 발표를 하실 수가 있습니까?'

= 김태영 국방부장관: "지금 우리가 생각하기에, 조금 아까 말씀하신 것처럼 대부분 들으시다 보면 굉장히 특이한 동향이 있는 것처럼 들으실 수 있는데 … 우리가 생각을 해보셔야 합니다. … 지금 비행편대가 나타났던 곳은 어디냐 하면 남북분계선으로부터 약 30km 그 이상, 그 이북에 있는 비행기였습니다. 즉, 그것은 북한 지역에서 일상적으로 공군훈련을 하더라도 일어나는 일입니다. … 그 외에 지금 일부 함정이 안 보이고 하는 것은 아까 말씀드린 것처럼 정보라는 것은 저희가 24시간 내내 들여다볼 수 있는 것은 아닙니다. 제한되는 것인데, 저희가 그때 기상이 나빠서 그쪽 지역이 좀 안 보이는 게 있었습니다. 그래서 저희가 그때 그 함정 몇 척을 확인을 못 했는데, 그러한 사안들은 정확하게 말씀드려서 가끔 일어납니다, 그런 일이. 그렇더라도 통신이나 여러 가지 수단을 이용해서 또 체크를 하고 있습니다. … 그런 것을 전부 봤을 때, 또 배 한척 두 척 움직이는 것만이 아니라 전체로 봤을 때 전반적으로는 특이한 동향이 있는 것으로는 보이지 않는다 그런 말씀입니다."[160]

배 한두 척이 움직이는 것은 전체적인 판단할 경우 특이한 동향으로 볼 수 없다는 주장이다. 그러나 합조단은 그 후 이렇게 나타난 북한 배 한두 척의 움직임이 천안함을 절단시킨 어뢰를 발사한 상어급 잠수함과 연어급 잠수정이라는 행위주체로 판단했다. 과연 4월 초까지는 잠수함정의 기지 이탈이 천안함을 파괴한 주범인지 몰랐는지 의문이 아닐 수 없다. 반대로 한 달여 만에 주범이라고 판단한 근거는 또 무엇이었는지 4월 초 설명과 달라진 것이 별로 없다. 판단만 정반대로 바뀌었을 뿐이다.

이 같은 판단의 변화는 2010년 4월 15일 천안함 선체, 즉 함미를 인양한 이후부터 나타나기 시작했다. 천안함 소나가 북한 잠수함정 또는 어뢰의 움직임을 전혀 탐지하지 못한 것을 두고 김태영 장관은 4월 19일 국방위원회에서 담당 부사관이 잘못 인식할 수도 있다고 말했다.

> − 문희상 위원(당시 민주당 의원): " … 소나체계에서 아무도 감지가 안 된, 그 자체 함도, 천안함도 그렇지만, 소나 병이 분명히 증언하고 있지 않습니까? 그러면 소나에 왜 안 잡혔을까요, 그 어뢰가?"
> = 김태영 국방부장관: "물론 지금 소나에서 인식이 안 됐다, 확인이 안 됐다 하는 것도 저희가 하나의 사안으로서 보고, 이 모든 것을 검토하는 데 그것도 하나의 중요한 팩트로 보고 있습니다. 그런데 경우에 따라 그 소나를 지켜보는 부사관이, 그걸 잘못 인식될 수도 있기 때문에 그런 것까지를 고려해서 같이 모든 사안을 열어놓고 지금 검토를 하고 있습니다."[161]

국회 천안함 특위 회의에서는 대잠수함 초계함인 천안함의 잠수함 탐지확률이 70%였다고 국방부 스스로 발표해놓고 정작 침몰 원인은 북한 잠수함정의 어뢰공격이라 결론 내렸다고 비판하는 목소리도 있었다.

실제로 4월 5일 국방부가 언론에 배포한 '천안함 관련 설명자료(2)'를 보면 국방부는 국방과학연구소의 시뮬레이션 결과 대잠초계함의 잠수함, 잠수정, 반잠수정, 어뢰 탐지 확률(소나체계 가동 전제)은 70% 이상이라고 밝혔다. 설명자료의 해당 대목은 다음과 같다.

> − 사고해역(수심 및 파고 등 고려)을 기준으로 대잠초계함의 잠수함, 잠수정, 반잠수정, 어뢰 탐지 확률(소나체계 가동 전제)
> • 초계함의 수중표적 탐지거리는 계절별, 해양환경(수심, 염분도, 표적의 종류 등)에 따라 가변적이며, 사고발생 당일인 3월 26일 기준으로 백령근해(수심 30m 기준)의 해양환경을 대입하여 판단 시 약 2km 전후에서 탐지할 수 있는 확률은 70% 이상임.
> * 근거: 국방과학연구소의 시뮬레이션 결과[162]

이를 토대로 사건 직후 해역 주변에 출격한 링스헬기의 탐지율 등까지 감안해 계산해봤을 때 이런 감시망을 뚫고 북한 잠수정(연어급 잠수정)이 공해상에서 모선(상어급 잠수정)에 도착할 가능성은 매우 희박하다(박선숙 의원, 0.81% 주장)는 주장도 나왔다. 이에 대해 국방부장관이 그런 계산법을 인정할 수 없다고 반박하는 등 설전을 벌였다. 2010년 5월 24일 1차 국회 천안함 특위에서 박선숙 위원(민주당 의원)과 김태영 장관의 질의답변이다.

– 박선숙 위원(당시 민주당 의원): "국방부 4월 5일 발표 자료에 따르면, 4월 5일자 국방부 발표 자료에 따르면 대잠수함 초계함에서 잠수함이나 잠수정을 탐지할 수 있는 확률을 국방과학연구소에서 70%라고, 특히 당일인 3월 26일의 수심이나 해양 환경을 대입해서 2km 전후에서 탐지할 수 있는 확률 70% 이상이라고 했습니다. 맞습니까?

= 김태영 국방부장관: "그 당시 데이터로 제시가 되었다면 맞을 것으로 생각합니다."

– 박선숙 위원: "예, 그래서 천안함이 접근하고 있는 잠수정을 탐지하지 못할 확률이 30% 이하였습니다. 30% 이하의 확률에서 공격을 받았고, 문제는 그다음입니다. 천안함의 침몰이 있은 그다음 단계에서 우리 장관께서 국회에서 답변한 자료에 따르면 대잠수함 헬기인 링스헬기가 2대, P-3C기가 떠 있었고 속초함이 있었다고 국회에서 답변을 하셨어요, 대정부질문에서. 다 떴다고, P-3C도 뜨고…"

= 김태영 국방부장관: "그렇지요."

– 박선숙 위원: "천안함의 탐지능력과 링스헬기의 잠수정 탐지능력은 현격하게 차이가 납니다. 링스헬기가 훨씬 더 높은 탐지능력을 가지고 있지요. 그럼에도 똑같이 30%의 탐지능력을 가지고 있다고 백보 양보해서 링스헬기 2대의 탐지 가능성을 30%라고 잡아보면 P-3C도 30%로,

그리고 속초함이 하나 있었고요. 이 장비들이, 기본적으로 레이더라든가 다른 시설들은 다 차치하고 당시에 그 해역에 출동한 특별한 우리 장비 탐지능력을 가진 그 기기들의 탐지능력을 모두 조합하면, 제가 확률적으로 계산을 해보니까요, 그것들을 모두 다 뚫고 잠수정이 모선에, 공해상의 모선에 도착할 수 있는 확률은 0.81%입니다."

= 김태영 국방부장관: "저는 제가 볼 때…"

− 박선숙 위원: "…심각한 문제입니다. … 이거는요, 서해안에서 이와 유사한 어떤 사고도 우리가 막아낼 능력이 없다는 것을 우리가 자백한 겁니다. 해군에 자식과 남편을 보내놓은 가족과 부모들은 잠을 못 자요. '0.81%의 가능성으로 북한의 잠수정이 뚫고 나갔다'라고 여러분들은 발표하신 겁니다."

= 김태영 국방부장관: "0.81이라는 숫자는 무슨 근거인지 제가 잘 이해가 안 갑니다마는 … 그런 계산법은 내가 볼 때는 모르겠어요. … 저는 그런 계산법 갖고 얘기할 수 있는 것은 아니라고 생각을 합니다. 그래서 이런 작전을 수행하면서 저희가 적의 잠수정을 찾아내지 못한 것, 또 그것에 의해서 저희가 피격을 당한 것 이런 것은 저희의 문제를 다 압니다."[163]

앞서 국회 답변에서 김태영 장관은 북한 해군기지와 잠수함정의 속도, 훈련 거리 등 면에서 작전을 할 가능성이 희박하다고 밝힌 바 있다. 그러나 합조단은 연어급 잠수정이 어뢰를 발사하고 도주했다고 분석했다. 이날 천안함 특위에서는 잠수정의 침투가 희박하다더니 상어급 잠수함과 연어급 잠수정이 천안함을 어뢰로 공격했다고 발표한 것에 대한 비판이 많았다. 정장선 위원(당시 민주당 의원)과 김태영 장관의 질의답변을 살펴보자.

〈2010년 5월 24일 국회 천안함 특위 1차 회의 중에서〉

- 정장선 위원(당시 민주당 의원): "그리고 잠수정에 관해서 질의를 드리는데, 장관께서 국회에서 그런 답변을 하셨습니다. 잠수함이 이틀 동안인가 3일 동안 사라졌지만 거리가 멀어서 작전하고 갈 가능성이 희박하다고 답변하셨고 또 합참에서 저희들한테 보고할 때는 다르게 표현했습니다. 거리는 되지만 그 외 여러 가지 통신기록을 분석해보니까 근해에서 훈련한 것으로 보이기 때문에 가능성이 희박하다고 답변을 했습니다. 그러다 갑자기 지금 상어급하고 연어급이 했다고 이렇게 발표가 되었는데 연어급은 제가 볼 때 갑자기 나온 것 같아요. 언제 연어급이라는 것을 발견했습니까, 연어급이 있다는 것을? 그런 얘기 없었거든요."

= 김태영 국방부장관: "저희가 잠수함이나 잠수정에 대한 판단을 어떻게 보면 지금 말씀하신 것처럼 아주 명확하게 말씀드렸으면 좋겠는데 그러지 못하는 한계성을 가지고 있습니다. 잠수정은 항만에 있을 때는 저희가 비교적 사진을 통해서라든가 확인할 수가 있는데 일단 나가서 바닷물 속으로 들어간 뒤에는 상당히 확인이 어려…"

- 정장선 위원: "이번에 연어급이라고 표현을 하셨거든요. 전에는 이런 얘기가 없다가 지금… 잠수함이 와서 작전하고 가기에는 굉장히 어려움이 있을 것이고, 반잠수정이나 유고급이 하기에는 또 너무 작고 그러니까 중간급으로 역추정해서 만들어간 것인지 아니면 실제 그게 있는 것인지 그걸 좀 설명해달라는 것입니다. … 연어급에서 이것 발사했다고 하는데 연어급은 굉장히 작은데 1.7t 정도 되는 중어뢰를 발사할 수 있는 능력을 보유하고 있느냐? 또 하나는 발사대가 내부에 장착되어 있느냐 외부에 장착되어 있느냐 그것도 논란의 소지가 있고 궁금해하는 것 같아요."

= 김태영 국방부장관: "현재 연어급은 북한에서 최근에, 지난 2005년경 이후부터 보이고 있습니다. 이것은 과거 상어급 같은 것은 한 300t 이상 되는 큰 것인데 그것보다는 좀 작고 그러면서 속도가 좀 빨라졌습니다,

과거보다. 그런 연어급 잠수함이, 한 130여t 되는 그런 잠수함이 북한에
최근에 나타나고 있는 잠수함입니다. 잠수정인데, 이 잠수정에서는 사
격은 7m 급의 큰 어뢰를 쏠 수가 있습니다. 두 개의 어뢰를 갖고 다니게
되어 있습니다.…"[164]

또한 수중 이동물체를 감지하는 천안함의 음파탐지장비 소나에서 전
혀 감지하지 못한 것에 대해서도 이날부터는 구형舊形이라 감지하지 못
한 것이라며 답변의 방향이 바뀌었다. 사건 초기만 해도 천안함 음파탐
지 장비가 적 잠수함 기동과 어뢰 발사를 감지할 수 있다고까지 언급했
다. 잠수함 탐지율이 70%라고까지 했었다. 정장선 위원과 김태영 장관
질의 답변을 조금 더 보면 아래와 같다.

- 정장선 위원(당시 민주당 의원): "소나SONAR 장비에 대해서 질의를 드리도
  록 하겠는데 전혀 내용을 몰랐습니다. 그렇지요? 천안함에서는 어뢰가
  오는지를 전혀 감지를 못 했습니다. … 그러니까 소나병 같은 경우는 상
  시근무를 했고 아무 이상이 없었다라고, 발견을 못 했다고 했습니다. 시
  뮬레이션 결과를 보면 거의 70%는 발견할 수 있다고 하는데 그러면 지
  금까지 소나병의 진술을 토대로 볼 때 그 진술만을 토대로 이것을 확보
  한 것인지 아니면 이 소나 장비를 복원해서 그것을 전혀 탐지를 못 한 것
  을 확보한 것인지 그에 답변할 수 있겠습니까? … 소나 탐지기에 나타나
  지 않은 것이 소나병의 진술에만 의존한 것인지 아니면 그 소나 탐지기
  있지 않습니까? 그것을 복원해서 기록에 의해서 확인한 것인지 그것도
  좀 답변을 해주시기 바랍니다."
= 김태영 국방부장관: "… 소나 장비의 문제점은 저희 군에서 갖고 있는 소
  나가 좀 많이 구형이다 보니까 소나의 능력에 상당한 제한을 가지고 있
  었습니다. 저희가 그동안 장비를 개발해서 운영하는 과정에서 신형장비

를 계속 발전시켜 나가기는 했습니다마는 구형장비 업그레이드에 대해서 좀 저희가 소홀한 부분이 없지 않아 있었습니다. … 그 배에 있는 것은 이미 … 침몰했기 때문에 그 배에 있는 자료는 확인할 수가 없고 저희가 그와 유사한 장비를 가지고 있습니다, 거의 같은 형태의 장비를. 점검한 결과에 의하면…"

– 정장선 위원: "그러면 지금 전적으로 소나병의 진술에만 의존하는 것이지 않습니까?"

= 김태영 국방부장관: "그와 동일한 형태의 함정을 저희가 총 28척을 만들었다가 일부 지금 도태된 것도 있고 현재 상당량을 저희가 가지고 있습니다. 그 장비에 대한 점검을 해본 결과 이 장비의 어떤 제한성을 확인했습니다."[165]

북한의 특이동향이 없다던 입장도 이날 천안함 특위에서는 번복됐다. 김태영 장관은 나중에 조사를 해본 결과 적 잠수함과 잠수정의 움직임이 천안함을 공격하기 위한 것이었다는 추정이 가능하다고 해명했다. 자신의 무능이라는 언급까지 했다. 그러면서도 그는 그러한 판단 역시 추정일 수밖에 없다는 말은 전제로 달았다. 안규백 위원과 김태영 장관의 질의답변이다.

– 안규백 위원(당시 민주당 간사): "천안함 사태 직후에 청와대와 군은 '북한의 특이동향은 없다, 비파곶 잠수정 기지에 특이동향은 없다, 우리 군의 경계태세도 이상이 없다' 장관 기억하시지요?"

= 김태영 국방부장관: "예, 그렇습니다."

– 안규백 위원: "그런데 이제 어뢰의 추진체 파편을 증거물로 제시하면서 북한의 공격이라고 결론을 내렸습니다. 도대체 누가 무엇을 어떤 근거로 북한의 특이동향이 없었다고 계속 주장을 해왔는지 어떻게 생각하면

국민을 속이는 이런 행위 아닙니까, 이게? 특이동향이 없다고 계속 이야 기했다가 발표할 때 뭐가 있었다 이렇게 나오면 국민이 정부를 신뢰할 수 있겠어요?"

= 김태영 국방부장관: "… 그때 말씀드린 것은 저희가 수상함에서의 움직임이나 적의 지역에서의 움직임을 봤을 때에는 그 당시로서는 저희가 봤을 때는 특별한 동향이 없었던 것으로 판단을 했습니다. 그러나 정부가 나중에 죽 조사를 해본 결과에 의하면 이와 같은 추정이 가능하다는 것을 제가 말씀을 드리는 것입니다. 어차피 적에 대한 판단은 추정일 수밖에 없으나 저희가 그동안에 여러 가지 사정을 갖고서 정말 많은 전문가들이 모여서 깊은 토의를 해본 결과 그 당시는 저희가 찾아내지 못한, 어떻게 보면 저의 무능으로 찾아내지 못했습니다마는 우리 군에서 죽 확인한 결과 여기에는 분명히 이런 것이 있구나 하는 것을 찾아냈고 그 내용을 솔직히 5월 20일에 발표를 드린 것입니다."[166]

천안함 사건을 일으킨 행위자가 북한이라고 주장하는 것이 설득력을 얻으려면 왜 북한이 무슨 동기로 그래야 했느냐를 설명해야 한다. 어뢰를 발사한 주체인 이른바 연어급 잠수정과 상어급 잠수함이 어떤 경로로 침투해 발사를 감행한 뒤 도주했는지도 설명해야 한다.

그러나 앞서 당시 기록을 검토해본 대로 연어급 잠수정 등의 이탈 및 복귀가 천안함을 공격한 바로 그 북한 잠수함정일 것이라는 주장은 추정일 뿐이었고, 그마저도 초기엔 천안함 사건과 무관한 것으로 우리 군이 판단했던 것으로 나타났다. 해당 움직임이 특이동향이 아니라고 판단하든 특이동향이라고 판단하든 엿장수 맘이다. 중요한 것은 그런 움직임을 확인할 수 있는 증거를 제시하지 못했다는 사실이다. 천안함(대잠초계함) 소나로 적잠수함과 잠수정, 반잠수정 등을 탐지할 확률이 70% 이상이라는 국방과학연구소의 시뮬레이션 결과가 담긴 설명자료를 국방부가 배포해놓고 이후 국방부장관은 소나가 구식이라서 잠수함과 어뢰를 탐지하지 못했다고 해명했다.

더구나 이른바 대청해전 패배에 대한 보복의 일환으로서 천안함 사건을 일으켰다는 가설 역시 한미합동훈련이 벌어지고 있는 와중에 감행할 수 있는 작전이었는지 의문을 해소하기엔 역부족이었다. 특히 작전을 하다 발각될 경우 남북관계의 경색과 국제적 고립을 자초해야 하는 위험을 무릅쓰고 군사적 모험을 감행하기에는 북한이 이를 통해 얻을 것이 별반 없다는 분석도 나왔다고 SBS는 중간조사결과 발표 다음 날 뉴스[167]에서 지적한 바 있다.

북한 특이동향에 대한 정부의 수많은 판단 번복과 오락가락 해명, 설득력 없는 가설은 결국 천안함이 북한 어뢰공격에 의해 침몰됐다는 결론에 끼워 맞추기 위한 것 아니냐는 의심만 낳을 뿐이었다.

어뢰폭발이 아니라면… 아군 기뢰, 육상조종기뢰를 터뜨렸을 가능성은

이렇게 천안함 침몰 원인에 대한 정부의 발표 내용에 많은 의문점이 있다는 점을 감안해 정부가 발표한 어뢰설을 폐기한다면 다른 가설을 토대로 사건을 재구성할 수 있을까? 지난 7년간 천안함 취재를 하면서 국방부 관계자들과 대화할 때마다 돌아오는 질문은 '그럼 어뢰가 아니면 뭐란 말이냐'는 것이었다. 초기부터 어뢰를 대체할 가설은 많았다. 크게 폭발과 비폭발로 구분해볼 수 있다. 이 가운데 폭발의 경우 기뢰폭발, 특히 백령도 인근에 우리 군이 설치한 아군기뢰 즉 육상조종기뢰 가능성이다. 비폭발의 경우 좌초와 충돌, 피로파괴 등이다. 지금부터는 사건의 육하원칙 가운데 '어떻게' '누가' '왜'에 해당하는 부분을 북한 어뢰를 제외한 다른 가설을 적용해 검토해보도록 하겠다.

우선 어뢰와 같은 비접촉 수중폭발 유형의 하나인 기뢰의 경우는 합동조사단 내부에서도 침몰 원인으로 검토됐던 가설이다. 특히 합조단

위원 가운데 신상철 조사위원 외의 민간 조사위원으로 참여했던 김동형은 1979년 백령도 연안에 육상조종기뢰를 매설한 책임자 중 한 사람이었다. 그는 이때 매설한 직후 한 차례 폭발한 경험도 있다고 밝혔다. 그러나 박정희 사망 이후 매설된 기뢰는 관리가 제대로 이뤄지지 않은 채 방치됐다고 한다. 이후 어민들의 민원에 따라 수거하고자 했으나 일부만 수거됐을 뿐 상당수의 기뢰가 백령도 근해 어딘가에 여전히 남아 있을 가능성은 제거되지 않은 상태였다고 한다. 이 때문에 그는 천안함 사건 직후 국방부에 당시 매설된 이후 수거되지 않은 기뢰를 천안함이 건드려 폭발을 일으켰을 것이라고 제시했다고 나에게 말했다.

합조단은 이와 관련해 그의 주장을 보고서에 비교적 상세히 기술했다. 보고서에 나오는 '기술자'가 바로 김동형이다.

천안함 침몰사건에 대한 원인 조사가 진행되면서 언론에 의해 다양한 가능성이 끊임없이 제기되었고, 이러한 가능성 있는 원인 중의 하나가 과거 우리 해군에 의해 1970년대 후반 백령도 인근에 설치되었다가 철거된 육상조종기뢰(MK-6)였다. 육상조종기뢰에 대한 조사는 3월 말 합동조사단이 구성된 직후 '70년대 말 당시 백령도 연화리 해안에서 육상조종기뢰 설치에 참여했던 기술자의 증언을 기초로 구체적인 조사가 시작되었다. 기술자는 육상조종기뢰 설치 당시 경남 창원에 소재한 제일정밀공업에서의 초기 연구와 연화리 앞바다에서의 기뢰 설치에 참여하였다. 기술자는 육상조종기뢰(LCM15))의 형태와 도전선의 구조를 설명하면서 도전선 내부 다중 피복 중 한 개의 층이 아연Zn으로 도금된 그물망식 금속선으로 구성되어 있었고 전원을 공급하는 중앙의 전선은 구리로 되어 있으며, 단선되어 바닷물에 노출될 시에는 볼타전지의 원리에 의해 전압이 발생하여 전기뇌관이 기폭될 가능성이 있다고 주장하였다.[168]

이에 따라 합조단은 2010년 4월 3일 육상조종기뢰 기술자인 김동형과 국방과학연구소의 폭발물 전문가를 초청해 합동토론회도 개최했다고 보고서에서 설명했다. 이 자리에서 김동형은 볼타전지의 이론과, 본인이 1970년대 뇌관의 전류를 측정하려고 계측기를 작동 시 뇌관이 폭발할 정도로 민감했다는 점을 들어 충분한 가능성이 있음을 강조하면서 개략적인 기폭 전압 및 전류값(1V, 5~10mA)을 제시했다고 합조단은 전했다. 그러나 합조단은 국방과학연구소 폭발물 전문가들이 바닷물 속에서 전원이 발생하더라도 대부분은 바다로 방전되며, 피복에 도금된 아연과 구리선에 의해 기폭에 필요한 충분한 전기가 발생할지 의문스럽기 때문에 그러한 가능성은 낮다고 판단했다고 보고서에 썼다.

이와 관련한 실험도 진행했다고 국방부 합조단은 설명했다. 합조단은 "4월 19일에는 약 50cm 길이의 도전선을 확보하여 4월 21일에 평택항에서 바닷물 속에 도전선을 담근 상태에서 전원 발생 여부를 시험한 결과 전압은 0.47V가 발생하였으나 전류는 발생하지 않았다"고 주장했다. 이어 합조단은 바닷물 속 기폭전원 발생에 대한 전문기관의 자문을 구하기 위해 4월 23일 (주)한국화약에 '군용 전기뇌관 해수 중 기폭 가능성'을 검토의뢰한 결과 4월 26일에 불가능하다는 회신을 접수했다고 전했다. 한국화약은 회신에서 "군용표준전기뇌관인 KM6 전기뇌관의 경우 전류는 최소 0.45A가 공급되어야 화약을 기폭시킬 수 있으며, 해수 중 이종 금속간 전해작용Galvanic action에 의한 전원차로 발생한 전류 및 전압은 특정부분에서 국부적으로 발생되는 Local 전류(부식반응)로 통상 μA 또는 mA 수준이므로 기폭은 불가능할 것으로 판단된다"고 밝혔다고 합조단은 전했다.

합조단은 이와 함께 우리 군이 백령도 근해에 이 같은 아군 기뢰를 설치한 경위를 설명했다. 이 기뢰 설치에 대해 합조단은 "육상조종기뢰 설치는 백령 도서군에 대한 북한의 상륙세력을 해상에서 저지하기 위한 목적"이었다고 밝혔다. 또한 기뢰설치를 해군본부에서 추진했으며 그 방식에 대해 "MK-6 폭뢰(수상함의 대잠수함용 무기)에 안전핀, 안전커버, 뇌홍(기폭화약), 피스톨을 제거하고 전기식 뇌관(미군 전원공급식 뇌관, M6 계열)과 도전선을 연결하여 서북도서지역에 설치했다"고 전했다.

설치 과정은 1975년 11월 14일 사업집행이 결정돼 1976년 7월까지 국방과학연구소의 기술검토와 시험완료 후 12월에 케이블을 납품하는 금성전선과 개조사업을 주관하는 제일정밀공업으로 구분하여 계약했다고 합조단은 전했다. 1977년 4월에 육상조종기뢰를 조립하여 6월에 서북도서로 수송하고 7월에서 10월까지 설치 및 시사를 완료했다고 합조단은 기록했다.

이후 박정희가 사망하고 나서 몇 년 뒤 폐기 수순에 들어갔다. 합조단은 "이후 육상조종기뢰의 '불필요 판단'에 따라 1985년 말 도전선(육상 통제대에서 해안까지)과 조종상자Control box(각각의 기뢰에 도전선 연결)를 제거해 불능화했으나, 기뢰 본체는 해저에 잔류했다"며 "약 16년이 경과된 2001년 6월 백령도 어민 간담회 시 잠수조업 어민들이 수중에 잔류한 기뢰 본체의 제거를 건의하여 같은 해 11월에 합참에서 검토한 결과 제거가 불필요한 것으로 결정했으나, 2008년 7월 다시 제거하기로 결정, 그해 8월 11일~9월 26일까지 해군 특수전전대, 해병 수색대 및 장비(고무보트 등)를 투입해 00발(십여 발-저자)을 회수했다"고 설명했다. 기뢰제거 작전구역의 평균 수심은 약 6m였으며, 해안으로부터 200~400m 거리였다.

회수된 육상조종기뢰의 뇌관과 부스터는 분리해 2008년 9월 22일부터 24일까지 해병 6여단 폭파훈련장에서 폭파처리했으며 기뢰 본체는 해군 군수사령부 병기탄약창에서 보관하다 2009년 7월에 폭파처리했다고 합조단은 전했다.

합조단은 "사건 발생 당시 천안함이 위치한 해역의 수심은 47m이고 육상조종기뢰는 약 30여 년간 해저에 잔류하고 있어 기폭기능이 거의 상실된 상태였으며, 설치 시 해저에서 이동되지 않도록 설계된 점을 고려하면 사건 발생 해역까지 이동할 가능성은 없다고 판단됐다"고 주장했다. 또한 영국 조사팀의 분석결과 육상조종기뢰(MK-6)보다 20배의 폭약이 있어야 천안함과 같은 손상이 발생하는 것으로 확인됐다고 합조단은 주장했다.

또한 해저에 잔류하고 있던 전원공급용 도전선이 함정 스크루에 끌려와 폭발했을 경우에 대해 합조단은 "도전선이 강철과 구리선으로 구성되어 쉽게 감길 수 없고 중량(10m 기준 6kg)이 무거워 수중 40m에서 해수면 부근까지 부상이 곤란하며, 폭발되더라도 스크루 부분에서 폭발이 일어나야 하므로 함미 부분이 정상상태임을 고려할 때 가능성이 없다고 판단했다"고 전했다.[169]

이처럼 아군 기뢰의 폭발로 천안함이 침몰했다는 가설에 대해 합조단은 검토한 결과 가능성이 없다고 결론을 내렸다. 하지만 아군 기뢰 가능성은 이미 합조단 발표 전에 러시아 조사단이 방한해 조사한 결과가 국내에 공개되면서 유력한 가설로 관심을 받았다.

러시아 조사단 보고서

방한한 러시아 조사단은 2010년 5월 30일부터 6월 7일까지 조사한 뒤 본국으로 돌아가 내놓은 조사결과에 아군 기뢰 가능성을 언급했다. 《한겨레》가 입수해 공개한 조사보고서 요약본 내용은 다음과 같다.

"러시아 해군 전문가그룹은 2010년 5월 30일부터 6월 7일까지 한국에 머물면서 한국 민군합동조사단의 조사결과를 접하고 분석과 실험을 위해 필요한 자료를 수집하였다.

러시아 전문가들에게 제시된 자료를 분석하고 실험한 결과는 다음과 같다.

첫째, 천안함 폭발은 접촉에 의하지 않은 함선 하부의 수중폭발로 분류된다.

둘째, 한국 측에서 공식적으로 발표한 천안함 침몰사건의 조사결과는 다음과 같은 이유 때문에 실제로 일어난 사건과 들어맞지 않는다.

― 한국 측에서 공식적으로 언급한 폭발시간(21시 21분 58초)은 보유 자료들에 비춰 본 실제의 예상 폭발시간이나 사건 당일에 함선 안의 전류가 끊어져 마지막으로 찍힌 동영상의 촬영시간(21시 17분 3초)과 일치하지 않는다.

천안함에 탑승해 있던 승조원이 탑승 승조원들이 부상당했다고 해안 통신병에게 핸드폰으로 알린 시간이 21시 12분 03초로서, 이 첫 통화시간 기록은 한국 측이 공식적으로 언급한 것과 일치하지 않는다.

― 천안함은 해당 참사가 일어나기 전부터 해저면에 접촉되어 오른쪽 스크루 날개 모두와 왼쪽 스크루 날개 두 개가 손상을 받았으며, 훼손된 스크루를 광택이 나도록 심하게 깎아 스크루의 넓은 범위에 걸쳐 마찰로 인한 손상부위가 있었던 것이 조사결과 감지되었다는 점이 확인된다. 앞서 언급한 스크루 날개의 몸체 쪽과 끝 쪽이 늘어나 있다. 오른쪽 스크루 날개 중 한 개의 가장자리에 금속 균열이 발견되었으며, 이는 "함선 오른쪽 프로펠러 축이 순간적으로 멈추면서 생겨난 관성작용에 의해 프로펠러 날개의 변형이 발생하였다"는 한국 민군합동조사단 측의 의견과 일치하지 않는다.

― 피해 함선에서 프로펠러 축의 오른쪽 라인에 엉켜져 있는 어선 그물의 잔해가 발견되었다. 이는 "기동지역 내에 어로구역이 존재하지 않는다"는 한국 측 주장과 일치하지 않는다.

― 제시된 어뢰의 파편이 북한에서 제작된 것일 수는 있으나, 잉크로 쓰인 표시는 일반적인 표준(위치, 표기방법)에 들어맞지 않는다. 제시된 어뢰

의 파편을 육안으로 분석해 볼 때, 파편이 6개월 이상 수중에 있었다고
볼 수 있다.

– 함선의 피해지역에는 기뢰 위험이 존재하며 이는 한반도 서해안에서 정
박 및 항해 장소를 제한하고 있다는 사실로도 간접적으로 입증된다.

러시아 전문가들이 조사한 결론은 다음과 같다.

첫째, 천안함의 사고원인이 접촉에 의하지 않은 외부의 수중 폭발이라
는 주장이 확인되었다.

둘째, 천안함은 침몰 전에 오른쪽 해저부에 접촉하고 그물이 오른쪽 프
로펠러와 축의 오른쪽 라인과 엉키면서 프로펠러 날개가 손상됐을 가능성
이 매우 높다.

그물이 오른쪽 프로펠러와 축의 오른쪽 라인과 엉키면서 천안함이 항해
속도와 기동성에 제약을 받았을 것이다.

함선이 해안과 인접한 수심 낮은 해역을 항해하다가 우연히 프로펠러가
그물에 감겼으며, 수심 깊은 해역으로 빠져나오는 동안에 함선 아랫부분이
수뢰水雷 안테나를 건드려 기폭장치를 작동시켜 폭발이 일어났다.

또한, 다른 해석으로는 함선이 내비게이션의 오작동 아니면 기동성의
제약 상태에서 항해하다가 우연히 자국의 어뢰로 폭발됐을 가능성이 있다.

셋째, 한국 측에서 제시한 어뢰 파편은 구경 533mm 전기 어뢰로 추측
된다. 하지만 이 어뢰가 천안함에 적용됐다는 최종 결론을 내리지 않고 있
다."[170]

한국 국방부와 외교부 등은 러시아로부터 이 같은 공식 보고서를 받
은 일이 없다고 존재 자체를 부인했다. 그러나 미군측 조사단장이었던
토머스 에클스 소장이 7월 초 이 내용에 대한 반박 의견을 이메일로 주
고받았던 사실이 미 해군자료에서 확인된 바 있다. 이는 앞서 기술한 대
로이다. 더구나 《한겨레》가 이 보고서 내용을 보도한 것은 7월 말이었

다. 미군측이 국내에 러시아 보고서가 알려지기 훨씬 전부터 그 내용을 파악하고 있었다는 뜻이다.

러시아 조사단은 천안함이 해안과 인접한 저수심 해역으로 다가갔다가 우측 프로펠러가 그물에 감겼으며 수심이 깊은 해역으로 빠져나오다가 (딸려 나온) 수뢰(기뢰)의 안테나를 건드려 기폭장치가 작동, 폭발이 일어났을 것으로 판단했다. 실제 천안함의 우측 프로펠러 추진축에는 여전히 그물이 감겨 있다.

이후 박영선 당시 민주당 의원이 그해 10월 15일 국회 법제사법위원회 국정감사장에서 KNTDS상 나타난 천안함의 항적 좌표를 일일이 찍어본 뒤 21시 5분부터 21시 9분까지 백령도 서남방 어초지대에서 유턴한 사례를 들어 기뢰폭발론을 제기했다. 그곳에 있던 그물망에 천안함 함미의 우측 프로펠러가 엉켜 끌려나오다 폭발했을 가능성이 있다는 주장이다. 이 얘기는 앞서 4장 2절 장소의 의문 편에서 일부 언급한 바 있다. 이를 다시 언급한 이유는 기뢰폭발일 경우 그물에 함께 감겨 있던 기뢰가 딸려 나오다 터진 것이라면 뒷부분에서 터져야지 왜 정확하게 중간에서 터졌겠느냐는 국방부의 반론이 존재하기 때문이다. 바닷속에서 벌어지는 일을 무 자르듯 분명하게 설명할 수는 없지만 고속 유턴을 하는 과정에서 기뢰의 위치가 바뀔 가능성을 감안해야 한다는 재반론도 나왔다.

"아까 장관님이 뭐라고 답변하셨느냐 하면 '어망에 걸렸으면 뒷부분에서 터졌을 것이다', 맞습니다. 처음에 이것이 기뢰가 아닐 것이다라는 그 전제가 뒷부분이 아니고 배 가운데가 갈라졌기 때문에 그 부분이 배제되는 논리 중에 가장 앞섰던 부분이지요. 저희도 정보위에서 그 보고를 다 받았습니다. 전문가들은 이 KNTDS상에 나오는 이 유턴 부분에서 9노트, 그러니까 6.5노트에서 갑자기 9노트로 속도가 올라가는 그 부분과 관련해서 이것이 직진했을 때의 상황이라면 지금 장관님 말씀(기뢰가 천안함 뒷부분에서 터져야 한다-저자)이 맞지만 이게 유턴을 하는 상황이기 때문에 앞이 뒤가 될 수 있고 뒤가 앞이 될 수 있고 가운데가 될 수 있기 때문에 저 부분은 정확하게 전문가들이 다시 다 되짚어봐야 된다는 부분이지요."[171]

이 밖에 천안함 작전관이었던 박연수 대위가 법정에 출석해서 사고 당시 해역의 수심이 20m였다고 증언한 것도 기뢰폭발 가능성을 뒷받침하고 있다. 적어도 그물에 걸린 기뢰든 해저 바닥에 있던 기뢰든 백령도 섬 가까이까지 천안함이 근접했다가 어디에선가 기뢰의 폭발사고가 발생했을 것이라는 논리이다. 이 때문에 기뢰설의 가장 핵심은 천안함이 지금까지 정부가 발표한 장소와 달리 백령도 인근까지 더 가까이 근접항해를 했을 것이라는 추정에 기반하고 있다. 또한 바닥이나 모래톱을 긁었거나, 1차적인 좌초가 발생한 이후 기뢰가 딸려 나와야 기뢰설의 인과관계가 성립하기 때문이다.

앞서 검토한 것처럼 김소구 지진연구소장과 기타만 박사가 공동으로 내놓은 연구결과 역시 TNT 138kg 규모의 기뢰 폭발로 천안함이 손상됐을 것이라고 주장했다.

그러나 기뢰설이 성립하려면 기뢰가 어디에 있었는지, 폭발한 기뢰의 흔적은 있는지, 근접항해한 기록이 있는지 등 기본적으로 확인돼야 할 내용이 많다. 또한 이 역시 폭발이기 때문에 폭발의 흔적과 효과가 생존자와 시신에서 전혀 나타나지 않았다는 모순된 결과에 직면할 수밖에 없다. 대체 어디에 기뢰가 있었기에 하필 천안함이 지나간 그때 걸렸느냐는 우연성에 대해서도 답하기가 쉽지 않아 보인다. 북한 1번 어뢰라는 주장보다 구체적인 증거가 빈약하다. 이 가설이 성립하려면 광범위한 조사를 통해 증거와 데이터를 더 수집해야 한다. 그럼에도 기뢰설은 여러 가설 가운데 북한 1번 어뢰라는 정부 가설보다는 더 설득력이 있다고 보는 견해가 많다. 서방의 국제조사단의 견해에 맞설 러시아 전문가 그룹이 조사한 결과이기도 하고, 미군이나 합조단조차도 그 가능성이 조금은 있는 것으로 봤기 때문이다.

'물이 줄줄 샌다' 선체 노후로 인한 피로파괴 가능성은…

외부의 폭발이나 충격이 아닌 천안함 선체 자체의 문제로 인해 배가 절단됐을 가능성은 없었을까. 이른바 선체 노후화에 따른 '피로파괴'의 가설이다. 추후 천안함은 정비를 한 배였다는 국방부 반박이 나왔지만, 이 가능성은 사고 초기부터 제기됐다. 실종자 가족이 사고 다음 날 평택 해군 2함대사령부에서 브리핑을 듣고 나온 직후 언론에 밝힌 내용이었다. 이 때문에 실제 침몰 원인과 관련이 있는 것 아니냐는 많은 의심이 나왔다.

《아시아경제》는 2010년 3월 27일 밤과 28일 새벽 작성한 온라인 기사 〈[해군초계함침몰] "남편은 천안함 작전 때마다 물샌다고 했다"(종합)〉[172]에서 천안함 실종자 김경수 중사 부인이 "남편은 작전에 나갈 때마다 '천안함에 물이 줄줄 샌다'고 말했다"며 "'소 잃고 외양간 고치는 것'이라고 작전을 나갈 때마다 말했다"고 주장했다고 보도했다. 이날 해군 2함대사령부 예비군 교육장에서 있었던 브리핑을 다녀온 이 부인은 "'수리 한 달 만에 또 수리에 들어갔다'고 남편은 말했다"며 "천안함은 수리 중 또다시 작전에 들어갔다"고 설명했다고 이 신문은 보도했다. 이 부인은 특히 "'남편은 천안함이 나갈 때마다 언제 죽을지 모르는 배다. 내리고 싶다'고 입이 닳도록 얘기했다"고 강조했다고 《아시아경제》는 전했다. 이에 대해 최원일 함장은 "수리한 적도 없을 뿐만 아니라 물이 샌 적도 없다"고 부인했다.

또 다른 실종자 가족은 "'병기장은 탄약 냄새가 나지 않았다'고 말했다"며 "우리 아들도 휴가 나와서 배가 오래 돼 물이 샌다는 얘기를 했다"

고 말했다고 《아시아경제》는 보도했다. 이 신문은 이 같은 내용을 이튿
날인 3월 29일자로 발행한 종이신문에서도 자세히 실었다.[173]

또한 《오마이뉴스》도 3월 31일 송고한 〈천안함 '절단면' 미스터
리...'피로파괴'?〉[174]에서 실종자 김경수 중사(음향탐지)의 부인 윤아무개
씨가 "남편이 '평소 천안함에 물이 줄줄 샌다'고 말했다"고 밝힌 바 있다
고 썼다. 윤씨는 또 "'천안함이 수리 한 달 만에 또 수리에 들어갔다'는 이
야기를 남편에게 들었다"고 말했다고 이 신문을 전했다. 이 매체는 "윤씨
이외에도 여러 명의 실종자 가족들이 동일한 증언을 하고 있다"며 "물이
샐 정도로 노후된 천안함의 전반적인 상태로 볼 때 누적된 금속피로 현
상이 침몰사고로 이어지지 않았겠느냐는 추측"이라고 보도했다.

실제로 국방부 고위관계자도 국회에서 사고 직후 침몰 원인이 '기강'
과 관련이 있는 것처럼 언급을 했다가 당시 자유선진당 의원에게 말꼬
투리를 잡히기도 했다.

장수만 당시 국방부 차관은 그해 3월 27일 국회 국방위원회에 출석해
기강을 더 세우겠다고 밝혔다. 그런데 이를 듣던 심대평 자유선진당 의
원이 기강 문란으로 초계함이 침몰됐다는 것이냐고 따진 것이다. 장 차
관과 심 의원의 질의답변 요지이다.

= 장수만 국방부차관: "이런 일이 다시는 발생하지 않도록 저희들이 평소
  에 기강을 더 세우고 그리고 여러 가지 장비 점검 이런 것을 앞으로 더
  철저히 하도록 그렇게 하겠습니다."

                            [···]

— 심대평 위원(당시 자유선진당 의원): "지금 사고 원인이 확실히 규명되지는
  않았지만 앞으로 기강 확립을 기하겠다는 말을 차관이 하셨는데 기강이
  문란해서 초계함이 이렇게 침몰되는 사고가 생겼다고 판단합니까?"
= 장수만 국방부차관: "전혀 그 이야기는 아닙니다."

– 심대평 위원: "그러면 왜 기강 확립이라는 말이 여기에 나와야 되는가요?"

= 장수만 국방부차관: "우리가 이 해군함정도 그렇고 다른 군의 여러 가지 자산 운용을 할 적에 우리가 기강을 좀 더 명쾌하게, 명확하게 세워서 운용을 할 것 같으면 실수를 줄일 수 있는 확률이 훨씬 커진다라는 그런 차원에서 말씀드렸습니다."

– 심대평 위원: 그러면 지금까지는 그렇게 안 했다는 이야기입니까?

= 장수만 국방부차관: "지금도 하고 있습니다마는 앞으로 더욱더 그런 노력을 더 강화하겠다 그런 말씀입니다."

– 심대평 위원: "차관 답변하시는 게 만약에 이 부분이 북한의, 북괴의 도발이라든지 어떻게 도저히 불가항력적인 사고에 의해서 발생된 그런 원인으로 판명이 되면 해군의 중대한 명예훼손이 됩니다. 해군의 기강 확립이 안 돼서 이런 부분이 생겼을 수 있다고 하는 그런 유추 해석을 할 수 있도록 하는 답변을 하면 안 된다 본 위원은 그렇게 생각하는데 차관 어떻게 생각하세요?"

= 장수만 국방부차관: "제가 말씀드린 것은 위원님 지적처럼 그런 기강 확립이 안 돼서 사고가 발생했다 이런 것은 아니고 사고가 어떻게든 발생이 되지 않도록, 재발되지 않도록 더 정신 바짝 차리자라는 그런 말씀입니다."

– 심대평 위원: "차관이 말씀하신 대로 앞으로 기강 확립을 하겠다 그리고 이 기강 확립이 잘 안 돼서 과거에 지난 3월 달 이후에 있었던 이런 국가 중요 기자재가 포함된 안보시설들이 훼손당했다 그런 생각을 가지고 있다면 이 책임을 장관이 져야 되는 거예요. 그리고 차관도 져야 되고 참모총장도 함께 져야 되는 상황입니다."[175]

장수만 차관은 이날 국방위원회 출석 답변 이후 국방위원회나 천안함 특위 등에서 국방부 답변자로 거의 등장하지 않았다.

천안함이 피로파괴로 절단됐을 가능성을 전면적으로 보도하기 시작한 것은 MBC였다. MBC는 3월 31일 〈뉴스데스크〉 '암초충돌? 피로파괴?'[176] 리포트에서 천안함 침몰 당시 구조 장면 영상을 보여주면서 "구조된 승조원 58명 가운데 타박상이나 골절상을 입었지만 폭발에 의해 물에 젖거나 화상을 입은 사람이 없다"며 "폭발 시 통상 발견되는 부유물도 불에 탄 흔적도 발견되지 않고 있다"고 보도했다. 특히 MBC는 천안함이 취역한 지 21년이 넘는 노후 함정이라는 점을 들어 "오래된 선박의 용접부분이 파도 같은 충격에 절단된 사례가 보고되고 있다"며 "이른바 피로파괴라고 부르는 이 선박사고는 노후 함정인 천안함에도 충분히 일어날 수 있다고 전문가들은 지적한다"고 추정했다. 전 공주함장인 김태준 박사는 MBC와 인터뷰에서 "취약한 용접부위에 선령이 오래돼서 피로도가 누적되어 있는 상태에서 가운데가 부러질 수 있다"고 밝혔다.

MBC는 이후 사흘 만인 4월 3일 〈뉴스데스크〉 '하푼 장착해 균형 깨졌나?' 리포트에서 "폭발 이외의 가능성도 여전히 제기되고 있다"며 "구조적인 균형이 깨져서 두 동강 나는 '전단 파괴' 가능성인데, MBC 취재 결과 천안함에는 최초 설계와는 달리 2톤이 넘는 미사일이 함미에 장착돼 있었던 것으로 밝혀졌다"고 전했다. 천안함은 1200톤급으로, 처음 설계될 당시 미사일을 장착하지 않았다는 점을 MBC는 강조했다. 그러나 적 함정에 대한 공격 성능을 높일 필요가 있다는 이유로, 이후 함미 부분에 한 발에 530kg짜리 대함유도미사일 하푼 미사일 네 기가 장착됐다는 것. MBC는 "총 2톤이 넘는 중량이 함미 부분에 지속적으로 얹혀지면서, 설계와 달리 균형이 깨진 천안함 선체에 구조적으로 문제가 생겼을 가능성이 있다"며 "전문가들은 마치 뭔가 힘을 줘서 억지로 부러뜨린 것 같은 천안함 허리 부분은 이른바 '전단파괴'의 증거일 수 있다고 지적한다"고 분석했다. 전단파괴는 배 머리와 꼬리 부분 양쪽에 힘이 가해져서 배 중간 부분이 피로가 누적되다 마치 가위로 자른 것처럼 부러지는 현상을 의미한다고 MBC는 설명했다.

이 방송은 "침몰 당시 나쁜 기상상황도 천안함의 이 같은 구조적인 문제가 전단파괴로 이어졌을 가능성을 높이고 있다"며 "특히 두 개 이상의 너울성 파도가 모이는 삼각파가 발생했을 경우에는 전단파괴 가능성은 더욱 커진다"고 설명하면서 해양기상 전문가의 다음과 같은 견해도 소개했다.

"뾰족한 파고 마루를 만든 다음 그 위에 배가 걸쳐졌을 때 자기 배 무게를 이기지 못해서 쪼개지는 거죠."

이에 대해 군 당국은 천안함을 주기적으로 정비했기 때문에 구조적인 결함으로 인한 '전단 파괴' 가능성은 낮다고 밝혀왔다고 MBC는 전했다.

군 당국과 달리 이명박 당시 대통령도 이 같은 높은 파고에 의해 절단될 수 있다는 주장을 한 적이 있다. 이 대통령은 2010년 4월 1일 청와대에서 최근 대통령 특사로 외국을 다녀온 한나라당 의원들과 오찬을 하는 자리에서 "증거 없이 (북한 연계설을) 얘기할 경우 러시아나 중국 등 주변국에서 증거를 대라고 하면 어떻게 할 것이냐"며 이렇게 말했다고 여러 참석자들이 전했다고 《한겨레》가 보도했다.[177]

이 신문에 따르면, 이 대통령은 또 "북한의 기뢰 등도 (침몰)가능성 중 하나일 뿐이지, 어느 하나로 몰고 가며 추측하는 것은 바람직하지 않다. 섣불리 예단하지 말고 과학적이고 객관적인 증거로 말해야 한다"고 말한 것으로 전해졌다. 특히 이 대통령은 또 천안함이 두 동강 난 것과 관련해 "내가 배를 만들어봐서 아는데 파도에도 그리될 수 있다. 높은 파도에 배가 올라갔다가 떨어지는 과정에서도 생각보다 쉽게 부러질 수 있다. 사고 가능성도 있다"고 말한 것으로 전해졌다고 이 신문은 보도했다. 사고 원인 규명과 관련해 그는 "굉장히 오래 걸릴 수 있다. 1년이 더 걸리는 경우도 있다"는 말도 했다고 한다고 《한겨레》는 전했다. 이날 오찬에는 박희태·김학송·김정훈·이계진·정해걸·구상찬·김성식·김성회·조윤선 의원 등이 참석했다고 《한겨레》는 보도했다.

이같이 피로파괴 가능성에 대한 의문이 계속되자 국방부는 4월 5일 천안함의 수리 내역을 대언론 설명자료에서 다음과 같이 공개하기도 했다.

- 질의: "천안함에 절대 물이 새지 않았다는 것에 대한 의혹과 수리정비에 대한 불신이 계속 증폭되고 있는데 구체적인 수리내역을 포함한 정비일지를 제출해주셨으면 함."
= 답변: "○ 함정의 정비는 고장 유무에 관계없이 사전 계획된 일정에 의거 다음과 같이 정기정비를 실시함.
  ● 창정비: 6년 1회(70일간)
  ● 야전정비: 6개월 1회(12주)
  ● 수시정비: 필요 시(평균 2주) 등
  ○ 천안함은 2008년에 계획된 창정비(8. 2~10. 20)를 실시하였고 아래와 같은 수시정비를 실시해왔으나 선체 누수로 인한 수리는 없었음.
  ● 2009년(1204건): 추진축 베어링, 디젤엔진 노즐, 발전기 양륙검사 등
  ● 2010년(65건): 항해레이더 송수신 장비, 발전기 회로정비 등[178]

한편 정부는 어뢰피격이라는 정부 발표 외에 피로파괴와 같은 주장을 편 일부 공무원을 징계했다가 부당하다는 판결을 받기도 했다. 《뉴시스》는 2012년 6월 4일 저녁 작성한 기사 〈천안함 '피로파괴' 발언 국정원 간부 징계처분 '부당'〉[179]에서 "서울행정법원 행정12부(부장판사 박태준)는

국정원 간부 김모씨가 '징계 사유로 삼을 수 없는 일로 부당하게 정직 3개월 처분을 받았다'며 국정원장을 상대로 낸 징계처분 취소 청구소송에서 원고 승소 판결했다고 4일 밝혔다"고 보도했다.

이 뉴스에 따르면, 재판부는 "김씨가 '피로파괴'에 대한 발언을 한 것은 민군 합동조사단의 발표가 있기 전 언론 보도를 토대로 가능성을 제기한 것에 불과하다"며 "'종북 세력의 주장을 전파했다'는 것을 징계 사유로 삼고 있지만 인정할 만한 증거가 없다"고 판시했다. 재판부는 "천안함 사건 당일 휴가를 떠나던 김씨에게 '사무실로 나오라'는 국장의 지시가 있었다고 해도 결재받은 휴가명령이 취소되지 않았고, 자신을 대신해 팀원을 사무실로 나가도록 조치한 점 등을 고려하면 직무상의 의무를 위반했다고 보기 어렵다"고 설명했다고 이 매체는 보도했다.

북한공격, 어뢰 기뢰 등 폭발 아니면…좌초 가능성은?
최초 보고는 좌초, 청와대까지 곳곳에 좌초라 보고 "경황이 없어서 잘못 보고"?

천안함 사건을 구성하는 육하원칙 가운데 '왜' '누가' '어떻게'에 해당하는 요소에 "북한 잠수함정이 어뢰를 발사해 천안함 선저 아래서 폭발했다"는 어뢰폭발론과 아군 설치 또는 미상의 기뢰가 폭발했다는 기뢰폭발론은 '폭발'이라는 범주에 포함된다. 그런데 앞서 기술한 것처럼 천안함 선체와 생존자 시신 등의 상태에는 폭발 시 발생하는 현상이 전혀 나타나지 않았으며, 오히려 정반대되는 현상이 나타났다는 점에서 '폭발론'은 한계를 지닌다. 이 가설이 맞을 수도 있지만 설명이 충분하지 못하다. 당국의 답변이 성립되지 않거나 맞아떨어지지 않는 경우도 적지 않다. 생존자와 시신 단 한명도 청각 이상이 나타난 사람이 없었다. 천안함 선저 아래 3m에서 적어도 TNT 수백kg(북한제 고성능폭약 250kg)의 폭약이 터졌을 때도 선체 내 승조원들이 약간의 타박상이나 찰과상, 골절 등의 부상을 입었을 뿐, 폭음과 높은 압력에 의한 귀와 코의 손상이 없고,

화상이나 총상 파편상이 없었다. 이런 현상이 나타나는 것이 당연하다는 국방부의 설명은 쉽게 수용되기 힘든 주장이다. 무엇보다 정말 그런 비접촉 수중폭발에 따른 수중 버블제트 현상에 의해 승조원과 시신이 멀쩡했다는 사례를 제시할 수 없기 때문이다. 실전에서 벌어진 최초의 비접촉 수중폭발 공격이라는 정부의 설명은 그런 점에서 공허하다. 그렇다면 정부는 폭발이 아닌 다른 가능성에 대해서도 더 철저히 검토해야 할 의무가 있다. 이 가운데 가장 많이 언급된 비폭발 침몰 원인은 좌초이다.

이 가설은 해난사고에서 주로 발생하는 것이 좌초(암초 충돌)이니 천안함도 그냥 좌초이겠거니 하는 식으로 갖다 붙인 것은 아니다. 사고 당시 보고 내용에 '좌초'라는 말이 분명하게 기록돼 있다. 이는 아무리 지우거나 부정하고 싶어도 사라지지 않는 명백한 정황 증거이다. CCTV나 TOD 동영상과 같은 실시간 영상 증거나 KNTDS와 같은 항적증거, 모든 교신기록 등 가장 결정적이면서도 아직 공개되지 않은 증거를 제외하고 결코 무시하기 힘든 증거이다. 이 때문에 합조단 보고서에도 이 대목을 기술하지 않을 수 없었다. 다만 합조단과 군은 좌초 보고를 빨리 구조받고 싶은 마음에 급히 말하다 말실수를 한 것이라고 해명했다. 하지만 좌초의 보고는 사고 직후 모든 보고체계에 전달됐으며, 청와대 역시 좌초로 보고받았다. 어뢰라는 말이 등장한 것은 최초 보고 후 20여 분 후였다. 그나마 사고 당일엔 해군작전사령부와 같은 상부로 어뢰라는 보고가 전달되지도 않았다고 해작사 작전처장이 증언했다.

최초 보고는 좌초, 20여 분 뒤 어뢰 보고?

이처럼 최초 보고가 좌초였는데도 정부는 좌초 가능성을 철저히 배제했다. 정말 좌초했을 가능성이 없었기 때문일까. 좌초라는 말을 가장 먼저 꺼낸 것으로 보고체계상에 기록된 것은 천안함의 포술장 김광보 대위진(대위, 진급예정자·당시 계급)이 21시 26~28분 사이에 여러 차례 이뤄진 함대사령부 상황반장과의 휴대전화 대화 내용이다. 좌초라는 말이 처음 등장한 것일 뿐 아니라 이 보고가 천안함 사건의 최초 보고가 됐다. 다른 비공개 교신 내용을 제외하고 현재까지 확인된 것으로는 그렇다. 그가 보고했다는 내용을 합조단도 보고서에서 다음과 같이 기록했다.

- 포술장 ↔ 2함대 상황반장: 3. 26(금) 21:28경
- 포술장: "천안인데 침몰되었다. 좌초다."
= 상황반장: "좌초되었냐?"
- 포술장: "배가 우측으로 넘어갔고 구조가 필요하다."[180]

이에 대해 합조단은 "포술장은 상황이 급해 구조를 빨리 받고 싶어 '좌초' 용어를 사용하였다고 진술"했다고 썼다. 김광보 대위(진)의 보고사항이 첫 보고였다. 이어진 보고는 천안함 전투정보관 정다운 중위의 보고였다. 불과 2분여밖에 차이가 나지 않았다. 그는 '조난'이라고 보고했으나 전화를 받은 당직사관이 좌초로 잘못 알아들어 전파했다고 한다. 그러나 중요한 것은 폭발이나 어떤 외부의 공격이라는 말이 전혀 없었다는 점이다. 다음은 정 중위의 보고 내용이라고 합조단 보고서에 기록한 내용이다.

- 전투정보관→2함대 당직사관: 3. 26(금) 21:30경
- 전투정보관: "천안함이 백령도 근해에서 조난당했으니 대청도 235편대를 긴급 출항시켜 주십시오."
= 당직사관: "현재 상황은?" (교신불량으로 통화 끊김)
※ 당직사관은 전투정보관이 '조난'이라고 한 것을 '좌초'로 잘못 듣고 보고 및 전파[181]

이후 20여 분 이후 천안함 통신장과 레이더 기지 무선병과의 보고, 1시간여 후 최원일 천안함장과 이원보 22전대장과의 전화통화 등에 가서야 '어뢰에 맞은 것 같다'는 말이 나왔다. 이 내용 모두 보고서에 다음과 같이 기재돼 있다.

- 통신장 ↔ 레이더기지(무선병): 3. 26(금) 21:51~21:52
  = 레이더기지: "귀국 침몰사유 통보할 것."
  − 천안함: "본국 어뢰, 어뢰, 어뢰로 사료됨, 어뢰로 사료됨 이상."
  = 레이더기지: "어뢰가 정확한가?"
  − 천안함: "어뢰피격으로 판단됨."
  = 레이더기지: "현재 인원 구조차 고속정 기동 중임."
  − 천안함: "수신완료 끝."

- 함장 ↔ 전대장: 3. 26(금) 22:32~22:42
  − 함장: "뭐에 맞은 것 같습니다."
  = 전대장: "뭔거 같애?"
  − 함장: "어뢰 같은데요, 함미가 아예 안 보입니다."
  = 전대장: "함미? 함미 어디부터?"
  − 함장: "연돌이 안 보여요, 고속정이나 RIB 빨리 좀 조치해 주십시오."
  = 전대장: "생존자는?"
  − 함장: "58명이고 다수가 피를 흘리고, 못 일어서는 중상자가 2명입니다."[182]

이와 관련해 최원일 함장은 사고 초기 상부에 제출한 진술서에서 포술장이 좌초라 보고하고, 전투정보관이 조난이라 보고한 내용에 대해서는 작성하지 않았다. 필자가 입수한 최 함장의 진술서(국방부가 국회 천안함 특위 위원 등에게 제출한 답변자료)[183]를 보면, 최 함장의 진술서는 총 세

종류이다.

수기로 제1회라 쓰여 있는 '진술서'에서 최 함장은 "통신두절로 즉시 휴대전화 이용, 함대 피해상황보고 및 구조요청, 고속정, 해경정, RIB 현장유도, 파도가 높아 함정 접근이 불가하여 함정 구명정을 내려 생존자가 옮겨타고 다시 RIB 편승 후 고속정, 해경정에 분산토록 지휘하였음"이라고 썼다. 최 함장은 이 진술서에서 "충격에 의한 폭발음인지는 정확히 알 수 없으나 큰 폭발음" "사고당시 적 추가 도발 대비 고속정, RIB 신속기동 요청 및 최대한 엎드려서 구조 대기조치"라고 썼다. 그러나 이 제1회라 쓰여 있는 진술서는 작성일자가 기재돼 있지 않다.

수기로 '제2회'라 표기한 최 함장의 진술서도 있다. 이 제2회 진술서는 앞의 진술서와 달리 작성일자가 '2010년 3월 27일'로 기록돼 있다. 또한 포술장이 보고했다는 대목이 나온다. 최 함장은 이 진술서에서 "21시 30분경 갑판에 올라와보니 20여 명이 있었고, 격실 생존자 구조 지휘 시작과 동시에 함대 상황보고/구조요청(포술장이 2126시(21시 26분-저자)에 미리 상황보고 하였음), 2150시(21시 50분)경가지 생존자 전원 외부갑판으로 구조완료"라고 작성했다. 최 함장은 "22시30분 '생존자 비상이함(구명정으로) 실시, RIB 접근 요청, 22시40분~23시10분 해경정, 고속정, 관공선으로 RIB 인원이송실시"라고 작성했다. 최 함장은 "큰 폭발음이 청취되고 몸이 뜨는 것으로 충격에 의한 것이라 판단되나 인향후 정밀조사 필요" 등도 기록했다. 최 함장은 이 제2회 진술서에서 "가족과 같은 사랑하는 승조원들을 지키지 못해 책임을 통감하며 실종자 탐색/구조, 인양이 원활히 진행돼 사고원인을 규명하고 재발방지 대책마련 필요" "함장 부임후 16회에 걸친 임무 수행 중 현장은 상시 작전을 수행하던 구역으로 암초나 해도상 장애물은 반드시 알고 있으며 사고 발생 구역은 암초가 없음"이라고 썼다.

이 밖에 세 번째 진술서는 진술서 작성용지 자체부터 다르다. '진술서'

라 적혀 있고, 밑줄이 그어진 진술서(조서용지) 양식이 갖춰진 앞서 두 진술서 용지와 달리 이 세 번째 진술서는 그냥 백지에 쓰여 있다. 최 함장이 자신이 작성했다는 표시도 돼 있지 않다. 진술서 내용에는 '침몰상황'을 크게 '함장실 상황'과 '좌현갑판으로 탈출후'로 나눠 기재했다. 합조단이 보고서에 기재한 위의 전대장과의 대화 내용이 바로 이 세 번째 진술서에 담겨있다. 그러나 이 진술서는 언제 작성된 것인지, 이 전대장과의 통화 시각은 언제인지 등은 기재돼 있지 않다. 다음은 최 함장이 보고와 관련한 내용이 들어 있는 최 함장의 진술서 일부이다.

　…'상황보고는?'이라고 통신장에게 물으니 '했습니다'라고 대답. 소화호스를 내려주어 허리에 차고 승조원 4~5명이 끌어주어 외부 좌현 갑판으로 이동.
　'보고는?'이라고 장교들에게 먼저 물으니 포술장이 '했습니다, 고속정 요청했습니다' 보고내용은 못들었음. … 통신장이 'PRC 가지고 나왔습니다, 교신설정 했습니다'라고 해서 '계속 가드해라' 라고 침실 간힌 대원 구출 지시 및 라이프래프트(구명정) 준비지시를 했음. …
　박연수(작전관)이 '함장님 어뢰 같은데요?'
　'응 나도 그렇게 느꼈어 봐라 함미가 아예 안보이잖아?'
　부장(김덕원 소령-필자주)도 '어뢰 맞은 것 같은데요 함장님'
　'부장 너는 일단 우리가 내릴 수 있는 위치 확인하라 EOTS 쪽 한 번 가봐라 거기가 가장 가깝다'
　'통신장, 전정관(전투정보관)은 계속 함대에 구조, 상황 보고해라, 고속정은 어디쯤 오고 있는 거야?'라고 묻자 '대청도 출항했답니다' 전정관 대답.
　'함장님 현재 인원 부상자 보고하랍니다',
　'응 58명, 중상자 2명 보고해라'
　'고속정 올때까지 적이 도발할 수 있으니 몸 숙이고 조용해라. 고속정 일

단 기다리자'

　통신장이 '함장님 전대장님이 전화 바꾸랍니다'

　전대장과 통화내용 … (이하는 위 합조단 보고서 인용구와 같음)

이 같은 진술서에서 최원일 함장이 박연수 작전관과 김덕원 부장의 대화 내용을 담고 있지만, 정작 최초 보고한 김광보 포술장과 정다운 전투정보관의 보고 내용에 대한 언급은 전혀 나타나 있지 않다. 좌초라는 말 자체를 거론하지 않은 것이다.

그러나 김광보 포술장과 정다운 전투정보관의 좌초, 조난 보고는 분명한 사실이다. 이 때문에 민군 합동조사단도 일찌감치 두 장교의 보고 사항을 해명하는 데 급급했다. 합조단은 2010년 4월 7일 국군수도병원에서 생존자들에 환자복을 입혀놓고 실시한 기자회견에서도 김광보 포술장의 좌초 보고와 정다운 중위의 조난 보고에 대해 모두 급박하고 경황이 없어서 부정확한 표현을 썼다고 단정했다.

〈상황전파 용어 혼란 관련〉

● 2함대 상황장교는 포술장이 다급해하며 빨리 구조해달라는 뜻의 많은 말을 했으며, "좌초됐다"고 하여 "좌초됐나"라고 반문 시 "좌초"라고 한 것으로 진술

※ 천안함 포술장(대위/진 김광보)은 당황해 빨리 구조해달라는 말을 했으나 정확히 무슨 말을 했는지 기억하지 못한다고 진술

● 21시 30분 2함대 지휘통제실 당직사관(대위 ○○○)은 천안함 전투정보관으로부터 다급한 목소리로 "천안함이 백령도 근해에서 조난돼 함정이 침몰되고 있으니 빨리 지원병력을 보내달라"는 전화 수신

※ 2함대 당직사관은 천안함 전투정보관(중위 정다운)이 '조난'이라고 한 것을 '좌초'로 잘못 듣고 보고 및 전파

- 21시 32분 지휘통제실장(중령/진 ○○○)에게 보고 후 H/L으로 인천해경에 전화해 "현재 백령도 서방 우리 함정에서 연락이 왔는데 '좌초' 얘기가 나오고 있다, 일단 급한 상황이니 인근에 있는 해경501함정, 1002함정을 백령도 서방으로 빨리 보내달라"고 요청했다고 진술

결론: 급박한 상황에서 경황이 없어 정확한 용어 사용이 되지 않았던 것으로 판단됨.[184]

합조단이 천안함 침몰 원인 중간조사결과를 발표하고 약 20일 뒤 감사원도 감사결과를 발표했다. 그 당시 감사원이 파악한 포술장의 최초 보고 시 발언과 합조단 보고서 내용과 다소 다르다. 다음은 지난 2010년 6월 11일 국회 천안함 특위에 출석한 박시종 감사원 행정안보감사국장이 전한 최초 '좌초' 보고 상황과 20여 분 뒤 '어뢰' 보고 상황이다.

"3월 26일 21시 22분경에 천안함이 침몰한 사건이 발생하니까 21시 28분에 천안함에서 2함대로, 천안함 포술장이 2함대에 핸드폰으로 전화를 합니다. 백령도 근해에서 침몰됐다, 좌초됐다, 빨리…… 상태가 안 좋으니까 핸드폰 통화를 하자고 그럽니다. 2함대 상황장교하고 포술장이 핸드폰으로 통화를 합니다. 내용은 24구역인데 폭발이 났고 백령도 근해에서 침몰됐다, 좌초됐다, 빨리 배를 보내줘, 이런 상태입니다. 그런 상태로 지나가다가 21시 51분경에 통신장이 함수 부분에서 휴대용 비상통신기를 갖다가 가지고 나옵니다. 이 비상통신기 가지고 822 유도탄기지 당직사관과 통화를 합니다. 그때 뭐라 그러는고 하니 '어뢰 피격으로 판단된다' 이렇게 통화를 하니까 이를 전달받은 822 유도탄기지 내에 있는 296레이더사이트 기지에서 뭐라 그러는고 하니 천안함과 전술망 교신결과 어뢰 피격으로 판단된다는 내용을 수령했다 이러면서 문자 전송망으로 2함대에 보내게 됩니다."[185]

그렇다면 실제 최초 보고를 좌초라고 한 김광보 대위는 어떻게 기억하고 있을까. 그는 천안함 재판에 출석해 당시 상황에 대해 증언을 했지만, 자신이 좌초라고 판단한 이유를 분명하게 설명하지는 못했다. 김 대위는 2012년 12월 17일 서울중앙지방법원 형사36부(재판장 박순관 부장판사) 주재로 열린 신상철 전 합조단 민간위원의 천안함 관련 명예훼손 재판에 증인으로 출석했다. 김 대위는 천안함 사고 당시 군 생활 3년 차 장교였으며 천안함은 2009년 12월 28일 처음 탑승했다고 말했다. 그는 사고 당시 "41포 R/S라는 탄약고 부분에서 포 당직자들(병기선임하사, 병기병)과 이야기를 나누고 있었다"고 증언했다. 사고 직후 탈출해 휴대전화로 최초 보고를 한 과정은 다음과 같다.

— 변호인: "사고 직후 취한 조치와 갑판으로 탈출과정은 어떠했나요."
= 증인(김광보 대위): "열려 있는 문을 통해 사람들이 올라가는 것을 보고 따라 올라갔고, 위에서 보니 배는 우현 쪽으로 기울어져 있었습니다. 이후 증인의 호주머니에 있는 휴대전화를 가지고 2함대 상황실로 전화했습니다."
— 변호인: "갑판으로 탈출한 다음 바로 전화했나요."
= 증인: "갑판으로 나와서 바로 전화했습니다."
— 변호인: "사고 직후 갑판으로 탈출한 다음 2함대 사령부에 휴대전화를 보고한 과정은 어떠했나요.
= 증인: "상황장교가 전화를 받았고, 증인의 상황에 대해서 이야기했던 것 같은데 내용은 잘 기억나지 않지만 구조요청을 했습니다."
— 변호인: "당시 주변에 누가 같이 있었나요."
= 증인: "김덕원 소령만 기억납니다."
— 변호인: "김 소령과 가까이 있었나요."
= 증인: "제가 올라온 통로에 있었기 때문에 가까이 있었습니다."[186]

그런데도 김 대위는 전화통화 시엔 김덕원 소령(천안함 부장)이 가까이 있었는지에 대해 기억나지 않는다고 말했다. 보고한 경위도 지휘를 받아서 한 것이 아니라 본인 자신의 본능적 판단으로 했다고 그는 설명했다.

- 변호인: "보통 비상상황이 발생하면 누구든지 바로 보고를 돼 있는가요, 아니면 보고체계에 따라 그중 가장 선임자가 지휘해서 보고하도록 돼 있는가요."
= 증인(김광보 대위): "제가 누구의 지시를 받았는지는 기억이 없고, 긴급 상황이어서 본능적으로 함대사령부에 보고한 것입니다."
- 변호인: "원래는 김 소령의 지휘를 받아서 보고해야 하는 상황 아닌가요."
= 증인: "원래는 김 소령의 지휘를 받아 상부에 보고하는 것이 맞는데, 그때는 경황이 없어서 기억나지 않습니다."[187]

좌초라고 보고한 이유에 대해 자신이 좌초를 판단한 것은 아니라고 말했다.

- 변호인: "좌초라고 보고할 때 옆에 있던 장교 또는 장병들이 '좌초가 아니다'라고 말하거나 제지한 사실이 있나요."
= 증인(김광보 대위): "기억나지 않습니다."
- 변호인 : "좌초라는 판단은 누구의 판단인가요."
= 증인: "좌초를 판단한 것은 아닙니다. 계속 '좌초' 말씀하시는데 보고할 당시 '좌초'라는 것이 중요한 용어가 아니었고, '좌초'라는 용어만 사용한 것도 아닙니다. 긴급한 상황이 발생해 구조가 가장 급해서 대원들을 살리기 위해서는 그 어떤 말도 했을 것입니다."
- 변호인: "증인이 좌초라고 보고한 것으로 돼 있다는 것은 알고 있나요."
= 증인: "후에 알게 됐습니다."

- 변호인: "좌초인지, 제3자에 의한 공격인지에 따라 향후 대처방향이 달라지기 때문에 그 상황에서는 빨리 판단해서 정확하게 보고해야 할 의무가 있죠."
= 증인: "예."
- 변호인: "'좌초'라고 보고한 것에 대해 누구로부터 조사를 받은 적이 있나요."
= 증인: "조사를 받았으나 누구에게 몇 번이나 받았는지는 기억나지 않습니다."[188]

김광보 대위는 천안함 이전에도 함정에서 근무한 경력도 있는 3년 차 해군 장교이다. 이런 그가 천안함 사건 당시 '좌초'라는 말의 뜻도 모른 채 아무 판단 없이 최초 보고를 좌초라고 했다는 것에는 여전히 의문이 남는다.

그는 사고 당시에 대해 충격에 의한 것이라고 언급했다. 다른 천안함 생존장병과 같이 폭발이라는 말을 쓰지는 않았다.

- 변호인: "사고 당시 오감으로 느낀 바는 어떤가요."
= 증인(김광보 대위): "사고 당시 '쾅' 하는 소리가 났고, 제 몸이 떴다든가 도는 가라앉았다는 느낌을 받았습니다. 그리고 제가 앉은 위치에서 R/S의 뒷부분을 보고 있었는데 제가 왼쪽으로 넘어갔기 때문에 배가 오른쪽으로 기울었다는 것을 느꼈고, 배가 기울었다가 바로 돌아와야 하지만 돌아오지 않고 큰 충격이 있었기 때문에 어떤 일이 발생했다는 것을 인지했습니다."
- 변호인: "몸의 충격은 어느 정도였나요."
= 증인: "몸이 완전히 떠서 천정에 머리가 부딪힐 만한 충격은 아니었지만, 머리가 곤두설 정도로 엄청난 충격이 있었고, 충격에 의해서 바닥에 순

간적으로 올라왔다가 가라앉는 느낌이었습니다."

— 변호인: "충돌음은 어떠했나요."

= 증인: "큰 꽝음이었습니다. 찢어지는 소리는 아니었고, 강력한 충격음이
었습니다."

— 변호인: "큰 소리를 한 번 들었나요, 두 번 들었나요."

= 증인: "한 번 들었습니다."

— 변호인: "폭뢰 투하 훈련에 참가해봤죠."

= 증인: "예."

— 변호인: "사고 당시는 폭뢰 투하 훈련 당시 느낀 폭발음 및 진동과 비교
해 어떠했나요."

= 증인: "천안함 사건 때가 훨씬 더 큰 충격이었는데, 폭뢰 투하 훈련의 폭
뢰는 소형이고 훈련의 안전상 훨씬 깊은 수심에서 폭발을 시키기 때문
에 비교할 것은 안 된다고 봅니다."[189]

그는 사고 당시 꽝음이 '충격음'이었다고 기억했다. 김 대위는 사고 당
시 진술서에서도 '충격음'이라고 진술했다. 김 대위의 법정 증언으로는
좌초로 보고할 만한 징후가 있었는지 규명하기엔 미흡하다.

해작사 "9시 15분 좌초" 해경 "좌초 전문 받았다"
실종자가족 "박연수가 최초 좌초 지역 지목" "좌초 구조 요청했단 말 들어"
사고 직후 김태영 장관, 좌초 가능성 "그건 가능하다고 생각"

이처럼 김광보 대위가 법정에서 왜 자신이 좌초라고 했는지 분명하게
설명하지 못했지만, 사고 직후 그의 최초 보고 이후 좌초 가능성은 중요
한 침몰 원인으로 받아들여졌다. 김 대위보다 먼저 법정에 출석해 증언했
던 심승섭 해군작전사령부 작전처장은 2011년 9월 법정에서 "9시 15분,
좌초'라고 합참에 보고했으며, 어뢰라는 보고는 당일 밤에도 올라오지

않았다"고 증언했다. 천안함을 구조한 해경 501함의 유종철 부함장도 천안함 재판의 첫 증인신문기일인 그해 8월 법정에 나와 "구조하러 가는 도중 '천안함이 좌초됐다'는 전문을 전달받았다"고 증언했다. 사고 당시 백령도 초병 박일석·김승창도 2011년 11월 법정에서 당일 9시 31분에 중대 상황실로부터 천안함(PCC·초계함)이 좌초됐다는 통보를 받았다고 증언했다.

사고 직후 실종자가족과 간담회장에서 '최초 좌초'라 씌어진 작전상황도를 펼쳐든 유가족 이용기는 2012년 6월 법정에 출석해 "2010년 3월 27일 오전에 이원보 천안함 22전대장으로부터 '천안함이 (연봉바위쪽에) 좌초돼 있다'는 말을 듣고, 평균수심 6m 정도밖에 안 되는 곳에 천안함이 갔다는 것이 의문이 들어 오후에 천안함 작전관인 박연수 대위에게 '최초 좌초' 지점이 어디냐고 물었다"며 "'백령도 서방 몇 마일쯤'이라고 하길래 좌표를 찍으라고 했더니 해당 지점을 찍었다. 그 지점에 '최초 좌초' 별표 표시를 했다"고 설명하기도 했다. 이에 대해 박연수 대위는 2012년 7월 법정에 출석해 검사의 질문에는 "좌초라고 설명한 적은 없고, (이용기가) 백령도 남서쪽 해안을 가리키면서 최초 사고 위치라고 하였고, 빨간 점 부분에 대해 질문을 하기에 '함수 부분이 조류에 의해 떠내려가서 그 부근에 있는 것으로 표시를 한 것 같다'고 대답했다"고 말했다. 그는 '이용기가 증인으로 나와 손가락으로 가리킨 (최초 좌초 별표)지점을 설명하면서 그 지점이 좌초 지점이라고 박연수 대위가 설명했다고 증언했다'는 변호인의 반문에는 "이용기가 왜 그랬는지는 잘 모르고 증인은 손가락을 가리키며 사고 해역이라고 했다"고 답했다. 이용기는 좌초 지점을 묻자 박연수가 위치를 지목했다고 일관되게 진술했지만, 박연수 대위의 경우 '좌초'라는 말은 쓰지 않았다고 말했다. 특히 박 대위는 검찰 질문에는 백령도 남서쪽이라고 답변했다가, 변호인의 신문에는 이용기가 표시한 곳(백령도 서북방 근해)을 손가락으로 가리키며 사고 해역이라고 했다고 답변해 위치에 대해서도 불분명한 증언을 했다.

박형준 전 천안함유가족대표는 2012년 4월 법정에서 "생존장병 첫 만남에서 무전기를 최초로 들고 올라왔다는 장병이 좌초라고 구조요청했다는 말을 들었다"고 증언했다.

무엇보다 김광보 대위의 '좌초되었다'는 최초 보고 이후 모든 계선 라인에 천안함 사건은 좌초 또는 파공으로 전달이 됐다. 이 때문에 김태영 당시 국방부장관도 좌초 가능성에 대해 가능하다고 생각했다. 해도상 천안함이 이동했다는 경계작전 구역에 암초가 없다는 주장이 있었지만 말이다. 사건 이후 국회에서도 '좌초' 가능성에 대한 논의가 활발하게 이뤄질 수밖에 없었다. 우선 4월 2일 국회 본회의 긴급현안질문에서 김동성 당시 한나라당 의원과 김태영 장관 사이의 다음의 질의답변 내용을 보면, 김태영 장관이 이 사건을 어떻게 보고 있는지가 잘 묻어난다.

— 김동성 의원(당시 한나라당): "암초에 의한 좌초 가능성은 어떻습니까?"

= 김태영 국방부장관: "그것은 가능하다고 생각합니다. 물론 그 지역에는 현재 해도상으로는 암초가 없습니다마는 워낙 그날 풍랑이 강했고 그런 상태에서는 어떠한 형태로든 간에 아주 특이한 형태의 풍랑에 의해서 배가 피해를 입을 수도 있으리라고 판단합니다."

— 김동성 의원: "보도에 의하면 해도에 나오지 않는 암초가 있다는데, 사실 입니까?"

= 김태영 국방부장관: "예, 그래서 그 암초에 대해서도 저희가 조사를 해봤 습니다."

— 김동성 의원: "사고 해역 수색해보셨습니까?"

= 김태영 국방부장관: "아니요, 그 암초에 대해서 여러 가지 의견이 제시가 많이 됐기 때문에."

— 김동성 의원: "아니, 일단 그 사고 해역을 수색해보셨어요?"

= 김태영 국방부장관: "예, 저희가 수색을 하고 있는데 물론 앞으로 더 정
    밀 수색을 해야 합니다마는 현재 수색해 본 것으로는 그 암초는 그 위치
    가 아니고 상당히 떨어진 거리에 있는 암초인데 그것을 말씀을 하시니
    까 그것이 마치 저희 사고 난 지역에 있는 암초인 것처럼 그렇게 지금 설
    명이 되는데 그렇지는 않습니다."

- 김동성 의원: "소위 말하는 홍합여 말씀하시는 거지요?"

= 김태영 국방부장관: "예, 그렇습니다."

- 김동성 의원: "그게 사고 장소에서 얼마나 떨어져 있지요?"

= 김태영 국방부장관: "아마 한 10㎞ 정도 떨어져 있다고 봐야 될 것 같습
    니다, 사고 지점으로부터."

- 김동성 의원: "천안함이 운행할 때 물속에 잠기는 부위가 몇 m까지 잠기
    지요? … 제가 조사한 것은 함수가 2.86m 잠기고 함미가 3.2m 잠깁니
    다. 그러면 암초에 충돌하려면 바다 속의 암초가 수면으로부터 3m까지
    올라와 있는 암초여야 된다는 얘기입니다."

= 김태영 국방부장관: "그렇습니다. 그와 같은 암초는 다 탐지가 됩니다.
    홍합여 탐지 그것은 위치가 우선 전혀 맞지가 않고 또 바다의 풍랑이 셀
    때의 모습은, 많이 바다에 가 보신 분들은 잘 아시겠습니다마는, 물이 쭉
    빠지다시피 했다가 나중에 또 한꺼번에 몰아쳐 오고 그래서 그 파고가
    바다는 아주 특이한 현상이 많이 있기 때문에 그것은 누구도 쉽게 속단
    할 수는 없을 것 같습니다."

- 김동성 의원: "암초에 걸린 경우도 이렇게 본 건처럼 배가 두 동강 날 수
    가 있나요?"

= 김태영 국방부장관: "그것도 아주 극히 제한된다고 판단을 합니다. 그러
    나 그러한 경우도 저희가 사례에서 몇 건을 확인을 했습니다."

- 김동성 의원: "우리 군함이 과거 60년 동안 이렇게 암초에 걸린 적이 있
    습니까?"

= 김태영 국방부장관: "암초에 걸린 적은 있습니다마는 암초로 인해서 배가 반 동강이 난 경우는 없습니다."

— 김동성 의원: "그러면 암초에 걸리면 어떻게 파손됐었습니까?"

= 김태영 국방부장관: "그 파손은 밑에 파공이 일부 되고 하는 경우는 있습니다마는, 또는 옆에 긁히거나 ⋯ 지난번에 우리 태안에서 유조선이 파괴되듯이 그러한 상태의 어떤 파공이나 이런 것들은 일어날 수가 있습니다."

— 김동성 의원: "그런데 왜 해경이 초기에 천안함이 좌초되었다고 표현했지요?"

= 김태영 국방부장관: "그것은 지금 확인해보니까 그렇게 교신을 했습니다. 맞습니다, 좌초되어 있는 걸로. 그래서 아마 그 부대에서는 그 당시에 상황이 바쁘다 보니까 급히 하여간 일단 배가 좌초됐으니 빨리 구출을 도와달라 이런 식으로 인천해경에다가 연락을 했습니다. 그래서 인천해경에서는 그것을 분명히 좌초된 것으로 이해를 할 수밖에 없었습니다, 그렇게 요구를 했기 때문에. 그래서 그것은 초기 단계의 워낙 혼란한 상태였기 때문에 그 당시에는 아마 그런 게 아닌가 생각하고, 그런데 하여간 그것도 굉장히 좋은 포인트이기 때문에 그것까지 고려해서 저희가 지금 전부 조사를 하고 있습니다."[190]

(2010년 4월 2일 국회 본회의, 김동성 의원 질의 김태영 장관 답변 중에서)

김태영 장관의 답변을 보면 좌초의 가능성을 의외로 중요하게 여기고 있었음을 알 수 있다. 그 발언의 핵심을 모아보면 "아주 특이한 형태의 풍랑에 의해서 배가 피해를 입을 수도 있으리라고 판단" "10km 떨어진 암초인 홍합여는 아니다" "누구도 쉽게 속단할 수는 없다" "암초로 두 동강 나는 경우가 제한되지만 사례에서 몇 건을 확인을 했다" "그것(좌초)도 굉장히 좋은 포인트" 등이다. 아마도 이 같은 판단은 모든 보고라인에 좌초로 전달이 된 데다 보고자가 군 생활 3년 차의 해군 대위여서 좌초의 의미를 알고 보고했을 것이라는 생각 때문이었던 것으로 보인다.

　다만 이어진 다음 문학진 당시 민주당 의원의 질의에 대한 답변에서 김 장관은 초기에 적의 공격으로 받아들였다가 좌초라는 말이 나와 다시 검토하고 있다고 유보적으로 답했다. 사고 직후 속초함이 '새 떼'로 추정되는 북상하는 물체를 향해 사격을 가한 것을 두고 그렇게 생각했다는 것이다. 또한 왜 좌초라는 보고가 있었는데도 이를 잘 아는 해군이 좌초가 아니라고 극구 부인을 했느냐는 반문도 이어졌다.

　　― 문학진 의원(당시 민주당): "국방부는 암초에 의한 좌초설에 대해서는 처음에 극구 부인했습니다. 그런데 사고 당일 해군이 해경에 구조 요청을 할 때 '좌초에 처해 있으니 구조해 달라' 이렇게 연락을 했거든요. 그리고 해경은 '사고 지점 인근에 암초가 있다' 이렇게 보고를 했습니다. 알고 계시지요?"

　　＝ 김태영 국방부장관: "예."

　　― 문학진 의원: "그다음에 백령도 주민 또한 '사고 지점에서 850m쯤 떨어진 곳에 해도에 나오지 않는 수중 암초가 존재한다'고 증언하고 있습니다. 그런데 장관께서는 사고 지점과 수중 암초의 거리를 10km라고 답변하셨지요? … 제가 확인한 바에 따르면 800~850m 떨어진 곳에 수중 암초가 있는 것으로…"

　　＝ 김태영 국방부장관: "지금 말씀하신 대로 저도 암초에 의한 사건 발생 가능성도 똑같이 열어놓고 보고 있습니다."

　　― 문학진 의원: "그러면 처음 국방부 입장에서 바뀐 것입니까? 처음에는 아주 전면 부인했었거든요."

　　＝ 김태영 국방부장관: "아닙니다. 실무자들 선에서 발표할 당시에 예하부대에서의 보고에 많이 의존해서 발표를 하니까 그 당시에 최초에는 저희도 거의 적에 의한 공격을 대부분 생각했습니다. 삼척함(속초함의 실

언-저자)에서 사격을 별도 사격을 했지 않습니까? 그런 것처럼 적의 공격 가능성에 굉장히 저희가 비중을 두고 처음에 봤습니다."

― 문학진 의원: "사격을 한 것은 속초함이지요?"

= 김태영 국방부장관: "예, 속초함이 쏜 것인데, 저희가 처음에 봤기 때문에 저희가 설명하는 과정에서 그런 것 위주로 많이 생각이 좀 되었습니다. 그러나 죽 저희가 봤을 때 여러 가지 정황이 가능합니다. 그래서 저희도 지금 암초에 의한 가능성도 같이 열어놓고 보고 있습니다. 10km 정도 떨어졌다는 것은 홍합여라고 해서 홍합이 많이 나온다는 암초가, 함수가 발견된 데서는 한 0.8마일 정도 떨어져 있고 … 사고가 난 곳(에서는)은 거의 한 7~8, 거의 한 10km 가까이 떨어져 있습니다."

― 문학진 의원: "제가 알기로는 사고 지점에서 수중 암초 지점까지 800~850m…"

= 김태영 국방부장관: "홍합여 외에도 크고 작은 암초들이 섬 주변에 있을 수 있습니다. 그래서 그런 것은 차이가 있을 수 있습니다."

― 문학진 의원 : "해군이 '좌초했으니 구조해달라'고 해경한테 처음에 요청을 했잖아요? 좌초의 의미가 무엇입니까? 배가 암초에 얹힌다는 것 아니에요?"

= 김태영 국방부장관: "예."

― 문학진 의원: "좌초라는 이 용어를 제일 잘 아는 데가 해군 아닙니까, 그렇지요? 그런데 스스로 좌초라는 표현을 썼습니다. 그런데 국방부가 애초에 좌초 가능성을, 암초에 대한 좌초 가능성을 열어 두지 않고 극구 부인을 했었어요. 애초에 그랬던 이유가 무엇입니까? 무슨 다른 이유가 있어요?"

= 김태영 국방부장관 : "다른 것 없습니다. 아까 말씀드린 대로 최초에 공격을 받았다고 생각했기 때문에 그런 쪽으로 처음에 보도가 나갔을 수밖에 없었으리라고 생각합니다. 그러나 지금 말씀하신 것처럼 제2함대

에서 해경에 연락한 것에 좌초라는 말을 썼습니다. 그래서 그것을 지금까지 확인한 것으로는 해군에서 통상 그러한 어떤 구조를 요청할 때 일반적으로 그렇게 쓴다 해서 그게 좀 저도 미심쩍은 부분이 있어 그런 것을 다 지금 조사를 하고 있습니다. 이런 내용을 다 상세히 조사해서 명명백백하게 밝히도록 그렇게 하겠습니다."[191]

(2010년 4월 2일 국회 본회의, 문학진 의원 질의 김태영 장관 답변 중에서)

또한 김태영 장관은 한나라당 의원들이 좌초 가능성은 있지만 낮지 않느냐는 지속적인 질문공세에도 가능성이 같다고 밝혔다. 함수 쪽이 상하거나 찢어져야 하는 것 아니냐는 질의에도 김 장관은 배 뒷부분이 내려가 있거나 풍랑이 있기 때문에 여러 상황이 있을 수 있다고 답변하기도 했다. 어느 가능성도 열어놓지 않으면 혼란을 가져온다고도 강조했다. 당시 정옥임 당시 한나라당 의원과 김태영 장관의 질의답변이다.

- 정옥임 의원(당시 한나라당): "그런데 이게 암초에 의해서 좌초가 된 것이라면 함이, 배가 앞에서 뒤로 이동하는 만큼 만약에 이것이 암초에 의한 것이라면 저렇게 중간 후미에서 반파되지 않고 오히려 배 앞면이 상처가 나든지 — 말씀하신 대로 — 찢어져야 맞는 것 아닙니까?"
= 김태영 국방부장관: "그런데 그것은 여러 가지 상황이 있을 수 있는데 통상 배 뒷부분에서 약간 내려간 부분이 있기 때문에, 또 그 당시 풍랑이 있기 때문에 함정이 어떻게 좌초가 되었느냐, 암초가 어떻게 위치하느냐 하는 것도 여러 상황이 나올 수 있다고 봅니다."
- 정옥임 의원: "그럼에도 암초에 의한 좌초 가능성이라든지 내부 폭발 가능성은 열려 있지만 확률로 보면 좀 낮다라고 답변하셨습니다. 맞지요?"
= 김태영 국방부장관: "그렇지 않습니다. 저는 그 가능성이 거의 같다고 봅니다. 왜냐하면 지금 저희가 나름대로 아까 구조된 58명을 조사하고

있는 것도 그 사람들의 정확한 인식은, 그 당시 야간에 일부는 자고 있었기 때문에 그런 것을 확인을 해 가지고 그런 것을 밝히려고 하는데 그런 것을 밝히는 데 있어서는 제가 볼 때는 어느 가능성도 열어놓지 않으면 오히려 혼란을 가져온다고 저는 생각합니다."[192]

(2010년 4월 2일 국회 본회의, 정옥임 의원 질의 김태영 장관 답변 중에서)

반듯하게 잘린 선저 중앙, 메탈 스크래치, 프로펠러 손상, 기름이 흐른 것

함미(4월 15일)와 함수(4월 23일)를 인양하고 중간조사결과(5월 20일)를 발표한 이후에도 국회에서는 천안함 침몰 원인에 대한 의혹이 계속됐다. 특히 절단면의 손상 상태를 두고 어뢰폭발이라고 주장하는 합조단과 국방부를 향해 최문순 당시 민주당 의원(국회 천안함 특위 위원)은 매끈하게 절단된 형태와 바닥의 긁힌 흔적을 들어 따져 물었다.

최 의원은 지난 2010년 5월 24일 제3차 국회 천안함 특위에서 근접 촬영한 천안함 함미의 절단면 사진을 제시하면서 다음과 같이 지적했다. 또한 좌초 가능성을 적극적으로 제시했던 김태영 국방부장관은 입장이 돌변했다. 심지어 김 장관은 열의를 다해 질의하는 국회의원을 상대로 '깜짝 놀랐다' 등의 조롱조의 표현까지 쓰며 과거와는 다른 태도를 드러냈다.

- 최문순 위원(당시 민주당): (함미 절단면 사진을 보이며) "…여기 칼날로 이렇게 자르듯이 잘려져 있어요. 폭탄으로 칼로 무 자르듯이 이렇게 자를 수 있습니까?"
- 윤덕용 민군합동조사단장: "예, 순식간에 치면 전문가들도 그렇게 판단을 했습니다. 그게 취성파괴脆性破壞인데요."
- 최문순 위원: "글쎄, 무슨 어려운 말씀인지 모르겠는데 상식적으로 보면 잘 이해가 안 되고요. 그다음에 여기에 보면 스크래치가 나 있습니다.

다 지워졌는데, 이 스크래치는 페인트 스크래치가 아니고 여기에 얹혔다고 주장하는 부분에 이 스크래치가 있습니다. 금속 메탈 스크래치입니다. 금속이 파일 정도의 스크래치입니다."

= 김태영 국방부장관: "제가 볼 때는 이게 함정이 파손된 부분이 다 올라와 있는데 아직도 그 스크래치를 찾으시면…"

− 최문순 위원: "올라와 있습니다. 그런데 똑같은 설명이 가능합니다."

= 김태영 국방부장관: "그것을 찾으시면서 계속 그런 얘기를 하시는 것을 보고 깜짝 놀랐습니다."

− 최문순 위원: "여기도 마찬가지로 이렇게 스크래치가 있습니다. 스크래치가 있고, 이렇게 근접 촬영한 부분을 지난번에 기자들에게 공개를 안 해서 못 찍지 않았습니까? 그런 거 다 공개하십시오."

= 김태영 국방부장관: "예, 다 공개합니다."

− 최문순 위원: "여기도 마찬가지로 칼로 자르듯이 이렇게 되어 있습니다. 저는 폭탄으로 이런 게 가능한지 모르겠습니다. 여기도 보면 이렇게 복잡하게 되어 있는 것 같지만 이렇게 딱 자른 것처럼 되어 있습니다. 이렇게 똑 부러진 것처럼 되어 있다는 겁니다. 이 부분이 얻어맞았다고 주장하시는 부분입니다. 그런데 똑같이 이것이 좌초됐다, 꽝 이렇게 박았다고 주장하는 분들의 똑같은 주장이 가능한 그런 설명이 됩니다. 그리고 여기에 보면 프레임이 다 나와 있는 것이 맞은 게 아니고 밀렸다고 주장하고 있습니다. 이건 가능한 그런 그림입니다."[193]

"선저 중앙 · 좌현 스크래치는 광물질 등에 긁힌 흔적"

그런데 합조단은 "선체 길이방향 긁힘 찢김 없었다"?

천안함 침몰 직후 좌초라는 보고가 있었다는 것 외에도 실제로 좌초하지 않았겠느냐는 의문이 쉽게 사라지지 않는 것은 선체에 남아 있는 뚜렷한 흔적 탓이다. 국방부가 선저에 파공이 없다고 주장한 것도 사실은 앞서 살펴봤듯이 거짓말로 드러났다. 가스터빈 외판에 직경 10~15cm 크기의 제법 눈에 띄는 파공이 있었기 때문이다. 이는 가스터빈 외판을 본래 형태대로 뒤집어놓은 직후 내(《미디어오늘》)가 지난 2015년 4월 경기도 평택 해군 제2함대 천안함 안보공원에 현장 취재차 방문하여 처음 확인한 뒤 보도하기 전까지는 아무도 이를 언급하지 않았다. 이렇게 큰 구멍이 있었는데도 어떻게 보고서에 파공이 없다고 버젓이 쓸 수 있는지 놀라울 따름이다. 선체 증거물에 대한 조사의 기본조차 하지 않았다는 단적인 사례가 아닐 수 없다.

다만 이 파공이 어떤 연유로 생긴 것인지는 속단하기 어렵다. 일부 전문가는 해저에서 튀어나온 암석에 부딪혔을 가능성을 제기하기도 하고, 어떤 이는 폭발의 압력 탓에 이런 파공이 발생했으리라 추측하기도 한다. 그러나 폭발이 있었다면 그 폭발힘이 직접 가해진 작용점을 중심으로 구의 형태로 동일하게 전달되지 않고 가스터빈실의 딱 한 곳만 구멍을 뚫을 수 있었는지도 의문이다. 어떠한 사고로 해저에 가라앉다가 해저 바닥에 부딪혀서 우연히 생긴 것이라고 보기에는 물속의 부력이 있기 때문에 그렇게 큰 충격을 가할 수 있는지도 더 따져봐야 한다. 암초에 긁혔거나, 저수심 지대를 항해하다 튀어나온 물체와 부딪혀 생긴 것이라는 추측을 해볼 수 있겠으나 그러려면 파공 주변에 다른 긁힌 흔적이 있어야 한다. 파공의 우측 철판을 보면 페인트가 사선으로 벗겨진 흔적이 보이긴 한다. 그러나 이것만으로는 충분치 않다. 그런 점에서 추가적인 조사가 필수적이라고 본다.

또 다른 흔적은 함미 선저 정중앙에 남아 있는 스크래치와 선저 좌현 쪽의 스크래치이다. 선저 중앙의 스크래치는 선체 길이방향(직선방향)으로 나타나 있고, 좌현의 스크래치는 약간 사선(길이방향을 기준으로 20도 방향)으로 형성돼 있다. 이 같은 증거를 제시했을 때 국방부 일각에서 나온 주장은 함미가 절단된 뒤 해저 바닥에 떨어지면서 긁혀 생겼거나 인양

과정에서 체인을 걸다가 생겼을 가능성이었다. 그러나 선저 중앙과 좌현 스크래치 형태는 긁힌 선의 간격이 고르고 촘촘하게 나타나 있다는 점에서 인양과정의 체인 자국으로 보긴 어렵다. 바닥에 떨어지면서 생겼다기엔 그 스크래치의 길이가 길고 조밀하다.

이종인 알파잠수기술공사 대표는 2012년 5월 4일 신상철 전 합조단 민간위원 재판의 선체검증을 앞두고 이뤄진 선체 사전답사에 참석한 뒤 바닥에 긁혀서 생긴 것으로 추정했다. 그는 그날 동행 취재한 나와 나눈 인터뷰에서 "해저면을 구성하고 있는 광물질(모래 또는 바위 등)에 긁혀서 생긴 증거"라며 "금속물질에 긁혀서는 생길 수 없는 흔적"이라고 평가했다.[194]

하지만 이 역시 좀 더 조사해봐야 한다. 천안함 침몰을 낳은 충격 또는 어떤 사건에 의해 이 스크래치가 생겼는지, 아니면 천안함 사건과 무관하게 예전부터 이런 상처가 있었던 것인지 정밀하게 따져봐야 하기 때문이다.

그런데도 합조단은 좌초 가능성을 처음부터 배제했을 뿐 아니라 보고서에도 제대로 조사한 흔적이 없다. 앞서 김태영 장관은 2010년 4월 2일 국회 본회의 긴급현안질문에서 좌초 가능성을 "굉장히 좋은 포인트"라며 검토해보겠다고 했지만 실제로는 조사를 제대로 했는지 의문이다. 합조단은 좌초가 아니라는 이유에 대해 보고서에서 선체 최하부 부가물인 소나돔과 프로펠러의 손상 여부에 대해 '손상이 없다'고 제시했다. 소나돔에 길이방향의 찢김 현상은 관찰되지 않으나 앞서 김태영 장관 스스로 언급한 것처럼 항해 중엔 함미 쪽이 약간 내려가고 함수 쪽이 올라가기 때문에 소나돔이 암초나 해저를 지나쳤을 수 있다는 반론도 고려했어야 한다. 또한 프로펠러 손상이 없다는 내용도 사실과 다르다. 함미 우현의 프로펠러는 함수 방향 즉 앞쪽 방향으로 5개의 날개가 모두 휘어져 있기 때문이다. 이는 천안함에서 좌초 얘기가 사라지지 않는 가장 뚜

렷한 흔적이자 논쟁적인 증거이다. 이처럼 보고서에는 사실과 다른 점
이 너무 많다.

또한 앞서 언급한 길이방향의 선체 긁힘 자국이 천안함 보고서에는
없다고 나온다. 위에 사진과 함께 설명한 것처럼 이렇게 분명하게 남아
있는데도 어떻게 보고서에는 없다고 쓸 수 있는지 모를 일이다. 이는 사
실의 왜곡이자 증거의 누락을 넘어 은폐에 가깝다. 아니면 보려고 하지
않았거나. 이것이 좌초의 증거라 단정할 수는 없지만 합조단이 자신들
의 결론에 부합하는 증거는 과대 포장하는 반면 설명이 안 되거나 그 결
론에 반하는 증거를 이렇게 허위, 누락, 은폐하는 것은 진실을 기록하는
자세가 아니다. 합조단 보고서에서 좌초의 가능성이 없다고 기술한 대
목은 다음과 같다.

〈손상지표〉
　─ 선저부 길이방향 찢김Cutting 현상 → 없음
　─ 길이방향으로 선체 긁힘 자국 → 없음
　─ 선저 최하부 부가물(소나돔, 프로펠러)손상 여부 → 없음
　─ 좌초로 볼 수 있는 파괴양식(큰 소성변형에 의한 파괴) → 없음
　─ 수심 및 암초에 따른 좌초 가능성 → 없음
　─ 징후, 경보, 증언 → 없음[195]

"천안함 선체 인양 후 선저에 대한 조사 결과 좌초로 인해 침몰되었다고
추정할 만한 선체 길이방향의 긁힘이나 찢김이 없었다. 또한 선저 최하부
에 위치한 소나돔 및 프로펠러도 … 보는 바와 같이 좌초에 따른 손상이 없
는 것으로 확인되었다. 오히려 좌초로는 발생하기 어려운 두 가지 선체 변
형 양상이 파손 부위에 나타났다 … 선저부 외판에는 … 볼 수 있듯이 보강
재 사이의 외판 패널에 심한 소성 처짐 변형Dishing이 발생하였음을 알 수 있

356

다. 이는 과도한 압력이 광범위하게 작용한 결과로서 좌초로는 발생할 수 없으며 충격파와 버블효과 작용의 근거로 보아야 한다. 중앙부 절단구역 선저 외판구조에서 함 내부로 큰 휨 현상이 발생하였다. … 함수 절단부 좌현 측 선저 외판은 함 외부에 원점을 둔 구면의 형태로 손상되었으며 … 가스터빈실 선체의 용골도 구형의 압력을 받아 활모양으로 심하게 변형되었다."[196]

손상지표 6가지 가운데 3가지는 사실과 전혀 다르거나 부합하지 않는다. 또한 1가지는 아직 속단할 수 없다. 1가지는 양쪽 주장이 엇갈린다. 우선 '선체 긁힘 자국이 없다는 것'은 있는 것으로 확인됐으므로 거짓이며, 프로펠러 손상 형태가 앞으로 휘어진 것이 너무나 자명하므로 거짓이고, 징후 경보 증언이 없다는 것은 '좌초됐다'는 천안함 포술장의 보고가 첫 보고였으므로 이 역시 거짓이라 할 수 있다. 다섯 번째인 수심 및 암초에 따른 좌초 가능성이 없다는 것은 천안함 함미 침몰 해역의 수심이 47m였다는 데 근거한 주장이다. 하지만 천안함이 저수심 지대로 가지 않았다는 것은 천안함의 항적이 투명하게 공개되지 않는 한 속단할 수 없다. KNTDS의 자료나 교신기록, 다른 초소가 촬영한 TOD 영상 등을 놓고 분석해봐야 한다. 하지만 국방부는 이 모두 공개하지 않았으며, 법정에서 피고와 변호인에게조차 제공하지 않았다. 첫 번째 손상지표인 '선저부 길이방향 찢김 현상'은 관찰되지 않지만 좌현 함안정기(스태빌라이저) 밑바닥이 가로 방향으로 찢어져 있다. 이를 두고 합조단을 비롯한 폭발론자들은 폭발 압력에 의한 디싱현상(소성처짐-프레임과 프레임 사이 철판이 접시처럼 휘어지는 것)이라고 주장한다. 하지만 좌초라고 주장하는 이들은 바닥을 긁어서 생긴 좌초의 증거라고 본다. 또한 가스터빈 외판의 용골과 길이방향 프레임(뼈대) 부분의 페인트가 모두 벗겨져 있고, 심하게 녹이 슬어 있는 점에 대해서도 좌초론자들은 바닥에 긁혔을 것이라고 추정한다. 반대로 합조단은 앞서 본 것처럼 폭발로 인한 디싱 현상이라고 주장하고 있다. 또 절단면의 끊어진 철판 단면을 보면 급격하게 힘이 작용해 파괴된 전단파괴나 취성파괴 현상이 나타나므로 이것이 폭발에 의한 증거라고 합조단이 주장하지만 반대로 합조단은 '폭발로 절단면이 일자 一 모양으로 반듯하게 끊어질 수 있느냐'는 반론에 제대로 된 설명을 하지 못한다.

함미 우현 프로펠러가 왜 앞으로 휘어졌을까

합조단과 국방부가 어뢰폭발이라고 주장하면서도 제대로 설명하지 못하는 결정적인 부분은 천안함 우현 프로펠러 손상의 이유이다. 왜 프로펠러 5개가 모두 앞쪽으로 나란히 휘어져 있는가. 폭발이 발생했다는데 프로펠러가 그것도 우측 프로펠러만 어떻게 앞으로 휘어지느냐는 말이다. 국방부는 그 이유에 대해 번복을 거듭했다. 바닥에 떨어져서 휘었다고 했다가, 갑작스런 엔진 정지에 의한 관성으로 휘었다고 했다가, 폭발로 프로펠러 축이 밀리면서 휘었다는 것이다. 시뮬레이션까지 동원해 이 같은 설명을 아무리 한다 해도 납득을 시키기 어렵다. 과학적 지식이 부족해서 이해 못하는 것이 아니라 '말이 안 되기' 때문이다. 아무리 빠르게 회전하다가 멈춘다고 날개가 앞쪽을 향해 순간적으로 휘어진다? 합조단은 적어도 프로펠러 손상의 이유에 대해서만은 말이 안 되는 주장을 계속 하고 있다. 합조단이 보고서에 쓴 프로펠러 손상에 대한 설명은 이렇다.

"우현 프로펠러 변형 분석 결과 좌초되었을 경우에는 프로펠러 날개가 파손되거나 전체에 걸쳐 긁힌 흔적이 있어야 하나 그러한 손상 없이 5개 날개가 함수방향으로 동일하게 굽어지는 변형이 발생하였다. 스웨덴 조사팀은 이와 같은 변형은 좌초로는 발생할 수 없고, 프로펠러의 급작스런 정지

358

와 추진축의 밀림 등에 따른 관성력에 의해 발생될 수 있는 것으로 분석하였다."[197]

이는 국회 특위뿐만 아니라 언론들조차 설명이 되지 않는다고 비판했다. 합조단이 중간조사결과 발표 이후 열린 국회 천안함 특위에서 최문순 당시 민주당 의원은 프로펠러의 의문을 강하게 제기했다.

"… 가장 설명이 안 되는 부분이 스크루입니다. 역으로 회전되어 있어요. 더 안쪽으로 들어와 있어요. 역회전을 하지 않으면 도저히 이렇게 될 방법이 없다고 전문가들한테 들었습니다. 어뢰로 무슨 수로 역회전, 거꾸로 돌려놓으실 수가 있으신지 모르겠습니다. 그다음에 좀 자세히 보시면 이 안에 여기 기름통을 받고 계십니다. 큰 드럼통에서 기름이 새고 있습니다. 오일실이라고 해서 이 안에 있는 기름통이 파괴된 겁니다. 강하게 역회전을 하면서 베어링이 다 녹고 해서 파괴돼서 지금도 기름이 새나오고 있습니다. … 자세히 보시면 여기에 따개비 붙었던 흔적들이 다 떨어져 있고, 한 3분의 1 지점까지 이렇게 모래가 가한 흔적이 있습니다. 그리고 이 안쪽은 따개비 붙은 흔적들이 있는데 그것이 치워졌는지 어떤지는 모르겠습니다. … 밖에서 타격을 가해서 부술 수 있는 게 아니고 안에서 파괴된 겁니다. 이게 보시다시피 이 안에 굉장히 두터운 쇠로 되어 있는데 이 안에가 파괴된 것은 고속회전·역회전으로만 파괴될 수밖에 없는 상황입니다. 이 안쪽에서는 그물도 많이 걸려 있고 그렇습니다. 이런 부분에 대해서 도저히 납득이 안 되는 부분들이 있어서 그 부분을 더 정교하게 설명하지 않으면 의혹이 해소되지 않을 것으로 저는 생각하고 있습니다."[198]

(2010년 5월 24일 국회 1차 천안함 특위, 최문순 당시 민주당 의원 발언 중에서)

이 같은 지적에 군측 합조단장도 오락가락하면서 분명한 답을 하지 못했다. 미국조사팀과 분석했을 때엔 '갑작그런 침수로 인해 그렇게 됐나' 했다가, 스웨덴 조사팀이 도착해 토의한 결과 관성에 의해 그렇다고 해서 의문이 풀렸다는 도저히 알아듣기 힘든 설명이었다. 천안함의 프로펠러는 스웨덴의 가메와 회사에서 제작했다고 한다. 아래는 박정이 국방부민군합동조사단장의 답변이다.

"프로펠러는 스웨덴의 가메와Kamewa 회사에서 만든 프로펠러입니다. 사실 저희들도 이 프로펠러를 보고 좌현에 있는 프로펠러와 우현의 프로펠러의 모양이 완전히 다르게 변형되어 있습니다. 좌현에 있는 프로펠러는 정상대로 그대로 멈춰 있고 우현에 있는 프로펠러는 완전히 안쪽으로 구부러져 있습니다. 그것이 뭘까 하는 것은 최초 저희들이 미국 조사팀들과 분석했을 때는 함수 부분인 디젤 엔진실이 갑자기 물로 침수되면서 아까 위원님들께서도 지적하셨듯이 약 3분여 만에 침수가 됐다, 이런 와중에서 프로펠러가 돌아가면서 안쪽으로 휜 것 아닌가 이렇게 생각을 했었는데, 스웨덴 전문조사팀이 도착을 했습니다. 그들로 하여금 여기서 요청을 해서 저희들이 분석한 결과는 좌측 프로펠러는 정상적으로 정지가 되면서 서서히 내려갔기 때문에 변형이 없었고, 우측 프로펠러는 엄청난 힘으로 돌아가다가 이것을 멈추게 하는 관성력에 의해서 갑자기 멈추다 보니까 이것이 안으로 완전히 휠 수밖에 없었다, 그때 제시된 수치가 프로펠러가 견딜 수 있는 힘이 400MPa(메가파스칼)로 제시가 됐고, 그러나 이게 갑작스럽게 정지할 때 프로펠러에 작동한 관성력은 700MPa이라고 그랬습니다. 그러다 보니까 이것이 그것을 견디지 못하고 바로 그렇게 안쪽으로 휘었다 하는 그런 결론을 내놔서 저희들이 전체 토의한 결과 그 결론으로 저희들이 받아들이면서 프로펠러의 어떤 의문점을 풀게 됐습니다. 사실 오늘 위원님들께도 설명드리고 하면서 제일 어려웠던 것들은 저희들이 이번 조사하면서도 똑같이 느꼈던 어려움이었습니다. … "[199]

(2010년 5월 24일 국회 1차 천안함 특위, 박정이 국방부민군합동조사단장 발언 중에서)

이런 허술한 답변 탓에 최문순 의원의 프로펠러 손상에 대한 날선 추궁에 합조단 측은 곤욕을 치렀다. 설명을 하는 것 자체가 어려웠기 때문이다. 이어진 최문순 의원과 윤덕용 합조단 민간 측 단장과의 질의답변 내용이다.

> ― 최문순 위원(당시 민주당 의원): "그것이 이렇게 휜 이유가, 그러니까 지금 휜 이유를 질문을 드리는데 휜 이유가 이게 막 돌아가다가 갑자기 섰기 때문에, 버블제트에 뻥 맞아서 동력이 끊겼기 때문에 갑자기 섰기 때문에 이렇게 안으로 휘었다 이런 답변 아닙니까?"
> = 이기식 합참 정보작전처장: "아, 그 휜 것에 대해서는 지금 제가 정확히 모르고, 여기 위원장님…"
> = 윤덕용 민군합동조사단장: "제가…"
> ― 최문순 위원: "질문의 핵심은 왜 휘었느냐 하는 겁니다."
> = 윤덕용 민군합동조사단장: "그때는 거기 디젤엔진이 있고 가스터빈이 있는데 디젤엔진만 작동하고 있었습니다. 디젤엔진만 운영하고 있었는데요, 디젤엔진은 기어박스하고 연결이 되어서 프로펠러에, 기어박스를 통해서 프로펠러로 연결이 되어 있습니다. 그런데 기어박스가 파손된 걸 보니까 기어박스가 한 10cm 정도 이렇게 밀려 있습니다. 그것은 폭발이 나면서 기어박스가 파손됐다는 걸 얘기하는데 그렇기 때문에 기어박스가 파손되면서 힘이 전달이 안 되니까 갑자기 선 겁니다, 프로펠러가요. 그런데 우측 것은 빨리 섰다고 지금 판단되기 때문에, … 더 변형이 많이 되어 있습니다, 거기에 붙었던 조개껍질 같은 게 오른쪽 게 거의 다 날아갔습니다. 떨어졌습니다. 그건 갑자기 빨리 섰기 때문에 조개

껍질도 떨어졌고요. 좌측 것은 조금 더 서서히 섰기 때문에 변형 정도가 좀 우측에 비해서 덜합니다. 스웨덴 사람들이 그게 스웨덴 회사의 제품이기 때문에 프로펠러 합금의 특성을 잘 알고 있어서 그 데이터를 스웨덴에서 받아서 굉장히 정밀한 계산을 했습니다. 그렇게 힘을 받았을 때 갑자기 섰을 때, 이게 돌아가던 게 갑자기 섰을 때, 그러니까 좀 멀리 쪽에 있는, 그리고 얇은 쪽의 그런 프로펠러 부분이 휠 수가 있는가 그것을 계산을 했습니다."

— 최문순 위원: (사진을 들어 보이며) "제가 보기에는 여기에 '뺑' 맞아서 동력이 끊겼어요. 다 떨어지지 않았습니까? 여기 그림에 있지 않습니까? ⋯ 그러니까 동력이 끊겨서, 자동차가 가는데 엔진이 섰어요. 엔진이 서서 동력이 끊기면 그냥 가지, 가다가 서면 되는데 그게 다⋯"

= 윤덕용 민군합동조사단장: "이것은 순식간에 된 게 브레이크 밟는 정도면, 그보다 훨씬 빠른 속도로 이게 정지가 된 겁니다."

— 최문순 위원: "그때 당시에 6.7노트로 운행하고 있지 않았습니까? 6.7노트가 무슨 빠릅니까?"

= 윤덕용 민군합동조사단장: "프로펠러 도는 속도를 이분들이 다 계산했는데요."

— 최문순 위원: "계산 자료 주십시오."

= 윤덕용 민군합동조사단장: "예, 그거는 뭐, 그거는 제가 보기에는요, 어떤 기계공학도가 계산을 하더라도 그거는 그런 결론을 낼 수 있습니다."

— 최문순 위원: "그다음에 이 안에 지금 기름이 드럼통으로 받아낼 정도로 지금 많이 떨어지고 있습니다. 이 안에서 파손이 된 거예요. 그런데 이 기름은 이 안에 깊숙이 있어요. 베어링이 이렇게 있고 이게 돌아갈 수 있도록 아주 깊숙이 있는 부분이에요. 여기 기름이 차 있습니다. 이게 지금 터진 거예요. 그래서 이거는 무슨 버블제트나 뭐로 이렇게 되어 있는 게 아니고 안에서 이게 돌아가다가 베어링이 닳으면서 흘러서 밑으

로 내려오고 있는 겁니다. 버블제트로 좀 설명을 해봐 주십시오."

= 윤덕용 민군합동조사단장: "버블제트 효과는 결국 그 기어박스가 손상이, 기어박스가 지금 거의 파손된 가스터빈 거기하고, 그 근처에 있어서 기어박스가 10cm 밀릴 정도로 그때 순식간에 파손이 됐습니다, 기어박스가."

— 최문순 위원: "그러니까 동력이 끊긴 거 아닙니까? 복잡하게 얘기하지 마시고, 이게 그게 떨어져서 동력이 끊긴 거지요? 엔진이 선 겁니다. 그 나머지 크랭크라든가 이런 게 그냥 굴러가는 거지요."

= 윤덕용 민군합동조사단장: "아니요, 이렇게 축이 연결이 되어 있기 때문에, 프로펠러에 연결이 되어 있기 때문에 축이 서버리면 프로펠러의 … 중심에서 먼 쪽은 관성이 있었기 때문에 그게 휜 겁니다."[200]

(2010년 5월 24일 1차 국회 천안함 특위 중에서)

프로펠러의 축이 서버리면 중심에서 먼 쪽의 프로펠러는 관성 때문에 휜 것이라는 설명이다. 빠른 속도로 돌고 있는 프로펠러가 폭발로 인해 기어박스가 파손되면서 10cm 뒤로 밀리면서 축도 뒤로 밀리고, 축과 이어져 있는 프로펠러는 돌다가 축에 의해 밀리면서 관성과 함께 앞쪽으로 휘어졌다는 것이다. 내가 이해하기로는 대략 이런 설명을 하려고 애를 쓴 것 같다. 하지만 폭발 힘이 아래서 위로 때렸을 텐데 축이 뒤로 밀렸다는 것도 잘 설명이 되지 않고, 축이 밀리면 두꺼운 프로펠러가 저렇게 엄청나게 앞쪽으로 휘어질 수 있을까 하는 의문을 낳는다.

국방부와 합조단이 최종조사결과 보고서를 발간하면서 개최한 기자 브리핑에서도 기자들로부터 많은 질문공세를 받았다.

— 김민석 당시 중앙일보 기자: "질문이 아니고 사실은 첫 번째 질문에 대한 답변이 충분치 않아서 다들 기사 쓸 수 없을 거예요. 왜냐하면 아까 (노

인식 충남대) 교수님 말씀이 왼쪽, 오른쪽 프로펠러 스크루의 휘어진 정
도가 달랐다고 했는데, 왼쪽보다 오른쪽이 더 많이 휘어지고 왼쪽 것은
덜 휘어지지 않았습니까? 그 차이에 대해 '힘이 빨리 빠져나갔다'고 설명
했는데, 이것을 다시 알기 쉽게 다시 설명해주시면 고맙겠습니다. 그렇
게 기사를 쓸 수 없어요."

= 합조단 관계자: "선체분과 ○○○ 대리입니다. 폭발이 발생한 위치가 아
까 설명드린 대로 좌현 쪽에서 발생했습니다. 그러면서 오른쪽으로 선
체가 약간 들린 형상이 나타나고 있습니다. 이렇게 되면서 상대적으로
우측에 있는 프로펠러는 압착이 되면서 급정지를 하게 된 상황이 쉽게
만들어졌고, 좌현 같은 경우에는 상대적으로 느슨하게 전개되면서 이러
한 현상이 발생한 것으로 추정하고 있습니다."[201]

(2010년 9월 13일 국방부 브리핑 질의응답 중에서)

기타, 사고 당일 MB도 좌초 가능성 보고?

이 밖에 좌초 가능성에 대해 사고 당일 이명박 당시 대통령에게도 보
고했던 것으로 나타났다. 김태영 장관은 지난 2010년 6월 11일 3차 국
회 천안함 특위에서 이같이 밝혔다.

− 윤상현 위원(당시 한나라당 의원): "그래서 대통령께도 이게, 물론 사건 당
일 날 청와대 지하벙커에 들어가셨을 때는 합참의 작전본부장으로부터
받으셨습니까, 좌초라는 걸? 좌초의 가능성에 대해서?"

= 김태영 국방부장관: "예, 그렇습니다."

− 윤상현 위원: "그 보고를 받고 들어가셨지 않았습니까?"

= 김태영 국방부장관: "예."

− 윤상현 위원: "그렇지만 이게 뭔가 이상하다, 어뢰피격의 가능성이 있
겠다라고 느꼈을 거고 그래서 관련자의 증언을 듣고 또 함미 인양 후에

'아, 이것도 있구나' 해서 대통령께 '그간에 이렇습니다'라고 보고를 했었
어야 할 것 같은 그런 느낌이 들거든요?"

= 김태영 국방부장관: "예, 지금 말씀하신 것처럼 그 당시에 여러 가지 사
안이 다 있을 수 있다라는 건 저희가 다 했습니다마는 계속 이게 진행이
되면서 지금 말씀드린 것처럼 서서히 어뢰 쪽으로의 심증이 굳어가고
있었습니다, 그 당시에. 지금 말씀드린 대로 특히 함미가 인양된 뒤부터
는. 그러나 그건 그런 식으로 우리가… 그렇지만 대통령께서 늘 강조하
신 게 정말 명확한… 또 특히 왜냐하면 이게 잘못하면 지방선거에 영향
을 줄 수도 있는 거기 때문에 이걸 괜히 북풍을 이용한다는 그런 소리 듣
고 싶지 않으니까 정확하게 하라, 그런 얘기를 저한테 여러 번 하셨습니
다. 그래서 저희는 이런 징후가 있는 것은 중간 중간에 다 보고가 됐습
니다마는 저희도 그때까지, 마지막 순간까지도 확실하게 어뢰라는 것은
저희가 나올 때까지는 말을 굉장히 조심해서 하고 있었습니다."[202]

(2010년 6월 11일 국회 3차 천안함 특위 중에서)

기타, 암초에 붙은 굴 껍데기 긁힌 흔적 천안함과 관련 있나
영화 〈천안함 프로젝트〉에서 집중 조명

천안함이 좌초됐을 가능성과 관련이 있는지 참고해볼 만한 자료는 백
령도 근해의 수중암초에 붙은 굴 껍데기가 뭉개져 있는 영상이다.[203] 지
난 2013년 전주 국제영화제에서 상영된 다큐영화 〈천안함 프로젝트〉에
서 처음 공개된 장면이다. 영화에서는 불과 30초도 채 되지 않지만, 해저
에 수심 4.6m까지 돌출된 암초의 일부분에 붙어 있는 굴 껍데기 상당량
이 벗겨진 흔적은 무언가가 긁고 지나간 듯한 추정을 가능케 한다.

선박 전문가들은 수심 4.6m의 해저 지형에 스크래치를 내는 것은 일
반 어선으로는 불가능하다는 견해를 내놓았다. 적어도 1000톤급 이상
의 대형 선박이나 흘수선(물에 잠기는 선)이 깊은 첨저선, 대형 군함이어

야 가능하다는 추정이다. 천안함은 1200톤급 대잠 초계함이며 흘수선은 3m(2.88m) 가량이다. 4.6m 수심은 천안함 정도의 군함에겐 부딪힐 여지가 전혀 없진 않다는 분석도 있다.

이 같은 영상은 지난 2010년 6월 국회 천안함 특위 소속 최문순 민주당 의원과 이종인 알파잠수기술공사가 백령도 사고 해역을 탐사하는 과정에서 촬영됐다. 이 영상 속의 수중암초는 천안함 사고 직후를 관측했던 247초소의 백령도 초병(박일석, 김승창)의 진술서에 따라 247초소로부터 방위각 170도 방향의 1.8km 지점에 있는 바위로, 그 연결 부위의 일부가 간조 때 수면 위로 돌출되기도 한다고 이 대표는 설명했다. 해안에서 약 20m밖에 떨어져 있지 않아 근해에 있다.

이 같은 암초 충돌 정황이 입증되려면 이 암초의 스크래치를 천안함이 낸 것인지, 그렇다면 천안함이 경계활동 중 야간에 이 암초가 있는 백령도 근해까지 온 것인지, 시간은 언제인지, 천안함 항적에는 이 같은 기록이 있는지 등이 함께 밝혀져야 한다. 이 암초지대는 사고 해역(백령도 연화리 초소로부터 서방 2.5km)과도 2km가량 떨어진 곳이다. 군은 사고 해역에는 암초가 없다며 여러 차례 좌초설을 부인해왔다.

"좌초로 군함을 절단할 수 있나" "작전구역에 암초 없다, 어디서 좌초됐다는 거냐"

좌초 가능성은 사건 직후부터 지속적으로 제기된 가설이다. 최초 보고의 내용, 유가족에 보여준 작전상황도에 지목한 위치, 최초 좌초라는 표기, 천안함-2함대사령부-해군작전사령부-합참-청와대 등 모든 군 계선라인에 전달된 좌초 보고, 선저 스크래치, 함미 우현 프로펠러 손상, 가스터빈 파공 등과 정황은 좌초 가능성을 뒷받침한다.

하지만 천안함이 정말 좌초됐거나 저수심 해저를 긁기라도 했다면, 최소한 백령도 근해로 접근한 기록으로 뒷받침돼야 한다. 아니면 돌출된 수중암초가 있는 곳을 파악해 천안함이 침몰 직전에 그곳을 지나쳤다는 증거가 있어야 한다. 그렇지 않고서는 여러 정황은 여전히 정황일 뿐 결정적 증거가 되기 어렵다. 이 때문에 천안함의 움직임과 천안함 내부와 함대 등과 이뤄졌던 교신 내역을 파악하는 것이 반드시 선행돼야 한다.

또한 어뢰폭발이라는 천안함 침몰 원인 발표 내용에 의문을 가진 이들 가운데서도 천안함이 과연 암초에 부딪혔다고 두 동강 날 수 있느냐고 의심하는 이가 많다. 선체 절단면의 말아 올라간 손상 상태가 좌초로 저렇게 나타날 수 있겠느냐는 것이다. 더구나 군함이 암초에 얹혔다고 저리 쉬 부러질 수 있느냐는 것이다. 김태영 당시 국방부장관은 국회 답변에서 '우리 군에서는 실제로 두 동강 난 사례는 없다'고 말했다. 다만 배가 좌초로 부러진 경우는 적잖은 사례가 있다.

천안함과 같은 손상 상태를 좌초로 완벽하게 설명하기에 한계가 있다는 것만큼은 부정할 수 없다. 그러니 이렇게 불확실한 의문을 해소하는 길은 조사를 치밀하고 투명하게 다시 하는 것뿐이다.

폭발도 좌초도 아니면 남은 건 충돌 뿐…뭐에 부딪혔다는 건가

천안함 침몰 원인이 어뢰 또는 기뢰 폭발도 아니고, 피로파괴와 좌초도 아니라면 남은 것은 다른 선박과의 충돌뿐이다. 천안함 선체의 손상 상태가 함수와 함미 절단면 좌현 쪽이 휘어 올라간 것이 폭발로 인해 구 형태의 가스버블과 워터제트가 충격을 가해서 그렇다는 것이 합조단의 주장이다. 하지만 앞이 둥근 무언가에 부딪혀서라고 주장해도 적어도 손상 상태의 원인의 측면에서만 보자면 합조단의 주장을 대체할 수 있다. 합조단은 끊어진 철판 단면이 순간적으로 끊어졌다고 하는데, 폭발이 아닌 빠른 기동을 하는 대형 선박이 밀고 들어갈 경우 철판이 순간적으로 끊어질 수 있다고 설정해볼 수 있다. 힘의 전달과정을 단순하게 가

정해서 생각해본 것이라 많은 요인을 더 따져봐야 할 것이다. 말하자면 그렇다는 것이다.

하지만 실제로 정밀한 계산을 통해 113m 길이의 대형 잠수함이 천안함과 충돌했을 수 있다는 연구논문이 국제학술지에 실리기도 했다. 물론 이 역시도 보강해야 할 것이 많다.

문제는 천안함에 부딪힌 그 무엇인가가 있어야 이 모든 것이 가능한 얘기들이다. 한마디로 잠수함 충돌설 또는 선박 충돌설은 눈에 잡히는 증거가 너무 없다. 반대로 여타 정보가 전혀 공개되지 않아서 그런 것 아니냐는 의심이 큰 가설이기도 하다. 그날 사고 직전까지 한미합동훈련이 서해상에서 펼쳐지고 있었다. 미국의 핵잠수함과 우리 군의 잠수함도 훈련에 참가했다. 대잠수함 훈련인 독수리훈련(포이글)도 실시됐다. 하지만 그래서 어쨌다는 거냐는 반문에는 분명한 증거를 대기가 영 쉽지 않다. 자칫하면 미군 잠수함을 끌어들이려는 불순한 목적을 가진 이상한 취급을 받기 일쑤다.

그래도 이 가설은 검증하지 않을 수 없다. 함수 부표, 함미 부표, 그리고 제3의 부표가 있었다는 의혹이 아직도 해소되지 않고 있다. 물론 이를 보도한 언론에 대해 국방부와 해군 등은 오보라고 펄쩍 뛰었다. 그 아래 무슨 구조물이 있었기에 제3의 부표를 설치한 것이냐는 의문이다. 그것이 일종의 잠수함 구조물이 있을 것이라는 추측이다. 이것이 추측에 불과하다 해도 그냥 넘어갈 수는 없다. KBS라는 한국의 대표 공영방송이 메인뉴스에 보도한 내용이고, 당시 취재원(UDT동지회 회원)이 설명한 녹취록이 법정에 제출될 정도로 법적 진실다툼도 치열하게 벌어진 소재이기 때문이다.

2010년 4월 3일 데릭 피터슨 미 7함대 소령은 미 언론과 인터뷰에서 "한국과 미국이 함께하는 규칙적인 훈련 중에 일어난 일입니다. 한국 정부와 해군이 구조와 수색 등에 대해 도움을 요청했습니다"고 말했다고

MBN이 그해 4월 4일 보도했다. 또한 대잠수함 훈련이 3월 25일 오후 10시에 시작해 다음 날 오후 9시에 종결됐으며, 주한미군 대변인 제인 크레이튼 대령은 "이 훈련은 천안함 폭발 때문에 중단됐다"고 말했다고 AP통신이 보도한 적도 있다. 이에 대해 합참은 "최하 170km 이상 이격된 서해 태안반도에서 실시됐으나 17시(오후 5시) 이전에 종료돼 시간상 거리상 천안함 사건과 무관하다"고 반박했다.

제3의 부표 논쟁

천안함이 잠수함에 충돌했을지도 모른다는 의심을 부른 결정적인 계기는 KBS의 첫 보도였다. 이른바 '제3의 부표'에서 고 한주호 준위가 작업하다 숨졌다는 내용이다. KBS는 지난 2010년 4월 7일 〈뉴스9〉 단독 보도 "'다른 곳에서 숨졌다'"에서 "한 준위가 당초 군 당국이 발표한 곳과 다른 제3의 지점에서 숨졌다는 증언이 새롭게 나왔다"며 "실제로 고 한주호 준위는 이곳 함수가 아닌 다른 곳에서 수색작업을 하다 의식을 잃었다는 증언이 나왔다"고 보도했다.

한 준위는 백령도와 대청도 사이의 함수로부터 1.8km, 함미로부터 6km 떨어진 곳인 함수(부표)도 함미(부표)도 아닌 '제3의 부표'가 있는 곳에서 숨졌다고 KBS는 분석했다. KBS는 그 위치로 함수로부터 북서쪽 해상, 용트림 바위 바로 앞 빨간색 부표가 설치된 곳을 지목했다.

KBS는 한 준위와 함께 수색작업에 참여했던 UDT동지회의 한 관계자가 KBS에 한 준위의 사망 지점을 '용트림 바위 바로 앞에 있는 부표'라고 확인해줬으며, UDT동지회가 이 부표가 설치된 곳에서 한 준위의 추모제를 지낸 것 등을 근거로 제시했다. KBS는 "고 한 준위가 사망한 지점이 군의 발표와 달리 용트림 바위 앞바다라면 과연 한 준위의 정확한 임무는 무엇이었는지 군의 설명이 필요해 보인다"고 주장했다.

이에 대해 군은 크게 반발했다. 국방부는 "명백한 오보"라고 반박했다. 보도 다음 날 있었던 국방부의 천안함 관련 정례 기자브리핑에서 원태제 대변인은 전혀 사실이 아니라고 밝혔다.

"어제 방송에서 의문의 제3의 부표가 있다 하는 그런 장소에서 제3의 장소에서 한주호 준위가 임무를 수행했다고 하는 보도가 나왔는데 전혀 사실이 아닙니다. 그것은 또 그 장소에서 함께 구조활동을 벌인 다수의 동료들이나 이런 사람들에 대해서 굉장히 명예롭지 못하게 여겨질 수 있는 사항이기 때문에 그런 부분은 확인한 후에 해주시기 바랍니다. 특히 어제의 경우에 방송에서 보도된 제3의 부표 그 지역은 잠수가 이뤄진 지역이 아닙니다. 또 거기에 대해서도 이미 보도 전에 입장들을 내었고, 또 해당 기자가 마침 저한테 전화했었습니다. 핸드폰으로, 그래서 제가 아니라고 설명해줬는데도 일방적으로 그렇게 보도된 데에 대해서 상당히 유감스럽게 생각합니다. 한 준위나 관계된 분들에게 가슴 아파하는 일이라고 생각합니다. 이것은 또 특히 이번 사건과 관련해서는 초기부터 국민들의 많은 오해가 이런 부정확한 사실들이 유포되면서 기인한 점을 고려할 때 이런 보도가 자꾸 마무리되어 가는 이 과정에서 군과 국민 사이의 불신을, 갈등을 불러일으키는 그런 결과가 초래될 것을 우려하고 있습니다. 다시 한 번 협조를 당부드립니다."[204]　　　　　　　　(2010년 4월 8일 국방부 기자 정례브리핑 중에서)

원 대변인은 "이곳에서는 잠수가 이뤄지지 않았다"고 강조했다. 브리핑 후 이어진 질의응답에서는 '확인되지 않은 구조물을 해치를 열고 발견했다'는 얘기가 있다는 질문도 나왔다.

― 기자: "제3의 부표와 관련해서 정확히 지금 부표가 인근 해역에 몇 개나 있는 것인지, 그것을 정확히 밝혀주실 수 있으면 밝혀주시고요. 제3의 부표라고 저희가 명명했었던 밑에 확인되지 않은 구조물을 해치를 열고

발견했다는 얘기가 있거든요. 제3의 부표라고 지금 명명되어 있는 밑에 가 잠수요원들이 들어가서 확인한 것이 있는지 정확히 밝혀주시기 바랍니다."

= 국방부 관계자: "제3의 부표가 아니라 '참조 부표'입니다. 함수 부분을 첫날부터 故 한주호 준위를 첫날 1회, 다음 날 2회, 그다음 날 잠수 중에 상태가 안 좋아져서 빨리 빠져나왔고, 살보함으로 이동하여 취조 중 사망했습니다. 참조부표라고 해서 함수 선체에 위치하는 1.8km로 되어 있습니다. 거기서는 잠수를 한 적이 없습니다."[205]

제3의 부표와 관련한 의문은 국회에서도 제기됐다. KBS가 촬영한 헬기 이동 장면을 보면 뭔가를 건져 올리고 있는 모습이 나온다. 이를 두고 국방부장관이 자료화면이라고 답했으나 확인 결과 KBS가 직접 찍은 화면으로 드러났다며 국방부가 비판을 받기도 했다. 다음은 박영선 당시 민주당 의원이 지난 5월 24일 국회 1차 천안함 특위에서 김태영 장관을 상대로 한 질의답변이다.

— 박영선 위원(당시 민주당 의원): "또 질문이 있습니다. (자료를 들어 보이며) 4월 7일 KBS 9시 뉴스 보도입니다. 헬기가 뭔가를 건져 올리는 이 화면에 대해서도 제가 질의했습니다. 장관님께서 그날 이렇게 답변하셨습니다. '이것은 KBS 자료 화면이었다고 KBS가 사과했습니다.' 그래서 제가 KBS의 이 화면을 찍은 기자한테 직접 문의했습니다, '긴 이야기는 드릴 수 없지만 그것은 저희가 직접 찍은 화면입니다.' 상식적으로 KBS가 우리나라를 대표하는 공영방송입니다. 공영방송이 자료 화면을 가지고 톱뉴스로 보도합니까? 그것은 아니지 않습니까? 저는 장관님의 답변을 신뢰하고 싶습니다. 그러나 제가 방송기자 출신입니다. 제 상식에 도저히 이것은 좀 이상하다 싶어서 제가 전화 걸어서 물어봤습니다. 직접 찍은

화면이라는 답변을 얻었습니다."

= 김태영 국방부장관: "제가 알고 있기로는 그것은 자료화면으로 제가 그 때 보고를 받았는데 필요하다면 다시 한 번 검토를 하겠습니다."

− 박영선 위원: "장관님, 지금 저희가 전쟁을 할 것이냐, 말 것이냐 이런 것을 결정해야 되는 굉장히 중요한 시점에 와 있습니다. 그런데 이런 자료화면도 보고를 다시 받아야겠다. … 국민들이 의혹을 갖고 생각하는 부분에 대해서는 천안함 특위를 통해서 깨끗하게 의혹을 해소해주셔야 됩니다."206

이날 특위 종료 후 약 보름 뒤 열린 3차 천안함 특위에서는 아예 김태영 장관의 주장이 거짓으로 드러났다는 지적이 나왔다. 박영선 의원은 김 장관을 상대로 사과를 받아냈다.

− 박영선 위원(당시 민주당 의원): "그다음에 KBS 보도 자료화면이라고 저한테 자신 있게 얘기하셨지요? 아닌 걸로 확인됐지요?"

= 김태영 국방부장관: "예."

− 박영선 위원: "사과하십시오."

= 김태영 국방부장관: "죄송합니다."

− 박영선 위원: "그렇게 장관님이 국회에 나오셔 가지고 엉터리로 답변하신 게 지금 한두 가지가 아닙니다. 아주 저한테 딱 정면으로 얘기하셨잖아요? 자료화면인데, 그런데 지금 다 조사한 결과 어떻게 됐습니까? 자료화면이 아닙니다."

= 김태영 국방부장관: "예, 알고 있습니다."207

(2010년 6월 11일 국회 3차 천안함 특위 중에서)

제3의 부표와 잠수함 충돌설의 상관성?

제3의 부표 논쟁은 함수 부표도 아니고 함미 부표도 아닌 제3의 부표 아래에 잠수함이 있지 않았겠느냐는 추측을 낳기 때문에 인터넷 등에서는 가장 뜨거운 이슈였다. 합조단 민간위원이었던 신상철 《서프라이즈》 대표가 군 장성 등에게 명예훼손 고소를 당한 사유 중에는 그가 좌초 후 충돌을 주장한 것도 들어 있다.

신 대표는 법정에서 제3의 부표와 잠수함충돌설에 대한 상관관계를 주장하는 의견서를 제출하기도 했다. 그는 2015년 7월 1일 자신의 명예훼손 재판부인 서울중앙지법 형사36부(재판장 이홍권 부장판사)에 당시 KBS 사회팀장과 황현택 기자의 방송통신위원회 증언과 법정 제출 서면 증언 등을 담아 의견서를 제출했다.[208]

이헌규 전 UDT동지회장이 한 달 전 해당 법정에서의 증언과 KBS 취재팀이 5년 전 취재 당시 녹취록 등에 따르면, UDT동지회원들은 고 한 주호 준위가 사망한 2010년 3월 30일 이튿날 철수했다가 4월 2일 다시 백령도로 와서 3일 오전 10시 백령도 용트림 전망대에서 한 준위 추모제를 열었다. 이곳에서 그들은 용트림 전망대에서 바로 보이는 이른바 '제3의 부표'를 바라보며 "부표 설치한 곳을 바라보며 추도사를 낭독하겠습니다"(실제 방송 육성)라고 읽었다.

문제는 이곳이 함수(백령도와 대청도 사이-'제1부표')와 함미(용트림 전망대에서 바라본 우측 능선 지점-'제2부표')의 중간 지점이자 용트림 바위에 가까운 지점이었다는 점이다. 실제로 이들이 철수한 뒤인 4월 5일 함미와 함수를 인양하기 위해 투입된 해상크레인의 위치는 함수와 함미 침몰 지점으로, UDT동지회가 제3의 부표라고 지목한 곳에는 해상크레인이 들어서지 않았다는 것이다.

UDT동지회원들은 한 준위가 작업하다가 숨진 곳이 '함수 침몰 지점'이라 주장해왔지만 이들이 지목한 실제 위치는 함수와 함미 침몰 지점

사이(용트림 전망대 바로 앞 지점)인 '제3의 부표'였다. 이들은 함수와 함미 인양을 위한 해상크레인이 현지에 도착하기 전에 작업을 했기 때문에 함수와 함미의 정확한 위치를 알 수 없었으며, 이들이 제3의 부표 지점을 함수 위치라고 지목한 것은 고 한주호 준위가 그렇게 알려줬기 때문이라고 법정에서 증언했다. 이들을 취재했던 황현택 KBS 기자는 법정에 제출한 서면 증언에서 함수와 함미 위치에 대해 "용트림 전망대에서 육안으로 식별이 불가능하며 망원렌즈를 통해야 가능한 수준"이라고 밝혔다.

신상철 대표는 의견서에서 "문제는 한주호 준위가 왜 제3의 부표가 설치된 그곳을 함수라고 사실과 다르게 말했느냐인데, 그것은 역설적으로 한주호 준위가 진실을 말하지 못할 특별한 사정이 있었다고밖에 해석할 여지가 없다"고 주장했다.

이와 관련해 KB는 이 제3부표 취재를 하게 된 계기에 당시 설명한 적이 있다. 박승규 당시 KBS 사회팀장은 2010년 5월 4일 방송통신심의위원회 9차 회의에 출석해 "추모제를 용트림 바위에서 UDT동지회가 가졌는데, 용트림 바위 앞에 약 2km 정도 떨어진 빨간 부표가 있는 곳에서 '저기가 고 한주호 준위가 순직한 곳'이라면서 추모제를 지냈으며, UDT 동지회 회원들이 '저 부표가 한 준위가 발견해서 설치한 것'이라고 한 얘기를 우리가 녹취를 했다"며 "그때 기자들이 조금 의문을 가졌다"고 설명했다. 박 팀장은 "4월 5일 크레인이 들어와 함미의 위치와 함수의 위치 두 곳에 설치됐는데 UDT동지회원들이 이야기하는 용트림 바위 앞 부표가 설치된 곳에는 크레인이 안 왔다"며 "그래서 기자들이 추모제를 지낸 UDT 회원들을 상대로 '고 한주호 준위 사망한 곳이 저기이고, 함수의 위치가 있는 곳은 크레인 위치가 있는 곳과 다르다, 도대체 어떻게 된 것이냐'고 (취재)하는 과정에서 녹취한 이야기를 들어보니 UDT 회원들은 용트림 바위 앞에 있는 부표 위치를 아마 함수 위치로 알고 진술을 했던 것 같다"고 밝혔다.

당시 박 팀장은 "현장에 작업을 했던 UDT동지회원들은 '제3의 부표'가 고 한주호 준위가 작업하고, 사망한 지점인 곳이고, 거기에는 구조물이 있는 것 같다는 의문을 제기하는 리포트를 하게 된 과정"이라고 증언했다.

그 회의에서 함께 출석한 황현택 KBS 기자는 "(추모제를 지낸 지) 이틀 있다 크레인이 들어오고 나서, 크레인이 들어왔을 때 UDT동지회원 분들은 이미 백령도를 떠났다"며 "'크레인이 왜 저희가 본 적이 없는, 기존에 함수라고 생각하지 않은 지점에 들어와 있을까?'라는 합리적 의심이 생긴 것"이라고 증언했다. 황 기자는 "실제로 본인이 직접 들어가서 함수를 봤다고 하는 분들한테 전화를 해 저한테 화를 낼 정도로 확인과 확인을 거듭해 보도하게 된 것"이라고 밝혔다. 황 기자는 "제가 보기에도 백령도 앞에 있는 부표와 군이 발표한, 함수로 확인된 위치에 서 있는 부표와는 한눈에 보기에도 차이가 많이 나는 곳이었다"고 덧붙였다.

이와 함께 신상철 대표는 의견서에서 증인 채택 4년 만인 2015년 6월 22일 법정에 출석한 이헌규 전 UDT동지회장의 증언에 큰 의미를 부여했다. 이 전 회장은 당시 자신이 구조작업을 위해 바닷속에 들어가 연 해치의 생김새에 대해 신 대표가 제시한 잠수함 해치 가운데 하나를 선택했다. 해치 모양은 모두 둥근 형태였다. 이 전 회장은 두 팔 벌려 한 바퀴 돌만한 좁은 공간이었다고 법정에서 증언했다. 그러나 검사와 재판장이 재차 확인 질문을 하자 둥근 모양인지는 모르겠다고 번복했다.

신 대표는 "천안함 좌현 출입구에는 둥근 해치로 출입할 곳이 존재하지 않는다"며 "천안함은 우현으로 90도 누워 있었으므로 좌현 선실 쪽 출입구가 유일한 통로였으며 모두 대형 사각 해치였다"고 설명했다.

KBS는 당시 뉴스에서 제3의 부표 장소에 대해 "이곳은 어제 해군이 길이 2미터의 파편 2개를 건져 올린 곳이기도 하다"며 "이 파편을 실은 해군 헬기는 백령도나 인근 바다에 떠 있는 독도함이 아닌 남쪽 어딘가로 사라졌다"고 보도했다.

신 대표는 의견서에서 "제3의 부표와 관련된 일련의 작업은 천안함 사고 원인 규명에 있어 대단히 중요한 위치를 점하고 있다"며 "그럼에도 제3의 부표 하부에 또 다른 가라앉은 구조물의 존재 여부, 예비역 UDT 대원의 증언, 미 해군의 이해할 수 없는 작업 등 그 어느 하나도 국방부에서 공식 발표하고 해명한 내용과 일치하는 것이 없다"며 "의구심이 가는 모든 관련자에 대해 신문이 이뤄져 진실이 펼쳐질 수 있도록 헤아려 달라"고 촉구했다.

천안함 정부 발표에 해외파 학자로서 의혹을 가장 적극적으로 해온 서재정 일본 국제기독교대 교수(전 미국 존스홉킨스 대학교 교수)가 신 대표의 공판에 증인으로 나와 잠수함 충돌 가설에 대한 견해를 밝히기도 했다.

서 교수는 2015년 7월 22일 서울중앙지법 형사36부(재판장 이흥권 부장판사) 주재 신상철 대표의 천안함 관련 명예훼손 재판에 출석해 충돌설을 소개했다. 그는 "함미 우현 쪽이 무엇인가에 의해 찢긴 상태에서 깊게 밀려서 찌그러진 모양을 보여주며, 함미 전체 길이에 비춰봤을 때 3미터 정도"라며 "천안함 우측에서 볼 때 가스터빈과 연돌 가운데를 무언가 강한 힘이 밀고 들어가 선체의 우현 부분이 찢어지면서 위에서 아래로 깊게 접혔다"고 설명했다. 그는 천안함이 엄밀히 함수, 함미, 연돌, 가스터빈실로 네 동강 났다는 점을 들어 "네 동강을 내게 한 커다란 구멍을 낼만 한 물체가 무엇이었겠느냐를 찾는 것이 하나의 고리가 될 것"이라며 "그 손상부위 길이가 7.2m 정도 되는데, 이 물체가 강하게 천안함과 충돌하면서 이런 현상을 나타낸 것 아니겠느냐"라고 주장했다. 그는 "어디까지나 가설이지만 검증이 필요하다고 본다"고 덧붙였다.

그는 이어 이런 손상을 낼 물체에 대해 "선박이거나 잠수함일 수밖에 없는데, 선박의 경우 함체 가운데 보다 앞부분이 뾰족하기 때문에 위에서 밑으로 파단형태가 나타내기 때문에 아니다"라며 "둥그런 물질이 옆에서 밀고 들어온 손상을 낼 물질은 잠수함밖에 없지 않겠는가"라고 주장했다.

수중폭발은 공중폭발처럼 고막파열이 생긴다고 보기 어렵지 않느냐는 검찰 신문에 서 교수는 "공중폭발과 수중폭발은 기본적으로 같은 현상"이라며 "물속에서 TNT 6m 떨어진 지점에 있었다면 천안함에서 받는 충격이 그만큼 전달되며, 그렇게 될 경우 선체가 찌그러져야 한다는 것"이라고 답변했다.

잠수함 충돌설, 발견된 잠수함이 없다는 게 가설의 한계

잠수함 충돌설을 설명하는 글은 종류가 많고, 대체로 사람들의 관심을 자극하는 내용들이다. 문제는 어떤 가설을 세우든 이를 뒷받침하는 기둥이 있어야 한다. 그러나 잠수함 충돌설, 아니 충돌설 자체의 맹점은 천안함에 부딪혔다는 '선박(또는 잠수함)'이 없다는 점이다.

KBS가 보도한 제3의 부표 지점에 어떤 구조물이 있었는지 최소한 어군탐지기로라도 촬영했거나 확인한 내용이 있어야 잠수함이든 선박이든 다음 얘기를 이어갈 수 있다. 그러나 그것이 없다. 증거가 없는 상태에서 하는 얘기는 아무리 그럴듯해도 진실로 이어가기엔 한계가 너무 크다.

잠수함 충돌설을 더 논의하려면 천안함의 항적뿐 아니라 한미합동훈련에 대한 군사정보가 더 확보돼야 한다. 이런 점에서 천안함 진실 규명을 위해서는 투명한 정보 공개가 더욱 절실하다.

'육하원칙의 의문' 마무리

지금까지 천안함 침몰 사건에 대해 언제(시간의 의문), 어디서(장소의 의문), 누가·어떻게(어뢰의 의문), 왜(북한 소행 및 다른 원인 가설의 검증)라는 육하원칙에 의거해 의문점들을 재구성해봤다. 보기에 따라 긴 기록이라도 정확한 확인을 위해 그대로 인용하기도 했다. 대부분 공식적이고 공개적인 장소에서 책임 있는 위치에 있는 이들이 했던 발언이나 자료, 기록이기 때문이다. 이는 숨기거나 지울 수가 없다. 정부 당국자, 국방부장관, 국방부 대변인, 합참 정보작전처장, 국회의원, 기자 등 사건 직후 진실 규명에 나섰던 주요 인사의 발언록이나 보도물은 7년이 된 지금도 그대로 남아 있다. 천안함의 책임자, 생존자 등 핵심 당사자들, 목격자들, 사후 원인을 조사한 합동조사단 구성원들의 진술과 증언도 소개했다. 이 역시 대체로 공개됐거나 공식적인 자료의 기록을 토대로 한 것이다.

이 같은 육하원칙의 관점에서 공식적인 기록들만 검토해 봐도 정부가 발표한 '북한 어뢰 공격에 의한 천안함 파괴설'은 국민을 충분히 설득하기 힘들 것이라 여겨진다. 그렇다면 다른 가설들, 즉 기뢰폭발, 피로파괴, 좌초, 충돌, 또는 좌초 후 충돌과 같은 가설은 설득력이 있을까. 이역시 필수적인 정보 부족 탓에 추측이나 짐작이 많다. 천안함 사건을 다시 조사해야 한다는 필요성을 제기하는 차원으로 보면 되겠다. 조사된내용의 부족과 증거 부재의 상태에서 다른 가설을 과도하게 주장하다보면 책임지기 힘든 말만 쌓일 뿐이다. 결국 의문의 방향은 정부 발표가맞는지를 검증하는 지점으로 돌아오게 된다.

4장 사건의 재구성에서 육하원칙의 구분을 통해 살펴본 정부 발표 내용은 앞뒤가 맞지 않거나, 자신들 스스로 분석을 뒤집는가 하면, 보고서안에서조차 엇갈리는 설명이 많았다. 국방부가 내놓은 설명으로는 성립되지 않는 반론도 곳곳에서 나타났다는 것을 알 수 있다.

그렇다고 북한 어뢰의 공격설이 터무니없는 거짓이나 날조라고 판단할 수도 없다. 박근혜 정부 말기에 논란을 일으키며 작성한 국정 국사교과서엔 천안함 사건을 북한에 의한 어뢰 폭침으로 기술해 넣었다. 앞서 2010년 당시 천안함 특위에서 조목조목 정부 발표를 따져 묻던 민주당, 현 더불어민주당은 지난 2012년 대선 직전 천안함 사건을 '폭침'으로 규정했고, 문재인 전 더불어민주당 대표 역시 대선 후보 시절 '폭침'이라 표현하고 넘어갔다. 지난 2015년 3월 천안함 침몰사건 5주기 때 문 전 대표는 '북한의 소행'이라고까지 규정했다. 제기된 의혹이 해소된 것이 없는데도 제1야당이 진실을 추적하다 만 것이다. 신상철 전 합조단 민간조사위원의 천안함 명예훼손 사건의 재판부는 지난 2016년 1월, 5년 6개월 만에 내린 판결에서 '북한 어뢰 공격'이라는 정부 발표를 그대로 인정했다. 행정부, 입법부뿐 아니라 사법부마저 천안함 사건의 의문에 대한 논의에 등을 돌리고 있는 것이 냉정한 현실이다.

그럼에도 천안함 재판은 아직 끝나지 않았다. 사건 직후부터 제기된 수많은 의문점이나 궁금증은 고스란히 천안함 재판으로 이어졌다. 재판에 출석한 증인의 증언과 증거 조사는 의문을 해소하기보다 의문의 근거를 법정을 통해 역사적 기록으로 남기는 계기가 됐다.

육하원칙의 관점에서 천안함 사건을 재구성하며 곳곳에 인용한 숱한 증인의 증언은 그런 점에서 의문을 보다 분명하고 정교하게 가다듬을 수 있는 기회를 마련해주었다. 4장에서 증인 신문과 답변 과정을 일부 기술하긴 했지만, 1심 재판만 5년 6개월을 끈 기나긴 재판과정에서 증인과 증거의 조사과정이 어떻게 이뤄졌는지를 천안함 사건 7주기를 맞이하면서 차분하게 돌아볼 필요가 있다. 다음 장에서는 지난 5년 6개월간의 공판 기록을 정리하면서 천안함 사건의 심층을 들여다보려 한다.

5

—

천안함
끝나지 않은 재판

실패로 끝난 천안함 북풍 선거

2010년 5월 20일 민군합동조사단이 천안함 사건의 침몰 원인에 대해 중간조사결과를 발표한 데 이어 9월 13일 최종조사결과 보고서 발간 브리핑을 한 이후로 언론의 관심이 줄어들기 시작했다. 합조단과 일부 언론은 어뢰추진체라는 증거물을 수거하고 그것이 북한제라는 것을 밝혀 사실상 더 규명할 것이 없다고 판단했다. 정부발 조사결과를 믿는 수밖에 없는 분위기가 조성됐다. 하지만 믿지 않는 사람도 적지 않았다.

정부가 '어뢰'와 '북한'을 들고 나오면서 너무 무리하게 끼워 맞춘 것 아니냐는 여론의 반감도 생겨났다. 이 때문에 정부가 천안함 침몰 원인에 대해 2010년 5월 20일 북한제 어뢰 CHT-02D의 비접촉 수중폭발이라고 발표하고, 나흘 뒤 대대적인 대북제재를 선언했지만 냉담한 반응을 낳았다. 6·2 지방선거 운동이 시작되자 '천안함 이슈'는 "전쟁이냐 평화냐"라는 어젠다가 돼 되레 유권자의 공감을 불러일으켰다. 이 표현이 과장됐다거나 정치적이라는 평가를 떠나 유례없는 해군 초계함 침몰사건의 진실 규명치고는 너무 부실했을 뿐 아니라 너무 성급하게 모든 책임을 '북한'에 떠넘기려는 인상이 짙었기 때문이다. 46명의 희생자를 낳은 대참사이자 1200톤급 군함이 파괴된 사건인 만큼 더 신중하게 접근했어야 한다는 것이다. 더구나 사고직후 초기만 해도 국방부와 청와대, 심지어 미국마저도 '북한의 특이동향이 없었다'고 했던 터였다. 제임스 스타인버그 당시 미국 국무부장관은 2010년 3월 30일 외신기자클럽 간담회에서 북한 개입 가능성에 대해 "사고에 제3자가 개입했다는 이야기를 들은 바 없다"며 "제가 아는 한, (북한의 개입이) 침몰의 원인이라고 믿거나 걱정할 이유가 없다"고 밝혔다. 원세훈 국정원장도 2010년 4월 6일 국회 정보위원회 전체회의에서 "이 사고를 전후해서 북한의 특이동향이 없었다"며 "현재로서는 북한의 연관성 유무를 단정할 수 없다"고 말했다고 한나라당 간사인 정진섭 의원이 전체회의 직후 브리핑에서 밝혔다고 《연

합뉴스》가 보도했다.[1]

국정원은 북한군 내부의 강경파가 소행일 가능성도 낮게 봤다. 원세훈 국가정보원장은 이날 "이런 정도 규모의 프로젝트는 김정일 국방위원장의 결재 없이 1개 부대의 사령관이 할 수 있는 일이 아니다"라며 "후계구도 정리와 김 위원장의 방중 준비, 화폐개혁에 따른 혼돈 등 북한 내부 상황을 감안할 때 김 위원장의 승인이 있었다고 보기 어렵다"고 말했다고 《한겨레》가 7일자 1면 머리기사에서 보도했다. 이 신문에 따르면, 원 원장은 북한군 내부의 강경파인 김격식 전 총참모장이 4군단장에 부임해 독자적인 도발을 감행했을 가능성을 두고서도 "김격식 사령관이 김 위원장의 측근이라 해도 독자적으로 그런 결정을 할 수는 없었을 것"이라고 말했다고 또 다른 정보위원이 말했다.[2]

그러던 국방부와 청와대가 5월 15일 어뢰 파편을 수거한 뒤 닷새 뒤 북한 어뢰 공격으로 발표하면서 입장을 바꾼 것이다. 일각에서는 함미(4월 15일)와 함수(4월 24일) 인양 후 선체 상태를 본 뒤부터 달라졌다고 주장했다. 하지만 천안함 선체 손상이 다른 요인에 의해서 생길 수 있다는 견해도 충분히 따져야 한다는 반론도 있었다. 또 건져 올렸다는 어뢰추진체가 천안함 아래서 터진 그 어뢰가 맞는지에 대해 제대로 검증할 시간도 없이 서둘러 발표했다는 지적도 샀다. 너무 조급했다는 것이다. 그러니 합조단의 북한 소행 발표는 다분히 '선거용이 아니냐'는 반감마저 불러일으켰다. 선거 결과 민주당이 서울, 수도권 등 주요 지역 광역단체장, 자치단체장을 휩쓴 것으로 나타났다. 정반대의 효과가 나온 것이다.

신상철 명예훼손 사건 5년 6개월 수십 명의 법정 증언 기록

이처럼 여론의 냉담한 반응에도 국방부와 검찰은 의문을 제기한 인사를 문제 삼았다. 좌초 및 충돌 가능성과 함께 부실한 구조의 책임을 물은 신상철 전 민군합동조사단 민간위원(서프라이즈 대표)에 대해 국방부장관, 해군참모총장, 국방부조사본부장 등 장성급 인사들이 허위사실유포에 의한 명예훼손 혐의로 검찰에 고소했다. 검찰은 2010년 8월 신 전 위원을 명예훼손 혐의로 불구속기소했다. 다른 의문을 제기했던 이들과 달리 검찰이 신 전 위원에 대해서는 형사재판에 회부함에 따라 그의 혐의를 법정에서 논의하게 됐다.

신 전 위원의 혐의는 정보통신망법상 허위사실 유포에 의한 명예훼손이었다. 통상 허위사실에 의한 명예훼손 사건은 우선적으로 문제가 된 피고(신상철) 주장의 진실성을 따진다. 진실에 비춰 허위여야 일단 '허위사실 유포'라 판단할 수 있기 때문이다. 그다음에 허위라는 사실을 피고가 알고 있었느냐를 따진다. 바로 '고의성'이다. 그다음은 허위인 줄 몰랐지만 사실이라 믿을 만한 상당한 이유가 있었는지를 따진다. '상당성'이다. 이를 따지기 위해서는 피고가 사실이라 믿기까지 얼마나 확인하려는 노력을 했느냐가 주요 심리 대상이다. 이런 요건의 충족이 선행돼야 명예훼손의 죄를 물을 수 있다. 이밖에 피고의 영향력이나 내용의 파급력을 따져 죄의 경중을 진단하기도 한다. 이는 일반적인 명예훼손 재판 과정에서 규명하는 필수 쟁점들이다.

신상철 전 위원 사건의 경우 핵심은 그가 주장한 내용의 진실성에 있다. 검찰이 기소한 것처럼 그가 주장한 것이 허위이려면, 신 전 위원의 주장과 달리 진실한 무엇이 분명히 있어야 한다. 그래야 그에 비춰 신상철의 주장을 허위라고 판단할 수 있기 때문이다. 그 진실하다는 것은 바로 민군 합동조사단의 발표내용이다. 북한제 어뢰가 천안함 아래서 폭발해 천안함을 두 동강 내고 46명을 수장시켰다는 정부의 결론이 움직일 수 없는 사실이라는 것이 전제가 돼야 한다. 그러나 합조단 발표는 보고서만 자세히 뜯어봐도 부실하기 짝이 없거나 허위(파공이 있는데도 없다고 기록), 왜곡(백령도 초병의 목격 지점과 목격 대상의 왜곡), 누락(선저의 긁힌 흔적 누락), 상호 불일치(충격파에 의한 손상 및 설명 불일치, 폭약량-수심-버블주기의 공식 적용 불일치) 등의 잘못된 기록이 곳곳에 드러난다. 국방부는 큰 틀에서, 수거한 어뢰가 결정적 증거이며 그 어뢰에서 나온 흡착물 등이 선체와 폭발실험에서도 동일하게 발견됐기 때문에 천안함 침몰 원인은 북한 어뢰폭발에 의한 것이 분명하다는 입장이다. 그 밖에 제기한 의문들은 그다지 중요한 것이 아니거나 잘 모르겠다고 넘어갔다. 하지만 북한 어뢰로 천안함 참사가 발생했다는 발표를 믿기 어렵다는 반론이 존재하고, 그러한 문제제기가 합리적 의심에 따른 것이라면 외면하고 지나칠 일이 아니다.

결국 재판부는 정부의 발표 내용을 처음부터 따져볼 수밖에 없었다. 천안함 재판이 명예훼손 사건 1심 선고가 이뤄지는 데에만 5년 6개월이나 흐른 이유는 피고 주장의 진실성, 즉 뒤집어 말하면 정부 발표의 진실성을 검증하기 위한 증인과 증거만 해도 방대한 양이었기 때문이다. 물론 정부 발표에 반하는 증언을 하길 꺼리는 증인이나 사건의 진상을 밝히는 데 도움이 될 주요 증인이 출석하려 하지 않는 것도 한 요인이었다. 서울중앙지법 형사36부(재판장 이홍권 부장판사)는 2016년 1월 25일 이 사건의 판결을 선고하면서 모두 47회 공판기일을 통해 천안함 승조원을 비롯해 군 관계자, 합조단 조사위원, 국내외 과학자, 구조 참여 민간인, 언론인 등 57명의 증인을 신문했으며, 방대한 분량의 각종 문건 서증조사를 진행했다고 자평했다. 천안함 선체 현장 검증도 두 차례 실시했으며 어뢰추진체도 직접 조사했다.

하지만 사법부는 5년 6개월의 재판 결과 사실상 정부의 손을 들어줬다. 이홍권 재판장(형사36부)은 지난 2016년 1월 25일 신 전 위원에게 징역 8월에 집행유예 2년을 선고했다. 신 전 위원의 글과 인터뷰 내용 등 검찰이 제기한 공소사실 34건 가운데 32건에 대해 재판부는 무죄를 선고했지만, 2건을 유죄로 판단했다. 해군이 구조를 고의로 지연했다는 표현의 문제, 김태영 장관이 천안함 선체의 증거를 인멸했다는 허위사실

표현의 문제 등이 유죄가 됐다. 좌초와 충돌 가능성을 제기한 주장의 경우 재판부가 죄를 묻지 않았다.

여기서 문제는 재판부가 '북한 어뢰에 의한 천안함 침몰'이라는 정부발표를 맞는다고 인정한 데 있다. 지난 5년 6개월간의 재판은 거의 정부발표가 맞느냐 틀리냐를 검증하기 위해 증인을 신문하고 증거조사를 했다고 해도 과언이 아니다. 재판부는 그 긴 조사와 검증 결과 정부의 진실성을 인정하는 것으로 결론을 냈다. 하지만 5년 6개월의 재판과정에서는 정부가 북한 어뢰로 결론 낸 것을 반박하거나 잘못된 발표였다는 반론이 결코 적지 않았다. 생존자 그 누구의 주장으로도 어뢰폭발임을 확신하긴 어려웠으며 폭발이 아닐 가능성을 의심할 여지가 오히려 많았다.

법정에 나온 증인들의 증언은 앞서 제기한 각종 의문을 더 분명하게 기록할 수 있는 계기가 됐다. 진실을 기록하는 데 있어 재판부의 판단이 꼭 진실에 부합한다고는 할 수 없다. 그런 의미에서 천안함 재판의 과정과 기록도 면밀히 검토돼야 한다. 부족한 부분은 다시 보강해야 하며, 서로 다른 증언이 있으면 무엇이 옳은지 검증해야 한다. 또한 현재 이 사건은 피고와 검찰 모두 항소하여 서울고법에서 항소심 재판이 진행 중이다. 이 재판이 어떻게 진행될지 알 수 없으나 올바른 판단을 하기 위해 1심 재판 과정을 복기할 필요가 있다고 본다.

천안함 사건 이후 지난 7년간 나는 천안함 사건 자체에 대한 취재뿐 아니라 '신상철 재판' 현장을 줄곧 취재해왔다. 법정 증언의 기록을 남기기 위해 내가 속한 매체인 《미디어오늘》에 거의 빠짐없이 기사를 썼다. 내가 보고 들은 방청 취재 내용과 추후 확보한 증인신문조서 등을 토대로 한 천안함 재판의 기록 요지를 시간 순으로 정리해봤다.

1. 해경501부함장 "천안함 좌초 연락받았다"

신상철 전 민군합동조사단 민간조사위원의 명예훼손 재판이 본격적으로 시작된 것은 처음 증인신문이 열린 2011년 8월 22일부터였다. 이날엔 사건 당시 해상크레인 섭외 등을 담당한 박규창 해군 군수참모부 수송과장(당시)과 천안함 승조원을 구조한 해경 501함의 유종철 부함장(경위)이 출석했다. 유 전 부함장은 구조함인 해경 501함의 출동과정, 신고접수 내용, 사고원인 통보 등 사건 직후 상황을 이해하는 데 필요한 주요 증인이었다. 우선 그는 출동과정에 대한 검사의 신문에 다음과 같이 답했다.

- 검사: "해경 501함은 해경 상황실로부터 천안함이 대청도 인근 해역에서 사고를 당하였다고 연락을 받거나 대청도 인근 해역으로 출동하라는 지시를 받은 사실이 있나요."
= 증인(유종철 501부함장): "대청도 인근 해역이라고 들은 바는 없고, 백령도 인근이라고 들었습니다."
- 검사: "해경 501함이 해경 상황실로부터 받은 천안함의 좌표는 천안함

침몰 지점이 맞았나요."

= 증인(유종철): "원래 해경 상황실로부터 백령 남서방 2마일(1마일 1852미터) 정도의 좌표를 받았던 것 같은데 그 좌표 지점과 증인이 실제로 가서 레이더 상으로 확인한 좌표와는 약간 차이가 있었습니다. 남쪽으로 1~2마일 정도 조금 떨어져 있어서 바로 그쪽으로 방향을 바꿨습니다."

— 검사: "도착한 시각은 언제인가요."

= 증인(유종철): "22시 15분경 천안함 인근 해역에 도착했고, 천안함과는 1마일에서 1.5마일 정도 떨어진 지점이었습니다"[3]

이어 변호인(이덕우 변호사)의 신문 내용이다.

— 변호인(이덕우 변호사): "동아일보의 2010년 3월 31일 인터넷 기사에 의하면, 그해 3월 26일 21시 33분경 증인의 501함과 1002함이 대청도 인근에 있다 인천해경으로부터 천안함에 대한 구조 지시를 받았다는데, 21시 33분이 구조요청을 처음 받은 시각인가요."

= 증인(유종철 501부함장): "예."

— 변호인: "무전 또는 팩스 등 구체적으로 어떤 방식으로 구조지시를 받았나요."

= 증인(유종철): "인천 해경 상황실 부실장으로부터 휴대전화로 지시를 받았습니다."

— 변호인: "501함은 구조지시를 받을 당시 대청도 어느 쪽에 있었나요."

= 증인(유종철): "대청도 남방 0.5마일 정도 지점에 있었을 것입니다."

— 변호인: "인천 해경 상황실 부실장으로부터 휴대전화로 좌표를 받았나요."

= 증인(유종철): "휴대전화상으로는 일단 어느 곳으로 가라는 연락을 받았고, 나중에 이동 중 전문으로 좌표를 받았습니다."

— 변호인: "휴대전화상으로 연락받은 그 지점에서 천안함 인근 1.5마일까

지 직선거리는 어느 정도였고, 시간은 얼마나 걸렸나요."

= 증인(유종철): "연락받은 지점에서 천안함 인근 침몰 지역까지 직선거리로 12마일 정도 됐던 것으로 기억하고 시간상으로는 21시 34분에 연락받고 21시 35분에 출발해 천안함 인근 사고 현장 1~1.5마일 현장까지 도착한 시점이 22시 15분이었습니다."

– 변호인: "상황실 부실장으로부터 휴대전화상으로 구조지시를 받으면서 천안함에 언제 어떤 사고가 발생했다는 연락을 받았나요."

= 증인(유종철): "해군 772함이 백령도 남서방향에서 사고가 났으니 '빨리 가서 인명구조 하라, 상세 사항은 추후 알려주겠다'라는 연락을 받았습니다."[4]

유 부함장은 천안함이 좌초됐다는 연락을 받았다고 증언했다.

– 변호인(김형태 변호사): "사건 당일 밤 천안함 사건이 발생하고 조금 후에 해경 최초 상황보고서에 '천안함 좌초 발생보고 통보'라는 상황보고서가 올라간 것을 알고 있나요."

= 증인(유종철 501부함장): "예."

– 변호인: "'천안함 좌초 발생보고'라는 것을 보고하면서 증인에게도 그 전이나 그 무렵에 사고 해역으로 가서 구조하라는 얘기가 나온 것이죠."

= 증인(유종철): "당시에는 '사고가 났으니 빨리 인명구조를 하라'는 말을 들었고, 나중에 전문으로 좌표를 받을 때 그때 상황실에서 좌초라는 연락을 받았습니다."

– 변호인: "좌초라는 것은 누가 어떤 근거로 해경에서 그런 보고를 한 것인가요."

= 증인(유종철): "이 상황보고서는 상황실에서 작성했는데 2함대인가 그쪽에서 받았을 것입니다."[5]

유 전 함장은 단순히 배의 침몰 상태 또는 모든 침몰 사고일 경우가 아니라 '암초에 걸린 해난사고일 때 좌초라는 말을 쓴다'고 밝혔다. 해군이 좌초 용어를 어떻게 쓰는지 아느냐는 검찰 측 신문에도 유 전 함장은 "거기서 어떻게 쓰는지는 모른다"면서도 "암초에 걸리면 좌초라고 통상 사용한다"고 밝혔다. 사고발생 시 원인규명 전에도 좌초라고 보통 쓴다며 암초에 걸려 침몰하는 경우가 많기 때문에 그렇다고 유 전 함장은 전했다.

구조 직후 최원일 함장을 비롯해 승조원들에게 사고 원인이 뭐냐는 등의 대화를 하지 않았느냐는 변호인 측 질의에 유 전 함장은 "불난 집에 부채질할 것 같아서 안 했다"고 말했다.

또한 구조 당시 승조원들의 상태에 대해 유 부함장은 물에 젖었거나 화상을 입은 이는 없었다고 밝혔다.

- 변호인(이덕우 변호사): "당시 구조한 천안함 장병들 중에서 물에 빠진 것처럼 옷이 모두 젖어 있는 장병들이 있었나요."
= 증인(유종철 501부함장): "없었습니다."
- 변호인: "구조 장병 중 화상을 입은 사람은 있었나요."
= 증인(유종철): "찰과상을 입은 사람은 있었으나 화상을 입은 환자들은 없었습니다."
- 변호인: "구조된 승조원 중 부상을 입은 환자는 있었나요."
= 증인(유종철): "저희들 쪽에 있는 환자 중에 부상을 입은 환자가 몇 명 있었는데 그렇게 심각한 상태는 아니었습니다. 다만 처음에 작은 RIB보트로 구조한 7명 중 혼자 거동을 못하는 환자가 있어서 천안함 주위에 있던 참수리함으로 인계해서 바로 후송 조치한 적은 있습니다."
- 변호인: "나머지 승조원들에 대한 부상자도 파악했었나요."
= 증인(유종철): "부상을 입은 환자가 몇 명인지 기억나지 않으나 특별히 긴

급 후속을 해야 할 만큼 큰 부상을 입은 사람은 없었고, 찰과상 등 경상을 입은 사람이 있어서 배에 비치된 비상약품으로 치료했습니다."[6]

천안함 함수에 설치한 닻부이의 위치에 대해서도 질의가 이어졌다.

- 변호인(이덕우 변호사): "증인이 천안함 인근에 도착해서 닻부이를 놓은 지점이 해도상 어떻게 되나요."
= 증인(유종철 501부함장): "3월 27일 02시 25분 북위 37도 54분 31초, 동경 124도 40분 90초입니다."
- 변호인: "증인은 검찰에 제출한 진술서에서 '3월 27일 14:40경 북위 37도 54분 36초, 동경 124도 40분 60초 지점에서 501함이 설치한 닻부이와 다른 닻부이가 설치돼 있다는 것을 봤다'고 기재했죠."
= 증인(유종철): "예."
- 변호인: "그런데 (그 좌표는) 실제 함수가 인양된 지점과 550미터 가량 떨어진 정도로 보이는데요."
= 증인(유종철): "저희들은 02시경에 닻부이를 놓았는데 14시 40분경에는 새로운 닻부이가 설치돼 있었습니다. … 저희가 설치한 닻부이는 아니었습니다."[7]

2차 공판 2011년 9월 19일
2. 해작사 작전처장 "9시 15분 좌초 합참에 보고"

신상철 전 위원 명예훼손 사건 두 번째 공판에서는 천안함 사고 당시 해군작전사령부 작전처장(심승섭 해군준장-당시 대령)과 함수 탐색 담당자 최영순 중령이 증인으로 출석했다.

여기서 심승섭 전 해작사 작전처장은 사건의 시각을 21시 15분으로 합참에 보고했다는 구체적인 증언을 했다. 이 밖에도 북한 잠수정이 어뢰를 발사했다고 했는데 왜 전혀 감지하지 못했는지를 두고 변호인과 공방을 벌였다. KNTDS(해군전술지휘체계)상에서 천안함의 위치신호가 중단된 시각이 정부 발표보다 왜 3분이 늦었는지도 심 전 처장은 해명했다. 그는 '해군작전사령부의 작전처장으로 근무하였기 때문에 천안함 사고 초기부터 해군에서 수행하는 작전에 관한 모든 보고와 지시를 파악할 수 있는 위치에 있었느냐'는 검사의 신문에 그렇다고 답했다. 우선 좌초 보고 시간에 대한 신문 답변 요지이다.

— 변호인(이강훈 변호사): "2함대 사령부에서 해군 작전사령부에 천안함 침몰 사고에 대해 최고 보고를 할 때 천안함의 사고 원인을 좌초라고 보고했나요? 어뢰 피격이라고 보고했나요."

= 증인(심승섭 전 해작사 작전처장): "21시 32분에 보고했었을 때는 '침수되고 있다' 그래서 해작사에서 사유를 물었을 때 '원인을 파악 중이다'라고 보고가 들어왔습니다."

— 변호인: "그 이후 어떻게 보고가 들어왔나요."

= 증인(심승섭): "원인을 지속적으로 파악하고 있는 상태였고, 직통 상황실 개통원을 통해서 들어왔던 사항으로는 '좌초인 것 같다'라는 얘기도 있었고, '파공이 있는 것 같다'라는 얘기도 있었습니다."

— 변호인: "파공이란 무엇을 의미하는 것인가."

= 증인(심승섭): "파공이라는 것은 선체와 물이 맞닿는 부분에 자연적으로 구멍이 생겨서 물이 유입되는 것을 이야기합니다."

— 변호인: "대략 몇 시쯤에 그러한 보고가 들어왔나요."

= 증인(심승섭): "21시 35분 내외에 왔습니다."

— 변호인: "MBC가 2010년 4월 3일 및 4월 4일 보도했던 '군 상황일지'에 대

한 보도에서 제시되었던 최초 상황 관련 일지는 누가 작성한 것입니까."

= 증인(심승섭): "잘 모르는 사안입니다."

− 변호인: "상황일지에는 최초 상황 발생에 대해 21시 15분으로 시간을 기록하고 있는데 문건 자체로 보면 21시 15분에 어떤 최초 상황이 보고된 것을 21시 55분에 보고한 것으로 표현하고 있는 내용으로 보이는데, 저런 내용에 대해 파악해본 적이 있나요."

= 증인(심승섭): "저 내용은 함대에서 해군작전사령부에 21시 55분 전문으로 했다고 그러는데 저 내용은 사실과 전혀 다른 내용입니다. 해군작전사령부에서 합참에 보고할 때 21시 15분경으로 보고했습니다."

− 변호인: "21시 15분이라고 사고 시각을 보고한 근거는 무엇이었나요."

= 증인(심승섭): "그 당시 21시 15분경으로 보고한 이유는 최초 보고를 21시 31분경 2함대로부터 해군작전사령부가 접수를 했고, 그 이후에 계속 상황 파악을 하던 중에 현장에 있는 천안함의 영상을 보면서 천안함의 상태를 보고 21시 30분 이전에 발생 했을 것이라는 추정하에 21시 15분경으로 보고한 것입니다."

− 변호인: "대략적인 시간을 여러 정황을 갖고 추정한 것이라는 말인가요."

= 증인(심승섭): "예."

− 변호인: "2함대사령부에서 해군작전사령부에서 21시 15분으로 보고한 것은 아닌가요."

= 증인(심승섭): "아닙니다. 21시 15분으로 보고한 적은 없습니다"

−변호인: "이날 언제 해군작전사령부에서 합참에 21시 15분으로 보고했나요."

= 증인(심승섭): "21시 43분에서 21시 45분경에 보고한 것으로 알고 있습니다"

− 변호인: "이날 2함대사령부에서 해작사에 천안함 침몰 원인에 대해 어뢰피격 가능성에 대해 보고했나요."

= 증인(심승섭): "2010년 3월 26일 그 당시에는 없었습니다."

− 변호인: "어뢰피격 가능성에 대해서는 보고가 없었기 때문에 대체로 좌초라는 식으로 이해하는 방식으로 보고가 올라간 것인가요."

= 증인(심승섭): "해군작전사령부에서 합참에 보고할 때 원인 미상의 파공에 의해 침몰되고 있다는 보고가 됐을 겁니다. 좌초 가능성이 있다는 것을 추정으로 용어가 같이 혼용돼 사용된 것으로 알고 있습니다."

− 변호인: "보고상에도 좌초라는 용어들이 계속 섞여서 들어갔다는 것인가요."

= 증인(심승섭): "예, 최초 초기에는 그렇습니다."

− 변호인: "파공이라는 용어도 있었나요."

= 증인(심승섭): "기본적으로 물이 스며들어서 파공이 생기는 것이기 때문에 그로 인해 침몰되는 것이고 파공의 원인이 좌초일 수 있다는 얘기는 거론이 됐습니다."

[…]

− 변호인: "천안함 사고 당일 해자사가 합참에 최초 보고할 때 합참이 알아듣기엔 사고 원인을 좌초라 들었던 것인가, 아니면 다른 원인이라고 들었던 것인가요."

= 증인(심승섭): "정확한 원인이 파악되지 않은 상태에서 사고 당일은 좌초일 가능성이 있다는 것으로 추정해서 보고했기 때문에 여러 요인 중의 하나로서 좌초라는 용어가 합참에 보고됐습니다."[8]

해작사, 북 잠수정이었다면 왜 전혀 탐지 못 했나

이 밖에도 심승섭 전 처장은 평소 북한 잠수함 이동을 다 체크하지만 사고 당시엔 북한 잠수정이 내려온 것을 체크하지 못했다고 해명했다. 장비의 문제가 아니라 예측을 하지 못했다는 설명이었다. 더구나 북한 잠수함이 들키지 않고 몰래 들어올 수 있는 항해가 가능하다는 주장도 폈다.

- 변호인(이강훈 변호사): "한미 해군이 멀지 않은 곳에서 대잠훈련 중이었는데 북한 잠수함이 몰래 침투해 초계함을 어뢰로 두 동강 내고 들키지 않게 도주할 수 있는 상황이었나요."

= 증인(심승섭 전 해작사 작전처장): "기술적으로 그러한 잠수함의 항해가 가능합니다."

- 변호인: "대잠함 훈련을 하지 않을 때는 더욱 가능한 것인가요."

= 증인(심승섭): "경비작전 중 해상에 배가 떠 있으면 기본적으로 대잠 작전 임무와 기타 자기가 포착하고 있는 위험과 관련된 부분의 모든 접촉물에 대해서는 표적관리를 다 합니다."

- 변호인: "훈련 상황이 아닌 평소 상황에서도 북쪽에서 잠수함이 드나드는 것을 다 체크하나요."

= 증인(심승섭): "예. 당연히 체크하고 경비합니다."

- 변호인: "천안함 사고 당시에도 천안함 피격으로 의심되는 북 잠수정이 내려온 것이 체크됐나요."

= 증인(심승섭): "체크되지 않았습니다. 기본적으로 정보의 예측 능력이 부족했습니다."

- 변호인: "과학적 기술적 장비가 부족했다는 것인지, 아니면 장비는 있는데 과실로 놓쳤다는 것인가요."

= 증인(심승섭): "천안함이 당시 백령도 근해에서 경비를 수행했던 이유는, 백령도에 우리 전탐감시대가 있고, 자체적으로 방어 및 탐지할 수 있는 능력을 보유하고 있었기 때문입니다. 그런데 우리 영해에 들어와서 우리 군함을 상대로 도발을 할 것이라는 것을 예측하지 못한 부분이 있었습니다."[9]

여기에다 심 전 처장은 천안함이 어뢰를 탐지할 수 있는 능력이 없었다고까지 주장했다.

— 변호인(이강훈 변호사): "초계함인 천안함이 '선체 고정형 소나'Signal PHS-32·Hull mounted Sonar를 갖추고 있어 대잠수함 방어 및 공격 능력을 갖추었다고 볼 수 있나요."

= 증인(심승섭 전 해작사 작전처장): "예."

— 변호인: "위 AP통신 기사에서는 천안함이 갖춘 소나에 능동형 소나(음파를 내보내 잠수함을 탐지하는 기능)와 수동형 소나(잠수함이나 어뢰가 내는 음파를 탐지) 기능이 있다면서 천안함은 당시 능동형 소나 기능을 작동시키고 있었다는데 사실인가요."

= 증인(심승섭): "능동형 소나 기능을 작동시키고 있어서 잠수함을 탐지할 능력은 되지만 어뢰를 탐지할 수 있는 능력은 그와 다른 문제이고 당시에 어뢰를 탐지할 수 있는 능력은 없었습니다"[10]

[…]

— 변호인: "폭발했다는 어뢰는 전기모터에 연결된 프로펠러를 회전시키는 방식으로 소음이 발생할 수밖에 없고 폭발거리가 소나와 가깝기 때문에 폭발 직전에는 그 소리를 탐지했어야 하는 것 아닌가요."

= 증인(심승섭): "기본적으로 주파수 대역이 다르기 때문에 탐지를 못했을 것으로 생각됩니다."

— 변호인: "소리로 파악할 수 없을 정도로 주파수 대역이 다르면 전혀 탐지가 안 되는 것 아닌가요."

= 증인(심승섭): "그 당시 주변 어선이 있었고 스크루 소음은 저주파를 이용해 이동하는 것이기 때문에 포착을 못 했을 것이라고 판단합니다."[11]

한편 사고 발생 당시 천안함 주변엔 어선들이 어로 작업을 하고 있었다고 심 전 처장은 증언했다.

— 변호인(김형태 변호사): "천안함이 활동하고 있던 그 무렵 천안함 주변에

어선들이 어로 작업을 하고 있었나요."

= 증인(심승섭 전 해작사 작전처장): "예. 그렇습니다."

− 변호인: "확실한가요."

= 증인(심승섭): "예."[12]

심 전 처장의 증언 내용을 두고 북한 잠수정 침투 시 탐지능력이 없다면 과거도 지금도 계속 탐지하지 못하고 있다는 것 아니냐는 지적이 나왔다. 그러자 심 전 처장은 "안 된다는 게 아니라 안 될 수도 있다"고 한 발 뺐다.

− 변호인(이강훈 변호사): "이동경로는 NLL 이남 우리측 영해에서 수중 최고 속도인 약 15km 이하로 상당한 거리(남포항과 사고 지점 직선거리 약 85km, 예상침투로 경로 약 250km)를 이동해야 하는바, 우리측 탐지장비에 의해 발견되지 않았을 수 있나요."

= 증인(심승섭 전 해작사 작전처장): "그 당시 한반도 해양 조건이 복잡다단하다는 것은 이미 언론지상에 나왔던 사항입니다. 기본적으로 원거리 탐지에도 제한이 있었고, 어선들이 주변에서 조업을 하고 있는 상태였기 때문에 주변 소음이 많아 회피해서 도주할 수 있는 가능성은 충분히 있었습니다."

− 변호인: "장비능력이 안됐다는 것인가요, 어선들이 있어서 발견되지 않았다는 것인가요."

= 증인(심승섭): "복합적인 요소입니다. 그 당시 해저 반향음과 주변에서 어선들이 조업하면서 내는 소음 등이 복합적인 이유로 탐지를 못 할 수도 있습니다."

− 변호인: "동일한 조건이 1년에 여러 차례 반복된다면 현재도 그와 같은 조건하에서는 탐지가 안 된다는 것인가요."

= 중인(심승섭): "안 된다는 것이 아니라 안 될 수도 있다는 것입니다. 환경 조건에 따라 다릅니다."[13]

심 전 처장은 KNTDS상 천안함의 항적이 소실됐다는 것을 천안함 사건 3분 뒤에 알게 된 경위 파악도 이틀 후에야 이뤄졌다고 해명했다.

― 변호인(이강훈 변호사): "해작사가 KNTDS를 통해 21시 25분경 천안함 신호가 소실됐음을 파악한 사실이 있나요."
= 중인(심승섭 전 해작사 작전처장): "예."
― 변호인: "언제쯤 파악했나요."
= 중인(심승섭): "그 이후 정밀하게 판독하면서 인지하게 된 사항입니다."
― 변호인: "사고 이후 대략 언제쯤인가요."
= 중인(심승섭): "그 당시 21시 25분경 KNTDS상으로 표적이 소실됐고, 그에 따라서 실무자, 당직자 간 2함대 당직자가 표적전송 지시를 해서 21시 30분경 다시 2함대 사령부에서 표적을 전송해줬습니다. 기본적으로 KNTDS라는 것이 표적을 접촉하는 방법이 여러 가지 있습니다. 자함에서 전송해서 자함전송에 의해 표적이 전송되는 방법과 기지에서 레이더 파로 접촉된 것에 의해 접촉하는 방법 두 가지가 있습니다. 1차적으로 그 당시에 전송하는 부서에서 예를 들어 천안함에서 자함 전송하는 표적을 위치로 전송했었을 경우는 천안함이 소실되면 접촉이 안 되고 안 될 경우 음영구역에 들어간 것인지, 접촉이 안 돼서 그런 것인지 원인을 파악합니다. 그러면 현장에 있는 전파사무실에서 그 표적을 자함전송 방식에 의해 자기가 포착하고 있는 레이더파로 전송방식을 바꿔줍니다. 그렇기 때문에 5분 정도의 공백이 있었던 것은 벙커 안에서 보고 있는 사람은 좌초돼서 표적전송을 그렇게 했는지 여부를 식별하기는 어렵지요."
― 변호인: "그렇게 소실됐다고 파악된 시점은 어느 정도 뒤인가요."

= 증인(심승섭): "제가 파악하기로는 이틀 후 정도였습니다. 다만 실무자들은 실시간으로 파악하고 있습니다."

[…]

- 변호인(김형태 변호사): "천안함이 소실되면 그 시각에 알거 아닙니까."
= 증인(심승섭): "알지요."
- 변호인: "그런데 왜 21시 45분, 21시 30분, 21시 25분, 21시 22분으로 발표가 계속 바뀌느냐 이거죠. 실무자가 파악한 시간을 보면 금방 나올 것 같은데 상당히 오랜 시간 동안 계속 바꿔 가면서 발표한 이유가 무엇인가요."
= 증인(심승섭): "KNTDS상으로 표적을 관리하는 방식에 따라서 차이가 있는데 실질적으로 KNTDS의 리피터 하나만 가지고 시간을 실시간으로 보면서 전혀 상상할 수 없는 그런 상황이, 표적이라는 것은 음파가 자동으로 발사하다가 안 되는 경우는 어느 정도는 소실될 수도 있습니다. 그러다가 다시 정상적으로 환원하는 그런 시간들이 있고, 그래서 그런 여러 가지가 복합돼 그러는 것이지, 다른 표적들도 그러면 전혀 접촉이 안 되다가 그다음에 한 번 접촉되면 꾸준히 접촉돼야 한다, 그런 방법이 아니기 때문에 리피트를 보고 있는 사람으로서는 리피트 하나만 보고는 이게 그 당시 소실됐기 때문에 이 시간이 침몰 시간이다, 이렇게 판단하기는 불가합니다."

"음영구역에 들어갔을 때는 자함위치 송신방식에 의해 화면은 안 나오는 시간대에는 방식을 바꾸는 것입니다"[14]

심승섭 "잠수정 가능성 보고 누락? 지금도 새 떼라 판단"

심 전 처장은 속초함이 이동 표적을 '반잠수정으로 판단된다'고 보고했으나 2함대사령부가 새 떼로 보고하도록 지시해 보고지침을 위배했다는 감사원 감사결과에 대해 적극 반박하기도 했다.

- 변호인(이강훈 변호사): "속초함이 밤 11시경부터 5분간 백령도 인근에서 미확인 물체를 향해 76mm 함포로 135발 함포 사격을 하였다는데 사실인가요."

= 증인(심승섭 전 해작사 작전처장): "총 타격 발수가 몇 개인지는 답변드리기 곤란합니다."

- 변호인: "속초함이 함대사령부, 해군작전사령부, 합참의 승인을 받아 사격을 한 것입니까"

= 증인(심승섭): "경고사격은 기본적으로 함대사령관 승인 권한사항이기 때문에 함대사령관이 승인했습니다."

- 변호인: "문제의 미확인 물체가 적이라고 판단하고 사격을 승인한 것이지요."

= 증인(심승섭): "예. 당시에는 그렇습니다."

[…]

- 변호인: "백령도 육상기지가 미확인 물체 공격에 가담하지 않고 공군도 출동하지 않은 이유는 무엇입니까"

= 증인(심승섭): "백령도 육상기지에서는 표적 포착을 못 했습니다."

- 변호인: "속초함의 함포 사격의 결과는 무엇입니까."

= 증인(심승섭): "최종판단 결과는 새 떼로 판단했습니다."

- 변호인: "그 이유는 무엇인가요."

= 증인(심승섭): "기본적으로 해상에서 고속으로 이동하게 되면 웨이크가 발견이 돼야 합니다. 그다음에 그것이 단순한 EOTS상으로만 포착돼야 하는 것이 아니라 함에 보유하고 있는 대함레이더도 있고, 중거리 탐지레이더도 있는데 그런 포착 없이 단지 EOTS에 의해서만 포착이 됐습니다. 그리고 그 인근에 가서도 조금 전에 말씀드렸던 배가 지나갔을 때 발생하는 것들이 전혀 없었습니다. 올라가면서 분산되고 그다음에 육지로 올라왔기 때문에 배가 육지로 올라간다는 것은 상상할 수 없었습니

다. 그러한 여러 가지 요인들을 종합해서 새 떼로 판단했습니다."

- 변호인: "EOTS란 무엇인가."

= 증인(심승섭): "가시거리 내에 있는 표적을 카메라 줌으로 당겨서 볼 수
있는 화면을 말합니다. TV모니터처럼 볼 수 있는 장비이고 주야간 동시
에 볼 수 있습니다. 추적은 카메라가 포착해줍니다."

- 변호인: "속초함에서 사격 후 당시 미확인 물체에 대해 2함대 사령부에
무엇이라고 보고했나요."

= 증인(심승섭): "새 떼로 판단해 새 떼로 보고한 것으로 알고 있습니다."

[…]

- 판사: "감사원 감사 결과 속초함이 보고한 북한 반잠수정이었다는 내용
이 있었다는 것을 그 뒤로도 몰랐나요."

= 증인(심승섭): "미식별 물체로 증인이 봤고, 그 이후 판단 결과를 속초함
에서는 2함대를 통해서 해군작전사령부로 보고합니다. 저희가 최종적
으로 판단하는 것은 현장에서 일하는 것으로 2함대와 해군작전사령부
에서 같이 판단을 하되 2함대에서 최종적으로 판단한 것을 다시 한 번
재확인하는 과정이기 때문에 그것을 2함대에서 속초함에 지시한 내용
과 그런 부분에 대해서는 해작사에서는 알 수가 없습니다."[15]

함수 침몰좌표 왜 놓쳤나

이와 함께 이날 재판에서는 천안함 함수의 침몰좌표를 왜 놓쳤는지도
추궁이 이어졌다. 천안함 함수가 3월 27일 오후 1시 37분까지 사고 해역
에 떠있었고, 이날 아침까지 해경 253함이 함수 주위를 돌면서 함수좌표
를 해군에 통보하고 그날 아침에 해난구조대원들이 현장에 도착했음에
도 왜 다음 날(28일) 저녁이 돼서야 함수를 발견했느냐는 의문이다.

당시 고 한주호 준위와 함께 함수 탐색구조활동을 했던 최영순 소령
은 이날 증인으로 출석해 함수에 대한 '지연' 구조 및 발견 작업을 한 이

유에 대해 심 전 처장과 엇갈린 진술을 했다.

최 소령은 해경 253함이 3월 27일 아침까지 함수 주위를 돌던 사진을 이날 법정에서 보여줬지만 전혀 몰랐다고 했고, 앞서 설치돼 있던 닻부이의 위치좌표도 받은 바 없다고 밝혔다. 심지어 최 소령은 탐색작업에 들어간 28일에도 그 주변의 해병대 수색대대 병사에게 무전으로 함수 위치를 물어본 뒤 작업했다고 말했다.

그러나 심승섭 전 작전처장은 해경으로부터 좌표를 받았을 뿐 아니라 27일 오후 1시 37분 함수가 완전히 침몰할 때까지도 거의 실시간으로 위치를 파악했다면서도 해난구조대원이 정작 현장에 가보니 위치부이가 없었다고 해명했다.

이 때문에 변호인 측에서는 "해경이 보고를 했고, 좌표도 있고, 당일 오전 해난구조대원들이 헬기를 타고 장촌포구에 왔을 때 두 눈으로 떠 있는 함수를 봤을 텐데 왜 그 즉시 구조작업을 하지 않았는지 도저히 이해할 수 없다"고 비판했다. 다음은 심 전 처장의 답변이다.

— 변호인(김형태 변호사): (3월 27일 아침 떠 있는 함수의 사진을 보여주며) "위 사진은 백령도 읍에 있는 직원이 찍은 사진이고 지난 기일에 해경 유종철 부함장도 해경의 배가 계속 떠 있었다가 돌아갔다고 증언했는데, 사진상의 해경 함으로부터 함수 위치에 대한 좌표를 받은 적이 없나요."

= 증인(심승섭 전 해작사 작전처장): "아침 시간이라고 하면 그 시간대에는 이미 해경에서 좌표를 줘서 그 좌표가 해군이 통보가 되지요. 그러니까 확인이 되지요."

— 변호인: "증인이 지휘한 해난구조대가 왜 3월 28일 저 지점에서 시작하지 않고, 그다음 날 해병대한테 물어봐서 거기에 임시부표를 하나 띄우고 막 찾으며 돌아다니냐 이 말이에요."

= 증인(심승섭): "해상 부표를 설치한 것은 2010년 3월 27일 02시 24분경

쯤 될 것입니다. 그것은 고속정에서 앵커를 넘겨줘서 미리 이동을 해서 설치했습니다. 해난구조대는 3월 27일 13시 넘어서 아마 현장에 도착했을 것입니다. 그 당시 UDT 요원과 해난구조대가 같이 편성해서 갔고 함수 구조작업을 하다 함미도 구조작업을 했습니다. 위치부이를 설치한 상태였기 때문에 그 상태가 계속 유지돼 있을 것으로 예측했는데, 그다음 날 해상이 불량해서 나갔다가 다시 고속정이 13시 35분경에 출항해서 나왔는데 위치부이가 없었다는 것을 확인했습니다. 확인해서 그다음부터 개략적인 위치를 추정해서 고속 고무보트를 이용해 거기에 서치를 하면서 기준점을 잡기 위한 부표를 설치한 것으로 보고를 받았었고, 그렇게 했습니다."

[…]

– 변호인: "그러면 저기서 출발하면되는데 최영순 증인은 2010년 3월 28일에 저 좌표를 전혀 받은 바 없고, 좌표에 대해 연락받은 바 없고, 어딘지 몰라서 해병에게 물어서 임시부표를 띄우고 거기서부터 출발해서 찾아가기 시작했다 이렇게 얘기하거든요"

= 증인(심승섭): "지금 저 상태가 표류해서 정지하고 있는 상태가 아니라 이동하고 있지 않습니까."

– 변호인: "좌표도 아신다, 그랬잖아요."

= 증인(심승섭): "해경이 좌표를 줬다면 분명히 좌표를 줬을 겁니다."

[…]

– 변호인: "2010년 3월 27일 저 좌표를 받고 해난구조대원들에게 지시를 내렸나요."

= 증인(심승섭): "구역을 설정해서 거기에 대한 원점을 기준으로 해서 탐색을 실시했습니다."

– 변호인: "그날 오전에 저 좌표에 해상 탐색을 실시한 것인가요."

= 증인(심승섭): "오전이 아니고 오후에 고속정이 현장에 최종 위치를 확인

하러 나갔는데 위치부이가 없는 것을 식별했습니다."

- 변호인: "조금 전 증인은 부산에서 해경을 통해 실시간으로 보고받고 좌
  표를 알고 있었다고 했죠."

= 증인(심승섭): "예."

- 변호인: "그 좌표를 해난구조대 현장에 있는 사람들에게 2010년 3월 27일
  이나 28일 알려준 사실이 있나요."

= 증인(심승섭): "이동 좌표는 현장으로 탐색구조단에 통보가 됩니다."[16]

KBS '제3의 부표'의 진실은…대형구조물 있었다?

2-1. 최영순 소령 "제3의 부표는 참조부이를 착각한 것"

심 전 처장과 함께 이날(2010년 9월 19일) 법정에 출석한 최영순(소령) 해군 특수전여단 현장지휘관(법정 출석 당시 영주함 부장)은 고 한주호 준위와 함께 탐색작업을 벌인 상황과 KBS에서 보도된 제3의 부표의 진위 여부에 대해 증언했다. 최 소령은 제3의 부표에 대해 해병대 수색대 병사한테 물어본 함수 침몰 위치로 보고 참조부이를 설치한 위치라고 설명했다.

최 소령은 KBS 제3부표 보도에 나온 '소방호스' '해치' '국기게양대'와 관련해 함수에 들어갔을 때 소방호스는 있었으며, 함수갑판 포신 쪽에 해치도 있으나 국기게양대는 없었다고 주장했다. KBS 보도에 등장한 이헌규, 김진오 등 UDT동지회원의 녹취 내용을 두고 변호인과 최 소령이 설전을 벌이기도 했다. 우선 다음은 검사의 최 소령에 대한 신문 내용이다.

- 검사: "증인은 2010년 4월 7일 KBS 뉴스에서 보도된 백령도 용트림 앞
  제3의 부표가 무엇인지 알고 있나요."

= 증인(최영순 특수전여단 소령): "그 부표는 저희가 처음에 2010년 3월 28일 아침 함수 선체를 탐색하기 위한 참조부이였습니다."

− 검사: "그 참조부이를 기준으로 해서 탐색한 것인가요."

= 증인(최영순): "예. 맞습니다."

− 검사: "그 지점에 참조부이를 설치한 특별한 이유가 있었나요."

= 증인(최영순): "해상에서는 시각적으로 확인되는 위치가 없었기 때문에 그 위치에 참조부이를 설치하고 그 위치로부터 함수 선체를 찾기 위해 기동을 했습니다."

− 검사: "KBS 뉴스에 의하면 보도기자는 UDT동지회원들의 말을 인용해고 한주호 준위 사고 하루 전인 3월 29일 UDT동지회원들이 백령도 용트림 앞바다에 제3의 부표가 설치된 곳에서 수중수색 작업을 할 때 단순한 파편이 아닌 대형 구조물을 봤다고 보도하며 인터뷰 녹위를 인용했는데, 기사 내용이 사실인가요."

= 증인(최영순): "최초 탐색을 위한 참조부이와 함수가 발견된 선체 위치부이는 똑같은 부이입니다. 똑같은 분홍색이고, 크기도 지름 40cm 정도 됩니다. 그렇기 때문에 아마 예비역 UDT분께서 함수 선체 위치에서 작업했는데 그것이 용트림 바위에서 봤을 때 거리상으로 멀기 때문에 저희가 설치한 위치 참조부이를 보고 오해한 것 같습니다."

− 검사: "그 당시 위치 참조부이가 설치된 장소에서는 대형 구조물이 발견된 적이 없나요."

= 증인(최영순): "그쪽에는 최초 참조 위치부이를 설치하고 저희가 수심을 확인했을 때는 15m로 균등하게 수심이 형성돼 있었습니다. 그렇기 때문에 수중에 대형 구조물은 없었습니다."[17]

최 소령은 그 참조부이를 어떻게 설치했는지에 대해서는 변호인의 신문에서야 설명을 했다.

- 변호인: "제3의 부표는 함수 함미 발견 지점으로부터 상당한 거리로 떨어져 있었던 것은 맞나요."

= 증인(최영순 특수전여단 소령): "예."

- 변호인: "함수가 발견된 지점으로부터 1.8km, 함미가 발견된 지점으로부터는 6km 떨어진 지점에서 어떤 이유로 참조부이를 설치하게 된 것인가요."

= 증인(최영순): "근방에 근무하고 있는 해병 수색대원에게 '우리가 여기에서 탐색을 해야 하는데 이 넓은 바다에서 어떻게 탐색해야 할지 모른다, 당신이 함수 선체가 가라앉은 위치를 봤다고 했는데, 그 위치가 어디냐'고 물었고, 그 대원이 말해준 위치에 참조부이를 설치하고, 그것을 기준으로 탐색을 시작했던 것입니다."

- 변호인: "함수가 침몰됐다고 말해준 그 병사는 침몰 지점을 직접 보고 알려준 것인가요."

= 증인(최영순): "예."

- 변호인: "그런데 아무것도 나타나지 않은 것인가요."

= 증인(최영순): "아무리 10년 20년 바다생활을 했다 해도 해상에서 1마일인지 2마일인지 구분하기는 상당히 어렵습니다."

- 변호인: "피고인 측에서는 실제 함수 침몰 지점은 용트림바위 해안에서 보이지 않기 때문에 함수침몰 지점은 해안에서 볼 수 없는 것으로 알고 있습니다. 거리감각으로 식별할 수 없다고 하더라도 침몰했다고 지목한 지점은 무언가 징후가 있었기 때문에 지적한 것 아닌가요."

= 증인(최영순): "본인이 봤던 위치라고 이야기했습니다."

- 변호인: "제3의 부표 관련해 김태영 국방부장관은 국회 대정부질문에서 '최초에 배가 보이다가 나중에 미끄러졌는데 이것을 참조하기 위해 제3의 부표를 설치한 것이다, 지난번에 보였던 지점이기에 표시한 것'이라고 말한 적이 있는데 사실과 일치하나요."

= 증인(최영순): "일단 저희가 최초 위치부이를 설치한 것은 해병대원의 말을 빌어서 '그 위치에 침몰했을 가능성이 크다'고 판단했기 때문에 거기에 설치한 것입니다."

– 변호인: "참조부이를 설치한 곳은 해병이 가르쳐준 곳으로서 해안에서 매우 가까운 곳인 것은 맞나요."

= 증인(최영순): "예. 해안에서 가깝습니다. 수심도 15m 정도밖에 안 나왔습니다. 제가 처음에 설치하고 나와서 '여기에는 함수 선체가 있을 리 만무하다'고 판단하고 기준점만 설치해놓고 탐색을 한 것입니다."

– 변호인: "KBS 보도 내용을 보면 추모제에 참가한 UDT동지회원이 한두 명도 아닌데 그 사람들 모두 본인이 잠수한 장소를 착각하고 있었다는 주장인가요."

= 증인(최영순): "참조부이 같은 경우도 분홍색으로 된 부이이고, 함수 선체가 발견된 곳에 있던 위치부이도 마찬가지 분홍색이었습니다. 동일한 크기, 색상이다 보니 용트림바위에서부터 함수 선체가 침몰된 위치까지는 시각상으로 멀기 때문에 잘 안 보입니다."

– 변호인: "대략 거리가 어느 정도 돼 보이나요."

= 증인(최영순): "2km 이상 될 것입니다."[18]

이와 함께 KBS '제3의 부표' 뉴스에서 UDT동지회원 이헌규, 김진오가 봤다고 진술한 해치문과 소방호스에 대한 신문과 《노컷뉴스》에서 보도한 이들의 '국기게양대' 관련 신문도 나왔다.

KBS는 2010년 4월 7일 보도한 〈'제3의부표' 왜?〉에서 "동지회원들이 수중수색 작업을 할 때 단순한 파편이 아닌 대형구조물을 봤다는 것"이라며 "구조문에는 문까지 달려 있었고, 그 안은 소방호스 등으로 가득 차 있는 공간이 있었다고 말했다"고 보도했다. UDT동지회원은 KBS 인터뷰에서 "로프를 잡고 있고, 나는 해치문 안에 들어가서 탐색을 하고, 5미터 이상 잠수를 계속하고 그렇게 들어갔거든요"라고 말했다.

앞서 CBS 《노컷뉴스》는 3월 30일자 온라인 기사 〈UDT 회원 함수 진입 성공 "해치 열려 있었다"〉에서 "(동지회 소속 이헌규(55)씨와 김진오(53)씨가) 밧줄을 더듬어 내려가며 함수에 접근하자 '국기게양대'와 같은 기다란 봉이 만져졌다. 2m가량 내부로 진입하니 함정의 출입구인 '해치' 문이 활짝 열려 있었다"고 보도했다. 김씨는 "국방부에서 발표한 생존 가능 시간은 이 같은 해치 문이 닫혀 있을 경우를 전제로 하고 있다"면서 "해치 문은 열려 있었지만 내부는 격실로 막혀 있었다"고 전했다고 《노컷뉴스》는 보도했다. 또한 "김씨가 해치 바깥에서 수색 작업을 지원하는 사이 이씨는 내부 진입을 시도했다"며 "5m 정도 걸어서 들어가 보니 소방호스가 눈에 들어왔다"고 보도한 바 있다.

이를 두고 이 같은 해치, 소방호스, 국기게양대 존재에 대해 변호인과 최영순 소령의 갑론을박이 있었다.

— 변호인: "천안함 함수가 인양된 이후 (KBS 보도처럼) 함수에 이헌규, 김진오(UDT동지회 수중작업)가 봤다는 국기게양대와 같은 기다란 봉과 해치 문, 소방호스가 존재하는지 여부에 대해 조사한 적이 있습니까."

= 증인(최영순 특수전여단 소령): "함수 선체가 우현 쪽으로 누워 있었습니다. 좌현 쪽을 보면 함장실로 들어가는 도어가 있고 그쪽으로 들어가면 소방호스가 있습니다. 그런데 함수 선체에 들어가면 옆에 쇠로된 3중 가드레일을 국기봉으로 오인할 수 있습니다…"

— 변호인: "천안함 함수 사진을 보면 가드레일과 앵커(닻)만 있지 국기게양대와 같은 기다란 봉이나 해치가 존재하지 않는 것으로 보이는데요."

= 증인(최영순): "함수 갑판에 해치는 포신 바로 뒤에 있는 인원이 있는 곳과 포실 끝이 있는 곳에는 해치가 있습니다."

— 변호인: "그곳에 국기봉이 있나요"

= 증인(최영순): "거기에는 없습니다."

− 변호인: "해치와 가드레일 사이의 거리가 몇십 미터 되지요."

= 증인(최영순): "예."

− 변호인: "그런데 이헌규, 김진오는 2m 있다가 발견됐다고 이야기했고, 그들은 함수에 접근하자 국기게양대와 같은 기다란 봉이 먼저 만져졌다고 KBS 보도에서 진술했을 뿐 가드레일을 말하지는 않았습니다."

= 증인(최영순): "기다란 봉이 꼭 국기게양대만 있는 게 아닙니다."

− 변호인: "그래서 거리에 대해 묻는 거예요, 2m밖에 안 된다는 것이고, 2m 더 들어가니 해치문이 열렸다 이렇게 진술했거든요."

= 증인(최영순): "그러니까 그분이 잠수하기 전에 저희 대원들이 함수 선체 절단된 부분부터 함장실로 들어가는 현측 도어 있는 데까지 라인을 설치했습니다. 중간에 완벽하게 된 것은 아니지만 그 부분들이 마지막으로 했던 게 저희가 설치한 그 라인과 함수 함장님 도어 있는 데까지 마지막으로 설치해줬던 것입니다."

− 변호인: "그 라인이랑 소방 호스 이런 것과는 전혀 다른 것이고, 거리는 2m가량이라고 했단 말이에요. 이렇게 짧잖아요. 저거는 몇십 미터잖아요. 가드레일부터 도어든 해치든, 그 사이의 거리가 설명이 안 되잖아요."

= 증인(최영순): "수중에서 거리 판단한 것도 어렵습니다."[19]

3. 원태재 국방부 대변인, 정성철 88수중개발 대표 끝내 증인출석 거부

2011년 10월 17일 세 번째 공판에서 출석하기로 돼 있던 증인 원태재 전 국방부 대변인과 정성철 88수중개발 대표는 출석하지 않았다. 이에 따라 이날 공판에서 증인신문은 이뤄지지 않았다. 원 전 대변인은 천안함 침몰 당시 사고 시각의 잦은 번복을 비롯해 국방부의 각종 부정확한 발표를 했던 당사자였다. 원 전 대변인은 검찰 측 증인이었다. 그러나 검찰은 이날 돌연 원 대변인을 다른 이로 증인을 교체하겠다고 밝혔다.

검찰 측 증인으로 채택됐던 원 전 대변인이 검찰이 다른 증인으로 대체하겠다고 밝힌 데 대해 변호인들은 반발했다. 검찰은 이날 "원태재 대변인이 현직에서 물러났고, 오히려 사건에 대해 현장에서 더욱 정확하게 알고 있는 증인인 김진황(해작사의 구조관련 책임자) 씨를 신청하겠다"며 "원 전 대변인은 사고 현장에 없었기 때문에 현장에 있던 인물로 증인을 대체하려는 것"이라고 밝혔다고 변호인들은 전했다.[20]

원 전 대변인은 천안함 사고 직후 사고 시각을 2010년 3월 26일 밤 9시 45분에서 9시 30분, 9시 25분, 9시 21분 57초 등으로 계속해서 번복 발표한 책임자 가운데 하나이다. 그는 편집된 TOD 동영상을 보여주면서 더는 동영상이 없다고 여러 차례 주장했다가 거짓으로 들통이 나 여론의 뭇매를 맡기도 했다. 또한 침몰한 천안함 내에서 장병들이 72시간 또는 69시간 동안 버틸 수 있다고 밝혔으나 모두 거짓으로 드러나기도 했다.

한편 원 대변인은 브리핑 당시 "TOD 운용병들이 '꽝' 하는 소리가 났는데 '배가 충돌사고인데 찾으라'는 임무를 준 것도 아닌데 둘러보다 (천안함 영상을) 잡은 것"이라고 말해 사고 원인에 대해 의문을 낳게 하기도 했다.

당시 법정에서 재판장은 "재판하면서 중간에 검찰 측에서 교체를 하니까 재판을 진행해나가기가 상당히 어렵다"며 불편한 심기를 드러내기도 했다고 변호인들은 전했다. 이에 변호인 측은 "국방부 대변인은 원래부터 현역이 아니라, 전역한 뒤 역임하는 것"이라며 "당시 대변인으로 있을 때 국방부를 대변해 천안함 사건의 모든 사안에 대해 발표한 당사자로, 굉장히 중요한 증인이므로, 검찰이 철회한다면 우리가 신청하겠다"

410

고 밝혔다.

그러나 원 대변인은 이후 5년 6개월 동안의 1심 재판 내내 증인으로 소환되지 못했다. 함미를 인양한 책임자인 정성철 88수중개발 대표 역시 이날뿐 아니라 1심 변론이 종결될 때까지 증인으로 출석하지 않았다.

4차 공판 2011년 11월 14일 서울중앙지법 형사36부(재판장 유상재 부장판사)
4. 해난구조대장, 천안함 함수 보고 왜 방치했나

천안함 침몰 직후부터 이튿날 오후까지 백령도 앞바다에 떠 있던 천안함 함수에 대해 현장에 도착한 해군 해난구조대장이 직접 봤으면서도 함수가 가라앉을 때까지 아무것도 하지 않았다고 털어놨다. 부이 설치는커녕 좌표 확인조차 하지 않았으며, 탐색구조 활동을 하러 온 다른 해군 장교와도 아무런 정보 공유도 하지 않았다고 말했다. 더구나 그를 지휘한 해군작전사령부 작전처에서는 함수의 위치좌표를 파악했다고 밝혔으나 탐색구조작업을 하러 백령도에 파견된 해난구조대ssu와 폭발물처리반eod의 누구도 좌표를 받지 못했다고 밝혀 사고 초기에 정상적인 탐색구조 작업이 이뤄졌는지 의문을 낳고 있다.

김진황 해군 작전사령부 해난구조대장은 2011년 11월 14일 서울중앙지법 형사36부(재판장 유상재 부장판사) 심리로 열린 신상철 전 합조단 민간위원의 천안함 관련 명예훼손 사건 4차 공판에 출석해 이같이 증언했다.

김 대장은 "사고 직후 연락을 받고 다음날 아침 8시 50분께 헬기로 백령도에 도착하자마자 해병대 대대장과 함께 사고 현장 부근인 용트림바위 앞 전망대로 갔다"며 "멀리서 '함수코'가 물 위로 조금 나와 있는 부분이 보였다"고 밝혔다. 그런데도 아무런 장비가 없었다며 아무 조치도 하지 않았다는 것이다.

함수는 사고 다음 날 오후 1시 37분 완전히 침몰했으나 그 전까지 해경 253함이 주변을 떠돌았고, 해군 작전사령부 작전처장도 함수 위치에 대해 실시간 상황 파악을 했다. 그러나 현장에서 함수를 봤다고 증언한 것은 김 대장이 처음이었다. 김 대장의 법정 증언 요지이다.

— 변호인(이강훈 변호사): "증인이 백령도 현장에 도착한 이후부터 현장을 떠날 때까지 설명해주기 바랍니다."

＝ 증인(김진황 해난구조대장): "… 현장에 도착했을 시각이 오전 9시가 조금 넘었던 것으로 기억하고, 그렇게 도착해서 바로 대원들이 헬기에서 장비를 내리는 동안 증인은 현장을 보러 대대장으로부터 짚차를 지원받아서 해안가로 갔습니다. 용트림바위인가 그 전망대에서 앞을 보니까 그때가 10시 좀 넘었던 시각이었던 것 같은데, 저 멀리에서 천안함의 함수 부분으로 추측되는 물체가 남아 있는 것이 보였습니다. 그래서 옆에 있던 초병에게 쌍안경을 빌려서 본 후 어디에서 전개해서 작전을 할 것인지 전개구역을 보러 해안가로 내려가서 텐트 칠 만한 곳을 찾았습니다. 물론 당시 텐트도 없이 갔지만 해병대에서 텐트를 지원받아서 전전기지를 만들어야 작전을 할 수 있었기 때문에 물색을 한 후 다시 대원들이 장비를 갖고 있는 현장으로 왔다가 대원들을 데리고 그 해안가로 가봤더니 그때는 배가 안 보였습니다. 그 사이 아마 가라앉은 것으로 추정합니다. 그래서 3월 28일 오후부터 해난구조대원들이 현장에서 잠수작업을 시작했고, 29일경에 천안함 함미 위치가 식별됐기 때문에 바로 함미로 갔습니다…"[21]

— 변호인(김형태 변호사): "10시에 현장에 도착해 바다를 보니 무엇이 보이던가요"

= 증인(김진황 해난구조대장): "배의 함수코(함수부분)가 물 위로 조금(30~
50cm) 나와 있는 것이 보였습니다."

— 변호인: "무슨 조치를 했나요."

= 증인(김진황): "아무 장비도 현장에 도착이 안 되어 있었습니다."

— 변호인: "연락수단도 없었나요."

= 증인(김진황): "제가 거리를 알 수 있는 위치도 아니었습니다. 용트림바
위 앞 전망대 그 위에서 내려다봤을 때 저 멀리에 (함수가) 가물하게 보여
서 옆에 있는 초병에 쌍안경을 빌려달라고 해 확인해봤더니 함수로 추
정되는 물체의 끝이 보였습니다."

— 변호인: "초병에게 뭐라고 했나요."

= 증인(김진황): "'저것이 함수가 맞느냐'고 물었더니 '모른다'고 했습니다."

— 변호인: "함수 옆을 맴돌던 해경 253함정은 안 보였나요."

= 증인(김진황): "기억이 안 납니다."

— 변호인: "최영순 소령과 업무협조를 어떻게 했나요."

= 증인(김진황): "업무협조하지 않았습니다. … 원래 업무가 다릅니다. 최
소령은 EOD(폭발물처리반) 소속이고, 난 SSU(해난구조대) 소속입니다."

[…]

— 변호인: "최 소령도 함수·함미 선체를 찾는 탐색작업을 했는데 증인과
전혀 소통이 없었다는 것인가요."

= 증인(김진황): "예, 의사소통이 없었습니다."

— 변호인: "함수 봤을 때 그 좌표에 대해 연락받은 적이 있었나요."

= 증인(김진황): "없었습니다."

[…]

— 변호인: "심승섭 준장은 증인으로 나와 좌표를 받아 알려줬다고 했는데
증인은 받은 적이 없다는 것인가요."

= 증인(김진황): "난 좌표를 받은 적 없습니다. 현장에서 좌표를 찍을 수 있

는 도구가 없었습니다."

- 변호인: "탐색작업에 책임을 맡고 있는 증인에게 좌표를 알려줘야 하는 것 아닌가요."

= 증인(김진황): "그렇습니다."

- 변호인: "증인이 3월 27일 오후부터 수색작업을 할 당시 천안함 위치에 관한 기본 정보에 대해 무엇을 알고 있었나요."

= 증인(김진황): "그 당시 기름이 흘러나오는 곳이 있어서 그 주변을 탐색했습니다."[22]

해군 작전사령부에서 파악했다는 함수의 위치좌표를 실제 구조작업을 하러간 대원들은 전혀 받지 못했다는 것이다. 해경 501함에서 사고 다음 날 새벽 2시 무렵 함수 주변에 설치한 부이에 대해서도 김 대장은 "못 봤다"고 말했다. '함수 위치를 확인한 뒤 좌표를 확인해야겠다고 생각 안 했느냐'는 검찰 신문에 김 대장은 "함수가 떠내려가고 있었기 때문에 의미가 없었다고 생각했다"며 "내가 부산에서 출발한 때부터 '함수는 떠 있었지만 표류해가고 있을 것'이라고 생각했었다"고 주장했다.[23]

이미 죽었을 줄 알고 있었다?

또한 김진황 해난구조대장은 구조에 착수했을 때부터 이미 함미 선체에 에어포켓 없이 물로 가득 차 있다는 보고를 구조대원으로부터 받았다고 증언했다. 하지만 사고 직후 구조 초기 해군은 유가족(당시 실종자 가족)들에게 46명 가운데 21명이 격실에 갇힌 것으로 추정되며 최대 69시간 동안은 생존해 있을 가능성이 있다고 밝혀 당시 전 국민에게 실낱같은 희망을 불어넣었다. 그러나 실제 구조작업에 참여했던 대원들은 함미 탐색에 들어간 순간 모두 사망했을 것으로 판단하고 있었다. 대국민 희망고문이 수일 동안 벌어진 것이다. 김진황 대장의 증언이다.

— 검사: "천안함 장병 가족들이 요청을 하기 전에 연돌에 공기를 주입하려고 시도하거나 그런 생각을 한 적이 있는가요."

= 증인(김진황 해난구조대장): "그 전에 선체에 물이 얼마나 찾는지 확인하기 위하여 해난구조대의 잠수사들이 선체 상부부터 현측 있는 데까지 딱딱한 물체로 두들겨서 확인을 해봤습니다. 만약 선체 안에 에어포켓, 즉 공기가 남아 있다면 그 부분에서 '텅' 하는 소리가 나고, 물이 가득 차 있으면 '틱틱' 하는 소리밖에 안 납니다. 그렇게 잠수사들이 45미터까지 장비를 메고 들어가서 확인해본 결과 공기가 있다는 증거가 없고 물이 찬 것으로 판단된다는 보고를 받았습니다. 그리고 해난구조대에서 그 사실을 상부에 보고했지만 천안함 장병들의 가족들은 그 사실을 믿지 않았고, '내 가족은 살아 있을 것'이라고 믿으셨습니다. 저도 함장을 했고, 배 근무만 11년을 했는데 함정 근무하면서 격실에 워터타이트하면 잘되는 경우도 있었고, 특히 천안함과 같은 PCC의 경우에는 그런 부분이 굉장히 잘되어 있을 것이라고 생각됐기 때문에 천안함의 장병들이 살아 있을 수도 있다는 생각을 했습니다. 그러나 나중에 결과적으로 선체를 건져 올렸을 때 살아 있는 사람이 하나도 없었고, 함수 부분에서는 에어포켓이 조금 있었으나 함미 부분에는 에어포켓도 없었습니다."[24]

김 대장이 지휘한 구조대원들이 함미 선체에 접근해 나이프로 두드린 시점은 2010년 3월 29일 낮이었다. 이때는 '생존 가능 한계 시간'으로 알려졌던 69시간 이내였다. 이미 천안함 함미에 있던 장병들은 생존할 가능성은 사실상 전무했던 것이다. 그럼에도 장수만 국방부 차관은 천안함 침몰 직후인 3월 27일 국회 국방위 답변을 통해 실종된 천안함 승조원들이 밀폐된 격실에 생존해 있을 가능성을 언급하며, 물이 들어오지 않는 격실에서라면 최대 69시간 생존할 수 있다고 밝혔다. 이 때문에 군사전문가와 언론들은 '마의 69시간' 등의 표현을 써가며 희망을 이어갔다.

해군은 2010년 3월 27일 자정 무렵 유가족들에 브리핑을 열어 "생존자 증언을 토대로 사고 당시 밀폐가 가능한 침실에 머물렀던 탑승자는 21명 정도"라며 "보통 공기 중에는 약 17%의 산소가 있는데 7% 정도로 떨어지면 인명이 위험하다. 21명이 통상적으로 호흡할 경우 최대한 69시간쯤 생존할 수 있을 것으로 보인다"고 밝혔다.

김태호 당시 해군 2함대 정훈공보실장도 28일 SBS 8뉴스와의 인터뷰에서 "배 구조가 격실로 돼 있다 보니 경우에 따라서는 물이 들어오는 게 차단돼서 방어막을 형성할 수 있지 않을까"라고 말하기도 했다. 그러나 김진황 해난구조대장의 증언은 이런 당시의 분석과 주장을 했어도 이미 늦었다는 것을 보여줬다.[25]

5. 천안함 함미 인양하려다 사흘 늦춘 까닭
   권만식 88수중개발

해를 넘겨 2012년 1월 9일 천안함 5차 공판이 열린 서울중앙지법 형사36부(재판장 유상재 부장판사) 524호 법정에는 함미 인양업체 담당자가 출석했다.

애초 천안함 함미를 인양하기로 한 날짜는 2010년 4월 12일이었으나 사흘 뒤인 4월 15일에야 인양했다. 해군은 함미 인양 위치도 침몰 지점에서 백령도 해안 부근으로 옮겼으며 사흘간 지체하면서 함미에 설치한 체인을 두 줄에서 세 줄로 늘렸다. 인양업체의 설치팀은 체인 한 줄 더 건 것 외에 이 사흘간 함미 선체에서 벗어나 아예 대청도(육상)로 빠져 있었다는 증언이다. 대체 함미 주변에서는 이 사흘 동안 무슨 일이 있었는가에 대해 증인신문이 이뤄졌다.

416

천안함 함미를 인양했던 88수중개발의 체인 등의 설치준비작업을 지휘했던 권만식이 이날 증인으로 출석해 애초 현장에서 지시를 받은 것은 '함미에 체인 두 줄을 걸라는 것이었다'고 증언했다. 그는 함미를 최초로 수면까지 올렸던 지난 2010년 4월 12일까지 함미에 체인을 두 가닥 걸어놓은 상태였다고 증언했다. 당시 88수중개발은 함미(선체와 물의 무게 포함)의 무게가 1000톤 정도일 것으로 예상했고, 이를 들어 올리려는 해상크레인은 2200톤급이었기 때문에 충분히 들어 올릴 수 있을 것으로 판단했던 것으로 알려졌다. 권만식은 함미 선체 무게와 들어 있는 물, 물 먹은 나무 등을 합쳐 넉넉히 계산했을 때 무게가 1000톤 안팎이었을 것이라는 얘기냐는 질문에 "그렇다"고 답했다.

이 같은 증언은 천안함 4차 공판 때 출석한 김진황 해난구조대장이 당시 함미의 무게를 1800톤(선체 624톤, 물 무게 1160톤)에 이를 것으로 판단했다는 진술과 크게 차이가 있다. 권만식은 당시 작업 현장에서도 함미 무게가 1800톤까지 나갈 것이라는 얘기를 전혀 듣지 못했다고 말했다.

권만식은 체인 두 줄을 걸어놓은 상태에서 4월 12일 함미를 수면까지 들어올리기 전까지 한 줄 더 걸라는 지시를 받은 일도 없었다는 취지로 증언했다. 그는 "(최종 지시는) 두 줄(을 걸라는 것)이었다"며 "세 줄 걸라고 지시했으면 세 줄을 걸었을 것"이라고 말했다.

또한 함미를 인양하려 했던 4월 12일 수면까지 들어 올렸다 내린 경위에 대해 "너무 많이 들면, 저항 때문에 톤수가 많이 늘어나고, 파도가 치니 다시 낮추라고 해서 낮췄다"며 "수면 아래로 조금 더 낮추라고 지시를 받았다"고 말했다.

함미 침몰 지점에서 용트림바위 쪽으로 함미를 옮긴 것과 관련해 권만식은 "(4월 11일 저녁 때) 날씨가 안 좋다고 해서 수심이 낮고 파도가 안 치는 곳으로 이동한다는 말을 들었다"고 말했다. 이 지역은 고 한주호 준위가 사망했다는 제3의 부표(KBS 보도) 지점과 인접한 곳이기도 하다.

함미 이동 후 세 번째 체인을 걸게 된 과정에 대해 그는 "두 줄 걸고 난 뒤 천안함 함미를 이동시킨 날(12일)과 들어 올린 날(15일)의 공백 기간에 한 줄 더 보강하자고 어디선지 연락이 와서 보강했다"며 "아마 13일엔 기상악화 때문에 안 한 것 같고, 14일에 작업을 한 것 같다"고 말했다.

권만식은 이런 작업을 할 때를 빼놓고는 함미를 이동시킨 이후 작업 팀이 아예 대청도 육상에 가 있었다고 증언했다. 그는 "함미를 옮겨놓은 뒤 우리(88수중개발팀)는 대청도 섬으로 피항 갔고, 산에도 올라갔다. 작업자들은 섬으로 갔고, 바지선과 크레인 작업팀은 대기했다"며 "함미는 용트림바위 부근 저수심지대(25m)에서 바닥으로부터 한 1~2m 떨어진 위치에 체인으로 걸어서 지탱하도록 해뒀다"고 설명했다. 88수중개발팀이 모두 빠진 채 함미 현장에는 해군과 해상크레인(삼아해운)팀만 사흘간 남아 있었다는 뜻이다.

신상철 서프라이즈 대표는 "왜 저수심지대로 끌고 가려 한 것인가가 관건"이라며 "그 저수심 지대에서 해상크레인의 작업을 필요로 한 것이 아니냐는 의문을 지울 수 없다"고 주장했다.[26]

6차 공판 2012년 2월 6일 증인 불출석,
7차 공판 3월 20일 서울중앙지법 형사36부(재판장 유상재 → 박순관 부장판사로)

6~7. 이원보·김태호 등 2함대 장교 불출석

2012년 2월 6일 예정이던 6차 공판은 법원 인사철이라 열리지 않았다. 이후 3월 20일 7차 공판에는 출석 예정이던 증인인 이원보 전 2함대 22전대장(해군대령)과 김태호 전 해군 2함대 정훈공보실장(해군소령)이 불참해 증인신문이 이뤄지지 않았다. 검찰 측은 "한 사람은 제주해군기지에 가 있고 한 명은 훈련이 있다고 했다"고 설명했다.

대신 새로 교체된 재판부(박순관 부장판사)에 검사와 피고인 측이 지금까지 제출된 증거와 증언 내용 등을 소개했다. 검찰의 공소요지 설명에 이어 피고 신상철 대표의 천안함 프레젠테이션을 실시했다.

8. 유가족 "해군이 최초 좌초 언급, 사실" 22전대장 "어뢰 맞았단 말 사령관에 보고"

천안함 8차 공판에는 천안함 전 유가족대표 박형준과 2함대사령부 22전대장 이원보 대령, 신상철 전 위원을 고발한 김태호 전 2함대 정훈공보실장(현 해군 중령)이 출석했다.

박형준 전 천안함 유가족대표는 2010년 4월 23일 서울중앙지법 형사 36부(재판장 박순관 부장판사) 심리로 열린 신상철 전 위원 명예훼손 재판에 나와 사고 직후 해군 측이 좌초에 관한 언급을 했다는 KBS 〈추적 60분〉 인터뷰 내용을 재확인했다. 다음은 증언 요지이다. 증언 중간에 괄호를 표시한 부분의 경우 증인신문조서상의 기록과 내가 당시 법정 현장을 취재하며 듣고 기록한 내용이 일부 불일치해 당시 기억을 살려 직접 수정한 것이다.

— 검사: "그 이후 언론에 공개된 상태에서 생존장병과의 첫 만남이 시작됐고, 이 자리에서 좌초라는 말이 나온 적은 있나요"

= 증인(박형준 전 천안함유가족대표): "예. 생존장병 중에서 무전기를 들고 있는 사람이 좌초라고 하면서 구조요청을 했다는 말을 들었습니다."

— 검사: "해군 측에서 좌초라고 설명을 했나요."

= 증인(박형준): "그 당시 이원보 대령이나 군에서는 그런 설명이 없었습니다."

─ 검사: "생존장병 중에 사고 직후 함장의 지시에 따라 천안함 침몰과 장
병들의 구조요청을 하는 과정에서 좌초라는 표현이 사용됐는데, 그 장
병은 당시 너무나 당황할 수밖에 없는 상황임에도 구조요청 시 사용한
PRC라는 무전기는 거의 모든 곳에서 감청된다는 사실을 인지하고 폭발
이나 공격을 받았다는 표현을 사용하지 않고, 좌초라는 표현으로 구조
요청을 한 것이라는 점을 알게 됐는데, 언제 알게 됐나요."

= 증인(박형준): "차후에 생존장병으로부터 설명을 들었습니다."

─ 검사: "당시 추적 60분에는 '최초 좌초 지점에 관해 얘기는 했다는 말이
냐'는 질문에 대해 증인이 그렇다고 한 것으로 언론에 보도돼 있는데 이
처럼 대답한 사실이 있는가요."

= 증인(박형준): "(지난해 5월 '해군이 천안함이 최초 좌초됐다고 설명했다'고 답변
한 것은 맞습니다. 당시엔 영결식이 끝났다고 판단했습니다.─당시 법정에서 기
록한 것) 그 당시에 '**최초 좌초**'라는 단어를 **해군에서 이야기했느냐**는 의
미로 알고 그렇다고 대답했습니다."

─ 검사: "좌초 지점이나 좌초 질문은 명확히 알고 대답한 것인가요."

= 증인(박형준): "아닌 것으로 기억이 납니다."

─ 검사: "해군에서 좌초라는 단어를 누가 이야기했나요."

= 증인(박형준): "기자회견 후에 생존 장병들과 면담할 때 들었습니다. (생
존장병과 3월 27일 기자회견 뒤 별도로 가족들과 면담에서 내가 '문규석 원사
는 어디에 있느냐'고 물어보기도 했는데, 그때 생존장병이 말한 것으로 들었습니
다.─당시 법정에서 기록한 것)"[27]

특히 이원보 전대장은 사고 당일엔 함장으로부터 어뢰에 맞은 것 같
다는 보고를 받았으면서도 이날 유가족들(당시 실종자가족)에게는 어뢰라
는 말을 하지 않았다고 박형준 전 대표는 전했다.

- 변호인: "이원보 대령은 '처음에 최원일 함장과 어뢰로부터 후미가 피격 당했다고 통신기로 통화했다'고 했고, 그것을 사령관에게 보고했다고 했는데 그와 관련한 이야기가 없었나요."
= 증인(박형준 전 천안함유가족대표): "예."

[…]

- 변호인: "심승섭 해작사 작전처장은 최초 보고가 '좌초'였다고 증언했는데, 이원보 대령은 왜 실종자 가족에 달리 설명했나요."
= 증인(박형준): "이 대령이 좌초라고 설명했다면 천안함 유가족 입장에서 좌초가 아니냐고 되물을 필요가 없었습니다."[28]

2010년 5월 5일 방송된 KBS 〈추적 60분〉 '천안함 무엇을 남겼나' 편 제작 당시 해군이 최초 좌초를 언급한 사실도 있다고 박 전 대표는 전했다.

- 변호인: "2010년 5월 5일 방송된 추적 60분 '천안함, 무엇을 남겼나' 방송 후 다시보기에서는 증인과의 인터뷰 동영상을 삭제하고 대신 자막을 보여주고 있습니다. 그 내용은 '취재진은 일부 유가족들을 만나 이 사진('최초 좌초'라 쓰인 해도 사진)에 대한 사실 확인을 부탁했습니다. 이에 유가족들은 사건 발생 초기 해군 관계자가 논란이 되고 있는 지도를 통해 사고에 대해 설명한 사실이 있다고 밝혔습니다. 또한 '최초 좌초'와 관련한 해군 측의 발언도 있었다고 말했습니다'라는 내용입니다. 증인이 추적 60분 측에 인터뷰 삭제를 요청했나요."
= 증인(박형준 전 천안함유가족대표): "예. 내용이 달라서 추적 60분이 아니라 저와 인터뷰한 사람에게 삭제 요청을 했습니다. 다시보기에 나와 있는 자막의 내 발언은 맞습니다. 자막 그대로라면 제 답변은 '맞습니다'입니다."
- 변호인: "해군 측은 생존장병을 말하는가요."

= 증인(박형준): "예."[29]

8-1. 이원보 22전대장 "함미 위치를 몰라서"

사건 당시 해군 초계함 772인 천안함을 비롯해 10여 척의 초계함 전대를 이끌었던 이원보 2함대 22전대장(해군 대령)은 이날 법정에 출석해 초기 구조과정과 사고 원인 보고에 대한 신문을 받았다. 특히 유가족 이용기가 항의하는 과정에서 해군으로부터 빼앗아 《아시아경제》가 촬영했던 이른바 작전상황도를 보면, 빨간 점이 찍혀 있고, 그 주위에 10여 척의 함정이 둘러싸고 있다. 이 해군은 이 빨간 점을 두고 함수라고 설명했다. 그런데 이미 승조원 구조 이후 함수에는 거의 생존자가 없는 것으로 파악됐으며 구조가 시급한 것은 함미였는데도 왜 함미가 아닌 함수에만 구조함들이 모여 있느냐는 변호인들의 지적이 쏟아졌다. 이 전대장은 '함미 위치를 몰라서' '제 소관이 아니라서' 등의 답을 했다. 시종일관 함미가 어디 있는지 몰랐다고 답변했다. 이원보 전대장의 법정 증언이다.

 — 변호인(김남주 변호사): (아시아경제 '해군작전상황도' 사진을 보여주며) "이 상황도에 그려진 빨간 점은 함수의 위치이고 빨간 점 부근의 초록색 함정은 해경 선박, 파란색 5척의 함정은 고속정 편대, 좌측 파란색 4척의 함정은 위에서부터 초계함인 속초함, 구축함인 청주함, 제주함, 전남함 순으로 표기돼 있나요."
 = 증인(이원보 전 2함대 22전대장·해군대령): "초계함과 호위함으로 알고 있습니다."
 — 변호인: "위 배들은 구조하기 위해서 있던 것인가요, 아니면 해상경계를

하기 위해서 있던 것인가요."

= 증인(이원보): "경계 및 구조를 위한 것입니다."

— 변호인: "빨간 점 부근에 배가 몰려 있는 것은 함수 부분인가요."

= 증인(이원보): "예."

— 변호인: "별표 부분이 최초 사고 발생 지점이고, 그 근처에 함미가 있는
데 함미 부근에 구조하는 배들이 없는 이유가 무엇인가요."

= 증인(이원보): "함미 위치를 파악하지 못했습니다."

[…]

— 변호인: "천안함 함장이 마지막에 탈출하면서 '함수에 아무도 없다, 다
탈출했다'고 해서 사병들은 함미에 몰려 있을 것으로 예측되는데, 오히
려 최초 사고가 난 지점에 배가 많이 가 있어야 하는 것 아닌가요."

= 증인(이원보): "증인이 답변할 사항이 아닌 것 같습니다. … 제 소관사항
이 아닙니다."

— 변호인: "빨간 지점은 함수가 떠 있었기 때문에 빨간 지점으로 표시한 것
인가요."

= 증인(이원보): "예."

— 변호인: "함미는 별표 지점인가요."

= 증인(이원보): "그 당시에는 파악하기 어려웠습니다."

— 변호인: "빨간 지점에 실제로 배가 많이 모여 있었던 것은 맞나요."

= 증인(이원보): "예."

— 변호인: "배가 많이 모여서 함수를 집중하고 있는데 함수가 소실됐다가
상당한 시간이 흐른 후에 다시 찾은 이유는 무엇인가요."

= 증인(이원보): "잘 모릅니다."

[…]

— 배석 판사: "함수와 함미가 붙어 있다고 판단한 건가요."

= 증인(이원보): "함미가 어디 있는지는 몰랐습니다."[30]

김형태 변호사(법무법인 덕수)는 재판이 끝난 뒤 나와 나눈 인터뷰에서 "한 사람도 남아 있지 않았다는 함수에 구조함들이 이렇게 모여 있다는 것은 말이 안 된다"며 "한목소리로 '구조가 우선'이라고 했던 사람들이 왜 함미는 찾지 않고 왜 엉뚱한 곳에 몰려 있느냐"고 비판했다.[31]

이와 함께 최원일 함장이 22전대장 이원보 대령과 사건 당일 밤 10시 25분경 휴대폰 통화에서 '뭐에 맞은 것 같다' '어뢰 같은데요, 함미가 아예 안 보입니다'라고 말한 내용에 대한 검증도 이뤄졌다. 이원보 대령은 법정에서 "통화 내용을 2함대 사령관에게 보고했다"며 "(최원일) 함장이 '어뢰에 맞은 것 같다'고 말했다는 것만 보고했을 뿐"이라고 말했다. 그러나 '어뢰에 맞은 것 같다는 말을 듣고도 누가 쐈는지, 구체적으로 어떻게 된 것인지 추가적으로 왜 더 묻지 않았느냐'는 지적에 이 대령은 "당시 칠흑 같은 어둠 속에서 사고가 난 상황에서 부하를 살리는 게 우선이라고 봤다"고 말했다.

- 변호인: "3월 26일 22시 32분~22시 42분 천안함 함장과 '뭐에 맞은 것 같습니다' '뭔 거 같애' '어뢰 같은데요, 함미가 아예 안 보입니다'라고 통화한 사실이 있나요."
- 증인(이원보 전 2함대 22전대장·해군대령): "예. 시간은 22:32~22:42 후로 기억이 납니다."
- 변호인: "위 얘기를 포함해 증인은 북한을 의심했나요."
- 증인(이원보): "여러 가지 원인을 생각하고 있었습니다."
- 변호인: "통화 내용을 상부에 보고했나요."
- 증인(이원보): "2함대 사령관에게 보고했습니다. (함장이 '어뢰에 맞은 것 같다'고 말했다는 것만 보고했을 뿐입니다. ─당시 법정에서 기록한 것)"
- 변호인: "어뢰가 적국에서 나온 것이라면 중요한 문제 아닌가요."
- 증인(이원보): "그 당시 상황에서는 구조작전이 중요했습니다."

– 변호인: "어뢰에 의해 피격당한 것 같다는 보고를 함장으로부터 받고 사령관에게 보고했고, 해군사령관 국방부장관 대통령에게도 똑같은 보고가 올라갔을 텐데, 피격을 당한 함장이 어뢰 같다고 보고했으면 당연히 어뢰에 의해서 피격당한 것 같다는 발표가 나와야 하지 않은가요."

= 증인(이원보): "제가 답변할 사항이 아닙니다."

[…]

– 변호인: "증인은 22전대 총책임자이고, 천안함이 어뢰에 맞았다는데 그 어뢰를 누가 발사했는지 묻지 않고, 우리 대응이 제대로인지 생각하지 않았나요."

= 증인(이원보): "(당시 칠흑 같은 어둠 속에서 사고가 난 상황에서–당시 법정에서 기록한 것) 부하를 살리는 게 우선이라고 봤습니다."

– 변호인: "해작사 작전처장이던 심승섭 준장은 사건 당일 2함대사령부에선 어뢰피격 가능성에 대해 보고하지 않았다고 증언했는데 2함대에서 해작사에 보고조차 올라가지 않은 것은 어떤 연유인가요."

= 증인(이원보): "제가 답변할 사항이 아닙니다."

[…]

– 변호인: "(증인이 어뢰인 것 같다고 보고했더니) 2함대사령관은 왜 어뢰라고 생각하느냐고 물어보지 않았나요."

= 증인(이원보): "기억이 나지 않습니다."

– 변호인: "보고체계와 관련해 합조단 조사를 받았나요."

= 증인(이원보): "제 보고 사실에 대해 조사를 받았습니다."[32]

또한 이 대령은 사고 직후 음탐하사가 정위치에서 근무했는지, 사고 원인과 관련해 특이상황은 없었는지에 대해서도 "전혀 물어본 적 없다"며 "음탐하사 생존여부도 확실치 않았고, 현재 상황에선 구조가 우선이라고 판단했다"고만 답변했다.

천안함은 사고 당일 피항했나

이원보 전 22전대장은 천안함이 사고 당일 백령도 근해로 피항했다는 언론 보도의 진위여부에 대해 그런 이야기를 들은 적이 있다고 사실상 시인했다. 이는 합조단 보고서 내용과 다르다.

- 변호인: "천안함이 그날 작전구역을 변경하는 승인을 받지 않았나요."
= 증인(이원보 전 2함대 22전대장·해군대령): "잘 모르겠습니다."
- 변호인: "언론에 의하면 그날 일기가 좋지 않았기 때문에 파고가 얕은 백령도 근해로 피항해서 이동했다는 보도가 나왔는데, 맞는가요."
= 증인(이원보): "그런 이야기는 들었습니다."
- 변호인: "피항하려면 2함대사령부로부터 승인을 받아야 하는가요."
= 증인(이원보): "그런 것으로 알고 있습니다."[33]

그러나 합조단 보고서엔 사건 당일 피항했다는 기록이 없다. 사건 전날 백령도 사방에서 이탈해 대청도 동남방에서 피항했다고 나온다. 사건 당일 아침부터 다시 항해를 개시했다. 관련 내용은 다음과 같다.

천안함 임무수행
- 3. 16(화) 평택항 출항, 백령도 서방 경비구역 배치
- . 25(목) 서해 풍랑주의보 발효, 백령도 서방 경비구역 이탈, 대청도 동남방에서 피항
- 3. 26(금) 06:00경 기상 호전으로 경비구역 복귀를 위한 항해개시
  08:30경 경비구역에 도착해 정상적인 작전임무 실시
  20:00경 당직근무 교대(29명), 기타 인원은 휴식 및 정비"[34]

이것을 보면 이원보 전대장이 허위증언 또는 실언을 했거나 합조단의

천안함 보고서가 잘못된 것이거나 둘 중 하나는 틀린 것이다. 그것도 아니면 우리가 모르는 다른 천안함의 진짜 항적이 있거나 말이다.

8-2. 김태호 "도저히 못 참아 신상철 고발"

신상철 전 민군합동조사단 민간조사위원(서프라이즈 대표)에 대한 고발인에 김태호 당시 2함대사령부 정훈공보실장(해군 중령)도 포함돼 있었다. 그는 이날 법정에 출석해 신 전 위원을 고발한 이유에 대해 상급자 지시나 해군 차원이 아닌 "2함대 대변인으로서 개인적으로 참을 수 없어서"였다고 주장했다. 2함대사령부는 초기부터 언론을 통제하기 시작해 기자들의 많은 반발을 샀다. 언론통제를 가한 이유에 대해 김 중령은 언론이 제한된 시간에 취재하지 않고 모든 것을 개방해달라는 요구가 있었기 때문이라고 말했다. 김 중령의 법정 증언이다.

- 변호인: "2010년 3월 26일 천안함 침몰이라는 전대미문의 사건이 발생해 27일 2함대 사령부에서 실종자 가족설명회를 개최하면서도 27일 오전 내내 오후 4시 45분경까지 언론매체 기자들의 2함대 사령부 출입을 통제한 사실이 있나요."
- = 증인(김태호 전 2함대 정훈공보실장·해군중령): "언론 출입은 별도의 절차가 필요하고, 우선 유가족들에게 설명하겠다고 했던 것으로 기억이 납니다."
- 변호인: "이날 2함대 사령부에서 실종자 가족설명회를 언론에서 취재하는 것을 오전부터 계속 통제하자 실종자 가족 100여 명이 설명회가 열리던 예비군 강당에서 나와 2함대 사령부 정문 밖까지 나갔다가 오후 4시 45분경 취재진과 함께 2함대사령부 정문을 밀고 들어오는 사태가 벌어

졌나요.”

= 증인(김태호): “예.”

– 변호인: “해군이 실종자 가족에겐 설명하면서 언론 기자들은 정문에서 막으면 국민들로부터 사실 은폐 의혹에 대한 비난을 받을 것을 예상할 수 있었음에도 2함대사령부에서 언론통제 조치를 취한 이유가 무엇인가요.”

= 증인(김태호): “군부대를 취재할 때는 보안 문제가 있기 때문에 선별된 언론이 들어와서 제한된 시간에 취재하는데, 당시 모든 것을 개방해달라는 요구가 있었고, 오후에는 통제할 수 없는 상황이었습니다.”

– 변호인: “이날 적지 않은 실종자 가족들이 2함대사령부의 상황 설명에 납득을 못하고 반발한 이유는 천안함 실종 대원들의 생존 여부 및 사고 원인에 대한 책임 있는 설명의 부족, 언론통제 등과 관련해 2함대 사령부에서 뭔가 알면서도 은폐한다는 의심을 샀기 때문 아닌가요.”

= 증인(김태호): “당시 실종자 가족 입장에서는 그럴 수도 있을 것이지만 군에서 은폐하지는 않았습니다.”[35]

피고 신상철 고발의 자격과 경위에 대해 김 중령은 ‘개인적’ ‘공무’ 등으로 답변을 오락가락하기도 했다.

– 변호인: “증인은 직접 천안함 작전을 한 것도 아니고 구조 인양 업무를 한 것도 아닌데, 고발한 이유가 무엇인가요.”

= 증인(김태호 전 2함대 정훈공보실장·해군중령): “언론을 담당하고 있고, 2함대 대변인으로서 참을 수 없어서 개인적으로 고발했습니다.”

– 변호인: “해군 상급 지휘자나 해군에 의해 고발한 것 아닌가요.”

= 증인(김태호): “아닙니다. 다른 상부의 의견은 없었고, 고발했을 때 법무실에 가능한지 문의를 한 적이 있습니다.”

428

- 변호인: "증인이 고발한 사안은 공무인가요, 사무인가요."
= 증인(김태호): "공적인 일이라고 생각합니다."
- 변호인: "국가의 공무수행에 관해 여러 의혹이 있을 때 언론이 여러 문제를 제기하는 것이 잘못된 것인가요."
= 증인(김태호): "문제제기는 할 수 있지만, 군에 확인하지 않은 점, 군에서 의도를 가지고 사실을 은폐했다고 하는 부분에 대해서는 언론의 도의를 벗어난다고 생각합니다."
- 변호인: "증인이 고발했을 때 상부에 보고했나요."
= 증인(김태호): "예."
- 변호인: "증인은 고발 업무 및 고발인 조사, 대질신문 등을 위해 서울중앙지방검찰청에 여러 차례 출석했는데, 그때마다 증인은 공무로 출장 신청하고 출석했나요."
= 증인(김태호): "예."[36]

2012년 5월 11일 '가스터빈 스크래치' '함수 측면 빨간줄'

9. 제1차 천안함 선체 현장 검증

신상철 전 위원 천안함 관련 명예훼손 사건 재판부의 9차 공판은 증인신문 대신 경기도 평택 해군 2함대 사령부에 있는 천안함 선체를 현장 검증했다.

서울중앙지법 형사36부(재판장 박순관 부장판사)는 11일 오전부터 2시간 여 동안 평택 해군2함대에 보관 중인 천안함 선체를 현장 검증하기 위해 재판부측 7명, 검찰 2명, 신상철 서프라이즈 대표(전 민군합조단 민간위원) 등 변호인 측 7명, 이재혁 대령 등 군 측 관계자와 함께 현장 검증을 실시했다.

이날 선체 현장 검증에서 가스터빈 외판과 스크루(프로펠러), 선저 스크래치, 함수·함미 절단면의 밀려올라간 형태 등을 두고 검찰과 변호인 측이 각각 폭발의 흔적, 좌초 또는 물리적 충돌의 흔적이라며 공방을 벌였다.

이번 현장 검증에서는 함미 선저 중앙과 왼쪽에 나타난 스크래치뿐 아니라 가스터빈 외판의 용골과 오른쪽 프레임(골격)에 약 10m 길이 방향의 스크래치로 페인트가 벗겨지고, 부식돼 있었다. 이를 두고 변호인단의 이강훈 변호사는 "용골과 프레임 등에 나타난 것은 스크래치"라고 지적했다. 신상철 대표는 "용골과 프레임에 길이방향으로 난 스크래치는 돌출된 부분 위주로 페인트가 다 벗겨졌다"며 "이는 좌초에 의한 손상으로 판단된다"고 분석했다.

검찰은 "가스터빈을 보호하기 위해 감싸고 있는 파운데이션(철제 내부 구조물)까지 덩어리째 날아갔다"며 강력한 폭발에 의한 흔적이라고 주장했다.

그러나 신상철 대표는 "프레임과 프레임 사이가 들어가 주름이 잡혀 있는 모습이 나타나는데 이는 무언가가 뚫고 들어가면서 외판이 같이 말려들어간 형태"라며 "직접적인 충돌이 있었음을 보여주는 것"이라고 주장했다.

검사는 함미 선저 스크래치에 대해 함미가 해저에 닿으면서 조류에 쓸려가면서 생긴 것이라고 주장했다. 가스터빈과 함미 선저의 스크래치가 좌초의 증거라면 왜 선체에서 가장 낮은 소나돔이 멀쩡하냐고 검사는 반박했다. 검증 결과를 보면, 소나돔 바닥은 멀쩡하나 앞쪽 방향에 일부 깨진 구멍이 보인다.

함미 우현의 스크루(프로펠러)에 대해 김형태 변호사는 "S자 형태로 휘어진 것이 시계방향으로 돌다가 정지해서 관성에 의해 생긴 형태라고 군이 주장하지만 그 말대로 하더라도 오히려 정반대로 휘어져야 한다"

고 지적했다. 특히 김 변호사는 휘어진 부분 외에도 스크루 날개 끝부분 곳곳이 반원 형태로 깨져 있는 상태를 지목하면서 좌초에 의해서 생긴 것이라고밖에는 설명하기 어렵지 않겠느냐고 말했다.

이에 대해 검찰과 군은 "S자 모양으로 휜 것은 프로펠러가 정지해서 한 번 휜 뒤에 물살에 의해 한 번 더 휜 것"이라고 주장했다.

또한 천안함 함수 우현 측면에 붉은색 줄같이 보이는 흔적에 대해 변호인 측은 "천안함 측면의 길게 난 붉은색은 천안함이 좌초하면서 발생한 스크래치에 의해 외부 도장이 벗겨져 내부 도장이 드러난 것"이라고 밝혔다.

천안함 함수와 함미 절단면의 형상에 대해 검찰은 폭발이라고 강조했다. 검사 측은 "선체 절단면의 철판이 바깥쪽에서 안쪽으로 휘어진 점, 길게 늘어진 전선 밑이 끊어진 점, 함미 가스터빈 지지대가 위쪽으로 말려 올라간 것은 외부에서 강한 폭발이 있었다는 증거"라고 주장했다.

이에 대해 피고인인 신상철 전 위원은 "선체 철판이 바깥쪽에서 안쪽으로 휘어진 것이 외부 폭발에 의한 것이라면, 절단면 상부 갑판 부분의 철판이 위쪽으로 휘어지거나 남아 있지 말아야 하는데 그대로 있다"며 "함수 절단면의 형광등, 전선이 녹지 않고 늘어져서 끊어진 형상은 폭발이 아니라고 말해주는 것"이라고 반박했다.

함수 좌현의 함 안정기가 우현 함 안정기보다 많이 파손된 것에 대해 검사 측은 "선체 좌측에서 폭발이 있었으며, 좌우현 안정기 표면에 남아 있는 버섯 모양들은 폭발에 의한 버블제트 흔적"이라고 주장했다.

이에 대해 변호인은 "좌측 함 안정기가 찢어진 것과 밑면의 찌그러짐은 함 안정기가 땅 속에 묻혔다 빠져나오면서 발생한 좌초의 흔적"이라고 주장했다. 치열한 공방이 오고간 현장 검증은 오전 11시부터 12시 50분까지 진행됐다.[37]

10. 천안함장 "대원들 함구령 상부지시 있었다"

천안함 재판의 제10차 공판에는 최원일 당시 천안함장이 출석했다. 2012년 6월 11일 서울중앙지법 형사36부(재판장 박순관 부장판사) 서관 524호 법정엔 평소 나를 제외하고는 찾아보기 어려웠던 각 언론사의 취재진이 몰리기도 했다.

최원일 전 함장은 천안함 사고 직후 구조된 대원들에게 휴대폰을 회수하고 사고 원인과 사건 상황 등에 대해 일체의 함구령을 내렸다고 밝혔다. 특히 최 전 함장은 휴대폰을 회수하고 함구령을 내린 이유에 대해 상부의 지시가 있었기 때문이라고도 밝혔다. 검사의 신문에 대한 답변이다.

— 검사: "증인은 해경정에 구조된 후 부장인 김덕원 소령에게 '지금 대원들의 상태가 정상이 아니다'고 하면서 함구령을 지시한 사실이 있는데 그 이유는 승조원들이 피를 흘리는 등으로 당황한 상황에서 외부와 통화해 잘못된 정보를 전달할 것을 생각해 이같이 지시한 것인가요."

= 증인(최원일 전 천안함장): "예. (산 사람, 죽은 사람이 엇갈릴 수 있기 때문이었습니다. 그래서 대원 핸드폰을 모두 회수했습니다. −당시 법정에서 기록한 것)"

— 검사: "사고 원인에 대해서도 함구령을 지시한 사실이 있나요."

= 증인(최원일): "당시 사고 원인에 대해서는 아무도 몰랐고, 함구령 지시를 했습니다. (원인을 아무도 모르는데 함구를 어떻게 지시합니까. 난 어뢰 피격일 것으로 생각했습니다. 그런데 우리 중에도 최초 보고를 좌초라 했을 정도이니.−당시 법정에서 기록한 것)"[38]

이후 변호인의 신문에서는 상부의 지시가 있었다는 답변을 했다.

- 변호인: "증인은 누구에게 함구령을 지시한 것인가요."
= 증인(최원일 전 천안함장): "해경정에 (승조원들과) 왔을 때 김덕원 소령에게 (대원들 함구를 지시했습니다.─당시 법정에서 기록한 것) 전화기를 쓰지 말라고 했습니다."[39]
- 변호인: "2함대사령부에서 대원들의 핸드폰을 모두 수거하라는 지시가 있었나요, 아니면 증인 혼자 판단한 결정인가요."
= 증인(최원일): "상부의 지시가 있었습니다."[40]

이와 관련해 변호인이 최 전 함장에게 '사고 원인은 증인만 알고 다른 이는 모르게 하고자 휴대폰을 회수했느냐'는 신문에 최 전 함장은 다음과 같이 말했다. 이 대목은 내가 현장에서 기록한 것으로 재판부의 법정 증인신문조서에는 누락돼 있다.

"너무 많은 말이 나올 것 같아서였습니다. 좌초니 어뢰니 이런 상태에서 전화가 오면 무슨 일이 생길 수 있지 않겠습니까. 원인은 (조사)결과가 나와봐야 아는 것입니다. 어뢰피격이라는 것은 (나의) 판단보고(용)일 뿐이었습니다."

사고 직후 어뢰피격 보고, 다음 날 기자회견서는 왜 '충돌음'이라고 했나

최 전 함장은 사고 직후인 3월 26일 밤 어뢰피격이라고 이원보 22전대장에게 보고했다고 밝혔다. 그러나 이날은 이렇게 보고해놓고 다음 날 유가족과 언론 앞에서 브리핑할 때는 사고 순간 '충돌음'이 있었다고 표현했다. 또한 충돌음을 들은 뒤 함장실에서 나오는 데까지 10분 정도 걸렸다고 증언했다.

- 변호인: "언론 인터뷰 당시 '충돌음'이라고 표현했는데, 충돌로 판단했기

때문에 '충돌음'이라고 표현했나요."

= 증인(최원일 전 천안함장): "당시에는 충돌인지 충격인지 구분하지 못하고, 당시 언론보도도 '충돌음'과 '충격음'이라고 표현한 것으로 기억납니다."

— 변호인: "당시 충돌음은 쾅 하고 한 번 난 것인가요, 아니면 '쾅, 콰앙' 하고 두 번 난 것인가요."

= 증인(최원일): "저는 한 번만 들었고, 위치에 따라 다르게 들린다고 생각합니다."

[…]

— 변호인: "함장실에서 나오는데 시간이 얼마나 걸렸나요."

= 증인(최원일): "충돌음이 난 지 10분 정도 걸렸던 것으로 기억하고 있습니다."

— 변호인: "함장실에서 나와 보니 배 상태는 어땠나요."

= 증인(최원일): "배가 오른쪽으로 기울어져 있었고, 마스터가 바다에 닿아서 물을 치고 있었습니다."

— 변호인: "…좌현 갑판으로 나왔을 당시 함미 전체가 이미 물속으로 가라앉았다는 말인가요."

= 증인(최원일): "제가 확인했을 때 함미 전체가 이미 물속에 가라앉았습니다."[41]

또한 최 전 함장은 사고 직전 화면이라며 국방부 합조단이 내놓은 천안함 최종보고서상의 후타실 체력단련장 사진이 사고 직전 상황이 아닌 것으로 보인다고 밝히기도 했다.

— 변호인: "국방부 보고서 211쪽 후타실 CCTV 사진에 있는 승조원이 실제 사고 직전의 영상이 아닌 것은 맞는가요."

= 증인(최원일 전 천안함장): "사고 순간의 사진은 아닌 것으로 보입니다."[42]

유가족 이용기가 천안함 작전상황도상 백령도 서방 근해에 기재한 '최초 좌초' 위치에 대해 최 전 함장은 그곳으로 갔을 수는 있다고 증언했다. 박영선 의원이 제시했던 천안함 유턴 항적을 토대로 묻자 그렇게 답했다.

－ 변호인: "박영선 의원이 받은 좌표 자료를 기초로 재구성해보면, 백령도 남서방 해역(A지점)에서 천안함이 21시 5분 유턴한 뒤 4분 뒤인 21시 9분 B지점을 통과했다고 밝혔는데, 이를 작전상황도에 옮기면 '최초 좌초'라고 기재한 지점을 향했을 가능성도 충분히 있는 것으로 파악됩니다. 사고 직전 별표 지점을 지났던 것 아닌가요."

＝ 증인(최원일 전 천안함장): "별표 지점을 지나갔을 가능성은 충분히 있지만 그 지점에 암초는 없습니다."

－ 변호인: "별표 지점은 수심이 어느 정도인가요."

＝ 증인(최원일): "위 작전상황도를 봤을 때 20m 정도 되는 것으로 보입니다."[43]

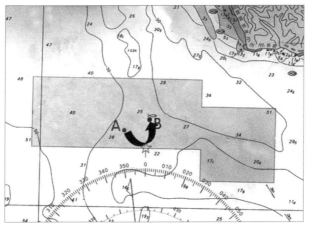

천안함이 사고 발생 직전 백령도 앞바다에서 항로를 유턴하던 지역의 해도상의 좌표.
사진＝박영선 민주당 의원

좌초는 해난 사고의 총칭?

최원일 전 함장의 어뢰 보고에 앞서 김광보 포술장(해군 대위)이 2함대 상황반장에게 휴대폰으로 좌초라고 보고한 것에 대해 최 전 함장은 좌초라는 말이 해난 사고의 총칭하는 것이라고 답했다. 배를 항해하거나 운항하는 사람이 좌초의 뜻을 해난사고의 총칭이라고 쓰지는 않는다.

> ─ 검사: "당시 포술장은 '천안함이 좌초되었다'고 보고했는데, 통상적으로 좌초라는 개념은 '암초 등에 부딪히는 것'을 의미하는 것으로 보이는데, 포술장이 좌초라고 보고한 이유는 무엇인가요."
>
> = 증인(최원일 전 천안함장): "구조요청이 급박한 상황이었고, 해난사고의 총칭의 개념으로 '좌초'라고 이야기했다고 포술장에게서 들었습니다."
>
> [⋯]
>
> ─ 변호인(김형태 변호사): "해군에서 '좌초'라는 말은 어떤 원인이든지 배에 무슨 문제가 발생해서 배가 가라앉으면 좌초라고 사용하나요.(모든 배사 고가 좌초인가요.-당시 법정에서 기록한 것)"
>
> = 증인(최원일): "(당시 상황이 그렇다는 것입니다.-당시 법정에서 기록한 것) 해 군에서는 통상 해난 사고를 좌초라고 합니다."
>
> ─ 변호인: '좌초'는 암초에 걸렸다는 의미가 아닌가요."
>
> = 증인(최원일): "구조요청이 우선이었기 때문에 포술장이 '좌초'라고 표현 을 한 것입니다."[44]

어뢰 판단 근거는 "느낌과 두 동강 난 상황 종합"

최원일 전 함장은 어뢰피격이라고 보고한 근거에 대해 당시의 느낌과 함체의 절단 상태 등을 종합해서 판단했다고 진술했다.

> ─ 변호인: "22전대장에게 '어뢰에 맞은 것 같다'고 보도했는데, 그렇게 판

단한 근거는 뭔가요."

= 증인(최원일 전 천안함장): "현장에서는 지휘관 판단으로 보고하게 돼 있고,
느낌과 함체가 두 동강 난 상황 등 모든 상황을 종합해서 판단했습니다."

− 변호인: "…증인은 사고 시각을 21시 15분이라고 보고한 사실이 있나요."

= 증인(최원일): "없습니다."

− 변호인: "해작사에서 21시 15분으로 잘못 보고했다는 건가요."

= 증인(최원일): "함정에서는 21시 25분이라고 보고했습니다."[45]

음탐 정상근무했는데 소나가 잠수정, 어뢰 왜 못 잡았나

북한 어뢰에 의해 피격됐다는 최 전 함장의 주장 가운데 가장 큰 의문
점은 적 잠수함정 탐지율 70%인 소나, 어뢰 회피 기술이 있다는 초계함
이 어떻게 잠수함정과 어뢰 모두 놓쳤느냐는 것이다. 실제로 사건 직후
일주일 동안 합참 정보작전처장뿐 아니라 국방부장관까지도 적 잠수함
과 어뢰를 탐지할 수 있다고 거의 장담하다시피 했다. 최 전 함장은 어뢰
와 천안함 소나의 주파수 대역이 달랐기 때문이라고 주장했다. 더구나
최 전 함장은 탐지 가능 발언에 대해 '전술에 나와 있는 것을 이야기한
것'이라고 평가했다. 이론일 뿐 실제와 다르다는 얘기이다. 이와 관련한
이날 최 전 함장의 법정 진술이다.

− 변호인: "사고 당시 음탐 당직자가 근무를 제대로 안 했는지 여부에 대해
증인이 사후에 보고받은 사실이 있나요."

= 증인(최원일 전 천안함장): "예. 정상근무했다고 보고받았습니다."

− 변호인: "사고 다음 날인 2010년 3월 27일 이기식 합참 정보작전처장은
'어뢰가 배 쪽으로 오면 음탐기에서 포착할 수 있다. 회피하는 전술이 있
다. 회피하도록 돼 있고, 본 초계함에도 다 돼 있다'고 답변했고, 2011년
3월 18일 실시한 서해 해상훈련에서 천안함과 같은 제원의 초계함인 진해

함의 윤현중 함장은 YTN 인터뷰에서 '적 어뢰의 속력은 보통 시속 30~ 40노트 정도'라며 '진해함은 최고 시속 32노트의 기동능력을 보유하고 있고, 적의 어뢰 사거리를 감안하면 충분히 피할 수 있다'고 말했습니다. 천안함은 왜 북한 잠수함과 어뢰를 탐지 못 했나요."

= 증인(최원일): "당시 소나로는 그 주파수 대역을 탐지하지 못했습니다."

— 변호인: "그렇다면 천안함이 어뢰 회피 기능을 할 수 있다는 이기식 처장의 이야기는 잘못된 것인가요."

= 증인(최원일): "전술에 나와 있는 것을 이야기한 것으로 알고 있습니다."

[…]

— 변호인: "소나는 어뢰를 포착하지 못한다는데 소나는 무엇 때문에 있나요."

= 증인(최원일): "대잠수함을 탐지하기 위해서입니다."

— 변호인: "어뢰는 포착할 수 없나요."

= 증인(최원일): "현재는 모르지만 그 당시엔 포착할 수 없었습니다."

— 변호인: "3월 27일 이기식 처장은 '어뢰가 배 쪽으로 오면 음탐기에서 포착할 수 있다'고 했는데 어떤가요."

= 증인(최원일): "사전에 그렇게 하도록 약속이 돼 있다고 광범위한 의미에서 이야기한 것으로 생각합니다"[46]

"연어급 잠수정 안 보인다는 건 평상 상태, 적함 특이사항 없었다"

최 전 함장의 발언 가운데 더 희한한 것은 그가 천안함 사건 전에 북한의 연어급 잠수정 배치 정보를 받고, 사고 당일에도 연어급 잠수정 몇 척이 안 보인다는 정보를 전달받고서도 경계태세를 상향시키지 않았다는 답변이었다. 최 전 함장은 평상상태였기 때문이라고 했다. 그래서 경계태세를 상향시킬 일이 아니라 판단했으며, 적함의 특이사항이 없었다고 진술했다.

이는 앞서 4장 4절에서 기술한 사건 초기 김태영 국방부장관의 발언과 정확히 일치한다. 북한 해군기지에서 잠수함정 몇 척이 미식별 됐다는 것 자체가 특이동향이 아니라는 판단이었다. 김 장관은 이를 다시 검토해본 후 자신의 '무능' 탓이라고 번복했다. 그럼에도 여전히 같은 정보에 대한 판단이 이렇게 극과 극으로 갈리는 것은 오히려 신뢰를 떨어뜨린다.

증인신문 거의 마지막 부분에 나오는 최 전 함장의 법정 증언은 우리 군의 서해상 북한 군함 관련 정보능력을 근본적으로 의심케 한다. 뒤집어 말하면 정부가 최종적으로 발표한 연어급 잠수정 등이 보이지 않는다는 정보 자체가 무슨 의미인지 정부 스스로 제대로 판단했는지에 대해서도 신뢰할 수 있는 것인가 하는 의문도 남는다.

— 변호인: "천안함 침몰 사고 전에 북한이 연어급 잠수함을 배치했다는 정보를 전파받았나요."

= 증인(최원일 전 천안함장): "시운전 중이라는 정보까지 받았습니다."

— 변호인: "연어급이라는 명칭이 정해져 있었나요."

= 증인(최원일): "예."

— 변호인: "전파받은 잠수함의 제원은 정부에서 말한 제원과 같은가요."

= 증인(최원일): "예."

— 변호인: "장착할 수 있는 어뢰가 어떤 어뢰였는지 전파받았나요."

= 증인(최원일): "조사결과 보고서에 나온 어뢰를 보유하고 있는 것으로 전파받았습니다."

— 변호인: "천안함은 잠수함 경계작전을 위해 어떤 무기체계를 갖고 있나요."

= 증인(최원일): "소나, 어뢰, 폭뢰를 갖고 있습니다."

[…]

— 변호인: "사고 당일인 3월 26일 아침 2함대사령부로부터 북한 잠수함 관

런 정보를 수신하거나 대잠경계 태세를 상향시키라는 등의 지시를 받았나요."

= 증인(최원일): "상향시키라는 지시는 받지 않았고, '강도가 집밖으로 나왔다, 강도가 집밖으로 나와서 집 앞에서 담배를 피운다'는 정도의 문자 및 전보로 평상상태라는 취지의 정보를 받았습니다."

— 변호인: "증인은 모기지를 떠난 연어급 잠수정 및 예비모선 수척이 있다는 미식별 정보를 전파받았나요."

= 증인(최원일): "연어급 잠수정이 몇 척 안 보인다는 정보를 전파받았습니다."

— 변호인 : "그렇다면 경계태세를 상향시켜야하는 것 아닌가요."

= 증인(최원일): "아닙니다."

— 변호인: "연어급 잠수함이 올 수 있기 때문에 함장으로서 경계태세를 상향시켜야 하지 않나요."

= 증인(최원일): "저는 아니라고 판단했습니다."

— 변호인: "2010년 3월 25일, 26일 오전까지 천안함은 풍랑으로 대청도로 피항했는데, 그런 상태에서 연어급 잠수정 기동이 가능한가요."

= 증인(최원일): "모릅니다."

— 변호인: "KNTDS상 천안함 주변에 함선 배치는 어떠했나요."

= 증인(최원일): "없었습니다."

— 변호인: "천안함 서방 또는 북방에 해경을 포함한 아군 함정은 전혀 없었나요."

= 증인(최원일): "예."

— 변호인: "적함의 움직임은 어떠했나요."

= 증인(최원일): "특이사항이 없었습니다."[47]

천안함의 소나에 대해 최 전 함장은 사고 순간엔 청음listen 모드였으며, 사고 직전 능동active 모드를 사용한 적이 있었다고 증언했다. 청음 상태일 땐 수중에서 발생하는 각종 음파를 확대해서 들을 수 있는 것이며, 능동 모드는 천안함에서 음파를 발사해 접촉물에 맞고 돌아오는 것을 감지하는 것이다.

최 전 함장은 천안함 소나가 잠수함을 찾아내지 못한 것은 대잠환경에 따라 탐지가 제한된다고 답했다.

- 변호인: "천안함 소나 중 액티브 모드는 음파를 쏘고 도달하는 음파의 양과 크기를 보고 물체의 위치와 종류를 탐지하고, 리슨 모드는 소리를 확대해서 듣는 것인가요."
= 증인(최원일 전 천안함장): "예."
- 변호인: "액티브 모드를 마지막으로 운용한 것이 언제인가요."
= 증인(최원일): "정확히 기억나지 않지만, 사고 직전에 사용한 것으로 알고 있습니다."
- 변호인: "피격 순간에 리슨 모드를 운용하고 있었나요."
= 증인(최원일): "예."
- 변호인: "천안함은 북한 잠수함의 공격대기 추정 지점에서 멀지 않은 해역을 수회 기동한 것은 맞나요."
= 증인(최원일): "예."
- 변호인: "사고 이전에 액티브 모드에서 북한 잠수함 등 특이 물체가 식별되지 않았나요."
= 증인(최원일): "예."
- 변호인: "액티브 모드에서 북한 잠수정을 이론적으로 발견할 수 있나요."
= 증인(최원일): "예."
- 변호인: "액티브 모드에서는 콘솔 화면으로 해저 물체를 보여주고 적 잠수함 공격대기 지점 근방을 지났으면서도, 왜 소나병이 북한 잠수함을

못 찾아낸 것인가요."

= 증인(최원일): "대잠 환경에 따라 탐지가 제한되는 경우가 많습니다."[48]

이와 관련해 최 전 함장은 징계가 상신됐으나 징계유예 처분을 받았다. 평시에 기습을 당한 점이 정상참작됐다는 설명이다.

— 변호인: "사고 이후 증인은 경계실패 책임으로 징계유예 처분을 받은 사실이 있나요."

= 증인(최원일 전 천안함장): "예."

— 변호인: "징계상신의 이유와 징계유예 처분의 이유는 무엇인가요."

= 증인(최원일): "징계상신 항목은 북한의 도발위협 징후가 있음에도 경비구역 이탈을 건의하지 않았다는 점과 북한의 도발위협 징후가 있으면 속력을 높여야 하는데 속력을 높이지 않았다는 점이었고, 징계유예 처분의 이유는 그 당시 상황이 적 침투도발이 농후하고 경계태세가 상향된 상황이 아니라 평상시 상황이었고, 수사하면서 이뢰공격 시 남지방어가 불가하다는 이유로 징계유예 처분을 받았습니다."[49]

최원일 "신상철 질문은 안 받겠다…책임은 북에 물어야지"

최 전 함장은 자신의 책임에 대해서는 해명한 반면 의혹을 제기한 사람들에 대해서는 '질문을 안 받겠다' '짧은 지식으로 욕되게 하지 말라' 등 되레 고압적 표현을 쓰기도 했다.

최 전 함장은 검사가 마지막으로 하고픈 말을 해보라고 하자 "기습적인 어뢰공격 때문에 부하들을 하늘나라로 보내고, 심적 육체적으로 고통을 받고 있는 부하들과 유가족들에게 함장으로서 무한한 책임을 느낀다"고 말했다. 그러면서도 그는 "적 위협에 대응하는 보안이 요구된 작전상황과 잘 알려지지 않은 함정의 특성 때문에 사건 초기에 국민이 이해

하기에 어려움이 많았다고 생각한다"며 "당일 적 잠수함에 대한 침투신
호 등 적에 대한 특이동향이 없는 상황이었다. 평상 작전을 하고 있었고,
전날 풍랑주의보 여파로 높은 파도 속에서 대청해전 이후 계속 경비작
전을 수행하던 그곳에서 파도를 견디면서 정상 기동을 하고 있었지, 임
의로 변경 기동한 것은 절대 아니다"라고 해명했다.

그는 "바다에서 모든 상황은 너무나 변화무쌍해서 함정을 운영하고
지휘한다는 것은 제반 상황을 고려해야 하는 고도의 전문성을 필요로
한다"며 "바다와 함정에 대해 짧은 지식으로 지금도 파도치는 바다에서
목숨 바쳐 바다를 지키는 우리 해군 장병을 욕되게 하지 말았으면 좋겠
다"고 주장했다.

최 전 함장은 신상철 대표의 대리인 이강훈 변호사가 CCTV 후타실
(체력단련실) 마지막 장면에 나오는 6명의 승조원 및 근무자와 실제 후타
실에서 발견된 시신이 다르다는 의혹이 있으니 해당 사진에 나오는 승
조원 실명을 밝혀달라고 하자 최 전 함장은 '왜 실명을 알려느냐'며 증언
을 계속 거부했다.

이 때문에 그 자리에 있던 심재환 변호사는 재판장을 향해 "계속 증언
을 거부하는 것을 허용할 것입니까"라고 거듭 따졌다.

또한 '작전실패 지휘관은 용서해도 경계실패한 지휘관은 용서하지 않
는다'는 말처럼 책임지는 사람이 왜 없느냐는 변호인의 지적에 최 전 함
장은 "그건 육군작전에서의 의미이며, 우리는 평시에 맡은 바 임무를 다
했는데 어떻게 경계실패의 책임을 지느냐"고 강변했다.

'46명의 목숨을 앗아갔는데도 책임을 못 느끼느냐, 책임을 묻는 것은
재발을 막기 위함이 아니냐'는 이어진 변호인 질의가 나오기 무섭게 최
전 함장은 "그걸 왜 우리한테 그러느냐. 북한에다 가서 따져야 하지 않느
냐. 이러니 적이 도발하는 것 아니냐"고 불만을 터뜨렸다.

이어 최 전 함장은 신상철 대표가 직접 몇 가지를 물으려 하자 "신상

철 씨 질문을 받지 않겠습니다"라고 주장했다. 이에 재판장과 검사도 "답하지 않으면 되지(질문을 안 받을 일이 아니다)"라고 했다. 천안함 포술장의 좌초 보고에 대해 최 전 함장이 "좌초라는 표현은 해난사고에 통상적으로 쓰는 표현"이라고 한 것에 신 대표가 역질문을 하려는 참이었다.

신상철 대표는 최 전 함장에게 "불이 나도 좌초라 보고하고, 무언가에 충돌해도 좌초라 보고하느냐" "고속으로 프로펠러가 돌다 순간적으로 정지해 프로펠러가 휘었다는 것이 합조단의 주장인데, 당시 급정지했을 때 프로펠러가 휠 정도의 고속운항이었느냐"고 물었다.[50]

10차 공판 2012년 6월 11일

10-1. 유가족 이용기 "22전대장이 유가족에게 좌초라는 표현 사용"

천안함 사고 발생 다음 날 해군을 상대로 천안함 기동과 사고의 의문을 강하게 제기한 유가족 이용기도 최 전 함장과 함께 이날 법정에 증인으로 출석했다. 그는 당시 항의과정에서 해군으로부터 뺏은 이른바 작전상황도에 '최초 좌초' 위치를 기입한 것으로 알려져 있다. 특히 그는 그 위치에 대해 해군 즉 천안함 작전관이 가리킨 대로 표시한 것이며, 좌초라는 사고 원인에 대해서는 이원보 22전대장이 유가족에 그런 표현을 쓴 것이라고 증언했다. 그는 고 김태석 원사의 처남이다. 우선 검사의 신문에 대한 이용기의 증언을 간추렸다.

　─ 검사: "천안함 생존자들 중 작전관 등이 왔기에, 증인이 '최초 사고 지점이 어디냐'고 물은 사실이 있나요."
　＝ 증인(이용기): "예."

─ 검사: "이에 대해 작전관이 백령도 서쪽 부분을 손가락으로 가리키면서 '여기서부터 상황이 시작되었다'고 하였나요."

= 증인(이용기): "예."

─ 검사: "그래서 증인이 그 부분에 '별표'로 표시하고 그 밑에 바로 '최초 좌초'라고 기재한 것이 맞나요."

= 증인(이용기): "증인이 표시한 것이 맞고 오전에 22전대장(이원보 대령-저자)이 유가족에게 브리핑할 때 좌초라는 용어를 사용했기 때문에 증인이 '최초 좌초'라고 기재했습니다."

─ 검사: "22전대장은 사고 원인에 대해 대답해주지 않았다고 했는데, 어떻게 좌초라는 용어를 사용했나요."

= 증인(이용기): "모든 상황에 대해 구체적으로 이야기는 하지 않았고, 작전 현황도상 빨간 지점에서 좌초했다고 했습니다."

─ 검사: "증인이 좌초 원인에 대해 물어봤더니 대답하지 않았나요."

= 증인(이용기): "예."

─ 검사: "작전관 등이 와서 설명해준 시기가 전대장이 브리핑한 오전인가요, 아니면 오후에 천안함 생존자 브리핑 때였나요."

= 증인(이용기): "오후로 알고 있습니다."

─ 검사: "그 자리에 있던 김태호 공보관은 '이용기가 박연수(작전관-저자)로부터 들었다고 하기에 박연수에 확인해 보니 그렇게 말해준 적이 없다 했고, 박연수도 명확하게 설명해준 적이 없다고 했습니다'라고 증언했는데요."

= 증인(이용기): "작전관으로부터 들었습니다."

─ 검사: "당시 군 관계자는 최종 침몰 지역만 얘기하려 했는데 증인이 질문하자 '침몰'이라는 표현과 함께 침몰이 진행된 지점과 최종 지점을 간단히 설명했나요."

= 증인(이용기): "빨간 지점에 최종 좌초되었다는 이야기만 하였고, '좌초'

라는 용어만 사용했습니다."

– 검사: "증인이 좌초의 원인을 물어본 이유는 무엇인가요."

= 증인(이용기): "2함대에서 유가족에게 브리핑한 해도를 봤을 때 암초가
산재하고 있는 근해이기 때문에 항해가 불가능한 지역이어서 그곳에 왜
들어갔는지 물어본 것입니다."[51]

이용기는 2010년 3월 27일 군으로부터 세 차례의 설명을 들었으며
이원보 22전대장이 좌초라고 설명했다고 증언했다. 그날 오후 최초 좌
초 지점이 어디냐고 물었더니 박연수 작전관이 찍어준 곳에 자신이 별
표 표시와 경위도를 표시했다고 증언했다. 박연수 작전관으로부터 폭발
이라는 말을 들은 적은 없다고 말했다. 다음은 변호인의 신문에 대한 이
용기의 답변이다.

– 변호인: "(이원보 전대장이) 빨간 지점에서 좌초됐다고 어떤 식으로 설명
하던가요."

= 증인(이용기): "좌초라고 설명하였고, 육안상으로 보이는 함수 최종 위치
만 보고하였는데, 어떤 식으로 설명하였는지는 기억이 나지 않습니다."

– 변호인: "오전에 '좌초'라는 용어가 나왔는가요."

= 증인(이용기): "예."

– 변호인 : "오후에 박연수 작전관과 질의응답을 하려 했을 때 그에게 물어
봤나요."

= 증인(이용기): "증인이 박연수 작전관에게 '최초 좌초 지점이 어디냐'고
물어봤더니, 박 작전관이 손가락으로 찍어서 그 지점을 증인이 '별표'로
표시했고, 해도에 있는 경위도를 표시했습니다."

– 변호인: "증인이 '최초 좌초 지점이 어디냐'라고 물었을 때 박 작전관이
'이 사고는 좌초가 아니라 폭발이다'라는 이야기를 하던가요."

= 증인(이용기): "유가족들이 천안함장으로부터 설명을 들었을 때 '펑' 하는 소리를 들었다는 이야기는 들었지만 구체적으로 폭발이라는 이야기는 듣지 않았습니다.

— 변호인: "증인의 군 복무 경력과 제대 시점, 백령도 인근 근무 시점은 언제인가요."

= 증인(이용기): "1996년 10월에 입대해 2003년 2월 조타 부사관으로 제대하였고, 이 사건사고가 일어난 인근 해역 작전지역 및 연평도에서 구축함과 고속정에서 근무했습니다."

— 변호인: "'빨간 지점'이 침몰된 점이라고 했는데, '빨간 지점'에 함수가 침몰돼 있다고 하던가요, 아니면 함미라던가요."

= 증인(이용기): "처음에 유가족에게 설명할 때엔 함수와 함미 개념이 없었고, 함미가 떨어져나갔다는 이야기는 하지 않았고, 함수가 보인다는 이야기는 했습니다."

— 변호인: "작전상황도에 고조 저조 평균수면을 표시한 이유는 무엇인가요."

= 증인(이용기): "해군에서 설명한 '빨간 지점'이 암초가 있는 해역이고 해도에 나와 있는 평균수심이 6m로 표시돼 있는데, 평균수심은 보통 해도의 고조와 저조의 중간을 평균수심이라고 표기하는데 그것을 파악하기 위해 표기한 것입니다."

— 변호인: "그것을 파악하고 나서 그곳이 위험한 지역이라고 판단한 것인가요."

= 증인(이용기): "작전상황도대로라면 상당히 위험한 지역입니다"

— 변호인: "이날 아시아경제신문 기사 제목은 '사고지역은 초계함이 들어갈 수 있는 지역이 아니다'라는 것인데, 그 당시 증인은 기자들에게 뭐라고 이야기했는가요."

= 증인(이용기): "연봉지역에 왜 들어갔는지에 대해 의구심을 표현했습니다."

[…]

- 변호인: "연봉지역은 항해하기에는 위험하다고 했는데, '최초 좌초'라 표시한 부분은 초계함이 항해하기에는 어떤가요."

= 증인(이용기): "증인이 군생활하면서 연봉지역으로 들어간 적이 없었고, 보통 10마일 떨어진 곳에서 작전했던 것으로 기억합니다."

- 변호인: "증인이 '최초'라고 기재한 이유는 무엇인가요."

= 증인(이용기): "작전관에게 '평' 하는 위치가 어디냐고 물어봤을 때 작전관이 위치를 찍어서 증인이 '별표'를 표시한 것이고, '좌초'라는 용어를 들어서 증인의 판단으로 '최초 좌초'라고 기재한 것입니다."

- 변호인: "증인은 '평' 하는 소리를 폭탄 맞은 소리라고 생각했는가요."

= 증인(이용기): "그런 생각은 하지 않았습니다."[52]

11. 공창표 우현 견시병 "쾅 직후에도 어두웠다"

2012년 7월 9일 신상철 전 위원 사건의 제11차 공판에서는 두 명의 천안함 생존자(장교 및 사관)가 출석했다. 천안함 사고 당시 갑판 우현에서 견시근무(우현 견시병)를 했던 공창표 하사와 사고 순간 당직사관이었던 박연수 작전관(해군대위)이 출석했다.

먼저 공창표 하사의 증언을 먼저 검토한 뒤 박연수 작전관 증언을 들여다보기로 하자. 공 하사는 사고 순간 섬광이나 물기둥을 목격하지 못했으며, 이른바 폭발 이후에도 주변이 어두운 상태였다고 증언했다. 공 하사는 구조된 이후 성남함으로 가서 옷을 갈아입었으나 옷이 젖어서 갈아입은 것은 아니라고 답변했다. 공 하사는 우현 견시병으로 좌현 견시병이었던 황보상준 일병과 함께 천안함 실외에서 사고 순간을 겪은 목격자 중 한 사람이다. 공 하사는 사고 순간 충격이 있었다고 했으며 몸이 떠오르지는 않았다고 진술했다. 공 하사의 법정 증언을 정리했다.

- 변호인: "천안함 사고 당시에 충격이나 소리는 어떠했나요."
= 증인(공창표 하사·우현 견시병): "증인이 느낀 것은 '쾅' 하는 소리였고, 그 소리를 한 번 들었습니다."
- 변호인: "그 당시 어떤 충격이라고 느꼈나요."
= 증인(공창표): "판단할 수 없었습니다."
- 변호인: "천안함 사고 순간 함미 쪽에서 섬광이 퍼지는 것을 보지 못했나요."
= 증인(공창표): "증인은 정면을 주시하고 있었기 때문에 보지 못했습니다."
- 변호인: "주변이 밝아지는 것도 보지 못했나요."
= 증인(공창표): "계속 어두운 상태였습니다."
- 변호인: "천안함에 가해진 충격으로 사고 직후 증인의 몸은 어떻게 됐나요."
= 증인(공창표): "순간적으로 충격이 있어서 왼손으로 창문 밑에 있는 봉을 잡고 있었고, 발로 나무 난간을 밟고 있었습니다."
- 변호인: "충격이 있었을 때 몸이 떠오르는 것을 느꼈나요."
= 증인(공창표): "느끼지 못했습니다."
- 변호인: "충격이 대단했나요."
= 증인(공창표): "쾅 하는 충격 때문에 오른쪽 무릎 인대파열이 있을 정도였고, 그 정도면 충격이 대단한 것이라 생각합니다."
- 변호인: "함수가 얼마나 빠른 시간에 우현으로 기울어졌나요."
= 증인(공창표): "완전히 기울어진 상태는 아니었고, 비스듬히 기울어진 상태에서 물이 빨리 들어왔는데, 시간은 잘 모릅니다."
- 변호인: "천안함 사고 순간에 물기둥이 치솟는 것을 목격했나요."
= 증인(공창표): "물기둥은 보지 못했습니다."
- 변호인: "몸에 물벼락이 떨어져서 근무복이 젖었나요."
= 증인(공창표): "기억이 나지 않습니다."

– 변호인: "해경정으로 옮겨서 옷을 갈아입었나요."

= 증인(공창표): "성남함에서 전투복으로 갈아입었습니다."

– 변호인: "옷이 젖어서 전투복으로 갈아입은 것은 아니지요."

= 증인(공창표): "예."

– 변호인: "사고 직후 화약 냄새를 맡은 사실이 있나요."

= 증인(공창표): "맡지 못했습니다."[53]

11-1. '사건 당시 당직사관' 박연수 작전관 "사고 지역 수심은 20m"

이날 공판에 출석한 주요 증인은 사고 당시 천안함 작전관으로서 당직사관을 맡고 있던 박연수 대위였다. 박연수 작전관은 사고 해역의 수심이 20m 내외였다고 증언했다. 민군합동조사단의 천안함 조사결과엔 이른바 '폭발 원점'의 수심이 47m라고 발표한 것과 크게 차이가 난다. 거리상 1km 정도는 백령도 연안 쪽으로 이동해야 수심 20m 지대가 나타난다는 점에서 사고 위치에 대한 의문을 불러일으킨 증언이었다.

검사의 신문과 박 작전관의 답변을 종합하면 박 작전관은 3월 26일 21시 20분경 상황실로부터 기상보고를 하겠다는 내용의 보고가 올라와 문자정보망에서 기상 현황을 확인했다. 그런데 잠시 후 갑자기 '쾅' 하는 소리와 함께 몸이 20~30cm 가량 공중으로 떠올랐고, 곧이어 함교가 우현 측으로 누웠다. 박연수 작전관은 바닥으로 떨어졌느냐는 검찰 신문에 그렇다고 시인했다. 이 때문에 박 작전관은 사건 시간을 21시 20분 이후로 알고 있었다고 답했다. 사고 직후 조치에 대해 '사건 직후 바로 주위 상황을 살폈는데, 정상적인 함정에서 들려야 하는 엔진소리, 각종 모터소리 등이 하나도 들리지 않았느냐'는 질문에도 박 작전관은 그렇다고 응답했다. 이어 함교부직사관인 이광희 중사의 '물 들어옵니다! 배 침몰합니다!'라는 다급한 목소리가 들렸느냐고 묻자 박 작전관은 그렇다고 답했다. 이후 그는 조타사에게 '각 부서 비상 이함' 방송을 지시했다고 답변했다.

그런데 박 작전관은 당시 천안함 사고 원인을 어뢰공격이라고 판단했다면서 그 근거로 수심을 들었다. 수심이 20m 내외여서 좌초시킬 수상접촉물이 없었다는 것이다. 하지만 이는 정부 발표와 일치하지 않는 증언을 한 것이다. 검사 신문에 대한 박 작전관의 증언은 아래와 같다.

— 검사: "당시 어뢰 공격으로 판단한 이유는 무엇인가요."
= 증인(박연수 작전관·당직사관): "당 해역 수심이 20m 내외였고, 수상특이 접촉물이 없었던 상황을 판단했고, 증인이 절단면을 확인했는데 그 정도의 피해를 줄 수 있는 것은 어뢰밖에 없다고 판단했습니다."[54]

또한 변호인의 신문에도 박 작전관은 사고 해역 수심이 20m였다는 점과 측심기를 통해 파악했다고 증언했다.

— 변호인: "어뢰공격으로 판단한 이유가 뭔가요."
= 증인(박연수 작전관·당직사관): "해역 수심이 20m 내외이고 레이더상 접촉물이 없었고, 배의 절단면을 보고 어뢰공격으로 판단했습니다."
— 변호인: "해역 수심이 20m 내외라고 했는데, 사고 지점에서 증인이 확인한 것인가요."
= 증인(박연수): "배 함교에 측심기가 있기 때문에 기동을 할 때 측심기를 작동합니다."
— 변호인: "측심기로 확인해보니 사고해역 수심이 20m 정도 되는데 사고

순간에 확인했나요."

= 증인(박연수): "사고 순간에는 보지 못했습니다."

- 변호인: "사고 순간에 레이더상 접촉물이 없었다는 건 확인했나요."

= 증인(박연수): "수시로 확인했고, 계속 확인하지는 않았습니다."[55]

최초 좌초 표기 위치에 정확히 지목해줬나

박 작전관이 최초 좌초 위치를 작전상황도상에 찍어줬다는 유가족 이용기의 증언에 대해 박연수 작전관도 이날 재판에서 이를 시인했다. 다만 그는 정확히 자신이 가리킨 위치가 백령도 남서방 근해라는 식으로 말했으며 좌초라는 말은 하지 않았다고 증언했다. 작전상황도 상에 기재된 최초 좌초의 위치는 백령도 남서방이라고 하기 어렵다. 오히려 백령도 서방 근해라고 표현하는 것이 더 정확하다. 다음은 검사의 신문에 대한 박 작전관의 답변이다.

- 검사: "유가족 1명(이용기-저자)이 해도를 들고 나와 사건 해역이 어디냐 알려달라고 해서 '백령도 남서쪽 근해를 손가락으로 가리키며 이 부분에서 최초 사건이 났다'고 했나요."

= 증인(박연수 작전관·당직사관): "예."

- 검사: "이와 같은 해도를 갖고 나와 질문했다는 이용기는 증인으로 나와 '당시 해군으로부터 천안함이 빨간 점 부분에 좌초돼 있다는 말을 들었다'고 하는데 이런 설명을 해준 사실이 있나요."

= 증인(박연수): "좌초라고 설명한 적은 없고 백령도 남서쪽 해안을 가리키면서 최초 사고 위치라고 했고, 빨간 점 부분에 대해 질문을 하기에 '함수 부분이 조류에 의해 떠내려가서 그 부근에 있는 것으로 표시를 한 것 같다'고 대답을 했습니다."

- 검사: "빨간 점 부분에 천안함이 있다고 하니까 이용기가 '저기엔 암초가

있는데 그곳에 기동을 했느냐'고 물어봤나요."

= 증인(박연수): "예"[56]

박 작전관은 변호인이 신문했을 때는 해당 사고 해역에 대해 "손가락으로 가리켰다"고 답했다. 좌초라는 말은 이용기가 사용했다고 박 작전관은 설명했다.

— 변호인: "작전상황도에 유가족 이용기가 손가락으로 가리킨 지점(별표기입)을 설명하면서 그 지점이 좌초 지점이라고 설명했다고 하는데."
= 증인(박연수 작전관·당직사관): "이용기가 왜 그랬는지는 잘 모르고 저는 손가락으로 가리키며 사고 해역이라고 했습니다."
— 변호인: "이용기는 이원보 대령으로부터 '천안함이 좌초했다'는 설명을 듣고 도저히 이해가 되지 않아 작전관에게 가서 '도대체 어디에서 좌초했다는 말이냐'라고 물으며 '손가락으로 찍어보라'고 요청했더니 증인이 그 지점을 손가락으로 찍어줬다고 하는데 맞요."
= 증인(박연수): "저는 사고 해역은 백령도 남서쪽 해역이라고 손가락으로 가리키면서 말했고, 좌초라는 말은 하지 않았습니다."
— 변호인: "그 당시 설명에서 좌초라는 표현은 사용하지 않았나요."
= 증인(박연수): "이용기가 좌초라는 표현을 사용했습니다."[57]

사고 당일 항해한 구역은 어디인가

박 작전관은 사고 당일 천안함 작전해역에 대해 작전상황도상에 손가락으로 표시한 곳으로부터 "반경 2.5마일 내지 3마일 정도 바깥쪽 구역이 작전해역이었고, 당해 작전해역의 특이 동향 파악과 기동경비가 주 업무였다"고 밝혔다. 기동 방향과 범위에 대해 박 작전관은 "남동쪽으로 내려갔다가 북서쪽으로 왔다갔다 순환 기동했다"며 "한 시간에 왕복 2회 정도 기동한 것으로 기억난다"고 말했다. 평균속도는 "6~7노트 정도였다"고 그는 답했다.

암초해역을 확인하고 해도를 작성했느냐는 신문에 박 작전관은 "따로 작성하지는 않았고, 장애물이 있었는지 여부는 확인을 한 상태"라고 말했다.

사고 직전 마지막으로 천안함 위치를 파악했을 때 백령도와 거리에 대해 박 작전관은 "2마일에서 2.5마일 정도 떨어져 있었다"며 "(사고 당시) 6~7 노트 정도 기동했던 것으로 기억하고 방향은 북서쪽 방향으로 기억한다"고 말했다. 백령도 쪽으로 가까이 가지는 않았다고 그는 설명했다.

> — 변호인: "당시 기동할 때 평상시에 선회할 때보다는 백령도 쪽으로 배가 가까이 갔다는 경험은 하지 않았나요."
> = 증인(박연수 작전관·당직사관): "백령도 쪽으로 가까이 가지 않았고, 해당 구역 안에 있었습니다."[58]

사고 직후 상황 "물기둥 못 봐, 화약 못 느껴…함미 아예 안 보여"

사고 당시 느낀 것에 대해 박 작전관은 "몸이 떠오르고 넘어졌"으며 '쾅' 하는 소리를 "한 번 들었다"고 말했다. 사고 직전 자신이 응시하고 있던 방향에 대해 박 작전관은 "함수 전방 북서쪽을 응시하고 있었다"며 "(평소) 전방 좌우를 수시로 주시한다"고 말했다. 박 작전관도 섬광 물기둥을 보지 못했으며, 화약 냄새도 느끼지 못했다고 답했다.

> — 변호인: "당시 불빛이나 섬광, 물기둥은 보지 못했나요."
> = 증인(박연수 작전관·당직사관): "보지 못했습니다."
> — 변호인: "화약 냄새가 나지는 않았나요."

= 증인(박연수): "느끼지 못했습니다."

− 변호인: "천안함의 선저가 모래바닥에 처박혀서 후진기동을 한 사실이 있나요."

= 증인(박연수): "없습니다."

[…]

− 변호인: "증인은 섬광을 보지 못했다고 증언했는데, 백령도 해안초병의 진술에 따르면 높이 100m 가량의 불빛을 봤고, 합조단은 이를 물기둥이라고 주장했는데 증인은 전방을 주시하고 있었기 때문에 불빛이 있었다면 목격할 수 있지 않나요."

= 증인(박연수): "저는 전방을 주시하고 있었지만 보지 못했습니다."

− 변호인: "빛이 발생하면 산란돼 바다 빛이 밝아질 것 같은데 함수 전방이 밝아지던가요."

= 증인(박연수): "함수 전방이 밝아지지는 않았습니다."[59]

사고 직후 박 작전관은 "함교에서 좌현으로 나가는 수밀문을 열고 탈출했"으며 나가보니 "대원들이 계속 탈출하고 있었고 증인은 구조물을 밟고 대원들을 확인하고 위해 절단 부위까지 이동한 다음 함미가 절단됐다는 사실을 알게 됐다"고 묘사했다. 또한 함미가 보이지 않았다고 박 작전관은 설명했다. 좌현 수밀문으로 나오는 데까지 걸린 시간에 대해 5~10분 정도가 소요됐다고 전했다.

− 변호인: "함미는 바로 가라앉았나요, 아니면 서서히 가라앉았나요."

= 증인(박연수 작전관·당직사관): "함미가 보이지 않았습니다."

− 변호인: "함미가 이미 가라앉았다는 것인가요."

= 증인(박연수): "절단면에 가서 함미가 떠 있었는지 봤는데 눈에 보이지 않았습니다."

- 변호인: "주변이 캄캄해서 함미가 보이지 않았다는 것인가요."
= 증인(박연수): "제 시야에는 함미가 없었습니다."
- 변호인: "사고 발생하고 나서 함미 확인을 위해 절단면으로 이동했는데 시간이 어느 정도 소요됐나요."
= 증인(박연수): "좌현 수밀문으로 나오는 데까지 걸린 시간이 5~10분 정도이고, 기어서 절단면까지 이동한 시간은 기억이 나지 않습니다."[60]

사고 당시 천안함의 안전항해 책임자인 당직사관이었던 박 작전관은 사고 직후 상급부대에 보고를 하지 않았다고 증언했다. 그는 "제가 빠져나와서 전화통화를 시도했는데 통화가 안됐고, 바로 옆에 포술장이 전화하는 것을 보고 계속 보고를 하라고 지시했고, 증인은 다른 대원들을 구조했다"고 말했다.

김광보 천안함 포술장이 좌초라고 보고한 것에 대해 "긴급한 상황을 알리기 위해 포술장이 '좌초'라는 단어를 사용한 것으로 판단된다"고 말했다.

음파탐지에 특이신호가 있었는지에 대해 박 작전관은 "함장이 '특이접촉물이 있었느냐'고 물어보기에 '이상 징후에 대한 보고는 없었다'고 보고했다"고 증언했다. 함장과 사고 원인 관련 대화를 나눌 때 박 작전관은 "천안함 선체에 있을 때 대원들이 있는 상태에서 이야기를 했다"고 말했다.

박영선 민주당 의원의 천안함 최종 유턴 좌표를 들어 유턴한 뒤 '최초좌초' 별표 지점으로 지나갈 수도 있느냐는 신상철 전 위원(피고인)의 신문에 "별표 지점을 지나갈 수 있지만 정확한 것은 아니다"라고 말했다.

12. 좌현 견시병 "분무기로 얼굴 뿌린 듯"

공창표 하사와 함께 좌현에서 견시업무를 했던 황보상준 일병(사고 당시)은 2012년 8월 27일 12차 공판에 증인으로 출석했다. 황보상준은 천안함 사고 당시 이른바 '어뢰'가 폭발했다는 순간에 가장 가까운 좌현의 함 외에서 바다를 바라보며 근무하고 있었기 때문에 그의 증언이 갖는 중요성은 매우 크다. 그러나 그의 증언에는 어뢰가 폭발했을 때 나타나는 현상이라고 하기엔 이해하기 어려운 모순된 주장이 혼재했다. 물기둥은 못 봤다면서도 얼굴에 분무기로 뿌린 것 같은 느낌은 있었다는 증언, 순간적으로 어뢰에 맞았다고 생각했다면서도 폭발 시 생기는 불빛이나 주변이 환해지는 걸 전혀 느끼지 못했다는 증언 등이 그렇다.

황보상준 일병의 이 같은 증언은 이 재판부가 3년 여 지난 뒤 어뢰폭발에 의해 천안함이 침몰했다고 판단한 중요한 근거가 됐다. 그러나 황보상준의 증언을 자세히 살펴보면 반대 해석도 할 수 있다. 고성능폭약 250kg의 폭발에서 나타났으리라고 짐작할 수 있는 현상과는 거리가 있기 때문이다. 더구나 그는 어떤 해군 장교로부터 '어뢰폭발 시 물기둥이 아닌 물보라가 일어날 수 있다'는 설명도 들었다고 전했다. 그의 증언을 간추려봤다.

— 검사: "어뢰공격을 받았을 경우 물기둥이 100m 이상 올라온다는데 증인은 당시 그런 물기둥을 보지 못했나요."

= 증인(황보상준 천안함 좌현 견시병): "예. 물기둥은 보지 못했는데, 물이 튀었다고 진술했고, 그 당시 방한복과 헬멧을 착용하고 있어서 얼굴에만 분무기로 물을 뿌린 듯한 느낌을 받았고, 생활관에서 안정을 취하고 있을 때 전혀 모르는 어떤 해군 장교로부터 전화가 와서 '어뢰가 폭발하면

서 물기둥이 아닌 물보라가 일어날 수 있다'는 설명을 한 적이 있습니다. 생활관에서 전화가 왔다 해서 받은 것인데 누구인지 기억은 나지 않습니다."[61]

'어떤 해군 장교'가 황보 일병에게 전화한 이유는 사고 직후 자신이 진술서에 '분무기로 물을 뿌린 듯한 느낌'이라고 기재했기 때문인 것 같다고 황보 일병은 증언했다. 물기둥을 아무도 못 봤다고 하니 폭발 시 물기둥 대신 '물보라도 생길 수 있다'고 한 것은 결론을 정해놓고 증언을 갖다 끼워 맞추려 한 것 아니냔 의심을 사는 설명이다. 다음은 변호인의 신문에 대한 황보상준의 답변이다.

- 변호인: "(참수리 생활관으로) 전화를 걸어온 해군 장교가 사고원인을 조사한 사람인가요."
= 증인(황보상준 천안함 좌현 견시병): "사고 원인을 조사하는 사람으로 생각됩니다."
- 변호인: "그 해군 장교가 증인에게 정확히 뭐라던가요."
= 증인(황보상준): "기억에 남는 것은 '물보라일 수 있다'는 부분입니다."
- 변호인: "증인이 보기에 물기둥과 물보라는 어떤 차이가 있는가요."
= 증인(황보상준): "물기둥이었다면 증인이 물을 뒤집어쓰고 다 젖었을 것이라는 생각이 들고, 분무기로 뿌린 것처럼 증인의 얼굴에 뿌려졌기 때문에 물보라일 수 있다고 생각했습니다."
- 변호인: "증인은 어뢰에 맞았기 때문에 물기둥이 있어야 하는데 물기둥이 없어서 의아하게 생각을 했다면 해군 장교에게 의문점을 이야기했어야 할 텐데 이야기 안 했나요."
= 증인(황보상준): "사고를 당하자마자 진술서에 '분무기로 물을 뿌린 듯한 느낌이다'라고 기재했기 때문에 그것을 확인하고 해군장교가 전화를 한

것 같습니다."[62]

이어 "날씨가 좋지 않을 때에는 파도가 뱃머리에 부딪혀서 물보라가 생기기도 하느냐"는 변호인의 신문에 그는 "그렇다"고 답했으며 '그런 때엔 물보라가 견시병의 얼굴에 와서 닿기도 하느냐'는 질의에도 그렇다고 밝혔다. 사고 순간 자신의 시야에 대해 황보상준은 "전방입니다… 계속 전방만 보고 있었다"고 말했다. 사고 순간 쾅 소리와 함께 몸이 떴다가 떨어지면서 분무기로 얼굴에 물을 뿌린 느낌을 받았다고 자세히 설명했다.

— 변호인: "물이 튄 시점은 언제인가요."

＝ 증인(황보상준 천안함 좌현 견시병): "쾅 소리가 나 몸이 떴다가 떨어질 때 그런 느낌을 받았습니다. 얼굴 전면에 물을 뿌린 듯했습니다."

— 변호인: "물이 하늘에서 쏟아지는 소리는 듣지 못했나요."

＝ 증인(황보상준): "예."

— 변호인: "분무기로 물을 뿌린 듯한 느낌이란 것이 가느다란 물방울처럼 지나갔다는 것인가요."

＝ 증인(황보상준): "예."

— 변호인: "당시 파도가 높고 바람도 세서 선체에 와서 파도가 치면 물보라가 일어난다고 했는데 그것과 어뢰에 맞아서 물보라가 일어난 것을 구분할 수 있나요."

＝ 증인(황보상준): "함교까지 물이 날아와 앞유리를 적시는 경우가 있다고 하는데, 제가 근무할 당시엔 그런 경우가 없어서 잘 모릅니다."

— 변호인: "정확히 언제 물방울이 튄 것 같은가요."

＝ 증인(황보상준): "몸이 떨어지는 찰나에 바로 차갑다는 느낌을 받았고, 얼굴을 닦았습니다.[63]

그러나 황보상준은 좌현 견시대에 발목이 빠질 정도로 물이 고이는 것을 봤다고 주장하기도 했다. 그는 "일어나서 이동하려는 찰나에 구석에 물이 고여서 웅덩이 됐는데 제 발이 빠져서 신발과 양말이 젖었다"고 말했다.

그러면서도 그는 이 같은 물방울, 분무기 느낌 등에 대한 얘기를 2010년 4월 7일 처음 국민들 앞에서 기자회견할 때엔 일체 언급하지 않았다.

- 변호인: "4월 7일 기자간담회 때 물방울 얘기를 안 한 이유는 뭐죠."
= 증인(황보상준 천안함 좌현 견시병): "이미 진술서에 기재했고, 주변 상황이 낯설어서 말을 아꼈고, 그날 기자들이 물방울이 튀었는지 여부에 대해서 여러 질문을 했는데, 공 하사도 물기둥을 보지 못했다고 해서 저는 아무 말도 하지 않았습니다."[64]

황보상준은 사고 직후 충격으로 떴다가 떨어진 후 일어나서 함 바깥을 살피진 않았다고 말했다. '견시업무는 이런 상황이 발생하면 바로 살펴야 하지 않느냐'는 변호인의 지적에 그는 "바로 함 밖을 살피지 않았다"며 "2차 공격이 있을 것 같아서 누워 있었다… 사람 소리가 날 때까지 5분 이내 정도 누워 있었다"고 답했다.

이와 관련해 '몸이 붕 떠서 누운 상태로 떨어졌다고 했는데 그때 왼쪽 다리가 어디에 부딪혔느냐'는 재판장 신문에 그는 "옆쪽 난간에 부딪혔다"며 "무릎이 부딪혔고, 인대가 파열됐다"고 주장했다.

그는 사고 발생 사흘 뒤 병원에 있을 때 조사를 한다는 사람이 찾아와 진술서를 작성했다고 설명했다. 황보상준은 진술서 작성할 때 중점적으로 물어본 내용에 대해 "개인적으로 작성해놓은 내용과 물기둥이 생겼는지 여부와 물기둥을 봤는지 등의 내용"이라며 분무기로 얼굴에 물을 뿌린 듯한 느낌이라는 표현을 처음 진술서에도 작성했다고 밝혔다. 조사관이 물방울이 조금이라고 튀지 않았느냐고 물어봤다고 덧붙였다.

– 변호인: "증인은 처음 조사받을 때부터 조사관이 물기둥을 봤는지 여부에 대해 물어보던가요."
= 증인(황보상준 천안함 좌현 견시병): "예 어뢰라면 물기둥이 일어났을 텐데 보지 못했느냐고 해서 저는 보지 못했다고 했고, 조사관이 물방울이 조금이라도 튀었느냐고 물어봤습니다."[65]

"어뢰에 맞았다 생각"

그러나 황보상준은 사고 순간 어뢰에 맞았다고 생각했다고 주장했다. 다만 왜 어뢰인지에 대해서는 분명한 설명을 하지 못했다. 북한의 공격에 대한 교육과 폭뢰훈련 참가 경험을 이유로 들었다. 하지만 어뢰폭발의 경험이나 이와 유사한 폭발의 비교라기보다는 지나치게 주관적인 느낌에 치우친 주장이다. 이를 토대로 초기부터 어뢰라고 생각했다는 건 그다지 설득력이 있어 보이진 않는다.

– 변호인: "증인은 왜 사고가 났다고 생각했나요."
= 증인(황보상준 천안함 좌현 견시병): "순간적으로 어뢰에 맞았다고 생각했습니다."
– 변호인: "증인과 천안함 승조원들이 병원에 입원해 있을 때 서로 어떤 이야기를 했나요?"
= 증인(황보상준): "참수리에서 생활하면서 원인에 대해 북한의 공격 등이라는 이야기를 하였고, 언론에 '좌초'라는 보도가 나와서 말도 안 되는 소리라고 이야기했습니다."
[…]
– 변호인: "증인은 어뢰인지 기뢰인지 모르지만 폭발에 의한 것이라 생각

했나요."

= 증인(황보상준): "당시 저는 북한의 공격에 대한 교육을 받은 상태였고, 견시업무를 할 때 해안선 쪽을 바라보면서 연기 등을 잘 보라고 교육받았기 때문에 사고 당시에 증인은 어뢰라는 확신이 들었습니다."[66]

그는 폭뢰투하훈련 중 폭뢰가 터질 때 폭발음을 내면서 물기둥이 솟고 함체가 들썩이면서 진동이 느껴진다면서도 "훈련받았을 때 함수 쪽에 있어서 진동만 느꼈고, 자세한 충격의 정도와 물기둥은 보지 못했고, 소리의 크기 정도와 음색은 기억이 나지 않는다"고 말했다. 이에 비교해 천안함 사고 순간의 충격에 대해 황보상준은 "'쾅' 하는 소리가 한 번 들렸고, 크기는 폭뢰보다는 훨씬 큰소리로 귀가 먹먹한 정도였고, 방향은 아랫부분이었다"고 설명했다.

견시 중 사고 순간 섬광 불빛 못 봤다

황보상준은 그런 강력한 폭발 순간 폭발과 가장 근거리에서 바다를 바라보고 있었는데도 수면 아래쪽의 섬광이나 불빛을 전혀 보지 못했다고 증언했다.

— 변호인: "사고 순간 증인은 함미 쪽에서 섬광이 퍼지는 것을 못 봤나요."

= 증인(황보상준 천안함 좌현 견시병): "보지 못했습니다."

— 변호인: "하늘이 환해진다거나 아니면 바다 빛이 환해지는 것을 못 봤나요."

= 증인(황보상준): "예."

— 변호인: "해병대 초병들은 두무진 돌출부 쪽에서 높이 100m의 하얀 섬광을 2~3초간 봤다고 진술했는데, 섬광기둥을 목격하지 못했나요."

= 증인(황보상준): "목격하지 못했습니다."[67]

화약 냄새 있었다? 2년여 전 진술서엔 "화약 냄새 못 맡았다"

황보상준은 화약 냄새를 맡은 적이 있다고 법정에서 증언했다. 증인 신문조서에는 이같이 기재돼 있다. 그러나 그는 3월 31일 작성한 초기 진술서에서는 화약 냄새를 맡지 못했다고 증언했다. 신상철 피고인의 법률대리인인 이강훈 변호사는 지난 2015년 12월 최후변론요지서에서 "사고 직후인 2010년 3월 31일 황보상준이 자필로 작성한 진술서에 '화약 냄새는 나지 않았습니다'라고 자필 기재했"다며 "화약 냄새를 맡았다는 그의 증언은 2010년 3월 26일 사건 발생 이후부터 증언을 한 2012년 8월 27일까지 2년 넘게 흘러 잘못된 기억 내지 착오에 의해 한 증언으로 보인다"고 반박했다.

한 달 전 이 재판에 출석했던 천안함 우현견시병 공창표 하사도 화약 냄새를 맡지 못했다고 증언했으며, 2010년 3월 28일 작성한 진술서에서 "화약 냄새는 없었음"이라고 자필로 썼다. 이 밖에 증인으로 출석한 천안함 생존자 가운데 화약 냄새를 맡았다는 사람은 없었다.

그러므로 진술과 증언의 번복은 자칫 황보상준의 증언의 신빙성에 의심을 낳을 수 있다. 아니면 처음에 진술서를 허위로 작성했거나 이번에 증언을 바꾸게 한 어떤 이유가 있는 것인지 의문이 꼬리를 문다.

황보상준의 증언에서 눈에 띄는 것은 최원일 전 천안함장의 진술서 내용과 배치되는 증언을 한 대목이 발견된다는 점이다. 최 전 함장은 사건 직후 자신의 진술서에서 '사고 직후 적의 추가 공격에 대비하도록 지시했다'고 작성했다. 그러나 황보상준은 이런 지시를 받은 일이 없다고 했다. 다음은 그의 법정증언이다.

— 변호인: "함장 등이 적의 2차 공격에 대한 대비에 대해 지시를 한 적이 있나요."

= 증인(황보상준 천안함 좌현 견시병): "없었습니다."

– 변호인: "상사나 동료들이 적의 2차 공격에 대해 이야기한 적이 있나요."

= 증인(황보상준): "저는 그런 이야기를 들은 적이 없습니다."[68]

"병원에서 최원일 함장이 '함부로 말하지 마라' 함구령"

황보상준은 최원일 전 함장이 함구령을 어떤 식으로 표현했는지에 대해 자세하게 묘사하는 증언을 했다.

– 검사: "최원일 함장은 법정에서 '함구령을 지시한 이유'에 대해 승조원이 피를 흘리는 등 당황한 상황에서 외부와 통화해 잘못된 정보를 유출할 것을 생각해 이같이 지시했다는데 어떤가요."

= 증인(황보상준 천안함 좌현 견시병): "병원에 와서 함장이 말한 것이 있습니다. '함부로 말하지 말라'고."[69]

"생존자들끼리 기뢰 좌초 폭뢰 반잠수정 등 대화"

이 밖에도 생존자들끼리 사고 이후 사고 원인과 관련해 대화를 나눈 사실이 있었던 점이 황보상준의 증언으로 확인됐다. 앞서 출석한 대부분의 생존자는 사고 원인에 대해 견해를 나눈 적이 있느냐고 물으면 '기억 안 난다' '모른다' '하지 않았다' 등 답변 자체를 기피하려는 경향이 있었으나 황보상준의 증언은 그와는 상반된 답변이었다.

– 변호인: "어뢰라는 이야기는 사고 발생일로부터 언제 있었나요."

= 증인(황보상준 천안함 좌현 견시병): "국군수도병원에 입원해 있으면서 실내에 있던 사람들과 실외에 있던 사람들이 느낀 점을 서로 이야기했습니다."

– 변호인: "승조원끼리 서로 사고 원인에 대한 어떤 의견들이 있었나요."

= 증인(황보상준): "증인이 자세히 듣지는 않았지만 어뢰와 다른 얘기, 좌

초, 기뢰, 유실물 폭뢰 등 이야기가 나왔습니다."

[…]

- 재판장: "병원에 있으면서 어뢰 외에 승조원들이 생각하는 사고 원인은 뭐였나요."
- = 증인(황보상준): "기뢰, 폭뢰, 좌초, 반잠수정 등 자신들이 생각하는 사고 원인에 대해 이야기를 했습니다."[70]

기타, "사고 시각이 21시 30분"?
"정신과 치료, 약물 치료 받아"

황보상준은 사고 발생 시각을 21시 30분이라 생각했다고 설명했다. 그는 '휴대하고 있던 손목시계를 보니 시간이 21시 30분경이었고, 평소 교육받은 것과 충격음 등을 토대로 북한의 어뢰에 맞았다고 생각했느냐'는 검찰의 신문에 "그 당시에는 그렇게 생각했다"고 밝혔다.

"사고 시간이 9시 30분이라고 했는데, 시계를 보고 있었느냐"는 변호인 신문에 그렇다고 대답했다.

또한 황보상준은 국방부 생존자들을 정신과 치료를 받게 하고 자신도 정신과 치료와 약물 치료까지 받았다고 밝혔다.

- 변호인: "국군수도병원에 입원 당시 찾아온 언론 기자들과 개인적으로 인터뷰나 전화통화가 허용됐나요."
- = 증인(황보상준 천안함 좌현 견시병): "허용되지 않았습니다."
- 변호인: "2010년 5월 24일부터 6월 5일까지 2주간 천안함 승조원 52명이 진해 해군 교육사령부 충무공 리더십센터에서 2주간 집단교육을 받았나요."
- = 증인(황보상준): "예."
- 변호인: "교육 내용은 무엇이었나요."

= 증인(황보상준): "정신적 외상 후에 일어날 수 있는 스트레스에 대해 레크레이션 위주로 교육했습니다."

— 변호인: "이 사건 이후 군에서 정신과 치료를 받은 적이 있나요."

= 증인(황보상준): "국군수도병원에서 수시로 가서 치료를 받았습니다."

— 변호인: "증인은 얼마 동안 입원했나요."

= 증인(황보상준): "일주일 정도 입원했습니다."

— 변호인: "정신과에 가서 치료받았나요."

= 증인(황보상준): "정신과 치료와 약물 치료를 받았습니다."[71]

12차 공판 2012년 8월 27일 허순행 상사

12-1. 천안함 통신장 "함장이 어뢰로 보고하라 지시했다"

이와 함께 같은 날 법정에 출석한 허순행 천안함 통신장(당시 상사)은 당시 백령도 레이더기지에 '어뢰판단 사료' 경위에 대해 함장이 그렇게 보고하라고 지시했기 때문이라고 설명했다.

허 상사는 사고 직후 백령도 기지와 호출부호를 통해 침몰사유 통보 요구가 와 최원일 함장에게 복명복창하자 갑판에 나와 있던 일부 장병들과 최 함장이 상의한 뒤 어뢰피격으로 보고하라는 지시를 받아 보고했다고 증언했다. 당시 최 함장은 "어뢰피격, 어뢰피격으로 보고해"라고 말했다고 허 하사는 전했다.

— 검사: "어뢰공격으로 판단한 이유는 무엇인가요."

= 증인(허순행 천안함 통신장·상사): "함장이 옆에 있는 대원들과 이야기를 나누고 어떤 경위로 사고가 났는지 확인을 하고 나서 함장의 지시로 제

가 어뢰라고 보고했습니다."[72]

갑판에 나와 있던 대원은 김덕원 부장(소령), 박연수 작전관(대위), 김광보 중위(포술장), 정다운 전투정보관(중위) 등으로, 최 함장은 어느 위치에서 어떤 충격을 받았는지 물어보고 종합해서 보고했다고 허 상사는 전했다. 최 함장이 이들과 상의하는데 걸린 시간은 짧게는 3분에서 길게는 5분까지 걸린 것으로 기억난다고 허 하사는 진술했다. 어떻게 어뢰라고 판단했는지에 대한 과정과 경위에 대해 변호인단은 집요하게 캐물었다. 특히 합조단 보고서에 따르면, 허순행 통신장의 어뢰피격 보고 시간이 21시 51분부터 21시 52분까지 1분간이었기 때문에 이 짧은 시간 내에 사고 직후 함장실에서 올라온 지 얼마 되지 않은 함장이 대원들에게 물어보고 어뢰라고 판단할 수 있었겠느냐는 의심 때문이었다. 변호인의 신문과정은 다음과 같다.

— 변호인: "최원일 함장이 일반대원들에게 물어보는 데 걸린 시간은 어느 정도인가요."

= 증인(허순행 천안함 통신장·상사): "(비상통신기 통화를 끝내고 3분에서 – 당시 법정에서 기록한 것) 길게는 5분 정도로 볼 수 있는데 정확한 시간은 잘 모릅니다."

— 변호인: "(어둡고 파도가 치는데다 배가 70~90도 기울어져 있는 – 당시 법정에서 기록한 것) 그 상황에서 함장이 일일이 부장과 작전관 포술장 등 대원들에게 어떻게 사고가 났는지, 어떤 충격을 받았는지 물어보고 취합을 했다는 것인가요."

= 증인(허순행): "당시 공간이 충분히 사고 원인을 물어보고 취합할 수 있는 상황이었습니다."

— 변호인: "함장이 대원들에게 돌아다니면서 물어보고 정보를 취합했다는

건가요."

= 증인(허순행): "제가 비상통신기를 들고 있는데, 함장이 증인 뒤로 돌아

서서 대원을 보며 작전관, 부장 등에게 무슨 상황인 것 같냐고 물어보고,

각 대원한테 보고를 받고 '어뢰'로 판단된다고 이야기했습니다."

— 변호인: "증인은 함장과 얼마나 떨어져 있었나요."

= 증인(허순행): "2~3m 정도 떨어져 있었습니다."

— 변호인: "당시 대원들이 무엇 때문에 어뢰라고 이야기를 했나요."

= 증인(허순행): "그 당시 정확한 대화 내용을 듣지 못했고, 함장이 어뢰로

보고하라고 지시해서 보고했을 뿐입니다."

— 변호인: "천안함 백서를 보면, 교신 시각이 21시 51~52분으로 1분간으

로 돼 있는데, 증인이 통화한 시간이 대략 몇 분 정도 되는가요."

= 증인(허순행): "최소 30분 이상 통화한 것으로 알고 있습니다."[73]

이날 재판에서는 변호인뿐 아니라 재판장까지 이와 관련된 질문을 여
러 차례 반복했으나 허 상사는 동일한 답변만 되풀이했다. 특히 어뢰피
격 판단 근거가 무엇이었는지에 대해 허 상사는 "정확히 어떤 근거로 판
단했는지는 모른다"며 "함장이 어뢰라고 하라 해서 보고한 것"이라고 말
했다.[74]

"레이더기지에서 '다른 침몰 사유도 보고하라' 했으나 보고 안 해"

박순관 재판장은 어뢰피격 보고만이 아니라 다른 대화도 있었던 것
아니냐고 추궁하자 다른 대화 내용을 시인했다. 특히 레이더기지에서
다른 사유에 대해서도 보고하라고 했으나 보고하지 않은 것으로 안다고
허 상사는 털어놨다. 이에 따라 당시 허순행 상사와 레이더기지 간 교신
내용을 모두 공개해야 할 필요성이 생긴다. 사고 직후 상황에 대해 우리
가 모르는 것이 여전히 너무 많다.

― 재판장(박순관 부장판사): "천안함 합동조사결과보고서에서 증인이 보고 했다는 내용은 통신장인 증인과 레이더기지가 통신한 내용 전체가 들어 있는 것은 아니죠."

= 증인(허순행 천안함 통신장·상사): "예, 생존자 인원수나 함체 상황도 보고 를 했는데, 그것은 어뢰에 관한 내용만 기재한 것 같습니다."

― 재판장: "어쨌든 어뢰에 대한 내용으로 이야기한 것은 증인이 보고한 그 대로 기재돼 있나요."

= 증인(허순행): "예."

― 재판장: "그 외 다른 내용은 어떤 것이 있나요."

= 증인(허순행): "**최초 상황보고, 귀국사유보고, 생존인원들, 구조상황**에 대해 이야기했습니다."

― 변호인: "그 전에는 침몰 사유에 대해 이야기하지 않았나요."

= 증인(허순행): "다른 사유에 대해 보고하라고 해서 침몰사유에 대해서는 보고하지 않은 것으로 알고 있습니다."

― 변호인: "그 전에 대화한 내용의 기록은 남아 있나요."

= 증인(허순행): "남아 있는 것으로 알고 있습니다."[75]

사고 3분 전 국제상선망(조난주파수)으로 교신한 이유는

한편 천안함 사건 시각이라고 발표한 21시 22분보다 3분 전인 21시 19분 이뤄진 2함대사령부와의 국제상선망 교신에 대해 허순행 상사를 상대로 신문이 이뤄졌다.

2함대사: "○○○ 여기는 ○○○ 감도 있습니까?"
천안함: "여기는 ○○○ 이상."
2함대사: "여기는 ○○○, 감도 양호 감도 양호 이상."
천안함: "귀국 감도 역시 양호 교신 끝."

위와 같이 보고서에 나오는 21시 19분 2함대와 천안함 사이에 이뤄진 국제상선검색망 교신 내용이다. 이 국제상선망의 주파수(채널)는 'VHF-CH16'이다. 이 주파수를 통해 통신한 사실이 있는지에 대해 허순행 상사는 "장비가 함교에 있었고, 함교 당직자 박연수 대위가 운용하고 있어서 저는 모른다"고 말했다. 통신 내용 중 ○○○으로 생략된 부분에 대해 허 상사는 "호출부호로 알고 있다"고 설명했다. 이 주파수는 해난사고 발생 시 구난신호를 보낼 때 사용하는 국제공용통신망이다. 그런데 왜 이 주파수로 통신했을까? 이를 사용한 경위에 대한 허 상사의 증언이다.

> — 변호인: "이 통신망은 누구나 들을 수 있는 국제공용통신망인데, 사고 3분 전에 군사기밀로 분류되는 호출 부호까지 사용하면서 교신한 이유가 무엇인지 아나요."
> = 증인(허순행 천안함 통신장·상사): "모릅니다."
> — 변호인: "국제공용통신망을 사용하면서 교신하는 경우도 있나요."
> = 증인(허순행): "VHF-CH16은 긴급 통신망이라 먼저 시험통신을 하고 통화할 내용이 있으면 다른 채널로 채널 이전을 시켜 통신을 합니다."
> — 변호인: "통상 시험통신을 하는 목적이 무엇인가요."
> = 증인(허순행): "VHF-CH16이 통신이 되는지, 장비가 이상이 없는지 체크하기 위해서입니다."
> — 변호인: "해양경찰조차도 업무수행을 할 때 VHF-CH16을 이용해 교신하지 않는다는데 해군에서는 VHF-CH16을 이용하나요."
> = 증인(허순행): "제가 알기엔 전 세계 공통으로 사용하는 것으로 알고 있습니다."[76]

허 상사는 이것이 긴급 통신망이기 때문에 먼저 시험통신을 하고 통화할 내용이 있으면 다른 채널(주파수)로 옮겨 통신한다고 증언했다. 채

널을 옮겨 교신했다면, 그 시각에 그런 방식으로 교신한 실제 내용은 무엇이었는지 의문을 낳는다. 러시아보고서는 21시 12분 조난신호를 보냈다고 주장한 바 있다. 국방부는 사실과 다르다고 반박했으나 의문은 쉽사리 해소되지 않는다. 교신 내용을 상세히 들여다봐야 더 정확한 진상을 알 수 있을 것 같다.

13. 합조단 사이버팀장 "천안함 CCTV 시각 다 달라"

2012년 9월 24일 열린 천안함 13차 공판에는 CCTV 복원 등을 담당한 김옥년 당시 합동조사단 사이버·영상팀장(해군헌병단 중령)이 출석했다. 이날 공판에서 규명하고자 한 것은 CCTV에 촬영된 영상 가운데 가장 늦게 꺼진 시각이 왜 천안함 사고 발생 시각보다 4분이나 빠르냐는 점이었다. 이를 두고 김 중령은 천안함 선체 내부에서 찾아낸 CCTV 11개에 내장된 시계가 모두 다 제각각이었으며 정확한 실제 시각은 규명하기 어렵다고 털어놨다. 왜 시각이 모두 일치하지 않는지, 4분씩이나 차이가 나는 이유가 무엇인지 등에 대해 김 팀장은 시간상의 오차고밖에 볼 수 없다는 답변만 되풀이했다. 그는 천안함 내에 설치된 11개의 CCTV 가운데 복원한 6개를 분석했다.

김 전 팀장은 "업체에 의하면 정상적인 종료가 아니라 갑자기 정전이 되면 카메라 촬영 영상이 임시저장된 상태에서 1분간 저장되므로 갑자기 정전 되면 1분 전 화면밖에 볼 수 없다"고 주장했다.

그러나 천안함 보고서상 CCTV 복원 기록표 가운데 가장 마지막 화면은 가스터빈실 후부의 화면으로 21시 17분 03초로 기재돼 있다. 이는 1분

이전 장면까지 저장된다는 주장을 감안한다 해도 실제 사고 시각과 무려 4분이나 차이가 난다.

- 변호인: "CCTV 복원 내용을 보면 종료 시각이 가장 늦은 화면은 가스터빈실 후부의 화면으로 위 표에는 21시 17분 3초가 마지막 화면이라고 기재되어 있는데, 위 1분 정도의 차이를 감안하더라도 실제 사고 시간과 4분 정도의 차이가 나는 이유는 무엇인가요."
= 증인(김옥년 전 합조단 사이버팀장·해군헌병단 중령): "움직임이 없어서 촬영이 정지된 경우나 카메라에 내장된 시계의 오차 때문이라고 판단했습니다."
- 변호인: "CCTV를 납품한 업체에서 세팅을 잘못해서 납품한 것인가요."
= 증인(김옥년): "업체 관계자에 의하면, 여러 대를 설치할 경우에는 동시에 시간을 맞출 수가 없고, 업체에서 세팅을 잘못했는지 설치 당시에 시간을 확인한 사람이 없었고, 설치 이후 시계를 보정한 사람도 없다고 했습니다. 세팅을 할 당시에는 문제가 없었는데 시간이 지나면서 오차가 발생할 수도 있는 것이라고 판단했습니다."
- 변호인: "그렇다면 CCTV에 내장된 시계가 CCTV마다 다 제각각이란 말인가요."
= 증인(김옥년): "카메라마다 시계가 있고, 11개 영상이 녹화되는 모든 CCTV 장면이 하나에 저장되는 주컴퓨터 하드디스크 본체(통제컴퓨터)에 시계가 있습니다."
- 변호인: "기록에 남아 있는 시계는 본체에 있는 시계인가요."
= 증인(김옥년): "본체에 있는 시계는 복원되지 못했습니다."[77]

여러 대를 설치하면 시간을 맞출 수도 없으며, 모든 CCTV가 저장되는 통제컴퓨터에 있는 시계는 복원조차 되지 않았다는 것이다. CCTV를 제작해 천안함에 납품한 업체에 대해 김 전 팀장은 "미드텍스"라고 밝혔다.

이 같은 김 전 팀장의 증언을 듣고 있던 형사36부의 주심판사는 "CCTV 영상에 표시된 시간에 이중적 오차가 있다는데 어떻게 복원된 것이냐"며 무엇보다 "CCTV 최종 시각이 21시 17분 03초이며, 폭발 시각은 21시 21분 58초인데, (뒤집어보면) 폭발 시각은 미리 정해져있고 (CCTV 시각은 마지막인지 여부가 불투명한 상황인데) 합조단이 폭발 시각에 (끼워)맞춘 것 아니냐"고 추궁했다.(증인신문조서의 판사 질문에는 이 표현이 없다. ―당시 법정에서 기록한 것)

김 전 팀장은 "후타실에서 역기를 드는 순간 정지됐다"며 "우리 조사관으로서는 정전된 것이 화면정지의 원인이며, 그것은 이 사건에 폭발이 일어났기 때문인 것으로 판단했다"고 해명했다.

다시 주심판사는 "1분간 화면의 오차를 감안해도 마지막 CCTV 화면의 실제 시간은 21시 18분 03초가 돼야 하는 것 아니냐"고 따졌다. 김 전 팀장은 "객관적 증거가 충분히 있고, 영상과 연계해 (판단한 것)"이라며 "시계의 표준시, 카메라의 오차, 다른 카메라에 내장된 시계의 오차가 존재한다. 어느 것이 표준시와 가까운 것인지 규명되지 못한다"고 답했다.

결국 CCTV 영상에 있는 시간으로는 정확한 사고 시각을 규명할 수 없다는 것이다. 그런데도 합조단은 천안함 최종보고서에서 "천안함 CCTV는 11개소 카메라 각각의 시계와 통제 컴퓨터상의 시계에서 발생하는 일반적인 시간 오차가 있고, 촬영범위 내 움직임을 감지할 경우에만 촬영되며, 촬영영상은 1분 후 저장되는 특성과 생존자 진술을 토대로 분석한 결과 최종 촬영된 CCTV는 가스터빈실 CCTV로 21시 21분경(CCTV상 21시 17분 03초) 작동을 멈춘 것으로 추정했다"(210쪽)고 밝혀놓았다.

피고인인 신상철 서프라이즈 대표는 법정에서 김 전 팀장을 상대로 "시간이 생명인 CCTV는 당연히 최종 시점까지 저장돼야 하는데 1분 전까지만 저장된다는 것은 납득하기 어렵다"며 "모든 기기의 시간은 동일하게 세팅돼야 한다"고 지적했다.

또한 법정에 제출한 CCTV 동영상은 천안함 CCTV 컴퓨터에 있는 원본이 아닌 것으로도 드러났다. 합조단 사이버 영상팀이 원본 영상을 별도로 촬영해서 제출한 것이다. 김옥련 전 팀장은 "원본 영상은 복사나 캡처 조작이 불가능하기 때문에 스크린 자체를 촬영해서 새로운 파일로 만든 것"이라고 말했다.[78]

14차 공판 2012년 10월 22일 이정국 전 실종자가족 대표 출석
14. 사고 6분 전 통화 끊긴 사실 있었나

신상철 전 조사위원 천안함 관련 명예훼손 사건 14차 공판엔 실종자가족 대표였던 이정국이 출석했다. 그는 천안함 사고 발생 시각으로 발표한 21시 21분 57초(58초)로부터 6분 전인 21시 16분경 고 김선명 병장의 아버지가 김 병장과 통화하다 '비상상황입니다'라는 말을 듣고 끊어졌다는 주장의 진위여부에 대해 증언했다. 그는 그런 통화가 있었다는 사실은 확인했으나 통화 내용은 확인하지 못했다고 밝혔다. 이에 따라 실제 통화 내용 중 비상상황 또는 긴급상황이라는 언급이 있었는지는 법정에서 확인할 수 없었다. 또한 통화한 가족이 아버지인지 동생인지에 대해 이정국 전 대표는 "동생"이라고 말했다고 증인신문조서에 기록돼 있다.

— 검사: "21시 16분 '승조원 부친이 아들과 통화하다 끊겼다'거나 '여자친구와 통화하다가 끊겼다'는 등의 언론보도 내용에 대해 확인해본 사실이 있나요."
= 증인(이정국 전 실종자가족협의회대표): "통화 사실은 확인했고, 통화 내용

은 확인하지 못했습니다."

- 검사: "여자친구와 통화를 한 사람은 차균석 하사이고, 문자메시지를 세 번 한 것으로 나와 있는데 맞나요."
= 증인(이정국): "횟수는 모르겠고, 문자메시지가 중간에 끊긴 사실은 확인 했습니다."
- 검사: "승조원 부친이 전화하다가 비상상황으로 끊겼다거나 여자친구가 전화하다가 비상상황으로 끊겼다는 것이 사실인가요."
= 증인(이정국): "통화 내용은 확인하지 못했습니다. 그러나 일반 사병들이 부사관의 전화를 빌려서 통화를 하다가 일반적으로 그런 비상상황이라 고 하면서 전화를 끊는 경우가 많다는 사실을 나중에 다른 승조원들에 게 들은 적이 있어서 그 부분을 크게 생각하지 않았습니다."[79]

이정국 전 대표는 2010년 4월 13일 CBS 라디오 〈김현정의 뉴스쇼〉 전화 인터뷰에서 '9시 16분경 긴급상황이라며 전화를 끊은 실종 장병의 아버지가 있느냐'는 질문에 대해 "참 답변하기 곤란하다"며 "굉장히 힘든 시간을 보내셨기 때문에 있다는 것만 확인을 해드리겠습니다" "엄청나 게 시달리셨습니다. 기자 분들, 조사위원들 해서… 말씀드리기가 곤란" 하다고 말한 바 있다. 이와 관련해 '실종장병 아버지가 있다는 것만 확인 한다'는 표현이 무슨 뜻인지에 대해 이정국 전 대표는 이날 법정에서 "통 화 내용은 정확히 확인하지 못했다. 당시 이종걸 의원의 보좌관이 했던 주장이며, 그가 (실종자가족협의회에) 잠입시켜 정보를 캐낸 것이다. 아버 지께 확인할 상황이 아니었다. (아버지와 김 병장이) 통화한 사실만 확인했 다"고 설명했다.

'비상상황'설 고 김선병 병장 아버지에 왜 안 물어봤나

그러나 통화한 사실이 있는 것으로 확인했다면 '비상상황'이라는 말이 있었는지도 당연히 확인했어야 하는 것 아니냐는 변호인들의 신문이 이어졌다.

- 변호인(김형태 변호사): "아버지에게 무슨 통화를 냈느냐고 왜 물어보지 않았나요."

= 증인(이정국 전 실종자가족협의회대표): "대부분 수병의 이야기가 집과 통화를 하다 보면 오랜만에 하기 때문에 쉽게 끊기가 어렵습니다. 그래서 통상 '훈련 들어간다'거나 '비상이에요' '누가 부른다' 등의 이야기를 자주 한다고 했습니다. 따라서 그 부분이 사건과 직접 연관되는 부분이라고 크게 생각하지는 않았습니다."

- 변호인: "위 인터뷰에서 '참 답변하기 곤란하다'는 이야기는 증인이 내용을 물어보지 않았기 때문인가요."

= 증인(이정국): "아닙니다. 실종 장병이나 실종 장병의 아버지에 대해 이야기할까 봐 그런 것입니다."

- 변호인: "전화를 끊은 것이 긴급상황 때문인지 그냥 통화하다가 끊은 것인지 알아보는 것은 중요하지 않나요."

= 증인(이정국): "실종 장병 아버지에게 '통화할 때 다른 이상이 없었느냐'고 물어봤더니 별다른 이상은 '없었다'고 했습니다."[80]

이어 변호인이 당시 CBS 라디오 인터뷰의 취지는 긴급상황이 무엇인지 물어보는 것 아니었느냐고 묻자 이 전 대표는 "긴급상황이 아니라 통화한 사실을 물어보는 내용이었다"고 답했다. 이와 함께 고 김선명 병장의 아버지와 통화한 것으로 인터뷰에 나오지만 검찰신문에서는 동생 김진명과 통화했다고 나온다며 누구와 통화한 것인지에 대해서도 변호인들의 증인신문이 있었다. 이 전 대표는 "저는 김선명의 아버지에게 확인했는데, 아버지가 누구와 통화했는지는 말씀하지 않아 인터뷰 당시에는 아버지와 통화한 것으로 알고 있어서 아버지와 통화 도중 끊어졌다고 이야기했다"고 답했다. 이어 '통화한 사실을 확인했다는 것이 형제인가, 아버지인가'라는 이성용 배석 판사의 신문에 이정국 전 대표는 "동생과 통화를 했습니다"라고 답변했다고 증인신문조서에 쓰여 있다. 그런데 당시 내가 법정에서 취재했을 때 이 전 대표는 "아버지가 통화한 줄 알았다. (당시 아버지가) 통화목록을 보여줬다"고 말한 것으로 기록했고, 기사도 그렇게 나간 바 있다.

이 전 대표는 수병들이 부사관 전화를 빌려서 통화하거나 통상 '훈련 들어간다'거나 '비상이에요' '누가 부른다' 등의 이야기를 자주 한다고 해서 사건과 무관하다고 봤다는 자신의 증언과 관련해 판사의 신문에도 동일한 취지의 답변을 했다.

- 배석 판사: "수병들은 부사관 전화를 빌려 통화하는 관행이 있다는데, 실종장병 아버지와 여자친구 통화를 하는 것도 부사관 전화를 빌려 한다는 것인가요."
= 증인(이정국 전 실종자가족협의회대표): "수병은 핸드폰을 소지할 수 없고, 맞지도 않습니다. 친한 부사관들이 잠깐 통화를 할 수 있게 해주고 통화할 수 있는 구역은 굉장히 좁습니다. 그래서 전화를 끊을 때 가장 많이 하는 이야기가 '급하다'는 이야기를 한다고 했습니다."
- 배석판사: "뉴스쇼 인터뷰에서 답변이 곤란하다고 한 것이 유가족과 고인의 명예를 고려한 때문인가요, 잘 몰라서 그랬던 것인가요."
= 증인(이정국): "앞의 말씀입니다."―당시 법정에서 기록한 것[81]

이 전 대표는 천안함 침몰 원인을 북한 어뢰로 판단한 이유에 대해 "선체가 절단된 현상에 대해 전문가들에 물어보니 절단될 수 있는 상황은 네 가지로 기상여건, 암초 충돌, 선박 충돌, 외부 압력(폭발)에 의한 선체 변형이 있다고 한다"며 "천안함의 경우 전문가 의견을 들어보면 상갑판과 내부의 변형의 형태와 갑판 주변의 형태를 볼 때 아래에서 위로 치고 올라오는 힘에 의해 절단된 것이라 했고, 그럴 수 있는 경우는 기뢰나 어뢰밖에 없다고 했다"고 주장했다. 그는 "기뢰설의 경우 MK-6라는 폭뢰를 개조한 것이고, 삼각대를 대어 가라앉혀 놓은 것으로 무게가 200kg이 넘어 자연 부상할 리가 없고, 그 기뢰가 그물에 걸려왔다고 하지만, 천안함에 걸려 있는 그물을 보면 190~200kg을 끌어올릴 수 있는 그런 그물이 아니었고, 사건 당일 오전, 오후 천안함 경계 업무를 서기 전에 이미 다수의 대형 선박이 지나다녔다"며 "천안함 보다 훨씬 큰 배가 지나갔음에도 천안함이 그물에 걸렸다는 것은 확률적으로 굉장히 낮기 때문에 기뢰 가능성은 접었다"고 덧붙였다.

다만 정부와 군의 설명이 부족하거나 납득되지 않은 점에 대해 "우선, 북한의 공격 능력이 있느냐는 게 가장 큰 의문이었고, 어뢰의 설계도면이 바뀌었다는 언론보도를 보고 뭔가 많이 부실하다는 생각이 들었다"고 지적했다.

이 전 대표는 신상철 전 위원의 좌초 후 충돌설에 대해 "신빙성이 별로 없다고 생각한다. 주장의 내용이 객관적으로 증명되지 않았다. 해도 상 암초가 없을 뿐 아니라 1200톤급 군함을 잠수함이 두 동강 냈다 하는데 그런 잠수함을 건져낸 상황도 없었다. 피고인의 주장은 일반인의 상식에도 어긋난다고 생각한다"고 주장했다.

15차 공판 2012년 11월 26일 김승창 당시 상병 출석

15. 백령도초병 "280°, 2~3시 방향 불빛 목격"

2012년 11월 26일 15차 공판에는 천안함 사건과 관련해 현재까지 나온 유일한 두 명의 목격자 가운데 한 명인 백령도 초병 김승창 해병대 상병(당시 계급)이 출석했다. 그는 백령도 247초소 기준 280도, 정서 방향을 바라봤을 때 2~3시 방향에서 섬광을 목격했다고 증언했다. 김승창은 중대상황실로부터 'PCC가 좌초됐으며, 이 사실을 인지 후 전투배치가 이뤄졌다'는 연락을 받았다고 밝혔다. 탐조등을 비춘 위치는 자신이 정서 방향을 바라봤을 때 9시 방향, 즉 정남쪽 방향이었다고 말했다.

그는 섬광을 본 시간에 대해 "21시 23분에 보고를 했다"고 밝혔다. 섬광을 본 위치에 대해 법정에서 변호인 신문에 답한 증언이다.

 – 변호인: "증인은 사고 발생 지점에 대해 '평소 관측범위였고, 두무진 돌출부 쪽이었고, 2~3시 방향으로 보았습니다. 두무진 돌출부는 시정이 좋지 않아도 위치가 잘 판단되는 지형입니다'라고 답변했는데, 2~3시 방향은 두무진 돌출부 방향이 맞는 것인가요."
 = 증인(김승창 당시 백령도초병): "두무진 돌출부 방향이라고 하지 않고, 2~3시 방향이라고 진술했습니다."
 – 변호인: "박일석 상병의 진술서에는 247초소 기준 방위각 280도 4km 지점에서 '쿵' 소리와 함께 하얀 불빛이 보였다고 했는데요."
 = 증인(김승창): "대략적인 위치는 맞는 것 같습니다."
 – 변호인: "박일석 상병 진술서엔 '불빛은 섬광처럼 보였는데 좌우 둘 중에 좌쪽이 더 밝아보였습니다. 우쪽은 두무진 돌출부에 의해 불빛이 가려진 상태였습니다'라고 진술했는데, 증인 목격하기로도 하얀 불빛의 일부는 두무진 돌출부에 의해 가려진 상태였나요."
 = 증인(김승창): "저는 하얀 불빛이 희미하게 퍼져 있다가 사라진 것을 봤고, 박 상병처럼 정확하게 보지 못했고, 박 상병이 더 세부적으로 본 것 같습니다."
 – 변호인: "두무진 돌출부 뒤쪽에서 발생한 것으로 보였나요, 앞쪽이었나요"

= 증인(김승창): "증인은 하얀 불빛이 두무진 돌출부에 가까운 쪽에서 보였습니다."[82]

불빛이 퍼지는 방향에 대해 김승창은 "당시 저는 불빛이 퍼지는 현상은 보지 못했다고 했고, 불빛이 커져 있다가 없어지는 현상을 보았다고 했고, '쾅' 하는 큰 소리가 들려서 교육받은 대로 낙뢰로 추정해서 낙뢰라고 보고했다"고 증언했다. 또한 그는 주위가 환해질 정도의 불빛은 아니었다고 말했다. 당시 불빛으로 인해 주위의 초계함이 보였는지에 대한 질문에는 "보지 못했다"고 답했다. 불빛이 환해진 위치가 하늘 쪽과 바다 쪽 가운데 "바다가 환해졌다"고 답변했다.

물기둥과 관련해 합조단 보고서에서 당시 '물기둥과 하얀 불빛이 함께 발생했는데, 잘못 목격해서 물기둥을 보지 못했을 뿐 증인이 목격한 것은 물기둥이었다'고 주장하는 것에 대해 김승창은 "증인은 당시에 물기둥을 보지 못했다고 진술했다"고 반박했다.

섬광을 목격했을 때 진동을 느끼지 못했다고 그는 증언했다. 그는 통상 백령도에서 포사격 훈련 등이 있으면 진동이 느껴질 때도 있다고 설명했다.

섬광이 나타난 이후 현상에 대해 "섬광이 나타난 주변을 관측했는데 아무것도 없었다"며 '사고가 발생했다면 뭔가가 관측돼야 하지 않느냐'는 변호인의 이어진 신문에 "야시장비 성능이 뛰어나지는 않아 그 지역까지 명확하게 보기는 어려운 것 같았다"고 말했다.

"중대상황실서 PCC좌초 후 전투배치 연락받아"

김승창 당시 해병대 상병은 불빛을 목격해 보고한 뒤 중대상황실로부터 PCC가 좌초했다는 연락을 받았다고 증언했다. 다음은 PCC 좌초라는 말을 알게 된 경위에 대해 변호인의 신문과 김승창의 증언을 간추렸다.

– 변호인(이덕우 변호사): "진술서 6항 세 번째 질문에 대한 답변으로 '247초소에는 근무자가 계속 근무했고, 이후 PCC좌초 인지 후 연화리 쪽으로 중대본부 인원이 전투 배치했다고 들었습니다'라고 답변했는데 사실인가요."

= 증인(김승창 당시 백령도초병): "예."

– 변호인: "'PCC 좌초 인지 후'라고 표현한 이유는 무엇인가요."

= 증인(김승창): "초소 근무 당시에 PCC가 좌초되었다고 들었습니다."

– 변호인: "언제 누구로부터 들었나요."

= 증인(김승창): "정확한 시간은 기억나지 않고 중대본부로부터 연락을 받았습니다."

[…]

– 변호인: "중대본부에서 어떤 지시를 했는가요."

= 증인(김승창): "당시에 낙뢰로 추정된다는 보고를 했고, 중대본부에서 확인했다고 했습니다."

– 변호인: "중대본부 상황실 전화를 받은 근무자는 누구였는가요."

= 증인(김승창): "유재홍 상병으로 기억하고 있습니다."

– 변호인: "'PCC 좌초됐다'는 이야기는 어떻게 들었는가요."

= 증인(김승창): "시간은 정확히 모르고, '무슨 일이냐'고 물어봤더니 'PCC 좌초됐다'고 들었습니다."[83]

탐조등을 어디로 비췄나 '(서쪽 바라보고) 9시 방향'

PCC로 추정되는 선박을 향해 탐조등을 비춘 경위에 대한 증언도 있었다. 함께 초소 근무를 했던 박일석 상병이 자신의 진술서에 '구조 당시 소형선박 3여척과 PCC로 추정되는 큰 선박이 해상에서 계속 이동하며 움직이는 것을 보았다'고 쓴 것과 관련해 김승창 당시 해병대 상병은 "예, 같이 비춰줬다"고 답변했다. 다만 이 선박이 천안함인지에 대해서는 "야간에 불빛의 크기를 보고 PCC로 추정했고, 천안함인지는 알 수가 없다"고 말했다. 탐조등으로 사고위치를 정확히 볼 수 있었는지에 대해 그는 "당시 탐조등을 켰던 것은 혹시 있을지 모를 생존자가 해안으로 헤엄쳐 올 수 있게 하려고 비췄고, 사고 지점을 비출 정도로 가깝지는 않았다"며 해당 탐조등에 대해 "제논탐조등이고, 지름이 1.5m 정도 된다"고 설명했다. 탐조등을 비춘 방향은 9시 방향이라고 답변했다. 탐조등을 비추게 된 경위에 대한 그의 설명은 다음과 같다.

- 변호인: "탐조등을 꺼내서 비추라고 지시한 사람은 누구인가요."
= 증인(김승창 당시 백령도초병): "일반적으로 탐조등은 야간에만 정해진 시간마다 켰다 껐다 하는데 그 당시에는 상황실에서 지시받은 것으로 기억합니다."
- 변호인: "언제 탐조등을 켜기 시작했나요."
= 증인(김승창): "전투배치가 된 이후부터 탐조등을 켜기 시작했습니다."
- 변호인: "탐조등을 어느 쪽으로 비췄는가요."
= 증인(김승창): "처음에는 해상 쪽으로 전체적으로 좌우로 왔다 갔다 하며 비추다가 해상 쪽에 선박들이 모여 있는 불빛을 보고 그쪽으로 비추기 시작했습니다."
- 변호인: "평상시에는 좌측 몇 도 방향에서 우측 몇 도 방향으로 비추는가요."
= 증인(김승창): "'ㄷ' 자 모양으로 돌리면서 비춥니다."
- 변호인: "선박들이 모여 있는 불빛은 어느 방향인가요."
= 증인(김승창): "두무진 돌출부에서 정반대 방향입니다."
- 변호인: "정반대 방향이라는 것은 정면을 바라보았을 때 두무진 돌출부가 2~3시 방향에서 보인다면 그 불빛 보인 곳은 몇 시 방향이 되는가요."
= 증인(김승창): "9시 방향 정도 됩니다."[84]

16. 백령도초병 "21시 31분 PCC 좌초 연락받아"

천안함 16차 공판은 18대 대통령선거를 이틀 남겨둔 날 열렸다. 이날 공판에는 한 달 전 법정에 나온 김승창과 함께 사고 순간 백령도 초병근 무를 한 박일석 당시 상병이 증인으로 출석했다. 박일석은 중대상황실 로부터 좌초라고 연락을 받은 시간이 21시 31분이었다고 좀 더 자세한 증언을 했다. 또한 이 초병은 좌초됐다는 소식을 평소와 같이 TOD병이 발견한 뒤 상황실로 보고했을 것으로 추정했다.

박일석은 백색섬광을 본 위치에 대해 280도 방향이었다는 것을 평 소 중국어선을 목격했을 때 와 같은 감각에 따라 보고한 것이라고 증언 했다. 이 위치는 앞서 '4장 2절 장소의 의문'편에서 언급했듯이 합조단이 발표한 백령도 서남방 2.5km 위치와는 상이하다. 합조단이 발표한 좌표

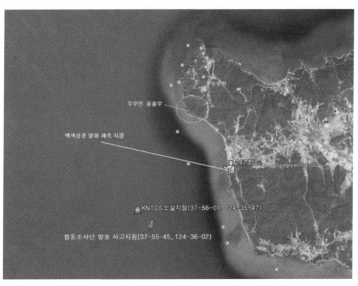

합조단 발표 사고 지점과 KNTDS상 최종 소실 지점, 백색섬광 발화예측지점 등을 해도에 표시한 것.
사진=신상철 재판 증거 제출 자료

를 찍어보면 247초소 기준으로 220~230도 위치이며, 이는 순간적으로 착각할 수 있는 정도의 거리가 아니라는 지적이 많다. 그는 법정에서 자신이 진술한 위치를 재확인했다. 백색섬광의 목격 위치에 대한 증언 내용을 간추렸다.

- 변호인: "진술서에서 증인은 사고 발생 지점에 대해 '21:23에 낙뢰소리와 비슷한 소리를 들어 '쿵' 소리와 함께 하얀 불빛이 247초소 기준 방위각 280도 4km 지점에서 보았습니다'라고 진술했는데, 위 지도사진에 '백색섬광 발화 예측지점'이라고 표시된 위치가 맞나요."
= 증인(박일석 당시 백령도초병): "두무진 돌출부라고 글자가 적힌 그쪽 방향입니다."
- 변호인: "'280도라는 것을 증인의 감각으로 판단한 것인가요, 아니면 불빛이 난 곳을 보고 몇 도인지 확인하고 보고한 것인가요."
= 증인(박일석): "평소 중국어선에 대해 보고하던 감각에 따라 보고를 한 것입니다."
- 변호인: "증인은 진술서에 '불빛은 섬광처럼 보였는데, 좌우 둘 중에 좌쪽이 더 밝아보였습니다. 우쪽은 두무진 돌출부에 의해 불빛이 가려진 상태였습니다'라고 진술했는데, 섬광처럼 보였다는 것이 어떤 의미인가요."
= 증인(박일석): "그날은 앞이 50m밖에 안 보일 정도로 해무가 끼어서 불빛이 퍼져나가는 것처럼 보였고, 두무진 돌출부도 밝게 보일 정도였습니다. 당시 여단장에 보고하기로는 1~3초 정도라고 보고했습니다. (감찰단에서 조사받을 때도 '당일 월령이 커서 섬광 주변도 밝아보였다'고 진술했습니다. —당시 법정에서 기록한 것)"[85]

박일석은 주위가 잠시 환해졌을 때도 초계함이 보이지 않았으며, 이후 불빛을 발견한 것도 구조대와 헬기의 불빛이었고, 그 위치는 해도상

'KNTDS 소실지점'이라 써 있는 곳의 아래쪽이었다고 설명했다.

섬광을 본 위치에서 물기둥은 보지 못했다고 박일석은 증언했다. 섬광과 함께 들린 소리에 대해 그는 "낙뢰라고 할 정도로 '쾅' 하는 큰 소리였다"며 한 번 들었다고 말했다.

섬광 목격과 소리 청취 후 상황에 대해서는 "소리를 듣고 상황실에 보고했다"며 섬광을 본 뒤 보고하기까지 걸린 시간을 묻자 "거의 즉시 보고했다"고 증언했다.

섬광이 발생했다는 위치와 구조대의 불빛을 목격한 지점의 거리와 각도 차이가 나는 이유에 대해서는 "구조대 불빛도 계속 움직여서 떠내려간 것으로 판단했다"며 구조대의 불빛의 경우 "22시가 넘어서 사라졌다"고 말했다.

'쾅' 소리가 난 이후 처음에 구조대의 불빛이 보였을 때까지 시간에 대해 그는 "9시 23분에 '쿵' 소리와 섬광을 본 뒤 즉시 보고했다"며 "9시 31분에 상활실로부터 '좌초됐다'는 연락을 받았다. 그 이후 10분 이상 지난 뒤 구조대의 불빛이 보였다"고 했다.[86]

섬광을 목격한 시간에 대해 박일석은 "보고를 한 시각이 21시 23분이고, 섬광을 본 것은 그것보다 앞 시간"이라고 말했다. 이와 함께 247초소에서 백색섬광까지의 거리 3km, 구조대 불빛 목격지점까지 거리 3~5km, 두무진 돌출부까지 거리 2km 등 위치를 비교적 상세하게 제시했다. 섬광이 발생한 후 소리가 바로 들렸으며, 진동은 약간 느껴졌다고 말했다. 섬광의 위치에 대한 증언은 다음과 같다.

— 변호인: "…247초소에서 구조지점을 목격한 지도상 빨간 별표 표시 지점까지 거리는 얼마나 되나요."

= 증인(박일석 당시 백령도초병): "대략 3~5km 정도라고 예측됩니다."

— 변호인: "247초소에서 섬광을 본 장소와는 얼마 정도의 거리인지 알 수

있나요."

= 증인(박일석 당시 백령도초병): "대략 3km 정도로 추정됩니다."

— 변호인: "247초소에서 두무진 돌출부까지 거리는 얼마인가요."

= 증인(박일석 당시 백령도초병): "두무진 돌출부는 제일 가까운 모서리쪽 거리가 2km입니다."[87]

박일석은 좌초라는 연락을 중대상황실로부터 21시 31분에 받았다고 밝혔다. 이 과정은 애초 낙뢰라고 보고한 이후에 좌초라는 연락이 오게 된 것이라고 설명했다. 보고 과정에 대해 그는 TOD를 보유하고 있는 연화리 237초소에서 보고해 이를 토대로 상황실에서 자신들의 초소로 연락해줬을 것이라고 추정했다.

— 변호인: "왜 낙뢰라고 보고했나요."

= 증인(박일석 당시 백령도초병): "갑자기 '쿵' 하는 큰 소리가 나서 평소 이런 것을 낙뢰라 보고하는데, 시간이 지나고나니 초소에서 연락이 왔습니다. 'PCC가 좌초됐다'는 연락이었다. 그래서 혹시 구조자가 있을 수 있으니 서치라이트로 비추라고 해서 비췄습니다."[88]

[…]

— 변호인: "22시 31분경 상황실로부터 'PCC가 좌초됐다'라는 연락을 받았다 했는데 통상 상황실에서 연락이 오려면 여단에서 대대, 중대, 상황실까지 죽 내려오면 상황실에서 연락이 오는가요."

= 증인(박일석): "연화리에 있는 237초소 TOD장비로 그것을 보고 상황실에 연락했고, 상황실에서 바로 247초소에 연락을 해줬던 것으로 알고 있고, 어느 정도의 시간이 걸린 것인지는 잘 모르겠습니다."[89]

박일석은 사고 발생 이후 중대원 동료들과 TOD 영상을 봤다는 증언

486

도 했다. 중대 상황실에서 봤다는 것이다.

- 변호인: "6중대가 백령도 서쪽 해안선을 다 지킬 텐데 사고 발생 다음 날 중대원 동료들과 무슨 얘기를 나눴나요."
= 증인(박일석 당시 백령도초병): "그때 중대장, 대대장과 함께 상황실에서 TOD 영상을 봤는데, (좌초된 뒤—당시 법정에서 기록한 것) 바로 반으로 갈라지고 떠내려가서 무서웠습니다."
- 변호인: "언제 어디서 TOD를 봤나요."
= 증인(박일석): "상황실에서 대대장·중대장이 볼 때 함께 봤습니다. 둘 다 쪼개지고 뒤집혀진 것을 봤습니다."
- 변호인: "아까 TOD 영상을 보고 상황실에 보고되면 상황실에서 바로 초소로 연락해줬다고 했는데 평소에도 그런 적이 있나요."
= 증인(박일석): "(237초소에서 TOD 장비로 PCC가 침몰되는 게 보여서 상황실로 연락해 증인에게 연락해줬습니다.—당시 법정에서 기록한 것) 평소 해안선에 뗏목이 떠오를 때도 그러한 절차로 보고가 되고 연락을 합니다."[90]

해당 TOD 영상은 237초소가 촬영한 것이라고 박일석은 전했다. 이 초소의 위치에 대해 그는 "247초소 북쪽 1km 지점"이라고 말했다. 위 증언 가운데 TOD 영상에 천안함이 반으로 갈라진다는 대목과 관련해 "반파되는 순간의 모습은 본 적이 없다"고 수정했다. 이후 나와 나눈 전화통화에서도 반파 순간은 보지 못했다고 말했다. 실제로 TOD 영상에 천안함이 반으로 갈라지는 모습은 등장하지 않는다. 그러나 한 가지 의문점은 박일석이 해당 영상을 237초소의 TOD 영상이라고 기억하고 있다는 점이다. 실제 공개된 영상은 238 TOD 초소의 영상으로 알려져 있는 것과 상이하다. 이는 추후 더 확인해봐야 한다.

16-1. '여기 천안인데 좌초되었다' 김광보 포술장 법정에선…

이날 재판에는 사고 직후 최초로 2함대에 보고한 김광보 당시 천안함 포술장도 출석했다. 그는 좌초됐다고 최초 보고했으나 어떤 경위와 판단으로 그렇게 보도했는지에 대해 법정에서는 분명하게 설명하지 않았다. 앞서 4장 4절에서 김 포술장의 증언은 자세히 다룬 바 있으므로 여기서는 간략히 언급하고 넘어가되 다루지 않았던 내용을 위주로 소개한다.

김광보 대위는 이날 저녁 8시까지 당직사관 근무를 하다 박연수 대위와 교대했다. 그런데도 사고 해역에 대해 분명하게 답하지는 않았다. 전날 대청도로 피항했다는 내용에 대해서도 기억나지 않는다고 답했다. 그가 사고지점에 대해 증언한 것은 다음과 같다.

- 변호인: "천안함 사고 발생 해역이 백령도 서남방 2.5km지점인데, 알고 있나요."
= 증인(김광보 당시 천안함 포술장·대위): "조류가 빨라서 그렇게 추정할 수 있을지 모르겠습니다."
- 변호인: "백령도 해안선에서 2.5km 정도 근접해서 작전한 적은 있는가요."
= 증인(김광보): "서쪽에서 기동한 적은 있으나 거리가 어느 정도 근접했었는지는 정확하게 알 수 없습니다."[91]

그는 사고 당시 충격에 대해 "몸이 완전히 떠서 천정에 머리가 부딪힐만한 충격은 아니었지만, 머리가 곤추설 정도로 엄청난 충격이 있었고, 충격에 의해서 바닥에 순간적으로 올라왔다가 가라앉는 느낌이었다"며

"큰 굉음이었다. 찢어지는 소리는 아니었고, 강력한 충격음이었다"고 답변했다. 폭뢰투하 훈련 때의 폭발음이나 진동과 비교해 어떤 충격이었는지에 대한 변호인 신문에 그는 "천안함 사건 때가 훨씬 더 큰 충격이었는데, 폭뢰투하 훈련의 폭뢰는 소형이고 훈련의 안전상 훨씬 깊은 수심에서 폭발을 시키기 때문에 비교할 것은 안 된다고 본다"고 답했다. 그는 화약 냄새도 맡지 못했다고 증언했다.[92]

그는 갑판으로 탈출한 뒤 휴대전화로 여러 통의 전화보고를 했으며 주변에 김덕원 소령(천안함 부장)이 있었던 것으로 기억난다고 증언했다. 그러나 김 포술장은 김 소령이 자신의 가까이에 있었는데도 알아보고 대화를 나눴는지 기억나지 않는다고 말했다.

앞서 천안함 작전관이었던 박연수 대위는 법정에 나와 '수밀문을 열고 나와서 보았더니 포술장이 중앙갑판통로 쪽에 있었는데 그 후 위치는 잘 모르겠다' '현측으로 빠져나와서 전화통화를 시도했는데 통화가 안 됐고, 바로 옆에 포술장이 전화하는 것을 계속 보고하라고 지시했다'고 진술했는데, 이것이 맞는지에 대해서도 김 포술장은 "기억나지 않는다"고 말했다.

김 소령이 지시한 내용이 있는지, 지시도 안 했는데 알아서 보고한 것인지에 대해서도 기억나지 않는다고 모르쇠로 일관했다. 다만 그는 "긴급상황이어서 본능적으로 함대사령부에 보고한 것"이라고 말했다.(증인 신문조서 8쪽)

'좌초라고 보고할 때 옆에 있던 장교 또는 장병들이 '좌초가 아니다'라고 말하거나 제지한 사실이 있느냐'는 변호인 신문에 김 포술장은 "기억나지 않는다"고 말했다. 좌초라는 판단은 누구의 판단이냐는 신문에는 아래와 같이 증언했다.

"좌초를 판단한 것은 아닙니다. 계속 '좌초' 말씀하시는데 보고할 당시

'좌초'라는 것이 중요한 용어가 아니었고, '좌초'라는 용어만 사용한 것도 아닙니다. 긴급한 상황이 발생해 구조가 가장 급해서 대원들을 살리기 위해서는 그 어떤 말도 했을 것입니다."[93]

그는 자신이 좌초라고 보고한 것으로 돼 있다는 것을 "후에 알게 됐다"고 말했다. 변호인은 '좌초인지, 제3자에 의한 공격인지에 따라 향후 대처방향이 달라지기 때문에 그 상황에서는 빨리 판단해서 정확하게 보고해야 할 의무가 있지 않느냐'고 따지자 김 포술장은 "예"라고 답했다. 그는 '좌초'라고 보고한 것과 관련해 누구로부터 조사를 받았는지에 대해 "조사를 받았으나 누구에게 몇 번이나 받았는지는 기억나지 않는다"고 말했다.

17차 공판 2013년 1월 28일 증인 불출석, 18차 공판 11월 11일 재개
17~18. 증인 불출석, 신상철 암투병 재판추정

2013년 들어 17차 공판이 열린 1월 28일엔 증인들이 모두 출석하지 않아 증인신문이 연기됐다. 또한 이후 피고인 신상철 전 합조단 민간조사위원이 직장암 수술을 두 차례 받는 등 투병으로 인해 재판이 추정(추후지정의 약자로, 재판 일정이 정해지지 않은 상태라는 뜻)됐다.

이로부터 10개월여 동안 재판이 열리지 않다가 수술 후 피고인 증세가 호전돼 11월 11일에 18차 공판이 재개됐다. 이날 공판은 소환된 증인 없이 그동안의 진행상황을 점검하는 형식으로 이뤄졌다. 특히 이날 군은 기본적인 조사목록조차도 법정에 제출하지 않아 재판부로부터 지적을 받기도 했다.

이날 서울중앙지법 형사36부의 최규현 재판장은 "군에서는 대부분 군사기밀이라 공개가 불가능하다는 입장인 것 같지만 어떠한 답변이나 문서도 온 것이 없다"며 "회신을 보낸 지 2년이나 됐다. 2011년 9월과 10월에 (재판부가 검찰 측 또는 군에) 요청한 것으로 돼 있다"고 지적했다. 최 재판장은 "우리가 독촉서류를 보내겠다"고 밝혔다.

하지만 그는 "그래도 회신이 안 오면 어떻게 해야 하는가"라며 의문을 제기했다. 이에 신 대표의 변호인인 이덕우 변호사는 "허위의 입증책임은 검사에 있다"며 "피고가 적시한 사실이 허위라 주장하면서 정작 증거들을 공개하기 불가능하다거나 부적절하다고 주장하는 것은 입증책임을 지지 않겠다는 것"이라고 지적했다. 이 변호사는 "그 이전에 검찰이 어떠어떠한 내용으로 공개하지 못한다든가, 제한해서 공개하겠다든지와 같은 입장이 전제된 이후 증인신문을 해도 실체를 밝힐 수 있을까 말까이다"라며 "검찰과 고소인은 자료를 자신들만 갖고 내놓지 않으면서 (만약 자료 없이) 증인신문을 하다가 나중에 자료가 나오면 또다시 증인을 불러다 신문해야 하느냐"고 반문했다.[94]

19차 공판 2013년 12월 9일 김기택 하사 출석 '잠수함 · 어뢰 이론상 탐지 가능'

19. 음탐사 "사고 순간 이상징후 감지 안 돼"

한동안 열리지 않았던 천안함 재판은 신상철 피고인의 병세 호전으로 재개된 후 2013년 12월9일 19차 공판에서 다시 증인신문이 시작됐다. 이날 출석한 증인은 천안함에서 사고 당시 음탐사(음파탐지사관)를 맡았던 김기택 하사였다.

김 하사는 천안함 사고 직전까지 이상징후가 전혀 감지되지 않았다고 증언했다. 그는 또한 천안함에 달려 있는 소나의 제원상 적 잠수함과 어뢰를 탐지할 수 있다고 밝혔다.

그는 사고 순간 차가 옆에서 박은 것같이 얼떨떨했으나 곧바로 정신을 차렸다고 말해 충격의 정도에 대한 기억이 다른 이들과 상이했다. 변호인들이 충격의 정도를 계속 캐묻자 그는 "잘 모르겠다" "기억이 나지 않는다"는 식으로 답하기도 했다.

김 하사는 교대자로부터 특이사항 관련 인수인계 사항에 대해 "교대자로부터 특이사항은 없었다고 전달받았다"고 답변했다. 또한 사고 순간 그는 정위치해 있었으며, 헤드폰을 끼지 않고 있었다고 밝혔다. 그런데도 사고 순간 일체의 이상이 감지되지 않았다고 강조했다. 김 하사의 증언 요지이다.

- 변호인: "천안함 사고 당시 전탐 또는 음탐상에 이상이 감지됐나요."
= 증인(김기택 당시 천안함 음탐사·하사): "아닙니다."
- 변호인: "이상이 감지되지 않았다는 것은 헤드폰 또는 스피커, 모니터상에 이상신호가 전혀 없었다는 것인가요."
= 증인(김기택): "모니터나 스피커로 이상한 소리나 식별되지 않은 것이 들어오면 보고를 하게 돼 있습니다."
- 변호인: "당시 감지가 전혀 안 됐다는 것인가요."
= 증인(김기택): "예."
- 변호인: "천안함 사고 당시에도 모니터나 헤드폰에 감지된 소리는 어떤 것이었나요."
= 증인(김기택): "그냥 일반적인 수중에서 나는 여러 가지 소음(과 노이즈－당시 법정에서 기록한 것)들로 기억하고 있습니다."[95]

김 하사는 충격음 또는 폭발음도 소나로 포착이 안 됐는지에 대해서는 기억나지 않는다며 이 같은 소리를 듣기는 했다고 말했다.

이와 관련해 '당시 증인 입장에서 사건 발생할 때까지 특이사항을 발견하지 못했던 것이 맞느냐'는 검사의 반대신문에서도 "예 그것은 확실합니다"라고 답변했다. 반면 천안함의 잠수함, 어뢰 탐지능력에 대해서는 탐지할 수 있다고 밝혔다.

- 변호인: "천안함 장착 소나의 장비 특성상 잠수함도 탐지할 수 있지요."
= 증인(김기택 당시 천안함 음탐사·하사): "제원상 탐지할 수 있는 것으로 알고 있습니다."
- 변호인: "어뢰도 탐지할 수 있는가요."
= 증인(김기택): "예."
- 변호인: "증인은 조금 전에 천안함 소나로 어뢰도 탐지할 수 있다고 답변했는데 어떤 모드로 탐지할 수 있다는 것인가요."
= 증인(김기택): "제원상 탐지할 수 있다고 배웠습니다."[96]

어뢰의 스크루(프로펠러) 소리를 탐지할 수 있는지에 대한 증인신문이 계속되자 "수중에서는 엄청나게 많은 소리들이 발생하고 서로 간섭을 일으키기 때문에 음탐사가 그것을 들었을 때 어떤 것이라고 판단하는데 어려움이 있다"고 말했다. 이른바 노이즈 때문인데, 노이즈가 없으면 탐지할 수 있다고도 답했다. 천안함 소나는 제원상 어뢰의 스크루 소리를 들을 수 있는 것이 맞는다는 것이다.

"사고 순간 옆에서 차로 박은 듯 얼떨떨…바로 정신 차려"

이와 함께 김 하사는 사고 순간 넘어지지 않고 의자 옆으로 튕겨나가 엉덩이가 벽면에 부딪혔으며, 마치 차를 운전하고 있는데 옆에서 차가 박는 바람에 몸이 옆으로 튕겨나간 것 같았다고 묘사했다. '뭔가 부딪혔다, 뭔가 터졌다'는 표현도 썼다. 표현상의 문제라 어느 정도 신뢰할 수 있는지는 모르겠으나 충격의 형태에 대한 다른 승조원이 언급한 것과는 상이했다. 변호인의 신문에 대한 김 하사의 증언을 읽어보면 다른 생존자 증인과는 다르다는 것을 느낄 수 있다. 다음과 같다.

- 변호인: "언론보도에 따르면 증인은 '사고 순간 알 수 없는 큰 충격을 받고 넘어져 몇 분 간 정신을 잃었다'고 했는데 맞나요."
= 증인(김기택 당시 천안함 음탐사·하사): "몇 분간 정신을 잃지 않았습니다."
- 변호인: "그럼 사고 당시 순간은 어땠나요"
= 증인(김기택): "쉽게 설명하자면 차를 운전하고 있는데 옆에서 차를 박았고, 박은 순간은 약간 얼떨떨했지만 바로 정신을 차렸습니다."
- 변호인: "쾅 하는 소리가 폭발하는 소리 같았나요."
= 증인(김기택): "그것이 폭발하는 소리인지, 충격하는 소리인지는 잘 모르겠지만, 당시에는 '뭔가 부딪혔다, 뭔가 터졌다'라는 생각은 했습니다."
- 변호인: "그래서 큰 충격을 받았나요."
= 증인(김기택): "예 큰 충격을 받았다고 생각했습니다."
- 변호인: "증인은 넘어졌나요."
= 증인(김기택): "넘어지지는 않고, 옆으로 튕겼습니다."
- 변호인: "옆으로 이동했으나 넘어지지 않고 다시 일어났다는 것이죠,"
= 증인(김기택): "당시 옆으로 밀리면서 골반이 함 벽면에 찍힌 것은 기억합니다."
- 재판장(최규현 부장판사): "의자에 앉은 채로 엉덩이가 계속 의자에 붙어 있었다는 것인가요."
= 증인(김기택): "예."
- 변호인: "진행방향에서 어느 방향으로 몸이 이동했나요."
= 증인(김기택): "진행방향에서 우측입니다."[97]

그러나 김 하사는 재판 말미에 '당시 그 상황은 충격인지 폭발인지 구분할 수가 없었다고 답변했죠'라고 변호인이 되묻자 "잘 모르겠습니다"라고 답했다. 잘 모른다는 것이 현재 답변이냐고 했더니 이번엔 "기억이 나지 않습니다"라며 오락가락했다.(증인신문조서 16쪽)

좌초 충돌은 아니다? 어뢰 또 당할 수 있다?

한편 김 하사는 피고 신상철 전 위원의 천안함 좌초 충돌설에 대해서는 아니라고 주장했다. 그는 "좌초는 암초에 의한 좌초라고 생각하는 것 같은데 좌초나 선박과의 충돌에 의한 것은 배를 타본 사람이라면 기본적으로 말이 안 된다는 것을 알고 있다"며 "전탐이라는 직별(직군을 뜻하는 것으로 보임-저자)에서 전파로 탐지하기 때문에 근처에 어떠한 배가 있고, 어떠한 거리인지 다 알고 있었을 것이기 때문"이라고 말했다. 그는 "그런데 그것을 충돌이라고 하는 것은 납득이 되지 않고, NLL 근처를 수년 이상 출동 나간 구역이기 때문에 증인이 알기로 그곳에서 암초가 발견된 적은 없다"며 "그리고 저처럼 승조한 승조원이 진실을 말해도 믿지 않는 사람들에게는 별로 말하고 싶지 않다"고 주장했다.(증인신문조서 16쪽)

그는 소나에서 이상징후가 없었는데도 어뢰에 의해 깨졌다고 생각하느냐는 김형태 변호사의 신문에 "그렇다"면서도 어뢰를 탐지하는 것은 "불가항력이라고 믿는다"고 답했다. 그는 "최신음탐기로도 잡을 수 없으며 반복의 위험성이 있다"며 "우리나라 국방비가 너무 낮다"고 주장했다.(증인신문조서 17쪽)

김남주 변호사는 《미디어오늘》과 인터뷰에서 "북한 어뢰가 30노트로 이동했을 것으로 합조단 보고서엔 추정했는데, 이 속도면 250m를 15초 동안 이동하는 거리"라며 "이 정도 속도로 스크루가 달린 어뢰가 천안함에 근접해 오는데 소리를 못 들었다는 것은 상식적으로 이해되지 않는다"고 지적했다. 그는 "스크루 돌아가는 소리가 물속에서는 더 크게 들리며, 소리의 전달속도도 훨씬 빠르기 때문"이라며 김 전 하사의 증언대로

면 과연 어뢰 자체가 있었는지 근본적인 의문을 낳는 의미라고 말했다.[98]

19-1. "'선체 좌초' 브리핑, 해군 통보일 것"

이날 재판에는 김기택 전 하사와 함께 사고 당시 구조활동을 지휘한 이병일 당시 해양경찰청 경비과장도 출석했다. 그는 최초사고발생 직후 해군으로부터 좌초 신고를 받고 구조에 나선 과정을 증언했다.

이병일 전 경비과장은 사고 발생 사흘 뒤 공식브리핑을 통해 '선체가 좌초된 것 같다'는 해군의 신고를 받았다고 발표한 바 있다.

이와 관련해 이 전 과장은 이날 법정에서 사고 당일 자신이 보유한 무선전화로 보고를 받았다고 말했다. 이 전 과장은 사고 직후 해경이 해군 측으로부터 최초로 통보받은 천안함 사고 원인이 좌초였느냐는 변호인 신문에 "아마 그렇게 보고받은 것으로 기억한다"며 "인천 해경에서는 해군 측으로부터 무선전화로 통보받은 것으로 기억한다"고 증언했다. (이병일 증인신문조서 2쪽)

그는 '2010년 3월 28~29일 천안함 침몰 원인에 여러 말들이 많았는데 해경 경비과장이 공식브리핑을 자청해 '선체가 좌초된 것 같다'라는 해군의 신고를 받았다는 내용을 밝힌 이유가 무엇이냐는 신문에 "상급자로부터 지시를 받았는지, 아니면 언론 측에서 인터뷰가 필요하다고 하여 그러하였는지는 모르겠지만, 아마 지시사항에 의해서 증인이 담당하고 있는 경비과장 직책으로 인터뷰한 것 같다"고 답했다. 당시 상황에 필요해서 해경 차원에서 공식 인터뷰를 한 것은 맞다고 이 전 과장은 답했다. (증인신문조서 4쪽)

또한 사고 시각과 관련해 해경은 사고 당일인 3월 26일 밤부터 다음 날

아침까지는 사고 시각을 21시 30분으로 기재했으나 사고 이틀 뒤인 3월 28일 보도자료에서는 21시 15분으로 앞당겼다. 이 역시도 해군이 통보한 것으로 안다고 이 전 과장은 전했다.

- 변호인: "3월 26~27일 상황보고서 1~10보에 기재된 사고 시각은 3월 26일 21시 30분으로 기재돼 있는데 인천 해경 추정 시간인가요, 아니면 해군으로부터 통보받은 사항을 기재한 것인가요."
- 증인(이병일 당시 해경 경비과장): "(인천해양경찰서가 해군 쪽으로부터 사고 발생 이후 통보받은 것으로 기억합니다.-당시 법정에서 기록한 것) 실제 사고 발생 시각이 21시 30분경이라고 통보받았습니다."
- 변호인: "그러나 3월 28일 해양경찰청 대변인은 '해양경찰은 지난 26일 21시 15분 백령도 서남방 1.2해리에서 해군초계함(천안함)이 원인미상의 사고로 침몰하자 인근해역에서 경비활동 중인 501함(500톤급)과 1002함 (1000톤급)을 급파해 사고함정에 타고 있는 승조원 56명을 구조했다'고 보도자료를 낸 사실이 있는데 사고 시각을 21시 15분으로 명시한 것도 해군에서 통보를 받은 것인가요."
- 증인(이병일): "아마 그렇게 기억하고 있습니다."
- 변호인: "…인천 해경서에서는 누구와 접촉해 정보를 받은 것인가요."
- 증인(이병일): "인천 해경서는 2함대 사령부와 서로 정보사항 (공유가) 이뤄지고 있어서 그곳에서 받은 것으로 알고 있습니다."[99]

해경도 사고 시간 · 사고 위치도 오락가락 왜?

이병일 전 과장은 사고 위치에 대해서도 1보에서는 백령도 남서방 1.5마일로 기재해놓고, 정작 좌표는 대청도 서쪽인 '37-50N, 124-36E'라고 기재한 점도 추궁을 받았다.

- 변호인: "…인천 해경이 침몰 사고 발생 직후 최초 상황보고서에 기재한 좌표가 백령도 남서방이 아니라 대청도 서쪽으로 기재한 이유는 무엇인 가요."

= 증인(이병일 당시 해경 경비과장): "그 상황에 대해서는 잘 기억나지 않습니 다. 그러나 좌표는 해도상에서 60분 단위로 하는 방법이 있고, 백분율로 하는 방법이 있기 때문에 어떠한 방식을 취하느냐에 따라 조금의 오차 가 발생할 수 있습니다."

- 변호인: "위 좌표는 누가 보내줬나요."

= 증인(이병일): "인천 해양경찰서로부터 보고를 받은 사항입니다."

- 변호인: "인천 해양경찰서에서도 스스로 위 좌표를 알 수 없지 않은가요."

= 증인(이병일): "예. 인천 해양경철서도 해군 측에서 통보받은 대로 하기 때문에 임의로 하지는 않은 것으로 알고 있습니다."

- 변호인: "처음에 나온 좌표는 군에서 한 것으로 파악하고 있지요."

= 증인(이병일): "잘 모르겠습니다."

- 변호인: "천안함은 침몰 상태라 좌표보고를 히기 굉장히 어려웠을 것 같 은데 어떤가요."

= 증인(이병일): "정확히는 모르겠지만, 이러한 상황은 통상적으로 2함대 측으로부터 통보를 받은 것으로 기억하고 있습니다."[100]

한마디로 사고 시각이나 위치 모두 해경은 해군으로부터 받은 정보로 기재한 것이라는 설명이다. 특히 사고 시각의 혼선에 대해서는 검사조 차 어떤 연유였는지 신문했다.

검사는 "해경에서도 이 사건 사고 발생 시기에 대해 21시 15분인지 21시 30분인지 혼선이 있는 것 같은데, 당시 증인은 사고 발생 시각이 21시 15분인 것을 명확히 하기 위해 인터뷰했던 것인가요, 아니면 다른 목적이 있어서 인터뷰한 것인가요"라고 말했다. 이 전 과장은 "증인은 상부의 지시를 받고 담당과장으로서 사고계획을 설명 차 인터뷰한 것으로 기억하고 있다"고 밝혔다.

그러나 이렇게 사고 시각을 21시 30분에서 15분이나 당기는 경우가 발생할 수 있느냐는 의문이 계속됐다.

- 변호인: "해경에서는 2010년 3월 26일 21시 33분부터 다음 날 새벽까지 10회의 정보보고를 전부 21시 30분경으로 알고 있었다는 것이죠."
= 증인(이병일 당시 해경 경비과장): "예."
- 변호인: "그런데 3월 28일에는 해경에서 15분을 당겨 21시 15분이라고 발표했는데, 증인은 조금 전에 이러한 사실도 알고 있다고 했죠."
= 증인(이병일): "처음에 해군 측에서는 사고 발생 시간이라든지 원인에 대해서 상세한 상황은 알지 못합니다. 제가 조금 전에 답변했듯이 구조가 첫 임무이고 신속하게 통보라든지 보고를 해놓고 다음에 정정상황이 있으면 정정하는 예도 있는데, 해군 측에서도 보고채널이 있기 때문에 해경에 통보한 시간이 잘못된 것 같아서 정정해서 보낸 것으로 기억하고 있습니다."
- 변호인: "증인은 해경에서 근무했으므로 해군과 긴밀하게 작전 협조를 했을 텐데, 큰 배에서 사고가 났을 경우 통상 기술적으로 처음에는 30분이라고 했다가 다시 15분이나 당겨졌다가 또 7분이나 뒤로 가는 일이 있을 수도 있나요."
= 증인(이병일): "그 부분까지 뭐라고 답변하기 어렵지만, 해경에서는 상황을 처리할 때 시간이 조금 변경되는 경우가 있습니다."
- 변호인: "배에서 사고가 날 경우 통상 보고체계가 있을 텐데 15분이 왔다 갔다 하는 것은 기술적으로 어떤 실수가 발생하면 그런 일이 발생할 수 있나요."
= 증인(이병일): "육상과 해상의 경우 상황이 조금 다르다고 생각합니다.

그리고 특히 해상 함정에서 보고받은 시간이 처리하는 과정에서 다르고, 함정에서 다시 보고가 정정돼 오는 경우도 있을 수 있습니다."[101]

이병일 전 과장이 사고 사흘 뒤인 3월 29일 공식브리핑에서 '선체가 좌초된 것 같다'고 밝힌 내용은 의문을 낳았다. 좌초뿐 아니라 폭발이라는 얘기도 한참 나오고 있을 무렵이었는데 왜 해경에서 '좌초'라고, 그것도 기자회견 형식으로 하게 됐느냐는 것이다.

- 변호인: "증인은 3일 후에도 좌초라고 발표했으나 3일 동안 폭발이라는 정황이 일부라도 있었다면 좌초인지 폭발인지에 대해 논란이 있어서 발표하지 않았을 것 같은데 어떤가요."
= 증인(이병일 당시 해경 경비과장): "3일 후에 증인이 발표했을 당시 처음 보고를 그렇게 통보받았고, 상황보고 사항에도 폭발음에 의해 좌초됐다고 중간에 바뀌는 경우가 있습니다."
- 변호인: "보고서에는 3월 26일 22시 32분에 함장와 전대장은 '뭐에 맞은 것 같다'는 보고사항이 있는 것으로 제출돼 있는데 이런 진술이 나오고 있음에도 증인이 3일 후에도 여전히 좌초라고 이야기한 이유는 무엇인가요."
= 증인(이병일): "3일 후까지 계속 좌초라고 이야기한 것이 아니라 해군 측에서 해경 측에 처음 통보를 했을 때 그 말이 있었느냐 없었느냐를 이야기한 것입니다."
- 변호인: "인터뷰 할 시점에 해경 측에서는 폭발이라는 이야기를 들은 적이 있나요."
= 증인(이병일): "예."
- 변호인: "그렇다면 증인은 좌초라는 이야기를 해서 인터뷰를 잘못하면 큰일 나니까 나중에 폭발이라는 이야기도 있었다고 말해야 하는 것 아

닌가요."

= 증인(이병일): "그 말을 했어야 할 상황이었는지는 잘 모르겠습니다."[102]

20. 당일 부직사관 "사고 해역 수심 10m 이상"

2014년 1월 13일 열린 20차 공판엔 사고 당시 천안함 부직사관을 맡았던 이광희 중사(갑판사관)가 출석했다. 부직사관은 당직자 태도를 확인, 감독, 보좌하면서 당직과 관련된 임무를 보는 것이라고 이 중사는 설명했다. 이 중사는 천안함 사고 전 국제공용상선통신망으로 2함대사령부와 교신한 당사자이다. 특히 이 주파수 VHF-CH16은 보안이 되지 않아 작전 중에는 쓰지 않는 것으로 알려져 있다. 장비 작동 유무를 확인하기 위해 교신했을 뿐 사고 내용을 주고받기 위해서는 아니라고 이 중사는 밝혔다. 그런데도 교신한 지 얼마 있다가 사고가 났는지에 대해서는 기억을 못 한다고 말했다. 변호인 신문에 대한 이 중사의 답변 요지이다.

– 변호인: "증인은 사고 당일 21시 19분 30초경 국제공용상선통신망인
   VHF-CH16으로 2함대 사령부와 교신했죠."
= 증인(이광희 당시 천안함 부직사관·갑판중사): "예."
– 변호인: "보안이 되지 않아 아군, 상선, 적군까지 들을 수 있는 국제공용
   통신망이라고 하는데, 증인은 그러한 사실을 알지 못하나요."
= 증인(이광희): "그것은 알고 있습니다."
– 변호인: "그 말은 해난사고가 발생했을 때 구난 신호를 보내는 긴급통신
   망으로 사용한다는데 맞나요."
= 증인(이광희): "긴급통신망 등 여러 가지 용도로 사용하고 있습니다."

– 변호인: "당시 보안이 되지 않아 아군, 상선까지 들을 수 있는 통신망으로 교신한 이유는 뭔가요."

= 증인(이광희): "장비가 잘 작동하고 있는지 장비 이상 유무만 확인했습니다."

– 변호인: "당시 그 통신망으로 사고가 났다, 구조해달라는 통신을 한 것은 아니었나요."

= 증인(이광희) : "예."

– 변호인: "그렇다면 2함대 사령부의 지시에 의한 것은 아니었나요."

= 증인(이광희): "지시에 의한 것이 아니라 2함대에서 통신이 와서 답변한 것입니다."

– 변호인: "2함대에서 먼저 통신해 그것에 대해 수신을 하고 다시 응답한 것인가요."

= 증인(이광희): "예. 양호하다고 응답했습니다."

– 변호인: "그 망으로는 천안함 사고가 났다는 내용에 대해 전혀 언급하지 않았나요."

= 증인(이광희): "그러한 내용은 전혀 한 적이 없습니다."

– 변호인: "국제공용상선통신방 VHF-CH16과 서로 송수신했을 때는 사고 발생 전인가요 이후인가요."

= 증인(이광희): "사고 발생 전입니다."

– 변호인: "그렇다면 사고 전에 2함대 사령부에서 상선통신망으로 이상이 있는지 물어봐 상태가 양호하다고 답변했다는데 그 이후 얼마나 있다가 사고가 발생했나요."

= 증인(이광희): "조사를 했을 때도 그 내용에 대해서 했다는 것만 알고 있었지, 시간대는 전혀 모르고 있었기 때문에 어떻게 답변하기가 어렵습니다."[103]

이후 이광희 중사는 부직사관을 맡고 있을 당시 천안함 사고 해역의 수심이 10m 이상이라는 증언을 했다. 측심기를 통해 측정했다고 설명했다. 다만 수심의 보고 기준만 확인하는 것이기 때문에 보다 구체적인 상황을 파악하는 데엔 한계가 있는 증언이었다. 이와는 달리 당시 당직사관이었던 박연수 대위(천안함 작전관)는 수심이 20m 내외라고 밝혔다. 박 작전관 역시 측심기로 확인한 것이라고 증언한 바 있다. 정부가 최종 발표한 사고 해역 위치의 수심은 47m였다. 엇갈리는 내용을 보면 천안함 사고 위치는 여전히 불명확하다. 수심에 대한 증언 요지를 살펴보자.

— 변호인: "사고 당시 수심이 얼마였는지 알고 있나요."

= 증인(이광희 당시 천안함 부직사관·갑판중사): "대략 10m 이상이었습니다."

— 변호인: "어떠한 근거로 10m 이상이라고 하는 것인가요."

= 증인(이광희): "근거는 수심측정기에 의한 것입니다."

— 변호인: "그것은 증인의 업무와 관련된 것인가요."

= 증인(이광희): "함교에 있어서 알고 있는 것입니다."

— 변호인: "사고 당시 수심이 10m 이상이라고 한 것은 언제 기억한 것인가요."

= 증인(이광희): "항해하는 길이 10m 이하이면 보고하게 돼 있는데, 계속 10m 이상이었고, 그것은 주기적으로 확인하기 때문에 알고 있는 사항입니다."

— 변호인: "측정 시 10m 이상이면 어느 정도였나요"

= 증인(이광희): "10m 이하 10m 이상을 기준으로 잡아놓고 보고 있었기 때문에 몇 미터인지는 알지 못하고, 10m 이하인지 10m 이상인지에 대해서만 알고 있습니다."

— 변호인: "10m를 기준으로 하는 이유는 무엇인가요."

= 증인(이광희): "저도 잘 모르겠습니다, 다만 흘수가수선이 있으니까 10m 이하로 내려가면 안 되기 때문에 10m 이상으로 기준을 잡아 항해를 하고 있었습니다."

- 변호인: "만약 수심이 10m 이하라면 보고를 하도록 돼 있다고 했는데, 어떤 식으로 보고를 하나요."
= 증인(이광희): "간단하게 10m 이하라고 보고를 합니다."[104]

이 중사는 사고 순간에 대해 "당시 수중폭발음이 느껴졌고, 배가 급격하게 오른쪽으로 기울었다"고도 주장했다. 수중폭발음에 대해 이 중사는 "여러 가지 훈련을 하게 되는데, 폭뢰와 관련해 훈련했을 때 느꼈던 것보다 더 큰 충격을 느꼈다"며 "폭뢰라는 것이 그 느낌보다 더 큰 느낌을 받았다는 것"이라고 말했다. 폭뢰의 폭발음과 비교할 때 이 중사는 "수중폭발음은 그냥 자체적으로 진동만 느낄 뿐이지만, 당시 제가 느꼈을 때는 몸이 약간 뜰 정도의 엄청난 충격이었다"며 "소리 및 진동과 몸이 뜨는 현상까지 같이 경험했다"고 묘사했다.(이광희 증인신문조서 9~12쪽)

이 중사는 사고 당시 충격으로 "기울어지는 오른쪽 방향으로 몸이 튕겼다"며 "서 있다가 다리가 기울어지면서 올라간 정도였다. 잡고 있었기 때문에 쓰러지지는 않았지만 하체 자체가 약간 상단까지 올라갔고, 증인이 레이더로 받칠 정도로(레이더에 들이받힐 정도로) 있었다. 무릎과 허리 사이 정도까지 발이 떴다"고 주장했다.(증인신문조서 13쪽)

이 중사는 사고 순간 전방을 주시하면서도 수중 또는 공중에서 섬광을 보지는 못했다고 증언했다. 물기둥 역시 목격하지 못했다고 말했다.

- 피고인(신상철 전 합조단 위원): "(폭뢰 폭발 시) 소리만 들었지 물기둥이 솟구치는 장면은 본 적이 없나요"
= 증인(이광희 당시 천안함 부직사관·갑판중사): "그러한 것은 한 번도 본 적이 없습니다."
- 피고인: "폭발이 있었을 때 물기둥이 솟구치는 것을 본 적이 있나요."
= 증인(이광희): "없습니다"[105]

이광희 중사는 천안함 사고 당시 부직사관이었는데도 우현 프로펠러 축에 잔뜩 걸려 있던 어망에 대해서는 일절 모른다고 답했다. 그러나 어 망이 걸린 것에 대해서는 항해에 지장이 있을 정도는 아니었다고는 증 언했다.

— 변호인: "천안함 사고 이후 인양해봤더니 스크루 축에 어망 같은 것이 많 이 감겨져 있었는데 증인은 천안함에 승선한 이전 이후에 그러한 것과 관련 사항이 없었나요."

＝ 증인(이광희 당시 천안함 부직사관·갑판중사): "그것은 증인의 소관이 아니 기 때문에 그것과 관련된 것은 잘 모르겠습니다."

— 변호인: "백령도 주변에 어민들이 쳐놓은 어망들이 찢어지면 민간에서 항의를 할 수도 있는데 그러한 상황들은 전혀 없었나요."

＝ 증인(이광희): "예."

— 변호인: "증인이 알고 있는 상황은 없다는 것인가요."

＝ 증인(이광희): "어망에 걸렸다고 해 주민들이 항의하는 그러한 상황은 없 었습니다."

[…]

— 검사: "변호인 측에서는 천안함 한쪽의 스크루 측에 약간의 어망이 있는 것을 근거로 어망에 걸려 감겨 있던 것들이 사고 원인일 수 있다는 이야 기를 했는데 그것에 대해서는 어떻게 생각하나요."

＝ 증인(이광희): "항해가 불가능할 정도로 어망에 걸렸다고 하면 스크루 피 치와 문제가 발생합니다. 엔진 부분에 문제가 발생하기 때문에 엔진에 이상이 있거나 경고등이 떴을 텐데, 분명히 그러한 경고등은 뜨지 않았 습니다. 그렇기 때문에 당시 상황으로는 어망으로 인해 항해에 지장이 있다는 것은 아니라는 것입니다"[106]

20-1. 박정수 합조단 선체구조관리분과장

이날 천안함 20차 공판에는 이 중사와 함께 천안함 선체의 조사를 총괄했던 박정수 전 합조단 선체구조관리분과장(현 예비역 해군 준장)이 출석했다.

박 준장은 신상철 전 위원이 2010년 4월 30일 천안함 합조단 전체회의에 참석했을 때 좌초라는 의견을 냈으나 이를 제지당했다는 정황이 있었는지에 대한 증언을 했다. 박 준장은 안진우 박사 등이 선체 휘핑해석에 대한 설명을 하자 신상철 전 위원이 중간에 일어나서 좌초설 내지 좌초됐다는 의견을 주장했다고 전했다. 이를 제지했느냐는 신문에 박 준장은 다음과 같이 답했다.

> — 변호인: "그러자 증인은 그 부분에 대해 '좌초를 여기서 이야기하는 자리가 아니다'라고 하면서 피고인 의견을 제지하려고 하지 않았나요."
>
> = 증인(박정수 당시 합조단 선체구조및관리분과장·해군준장): "현장을 보지 않았기 때문에 그러한 이야기를 했을 수도 있는데, 증인은 현장실사를 하자고 해서 11시 15분에 같이 가서 이것이 좌초인지 육안으로 한번 검사해보자라고 했습니다."
>
> — 변호인: "두 사람이 같이 갔나요."
>
> = 증인(박정수): "예. 이것이 좌초에 의한 것인지, 폭파에 의한 것인지 보면 알 것이니까 육안검사를 한번 해보라고 했습니다."
>
> [⋯]
>
> — 변호인: (좌석 배치도 제시) "피고인이 있던 자리는 제일 앞쪽 상석쯤 되는 위치였나요."
>
> = 증인(박정수): "상당히 부정적인 시각을 많이 가지고 있었기 때문에 자세

히 들으라고 그곳에 배치해놓았습니다"

– 변호인: "증인은 피고인이 좌초 얘기를 반복하자 '좌초 이야기는 하지 마 시오. 좌초는 조사대상이 아니란 말이오'라 말하며 피고의 의견을 제지 한 사실이 있나요."

= 증인(박정수): "제지한 것이 아니라 같이 가서 한번 다시 보자고 의견을 제시한 것입니다."[107]

스웨덴 조사팀 2명이 같은 선체구조 관리분과에 속해 있으면서 함미 우현의 프로펠러가 휘어진 이유를 주장한 경위에 대해서도 박 준장은 설명했다. 이들은 선체구조 전문가이면서 민간인으로 안다고 했다. 스웨덴 조사팀은 400바bar(1대기압은 약 1.01325바에 해당)의 압력까지 견디는데 천안함 사고 순간엔 우측 프로펠러에만 700바의 힘이 미쳤다는 내용의 팩스를 받고 자신에게 설명해줬다고 박 준장은 전했다. 프로펠러가 돌다가 폭발에 의해 전원이 차단돼 생기는 정지현상으로 프로펠러가 함수방향으로 휘어졌다는 이른바 관성의 법칙이라는 주장이다. 노인식 충남대 교수는 오른쪽 축이 뒤로 밀리면서 그 힘으로 프로펠러가 앞으로 휘어졌다는 주장으로 이를 수정했다. 그런데 좌현 스크루는 왜 앞쪽으로 휘어지기는커녕 구부러진 흔적도 없는지에 대해서는 제대로 답변하지 못했다. 폭발에 의해 좌현과 우현 프로펠러에 힘이 다르게 작용했다는, 이해하기 어려운 증언도 했다.

– 변호인: "좌현 스크루에 힘이 미치지 않은 이유는 무엇인가요."

= 증인(박정수 당시 합조단 선체구조및관리분과장·해군준장): "그것은 아주 찰나의 순간입니다. 증인 측도 좌현과 우현에서 왜 같은 현상이 나타나지 않느냐고 물어보자 현장에 가서 보자고 해 디젤엔진 축을 봤더니 우현 측은 샤우드 뒷부분이 밀려 있었고, 좌현 측은 밀려 있지 않았습니다.

그래서 좌현은 그냥 정상적으로 멈춘 것이고, 우현은 순식간에 축이 멈춰서 멈춘 것입니다."

— 변호인: "좌현과 우현은 어떠한 차이에 의해 그렇게 된 것인가요."

= 증인(박정수): "폭파에 의해서 그러한 것입니다."

— 변호인: "프로펠러가 추진축의 반대 방향으로 휘어 있는데 관성의 법칙에 어긋나는 것 아닌가요"

= 증인(박정수): "끝 부분에 힘이 미치고 날개가 반듯하게 돼 있는 것이 아니라 휘어져 있습니다."[108]

더구나 스웨덴 조사팀은 돈을 요구하면 조사해줄 수 있다는 제안을 했으나 우리 조사단은 그 비용을 부담하지 않아 결국 공식조사 의견을 받지 못했다. '관성의 법칙'론은 스웨덴 조사팀으로부터 구두로 들은 것이라고 했다. 왜 구해보지 않았는지에 대해 이미 폭발이라고 결론이 났는데 굳이 돈까지 주면서 조사할 필요가 있느냐는 공감대가 있었다고 박 준장은 설명했다. 다음은 그에 관한 박 준장의 증언이다.

— 변호인: "합조단 보고서는 프로펠러 휨 현상에 대해 '스웨덴 조사팀은 이와 같은 변형은 좌초로 발생할 수 없고 프로펠러의 급작스런 정지와 추진축의 밀림 등에 따른 관성력에 의해 발생한 것으로 분석했다'고 기술했는데, 스웨덴 조사팀이 이런 분석 보고서를 제출했나요."

= 증인(박정수 당시 합조단 선체구조및관리분과장·해군준장): "증인 측에는 제출한 것이 없지만 만약 그것을 하게 될 경우 돈을 주면 조사해줄 수 있고, 시뮬레이션 낸 것까지 이야기해줄 수 있다고 했습니다."

— 변호인: "조사위원들은 가메와(프로펠러 제조회사—저자) 관계자인가요."

= 증인(박정수): "그 부분까지 파악하지 않았기 때문에 잘 모르겠습니다."

[…]

- 변호인: "증인은 조금 전에 스웨덴 조사팀이 제출한 것은 없다고 했죠."

= 증인(박정수): "예. 증인은 듣기만 했습니다."

- 변호인: "중요한 자료라고 생각했다면 자료를 구해볼 수도 있었을 텐데 자료를 구하지 않은 이유는 무엇인가요."

= 증인(박정수): "처음에 자료를 달라고 했으나 스웨덴 조사팀에서는 돈하고 연결되는 문제가 있었던 것 같습니다."

- 변호인: "스웨덴팀을 통해 확인한 것은 어떠한 자료가 있다는 것인가요, 아니면 없다 는 것인가요, 아니면 그러한 의견을 전달받았다는 것인가요."

= 증인(박정수): "의견을 전달받은 것입니다."

- 변호인: "조사단에서는 얼마의 돈이 필요한지에 대해서는 확인하지 않았나요."

= 증인(박정수): "물어보지 않았습니다."

- 변호인: "…중요한 일이기 때문에 물어봐야 하지 않았나요."

= 증인(박정수): "증인 측은 스크루도 처음 보는 현상이었지만, 그것보다 명백하게 폭파에 의해서 이뤄졌는데 그것 말고 더 명확한 증거가 어디 있느냐, 스크루를 가지고 그러한 현상이 차후의 문제라는 것은 어느 정도의 공통된 생각들도 없지 않아 있었습니다. 이미 폭파에 의해서 일어났기 때문에 그러한 것들과 아무 관계가 없었는데, 자꾸 그것을 가지고 의혹이 불거지니까 나중에 노인식 교수가 그것에 대해 시뮬레이션을 해봤던 것입니다."

- 변호인: "당시 확정적으로 폭발이라는 것에 결론을 내리고 있었기 때문에 스크루가 변형된 것에 대해서는 굳이 용역비까지 지불하고 결과를 받을 필요가 없다고 판단한 것인가요."

= 증인(박정수): "그것은 증인이 판단한 것이 아니라 대부분 어느 정도의 그런 느낌을 가지고 있었습니다."[109]

이 같은 얘기는 4월 30일 공식적인 회의자리 이전에 전문가들과 얘기를 나누는 과정에서 나온 것으로 알려졌다. 박 준장은 "함미 인양 후 4월 20일경 스웨덴에서 그것을 보고 이러한 현상이 있었다고 해서 확인해본 것"이라며 '어떤 자리에서 그러한 얘기가 나왔느냐'는 신문에 "선체 관련해 박사들과 같이 이야기하는 과정 중에 그러한 얘기가 나왔다"고 답했다.(증인신문조서 33쪽)

또한 폭발유형(폭약크기·폭발위치) 선체구조에 대한 1차원 휘핑해석을 도입했다는 '천안함 백서' 내용과 관련해 박 준장은 "미국 측이 먼저 조사했으며, 국방과학연구소ADD와 선체공학 관련 과학자들이 연구했다"고 답했다. 그런데도 미국은 이 같은 해석에 대한 보고서를 제출하지도 않았다고 박 준장은 설명했다. 비밀이기 때문에 말로 설명해줬다는 것이다.

- 변호인: "선체 충격 해석 분야 조사와 관련해 천안함 백서 118쪽에는 '폭발유형(폭약크기·폭발위치)을 판단할 수 있도록 함체구조에 대한 1차원 휘핑 해석을 도입했다'라는 내용이 나오는데, 이것은 무슨 내용이고, 누가 수행한 과제인가요."
- = 증인(박정수 당시 합조단 선체구조및관리분과장·해군준장): "어느 정도의 충격을 주면 배가 어느 정도의 충격을 받을 것인가에 대한 것을 하기 때문에 미국 측이 먼저 조사를 했습니다. 그리고 ADD에서도 그것을 한번 해봤고, 충격해석에 대한 것은 선체공학을 하는 과학자들이 연구했습니다."
- 변호인: "미국이 처음으로 그 부분들에 대한 해석을 해서 자신들의 의견을 제시했고, 국방과학연구소에서도 선체충격 관련 연구결과를 했으며 다른 사람들은 토의에 참가했다는 것인가요."
- = 증인(박정수): "예."
- 변호인: "그러한 보고서를 받아서 가지고 있나요."
- = 증인(박정수): "미국에서는 정확한 소스코드를 주지 않았고, 어느 정도의

위치에서 어느 정도의 양이 터졌을 것이라는 것만 이야기했습니다."

— 변호인: "결론에 대해서만 이야기했다는 것인가요."

= 증인(박정수): "예."

— 변호인: "결과보고서 형태로 받았나요."

= 증인(박정수): "비밀이기 때문에 결과보고서 형태로 주지 않고, 그냥 그 사람들이 와서 설명해준 것입니다."[110]

박 준장은 이날 자신이 맡았던 선체구조관리분과에 편성된 미국 조사위원 5명의 명단을 처음으로 공개했다.

박 준장은 해당 분과의 미국 조사위원 5명에 대해 토머스 에클스 해군소장이 데려온 사람들로, 엘런 맥코이(중령-사고절차 전문가), 조셉 데이(대위-시스템 엔지니어 전문가), 하이퍼(대위-구조잠수 전문가), 함스데이(폭파관련 전문가), 엘슨(무기효과와 함 생존성 전문가) 등으로 안다고 증언했다. 이 가운데 하이퍼와 엘슨이 군인인지에 대해 정확히 기억나지 않으며, 이들 팀원이 각각 (미국에서) 어느 쪽 소속인지는 잘 모른다고 박 준장은 전했다. 이 내용을 살펴보자.

— 변호인: "(그것도 파악 안 했나요. - 당시 법정에서 기록한 것) 그 사람들의 신빙성을 다 파악해야 조사결과를 믿을 수 있는 것 아닌가요."

= 증인(박정수 당시 합조단 선체구조및관리분과장·해군준장): "미국의 대표자 에클스 제독이 단장으로 데리고 왔기 때문에 증인이 일일이 파악할 수 없습니다."[111]

박 준장은 미국팀이 선체 관련 보고서를 제출한 적이 없으며, 문서형태로 받아 한국 쪽에서 검증한 적도 없다고 말했다. 다만 미국팀이 발표할 때 발표 자료를 사진으로 찍어놓은 것은 있을 것이라고 설명했다.

북한소행 공조 얻고자 외국조사위원 불렀다?

박 준장은 국방부가 외국인들을 부른 이유에 대해 북한 소행이기 때문에 공조를 얻기 위함이라고 밝혔다. 이는 국방부가 이미 북한 소행으로 단정했다는 의심을 사는 증언이다. 박 준장은 검사의 신문에 대해 아래와 같이 답변했다.

— 검사: "증인은 외국위원들을 부르게 된 경위를 알고 있나요."
＝ 증인(박정수 당시 합조단 선체구조및관리분과장·해군준장): "북한의 소행이기 때문에 외국으로부터 공조를 받아야 되겠다고 생각했고, 정확한 검증을 하기 위해서는 유엔까지 가야 하며, 정전비리이고 도발이기 때문에 그러한 것을 하려면 객관적으로 평가해줄 수 있는 곳에 가야 되겠다고 생각했습니다. 그래서 사실 국방부 차원에서 이뤄진 것으로 알고 있습니다."[112]

한편 박 준장은 합동조사단 활동이 끝난 이후에도 선체구조관리분과장으로서 선체에 대한 설명을 위해 자주 경기도 평택의 해군2함대를 방문했다고 전했다. 특히 주요 인사들에게 설명할 때 박 준장이 직접 선체 앞에서 어뢰폭발에 대해서 설명했다는 것이다. 그러나 이날 법정에서는 형광등이 멀쩡한 이유와 가스터빈실 외판이 비교적 온전한 것에 대해 변호인과 설전을 벌였다.

— 피고인(신상철 전 위원): "어뢰가 터졌는데도 형광등이 멀쩡하게 있는 것에 대해서는 어떻게 생각하나요."
＝ 증인(박정수 당시 합조단 선체구조및관리분과장·해군준장): "그쪽 방향으로 힘이 부치지('전달되지'의 뜻으로 보임—저자) 않았습니다."
— 피고인: "국방부는 가스터빈실 하부 3m 지점에서 어뢰가 폭발했다고 하

512

는데 가스터빈실을 엎어놓은 장면이고, 가스터빈실을 뒤집어놓았을 때 하부 6m 지점에서 360kg TNT가 터졌는데도 저렇게 멀쩡한 것에 대해 선체 분과장으로서 어떻게 생각하나요."

= 증인(박정수): "폭파현상에 의해 보게 되면 휘핑에 의해 튕겨져 나간 것이기 때문에 떨어져서 찢겨나간 것입니다."

− 피고인: "밑바닥에 어떠한 데미지도 없는 것에 대해 어떻게 분석했나요."

= 증인(박정수): "단단한 물체로 때리면 자국이 나지만 버블로 때린 것이기 때문에 찢겨져나가서 온전할 수 있습니다."

− 피고인: "천안함은 두 동강 났다고 발표했지만 사실은 세 동강으로 밝혀 졌는데 국방부는 6월까지 가스터빈실에 대해 공식발표를 하지 않았죠."

= 증인(박정수): "이미 회수하고 건져 올렸기 때문에 가스터빈실을 이야기 할 필요가 없습니다."

− 피고인: "기자들이 계속 질문하자 가스터빈실에 대해 감추다 늦게 발표 했는데 어떤가요."

= 증인(박정수): "찢어져서 두 동강 났고, 나머지는 찢겨나간 부분인데 이미 건져 올렸기 때문에 감출 필요가 없습니다."[113]

천안함을 파괴했다는 이른바 '1번 어뢰'의 폭약량을 국방부 처음에는 260kg TNT로 공식 발표했다가 수정한 경위에 대해 박 준장은 "그것은 가정이 있고, 증거물이 나오니까 증거물에 대한 것을 보고" 바꿨었다며 공식적으로 확정된 입장에 대해 "350kg TNT 정도"라고 설명했다.(증인 신문조서 55쪽)

신상철 대표의 변호인 이강훈 변호사는 14일 나와 나눈 인터뷰에 서 "미국과 영국 등 모든 조사단이 구두로 설명했으며 낸 보고서도 없다 는 것은 뭔가 조사결과에 신뢰를 주지 못하는 것"이라며 "무엇보다 수년 이 지났는데도 참석한 외국인 명단조차 공개도 안 하느냐"고 지적했다.

이 변호사는 "전문가들로부터 검증받아 책임 있게 조사를 진행할 목적이라면 그 해외 전문가들이 얼마나 자격이 있는지 공개하고 검증받아야 하는데, 왜 그런 자격에 대해 투명하게 밝히지 못하는지 의문"이라며 "그나마 미국 조사단 일부의 명단도 법정 증거조사 과정에서야 겨우 얘기하고 있는 것"이라고 말했다.[114]

21차 공판 2014년 2월 10일 이재혁 합조단 선체구조관리분과 조사위원 출석
21. 합조단 위원 "멀쩡한 형광등 풍선 들고 타도 안 터지는 것과 같아"

2014년 2월 10일 열린 21차 공판에 출석한 이재혁 당시 합동조사단 선체구조관리분과 위원(방위사업청 팀장·대령)은 천안함 함수 절단면에 설치된 형광등이 깨지지 않은 것에 대해 '터지지 않는 풍선론'을 펴기도 했다.

이재혁 팀장은 이날 형광등이 깨지지 않은 것에 대해 자동차에 풍선 들고 탔을 때 다른 차와 충돌에도 유리창이 깨지지 않으면 풍선이 터지지 않는 것처럼 천안함 형광등도 깨지지 않은 것이라는 주장을 내놓았다. 이 팀장의 설명은 다음과 같다.

- 변호인: "형광등이 깨지지 않은 것에 대해 합조단에서는 대단한 충격이 전달됐다고 하면 박살날 것이라는 부분에 대해 어떤 설명을 했나요."
= 증인(이재혁 합조단 선체구조관리분과 위원): "풍선을 고무줄로 묶어서 자동차에서 들고 있다가 차가 충돌할 경우 유리창이 깨지지 않으면 풍선 자체에 힘이 전달되지 않기 때문에 풍선이 터지지 않습니다. 형광등의 유리 자체는 약하기 때문에 부딪히면 무조건 깨지지만 형광등을 지지하

고 있는 프레임이 함정 선체에 설치됐을 때는 일반장비와 동일한 충격에 견디도록 돼 있습니다. 그래서 실제로 선체에 설치해놓고 쇠망치로 때려서 충격시험을 합니다. 그 충격시험 자체가 수중폭발에 견딜 만큼은 아니지만, 일반 탑재되는 모든 장비와 동일한 수준으로 충격시험을 해서 탑재를 하기 때문에 어느 정도 충격을 흡수할 수 있도록 돼 있습니다. 그리고 형광등이 선체에 직접 (설치) 돼 있는 것이 아니라 그나마 파이프 같은 것으로 연결돼 있기 때문에 충격은 있었지만, 직접적으로 버블이라든지 물기둥이 가면서 때린 것이 아닌 이상은 힘이 전달돼 깨지는 경우가 없는 것이 충분히 가능합니다."

— 변호인: "선체에는 상당한 충격이 왔어도 형광등은 충격이 가지 않을 수 있다는 것인가요."

= 증인(이재혁): "바닥에 붙어 있었다면 깨졌을 것이지만, 형광등은 바닥에서부터 위로 힘이 전달되고, 선체에서 떨어져 있었기 때문에 충분히 가능합니다."[115]

이 같은 주장을 들은 뒤 피고인인 신상철 전 위원은 《미디어오늘》과 인터뷰에서 "실제로 형광등이 선체에 붙어 있는 것은 풍선처럼 매달려 있는 것도 아닌 구조물의 일부로서, 가정이나 사무실에 형광등이 붙어 있는 것과 전혀 다르지 않다"며 "이를 풍선을 들고 있는 것에 비유하는 것은 참으로 황당하기 짝이 없다"고 반박했다.[116]

이 밖에 호주 토렌스함의 폭발 후 절단면 사진과 비교해볼 때 천안함 함수, 함미의 갑판 쪽 등 상부 구조물의 경우 생각보다 온전하다는 것을 검토했느냐는 변호인 신문에 대해 이 팀장은 "저 정도만 해도 굉장히 큰 손상"이라고 주장했다.

그는 "어느 정도 생각해서 손상 형태가 생각보다 크지 않다고 이야기하는 것인지는 모르겠지만, 저런 손상은 본 적도 없고, 들은 적도 없는 굉장히 큰 손상"이라며 "가스터빈에 들어 있는 파운데이션 구조물의 두께는 20T에서 30T로 굉장히 강하다. 다만 앞뒤에서 받치고 있는 용골 부분이 약하니까 그 부분이 찢어져서 튀어나간 것"이라고 설명했다. 그는 "가스터빈이 워낙 중구조물(무거운 구조물)이다 보니까 그것을 버티고 그대로 힘을 받아 앞뒤에서 떨어져 나간 것"이라며 "상부구조의 경우 알루미늄으로 돼 있어서 약한데 그 압력을 버티지 못하고 찢어져서 튀어나간 것"이라고 주장했다.

그러나 변호인은 '대부분 절단면 부분에만 힘이 작용한 것 같고 원래 가스터빈실 내부는 비어 있는 곳이라고 그것이 뚝 떨어져 나간 것 외에는 큰 손상이 없는 것 아니냐'고 따졌다. 이 팀장은 "나머지 부분은 찢어져서 나간 것이고, 제일 1차적으로 받았던 부분은 선저 부분"이라고 말했다.

이에 대해 변호인은 '선저부분의 용골이 부러지면, 가스터빈실 빈 공간만 위에 붙어 있기 때문에 폭발에 힘에 비해서는 손상 형태가 대단한 형태가 아닌 것으로 보인다'며 '그러한 방향으로는 검토해보지 않았느냐'고 반문했다.

이 팀장은 "외부 힘과 선체구조를 그대로 모델링을 하고, 외부와 작용하는 힘으로 그대로 폭발시켜서 선체손상이 이렇게 진행되는지 기계적으로 시뮬레이션해서 수학적으로 검증을 했"다며 "단지 유사한 형태의 손상이 발생할 수 있다는 것만 나왔지, 저렇게까지 깨지지는 않았다"고 답했다. 시뮬레이션이 천안함 손상의 실상을 구현하지 못했다는 것이다.

천안함 함수 절단면 부근의 함안정기(스태빌라이저)가 움푹 파이고 찢겨져 있는 손상 상태에 대해 이 팀장은 폭발에 의한 것이라고 주장했다.

> — 변호인: "합조단은 프레임 안쪽으로 들어간 부분이 폭발 압력에 의해 말려들어간 것이라고 설명하고 있었죠."

= 증인(이재혁 합조단 선체구조관리분과 위원): "예."

− 변호인: "그 부분과 관련해 익명의 군함 전문가가 《한겨레21》과 인터뷰를 하면서 '20년 이상 노후화된 배에서 나타나는 일반적인 현상이다. 그러나 함안정기뿐만 아니라 노후화된 선박의 측면이나 갑판을 보면, 천안함의 함안정기처럼 프레임 사이로 철판이 들어간다. 압력을 계속 받기 때문에 들어갈 수 있다'고 했는데 그러한 부분은 인정하는가요."

= 증인(이재혁): "예. 천안함 선체를 봐도 프레임과 프레임 사이에 약간 휘는 부분이 보이는 정도의 수준이지, 누른 것처럼 저 정도로 들어가지는 않습니다."

− 변호인: "그것은 정도의 차이인가요."

= 증인(이재혁): "천안함 선체도 마찬가지이고 구조물로 돼 있는 것들은 두껍게 하지 않는 이상 프레임 사이가 얇기 때문에 압력을 받으면 약간씩 휘는 경우가 보입니다."

− 변호인: "함안정기에 있는 프레임 안쪽으로 철판이 들어가는 현상이 일반적으로 보이는 현상인데, 지금 나타나 있는 것이 그것보다는 더 들어가 있다는 것인가요."

= 증인(이재혁): "함안정기는 아예 들어가다 못해 뜯어진 곳도 있고, 눌려서 찢어졌습니다. 좌우 양쪽 함안정기의 각각 좌우 모두가 좌초로 들어갔다고 할 수 있습니까. 하나의 압력이 함안정기 전체에 작용한 것입니다."[117]

배가 절단된 이후 해저로 떨어지면서 부딪히거나 떨어졌을 가능성에 대해 이 팀장은 "좌우 함 안정기 앞뒷면 4면이 눌려서 찌그러졌는데, 그것은 함안정기 4개가 어떠한 큰 압력하에 들어가 있다는 것이고, 동시에 눌렸다는 것"이라며 "한쪽으로 부딪히면 들어갈 수는 있지만 4개면이 생길 수 있는 그러한 좌초나 충돌은 있을 수 없다"고 주장했다. '함이 절단되고 나서 나중에 침몰 과정에서 발생할 수도 있는 것 아니냐'는 반문에 이 팀장은 "극단적으로 한 부분은 생길 수 있지만, 문제는 네 부분이 동시에 생겼다는 것"이라고 거듭 주장했다.(이재혁 증인신문조서 55쪽)

부분적으로 보면 좌초, 전체로는 좌초 설명 안 돼

이 팀장은 천안함 선체 전반에 도장(페인트)가 벗겨져 있다고 인정했다. 또한 함미 선저에 나타난 스크래치 등에 대해 부분적으로는 좌초라 볼 수 있다고도 했다. 그러나 전체적으로 봤을 때 좌초로 설명할 수는 없다고 주장했다. 변호인의 신문에 대한 이 팀장의 법정 증언 요지는 다음과 같다.

— 변호인: "(함수 함미 선저 외판 스크래치 사진 제시) 합조단에서는 마지막에 선저 외판 프레임과 관련해 길이방향으로 나타난 부분이 선저 하부 스크래치 때문에 발생한 것은 아닌지 검토해보지 않았나요."

= 증인(이재혁 합조단 선체구조관리분과 위원): "많은 현상이 있기 때문에 왜 이러한 손상이 발생했고, 어떻게 이런 손상이 발생할 수 있는지 국부적으로 생긴 조건, 현상 하나하나에 대해서는 검토할 수가 없습니다. 스크래치가 좌초로 생길 수도 있기 때문에 검토를 했는데, 좌초로 인한 스크래치라고 한다면 암초가 들쑥날쑥한 것도 아니고 갑자기 있다가 없는 것도 아니기 때문에 스크래치가 연결이 돼야 하지만, 연결이 되지 않기 때문에 좌초라고 볼 수 없습니다."

— 변호인: "선저 외판 부분이 압력을 받아서 떨어져나갔고, 선저 외판 프레임을 따라서 길이방향으로 녹이 길게 나 있는데 합조단에서는 그것에 대해 뭐라고 설명했나요."

= 증인(이재혁): "기본적으로 도장이 벗겨졌기 때문에 녹이 나는 것입니다. 수중 폭발이 발생하면 버블로 인해 도장이 벗겨질 수도 있고, 좌초에 부

딪혀서 벗겨질 수도 있으며 녹이 벗겨지는 방법은 여러 가지가 있습니
다. 그런데 함정구조관리분과에서 볼 때는 부딪혀서 벗겨진 것이 아니
라 수중폭발을 하게 되면 압력이 크기 때문에 세탁기가 돌아갈 때 공기
방울이 터지듯이 버블이 터지면서 녹이 벗겨집니다. 만약 좌초로 인해
녹이 벗겨졌다면 반드시 일관성이 있어야 하는데 그것이 없다는 것입니
다."[118]

천안함 하부 스크래치로 보이는 사진을 제시하자 이 팀장은 "아래 사
진은 스크래치가 아니라 도장 변색"이라며 "도장이 벗겨지는 것 자체는
의미가 없고, 스크래치가 나면 긁힌 자국이 있어서 벗겨졌을 것"이라고
주장했다. '도장이 벗겨진 것 자체는 인정하는 것이냐'는 변호인 신문에
이 팀장은 "수중폭발을 하면 벗겨지지 않을 수가 없기 때문에 당연히 도
장도 일부 벗겨졌을 것"이라고 주장했다.

그러나 변호인은 "폭발과 관련해 버블이 생겼다고 이야기하는 부분

천안함 함수 절단면. 선저 좌현에 찌그러진 함안정기가 보인다. 사진=조현호 기자

만 벗겨진 것이 아니라 앞부분까지 다 벗겨져 있다"며 "따라서 그러한 부분들이 좌초의 흔적으로 볼 수 있는 것 아니냐는 생각을 할 수 있지 않느냐"고 따졌다. 그랬더니 이 팀장은 "스크래치의 흔적을 보면 분명히 좌초의 흔적으로 볼 수 있지만, 좌초라고 한다면 도장이 벗겨진 것이 아니라 철판이 긁혀야 한다"고 주장했다. 그러나 그렇다면 왜 벗겨졌는지에 대해서는 이 팀장은 아예 조사도 하지 않았다고 답했다.

- 변호인: "벗겨진 것은 스크래치가 아니라 무엇이라고 분석을 했나요."
= 증인(이재혁 합조단 선체구조관리분과 위원): "그것은 이 사건과 아무런 관계가 없기 때문에 분석할 이유가 없습니다."
- 재판장: "육안으로 보기에도 도장이 벗겨진 것이 명백했다는 것인가요."
= 증인(이재혁): "전체적으로 보면 도장이 벗겨진 부분이 많이 있습니다."
- 변호인: "도장이 벗겨진 부분의 원인에 대해서는 별달리 주목해서 검토하지는 않았다는 것인가요."
= 증인(이재혁): "예, 도장 자체는 의미가 없어서 검토할 필요가 없었기 때문에 검토하지 않았습니다."
- 변호인: "사고와 관련이 있을 수도 있는데 검토를 하지 않은 이유는 무엇인가요."
= 증인(이재혁): "명확히 관련이 없다고 봤기 때문에 더 이상 조사하지 않았습니다."[119]

함미 선저 스크래치 좌초 아니다

함미 선저의 스크래치에 대해 이 팀장은 "FR(프레임)-85 잘라진 부분에 스크래치가 있다는 것인데, 좌초로 인해서 죽 긁혔다면 그 부분이 반대쪽과 연결이 돼야 하지만, 그곳까지만 있고, 반대쪽에 연결되는 면에는 스크래치가 보이지 않는다"며 "페인트가 그 정도 벗겨진 것 가지고는 손상되지 않는다"고 주장했다.

이 팀장은 "국부적인 현상에 의해 스크래치가 조금 있으면 그것은 좌초로도 생길 수 있고, 선체 스캔에서도 생길 수 있으며, 충돌로 깨질 수도 있고, 폭발로 깨질 수 있는 등 여러 가지 현상이 있다"면서도 "좌초든 충돌로든 전체적인 현상이 나타날 수 없는데, 천안함의 경우 전체적인 손상은 수중폭발 외에는 나타날 수 없다는 것이 제 의견"이라고 말했다.

또한 잠수함 충돌 가능성에 대해 이 팀장은 합조단이 선박 충돌 유형을 검토한 일이 없다고 증언했다. 천안함 선저의 손상 이미지를 두고 뭔가 둥그런 것과 충돌했을 때 손상 형태일 가능성이 있다는 신상철 피고인의 주장에 대해 이 팀장은 "충격으로 발생한 폭발이 둥글 수도 있고, 흔히 밑에서 움직이는 것은 암초 아니면 잠수함"이라며 "잠수함이 그 해안에서 저것을 박을 수 있느냐에 대해 현실적으로 불가능하다"고 답변했다. 그는 현재 우리 군에서 가지고 있는 잠수함은 사고 난 잠수함이 없었으며, 당시 들어와 있는 여러 잠수함을 보면, 미 해군 잠수함 중 제일 작은 것이 170~180m나 되고 높이가 10여m 이상 되는데, 수심이 40m였을 경우 잠수함이 아무리 빨리 밑에서 위로 올라오더라도 저렇게 박을 수가 없다고 주장했다. 그렇게 박으려면 꼭지 함수의 둥그런 부분을 박아야 하는데 그 속도로 충돌해 박는다는 것은 있을 수 없다고 설명했다. 그러면서 그는 잠수함 가능성도 생각해봤으나 불가능하다고 판단했다고 말했다.(증인신문조서 49쪽)

프로펠러 손상 현상 '처음엔 침몰 중 밀리다 생긴 줄 알았다'

함미 우현 프로펠러의 손상에 대해 이 팀장은 "우리도 최초에는 프로펠러가 회전하는 중에 침몰하는 과정에 선체에 스크래치가 밀리면서 생긴 것이 아니냐는 쪽으로 판단을 했는데, 스웨덴 조사단에서 먼저 이렇게 되면 생길 수가 있다고 제시를 했다"며 "아마 자신들도 프로펠러 전문제작사인 가메와사에 문의를 해보고 증인 측에 답변을 해준 것으로 알고 있는데 그래서 스웨덴 조사위원에게 가메와사에다가 정식으로 받아보라고 한 것"이라고 말했다.

22. 최규현 → 유남근 부장판사로

23. 합조단 위원 "시뮬레이션으로 천안함 절단 구현 못해"

세월호 참사가 발생해 온 나라가 충격과 슬픔, 분노에 휩싸였던 2014년 4월에도 천안함 재판이 열렸다. 세월호 참사 직후 신상철 전 합조단 민간위원은 세월호에 대한 해경의 부실한 구조에 대해 강하게 비판하기도 했다. 그랬더니 천안함 공판 검사는 천안함 재판에서 돌연 신 대표의 세월호 참사 비판을 꼬투리 잡는 일까지 벌여 피고인과 변호인의 반발을 사기도 했다.

2014년 4월 28일 23차 공판에 정정훈 합조단 선체구조분과 위원이 출석했다. 그는 한국기계연구원의 책임연구원을 맡으며 수중폭발과 선체 강도의 연관성에 관한 여러 논문을 낸 바 있다.

그는 천안함 참사 직후 합조단에서 어뢰의 수중폭발로 천안함 선체가 손상을 입게 되는 시뮬레이션을 담당한 책임자였다. 앞서 2장에서 언급했듯이 합조단 보고서의 수십 장 분량이 시뮬레이션 이미지로 채워졌다. 말로는 그런 시뮬레이션이 천안함을 절단, 파괴한 것과 유사한 결과를 낳았다고 주장하지만, 실제로는 천안함 손상 상태와 일치하지 않았다. 시뮬레이션상 천안함은 절단되지 않았으며 가스터빈이 뜯어져나가지도 않았다.

이날 법정에 출석한 정 연구원은 천안함 손상 시뮬레이션 등에 대한 PPT(파워포인트) 프레젠테이션 형태의 설명까지 하면서 시뮬레이션의 성과를 '자부한다'고 주장했다. 그러나 곧 이어진 변호인들의 추궁에 천안함 손상 상태를 정확히 '모사'하지 못했다고 시인했다. 현재 시뮬레이션 기술의 한계라고 해명하기도 했다.

"어디서 터지느냐 따라 물기둥 작을 수 있다"

정 연구원은 이날 법정 프레젠테이션을 하면서 호주 해군의 퇴역함정 '토렌스함'과 미국 해군의 '오클라호마 시티함'의 어뢰 폭발시험을 통한 폭발 사진을 제시했다. 두 폭발시험에서 토렌스함의 경우 엄청난 물기둥이 솟구쳐 오른 반면 미 군함은 상대적으로 물기둥이 낮았다.

정 연구원은 "어뢰의 비접촉 수중폭발에 의한 함정 침몰시험에서 왼쪽의 호주 해군의 어뢰에 의한 침몰시험은 퇴역함정에 대한 어뢰시험으로 천안함 때도 매스컴으로 통해서 보도됐던 자료이고, 오른쪽의 미국 해군의 어뢰에 의한 침몰시험은 2008년이 아니라 1999년에 실시된 시험으로 대한민국이 림팩 훈련 때 수중함인 이천함이 미국의 오클라호마 시티라는 배를 어뢰로 침몰시키는 사진"이라고 설명했다. 그는 "왼쪽의 배(호주 토렌스함)는 2500톤이고 오른쪽의 배(미 오클라호마 시티함)는 1만 2000톤의 큰 배이고 제가 보여주고 싶었던 것은 같은 어뢰임에도 어느 위치에서 터지느냐의 상대 거리에 따라 물기둥이 한쪽은 굉장히 높고, 한쪽은 약간만 나오는 형태를 보이고 있"다는 점이라고 설명했다.

이는 빗겨서 폭발하면 물기둥이 크지 않을 수 있다는 주장을 펴기 위한 것이었다. 천안함 사건 당시 물기둥을 목격한 이가 대한민국에 단 한

명도 없었기 때문이다.

TNT 360kg 수심 7m 폭발 시 유사하다?

정 연구원은 이와 함께 자신이 근접 수중폭발 조건 두 가지를 넣어 시뮬레이션을 실시한 과정에 대해서도 설명했다. 그는 "폭발유형 분과에서 도출한 2가지 근접 수중폭발 조건은 TNT 360kg으로 좌현 3m, 수심은 각각 7m(1조건)와 9m(2조건)에서 우리 팀(선체구조분과)이 시뮬레이션을 수행한 것으로 이 시뮬레이션을 위해서는 물, 선체, 공기를 모두 모델링해야 하는데 300만 개가 넘는 굉장히 복잡한 공학 시뮬레이션이었다"고 설명했다. 정 연구원은 "수심 9m로 시뮬레이션을 해보니까 실제 손상이 천안함에 비해 작아 9m는 아니라고 결론을 내렸"다며 "수심 7m 시뮬레이션을 통해서 천안함과 유사한 손상이 나타났다"고 주장했다. 그는 "그래서 최종적으로 내린 결론은 360kg TNT가 7m에서 폭발했을 때와 유사하다는 것으로 실제 천한함의 함수, 함미의 절단까지는 완전히 시뮬레이션할 수 없었지만 어떻게 침몰됐을 것이라는 공학적인 프로세스는 규명했다고 자부하고 있다"고 자평했다.(정정훈 증인신문조서 19~22쪽)

자부한다는 시뮬레이션으로 천안함 절단 구현 못해

그러나 이 같은 자화자찬도 잠시였다. 천안함 손상 상태와 일치하지 않는 점을 지적하자 '공학적 프로세스를 규명했다'던 정 연구원은 이를 시인했다. 다음은 변호인들과 정 연구원의 신문 답변 요지이다.

— 변호인(김남주 변호사): "합조단 보고서 168쪽에 수록된 그림 3장-6-20, 170쪽에 수록된 그림 3장-6-21을 보면 각 TNT 360kg이 수심 7m에서 폭발한 경우의 해석 결과 중 1.90초 때의 그림을 보면 선저가 많이 손상되긴 했지만 절단되지 않았고, 특히 선저 우현 부분의 절반가량이 절단

되지 않았죠."

= 증인(정정훈 합조단 선체구조분과위원·기계연구원 책임연구원): "예. 녹색으로 보이는 부분이 선저이고 하얗게 보이는 부분이 선체하고 끊어진 부분인데 시뮬레이션을 통해서는 완벽하게 절단이 되는 것은 모사하지 못했고 그것이 현재의 시뮬레이션 기술의 한계라고 생각하고 있습니다."

— 변호인(이강훈 변호사): "실제 용골은 두 군데가 끊어져 있죠."

= 증인(정정훈): "예. 뜯어져나갔는데 그것을 시뮬레이션으로 완벽하게 모사하지 못했습니다."[120]

천안함이 함수와 함미 두 부분으로 절단된 상태를 시뮬레이션으로 보여주지 못했으면서도 마치 절단된 것처럼 보이도록 오해를 낳았다는 지적도 나왔다.

— 변호인: "시뮬레이션 결과 배가 두 조각으로 잘리지는 않았죠."

= 증인(정정훈 합조단 선체구조분과위원·기계연구원 책임연구원): "예."

— 변호인: "증인이 2010년 9월 13일 발표한 천안함 근접수중폭발 충격응답 해석이란 자료에 보면 절단된 것처럼 표시돼 있는데 그 이유는 무엇인가요."

= 증인(정정훈): "절단된 것이 아니라 변형 상태가 실제와 어떻게 다른지를 보기 위해서 그 부분을 잘라서 표현한 것이고 그것은 본문 중에 설명이 돼 있습니다."[121]

이 같은 변호인의 신문뿐만 아니라 검사 측 신문에도 현재의 시뮬레이션 자체가 갖는 기술적 한계라고 번복했다. 그런데도 국방부는 이런 시뮬레이션으로 폭발을 입증한 것처럼 법석을 떨었던 것이다.

— 검사: "결국 선박 단절 시뮬레이션과 관련해 TNT 360kg으로는 단절된 것까지 모사하지 못했다고 했는데, 그것은 폭약의 양에 따라서 단절이 가능할 수도 있는 것인가요."

= 증인(정정훈 합조단 선체구조분과위원·기계연구원 책임연구원): "그 이후에도 많은 연구를 하고 있습니다만 현재의 시뮬레이션 도구로는 아직까지 한번도 배를 실체적으로 절단내보지는 못하고 있고, 그 부분 중에 가장 어려운 것은 배가 찢어지고 나서 그 안으로 공기와 버블이 유입되는데 그런 것들이 아직은 좋은 버블의 모델이 만들어져 있지 않은데 그것은 현재 과학기술의 한계라고 생각하고 있습니다."

— 검사: "그것은 폭약의 양이 문제가 아니라 시뮬레이션 툴 자체의 한계라는 것인가요."

= 증인: "폭약의 문제일 수도 있지만 증인이 볼 때는 아직 시뮬레이션이 이런 큰 대변형 손상을 구현하기에는 기술적 한계가 있는 것 같습니다."[122]

어뢰추진체 인양 후 폭약량 360kg 제시받아

합조단은 이처럼 정확하지도 않은 시뮬레이션 결과를 보고서에 잔뜩 실어놓은 뒤 어뢰폭발을 실험으로 증명한 것처럼 국민과 독자로 하여금 오인케 했다. 더구나 정 연구원이 결론을 도출하기까지의 과정에도 석연치 않은 점이 있다. 시뮬레이션의 조건인 폭약량 TNT 360kg을 5월 20일 정부의 중간조사결과 발표 직전에야 폭발유형분과로부터 건네받았다는 것이다. 이 시점은 어뢰추진체를 수거한 이후이다. 4월부터 시뮬레이션 준비를 해왔다지만 정작 어뢰를 건져놓고 나서 본격적인 작업에 들어갔다는 얘기가 된다. 변호인의 신문에 대한 정 연구원의 증언을 좀 더 들여다보자.

— 변호인(이덕우 변호사): "처음에 폭약량을 제시받은 것은 얼마인가요."

= 증인(정정훈 합조단 선체구조분과위원·기계연구원 책임연구원): "최종적으로
  받은 것은 360kg입니다."

− 변호인: "그것을 제시받은 것은 언제인가요."

= 증인(정정훈): "합조단 최종 발표일인 2010년 5월 20일 바로 직전이거나
  그랬던 것 같습니다."

− 변호인: "북한제 어뢰추진체를 인양한 것이 5월 15일인데 그 이후에 폭
  약량을 360kg으로 대입하라고 한 것인가요."

= 증인(정정훈): "예 2010년 5월 15일 이후일 것입니다."

                    [⋯]

− 변호인: "폭발유형팀에서 버블주기에 대한 자료를 받아서 시뮬레이션을
  시작한 것은 언제인가요."

= 증인(정정훈): "폭발유형팀에서 버블주기를 고려해서 TNT 양의 범위를
  정해준 것은 2010년 5월 15일~20일입니다."[123]

이렇게 발표 막판에 시뮬레이션 작업에 들어갔다는 것은 이 같은 방
식의 조사를 그다지 중시하지 않았거나 아니면 이미 결론을 내어놓고
시뮬레이션 작업을 하도록 했다는 의심을 낳을 수밖에 없다.

왜 두 가지 조건으로만 시뮬레이션했나 "시간상 제약" "정해준 대로"

또한 수많은 조합 가운데 TNT 360kg의 폭약이 7m일 때와 9m일 때
의 조건만을 시뮬레이션에 사용한 점도 의문이다. 이에 대해 정 연구원
은 그렇게 할 수밖에 없었던 이유가 시간상 제약 때문이었다고 밝혔다.

− 변호인: "시뮬레이션은 360kg인 것을 가정해서 수심 7m일 때와 수심
  9m일 때 실제 손상 형태가 어느 정도 비슷하게 나올 것이라는 관점에서
  시뮬레이션한 것인가요."

= 증인(정정훈 합조단 선체구조분과위원·기계연구원 책임연구원): "예. 폭발유형분석팀에서 위력이 어느 정도일 것이라고 수심 등 범위를 줬는데 시간상 제약 문제 때문에 다양하게 검토하지 못하고 그중에서 2가지만을 최종적으로 시뮬레이션했습니다."

− 변호인: "결국 합조단에서는 폭발유형분석분과에서 정해준 범위 내에서만 시뮬레이션을 한 것인가요."

= 증인(정정훈): "폭발유형분석분과에서 가능성의 범위를 줄인 것으로 TNT를 하면 폭약량이 어느 정도이고 폭발 수심 어디에서 일어났을 것이라고 최종적으로 도출한 범위에서 선체분과에서는 워낙 시뮬레이션 시간이 많이 걸렸기 때문에 그중에서 두 가지만 택해서 한 것입니다."[124]

시간에 쫓겨 정해준 범위에서만 시뮬레이션을 수행하는 것이 과연 타당한 태도이냐는 지적이 나왔다. 김형태 변호사는 "어떤 상황인지 모르는 것을 전제로 어떤 상황일까를 찾는 것이 조사의 목적이 돼야 하는데 정해진 조건을 주고 어느 조건이 맞는지에 대해 시뮬레이션 했다는 것이냐"고 따졌다. 정정훈 연구원은 "그런 부분을 검토하는 것이 폭발유형분석분과"라며 "이 분과는 굉장히 간단한 선체 모형을 가지고 해석했기 때문에 (우리) 선체구조분과에 비해 해석 시간이 굉장히 짧았고, 버블의 주기 등을 따져보고 어뢰의 카탈로그에 한두 줄 씌어 있는 조성 등을 보고 그 분석의 결과에 의해 범위를 좁힌 것이지 무수히 많은 것 중에서 임의로 한 것은 아니다"라고 해명했다.(증인신문조서 41~42쪽)

이 같은 시뮬레이션이 결국 가정일 뿐이라는 설명도 했다.

− 변호인: "수심 7m 아래에서 350kg짜리 폭약이 터진 것으로 보인다는 것은 사실인가요, 의견인가요."

= 증인(정정훈 합조단 선체구조분과위원·기계연구원 책임연구원): "가정입니다."

- 변호인: "수많은 기초 사실들을 가지고 여러 가지 의견이나 추론이 가능하죠."
= 증인(정정훈): "예."[125]

폭약량 TNT 360kg과 고성능폭약 250kg이 같은 양? "몰라"

합조단은 북한제 어뢰 CHT-02D의 폭약량에 대해 '고성능폭약 250kg'이라고 발표했다. 그것도 "확인되었다"는 단정적인 표현까지 썼다. 그러나 합조단이 보고서에 수록한 시뮬레이션상의 폭약량은 TNT 360kg이었다. 고성능폭약 250kg과 TNT 360kg이 같은 규모를 나타내는 폭약의 단위인 것인지, 아예 서로 안 맞는 것인지 혼란을 초래한다. 그런데 이들의 결론은 "모른다"였다. 한쪽에선 고성능폭약 250kg이라 쓰고, 이를 토대로 시뮬레이션한 쪽에서는 TNT 360kg이라 쓰고, 두 단위가 같은 것이냐고 물으니 모른다는 답을 한 것이다. 비단 정정훈 연구원만이 모른다고 한 것이 아니다. 이후 재판에서 합조단 위원들은 어뢰 폭발 전문가의 견해이니 믿으라며 권위를 내세우면서도 정작 법정 앞의 칼날 같은 신문에는 '모르쇠'로 일관한다. 책임질 수 없으니 빠져나가려는 것 이상도 이하도 아니다. 그러면서 대체 뭘 믿으라는 것인지 모를 일이다. 정정훈 연구원이 폭약량의 규모를 검증하려는 변호인 신문에 대해 한 답변 요지를 살펴보자.

- 변호인: "합조단이 천안함 공격 어뢰로 추정하는 북한제 CHT-02D 어뢰의 폭약량은 250kg이죠."
= 증인(정정훈 합조단 선체구조분과위원·기계연구원 책임연구원): "폭약량은 맞지만 TNT가 아니라 고폭약입니다."
- 변호인: "위 폭약량과 증인이 시뮬레이션한 TNT 360kg이 같은 것인가요."
= 증인(정정훈): "현재의 시뮬레이션은 폭약은 TNT 하나로만 가능한데 고

폭약 250kg은 1.5배가 될 수도 있고 2배가 될 수도 있어서 폭약의 조성에 따라서 위력이 달라진다고 알고 있습니다."

- 변호인: "TNT 360kg과 북한제 어뢰 폭약량 250kg이 같은 위력인지 모르나요."
= 증인(정정훈): "당연히 모릅니다."
- 변호인: "합조단은 알고 있나요."
= 증인(정정훈): "합조단도 정확히 모르고 최종적으로 추측할 뿐입니다."[126]

수중폭발의 단계별 작동원리와 관련해 앞서 소개한 것처럼 최초 폭발이 발생하면 그 순간 충격파가 전달되고 이후 생긴 가스버블의 팽창과 수축이라는 '맥동' 운동을 반복하다 수면으로 올라가면서 붕괴를 일으킨다는 것이 합조단의 지속적인 설명이었다. 마지막의 가스버블의 붕괴가 이른바 '워터제트'라는 현상으로, 이것은 바로 물기둥으로 나타난다. 최초 폭발 시 충격파 발생 이후 수면에 배가 떠 있을 때 가스버블이 팽창과 수축운동을 하지 않고 곧바로 붕괴돼 물기둥이 솟구쳐 오르는 경우가 있다. 호주 토렌스함의 폭발 과정도 폭발 순간 수면 아래 섬광이 번쩍한 뒤 채 1초도 안 돼 곧바로 물기둥이 솟구친다. 이런 최초 폭발 순간과 그 후 더 큰 폭발(물기둥)이 나타날 때까지의 사이를 이른바 '버블주기'로 설명하곤 한다.

합조단 보고서 본문과 부록 곳곳에 이런 설명이 실려 있다. 합조단은 천안함의 버블주기를 1.1초라고 주장했다. 이는 천안함 사고 순간 전국의 지질자원연구원 11개소에서 감지한 공중음파의 '피크' 간격이 1.1초라는 점을 근거로 했다. 버블주기가 1.1초인 곡선에 폭약량이 TNT 250kg일 경우 수심은 9m로 나온다. 이는 보고서에 수록된 그래프 내용이다.

그런데 이날 법정에서 정정훈 연구원은 버블주기가 1.1초가 아닌 2초라고 했다. 정 연구원은 피고인 신상철 전 위원이 '버블이 생길 때까지 2초가 걸린다고 했죠'라는 신문에 "버블이 깨져서 올라오려면 2초가량 돼야한다"고 답했다. 정정훈 연구원의 답변이 관측된 공중음파의 주기와 맞지 않는 것이다.(증인신문조서 46쪽)

"앞쪽으로 휘어진 프로펠러, 처음 보는 손상"

선체와 수중폭발의 관계로 연구를 많이 했다는 정정훈 연구원은 천안함 함미의 우현 프로펠러가 앞쪽으로 휘어진 것에 대해 "천안함 추진기 손상 시뮬레이션의 실제 변형상태는 학계 보고된 바가 없는 처음 보는 손상이었다"고 말했다. 프로펠러 날개가 이른바 '조막손'처럼 어떻게 앞으로 휠 수 있느냐는 의문이었다.

그런데도 정 연구원은 이런 현상을 좌초는 아니라고 주장했다. 그는 "굉장히 큰 구조적 손상 흔적이 있어야 하는데 그런 흔적이 없고 날개 표면에 회전방향이 흠집이 없"고 "역회전을 했다는데, 천안함 프로펠러는 가변피치 프로펠러이기 때문에 전진이든 후진이든 방향을 바꾸지 않고 피치만 조절해서 나가므로 역회전 가능성은 없다"는 것을 그 이유로 댔다.

대신 '관성토크'와 '축방향 충격으로 생긴 밀림현상'에 따라 휘어진 것이라는 주장을 폈다. 정 연구원은 충남대 노인식 교수와 함께 이 같은 연구결과를 내놓았다고 밝혔다.

그런데 정 연구원은 "추진기 변형 시나리오에서 추진기가 변형하려면 여러 가지 힘들이 필요할 텐데 처음에 정상회전 중에 급정지를 했으니까 비틀림이라고 하는 돌아가는 방향을 막으려고 반대 방향의 관성토크가 작용할 것이라는 데 초점을 맞췄고, 추진축에 작용하는 힘은 축방향으로 밀려나가는 충격도 있고, 수평 수직도 있지만 가장 큰 힘은 비틀림과 축방향 충격이라고 생각했다"면서도 "노인식 교수는 회전 관성토크를 놓고 시뮬레이션을 했으나 그 현상이 재현이 안 됐다"고 시인했다.

이는 노종면 천안함 언론검증위 위원 등 언론단체 검증 책임자가 지적하면서야 알려지게 됐다. 정 연구원은 그러다 인양한 천안함을 자세히 보니까 감속기어가 굉장히 손상을 많이 입었고, 특히 좌현 쪽보다는 우현 쪽 감속기어가 굉장히 축이 많이 밀려나 있어서 프로펠러 방향으로 작용한 축방향 충격력에 의한 시뮬레이션을 다시 했다고 설명했다. 결국 프로펠러의 휨현상은 복합적이겠지만 가장 큰 원인은 급정지한 관성토크보다는 오히려 축방향의 밀림에 의한 힘이라고 생각한다고 결론을 냈다고 그는 설명했다. 그런데 우현만 조막손 모양이 되고, 왜 좌현은 멀쩡하냐는 의문에는 "우측은 큰 충격력이 추진축으로 전달된 데 반해서 좌현은 유격이 발생함으로써 충격이 덜 전달됐다고 판단을 내렸다"고 주장했다.

폭발이 왼쪽에서 일어났다면서 왜 충격은 오른쪽 프로펠러 기어박스에만 전달되고 가까운 왼쪽 프로펠러엔 전달이 안 됐는가에 관해서는 설명이 없다.

프로펠러 깨져 있는데 안 깨졌다고?

정정훈 연구원이 앞서 말한 '프로펠러'가 깨진 흔적이 없다고 주장한 것은 변호인이 제시한 사진에 의해 곧바로 반박됐다. 사진에서 깨진 흔적이 보이는데도 인양과정에서 절단된 것이라고 주장하다가 왼쪽 말고 오른쪽도 깨진 것이 없는지 확인했느냐는 재판장의 신문이 이어지자 정 연구원은 단언을 못하겠다고 꼬리를 내렸다. 다음은 변호인과 재판장의 잇단 신문에 정 연구원이 증언한 내용을 간추린 것이다.

   - 변호인(김남주 변호사): "프로펠러 우현 쪽이 깨진 흔적을 봤나요."
   = 증인(정정훈 합조단 선체구조분과위원·기계연구원 책임연구원): "깨지지 않았습니다."
   - 변호인: "(휴대폰으로 촬영한 함미 우현 프로펠러 사진 제시) 프로펠러 우현

쪽이 깨져 있는 것을 알 수 있죠."

= 증인(정정훈): "예, 아까도 말했지만 인양하고 상거하는 과정에서 일정 부분 절단이 된 부분이 있습니다."

— 변호인: "인양하고 거치할 때 프로펠러 좌현 쪽만 깨져서 절단된 것이 아닌가요."

= 증인(정정훈): "5개 중에서 2개 정도는 바지에 올릴 때 닿았기 때문에 아마 유사한 손상이 있었을 것이라고 생각합니다."

[…]

— 재판장: "프로펠러 좌현뿐만 아니라 우현 쪽에도 깨진 부분이 있는지 직접 확인했나요."

= 증인(정정훈): "수도 없이 봤는데 그 부분은 단언을 못 하겠습니다. 우현 쪽은 조막손에 초점을 맞췄는데 분명한 것은 상거와 받침목이 떨어지면서 함미부가 툭 떨어졌습니다."

— 변호인(김형태 변호사): "배를 올려놓을 때 오른쪽이 떨어졌는지 왼쪽이 떨어졌는지 정확히 알고 있나요."

= 증인(정정훈): "왼쪽이 먼저 떨어지고 오른쪽도 같이 떨어졌는데 받침목 바지 위에 전체를 놓은 것이 아니고 블록을 놓을 때 한쪽이 밀리면서 함미가 떨어졌고, 증인은 함미 인양을 조사하면서 그 순간을 봤습니다."[127]

관성의 법칙대로라면 프로펠러가 왜 반대방향으로 휘었나

천안함 프로펠러는 시계방향 즉 오른쪽 방향으로 돌아가도록 돼 있다. 그러므로 합조단 주장처럼 급정지에 의한 관성의 힘에 따라 휘어지더라도 프로펠러가 같은 방향으로 돌아가야 하는데 왜 반대방향으로 휘었느냐는 의문도 제기됐다.

— 변호인(김형태 변호사): "노인식 교수가 프로펠러가 시뮬레이션할 때 축

이 어느 쪽으로 돌아가고 있었나요”

= 증인(정정훈 합조단 선체구조분과위원·기계연구원 책임연구원): “오른쪽이었습니다. 그러나 정지상태에서 시뮬레이션한 것입니다.”

– 변호인: “오른쪽으로 돌고 있는 것이 회전력이죠.”

= 증인(정정훈): “예, 프로펠러가 동력을 받아서 돌아가는 것입니다.”

– 변호인: “그런데 반대로 토크가 생긴다면 그 이유는 무엇인가요.”

= 증인(정정훈): “운동하려고 하는데 운동을 멈추려고 하니까 반작용의 힘이 작용하는 것입니다.”

– 변호인: “그러면 프로펠러가 갖는 힘은 반작용인가요, 관성인가요.”

= 증인(정정훈): “관성의 힘을 운전이 정지되면서 막은 것으로 그래서 반대 방향의 토크가 생긴 것입니다.”

– 변호인: “프로펠러도 축과 같이 돌아가다가 멈췄다면 원래 돌고 있던 방향으로 휘어야지 왜 반대 방향으로 휜다는 것인가요.”

= 증인(정정훈): “그래서 그렇게 시뮬레이션을 했는데 안 됐습니다.”

– 변호인: “노인식 교수의 시뮬레이션을 보면 시계 반대방향인 왼쪽으로 돌리고 있는데, 증인은 그 시뮬레이션을 봤나요.”

= 증인(정정훈): “예. 그런데 시뮬레이션은 현재 돌아가는 상황에서 충격력을 줄 수는 없기 때문에 프로펠러는 정지돼 있다고 보고 어떤 힘이 작용했을까를 본 것입니다.”

– 변호인: “그런데 왜 프로펠러의 축을 정지시키고 시뮬레이션을 했다는 것인가요.”

= 증인(정정훈): “실제와 같이 돌리면서 시뮬레이션을 한 것이 아니라는 것입니다.”[128]

이를 지켜보던 재판장이 오른쪽으로 돌아가는 상황에서 휘는 방향이 중요하다고 생각해 정 연구원에게 신문을 하는 것이라고 환기시켰다.

그랬더니 정 연구원은 "오른쪽으로 돌아갈 때 정지시키는 반대 토크를 줬을 때는 조막손 현상은 나타나지 않았다"고 답했다. 그러면서 회전 중에 충격을 주는 것을 구현할 수 있는 시뮬레이션은 현재의 기술로 불가능하다고 털어놨다.

– 재판장: "그러면 오른쪽으로 돌아가는 상태에서 딱 붙잡는 시뮬레이션은 가능했다는 것인가요, 아니면 오른쪽으로 돌아가는 상태에서 힘을 주는 것은 불가능하기 때문에 정지된 상황에서 똑같은 힘을 주기 위해 왼쪽으로 돌렸다는 것인가요."
＝ 증인(정정훈 합조단 선체구조분과위원·기계연구원 책임연구원): "돌아가는 상태에서 충격을 주는 것은 현재의 시뮬레이션 기술로는 안 됩니다."[129]

형광등 고수의 검으로 벤 볏단처럼 안 깨졌다?

정 연구원은 천안함 함수 절단면의 형광등이 깨지지 않은 것에 대해 '고수의 볏단 베기'와 같은 힘의 전달로 형광등 등 절단 부위 주변이 멀쩡했을 것이라는 주장을 펴기도 했다.

변호인은 수중폭발로 배가 반 토막이 날 정도의 충격을 받았는데도 생존 승조원의 외상은 경미했으며, 시신 역시 외상이 아닌 익사로 사망했으며, 몸이 1m 이상 떠오른 사람도 없을 뿐 아니라, 고막 환자도 없었다고 지적했다. 특히 좌현 견시병에게 물 몇 방울 튄 것 외에 근무복도 젖지 않았다는 점을 들어 변호인은 "증인이나 합조단이 설명하고 있는 사고 원인이 생존자의 경험과 불일치하는 이유는 무엇이냐"고 따졌다.

정 연구원은 "제 전공이 아니어서 모르겠다"면서도 "승조원이 상대적으로 충격이 적었던 것은 충격이 근접해서 터졌고, 가스터빈실에 집중적으로 충격이 갔고, 그 속도가 굉장히 빨랐기 때문에 아마 함미부나 함수부의 영향은 상대적으로 적었다고 생각한다"고 주장했다. 그러면서 함수부에 붙어 있는 형광등이 왜 멀쩡한지에 대해 다음과 같이 설명했다.

"…그 대표적인 예가 함수부에 붙어 있던 형광등이라고 생각하는데 선체가 절단된 상황에서 어떻게 형광등이 붙어 있을 수 있는지에 대해서 과학적으로 증명할 수는 없었지만 수중 충격에 대한 전문가로서 증인의 개인적인 견해는 검의 고수가 굉장히 빠른 속도로 칼을 휘두르면 볏단이 거의 움직이지 않은 채 이등분되는 것처럼 굉장히 빠른 스피드가 있었기 때문이라고 생각합니다."[130]

정 연구원 소속 기계연구원, 연구사업 총액 대다수가 정부 지원

한편 정 연구원이 소속된 한국기계연구원과 정부의 관계가 법정에서 적나라하게 드러났다. 한국기계연구원의 경우 정부가 먹여 살린다 해도 과언이 아닐 정도로 연구사업계약 총액의 절대다수를 정부지원금에 의존하고 있다.

정 연구원이 합조단 위원을 맡을 무렵에도 비슷했으며, 득히 MB정부 들어와 예산 규모가 커졌다고 증언했다.

— 변호인: "2012년 한국기계연구원의 연구사업계약 총액 1271억 원 중 정부지원금이 1127억 원으로 대부분을 차지하고 있는데 증인이 천안함 합조단 조사위원을 맡을 무렵인 2010년경에도 이러한 정부의 연구비 지원 비중은 2012년과 큰 차이가 없었죠."

= 증인(정정훈 합조단 선체구조분과위원·기계연구원 책임연구원): "정부 지원금이 조금 늘었는데 1995년 이전에는 인건비를 정부에서 100% 지원받다가 그 이후에는 경쟁력 제고를 위해 프로젝트 베이스 시스템을 도입해 일정 부분은 출연금으로 받고 일정 부분은 정부수탁이나 산업수탁을 통해서 받게 됐는데 2010년에는 30~40% 정도가 출연금이었을 것이고

나머지는 정부나 민간 수탁사업으로 받게 됐을 것입니다."

— 변호인: "2012년과 비교하면 어떤가요."

= 증인(정정훈): "퍼센티지는 유사할 것인데 단지 정부 예산이 MB정부 들어오면서 커졌기 때문에 증인의 기억으로 2010년에 1200~1300억 원정도 했었을 것이고 비율은 비슷했을 것이라고 생각합니다."

— 변호인: "증인이 총무와 회장을 역임한 대한조선학회 함정기술연구회는 최근 몇 해 동안 해군본부, 방위사업청, 국방과학연구소 등과 함께 함정기술분야 세미나를 공동개최해왔는데 맞나요."

= 증인(정정훈): "예. 맞습니다."[131]

24차 공판 2014년 5월 26일 송광남 당시 2함대 정훈공보실 장교

24. 2함대 장교 "신상철 고발은 윗선에서 결정"

2014년 5월 26일 열린 24차 공판에 출석한 송광남 당시 2함대 정훈장교(해군중위·출석 당시 서울시청 근무)는 피고인 신상철 전 위원을 고발한 것은 윗선의 결정이었다고 증언했다.

김태호 당시 2함대 정훈공보실장(소령·현 해군중령)은 자신이 개인 자격으로 고소했다고 밝혔으나 김 실장 휘하의 실무책임자는 위에서 결정한 것이며, 이와 관련해 김 실장이 회의한 적이 있다고 자신에게 말했다고 증언했다. 송 중위는 검찰에서 진술한 것 역시 개인 자격이 아니라 공무상 출장을 받고 조사에 임했다고 밝혔다.

— 변호인: "그 부서 내에서 이 부분(고발)에 대해 의사결정을 할 수 있는 사람은 김태호 소령이었나요."

= 증인(송광남 2함대 정훈장교): "이 부분에 대한 의사결정은 아니고, 당시

2함대사령부 내에서의 의사결정을 할 수 있는 사람은 김태호 소령이었습니다."

- 변호인: "증인은 진술하러 나올 때 공무상 출장을 했나요."
= 증인(송광남): "예."
- 변호인: "증인이 개인 자격으로 나온 것은 아니었다는 것인가요."
= 증인(송광남): "그렇습니다."

(- 변호인: "증인은 오늘 어떻게 나왔나요."
= 증인(송광남): "공무상 출장으로 나왔습니다." - 당시 법정에서 기록한 것)[132]

김태호 실장이 신 전 위원을 고소한 것에 대해 송 중위는 군을 대리해서 한 것이었으며 자신이 결정한 것이 아니라 위에서 결정한 것이라고 들었다고 말했다.

- 변호인(김형태 변호사): "김태호 소령이 처음에 고발장에 관해 얘기를 언제 꺼냈나요."
= 증인(송광남 2함대 정훈장교): "영결식 끝나고 했던 것 같습니다."
- 변호인: "김태호 소령은 개인 자격으로 고발했다고 하는데, 증인은 직책상 상하관계에서 같이 자료도 검토했는데, 증인이 생각할 때 김 소령이 개인 자격으로 하는 것으로 생각했나요, 홍보실 입장에서 군을 대변해서 고발하는 것으로 생각했나요."
= 증인(송광남): "그때는 군의 명예와 관련돼 했던 것으로 기억합니다."
- 변호인: "김태호 소령이 군을 대리해서 하는 것이지, 만약에 개인이라면 부하인 증인이 그 일에 참여할 이유가 없지요."
= 증인(송광남): "그렇습니다."
- 변호인: "김태호 소령도 (신상철에 대한 고발을) 본인이 결정한 것이 아니라 위에서 결정했다고 하던가요."

= 증인(송광남): "그런 것으로 알고 있습니다."

− 재판장: "김태호 소령 이상의 상부에서 결정이 있는 것으로 증언했는데 그렇게 알고 있는 근거는 무엇인가요."

= 증인(송광남): "당시 김태호 소령이 이 사건에 대해 검토하는 과정에서 지휘부와 회의를 했다고 김 소령으로부터 들었습니다."[133]

이에 대해 공판 검사가 '김태호 소령이 개인 자격으로 고발한 사실을 알고 있느냐'고 하자 송 중위는 "지금 알게 됐다"고 답했다. 김 소령이 2함대 정훈장교로 개인 자격으로 고발하더라도 위에 보고해야 하는 것은 군의 특성상 필요하다고 보이지 않느냐는 검사의 추가 신문에 송 중위는 "아마도 그렇게 했을 것"이라고 말했다.(송광남 증인신문조서 11쪽)

24차 공판 2014년 5월 26일 손광익 당시 법무관리실 법무관 출석

24-1. 군법무관 "신상철 고발은 상부 지침으로 하게 된 것"

이날 24차 공판에는 송 중위 외에 당시 국방부 법무관리관실 법무관도 증인으로 출석했다. 군 법무관으로서 당시 신상철 전 위원 고소를 대리했던 손광익 특수전사령부 법무참모는 형사고소가 윗선의 지침에 따라 명예훼손 대응을 하게 됐다고 밝혔다.

천안함 사건 발생 이후 천안함 TF팀에서 법무관으로 근무했다는 손 참모는 고소장 제출 경위에 대해 "법령해석과 언론대응을 맡고 있었는데, 허위주장에 따른 명예훼손으로 대응하라는 지침이 나온 이후에 언론대응을 맡았었고, 천안함 TF 구성원이었기 때문에 내가 제출하게 됐다"고 말했다. 손 참모는 "최초에 허위주장에 따른 명예훼손으로 대응하라는 지침이 내려왔고, 그에 따라서 담당부서로부터 자료를 받았다"며 "제가 법무관이기 때문에 명예훼손 구성요건 요소별로 분류해 초안을 작성하고 단장과 장관에 보내드려서 보고 수정할 부분 수정하라는 지침이 내려오면 수정하고 최종적으로 단장과 장관이 서명해서 제출하게 됐다"고 설명했다.(손광익 증인신문조서 2쪽)

손 법무관은 윗선의 지침을 받은 경위에 대해 "우리 내부에서 대응을 하는데 있어 여러 방안이 있었는데 당시 저희가 A안과 B안을 제안했고, 그에 대해 상부에서 어떤 방안으로 하라고 지침을 내렸다"며 "문제가 있으면 정정보도, 반박기사를 내는 등 여러 방안이 있으나 이번 건에 한해서는 형사고소를 통해 해결해야겠다는 지침이 있었다"고 증언했다.(증인신문조서 4~5쪽)

MBC 〈PD수첩〉과 미네르바 사건 등에서 국가가 명예훼손의 피해자가 될 수 없다는 판례를 아느냐는 신문에 손 법무관은 "개인적 법익에 해당하고, 정부의 (명예훼손은) 약하다는 것을 알고 있었으나 개인과 합조단 구성원 전체, 단체에 대한 명예훼손을 한 것으로 결론을 내렸다"며 "단순 의혹 제기뿐 아니라 개인의 명예훼손에도 해당한다"고 답했다.

'하지만 장성이나 장교 개인의 사생활을 들춰낸 주장이 아닌 국가 행위에 대한 지적이 아니었느냐'는 지적에 손 법무관은 "신 대표 글 가운데 '수치스럽고, 파렴치하다'는 등의 표현은 개인으로서, 군인으로서의 자존심과 자긍심을 훼손하는 내용을 적시한 것"이라고 답했다.[134]

그러나 손 법무관은 신 대표의 주장이 허위라는 명확하고 구체적인 근거를 파악하지 못한 채 소장을 작성했음을 시인했다.

— 변호인: "증인은 허위사실이라는 것은 어떤 근거를 통해 내린 결론인가요."
＝ 증인(손광익 국방부 법무관리실 법무관): "…객관적으로 세부적인 것이나 구체적 전문적인 부분까지는 그 당시에 알지 못했습니다."

– 변호인: "기초 사실에 근거한 견해 추론과 해석을 하는 것은 명예훼손죄 대상이 안 되지 않나요."

= 증인(손광익): "그렇습니다. 그러나 당시엔 사실을 근거로 발표했고, 그에 대한 구체적 세부적 사실을 근거로 피고인이 주장했다고 판단해 고소했습니다."[135]

손 법무관은 "객관적이고, 구체적 요소마다 (다) 알 수는 없다. (소송에) 필요한 사안이 있으니 달라고 했을 뿐 허위로 판단할 수 있는 세부적, 전문적, 구체적인 것은 몰랐다"고 말했다.

형사고소 지시를 직접적으로 내린 윗선에 대해 손 법무관은 "법무관리관이 법무과장을 통해 지침을 내렸다"고 밝혔다.

상부가 어딘지에 대해 손 참모는 "저는 언론담당관이었는데, 장관이나 실장으로부터 바로 지침을 받는 것은 아니고, 법무과장이나 법무관리관을 통해 구성하라고 지침을 내렸다"라며 "평시에도 법령해석 담당 장교가 하는 업무가 언론대응이었기 때문에 본 사건에서도 증인이 담당했다"고 설명했다.

어느 선까지 결재를 받고 진행됐느냐는 신문에 그는 "천안함 TF라는 것은 일반 국방부 내 있는 TF 조직처럼 편제에 들어가 있는 정식 조직은 아니었다"며 "천안함 사건에서 대응하는데 집중해서 노력을 모아야 할 필요가 있었기 때문에 장관이 직접 지시했는지는 모르겠지만 법무관리관이 구성하라고 말했고, 우리는 보통 그렇게 말하면 상부에서 지시가 있거나 지침이 있기 때문에 하는 것으로 알고 있었다"고 말했다. 손 참모는 상관 결재에 대해 "법무과장과 관리관에게 보고했다"고 덧붙였다.(증인신문조서 7~8쪽)

송 중위와 손 참모(법무관)의 증언에 따라 군인 개인이 신상철 전 위원 고소를 한 것이 아니라 군 조직이 조직적으로 대응해 벌인 조치라는 점이 분명해졌다.

25. 합조단 과학수사팀장 "어뢰 부식실험 못한 이유, 어뢰와 동일한 철이 없어서"?

2014년 6월 23일 열린 25차 공판에 출석한 권태석 민군 합조단 과학수사분과 군측 위원 겸 과학수사팀장(육군 헌병 대령)은 어뢰추진체 부식실험을 하겠다고 장담해놓고 하지 못한 이유와 어뢰설계도 내용의 '한계' 등에 대해 중요한 증언을 했다. 천안함 승조원 희생자 40명의 사인에 대해 동시간대 익사로 추정된다는 보고를 받았다고도 권 팀장은 증언했다.

백령도 초병이 봤다는 백색섬광을 왜 물기둥으로 둔갑시켰는지, 화약 냄새가 왜 없었는지 등을 조사한 경위에 대해서도 법정에서 밝혔다.

권 팀장은 어뢰 부식실험을 했더니 어뢰추진체 부위별로 부식 정도가 너무 다르게 나왔을 뿐 아니라 어뢰추진체의 철 성분과 비교할 수 있는 동일한 철 성분이 국내에 없었기 때문에 부식실험 진행이 어려웠다고 설명했다.

  − 변호인: "검찰 진술에서 '과학수사분과에서 부식 정도를 확인하기 위해 가속화시험을 했더니 철의 재질이 어뢰추진체 부위별로 상이하다 보니 부식 정도가 너무 다르게 나왔습니다'라고 진술한 사실이 있나요."
  = 증인(권태석 합조단 수사팀장): "예."
  − 변호인: "'그 부식 정도를 세밀하게 확인하기 위해서는 동일 재질의 대조 시료가 있어야 하는데 대조시료를 확보하지 못해 가속화시험을 더 이상 하지 못했습니다. 따라서 부식 정도는 육안으로만 비교할 수밖에 없

었습니다'라고 답변했죠."

= 증인(권태석): "예."

— 변호인: "어느 나라나 대단한 수준의 합금기술이 있는 것이 아닐 것 같고, 철과 같은 물질을 섞어서 합금한다는 것이 대체로 특이한 합금이 아닌 이상 성분은 다 분석이 가능할 것으로 보이는데 그 재질에 대해 성분 분석과 관련된 의뢰는 했나요."

= 증인(권태석): "예, 변호사님과 같은 의구심을 갖고 의뢰를 했는데, 전문가가 그것이 아니라고 했습니다."

— 변호인: "무슨 말인가요."

= 증인(권태석): "전문가가 철의 성분 분석을 했는데 현재 일치되는 성분이 없다고 했습니다."

— 변호인: "국내에서 구할 수 없다고 했나요."

= 증인(권태석): "예. 철을 만들 때 비율이 우리나라처럼 규격화돼 있는 것이 아니라 분석을 해봤을 때 우리나라에서 갖고 있는 규격화된 철과 전혀 다르다고 얘기해서 비교시험이 되지 않는다고 했습니다."

— 변호인: "대조시료를 국내에서 구할 수 없다고 들었나요."

= 증인(권태석): "그렇습니다."[136]

이 같은 답변을 하자 변호인이 '육안으로 어뢰추진체 부식 정도를 판단하는 것은 무엇과 비교해 판단한 것이냐'고 묻자 권 팀장은 "천안함 선체에 있는 쇠 종류와 어뢰에 있는 쇠 종류를 비교했다"고 답변했다. 합조단은 보고서에도 어뢰추진체의 부식 정도를 천안함 선체와 육안으로 비교하니 일치했다는 것이 전문가들의 의견이라고 써놓았다. 국내에 일치하는 성분조차 찾을 수 없는 '특유의' 철로 구성된 어뢰추진체라면서 천안함 선체와는 어떻게 비교할 수 있다는 말인가. 정밀 조사는 비교 대상이 없어 못 한다면서 눈으로 볼 땐 부식 정도가 비슷하다고 의문을 묵살

하는 태도는 전형적인 눈속임이라는 지적이 나온다.

- 변호인: "천안함 선체의 쇠 종류와 동일한지도 모르는데 어떻게 비교했
나요."
= 증인(권태석 합조단 수사팀장): "당연히 정밀 비교는 안 되고 다만 육안으
로 녹슨 것이 비슷하구나라는 정도로 비교한 것입니다."
- 변호인: "육안으로 비교를 하는 것이니까 정확한 것은 아니라는 것이죠."
= 증인(권태석): "예."[137]

'CHT-02D 설계도엔 북한 어뢰라 적혀 있진 않아'

북한제 어뢰 CHT-02D, 이른바 '1번 어뢰'의 설계도와 관련해 권 팀
장은 해당 설계도에 '북한 어뢰'라고 쓰여 있진 않았다고 밝혔다.

권 팀장은 어뢰설계도에 대해 "(어뢰 건진 날) 그다음 날인가 다다음 날
설계도면으로 비교해보라고 해서 실측을 다시 했다"며 "(합조단에서 제시
한 설계도 2개 중) CHT-02D 어뢰설계도를 받았다"고 답변했다.

해당 설계도에 대해 권 팀장은 "저도 설계도 때문에 곤혹을 치렀는데
CHT-02D 어뢰설계도를 받고 그 설계도가 조그만 설계도라고 해서 실
물과 유사한 크기로 확대해 붙여놓고 실측했다"며 "A4용지보다 조금 더
컸던 정도의 작은 설계도를 받아서 그것을 크게 확대했다"고 설명했다.

- 변호인: "위 설계도엔 CHT-02D라고 적혀 있다던가 북한 어뢰라고 적
혀 있었나요."
= 증인(권태석 합조단 수사팀장): "북한 어뢰로 적혀 있었던 것이 아니라 컴
퓨터상의 오류인지 깨진 글씨 비슷한 것이 있었는데 그것은 지금 기억
못 하겠지만 북한 어뢰라는 것은 없었습니다."
- 변호인: "치수는 기재돼 있었나요."

= 증인(권태석): "예."[138]

천안함 희생자 동시간대 전원 익사

권 팀장은 천안함 희생자 46명 가운데 시신이 발견된 40명에 대해 동시간대 전원 익사라는 사실을 시인했다.

— 변호인(이강훈 변호사): "검시 군의관의 검안결과 사망자들의 사인이 동시간대 전원 익사한 것으로 판명이 난 것이 사실인가요."
= 증인(권태석 합조단 수사팀장): "예 사실입니다."
— 변호인(김형태 변호사): "40명이 전원 익사였죠."
= 증인(권태석): "예. 익사 소견이었습니다."[139]

특히 '군의관이나 국과수에서 나와서 골절상은 없고 익사라고 했느냐'는 신문에 권 팀장은 "직접 사인이 익사로 추정된다고 했고, 골절로 사망에 직접적으로 이르지는 않은 것으로 판단된다고 했다"고 설명했다.

그러나 당시 합조단 과학수사분과에서는 사망자 검안결과 360kg TNT 폭발이 발생한 것치고는 시신이 비교적 온전한 것이 어뢰폭발에 부합한 결과라고 판단했다. 그 근거가 무엇이냐는 신문에 권 팀장은 "저희가 추론할 때 망자의 시신을 수습하기 전에 각 격실의 생존자 진술을 토대로 '애는 여기에 있었구나'라는 것을 다 만들어놓고 함수와 함미에 들어가서 구조작업을 하고 나중에 가지고 와서 대조하면 격실마다 자기의 위치가 있었기 때문에 일부는 다르지만 대부분 비슷하게 생존자 진술과 맞았다"고 주장했다.

더구나 권 팀장은 시신의 손상이 없는 이유에 대해 "저희들이 검시하고 검시결과를 가지고 그 당시 어뢰 전문가와 외국 자료를 본 신영식 박사나 조사요원 중에 영국인 어뢰폭발 전문가라는 분과 같이 토의를 했다"며 "어뢰폭발에는 화상이나 파편상이 있을 수 없고, 대부분 골절상이나 찰과상 현상이 발생한다고 들었다"고 말했다.

이와 함께 '과학수사' 과정에서 생존자들 중 화약 냄새를 맡았다고 진술한 사람이 없는 이유도 미스터리한 정황이었다. 좌현 견시병 황보상준만 화약 냄새가 없었다고 했다가 2년여 만에 법정에 나와 있었다고 말을 바꾼 사례를 제외하고는 한 명도 없다.

> ― 변호인(김형태 변호사): "증인이나 수사관들이 화약 냄새가 왜 나지 않았는지에 대해 물어봤나요."
>
> = 증인(권태석 합조단 수사팀장): "물었습니다. 처음에 생존장병 조사 때는 내부폭발인지, 탄약고폭발인지 아니면 가스터빈실 폭발인지 때문에 화약 냄새가 중요할 수 있으니까 화약 냄새를 물어봤는데 화약 냄새를 맡은 사람이 없었습니다."
>
> ― 변호인: "최종적으로 조사한 여러 팀이 있었고, 결과보고서를 쓰려면 의견을 모아야 할 텐데 화약폭발 여부에 관해 의문이 있었다면 화약 냄새를 전혀 맡지 못했다는데 어떻게 된 것인지 다른 분과나 전문가들과 함께 이것에 대해 의문점을 풀어야 하지 않나요."
>
> = 증인(권태석): "예. 토의하는 과정 중에 생존자들이 화약 냄새가 전혀 나지 않는다고 했을 때 어뢰 전문가들이 이런 경우에는 화약 냄새가 나지 않는다고 했습니다."[140]

또한 고막이 터진 이가 없는 이유에 대해서도 묘한 답변이 있었다.

> ― 변호인: "충격파는 파장(파동이 정확한 표현-저자)인데, 그것이 배 밑바닥을 쳐서 다시 공기와 쇠에 의해 그 충격파가 다시 날아왔는데 그 배 안에서 고막이 터졌다는 사람의 진술을 받은 적이 있나요."

= 증인(권태석 합조단 수사팀장): "없었습니다. 그리고 카이스트 박사를 증인으로 채택해서 물어봤으면 좋겠는데, 그 신 박사가 어뢰가 폭발하면 고막 파손이 되지 않는다고 했습니다."[141]

백령도 초병이 본 것은 섬광 같다고 결론?

사고 순간(보고 시각으로는 1분 뒤) 백령도 초병이 봤다는 섬광에 대해 권 팀장은 물기둥으로 추론했다면서도 당시 이들이 본 것은 섬광을 보고 진술한 것 같다는 결론을 내렸다고 말했다.

— 변호인: "화약 냄새 부분도 그렇고 두무진 돌출부도 정확히 기억나지 않지만 (백령도초병 두 명이) 본 법정에 나와 사고 지점과, 자신이 봤다는 섬광이 몇백십도(몇십 도의 오기인 듯—저자) 차이가 나기 때문에 전혀 다른 방향이라서 질문을 했던 것인데, 그렇게 모순된 진술이면 과학수사팀장으로서 김옥년 중령(담당자)과 토의해서 해결된 결과가 있어야 하지 않는가요."

= 증인(권태석 합조단 수사팀장): "해결된 결론은 있었습니다. 당시 '얘가 본 것이 섬광 본 것을 진술한 것 같다'라고 한 것으로 기억하고 있습니다."

— 변호인: "현장에 가봤을 때 초소가 여러 개 있었을 것으로 생각하는데 다른 초소 초병과 그 문제에 대해 따로 조사해보지 않았나요."

= 증인(권태석): "다른 초소 초병들도 누구를 어떻게 했는지 모르지만 일부 축선에 있는 사람들은 조사한 것으로 알고 있습니다. 그러나 거기에 대해 목격한 사람은 없었던 것으로 알고 있습니다."

— 변호인: "다른 사람들은 목격한 사람이 없는데 장병 2명이 위와 같이 진술했다는 것인가요."

= 증인(권태석) : "예."[142]

그러나 앞서 검사의 신문에 권 팀장은 "과학조사분과에서 목격자, 생존자, TOD 병사 등을 조사했고, 제가 직접 병원에서 생존자 조사를 했을 때 생존장병 중에는 선상에서 외부로 노출된 사람들은 좌우 견시병 2명밖에 없었고, 나머지는 물기둥을 볼 수 있는 여건이 되지 않았던 것으로 추정했다"며 "견시병들이 진술할 때 물방울이 튀었다거나 TOD 장병들이나 백령도 초소에 있는 장병들의 진술 일부가 섬광을 봤다는 것이 물기둥이 아니었나 추론을 했다"고 밝혔다.

내구성 형광등

권 팀장은 형광등이 깨지지 않은 것에 대해 "일단 배에 있는 형광등은 다른 형광등과 다르게 내구성을 갖추고 있어서 어느 정도의 충격에 견딜 수 있도록 설계되고 설치된 형광등"이라며 "현장에 가보시면 바로 육안으로 목격할 수 있는 것이 함수 뒷부분에 달려 있는 형광등이 전혀 파손되지 않았는데 그런 것들도 어뢰폭발에서는 발생할 수 있는 현상이라고 한다"고 주장했다.

이를 두고 이강훈 변호사가 '당시 바깥에서 뭐가 날아오면 안 깨지게 하는 형광등을 싸고 있는 막 같은 것이 있었느냐' '바깥에서 뭐가 날아와도 전구가 깨지지 않는다는 것인가'라고 묻자 권 팀장은 "등이 있고 갓이 있고 갓 밑에 투명한 것이 있어서 그 안에 형광등 전구가 있었다"며 "돌로 때리면 깨질 수 있겠지만 일단 내구성이 강하다고 알고 있다"고 답변했다.

한편 천안함 함미 바닥에 긁힌 흔적에 대해 권 팀장은 좌초 흔적이 아니라 인양과정에서 해저 모래에 쓸린 것이라고 주장했다.

권 팀장은 "과학수사분과에서 천안함을 인양해서 평택항으로 이동할 때 저희들 요원 1명이 외부에서 손을 탈까 싶어 경계를 같이 하고 이동해왔다"며 "제가 하부부터 상부까지 다 관찰했을 때 모래 등에 의해 스크래치가 발생한 것은 목격하지 못했다"고 주장했다. 그는 "다만, 함미 절단 부분 선저 바닥에 모래에 쏠린 것 같은 현상이 있었는데, 이것은 인양 과정에 쏠린 형태가 아니겠느냐 판단했다"며 "좌초로 인해 스크래치가 발생했다면 육안으로 식별이 가능할 만큼 굴곡이 심하거나 심하게 끌린 손상 형태가 있어야 하는데, 당시 목격했던 부분들은 그런 부분들이 없었다"고 말했다.

25차 공판, 26차 공판 2014년 7월 21일 김인주 해병대 대령 출석
25~26. 합조단 폭발분과 위원 "시뮬레이션 그래프 한계"

2014년 6월 23일 25차 공판과 7월 21일 26차 공판 등 두 차례 이어진 재판에는 김인주 합조단 폭발유형분석분과 군측 총괄위원(해병대 대령)이 출석했다. 25차 공판에서는 검찰신문만 이뤄져 차수를 바꿔 변호인의 반대신문이 열렸다.

김 대령은 폭발유형분과에서 천안함을 절단하기 위해 필요한 폭발의 버블주기와 그에 따른 폭약량과 수심 등을 어떻게 도출했는지에 대한 과정을 증언했다. 앞서 정정훈 합조단 선체구조분과 위원은 시뮬레이션을 할 때 폭약량(TNT 360kg)과 폭발수심(7m, 9m) 조건을 폭발유형분과로부터 건네받아 실시했다고 증언했다.

이와 관련해 한국 폭발유형분과 조사팀은 미국 측 조사팀과 폭약량을 다르게 예측한 것으로 나타났다. 서로간의 오차가 적지 않게 나타나 있다. 김인주 대령은 2014년 7월 21일 26차 공판에서 "한국팀은 얕은 수심을 고려해 보정공식을 도출하고 폭약량 250~360kg, 수심 6~9m로 판단했고, 미국 측에서도 전산분석을 하고 내린 결론이 수심 6~9m 폭약량 200~300kg으로 예측했다"고 답변했다. 한국팀과 미국팀의 폭약량 규모가 최고값의 경우 60kg, 최하값은 50kg의 차이가 있지 않느냐는 김남주 변호사의 지적이 나왔다.

김 대령은 "보정공식을 사용하게 되면 폭약량이 늘어나는 형태로 나타났다"며 "그래서 미국 측에서는 보정되지 않은 공식을 사용했고, 저희들은 보정된 공식을 갖고 한 번 더 검증을 해봤다"고 주장했다. 그런데도 미국이 판단한 것이 있었기 때문에 폭약의 폭 자체를 200~360kg까지로 넓게 보고 시뮬레이션했다고 김 대령은 설명했다. 미국은 애초 판단대로 했다는 것이고, 한국팀은 공식을 보정해 폭약량을 늘렸다는 것이다. 더구나 미국팀은 자신들이 3D 촬영을 한 것을 보고 판단했으나 그 근거를 합조단에 제출해주지도 않았고, 자신들이 판단한 폭발규모를 끝까지 바꾸지 않았다고 김 대령은 전했다.

앞서 정정훈 합조단 위원이 시뮬레이션을 통해 천안함과 유사한 형태의 결과가 도출됐다고 법정에서 프레젠테이션까지 한 폭발 조건 TNT 360kg, 수심 7m에 대해서도 김 대령은 미국이 조사한 결과에서 벗어난 것이라고 말했다.

　－ 변호인: "파단면이 가장 정성적으로 유사하다고 결론 낸 TNT 360kg 조건은 미국 결과와 벗어난 것인가요."

　＝ 증인(김인주 합조단 폭발유형분석분과 군측 총괄위원?해병대 대령): "360kg은 미국에서 가지고 있는 결론과는 벗어나 있습니다. 그리고 저희도 파단면이 가장 유사한 것이 360kg이라고 판단한 것은 아니라, 국소부위 시뮬레이션을 했을 때 250kg에서 6m 정도, 360kg에서 7, 8, 9m를 다 해서 4가지가 다 비슷한 결과가 나온다는 것으로 결론을 내렸고, 그 부분은 선체분과에 다 넘겨줬습니다."

　－ 변호인: "선체분과에서는 7m에서 360kg, 9m 360kg 터뜨리는 조건으로

했는데 9m에서 한 것은 초기에 돌려봤는데도 파단면이 원했던 값이 나오지 않고, 폭발결과가 크지 않아 중단하고 7m 360kg 폭발 시뮬레이션을 완성시킨 것이 아닌가요."

= 증인(김인주): "그 부분은 선체분과에서 저희가 준 모델 중에서 무엇을 했는지는 잘 모르겠고, 기본적으로 시뮬레이션을 최종적으로 한 것이 360kg인지도 잘 모르겠습니다."[143]

'폭발 버블주기-폭약량-수심' 나오는 윌리스 공식은 "어차피 실험식일 뿐"

김 대령이 합조단 폭발유형분석분과에서 공식을 보정하니 어쩌니 한 해당 '공식'은 윌리스 공식으로 알려져 있다. 이 공식은 폭발 시 버블주기, 즉 처음 폭발했을 때와 2차 폭발(버블붕괴 또는 가스버블의 팽창) 사이에 시간 간격을 알면, 폭약량에 따라 수심까지 찾아낼 수 있도록 돼 있다. 이는 합조단이 보고서 곳곳에 수록해놓기도 했다.

그런데 문제는 이 같은 버블주기와 이에 따른 폭약량 및 수심을 산

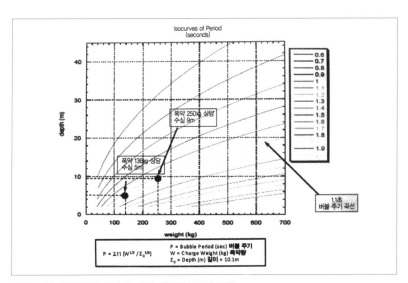

버블 주기에 따른 폭약량 및 수심. 사진=합조단 보고서 134쪽

출한 시뮬레이션 결과가 전혀 맞아떨어지지 않는다는 점이다. 합조단
과 지질자원연구원은 천안함 사고 순간 감지됐다는 공중음파의 그래프
에서 나타난 버블주기(피크와 피크 사이)가 1.1초로 관측됐다고 주장해왔
다. 그렇다면 1.1초에 맞는 윌리스 공식의 곡선을 대입할 경우 폭약량은
250kg일 때 수심 9m가 나온다. 이 버블주기에서 폭약량을 TNT 360kg
으로 옮길 때 대응하는 수심은 13m가 나온다. 이는 앞서 말한 정정훈 위
원의 폭발 시뮬레이션 TNT 360kg과 수심 7m와 크게 불일치하는 것이
다. 더구나 수심을 9m까지만 올려도 손상을 거의 입히기 어려워 시뮬레
이션을 중단했다고까지 했다. 이른바 윌리스 공식 적용의 모순이 발생
하는 것이다. 버블주기를 조금 변경해 1.3초로 늘리면 유사한 결과를 얻
을 수 있다. 하지만 이 경우 애초 관측됐다는 버블주기 1.1초와 맞지 않
는 모순을 일으킨다. 이 때문에 변호인들은 김 대령을 상태로 이런 맹점
을 집중적으로 신문했다. 김 대령은 다음과 같이 증언했다.

— 변호인: (합조단 보고서 134쪽 윌리스 공식 그래프) "이깃이 윌리스 공식 그
  래프죠."
= 증인(김인주 합조단 폭발유형분석분과 군측 총괄위원·해병대 대령): "예."
— 변호인: "윌리스 공식이라는 것이 버블주기에 따라서 폭약량과 수심을
  그래프로 산출할 수 있죠."
= 증인(김인주): "예."
— 변호인: "250kg 상당의 그래프를 보면 1.1초의 버블주기가 산출되죠."
= 증인(김인주): "예."
— 변호인: "조금 전에 시뮬레이션했을 때 TNT 360kg 7, 8, 9m 모두 윌리
  스 보정식이 만족한다고 증언했는데 맞나요."
= 증인(김인주): "1차적으로 미국 측에서 보정되지 않은 윌리스 공식으로
  그래프를 그린 것이 지금 제시한 134쪽 그래프입니다. 그리고 여기에

136~250kg까지 점을 찍어서 구간을 정했는데, 그것이 맞지 않아서 3D 분석을 다시 하고 난 다음에 200~300kg이라고 결론을 내렸는데, 그것도 미국 측이 했습니다. 그다음에 저희가 다시 보정식으로 한 것은 부록에 나와 있는 그래프입니다"

— 변호인: "TNT 360kg 7, 8, 9m가 모두 일치하나요."

= 증인(김인주): "어차피 윌리스 공식이라는 것 자체가 이론법칙이 아니라 실험식입니다. 그러다 보니까 예를 들어 수천 번의 폭발실험을 해보고, 그 실험값을 가지고 만들어놓은 것이기 때문에 TNT 360kg과 7, 8, 9m를 다 해본 것입니다."[144]

한마디로 실험식이라 틀릴 수 있다는 것이다. 안 맞아서 공식을 조금씩 보정했다고 한다. 일반인들이 이런 골치 아픈 그래프까지 꼼꼼하게 따져 읽지 않으리라고 생각한 것이 아니라면 일치하지 않는 그래프를 어떻게 보고서에 수록할 수 있는 것인지 놀라울 따름이다.

변호인과 김인주 대령의 법정 증언을 좀 더 보면 실험식이라 안 맞을 수 있으니 시뮬레이션을 했다는 얘기까지 나온다. 공식이 딱 맞으면 할 필요도 없다는 것이다. 과학적 주장을 펴는 것이 아니라 공식에 안 맞을 수 있으니 시뮬레이션으로 해본 것이라는 말은 대체 무슨 논리인지 알 길이 없다.

— 변호인(김형태 변호사): "그래프에는 (하나의 버블주기 곡선이) 하나의 폭약량과 하나의 수심에 대응하는 것이 아닌가요."

= 증인(김인주 합조단 폭발유형분석분과 군측 총괄위원·해병대 대령): "그래서 제가 실험식이라고 한 것입니다."

— 변호인: "실험식이 윌리스 공식의 보정공식에도 정확하게 부합하는지 모른다는 것인가요."

= 증인(김인주): "제 추측인데 이것도 실험에 의한 식이고, 공중음파라는 것
도 온도에 따라 음파의 속도가 다 다르기 때문에 상당히 많이 변할 수 있
다고 봅니다. 그렇기 때문에 같은 조건으로 여러 가지를 고려해 이 중에
어떤 것이 맞는지를 찾아내기 위해 시뮬레이션을 다시 해본 것입니다.
공식이 딱 맞으면 시뮬레이션을 해볼 필요도 없습니다."

- 변호인: "윌리스 공식에 정확하게 수심과 폭약이 대응해서 일치하는 것
은 아니고, 윌리스 공식을 봤더니 대략적인 범위를 합조단이 설정했고,
그 범위 내에 들어간다는 취지인가요."

= 증인(김인주): "그렇습니다. 그 범위 속에서 좀 더 구체적으로 찾아내기
위해 시뮬레이션으로 다시 한 번 돌려본 것입니다"[145]

김 대령의 설명을 들으면 들을수록 이 같은 불일치 현상은 더 깊어진
다. 정정훈 위원의 시뮬레이션에서 TNT 360kg을 9m에서 폭발시켰을
때 절단 현상이 나타나지 않는 것에 대해 김 대령은 "시뮬레이션하는 것
이 형상을 그대로 다 재현할 수 있는 것이 아니다"라며 "배의 노후도 등
에 따라 차이가 날 수 있는 것이고, 윌리스 공식 자체도 제가 볼 때 완전
이론공식이 아니라 실험식이라고 말씀드렸다. 그렇기 때문에 어느 정
도의 차이는 있을 수 있다고 판단한다"고 주장했다. 그래도 용골이 끊어
지고 절단되는 현상은 유사하게 나와야 하지 않느냐는 변호인의 거듭된
지적에 김 대령은 "9m가 깊어서 그랬을 수도 있다"며 "그렇지만 우리 공
식에는 나왔으나 시뮬레이션해보니까 안 됐다는 것인데 그것은 시뮬레
이션했을 때 얼마나 조건을 잘했느냐에 따라 차이가 있을 수 있고, 그래
서 답변드리기가 어렵다"고 해명했다.

어뢰 폭약량 250kg과 TNT 360kg 같은지 잘 모른다?

앞서 법정에서 정정훈 위원이 북한제 어뢰 고성능폭약량 250kg과

TNT 360kg이 일치하는지 여부를 모른다고 증언한 바 있다. 이와 관련한 김인주 대령의 설명도 뭔가 맞아떨어지지는 않는다.

합조단이 북한제 CHT-02D 어뢰의 폭약량은 고성능폭약 250kg이라고 발표한 것과 관련해 이 정보를 어디서 파악했느냐는 신문에 김인주 대령은 "어뢰 종류별로 나와 있는 표가 있는데, 거기 보면 모델과 폭약량이 있어서 그것을 보고 판단했고, CHT-02D라는 것은 폭발유형분석분과에서 그렇게 결론 내린 것이 아니라 합조단 전체에서 어뢰추진체와 설계도면을 보고 판단해서 내린 결론"이라며 "폭발유형분석분과에서는 수심과 폭약량에 대한 것만 결론을 내렸다"고 말했다. 발견한 어뢰추진체 폭약량에 대해 김 대령은 자신이 "표로 봤다"며 "1장짜리 카탈로그를 봤고, 러시아 중국 북한으로 정리된 표를 확실히 봤다"고 주장했다. 또한 그는 어뢰가 정리된 표에 북한제 어뢰 중에 CHT-02D 라는 어뢰가 있었느냐는 김형태 변호사의 신문에 "있었던 것으로 기억한다"고 했다가 '1장짜리로 본 것에 CHT-02D에 대한 것도 있었느냐'고 재차 묻자 김 대령은 "그 당시 설계도면에 대한 말이 많아서 설계도면을 본 것 같다"고 해명했다. 다시 묻자 김 대령은 "카탈로그는 보지 못했고, 그림이 그려진 설계도면만 봤다"며 '합조단 보고서에 있는 설계도면을 봤다는 것이냐'고 묻자 "예"라고 답했다.

한편 김 대령은 해당 설계도에서 어뢰의 제원 같은 것을 보지 못했고, 그런 제원은 정리된 자료에서 봤다고 설명했다. 김 대령은 이 같은 '정리된 자료'에 CHT-02D 어뢰 제원과 폭약량도 있었을 것이라면서도 폭약 구성 성분비는 나오지 않았던 것으로 보인다고 말했다.(김인주 증인신문조서 33~34쪽)

그러나 그는 "CHT-02D 폭약 성분에 대해서는 조사하지 않았다"고 답변했다. 이 때문에 북한제 고성능폭약 250kg이라는 1번 어뢰 폭약량과 시뮬레이션 결과가 도출됐다는 TNT 360kg의 일치 여부에 대해 김 대령은 모른다고 했다.

- 변호인(김형태 변호사): "북한제 고폭약 250kg이 시뮬레이션한 TNT 360kg과 같으냐가 쟁점인데, 그렇다면 당연히 북한제 250kg 고폭약과 성분비율을 다 검사해서 TNT 360kg과 동일한지를 당연히 체크하는 것이 증인이 소속돼 있는 폭발유형분과의 임무 아닌가요."

= 증인(김인주 합조단 폭발유형분석분과 군측 총괄위원?해병대 대령): "CHT-02D라고 결론 내린 것은 합조단 전체의 결론이었습니다."

- 변호인: "그 360kg이 북한제 250kg과 같은 성능인지가 핵심인데 그것에 대해 증인도 모른다면 누가 어떤 근거에 의해 같다고 결론내린 것가요."

= 증인(김인주): "그걸 제가 같다고 말씀드릴 수 있는 것은 아니고, CHT-02D라고 했던 것은 어뢰추진체의 설계도면이 그것과 일치했기 때문에 그렇게 판단한 것이고, 그다음 고성능폭약 250kg 규모라고 해서 뒤에 규모라는 말을 붙였던 것입니다."

- 변호인: "증인 외에 합조단에서 알 수 있는 분야나 사람이 따로 있나요."

= 증인(김인주): "그 부분은 화약 부분을 계속 분석했던 사람이 국방과학연구소 황을하 박사이기 때문에 그가 가장 잘 답변할 수 있습니다"[146]

김인주 대령은 윌리스 공식도 실험식이라 정확하지 않고, 시뮬레이션도 한계가 있으며, 어뢰폭약량도 정확히 가늠하기 어렵다고 한 것이므로, 이른바 합조단이 발표한 실체적 폭발의 크기조차 확정할 수 없는 것 아니냐는 지적이 나왔다.

- 변호인(김형태 변호사): "시뮬레이션에서 360kg 폭약이 터지면 실제 파괴현상과 동일한 것이 나오는지 여부는 현재 과학기술상 제대로 알 수 없다는 것인가요."

= 증인(김인주 합조단 폭발유형분석분과 군측 총괄위원·해병대 대령): "정확하게 볼 수가 없다는 것입니다. 어느 정도 형태는 보이겠지만 정확히 100% 동일한 현상이라고 보는 것은 제한적일 수밖에 없습니다."

― 변호인: "천안함 보고서 결론 '~(천안함을 침몰시킨) 무기체계는 북한에서 제조·사용중인 고성능 폭약 250kg 규모의 CHT-02D 어뢰로 확인됐다' 라는 결론이 객관적 사실인가요, 의견인가요."

= 증인(김인주): "조사단에서는 그렇게 종합해서 판단했고, 실제 그렇다고 생각합니다."

― 변호인: "북한제 어뢰의 구성성분도 모르고, 250kg 고성능폭약이 TNT 얼마인지도 모르면서 보고서에 '확인됐다'고 할 수 있나요."

= 증인(김인주): "어뢰추진체에 대한 동일한 설계도면이 있었습니다."

― 변호인: "증인이 윌리스 공식도 실험결과이지 딱 맞지 않는다고 했죠."

= 증인(김인주): "그렇습니다."

― 변호인: "시뮬레이션도 한계가 있기 때문에 현실과 다를 수 있다고 했죠."

= 증인(김인주): "예."

― 변호인: "증인이 이야기한 가장 중요한 버블주기, 윌리스 공식, 시뮬레이션, 북한제 고성능폭약이 TNT 얼마인지와 관련해 하나도 확정된 것이 없죠."

= 증인(김인주): "현장을 누가 보고 목격하지 않았기 때문에 그러한 정황 증거와 그런 증거를 갖고 판단할 수밖에 없었습니다. 그래서 조사단에서 그렇게 판단을 내린 것입니다."[147]

아울러 김 대령은 백령도초병이 봤다는 백색섬광을 물기둥에 대한 진술인 것처럼 주장했다. 김 대령은 "(어뢰폭발 시) 물기둥은 생기는데, 이번에 수학식으로 해서 계산했을 때 82m 정도가 생기는 것으로 판단했고, 그 물기둥은 잠시 2~3초 있다가 없어지는데 초병들이 일부 봤다는 진술이 있고 해서 물기둥은 있었다고 본다"고 주장했다. 그는 '초병들이 물기둥을 봤다는 진술을 했느냐'는 검사 신문에 "초병들이 물기둥이라고 표현하지는 않았지만 하얀 섬광 같은 것을 봤다고 전해들었다"며 "저것이 오래 있었던 것이 아니라 2~3초 있다가 사라진 것이기 때문에 초병이 예측하고 있었다면 판단할 수 있었겠지만 전혀 예측하지 못한 상태에서 하얀 것이 올라갔다가 사라진 것"이라고 주장했다.

김 대령은 "사실 초병이 본 위치도 저희가 본 것과 조금 차이가 있어서 이것이 맞는지 여부에 대해 논란이 많았지만, 초병이 본 것은 확인했다"며 "그리고 제가 초병에게 가서 이야기를 해봤을 때도 본 것은 확실했기 때문에 물기둥이 있었다고 판단했다"고 강조했다.(김인주 증인신문조서, 2014년 6월 23일, 16~17쪽)

그러나 백령도 초병 두 명은 모두 법정에 나와 물기둥을 본 일이 없으며, 자신들이 본 것은 두무진 돌출부 또는 280도 방향(북서쪽)에서 나타난 하얀 섬광이라고 증언했다. 현장에 있었던 이들이 본 일이 없다는데 계속 우기는 것은 진실한 자세가 아니다. 이런 태도 때문에 우리 군이 신뢰를 얻지 못하는 것이다.

26차 공판 김남식 당시 대평 11호 선장 출석 "어뢰 작업 좌표는 군에서 줬다"
26. 쌍끌이어선 선장 "항해사가 '어뢰다' 발견"

김인주 해병대 대령의 변호인 반대신문이 있었던 2014년 7월 21일 26차 공판에는 어뢰추진체를 건져 올린 쌍끌이어선 대평11호 선장 김남식도 출석했다. 그는 어뢰를 건진 경위, 탑승자, 어뢰 발견자, 건진 물건 등에 대한 증언을 했다. 앞서 4장 3절 '어뢰의 의문' 편에서 검토한 대로 발견했다는 사람과 그의 첫마디가 함께 작업했던 UDT대대장 권영대 중령(현 대령)의 기록과는 많이 다르다.

우선 김남식은 해양연구원의 조사선이 최첨단 장비로 샅샅이 훑었을 때는 나오지 않던 어뢰가 어떻게 쌍끌이어선 운행 몇 번에 찾을 수 있느냐는 신문을 받았다.

— 변호인(김형태 변호사): "해양연구원이 장비를 갖고 2010년 4월 18일 하루 동안 수거한 수거물을 보면 1.7×0.6m 크기는 수심 47m에서 발견했고, 가장 작은 수거물은 그날 02시 40분경 0.4×0.7m 가로세로가 40·70cm짜리 물체로 수심 46m에서 발견돼 체크했는데 이것은 정밀탐색기로 3차원으로 해서 1m도 안 되는 아주 작은 것까지 하루 동안 11개를 탐색한 것을 알고 있나요."

= 증인(김남식 당시 대평11호 선장): "모릅니다."

— 변호인: (해군탐색구조단 사건 발생 해역 해저 접촉물 현황 19점을 보여주면서) "해군탐색구조단에서 어탐과는 비교가 안 되는 기계를 갖고 찍어서 나온 것이라고 돼 있는데 이것을 도표 중에 몇 개를 찍어봤더니 천안함 발전기, 외부배관, 동파이프, 천안함 하푼(미사일), 단정 엔진커버, 삼각형 알루미늄, 연돌 등을 증인이 어뢰추진체를 발견했던 궤적 선상에서도 여러 개를 발견했는데, 알고 있나요."

= 증인(김남식): "그런 이야기는 듣지 못했습니다."

— 변호인: "위 궤적에서 찍었을 때 다른 것은 다 나왔지만 어뢰추진체는 나오지 않았는데, 어떤가요."

= 증인(김남식): "그것은 저는 잘 모르겠지만 어뢰추진체가 나오지 않았자면 저의 추측으로는 그곳을 훑어가면서 잔해를 수없이 많이 건졌기 때문에 어뢰추진체가 먼저 있었고, 그 위로 잔해가 덮었을 수도 있다고 생각하고 있습니다. 그리고 몇 년 전에 제주도에 아시아나 화물기가 추락했을 때도 일본에서 첨단장비를 가지고 와서 조업했는데도 상관없이 실

패하고 돈만 어마어마하게 가지고 갔다고 들었습니다. 그런데 1년 후에 저희들이 투입돼 블랙박스도 건져주고 기장의 패스포트까지 건져준 적이 있지만 저희들은 조업방식이 아주 재래식 방법으로 하고 있는데, 때에 따라서는 그런 방법이 첨단장비보다 월등히 성과를 낼 수 있다고 생각하고 있습니다."[148]

좌표는 군에서 줬다

하지만 김남식 선장은 작업 구역의 좌표는 해군으로부터 받은 것이라고 거듭 증언했다.

— 변호인(이강훈 변호사): "매번 작업할 곳의 시작점과 끝점의 좌표는 군에서 주는 것인가요."

= 증인(김남식 당시 대평11호선장): "끝점은 정해놓은 것이 아니라 처음에 투망할 때는 정해놓고 투망을 하고, 어느 코스로 몇 도로 끌자고 해서 끌면 물조류 방향에 따라서 끝부분은 달라질 수 있는데, 양망을 하면 양망 장소를 끝부분으로 기록하는 식으로 했습니다."

— 변호인: "위 내용은 매번 군에 정해서 했나요."

= 증인(김남식): "예."

— 변호인: "20야드면 m단위로 하면 18.28m 정도이고, 그물 작업을 할 때 현실적으로 입구 폭이 20m였다면 25번을 다 긁으면 일대가 다 수색될 것으로 보이는데, 어떤가요."

= 증인(김남식): "그렇지 않습니다. 조업을 하면서 계속 그 자리를 훑고 다녔을 때 장애물이 있더라도 잘 걸리지 않습니다. 왜냐하면 시간에 따라 물조류가 다르기 때문에 어구가, 배가 지나는 항적선 대로 따라오는 것이 아니었습니다. 그러다 보니까 여러 번 끌고 다녀야 성과가 있는 것으로 알고 있습니다."

- 변호인: "다 중심점을 지나는 것을 원칙으로 해서 작업을 했던 것으로 보이는데, 왜 저런 방식으로 작업을 했나요."

= 증인(김남식): "해군에서 그 포인트를 줬고, 그 포인트를 중점으로 작업을 했기 때문에 그렇게 된 것으로 알고 있습니다."

- 변호인: "위 포인트는 무엇이라고 듣고 작업을 했나요."

= 증인(김남식): "저희들도 어탐도 해봤지만 포인트 주위에 가스터빈이 있었던 것으로 알고 있었습니다."

- 변호인: "가스터빈은 포인트보다 오른쪽에 위에 있었던 것이 아닌가요."

= 증인(김남식): "그런 것으로 알고 있습니다. 그리고 저희들이 약간 밑에서 어뢰탐지기를 발견했다고 알고 있습니다."[149]

건진 날 하루 준장이 있었다

어뢰추진체를 수거했다는 5월 15일 쌍끌이어선엔 평소에 탑승하지 않았던 해군 준장이 탔던 것으로 나타났다.

- 변호인(김형태 변호사): "5월 15일 09시 25분경 대평11호 선원이 '그물 속에 이상한 물체가 들어 있다'고 합조단 수사관에게 말해 수사관과 선원이 확인 시 프로펠러 2개가 달려 있는 물체를 확인했고, 어선에 함께 승선했던 탐색인양전단장, UDT대대장이 09시 30분경 2차로 확인했고, 출항할 때 탐색인양전단장, UDT대대장, 조타상사로 돼 있는데 어떤가요."

= 증인(김남식 당시 대평11호 선장): "UDT대대장은 중령을 이야기하는 것 같고, 처음에 출항할 때 준장이 백령도에서 같이 출항했습니다."

- 변호인: "조금 전 증언에서는 중령이 가장 높았다고 했다 지금은 준장이 있었다는 건가요."

= 증인(김남식): "준장은 5월 15일 그날 하루 왔었습니다."

- 변호인: "맨 처음에 질문했을 때는 높은 사람이 권영대 중령하고 소령만

있었다고 하지 않았나요."

= 증인(김남식): "첫날 작업할 때는 그 팀들과 했다는 것입니다."

— 변호인: "5월 15일 가장 높은 사람이 중령과 소령이라 했다가 출항할 때부터 전단장이 탔다고 하니까 준장이 탔다는 것인가요."

= 증인(김남식): "그분은 이름은 모르겠지만 그날 아침에 준장이 1명 타고 같이 간 것으로 기억하고 있습니다. 그리고 그 부분은 제가 국방부에 가서도 진술한 것으로 알고 있습니다."

— 변호인: "그렇다면 좀 전 증언이 잘못된 것인가요."

= 증인(김남식): "제가 착각을 한 것 같습니다."

— 변호인: "당시 준장이 탄 것은 맞나요."

= 증인(김남식): "예."

— 변호인: "앞에 증언한 것은 착각한 것인가요."

= 증인(김남식): "계급을 잘 몰라서 착각을 했습니다."[150]

첫 발견은 항해사 "어뢰다"

어뢰추진체의 첫 발견에 대해 김남식 선장은 항해사였으며 '어뢰다'라고 소리쳤다고 증언했다. 그러나 합조단 보고서는 '선원'이 '이상한 물체가 올라왔다'고 기록했다. 이와는 달리 매일 김남식 선장과 쌍끌이어선에 함께 탑승하며 감독했던 권영대 UDT대대장은 자신이 쓴 책《폭침 어뢰를 찾다》라는 책에서 '갑판장'이 '또 발전기 같은 것이 올라왔네'였다고 썼다.

— 변호인(이강훈 변호사): "처음에 이상하다고 이야기한 사람이 누구인가요."

= 증인(김남식 당시 대평11호 선장): "항해사로 기억하고 있습니다."

— 변호인: "항해사는 어망에 걸려 올라오는 것을 체크하는 업무를 맡고 있었나요."

= 증인(김남식): "그렇지 않습니다. 선원들하고 똑같이 양망작업에 임했고, 소리를 질러준 사람이 '어뢰다'라고 해서 저희들이 내려가 확인한 것입니다."

- 변호인: "당시 '어뢰다'라고 소리를 지른 사람이 누구인가요."

= 증인(김남식): "항해사였습니다."

- 변호인: "위 항해사는 어뢰를 판별할 수 있는 능력이 있었던 사람인가요."

= 증인(김남식): "저나 항해사나 똑같은 수준이라고 보면 되는데, 샤우더에 프로펠러 2개가 있었습니다."

- 변호인: "위 항해사의 이름이 어떻게 되나요."

= 증인(김남식): "저희들은 1년마다 선원들이 교체되기 때문에 오래 돼 지금 기억이 잘 나지 않습니다."

- 변호인: "양망과정에서 발견된 것은 아닌 것인가요."

= 증인(김남식): "아닙니다. 양망하는 과정에서 발견했습니다."

- 변호인: "양망하는 과정에서 멈춘 것인가요."

= 증인(김남식): "예, 양망하면서 잔해 등이 걸려오면 그물에서 빼내 양망의 길이가 있기 때문에 바로 양망이 안 되니까 옆에 치워놓고 하게 됩니다."

- 변호인: "그물이 올라오자마자 알았던 것인가요."

= 증인(김남식): "예 그렇습니다"

- 변호인: "항해사가 이야기를 해서 알았던 것인가요."

= 증인(김남식): "예."[151]

이 같은 증언이 나오자 수거 경위에 대한 변호인들의 신문이 이어졌다. '갑판에 올라왔을 때 이상한 물체라는 것을 알았다는 것이냐'는 김형태 변호사의 신문에 김남식 선장은 "예"라고 답했다. 김 선장은 "양망할 때는 선원들이 양망하는 과정이기 때문에 군인들이 갑판으로 내려갈 수 없고, 조타실 옆에서 양망과정을 다 같이 보고 있었다"며 "그러다 항해사가 '어뢰다'라고 해서 같이 동시에 내려가서 확인한 것"이라고 설명했다. 김 선장은 당시 항해사가 '어뢰다'라고 한 것은 갑판에 올라가서 그물을 찢었을 때였으며 그 직후 어뢰를 그물에서 끄집어내 옆으로 치워놓고 다시 양망을 시작했다고 말했다.

> — 변호인(김형태 변호사): "그때 옆에 있던 해군들은 무엇을 하고 있었나요."
> = 증인(김남식 당시 대평11호 선장): "그 당시 '어뢰다'라고 해서 양망을 정지 시키고 확인한 다음에 선원들이 끄집어내서 옆에 치워놓고 해군들이 양 망하는데 있을 수 없으니까 조타실 쪽으로 올라가 있었습니다."
> — 변호인: "그렇다면 어뢰추진체인지 여부는 발견해서 끄집어낸 다음에 그때 그 물체가 무엇인지 이야기가 나왔었나요."
> = 증인(김남식): "전부 다 이구동성으로 '어뢰추진체'라고 이야기를 했습니 다. 그 당시 꼭 집어서 누가 이야기했다기보다는 그 당시 현장 상황을 보면 동시에 다 내려가서 보았고, 하물며 선원들도 '어뢰다'라는 이야기 가 나왔습니다."
> — 변호인: "그다음에 촬영은 언제 했나요."
> = 증인(김남식): "어뢰추진체가 올라오고 나서 촬영을 했습니다."
> — 변호인: "어뢰추진체라는 것이 올라오고 보고하고 나서 보고한 사람들 이 촬영을 했나요."
> = 증인(김남식) : "그 시간차까지는 신경 쓰지 못했습니다."[152]

하필 준장이 탄 날 건졌나 "성과 없어 압박받았다 들어…그냥 내 생각"

탐색인양전단장인 준장이 탑승한 날 바로 어뢰를 건진 이유도 의문사 항이었다. 김 선장은 성과가 없었기 때문에 위로부터 압박을 받았다고 증언했다가 그냥 내 생각이라고 말을 번복했다.

564

— 변호인(김형태 변호사): "그 당시 준장이 탔는데, 그 앞전에 타지 않다가 그날만 왜 탔는지 이유는 모르나요."

= 증인(김남식 당시 대평11호 선장): "이유는 모르는데, 그전에 성과가 없으니까 위에서 많은 압박을 받았다는 내용은 들었습니다."

— 변호인: "위와 같은 내용을 언제 누구로부터 들었나요."

= 증인(김남식): "해군들로부터 어뢰를 건지기 전에 들었고, 그러다 보니까 현장을 한번 와서 봐야 되지 않겠나 싶어서 온 것으로 생각하고 있습니다."

— 변호인: "그 당시 해군들로부터 성과가 나오지 않아서 준장이 현장에 와 본 것이라는 이야기를 들었나요."

= 증인(김남식): "그것은 저의 생각입니다."[153]

어뢰 모터는 나중에 발견?

어뢰추진체와 함께 발견했다는 어뢰 모터의 경우 동시에 발견한 것은 아닌 것으로 나타났다. 그물을 올리고 난 뒤 마지막에 그물을 트는 과정에서 나왔다고 김 선장은 증언했다.

— 변호인(김남주 변호사): "어뢰추진체를 꺼낸 다음 모터가 나왔는데, 그건 누가 발견했나요."

= 증인(김남식 당시 대평11호 선장): "어뢰추진체가 올라오면서 다른 큰 잔해들도 올라왔기 때문에 그것을 다 치우고 제일 마지막에 양망할 때는 걸리는 부분이 없기 때문에 제일 마지막 부분에 들어가 있었습니다. 그래서 마지막 부분은 배에 올려 갑판에서 엮어 자크식으로 틉니다. 그렇게 트면 생선도 몇 마리 올라오고 하는데 거기에 모터가 있었습니다."

— 변호인: "그것은 누가보고 뭐라고 하던가요."

= 증인(김남식): "당시 어망을 틀 때는 전부 같이 내려가서 봤기 때문에 누가 모터라고 하는 것은 아니었던 것 같고, 합조단에서 채증해간 것으로

알고 있습니다."

– 변호인: "합조단에서 이것은 어뢰와 관련된 것이라고 했나요."

= 증인(김남식): "예."

– 변호인: "합조단에서 어뢰의 뭐라고 했나요."

= 증인(김남식): "저희들은 그 모터가 어뢰추진체와 관련이 있었는지는 전혀 몰랐습니다."

– 변호인: "합조단이 현장에서 어뢰와 관련된 것이라고 이야기를 했나요."

= 증인(김남식): "꼭 집어서 그렇게는 기억나지 않지만 모터도 같이 싸라고 했습니다."

– 변호인: "현장에서 그것을 모터라고 했나요."

= 증인(김남식): "그런 것으로 알고 있습니다."

– 변호인: "모터를 올릴 때 사령관이 올라왔었나요."

= 증인(김남식): "아닙니다. 그것이 끝나고 올라왔습니다."[154]

26차 공판 쌍끌이어선 탑승한 채종찬 당시 합조단 과학수사분과 수사관(육군 상사) 출석

26-1. 합조단 수사관 "기관사가 어뢰 발견 '저기 올라오네'라 말해"

김남식 선장 등이 출석한 2014년 7월 21일 26차 공판에는 채종찬 합조단 과학수사분과의 수사관이 출석했다. 그는 어뢰추진체를 건졌다는 당일 김남식 선장과 함께 대평11호에 탑승했다. 증인으로 나왔을 당시 육군 중앙수사단 3지구수사대 현장감식 전문부대 수사관 이었던 채 상사는 어뢰 최초 발견 순간을 앞서 언급한 이들과 또 다르게 증언했다. 선원도 아니고, 항해사도 아니고, 갑판장도 아닌 '기관사'가 처음 발견했다고 말한 것이다. 그런데 검사와 변호인이 계속 추궁하자 다른 물건을 보고 그랬을 수도 있다고 증언을 모호하게 하기도 했다.

앞서 김남식 선장이 어뢰추진체를 발견한 5월 15일 당일엔 대평11호에 탐색인양전단장인 준장이 처음부터 타고 있었다고 증언했지만 채 상사는 어뢰추진체를 발견하고 나서야 탑승했다고 주장했다. 이 역시 계속 따져 묻자 자신이 소속돼 있는 육군이 아닌 타군(해군)에 대해서는 기억이 없어서 그렇게 증언했다고 답변했다.

"어뢰 증거 찾는 것이 가장 중요한 목적"

채 상사는 어뢰증거물을 찾는 것이 가장 중요한 목적이었다고 증언했다. 당시 담당업무에 대해 채 상사는 "대평호에 승선해서 쌍끌이로 끌어올렸을 때 해저에 있던 잔해물들이 올라오게 되면 그때 사진촬영이나 기록을 남겨서 증거물의 가치 여부를 보고하는 업무를 했다"며 "가장 핵심적인 것은 어뢰와 관련해 천안함이 피격될 수 있는 정확한 증거자료를 찾는 것이 목적이었기 때문에 그런 것이 가장 중요했고, 만약 그것을 찾지 못한다 해도 잔해물이라도 다 수거하게 되면 그에 따라 화학분석이나 폭발형태라든지가 분석이 가능하니 최대한 다 채증하라는 업무였다"고 밝혔다.

> ─ 검사: "어뢰에 관련된 자료를 찾으라는 명확한 지시가 있었나요"
>
> = 증인(채종찬 합조단 과학수사분과 수사관): "어뢰와 관련된 것이 나오면 더 좋다고 들었습니다."
>
> ─ 검사: "수거물들은 무조건 다 수거하면 좋을 것 같다는 지시를 들었다는 것인가요."
>
> = 증인(채종찬): "예."[155]

기관사가 "아 저기 올라오네"라 말해

어뢰추진체를 발견한 과정에 대해 채 상사는 기관사가 "아 저기 올라오네"라고 말했다고 증언했다. 그는 다음과 같이 설명했다.

> "그물을 끌어올리는 크레인이라는 장비가 있었는데 그 장비를 조작하는 인원이 끌어올리면서 '아 저기 올라오네'라는 말을 했고, 그 말을 저와 2인 1조로 작업하던 천종필 상사가 같이 있다 듣게 됐습니다. 그래서 끌어올리는 과정에서 저와 천종필 상사가 갑판으로 내려가는 비좁은 공간으로 내려가 보니까 선체바닥 한쪽 귀퉁이에 물체가 올라와 있었습니다. 그리고 다른 물체들이 계속 올라오고 있었기 때문에 한쪽 편에 빼서 두고 그물이 다 올라오는 것까지 기다렸다, 그물이 다 올라온 것을 확인하고 그다음부터 건어내고 확인을 하기 시작했습니다."[156]

(채종찬 상사의 2014년 7월 21일 법정증언)

이어 김남식 선장의 증언과 다르다는 지적이 있었지만 그는 자신이 듣고 경험한 그대로라고 설명했다.

— 검사: "그때 위 인원이 '이상한 물체가 있다'고 했던 것인가요, 아니면 '아 저기 올라오네'라고 했던 것인가요."

= 증인(채종찬 합조단 과학수사분과 수사관): "기관사가 '아, 저기 올라오네'라고 했습니다."

— 검사: "선장이었던 김남식은 '이상한 물체가 있다'라고 소리 질러서 내려갔더니 '어뢰다'라고 해서 그것이 어뢰추진체인 것을 알게 됐다고 증언했는데요."

= 증인(채종찬): "일단 제가 말씀드렸던 것은 제가 듣고 경험한 것이고, 아마 뱃사람들을 전문적인 지식보다는 경험상으로 알고 있었던 것 같습니

다. 그 당시에 제가 어뢰추진체 프로펠러가 있는 것을 보면서 '이게 혹시 소형 선박의 스크루가 아니냐'라고 물어봤더니 그 당시 기관사가 하는 이야기가 '선박 스크루는 날이 하나밖에 없는데, 통상적으로 어뢰의 스크루는 양날로 2개가 있다'고 해서 '아 그러냐'라고 하고 천종필 상사가 지휘보고를 했고, '추정되는 게 올라온 것 같습니다'라고 하면서 채중하고 촬영을 했습니다."[157]

채 상사는 스크루가 올라온 것뿐 아니라 잔해가 올라오면 다 촬영해서 기록한다고 증언했다. 그동안 법정에 제출됐던 어뢰 수거 직후로 보이는 영상(총 6분 39초, 파일 3개짜리-저자)[158]이 전부라고 권태석 중령 등이 증언한 바 있다. 그런데 채 상사는 그물이 올라왔을 때 '다' 촬영하고 기록했다고 증언했다.

— 검사: "증인이 위 동영상을 촬영하게 된 경위는 누구의 지시가 있었기 때문인가요, 아니면 증거물로 보여지는 물건들이 올라오면 당연히 촬영하게 되는 것인가요."
= 증인(채종찬 합조단 과학수사분과 수사관): "그 당시 스크루가 올라온 것뿐만이 아니라 그 앞의 다른 잔해물들이 올라오면 다 촬영해서 기록을 했습니다. 그래서 작업일자와 몇 번째 그물망을 올렸을 때 어떠한 품목이 올라왔는지를 다 촬영하고 기록했습니다."
— 검사: "당시 누구 지시가 아니라 올라오면 당연히 촬영하고 기록하는 업무였다는 것인가요."
= 증인(채종찬): "예."[159]

준장은 있었나 없었나 "준장은 어뢰 발견 보고받고 난 후 왔다"
김남식 선장은 이날 재판에서 준장 한 명이 탑승했다고 증언했다. 또한 합조단도 보고서 195쪽 주47번에 대평 11호 탑승 인원에 대해 모두 17명이라며 구체적으로 "해군 탐색인양전단장, UDT 대대장, 조타상사, 합조단 수사관 2명, 선장, 선원 11명"으로 기록했다. 이들은 모두 "5월 15일 07:50경 백령도 장촌부두 부근 해상에 정박해 있던 쌍끌이어선에 탑승하여 출항"했다고 합조단은 보고서에 썼다.

이 준장에 대해 권영대 UDT대대장이 쓴 책을 보면 5전단장이 탑승한 것으로 나온다. 권영대 대대장은 "아침 일찍 5전단장님이 현장을 방문하시겠다는 연락이 왔다"며 "투묘지에서 이탈하기 전 대평 11호에 5전단장님을 편승하고, 이동 중에 청와대보다 맛있다는 아침식사를 대접해 드렸다"고 썼다. 권 대대장은 "최초 계획은 대평 12호가 그물을 투망하는 순서였다"며 "그렇지만 5전단장님에게 작업하는 모습을 이해시키고 현장을 보여주고 싶은 마음에 이동 중 대평 11호로 순서를 바꾸었다"고 기록했다.[160] 다만 해당 준장에 대해 보고서엔 탐색인양전단장으로 쓰여 있지만 권 대대장은 5전단장으로 표현했다.

그런데 이 대평11호 쌍끌이어선에 탑승했던 채종찬 합조단 상사는 이날 법정에서 준장이 처음부터 탑승하지 않았다고 반박한 것이다. 어뢰추진체를 발견한 다음에 쌍끌이어선으로 옮겨왔다는 증언이다. 증언 내용을 다시 한 번 살펴보자.

- 검사: "2010년 5월 15일 당시 대평호에 탑승하고 있던 사람들이 누구였는지 기억하나요."
= 증인(채종찬 합조단 과학수사분과 수사관): "선장, 선원 말고 추가적으로 UDT 중령 한 분이 탑승했고, 대원들도 몇 명인지 구체적으로 모르겠지만 탑승했고, 천종필 해군상사와 제가 탑승했습니다."
- 검사: "김남식 선장은 당시 준장은 그날만 탑승했다는데 준장이 탑승했던 것을 기억하나요."

= 증인(채종찬): "어뢰추진체 발견 당시 보고받고 그 이후 탑승한 것으로 기억합니다."

– 검사: "증인이 보고받고 성인봉함에 있던 사령관이 탑승했다는데 준장도 보고받고 탑승했다는 것인가요."

= 증인(채종찬): "사령관까지는 모르겠고, 어뢰추진체가 발견될 당시에는 높은 분이 없었는데, 발견되고 보고되면서 그 이후 올라오신 것 같습니다."

– 검사: "조금 전 증인이 처음 출항할 때 준장이 있었다고 증언했는데 어떤가요."

= 증인(채종찬): "대평호에 처음부터 탑승하고 있다가 어뢰추진체가 발견됐을 때까지 계속 위치했다고 증언한 것 같지 않고, 그렇지도 않았습니다. 그리고 수거작업을 하고 어뢰추진체가 발견되고 나서 상황 계통으로 보고하면서 인접해있던 해군 군함 등에서 온 것으로 기억합니다."

– 검사: "조사결과 보고서에는 당시 해군탐색인양 전단장인 준장이 있었던 것으로 돼 있고, 김남식 선장도 UDT대대장인 중령만 있다고 했다가 보고서에 준장이 탑승했던 것으로 돼 있는 것을 보고 그때 있었던 것 같다고 했는데 그 당시 탑승 인원에 대해 정확한 기억이나 준장 탑승 여부에 대해 확실하게 기억하는 부분이 있나요."

= 증인(채종찬): "제 기억에는 어뢰추진체 발견 이후에 많은 분들이 오셨기 때문에 그때로 기억하고 있습니다."

– 검사: "출발 당시엔 없었던 것으로 기억한다는 것인가요."

= 증인(채종찬): "예."[161]

이 말만 들으면 해군 준장이 대평11호 쌍끌이어선에 아침부터 어뢰 발견 시까지 있었다는 것인지 없었다는 것인지 알 수가 없다. 분명히 누군가는 거짓말을 하고 있다는 것밖에 되지 않는다.

이 때문에 변호인들의 집요한 질문이 뒤따랐다. '대평11호 탑승자 중

계급이 가장 높은 사람이 누구였느냐, 그 정도는 알 수 있지 않느냐'는 신문에 채 상사는 "제가 소속된 것이 육군인데 타군은 그 당시 제가 지휘선상이 아니었기 때문에 관심도가 떨어져서 정확한 계급은 잘 모르겠다"며 "대평11호에 탑승해 있을 때 선장과 조타실에 상시 탑승하면서 좌표를 토의하고 작업했던 인원은 해군UDT 중령으로 알고 있고, 그 이후 어뢰추진체로 추정되는 것이 발견된 다음부터는 많은 분들이 다녀갔는데, 정확한 계급구조나 관등성명까지는 모르겠다"고 답했다.

바다에서 갑판 쪽으로 올라올 때쯤 '아 저기 올라오네'

어뢰추진체를 발견할 당시 채 상사는 "대평11호에서 함수 쪽에 약간 계단층 턱이 있는데, 그 함수에서 그물을 인양하는 함미 쪽을 인양이 끝날 때까지 바라보고 있었다"고 기억했다. 어뢰를 처음 봤다는 기관사는 좌측 편에서 크레인 조작을 하고 있었다고 채 상사는 증언했다. 그러나 그 기관사가 '어 저기 올라오네'라는 말을 한 것의 뉘앙스가 뭐였느냐는 신문에 채 상사는 "그것이 어뢰였거나 아니면 잔해물이었을 것이라고 추측했다"고 답변했다.

— 변호인: "그때가 어느 정도 그물을 끌어올렸을 때였나요"

= 증인(채종찬 합조단 과학수사분과 수사관): "2010년 5월 15일 처음으로 그물을 내려 인양한 작업이었으니까 거의 인양돼 잔해물들이 올라오기 시작할 처음 부분이었던 것 같습니다."

— 변호인: "당시 기관사가 물체를 바닷물 위로 올라올 때 위와 같이 이야기했나요."

= 증인(채종찬): "아닙니다, 물체가 바다에서 배 갑판 쪽으로 올라올 때였습니다."

— 변호인: "기관사가 '아 저기 올라오네'라는 뉘앙스가 무엇이 올라온다는

것이었나요."

= 증인(채종찬): "그것은 기관사가 이야기하는 것이 정확하겠지만 저의 추측으로는 일단 그때 하나같이 바랐던 것이 천안함이라는 굉장히 큰 규모의 군함이 두 동강 나서 피격됐기 때문에 그렇게 두 동강 낼 수 있을 만한 것이 무엇이 있을까 생각했을 경우 암초에 걸렸다면 구멍이 나겠지만 두 동강은 나지 않았을 것으로 봐서는 폭발력을 가진 어뢰나 그런 것이 아니었을까라는 생각이 들었기 때문에 그런 의미에서 저기 올라온다고 했을 수도 있고, 또 하나는 처음 부분이었기 때문에 이게 잔해물이 올라오네 정도의 의미로 추측합니다."[162]

이에 따라 검사가 "당시 어뢰추진체를 보고 '아, 이제야 어뢰추진체가 올라오네'라고 명확히 이야기한 것은 아니었다는 것이냐"고 묻자 채종찬 상사는 "예, 그리고 그물을 인양할 때 처음 부분에 물건이 올라오다 보니까 그렇게 이야기한 부분도 있다고 생각한다"고 답했다. '그렇다면 '물건들이 이제 올라오네'라는 의미로 볼 수도 있다는 취지이냐'는 신문에도 그렇다고 대답했다. 처음 증언 땐 기관사가 어뢰를 보고 '어 저기 올라오네'라고 말했다고 하다 집요하게 묻자 어뢰인지 다른 잔해물인지 모르고 한 얘기일 수 있다고 한 발을 뺀 것이다.(채종찬 증인신문조서 16~17쪽)

채 상사는 준장(탐색인양전단장 또는 5전단장)의 탑승 여부에 대해서도 해군 UDT 중령 이상의 상급자가 있었던 기억이 없어서라고 답했다.

— 검사: "대평호의 배가 크지 않은 것으로 보이는데, 누가 탑승했는지 여부는 다 알 수 있던 것 아닌가요, 아니면 배 안에 있어도 서로 모를 수 있는 것인가요."

= 증인(채종찬 합조단 과학수사분과 수사관): "통상적으로 선원과 선장, 그리고 아까 얘기한 해군 UDT 중령 정도가 늘 탑승해 있었고, 해군 UDT 요

원들도 2~3명 정도 탑승해 있었던 것 같습니다."

  − 검사: "증인의 기억으로 처음 탑승했을 때는 준장이 없었고, 나중에 올라
    온 것으로 생각된다고 했는데 기억에 맞나요."

  = 증인(채종찬): "아까도 말씀드렸는데 타군에 대해서는 지휘선상이 아니
    었다보니 기억이 없어서 그렇게 증언했습니다."[163]

27차 공판 2014년 9월 15일 이재홍 백령도 238 TOD초소 출석 "포 소리 훈련으로 알아"

27. TOD 초병 "21시 20분 쿵 소리 보고"

2014년 9월 15일 27차 공판에는 사고 당시 백령도 TOD 초병이었던
두 명의 증인이 출석했다. 이들은 천안함 사건 현장과 사고 순간을 설명
할 수 있는 TOD 동영상을 촬영했던 해병대 사병이었다. 이들은 같은 곳
에서, 같은 시간에, 같은 소리를 들었으면서도 소리의 크기에 대해 증언
한 것은 서로 다른 느낌을 받은 것으로 나타났다. 그러나 두 명 모두 그
소리가 특별한 사고와 관련돼 있던 것으로 느끼지는 못했다고 증언했다.

당시 해병대 6여단 6중대 소속 일병이었던 이재홍은 이날 서울중앙
지법 형사36부(재판장 유남근 부장판사) 심리로 열린 신상철 전 위원의 명
예훼손 사건 공판에 증인으로 출석해 당시 '쿵' 소리를 들은 시간에 대해
21시 20분이었다고 분명하게 밝혔다. 이 일병이 들었던 쿵 소리가 사고와
관련된 것인지는 단정할 수 없으나 정부가 밝힌 사고 시각은 21시 22분으
로 약 2분간의 차이가 있다.

  − 검사: "당시 증인이 '쿵' 소리를 들은 것은 2010년 3월 26일 21 시20분경
    이었다고 하는데 맞나요."

  = 증인(이재홍 238초소 TOD초병) : "예."[164]

574

이 같은 쿵 소리를 들은 뒤 보고한 시각과 관련해 '쾅 소리를 들었고, 'PCC'가 쪼개져서 흘러가는 것을 보고 소초상황실에 보고했다면 사고난 후 수 분 정도 오차 범위 내에서 정확히 보고가 된 것이겠느냐'는 변호인 신문에 이 초병은 "예 저는 보고할 때 항상 TOD 우측 상단 시계에 맞춰서 보고했다"고 밝혔다. 자신이 보고한 시각과 달리 추후 네다섯 차례나 번복되는 등 등 시간의 혼선을 빚은 것을 보면서 어땠는지에 대해 이 초병은 "정보가 부족한 상황에서 보도를 하면 그런 혼동이 있을 수 있다고 생각한다"고 말했다. (이재홍 증인신문조서 5, 8쪽)

이재홍, "쾅 소리는 탱크서 쏘는 포 소리로 느껴"

당시 이재홍 일병은 쾅 소리의 크기에 대해 탱크가 포를 쏠 때 나는 소리와 비슷했다고 주장했다.

- 변호인(김형태 변호사): "'쾅' 소리가 났다는데 어떤 소리 같았나요."
- 증인(이재홍 238초소 TOD초병): "탱크가 포를 쏠 때 '쾅' 하는 소리와 유사했습니다"
- 변호인: "청음 보고를 누구에게 했나요."
- 증인(이재홍): "6소초 중대본부상황실에 보고했습니다."
- 변호인: "보고 내용은 무엇이었나요."
- 증인(이재홍): "소초 상황병에게 몇 시 몇 분 몇 초에 '쾅' 소리를 들었다고 보고했습니다."
- 변호인: "그때 시계를 보고 보고했나요."
- 증인(이재홍): "TOD 우측 상단에 있는 시계의 시간을 확인하고 보고했습니다."
- 변호인: "보고를 들은 상대방은 뭐라고 했나요."
- 증인(이재홍): "알겠다고 하고 그것으로 끝이었습니다."[165]

그런데 이렇게 큰 소리를 듣고도 이들은 해당 구역을 항해하던 천안함PCC을 찾지 않았다고 증언했다. '통상 '쾅' 소리가 나면 얼른 그 방향을 향해서 들여다볼 것 같은데, 그렇게 했느냐'는 변호인의 신문에 이 초병은 "결과를 알고 나면 그렇게 말할 수 있겠지만, 당시엔 '쾅' 소리만 들었기 때문에 청음 보고를 한 다음에 제 역할에 충실했다"고 말했다. "관측하는 사람은 '쾅' 소리가 나면 그 원인을 찾아야 할 텐데 순간 '그 소리가 무엇이다'라는 생각은 들지 않았느냐"는 이어진 신문에 이 초병은 "'어디서 훈련하나' 그런 생각은 있었다"고 기억했다.(증인신문조서 6쪽)

왜 PCC 좌초라 보고했나

2012년 11~12월에 출석했던 박일석, 김승창 상병은 TOD 초소한테서 들은 'PCC가 좌초됐다'는 소식을 중대상황실로부터 전달받았다고 증언했다. 이들은 왜 좌초라고 보고를 했을까.

당시 TOD 초소에서 초병근무를 했던 근무자 두 명 가운데 선임병이었던 이재홍 초병(당시 일병)은 그냥 가라앉았기 때문이라고 답했다.

> — 검사: "상황보고서에는 'PCC(천안함) 좌초'라고 기재했는데 좌초라고 기재한 특별한 이유가 있나요."
>
> = 증인(이재홍 238초소 TOD초병): "그냥 가라앉았기 때문에 좌초라고 기재했습니다."
>
> [···]
>
> — 변호인: "좌초라고 보고했다는데 그 근거는 배가 가라앉기 때문인가요."
>
> = 증인(이재홍): "예."
>
> — 변호인: "만약 배가 폭탄에 맞았거나 폭발했다면 좌초라고 보고했을까요."
>
> = 증인(이재홍): "거기까지는 생각하지 못했지만 당시 'PCC가 가라앉고 있어서 증인은 빨리 그것을 녹화하고 기록하고 보고해야 했기 때문에 생

각나는 대로 손가는 대로 적었던 것이 좌초였습니다."

— 변호인: "'어디서 훈련하나보다'라 생각했고, 폭발까지는 생각이 못 미쳤
지만 '쾅' 소리가 났기 때문에 좌초라고 기재했다는 취지인가요."

= 증인(이재홍): "예."[166]

TOD 시각이 실제 시각보다 1분 40초 늦은 것이 확실한지에 대해 이
재홍 초병은 "예 그렇게 측정했다"고 말했다.

사고 난 것이 천안함인 줄 몰랐다

TOD 초병들이 사고 순간을 못 잡고, 쿵 소리를 천안함 사고인 줄 몰
랐다는 것에 대한 신문도 이어졌다. 이재홍 초병은 TOD 화면에 뭔가 금
방 지나간 것이 천안함이라고 생각했다고 증언했다. 그러나 그것이 쪼
개졌을 것이라고 생각하지 않아 신경 쓰지 않았다고 증언했다.

— 변호인: "TOD 모니터 화면상 21시 20분 53초에 화면 상단의 천안함을
그냥 지나쳐 천안함 사고 발생을 인식하지 못한 채 수평선을 따로 좌측
으로 관측을 계속하고 있는 장면이 나오는데, 증인은 당시 못보고 지나
친 것인가요, 아니면 천안함을 특별히 주목하지 않았기 때문에 그냥 지
나친 것인가요."

= 증인(이재홍 238초소 TOD초병): "PCC'가 쪼개진다고 생각하지 못했으니
까 특별히 신경 쓰지 않았습니다."

— 변호인: "당시 뭘 찾고 있었던 것인가요."

= 증인(이재홍): "뭘 찾았던 게 아니고 저는 교육받은 대로 TOD를 운용하
는 중이었습니다."

— 변호인: "증인은 '쾅' 소리와 천안함을 연결시키지 못했던 것인가요."

= 증인(이재홍): "예."[167]

변호인이 '당시 '쾅' 소리를 듣긴 했지만 그 소리가 무엇인지 몰랐기 때문에 군이 PCC를 찾아야겠다는 생각은 하지 않았던 것이냐'고 묻자 이재홍 증인은 "예"라고 답했다.

깜짝 놀랄 만한 소리였다면서 왜 TOD로 안 쫓았나

이재홍 초병은 앞서 쿵 소리를 두고 검사 신문에 '탱크에서 포 쏘는 소리인 줄 알았다'고 증언했다. 검사가 재차 "증인이 들었다는 '쾅' 소리는 깜짝 놀랄 정도로 크게 들렸느냐, 아니면 멀리서 작게 들렸느냐"고 신문하자 이 초병은 "깜짝 놀랄 정도, '이게 뭔 소리인가' 싶을 정도로 소리를 분명하게 들을 수 있었다"고 밝혔다. 그러나 그렇다면 소리 난 방향으로 고개를 돌리는 게 정상이 아니냐는 의문을 낳는다. 이런 의문에 대한 증인의 답변이다.

- 변호인(김형태 변호사): "'쾅' 소리가 깜짝 놀랄 정도로 들렸다면 임무상 소리가 난 방향을 확인하기 위해 TOD를 돌려서 봤어야 하는 것 아닌가요."
- = 증인(이재홍 238초소 TOD초병): "저는 건물 내부에 있었고, 238초소 좌측편에 있는 진지에서 훈련을 많이 하는데 평소 들을 수 있는 포 소리였기 때문에 '쾅' 소리가 훈련의 일부였구나라고 생각하고 청음 보고만 하고 마쳤습니다."[168]

27차 공판 조오근 당시 238초소 근무자, 1분 40초 늦다? "평소 손목시계 보고 TOD 맞춰"
27-1. 다른 TOD 초병 "쿵 소리 작은 소리였다"

이날 오후 증인으로 출석한 조오근 당시 백령도 초병·238초소 근무자는 증언 내용이 여러 면에서 달랐다. 조오근 초병은 이재홍 초병과 같이 근무를 했으며, 당시 해병대 이병이었다.

그는 "당시 '쿵' 소리를 들은 것은 3월 26일 21시 20분경이었느냐"는 검사 질문에 "시간은 정확히 기억나지 않지만 그런 소리를 들었던 것은 맞다"고 답했다.

그러나 소리의 크기는 이재홍 초병이 포 소리라고 한 것과는 확연히 다르게 증언했다. 그는 '물건 떨어지는 소리' '안 들리지는 않지만 뭔가 들리는 애매한 소리' '작은 소리' 등의 표현을 썼다.

큰 물건이 떨어지는 듯한 '쿵' 소리, 작은 소리

- 검사: "'쾅' 하는 소리를 들었다는데 어떤 소리였나요."

= 증인(조오근 238초소 TOD초병): "커다란 물건이 떨어지는 듯한 '쿵' 울리는 소리였다고 기억하고 있습니다."

- 검사: "어느 정도나 크게 들렸나요."

= 증인(조오근): "시끄럽게 들린 것은 아니었고, 어느 정도 떨어진 거리에서 들리는 소리였기 때문에 안 들리는 것도 아니고 애매한 그런 크기였습니다."

- 변호인(김형태 변호사): "'쾅' 하는 소리가 안 들리는 것은 아닌데 뭔가 들리는 정도로 안 들리는 것보다는 조금 큰 소리였고, 무거운 것이 떨어지는 듯한 소리가 들렸다는 것인가요."

== 증인(조오근): "예."

- 변호인: "그 소리는 한 번 뿐이었나요."

= 증인(조오근): "예, 한 번 들렸던 것 같습니다."

- 변호인: "증인의 선임병이었던 이재홍의 조서에 보면 '실내에서 묵직한 물건이 바닥으로 떨어질 때 쿵 소리를 내며 떨어지는 소리와 유사했다'고 진술했는데 비슷한가요."

= 증인(조오근): "예."

- 변호인: "겨우 들을 수 있을 정도의 크기였다는 것인가요."
= 증인(조오근): "당시 조용했기 때문에 충분히 들을 수 있었는데 소리가 작긴 작았습니다."[169]

이에 대해 검사는 탱크가 쏘는 포 소리와 유사했다는 이재홍 초병의 증언과 비교하며 따져 물었다. 그랬더니 조오근 초병은 "포 쏘는 소리를 당시 들어보지 못했기 때문에 정확히 모르겠다"고 말했다.

이와 관련해 조 초병은 이 소리 때문에 그 출처를 찾고자 TOD를 돌린 것은 아니라고도 했다. 그는 "제가 기억하기로는 평소와 다른 소리가 들려서 보고를 한 뒤 TOD는 평상시처럼 운용했던 것으로 기억하고 있다"고 말했다.(조오근 증인신문조서 6쪽)

손목시계 보고 TOD 시계 늘 수정한다

조오근 초병은 TOD 시계가 1분 40초 늦다는 합조단 발표에 대해 이런 내용을 며칠 뒤에 들었다고 증언했다. 그러면서 그는 사고가 나기까지 근무에 들어갈 때마다 TOD 시간을 자신의 손목시계를 보고 고쳤다고 증언했다. 또 자신의 손목시계는 TV 시계에 맞췄다는 것이다.

- 변호인(이강훈 변호사): "TOD 시계가 1분 40초 정도 늦어 있었다는 것은 나중에 들었다고 했는데 그때는 1분 40초 정도 수정했나요."
= 증인(조오근 238초소 TOD초병): "사건 당일 들은 것은 아니고 며칠 뒤에 들었습니다."
- 변호인: "그때까지는 매번 시각을 고쳤나요."
= 증인(조오근): "근무 들어갈 때마다 고쳤습니다."
- 변호인: "당시 TOD 시각이 정확하지 않다는 것을 근무자들이 알고 있었나요."

= 증인(조오근): "증인이 인수인계 받을 때마다 손목시계와 시간을 맞춰서
근무를 시작하라고 들었습니다."

− 변호인(김형태 변호사): "증인이 차고 있는 시계의 정확도는 평소 어떻게
확인했나요."

= 증인(조오근): "근무를 시작하기 전에 TV 시각과 맞추든가 간부들의 핸
드폰 시각이랑 맞췄던 것으로 기억합니다."

− 변호인: "거의 정확했겠네요."

= 증인(조오근): "예. 거의 매일 맞췄습니다."[170]

그러나 그는 TOD 시계를 수정한 것이 사건 당일에도 해당되는지에
대해서는 정확히 말하기 어렵다고 증언했다. '사건 당일 TOD 시각을 수
정했는지 기억하느냐'는 검사 신문에 조오근 초병은 "매일 수정했기 때
문에 수정했을 것이라고 생각하는데, 정확히는 말씀드리지 못하겠다"고
답변했다.(증인신문조서 10쪽)

이 같은 증언은 사고 시각이 언제였는지 군과 합조단이 제시한 지진
파 감지 시각 21시 21분 57초 외엔 다른 자료가 없는 상태에서 나온 유
일한 증언이다. 조 초병의 증언은 TOD 시각이 실제 시각보다 늦지 않았
을 수 있다는 것이며, 천안함 사고 시각이 군 발표 시간과 다를 수 있다
는 가능성을 배제할 수 없게 한다.

실제로 합동참모본부는 처음엔(2010년 4월 1일 국방부 기자실 브리핑)
TOD 시각이 '2분 40초'가 빠르다고 밝혔다. 이영기 합참 대령은 당시
"TOD 영상을 분석한 결과 이 장비가 기계적 차이로 인해 약 2분 40여
초가 빨리 세팅돼 실제 시간은 여기 지금 기록되고 있는 시간 보다 2분
40초를 더한 시각"이라고 밝혔다. 그러더니 군은 일주일 만인 4월 7일
생존장병 증언 기자회견에서는 다시 1분 40초 늦다고 TOD 시각의 정확
도를 수정했다.[171]

TOD상 등장하는 미상의 물체의 정체는

한편 TOD 영상에 잡힌 천안함의 상태 가운데 둘로 갈라져 있는 틈 사이로 보이는 작은 물체의 실체에 대한 의문도 있다. 이 물체의 움직임은 천안함이 표류하는 방향에 반해서 마치 조류에 거슬러 올라가는 것처럼 보인다. 구명보트이거나, 천안함의 잔해, 연돌, 함미의 일부 등 여러 추정을 하고 있으나 적어도 화면상에서 특정하기는 힘들다. 이 같은 미상의 물체가 사고와 관련이 있는지도 확신하기 어렵다. 현재까지는 TOD 영상에 나타나는 미스터리한 부분들 중 하나라는 정도이다.

이와 관련해 이재홍 초병은 2014년 9월 15일 공판에 출석해 이번에 처음 봤다고 증언했다.

> ─ 피고인(신상철 전 위원): "증인은 천안함 외 다른 물체는 본 적이 없다고 했는데, 함수와 함미가 분리돼 엔진이 가동되지 않아 함수든 함미든 표류하고 있는 상황에서 함수 함미 사이에 어떤 물체가 조류를 거슬러서 오른쪽으로 이동하는 영상이 있는데 그 물체를 확인한 사실이 있나요."
> ＝ 증인(이재홍 238초소 TOD초병): "지금 확인했습니다."
> ─ 피고인: "그 물체의 실체에 대해 증인은 모르는 것이죠."
> ＝ 증인(이재홍): "예."[172]

지금 확인했다는 이재홍 초병의 증언은 당시 초병이 TOD 카메라를 통해 해당 미상 물체를 계속 영상에 담으려고 조작하는 흔적이 나타난다는 점에서 좀 의아한 면이 있다. 과연 저 물체를 모르고 카메라 조작을 한 것인지 의문이 있다.

이날 법정에서 상영된 TOD 동영상은 그동안 일부에 한해서만 공개됐을 뿐 이렇게 공식적으로 영상 전체가 상영된 것은 처음이다. 천안함 국정조사특위 위원과 일부 언론사, 검찰, 법정 등에 제출됐으나 일반에

방위각 : 4 0 5 0 고각 : - 0 0 0 0 10-03-26 21:23:10

화면사태 : 흐사 대조비 : 수도 배음선택 : 1 0 배 작으제어 : ㄲ

TOD상에서 함수와 함미가 분리돼 함미가 침몰하고 있으며 그 사이로 검은 점이 보인다. 사진=《미디어오늘》

전면적으로 공개한 적은 없었다. 추후 입수한 이 영상을 내가 속한《미디어오늘》이 일반에 공개했다. 영상을 분석할 수 있는 능력이 되는 이들이 더 의미 있는 대목을 찾으면 천안함 사건의 진실에 다가갈 수 있을 것이다.

잠시 그 영상에 나타난 미상의 물체에 대해 설명하고 다음 공판 기록을 이어가겠다. 다음 내용은 내가 영상을 자세히 들여다보면서 분석한 것을 당시《미디어오늘》에 게재한 기사의 일부이다.

"16일 미디어오늘이 입수한 천안함 사고 전후로 백령도 초소에서 촬영된 TOD 동영상을 보면, 백령도 연화리 서방 2.5km 지점(추정)에서 TOD에 적힌 시각으로 2010년 3월 26일 21시22분 40초부터 천안함이 두 동강 난 장면이 등장한다. TOD 시각은 실제 시각보다 1분 40초 늦다고 국방부가 발표했다.

이 영상에는 왼쪽에 함미가 보이다 곧 완전히 침몰(21시 23분 40초)하고, 오른쪽에는 함수가 떠 있다. 자세히 들여다보면 함수와 함미 사이에 작은

'검은 점'(물체)이 수면 위로 보인다. 이 TOD의 경우 열이 감지되면 검은색으로 나타난다. 함수와 함미가 모두 좌측으로 조류에 떠내려가고 있는데도 유독 이 물체는 함수 쪽으로 조류를 거슬러 이동하는가 하면, 함수가 한참 멀어져도 조류에 거의 영향을 받지 않고 떠 있다.

특히 이 물체가 TOD 시각 21시 23분 23초쯤부터 함수 쪽 방향으로 가까이 '이동'하면서 함수는 시계방향으로 회전하기 시작해 약 3분 뒤인 21시 25분 53초쯤엔 180도 돌아간 것으로 영상에 잡힌다. 21시 26분대부터는 함수가 계속 화면의 왼쪽으로 조류를 따라 흘러가는데 반해 이 물체는 조류의 움직임에도 영향을 받지 않고 계속 비슷한 자리에 머물러 있다. 이에 따라 이 물체와 함수는 계속 멀어지는 것이 영상에 나타난다. 이 물체는 TOD 시각으로 21시 31분 정도까지 화면상에 보이다 사라진다.

그러나 영상을 보면, 동영상을 촬영하고 있는 초병이 멀어져가고 있는 검은 점(물체)을 계속 화면에 넣기 위해 초점을 이동한 것으로 느껴진다."[173]

(2014년 9월 18일 《미디어오늘》 기사)

27-2. 합조단 폭발분과 위원 "어뢰설계도 크기 불일치 여부 한참 토론"

27차 공판에는 합조단의 폭발유형분석분과 위원으로 활동했던 이재명 LIG넥스원 연구원이 출석했다. 이 연구원은 당시 국방과학연구소 연구원으로 근무하다 2013년 퇴직한 뒤 LIG넥스원으로 옮겼다고 전했다. 그는 어뢰설계도의 크기가 실물 크기와 상이한 면이 나타나 한참 토론을 했다고 증언했다. 다만 일부가 떨어져나갔을 수 있다고 보고 일치한 것으로 결론을 내렸다고 밝혔다.

— 변호인(김남주 변호사): "국방부 발표자료에 어뢰설계도면과 어뢰추진체를 비교한 자료를 보면 하단 사진의 어뢰 모터의 실물은 가로보다 세로가 더 큰 것을 알 수 있는데 위에 설계도는 실물과는 다르게 되어 있는데 어떤가요."

= 증인(이재명 합조단 폭발유형분석분과 위원): "그것에 대해서 한참 토론을 했는데 기억이 안 납니다."

— 변호인: "당시 토론하게 된 계기는 무엇인가요."

= 증인(이재명): "실물과 설계도가 일치하느냐에 대해서 검토를 했습니다."

— 변호인: "결론은 무엇이었나요."

= 증인(이재명): "케이스 등이 부서졌기 때문에 맞지 않는 것이 아니냐는 식으로 1차적으로 검토를 했습니다."

— 변호인: "설계도와 어뢰수거물이 맞지 않는 것은 사실이지요."

= 증인(이재명): "실제적으로 그 모터는 내축과 외축이 거꾸로 돌아가는 것이기 때문에 뒤에 기어가 붙어 있는 형상이어야 하는데 사진은 모터만 표시되어 있는 부분입니다."

— 변호인: "사진만으로는 정확히 일치하는지 확인할 수 없지요."

= 증인(이재명): "증인 등은 일치한다고 봤습니다. 다만 옆에 붙어 있는 형상들이 조금 다르지 않을까라고 보았고 보통 설계도에 나오는 그림들은 설계제작도면이 아니기 때문에 실제 치수와 비율이 정확하지 않기 때문에 거의 유사하다고 봤습니다."[174]

합조단 보고서에 실린 어뢰설계도의 모터 형태와 실제 수거했다는 어뢰의 모터가 생긴 형태뿐 아니라 크기가 다르다는 지적이 이어졌다.

— 변호인(이강훈 변호사): "케이스 부분이 떨어져 나갔다면 사진상 모터의 폭이 다른 부분은 어떻게 설명할 수 있나요."

= 증인(이재명 합조단 폭발유형분석분과 위원): "사진이 조금 적게 찍혔다면 설계도에 딱 들어갈 수 있는데 고정하는 시구와 기어박스가 없다보니까 일대일로 비교하는 것은 합당하지 않습니다."

— 변호인(김종보 변호사): "수거체의 사진을 찍으면서 설계도의 비율에 맞출 수 있나요."

= 증인(이재명): "사진을 찍다보면 작게 찍히기도 하고 크게 찍히기도 하기 때문에 떨어져나간 부분이 설계도 안에 들어가는 것이 아닌가 하고 생각한다는 것입니다."

— 변호인(김남주 변호사): "사진이 1장이기 때문에 사진의 비율을 조정했다면 모터 부분의 비율도 같이 조정되어야 하는 것이 아닌가요."

= 증인(이재명): "뒤에 27cm 날개 부분이 비슷하게 맞기 때문에 앞쪽 부분도 맞지 않겠는가 싶습니다."

— 변호인(김종보 변호사): "사진을 찍을 때 수거체를 다 배열해놓고 한번에 찍은 것인가요."

= 증인(이재명): "증인의 분과에서 찍은 것이 아니어서 모르겠습니다."[175]

이재명 연구원은 토론을 했다면서도 설계도가 맞는지 여부에 대해서는 검토하지 않았다고 밝혔다. 더구나 합조단이 증인의 국방과학연구소에 어뢰의 설계도와 수거된 어뢰가 일치하는지에 대해서 의뢰하지 않았다고 이 연구원은 답했다. 또한 이 연구원은 언론에 공개된 것 외의 CHT-02D 어뢰의 상세 설계도를 보지 못했다고 답했다.(이재명 증인신문조서 15쪽)

물기둥 10초 이상 지속? 왜 아무도 못 봤나

이 밖에도 이 연구원은 어뢰 무기의 수중폭발 시 100m 안팎의 물기둥이 늘 생겨야 한다고 인터뷰했던 주장을 두고 변호인단과 논쟁을 벌였다. 그는 그런 물기둥이 생겨도 배가 이동 중이거나 어뢰를 빗겨 맞으면 견시병이 물기둥을 못보고 물벼락도 뒤집어쓰지 않을 수 있다고 주장했기 때문이다.

지난 2010년 11월 KBS 〈추적 60분〉 '천안함 의문, 논쟁은 끝났나' 편에서 KBS PD가 '버블제트 물기둥이 있었다는 근거가 무엇이냐'고 묻자 이 연구원이 "어뢰가 폭발하면 충격파와 가스버블이 발생하는데 가스버블이 팽창수축을 하다가 붕괴되면서 버블제트가 생기고 물기둥이 발생한다"며 "이 물기둥이 배를 두 동강 내는 것으로 이 물기둥은 항상 생긴다"고 답변한 사실과 관련해 이 연구원은 그렇게 답변했다고 말했다.

이 연구원은 방송에서 그 근거로 함체 현창에 물이 고여 있었고, 좌현 견시병이 넘어졌을 때 자기 얼굴에 물방울이 튀었다고 말한 것, 백령도 초병의 100m 백색섬광 목격 진술, 선체 여러 곳에서의 흡착물질 발견 등을 들었다. 또한 폭약량이 TNT 250~360kg 정도로 볼 때 계산상으로는 물기둥 높이가 82m~105m 정도로 나오고 지속시간은 10~15초 정도 된다고 설명했다. 이를 두고 이 연구원은 법정에서 "정확한 기억은 없지만 아마도 그렇게 했을 것 같다"고 말했다.

이에 대해 김남주 변호사는 "이 법정에서 해당 장병들을 불러 중인 신문을 해본 결과 견시병들 중에 물기둥을 본 사람도 없었고 물기둥 때문에 근무복이 젖었다는 사람이 없었고 선체 밖에서 감시를 하던 좌우현 견시병은 물기둥을 보지도 못했고 물기둥이 선체 전체를 덮었다는 합조단의 판단에도 견시병들의 옷이 바닷물에 젖지도 않았는데 일부 견시병은 스프레이로 뿌린 듯한 물방을 맞았다고 진술했는데 그렇다면 100m 정도의 물기둥이 솟았다는 판단을 하는 것에 문제가 있는 것이 아니냐"고 따졌다.

이재명 연구원은 "이론적으로 그 정도 물기둥이 솟구치는 것은 맞고 실험해보면 항상 그 이상의 물기둥이 생기는 것을 확인했다"면서도 "그런데 문제는 배가 진행하고 있었고 어뢰가 배의 중간에서 뒤쪽에서 맞았고 그러면서 워터제트가 생겼는데 선체의 어느 각도에서 워터제트가 터지느냐에 따라 물기둥이 위로 생길 수도 있지만 옆으로도 생길 수 있다. 물기둥이 옆으로 생긴 경우에는 앞에 있는 견시병은 보지 못할 수도 있다고 보고 있다"고 주장했다.(증인신문조서 19~20쪽)

물기둥이 옆으로 생길 수 있다는 해석이다. 이를 보던 재판장은 추측이 아니냐고 묻기도 했다.

— 재판장(유남근 부장판사): "물기둥이 옆으로 생긴 경우에는 앞에 있는 견시병은 보지 못할 수도 있다는 것은 증인의 추측인가요."
= 증인(이재명 합조단 폭발유형분석분과 위원): "외국에서 실험한 결과를 보면 그렇습니다."
— 재판장: "천안함 사고 때 어느 방향으로 물기둥이 생겼는지는 증인의 추측인가요, 아니면 천안함의 잔해를 보고 그것을 알 수 있다는 것인가요."
= 증인(이재명): "뚫린 모양으로 보면 가스터빈실이 우현 쪽으로 튀어나간 것으로 보여지는 것으로 보아 워터제트가 약간 기울어져서 터진 것으로 보고 있습니다."[176]

물기둥을 발생시키는 이른바 '워터제트'의 각도가 약간 기울어진 상태에서 좌현에서 우현으로 약 1시 방향으로 치고나갔다고 이 연구원은 추측했다. 그는 "물기둥이 좌현에서 우현 쪽으로 치고 나가지 않았나 싶다"며 "선체가 기울어진 상태에서 버블이 올라가면서 선체에 붙으면 워터제트의 분출방향이 좌현에서 우현 쪽 1시 방향으로 생기지 않았나 싶다"고 주장했다. 김형태 변호사는 "그러면 배가 쪼개질 때도 그렇게 쪼개져야 하는 것이 아니냐"고 반문했다. 100m의 물줄기가 10~15초 지속됐는데도 어떻게 견시병이 아무것도 볼 수 없었느냐는 지적에는 견시병

들이 떴다가 넘어졌으면 못 봤을 것이라고 추측했다.(증인신문조서 21쪽)
몸이 떴다는 진술은 좌현 견시병(황보상준 일병)만 했을 뿐 우현 견시병(공
창표 하사)은 뜨진 않았다고 증언했다. 공 하사는 법정에 출석했을 '충격
이 있었을 때 몸이 떠오르는 것을 느꼈느냐'는 변호인 신문에 "느끼지 못
했습니다"라고 답했다. 이재명 연구원의 이날 법정 주장은 다음과 같다.

- 변호인(김형태 변호사): "증인은 방송과의 인터뷰에서 물기둥이 100m 정
  도 올라가고 지속 시간이 10∼15초 정도 된다고 했는데 견시병들이 그
  것을 보지 못했다는 것인가요."
= 증인(이재명 합조단 폭발유형분석분과 위원): "버블이 팽창과 수축을 하는
  동안 승조원들이 50cm∼1m 정도 떴다가 넘어져 있었다면 보지 못하였
  을 것 같은데 그것은 증인의 추측입니다."
- 변호인: "물기둥이 100m 정도 올라가고 10∼15초 정도 지속되었다면
  그 물줄기가 배에 전체적으로 떨어졌을 텐데 견시병들이 보지 못했다는
  것인가요."
= 증인(이재명): "물기둥이 올라갔다가 떨어지는 시간이 그 정도 걸린다는 것
  이지 10초 동안 올라갔다가 10초 동안 떨어진다는 이야기가 아닙니다."
- 변호인: "10초 정도 물세례가 떨어지는데 좌우를 감시하는 임무인 견시
  병들이 보지 못했다는 것인가요."
= 증인(이재명): "증인도 배를 많이 타고 다니지만 어떤 충격에 의해서 배가
  넘어지는 상황에서 뒤쪽에서 생기는 물기둥을 쉽게 볼 수 있을까요."[177]

그러자 김남주 변호사가 어뢰폭발로 물기둥이 약 10∼11시 방향으로
숫구쳤을 때의 사진을 제시했다. 이 사진에는 물기둥이 선체 전체를 뒤
덮은 것으로 나온다.
그랬더니 이재명 연구원은 이번엔 "그 함정은 정지되어 있다"고 주장

했다. 김 변호사가 당시 천안함이 시속 10km 이하(6~7노트)로 진행하고 있지 않았느냐고 반문하자 이 연구원은 "초속 3~4m 진행한 것이기 때문에 10초 동안 30m 진행한 것"이라고 말했다. 김남주 변호사는 "증인은 물줄기가 굉장히 컸다고 해도 그러한 속도에 의해서 물줄기로부터 벗어났다는 것인가"라고 되물었으나 이 연구원은 "예"라고 대답했다.

폭약 터지면 야간 섬광 목격 당연

또한 이 연구원은 어뢰가 터지면 당연히 섬광이 발생하며 목격할 수 있다고 증언했다. 이에 대해 밤이면 더 잘 보여야 하는데도 견시병이나 함교 당직자들 모두 왜 목격하지 못했느냐는 추궁이 이어졌다.

- 변호인(김남주 변호사): "어뢰가 터지면 섬광도 발생하나요."
- = 증인(이재명 합조단 폭발유형분석분과 위원): "폭약이 터지는데 당연히 섬광이 발생하겠지요."
- 변호인: "그러면 섬광도 목격되어야 하는 것이 아닌가요."
- = 증인(이재명): "폭약이 터지는 장면을 제대로 보고 있다면 섬광을 볼 수도 있겠지요."
- 변호인: "야간에는 빛이 물속에서 산란하기 때문에 바다 밑이 밝아지는 것은 느낄 수 있겠지요."
- = 증인(이재명): "증인이 판단하기에는 폭약이 터지면 당연히 어느 정도까지는 섬광이 발생한다고 보는데 그것을 보았는지 안 보았는지까지는 증인이 판단할 수 없습니다."
- 변호인: "밤이니까 바다 밑이 밝아지겠지요."
- = 증인(이재명): "아마도 그렇지 않겠나 싶은데 어느 위치냐에 따라서 다르겠지요."
- 변호인: "함교에 있거나 견시병이라면 바다를 볼 수 있었을 텐데 함교에

있는 사람이나 견시병 모두 바다가 밝아졌다는 것을 목격하지 못했는데 어떤가요."

= 증인(이재명): "증인의 추측인데 폭약이 약간 뒤쪽에서 터져서 거기서부터 섬광이 생겼다면 견시병이나 함교 쪽은 항상 앞쪽만 보고 있기 때문에 경우에 따라서 볼 수도 있고 못 볼 수도 있지 않을까 싶고 섬광은 순식간에 사라지는 것이기 때문에 못 볼 수도 있습니다."

— 변호인: "빛의 산란 때문에 폭발 원점을 보고 있어야만 볼 수 있는 것은 아니지 않나요."

= 증인(이재명): "어느 정도는 보이지만 그 범위가 몇 100m 정도는 안 되지 않을까 싶지만 증인이 밤에 실험해본 적이 없어서 모르겠습니다."[178]

이 연구원이 백령도 초병(247초소)이 목격했다는 100m 높이, 20~30m 폭의 하얀 섬광을 물기둥의 근거로 든 것과 관련해 김 변호사는 초병들이 목격한 섬광의 위치가 북서쪽이며 물기둥은 못 봤다고 증언한 점을 들어 "이런 사실을 알고 있느냐"고 따져 물었다. 그러자 이 연구원은 방향은 잘 모르겠다며 다음과 같이 답했다.

"증인도 백령도에 가서 초병을 잠시 만나봤는데 그 초병들이 그린 물기둥의 형태를 보면서 그것이 어뢰폭발로 인해 생긴 물기둥이 아닌가라고 판단했지만 그 방향에 대해서는 잘 모르겠습니다."[179]

(2014년 9월 15일 이재명 합조단 폭발유형분석분과 위원의 법정증언)

28. 합조단 폭발분과 위원 "어뢰 폭발량 모른다"

2014년 9월 29일 열린 28차 공판에는 합조단 폭발유형분석분과 위원이었던 황을하 국방과학연구소 위원이 출석했다. 그는 지난 재판에 출석한 김인주 대령이 천안함을 파괴한 북한제 어뢰 CHT-02D의 폭약량인 '고성능 폭약 250kg'과 시뮬레이션 결과 천안함 손상과 가장 정성적으로 유사한 결과를 낳은 폭약량 TNT 360kg이 일치하는지 알 수 있는 사람이라고 지목한 당사자였다. 그러나 황 위원은 자신도 모른다고 발을 뺐다. 적국의 무기조성비를 아는 순간 적국이 다른 무기체계로 바꾸기 때문에 무기조성비는 기밀이라는 것이다. 결국 북한 어뢰의 폭약량을 TNT로 환산하면 어느 정도 규모인지 모른다는 얘기이다. 이 때문에 합조단이 북한제 고성능 폭약 250kg을 장착한 CHT-02D 어뢰로 확인했다고 단정해서는 안 되는 것 아니냐는 지적이 나왔다.

— 검사: "북한제 고성능폭약 250kg(CHT-02D)과 TNT 360kg이 같은 폭발력을 가지고 있나요."

= 증인(황을하 합조단 폭발유형분석분과 위원·국방과학연구소 위원): "과학적으로 분석할 때는 화약이 나라마다 다르고 여러 조성비로 된 여러 가지 화약들이 있는데 그것은 국가기밀로 돼 있습니다. 그러니까 북한제가 어떤 성분으로 돼 있는지는 전혀 알 길이 없습니다. 그래서 다방면으로 정보분과와 토론을 많이 해서 어떻게라도 실마리를 찾을까 해서 알아봤으나 전혀 구할 일이 없었습니다. 이것은 그 나라 생존 문제와 관련이 된 것으로, 그것이 밝혀지게 돼 적이 알게 되면 적이 그에 대한 방어를 하기 위해 거기에 대한 무기체계가 새로 나오게 됩니다. 그러다 보니까 이것은 완전히 클래스파이드Classified(기밀로 분류) 돼 있어 공개가 되지 않고,

북한 내에서도 공개 안 될 것입니다. 그렇기 때문에 우연한 사고가 발생해서 화약을 분석할 때는 항상 기준은 TNT가 되고, TNT에 대해 윌리스식이나 기타 여러 가지 식에 대한 상수들이 자세히 나와 있습니다."[180]

어떻게 북한제 고성능 폭약 250kg으로 결론을 냈느냐도 의문이었다. 폭발 전문가라는 황을하 연구원은 변호인들이 질문공세가 이어지자 모르쇠로 일관했다.

- 변호인(김형태 변호사): "'무기체계는 북한제 고성능폭약 250kg 규모의 CHT-02D 어뢰로 확인됐다'는 것도 증인의 결론인가요."
- 증인(황을하 합조단 폭발유형분석분과 위원·국방과학연구소 위원): "제 결론이 아니라 종합적으로 판단을 내린 것이지, 제가 그런 결론을 내릴 위치에 있지도 않습니다."
- 변호인: "위와 같이 확인됐다는 결론을 내릴 때 증인이 참석했나요."
- 증인(황을하): "그것은 제가 참석하지 않았고, 분과에서 민측대표와 군측대표가 있었는데 그 분과에서 나온 결론을 전부 종합해서 체계공학 하신 분들이 그런 방면은 잘 알고 있습니다. 그리고 저는 수중폭발현상 전문가이기 때문에 다른 분야는 모릅니다."
- 변호인: "그렇다면 증인이 북한이나 어느 나라나 화약성분비가 다르기 때문에 알 수 없고, 공개돼 있지 않다고 했는데 북한제 고성능 폭약 250kg이 TNT 350kg과 같은지는 모르는 것이죠."
- 증인(황을하): "예."
- 변호인: "이 결론을 내릴 때 다 모여서 '고성능폭약 250kg 규모의 CHT-02D어뢰'라고 하면 고폭약 250kg이 TNT 360kg과 같은지를 어떻게 알고 있는지에 대해 질문해야 하지 않나요"
- 증인(황을하): "그것을 알게 되면 적에 대한 전력을 다 알게 되는 것입니

다(그건 화약하는 사람은 다 압니다-당시 법정에서 기록한 것).”

- 변호인: “증인도 전문가 중 1명이고, 주요 역할을 했으니 같이 토론하면
  서 근거가 뭔지 질문했어야 하지 않나요.”
= 증인(황을하): “수차례 디스커션했습니다. 정보분과에 요청까지 했습니다.”
- 변호인: “…근거가 뭐라고 하던가요.”
= 증인(황을하): “수차례 토론을 했고, 저희 분과에서는 이근득 박사와 정
  보분과에 요청했는데, 알 길이 없었습니다. 그렇지만 일반적으로 수중
  어뢰에 들어가는 폭약은 알루미늄파우더가 들어가지 않는 것이 없습니
  다.”[181]

변호인은 “비접촉수중폭발로 결론을 낸 뒤 고성능 폭약 250kg의 북
한제 CHT-02D로 최종결론을 낸 것에 대해 토론을 했다고 하는데, 그럼
증인이 의문을 제기했어야 하지 않느냐는 게 변호인 질문”이라며 “어떤
근거인지 물어봤느냐”고 신문했다. 그랬더니 황 연구원은 그 결론을 내
릴 때 자신이 참석하지 않았다고 했다. 그는 “결론을 내릴 때는 내가 참
석하지 않았고, 이근득 박사와 우리끼리 정보분과에 요구했는데 찾을 길
이 없었다”며 “토론은 이근득 박사와 했다”고 해명했다. ‘북한제 화약과
TNT 동일비교에 대한 정보를 이근득 박사는 알고 있느냐’고 했더니 황
연구원은 “그건 이근득 박사도 모른다”고 답했다.

결국 ‘북한제 250kg 고성능폭약 규모 CHT-02D 어뢰 결론을 무슨 근
거로 내렸는지 모른다는 것이냐’는 김형태 변호사의 신문에 황 연구원은
“모른다. 그러니까 고성능으로 이야기가 나왔다”고 답했다.

애초 윤덕용 합조단장은 지난 2010년 5월 20일 중간조사결과 발표
때 “수차례에 걸친 시뮬레이션 결과에 의하면, 수심 약 6~9m, 가스터빈
실 중앙으로부터 대략 좌현 3m의 위치에서 총 폭발량 200~300kg 규
모의 폭발이 있었던 것으로 판단됐다”면서도 “무기체계는 북한에서 제

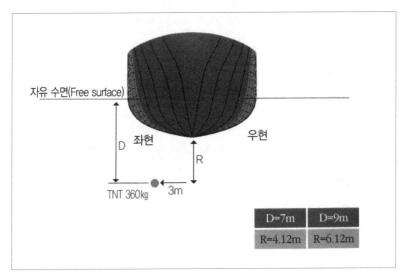

근접 수중폭발 충격 해석을 위한 수중폭발 조건. 사진=합조단 보고서 150쪽

조한 고성능폭약 250kg 규모의 어뢰로 확인됐다"고 밝혔다. 그러다가 합조단은 그해 9월 13일 발간한 최종보고서에는 시뮬레이션 결과 TNT 360kg에 수심 7m가 가장 정성적으로 천안함 손상 상태와 유사하다고 썼다.

그렇다면 북한제 고성능 폭약 250kg은 TNT 360kg과 일치한다고 생각하고 보고서를 썼을 것으로 짐작할 수 있다. 실제 합조단 보고서 150쪽 '각주20'을 보면 "…TNT 360kg은 고성능 폭약 250kg의 위력에 포함되는 폭발력임"이라고 설명해놓기도 했다.

하지만 정작 법정에 나온 폭발전문가라는 사람들은 하나같이 '모른다'로 일관하고 있는 것이다. 그러다 황 연구원은 다시 두 값이 일치할 수도 있다며 오락가락했다.

— 변호인(김남주 변호사): "2010년 5월 20일자 발표한 것은 TNT 250kg이라는 것인가요."

= 증인(황을하 합조단 폭발유형분석분과 위원·국방과학연구소 위원): "그것이 아니라 5월 20일 발표한 것은 250kg ±50kg 6~9m로 발표한 것으로 기억되는 것 같습니다."

− 변호인: "그것이 TNT 기준이라는 것이죠."

= 증인(황을하): "예. 그리고 저희들이 선체분과에 넘긴 것은 모든 계산은 TNT 정보가 확실하기 때문에 TNT에 대한 것으로 넘겨준 것입니다. 그렇지만 결론적으로 말씀드리면 TNT 360kg이 고성능 250kg이 될 수도 있다는 것입니다."

− 변호인: "고성능과 TNT의 비교를 증인은 모르고 있죠."

= 증인(황을하): "북한제에 대해서는 정보가 없었습니다. 그리고 그런 수중무기는 대부분이 다 들어가고 안 들어가는 경우가 없으니까 말씀드린 것입니다."[182]

"지난 법정에서 김인주 증인은 북한제 어뢰 고성능 폭약 250kg과 TNT 360kg이 일치하는지 본인도 모르고, 알 수 있는 사람은 황을하 박사라 증언했는데 증인도 모른다는 것이냐"는 김형태 변호사의 신문에 황 연구원은 "예. 제가 정확히 북한제 어뢰 250kg이 TNT 위력 몇 kg인지는 모른다"며 "그렇지만 대부분 수중어뢰에 사용하는 고성능폭약은 알루미늄을 포함하고 있기 때문에 TNT보다는 위력이 증가하고 그래서 RDX보다 알루미늄을 30%만 넣으면 TNT의 1.5배 이상 증가한다는 도표를 설명드렸다"고 주장했다.

− 변호인: "북한 어뢰의 알루미늄 함량을 알고 있나요."

= 증인(황을하): "조성비를 모릅니다"

− 변호인: "최종적으로 북한제 어뢰 고성능 폭약 250kg과 TNT 360kg이 같은가, 아니면 다른가, 모르겠는가요."

= 증인(황을하): "정확하게는 모릅니다."[183]

버블주기 1.1초? 안 맞아 "보정한 것…급박해서 상관이 시킨 대로 한 것"

이날 법정에서는 합조단이 이른바 어뢰폭발의 '버블제트' 현상을 설명하기 위해 제시한 '버블주기 1.1초'의 신뢰도도 의문을 낳았다. 천안함 사고 당시 11개의 음파감지소에서 감지한 '1.1초 간격의 2개의 음향 파동주기'가 포함된 공중음파를 두고 합조단은 수중폭발 시 나타나는 버블주기라고 보고서에 썼다. 첫 번째 파동은 폭약이 폭발할 때 발생하며, 1.1초 이후 생긴 두 번째 파동은 버블팽창 순간에 발생한다는 설명이다. 합조단은 미군이 이 '버블주기 1.1초'를 윌리스 공식에 적용한 결과(그래프)를 보고서에 제시했다. 그러나 이 그래프를 보면, 1.1초에 해당하는 폭발유형(곡선)에는 '폭약(TNT) 136kg−수심 5m'와 '폭약 250kg−수심 9m', '폭약 360kg−수심 15m'를 지목한 것으로 나와 있다. 'TNT 360kg−수심 7m'라는 한국팀 시뮬레이션 결과와 상이하다.

이를 두고 황 연구원은 윌리스 공식을 '보정'했으며 보정하니 공중음파 버블주기 1.1초와 일치했다고 주장했다. 대체 어떤 변수를 더 넣어 보정했는지, 누구로부터 그런 변수를 받았는지에 대한 신문이 이어졌다. 보정할 변수는 수심 47m였다고 황 연구원은 응답했다. 더구나 급박한 상황에서 위에서 시켜서 한 것일 뿐이라는 놀라운 증언도 했다. 변호인과 증인의 신문 답변 요지이다.

　－ 변호인(김형태 변호사): "(무슨 변수를 넣어 얼마나 보정했느냐는 겁니다.－당시 법정에서 기록한 것) 자료를 어디에서 받았나요."
　＝ 증인(황을하): "정보분과에서 넘겨받았습니다. 해수면~해저면 수심이 47m라고 받았습니다."
　－ 변호인: "그런 변수를 보정하는데, 그 자료에 대한 신빙성은 있습니까."

= 증인(황을하): "당시 급박한 상황에서 위 상관이 '야, 이것은 수심 몇 m인
지 분석해봐' ('수심 47m이니 분석해보라'—당시 법정에서 기록한 것) 하면 시
키는 대로 하는 것일 뿐. 신빙성이 있는지까지 일일이 쫓아가서 확인하
고 할 시간적 여유도 없었고, 그렇게 해서도 안 된다고 생각합니다."

— 변호인: "변수가 반영된 수정된 공식이 중요한 것으로 보이는데 그 중요
한 공식을 보고서에 왜 안 넣었나요."

= 증인(황을하): "그것은 버블주기로부터 어떤 수심이나 폭약량을 결정한
것처럼 인상을 줄까 싶어서 넣지 않고 아이디얼한(이상적인) 식만 넣었
습니다…"[184]

이처럼 애초 공식에다 변수를 다시 집어넣어서 보정할 때 해당 변수
에 대한 신빙성 등도 검증해야 하지 않느냐는 지적이 나왔다. 김형태 변
호사는 "변환한 공식에 넣은 변수들이 얼마나 신빙성이 있는지와 관련
해 이 변수가 어디에서 취득이 됐고, 어떤 자료인지, 어떻게 변환됐는지
에 관한 것이 합조단 보고서에 명확히 들어가야 하지 않느냐"며 "그런 내
용을 안 넣었다는 것이냐"고 따졌다. 황 연구원은 "그것으로 결론을 내지
않은 것이기 때문에 넣지 않았고, 보고서에 넣은 것은 부록으로 일반인
들이 알 수 있도록 전부 넣었다"며 "지금 변호인께서 이 문제에 집요하게
관심을 갖는 것 같은데, TNT 앞의 상수, 계수를 휘핑하면 오차범위Error
bar가 꽤 크다"고 말했다. 오차 범위가 대개 5%에서 왔다 갔다 한다고 설
명했다.(황을하 증인신문조서 30쪽)

미국과 토의하고 합의해서 내린 결론이냐는 신문에 황 연구원은 "미
국에서는 저희들이 분석한 250~360kg을 인정했다"며 "(에클스 단장으로
부터) 자기들은 최종결론이 나온 것이 아니기 때문에 다른 것으로 했고,
그것은 참조사항이었다는 답변을 들었다"고 말했다.(증인신문조서 31쪽)

암산으로 해야 할 만큼 시간이 없었다

천안함이 파괴될 수 있는 조건에 대해 폭발유형분석분과에서 시뮬레이션한 결과 5가지(폭약량 TNT 250kg과 수심 6m, 300kg 7m, 360kg 7, 360kg 8m, 360kg 9m)를 선체구조분과에 제공해서 이 가운데 TNT 360kg 수심 7m와 수심 9m를 시뮬레이션했다고 정정훈 합조단 위원(기계연구원 책임연구원)이 법정에서 증언했다. 이 중 360kg 7m 조합만 천안함 손상과 유사했을 뿐 360kg-수심 9m 조합은 거의 손상이 나타나지 않아 시뮬레이션을 하다 중단했다고 합조단도 보고서에 설명했다. 그나마 나머지 3가지 조건은 해보지도 못했다.

이를 두고 시간은 없고, 빨리 결론을 내라는 이야기가 있어서 다 하지 못한 채 '국소' 부위만 했기 때문이라고 황 연구원은 해명했다. 변호인의 신문에 대한 황 연구원의 답변은 아래와 같다.

— 변호인: "(다른 조건이었을 때) 파단(절단)현상이 천안함 파단현상과 정확히 일치하지 않지만 폭발로 인한 선체의 일부 파괴가 가능한 조건을 제시한 것인가요."

= 증인(황을하): "그렇습니다. 저희들이 그 당시 시간은 없고 결과는 빨리 도출하라는 이야기가 있어서 국소부위만 시뮬레이션을 했고, 그것을 전체적인 시뮬레이션을 하는 선체구조분과에 넘겨줘야 했기 때문에 그 결과를 요약한 것으로 보입니다."

— 변호인: "위 결론 대부분은 실제 천안함 파단 현상보다는 정도가 약하게 나왔나요."

= 증인(황을하): "천안함과 시뮬레이션 결과를 비교하는 것은 무리가 있다고 봅니다. 저희들은 빨리 결과를 도출하기 위해서 안에 있는 여러 가지 부자재를 다 뺀 상태에서 순수한 골격만 갖고 용골이나 옆에 있는 헐(선체) 면이 어떻게 변형되는지에 대해서만 한 것입니다. 그러니까 그야말

로 암산을 해서 이 정도 범위니까 한번 정밀 분석을 해보라고 넘겨준 것
으로 생각합니다."

— 변호인: "암산해서 해야 할 정도로 시간이 없었던 이유가 뭔가요."

= 증인(황을하): "그것은 여기서 제가 답변하는 게 부적절한 것으로 생각합
니다. 저희들은 국과장님들로부터 선체분과에는 시간이 오래 걸리니 빨
리빨리 분석을 해서 범위를 축소시켜서 선체분과에 넘겨주라는 이야기
가 있었습니다."

— 변호인: "과학자인 증인의 입장에서는 나와 있는 여러 데이터를 시간이
오래 걸려도 다 해봐야 하는 것이 옳은 것 아닌가요."

= 증인(황을하): "그러기 위해서는 시간이 너무 많이 걸리게 됩니다."

— 변호인: "그렇지만 그것이 옳은 것은 맞죠."

= 증인(황을하): "그렇습니다."[185]

폭발분석에서 지진파 제외…취성·전단파괴 반드시 어뢰로 단정 못해

한편 황 연구원은 합조단 폭발유형분석분과에서 '지진파'를 폭발요인
분석 대상에서 제외했다고 밝혔다. 합조단 보고서에도 '진도 1.5 지진이
지질자원연구원 4개소에서 감지됐다'고 기록돼 있다. 그런데도 그는 "지
진파는 제외했다"며 "지진파를 분석해서 어떤 재래식 고폭 화약이 터진
것을 분석하게 되면 오차가 상당히 크고, 지각으로 전파되기 때문에 서
해에서 그런 실험을 해서 데이터를 얻은 적도 없"다고 밝혔다.

황 연구원은 "지진파에 의해서 측정하면 그 오차가 상당히 크기 때문
에 무기를 연구하는 사람들이 윌리스식을 사용한다"며 "지진파로부터
재래식 폭약량을 따질 때는 규모를 TNT 몇 킬로톤으로 따지는 것이지
TNT 몇백 킬로(그램) 되는 것을 가지고 지진파 식에 맞추는 것은 조금 맞
지 않는 것으로 생각한다고 주장했다.(증인신문조서 3~4쪽)

또한 천안함 절단면의 절단부위의 단면이 '취성파괴(응력이 빨리 작용하

는 경우 나타나는 파괴현상), 전단파괴(큰 응력이 급격히 작용하는 경우 발생)의 형태가 발견된 반면 연성파괴(응력이 비교적 천천히 발생하는 경우)나 피로파괴(반복적인 응력작용에 의해 발생하는 절단형태)가 발견되지 않는 것을 두고 어뢰폭발의 증거라는 합조단 주장에 대해 황 연구원은 조금 다르게 설명했다.

황 연구원은 '이러한 점도 어뢰폭발로 인한 침몰을 뒷받침한다는데 맞느냐'는 검사 신문에 "반드시 어뢰라고 볼 수는 없다"며 "외부에서 화약이 터져서 강력한 힘이 와서 작용했을 때 일어나는 것이지, 그것이 반드시 어뢰라고 단정할 수는 없다"고 주장했다.

그러나 그는 취성·전단파괴 현상이 좌초나 충돌에서도 나타나는지에 대해서는 "좌초나 불상(충돌)에 의해서 할 때는 깔끔하게 잘라지는 것을 볼 수 있고, 그렇기 때문에 그것은 말이 안 된다"고 주장했다.(증인신문조서 14쪽)

또 황 연구원은 물기둥설을 부정하는 주장도 폈다. '쾅 소리를 듣고 견시병이 곧바로 뒤돌아 볼 때까지 물기둥이 남아 있어야 하지 않느냐'는 피고인 신상철 전 위원의 지적에 "물기둥이 있다는 명확한 과학적 근거도 없지 않느냐"고 답변했다.[186]

29차 공판 2014년 10월 13일 김종대 성기룡 정영호 불출석
29. 증인 불출석으로 공판 연기

30. 전탐장 "쿵∼쾅, 상선·함정과 충돌로 느껴"

천안함 사고 순간 절단면 충격 지점에 가장 가까운 곳에 누워 있던 생존 사관이 처음 '쿵' 소리가 났을 때 동급함정이나 큰 상선과 부딪히는 줄 알았다고 증언했다.[187]

2014년 10월 27일 서울중앙지법 형사36부 주재로 열린 신상철 전 위원 명예훼손 사건 제30차 공판에는 당시 천안함 전탐장을 맡았던 김수길 상사(증인 출석 당시 진해 해군 작전보좌)가 출석했다. 그는 사건 당시 전탐장 임무를 본 직후 수면하 격실에 위치한 침실에 누워 있던 중 두 차례의 소리를 들었다고 밝혔다. 그 소리의 느낌이 어떤 배와 부딪힌 것 같았다면서도 함미가 뜯겨져 나간 것을 보고는 어뢰라고 생각했다고 증언했다. 전탐장 임무에 대해 김 상사는 "눈과 같다"며 "야간 항해를 할 때 레이더 전파를 통해 접촉물을 회피하고 권고하고 안전하게 항해할 수 있도록 하는 업무"라고 설명했다. 수면하격실에 누워 있을 때 소리를 들은 경위에 대해 김 상사는 아래와 같이 설명했다.

"당직시간 16∼20시였고, 차기 당직자와 복수근무를 한 후 21시 20분경 취침하러 'CPO실(수면하침실)'로 내려와 스탠드를 켜고 누워 있을 때 21시 20분쯤 책을 보고 있었는데 '쿵' 소리가 나서 어떤 함정에 부딪혔다고 생각하고 침실에서 튀어나왔습니다. 그리고 나서 20∼30초 정도 지난 후 다시 '쾅' 하면서 배가 기울어졌는데, 당시엔 기울어졌는지도 몰랐습니다. 체스트(옷장 등 관물함) 위에 있는 물건들이 증인의 어깨를 때리고 짓누르고 하는 상황에서 눈을 떠보니 함정이 거꾸로 서 있었고, 문이 천장으로 가 있어서 빨리 탈출할 수밖에 없겠다는 생각을 했습니다."[188]

(2014년 10월 27일 김수길 천안함 전탐장의 법정증언)

김 상사는 부상 정도에 대해 "허리 타박상을 입었고, 좌측 어깨 관절경이 망가져서 3개월에 걸쳐 수술을 했다"고 설명했다. 이어 쿵 소리의 크기와 형태에 대해 동급함정과 부딪힌 줄 알았으며, 약 20~30초 후에 쾅 소리가 났다고 증언했다. 그러나 이후 다시 20~30초가 아니라 3~5초라고 번복했다. 두 번째 '쾅' 소리도 어떤 물체와 부딪히는 소리라고 생각했다고 증언했다. 다만 그는 다른 함정과 충돌해본 직접적인 경험은 없다고 했다.

— 변호인: "처음 '쿵' 소리가 날 때 무엇인 줄 알았다고 했나요."

= 증인(김수길 천안함 전탐장·상사): "(천안함보다) 큰 상선이거나 동급함정에 부딪힌 줄 알았습니다."

— 변호인: "그리고 나서 쾅 소리는 얼마 지나서였나요."

= 증인(김수길): "20~30초 후에 다시 들었습니다."

— 변호인: "그 20~30초 사이엔 무엇을 했나요."

= 증인(김수길): "침대에 누워 있는데 '쿵' 하는 소리에 무슨 일이 있나 싶어서 뛰어나와 체스트 앞에 서 있었고, 그리고 나서 또 '쾅' 소리가 났는데 안에 있었기 때문에 정확하게 알 수는 없었지만 처음 '쿵' 하는 소리와는 조금 다르다는 느낌이 들었습니다."

— 변호인: "오마이뉴스 기사에서는 증인 '쿵 소리와 동시에 빠져나와 전탐실로 향하려 했는데, 3~5초 이후 쾅 하는 소리가 들렸고~'라고 이야기한 것으로 돼 있는데, 20~30초가 맞나요."

= 증인(김수길): "지금 기억으로는 제가 침대에서 나오는 시간을 계산하다보니까 20~30초가 맞습니다."

— 변호인: "첫 번째 '쿵' 소리는 다른 함정과 부딪히는 것으로 생각했고, 두 번째 '쾅' 소리는 어떤 소리라고 생각했나요."

= 증인(김수길): "그것도 마찬가지로 물체와 부딪히는 소리라고 생각했습

니다."

　― 변호인: "다른 함정과 증인이 탄 함정이 충격된 경험을 갖고 있나요."

　＝ 증인(김수길): "없습니다."[189]

이 같은 충격의 소리에 대해 김 상사는 몸이 움직이거나 나가떨어질 정도는 아니었다고 말했다. "'쿵' 할 때 충격은 몸이 느끼기에 어땠느냐'는 김종보 변호사의 신문에 그는 "몸이 움직일 정도는 아니었다"며 "작은 함정이 부딪힐 때 '퉁' 하는 정도의 느낌은 왔다"고 설명했다. 그는 쿵 소리 이후 나가떨어질 정도는 아니었느냐는 신문에 "그 정도는 아니었다"고 답했다.(김수길 증인신문조서 11쪽)

또한 폭뢰가 폭발할 때 나는 소리나 느낌과도 달랐다고 김 상사는 떠올렸다. 그는 '쾅 소리가 났을 때 동급이나 상선에 부딪히는 느낌이 들었다 했는데 폭뢰 터지는 소리와 유사하다고 봤느냐'는 피고인 신상철 전 위원의 신문에 "다르다. 폭뢰는 '팡' 터지는데, 그냥 '퉁' 부딪히는 느낌이었다"고 전했다. 쿵 소리가 퉁 부딪히는 정도의 느낌이라는 것이다.(증인 신문조서 32쪽)

특히 김 상사는 자신이 폭뢰훈련을 했던 경험에 비춰 폭뢰와는 다르다고 거듭 말했다. 그는 "실제로 (함정이) 부딪히는 소리는 경험을 못 했지만, 평소 수중 폭뢰실험의 충격과는 달랐다"고 밝혔다.

쿵~쾅 20~30초인지, 3~5초인지

다만 쿵 소리가 난 뒤 얼마 있다가 쾅 소리가 난 것인지에 대해 김 상사는 오락가락했다. 분명히 증언 초반에는 20~30초 후가 맞는다고 수정했으나 변호인이 다시 물어보니 3~5초 안에도 충분히 자신이 침대에서 빠져나올 수 있는 여유가 있다며 3~5초 후 '쾅' 소리가 났다고 재차 수정했다.

− 변호인: "오마이뉴스 기사에서는 3~5초 이후 쾅 소리가 났다고 돼 있는데 증인이 '쿵' 소리를 듣고부터 나가는 시간이 있었기 때문에 20~30초는 흘렀다고 보는 것인가요."

= 증인(김수길 천안함 전탐장·상사): "예… 기억의 차이가 있을 것이라고 생각합니다. 당시 3층에 있던 보수장은 등갈비뼈가 부러졌는데, 증인은 침상 맨 밑에 있었기 때문에 빨리 나오지 못했다면 깔려서 나오지 못했을 것입니다. '쿵' 할 때 부딪혔나보다 생각하고 튀어나와 체스트에 서 있을 때 배가 넘어가면서 '쿵쿵' 하는 소리가 들렸고, '쾅' 하는 소리가 또 들렸는데, 그 시간이 3~5초라는 것입니다. 지금 생각해도 3~5초 만에 나올 수 있는 거리인 것 같습니다"

− 변호인: "시간이 지나서 20~30초라고 생각했는데, 지금 생각해보니 3~5초 만에도 침대에서 빠져나올 수 있었다는 것인가요."

= 증인(김수길): "예."

− 변호인: "처음에 쿵 소리가 나고 1.1초 만에 다시 또 소리를 들어온 것은 아니고 빠져나오는 시간이 있었기 때문에 시간은 조금 더 있었던 것인가요."

= 증인(김수길): "그렇습니다. 1.1초는 아닙니다. 3~5초 만입니다."[190]

1.1초 여부를 계속 물어본 이유는 앞서 폭발분석을 했던 합조단 위원들이 공중음파 데이터에 첫 피크와 나중 피크 사이의 시간 간격이 1.1초인 버블주기를 결정적인 정황으로 주장하고 있기 때문이다. 하지만 생존장병 가운데 김수길 상사만이 유일하게 쿵~쾅 소리를 두 번 들었다고 증언했을 뿐 아니라 그나마 그 소리와 소리의 간격이 최소한 3초 내지 5초라고 기억하고 있다. 사람의 기억이 갖는 한계도 있고, 버블주기 자체가 갖는 오차와 한계를 감안하면 얼마나 큰 의미가 있는지는 알 수 없다. 그래도 합조단은 모든 데이터가 딱 떨어지는 것처럼 보고서를 써

놓았기 때문에 이런 허점을 시인하고 결론에 이르는 과정을 검증하는 것은 필요한 작업이다. 실제로 합조단은 별 관심이 없다가 어뢰로 추정된다는 얘기가 나오면서부터 조사를 했다고 김 상사는 전했다. 다음과 같다.

> "다른 사람들 얘기는 들어본 적이 없습니다. 그리고 증인이 처음 '쿵' '꽝' 소리를 두 번 들었다고 이야기를 했을 때는 별로 관심이 없다가 어뢰로 추정된다는 이야기가 나오면서부터 합조단이 와서 조사를 했습니다."[191]

(2010년 10월 27일 천안함 전탐장 김수길 상사의 법정 증언)

좌초 충돌이면 빨리 가라앉는다? 어뢰 맞았다고 생각?

김 상사는 사고 순간 들었던 소리로는 타 함정과의 충돌로 느꼈다면서도 사고 원인은 어뢰폭발로 생각했다고 말했다. 함미가 뜯겨져나갔고, 그렇게 빨리 가라앉게 하는 것은 좌초나 충돌로는 될 수 없기 때문이라는 것이다. 이에 대해 폭발로만 그렇게 될 수 있느냐는 변호인의 반론을 받기도 했다.

> – 검사: "좌초 또는 불상 충돌로 천안함이 침몰하거나 급격히 가라앉을 수 있나요."
> = 증인(김수길 천안함 전탐장·상사): "외부 물질에 충격을 받거나 좌초가 돼서는 함정이 그렇게 빨리 가라앉을 수가 없습니다."
> – 검사: "좌초나 충돌로 15분 만에 가라앉거나 하지는 않는다는 것인가요."
> = 증인(김수길): "서서히 가라앉습니다. 만약 좌초돼 배가 찢어진다면 물이 서서히 차서 부력형성을 없앴을 때 가라앉습니다. 함수 부분이 1시간 넘게 떠 있었던 것은 부력이 있었기 때문이었고, 그래서 함수 부분에 있는 대원들은 다 탈출할 수 있었던 것입니다."

[…]

— 변호인(김형태 변호사): "함미 부분은 빨리 함수 부분은 천천히 가라앉았는데, 충돌에 의한 것인지 폭발에 의한 간접충격에 의한 것인지를 어떻게 구별하나요."

= 증인(김수길): "보통 좌초에 걸리면 배가 찢어지기 때문에 천천히 가라앉고, 폭발음에 의해서 가라앉아도 함정이 두 동강이 나지 않는 경우에는 천천히 가라앉습니다."

— 변호인: "증인의 경력 중에서 이 같은 사고 등으로 함정이 찢어지거나 해서 침몰 또는 물이 들어오는 경험을 한 적이 있나요."

= 증인(김수길): "없습니다."[192]

또한 김 상사는 당시 함미가 없어진 이유에 대해 "어뢰에 맞았다고 생각했다"고 주장했다. '어뢰라는 것은 큰 물체와 부딪혔다는 것과는 또 다른데, 생각이 바뀌게 된 근거는 무엇인가'라는 김형태 변호사의 신문에 김 상사는 "외부에 나와서 보니, 어뢰라는 물체가 아니면 함미를 두 동강 낼 수 없고, 또 '쿵, 쾅' 소리도 들어서 어뢰인 것 같았다"고 주장했다. '다른 큰 물체에 부딪혀서 배가 두 동강 나도 마찬가지 아니냐'는 신문에 김 상사는 "부러질 수는 있지만 부러질 확률이 적다는 것"이라며 "그 현장에서 판단은 함미가 쪼개져 없어졌기 때문에 어뢰에 맞은 것 같다고 판단한 것"이라고 말했다.(증인신문조서 19쪽)

잠수함 어뢰 배치 동향 못 들어

그러나 김 상사는 당일 레이더로 수상 접촉물 탐지를 하고, 음탐사들과 얘기를 주고받았을 때도 수중 접촉물이 있었다는 말을 못 들었다고 밝혔다. 또한 잠수함과 어뢰의 배치 동향에 대해 듣지 못했다고 증언했다. 그는 우리나라 소나 장비가 잠수함을 잡을 정도의 능력이 된다고 주장하기도 했다.

> — 변호인: "사고 직전 증인이 근무하는 시간에 음탐에서 이상이 있다는 것
> 은 없었나요"
> = 증인(김수길 천안함 전탐장·상사): "없었습니다."
> — 변호인: "증인이 근무할 당시 수중 접촉물이 없었나요."
> = 증인(김수길): "없었습니다."[193]

'소나가 음파탐지를 하게 되면 잠수함 존재를 다 발견할 수 있느냐'는
검사의 신문에 김 상사는 "잠수함의 존재는 소나의 성능에 있고, 접촉물
이 잡히고 안 잡히는 것은 물의 온도에 차이가 있을 수 있다"며 "그러나
우리나라 소나 장비는 '잠수함이다' '아니다' 정도는 판단할 수 있는 능력
을 갖췄다고 본다"고 밝혔다. 그러자 검사가 '정확하게 천안함 소나가 어
느 정도 성능이 있고, 어느 정도 잠수함까지 확인할 수 있는지 그런 구체
적인 것에 대해 알고 있느냐'고 따져 묻자 김 상사는 "잘 모른다"고 답했
다.(증인신문조서 34쪽)

연어급 잠수정과 CHT-02D 어뢰의 배치에 대해서도 전혀 전파받지
못했다고 증언했다. 최원일 잠수함장은 이런 정보는 건네받았으나 평상
시와 같은 것으로 판단했다고 증언한 바 있다. 그런데 전탐장은 이런 정
보 동향을 전혀 듣지 못했다는 증언이다.

> — 변호인(김남주 변호사): "사고 전에 연어급 잠수정이 배치됐다는 얘기를
> 전파받았나요."
> = 증인(김수길 천안함 전탐장·상사): "없습니다."
> — 변호인: "북한 어뢰가 음향탐지추적 또는 감응신관, 버블제트 이런 어뢰
> 를 실전배치했다는 전파를 받은 적이 있나요."

= 증인(김수길): "없습니다."

− 변호인: "정부 발표 CHT-02D 어뢰가 실전에 배치됐다고 전파받은 적은 있었나요."

= 증인(김수길): "없었습니다."

− 변호인: "사고 전에 정보계통을 통해 전파받은 북한 동향은 무엇이었나요."

= 증인(김수길): "아무 동향이 없었습니다."

− 변호인: "사고 이후 음탐사가 적잠수함 어뢰를 탐지했다는 얘기를 들었나요."

= 증인(김수길): "듣지 못했습니다."

− 변호인: "탐지를 못했다는 얘기는 들었나요."

= 증인(김수길): "예."[194]

31. 2함대 군의관 "정황상 익사 추정"

2014년 11월 24일 열린 31차 공판에는 천안함 희생자를 검안했던 의사들이 출석했다. 이날 증인으로 나온 평택 해군2함대 소속 군의관이었던 김종대 의사(내과의사)는 '사망자들의 상태'에 대해 "국립과학(수사연구)원의 주도로 검시했고, 증인은 보조업무를 했다"며 "당시 생각보다 외상의 흔적이 크지 않았고, 얼굴 색깔이 약간 청색 빛을 띤 것 외에는 보존상태가 양호하다는 느낌을 받았다. 군데군데 피부가 찢어진 정도였다"고 증언했다.

합조단 보고서에 '정황상 익사로 추정된다'고 나온 내용에 대해 김 의사는 "저도 마찬가지였다"며 "정황상 익사로 추정했다. 폭발로 인한 사망자는 없었다"고 밝혔다.

김 의사는 아예 정황상 사인을 미리 추정하고 있었다고 주장하기도 했다. 김 의사는 "오랫동안 바다 안에 있었기 때문에 부패했느냐 안 했느냐가 궁금했는데 그것에 대해서는 생각보다 부패하지 않았다는 정도였다"며 "외상은 워낙에도 심하지 않을 것이라고 생각하고 있었다"고 말했다. '피격이라 생각해도 외상이 심하지 않을 것이라 생각했다는 것이냐'는 신문에 김 의사는 "생존자들도 처음에 다쳐서 온 환자를 봤을 때 외상이 심하지 않았고, (사망자도) 사실 어떻게 보면 정황상 추정을 미리 하고 있었기 때문에 외상의 정도에 대해서는 워낙에 생각했던 바였다"고 말했다. 김형태 변호사는 "통상 배가 폭탄 맞아 깨졌다고 하면 외상이 심할 것이라고 예측하고 갔다가 외상이 없으면 이상하다고 생각할 것 같은데 그런 의구심은 갖지 않았느냐"고 반문했다. 그는 "절단면에 있는 사람들은 굉장히 한정적인 인원일 것이라고 생각했고, 대부분의 사람들은 절단면보다 그 안 쪽에 있을 것이라고 생각해서 그렇게 심한 것이라고 생각하지는 않았다"고 주장했다. (김종대 증인신문조서 8쪽)

김 의사는 자신이 본 시신에 대해 "3구 정도인 것으로 기억하며, 두부(머리)의 열상 정도로 두피에 5~6cm 찢어진 정도였다"며 "이것을 사인으로 진단하기는 어려우며, 외상으로 사망했다고 생각하지 않는다"고 증언했다. 그는 "다들 가벼운 열상이거나 팔다리 쪽 멍이었던 것으로 기억나며, 사망과 관련될 만한 상처는 아니다"라고 말했다.

31-1. 2함대 군의관 "익사로 생각했다"

김종대 의사와 함께 이날 공판에 증인 출석한 정영호 마취통증의학과 전문의도 천안함 희생자들의 사인을 익사로 생각했다고 증언했다.

- 변호인(김형태 변호사): "당시 몇 구나 검안했나요."

= 증인(정영호 2함대군의관·마취통증의학과 전문의): "5~6구 정도로 기억합니다."

- 변호인: "죽음에 이를 만한 정도의 외상이 있었나요."

= 증인(정영호): "그 정도까지는 없었던 것으로 기억합니다."

- 변호인: "당시 검안하면서 사인을 뭐라고 추정했나요."

= 증인(정영호): "익사로 생각은 했습니다."

- 변호인: "검안의로서 사인을 무엇이라고 추정했나요."

= 증인(정영호): "그런 검안에 처음 참가했었고, 시신을 봤을 때 익사로 생각했건 것 같습니다. (큰 상처는 없었습니다-당시 법정에서 기록한 것)"[195]

31차 공판 2014년 11월 24일 성기룡 당시 의무대장-정형외과의 출석

31-2. 2함대 의무대장 "천안함 희생자 사인, 미상으로 작성"

이날 31차 공판에 출석한 의사 가운데 당시 2함대 의무대장이었던 성기룡 의사가 검안보고서를 '사인 미상'으로 작성했다고 증언했다.

천안함 희생자 40명의 사인이 익사로 추정된다는 보고서 내용과 달리 당시 사체를 검안했던 책임자급 군의관의 이 같은 증언은 처음이었다. 법의학적으로 '익사' 판정을 위해서는 부검을 해야 하나 당시 국방부는 부검을 하지 않고 '정황상 익사 추정'으로만 기록했다. 의학적 사인은 밝히지 않은 것이다. 사인이 미상이라는 증언은 이번에 처음 나왔다. 합동조사단은 검안보고서에 사인이 '미상'으로 돼 있는데도 왜 '정황상 익사 추정'이라고 기재했는지 의문이 남는다.

천안함 사고 이전에 4~5회의 사체 검안 경험이 있었다는 성기룡 의사는 사체 검안보고서를 자신을 포함해 대부분의 군의관들이 직접 썼다고 밝혔다. 성기룡 의사의 발언은 이날 앞서 법정 증언했던 2함대 군의관 김종대 의사(내과 과장)의 "우리는 보고서 작성에 참석하지 않았으며 국립과학수사연구원에서 한 것으로 안다"고 한 증언과 크게 다르다.

> — 변호인: "검안의들이 검안보고서를 작성하지 않았나요."
> = 증인(성기룡 2함대 의무대장): "작성했습니다."
> — 변호인: "다른 군의관은 안 썼다고 했는데, 작성은 다른 곳에서 하고, 군의관이 사인만 한 것인가요."
> = 증인(성기룡): "예, 다시 기억해보니 검안의 개인들이 작성한 것을 제가 모아 제출한 것으로 기억합니다. 나는 (확실히) 썼습니다. 다른 이들 것도 모아서 제출한 기억도 있습니다."[196]

그는 "저는 시신 한 구를 검안한 것 같은데, 익사체였을 뿐 특별한 소견이 없었다"고 밝혔다. 일반 익사체라고 판단했던 것을 두고 '외상으로는 사인이 될 만한 것을 알 수 없는 상태였다'는 뜻이냐는 이강훈 변호사의 신문에 성 의사는 "(방금) 말은 그렇게 했지만 사인은 미상이었다"고 말했다. '사인은 정확히 알 수 없지만 외상으로는 사망이 발생할 만한 것들이 보이지는 않았다는 것이냐'는 거듭된 질문에 성 의사는 "그렇다"고 답했다. 검안 시 사진촬영도 이뤄졌다고 했다. '다른 군의관이 검안한 결과 보고서에도 사인이 미상이었느냐'는 김형태 변호사의 신문에 성 의사는 "대부분 미상으로 기재했다"고 밝혔다.(성기룡 증인신문조서 3~4쪽)

국립과학수사연구원에서 파견한 의사들의 역할에 대해 성 의사는 "같이 (검안을) 했다"고 밝혔다. 다만 그는 "(애초에 보고서를) 거기서 쓰네, 우리가 쓰네 하다가 검안은 해부를 통해 검시하는 것이 아니기 때문에 일반의가 해도 큰 문제가 없다고 해서 우리가 쓰게 됐다"면서도 "부검은 우리가 할 수 없었다"고 설명했다.

성 의사는 또한 검안 전에 사건이 어뢰 또는 기뢰로 생각했다면서도 큰 외상이 없다는 점에 대해 의아하다고는 생각하지 않았다고 주장했다.

- 변호인: "어뢰나 기뢰면 폭발사고에 의한 외상일 것으로 생각했나요."
- = 증인(성기룡 2함대 의무대장): "개인적으로는 궁금하기는 했지만 어차피 미상으로 사망보고서를 쓰면 된다고 생각했기 때문에 검안 시 봤을 땐 주의 깊게 보지 않았습니다."
- 변호인: "증인이 생각하기에 사인으로 볼 만한 외관상의 상처가 있었나요"
- = 증인(성기룡): "없었습니다."
- 변호인: "기뢰나 어뢰에 의한 사고인데 외상이 하나도 없다는 점에 대해 의아하다고 생각은 했나요."
- = 증인(성기룡): "충분히 그럴 수가 있기 때문에 의아하지는 않았습니다."[197]

또한 익사로 추정된다는 합조단의 최종결과 보고서에 대해 성 의사는 "(검안한) 그 정도로는 사인이 익사로 안 나온다. 부검을 해야 알 수 있다"고 말했다. 특히 지난 6월 법정에서 '동시간대 전원익사였다'는 권태석 전 합동조사단 과학수사분과 수사팀장의 증언과 관련해 성 의사는 "그 것은 잘못된 표현"이라며 "부검하고 사인이 나오기 전까지 그렇게 하면 안 된다"고 말했다.[198]

31-3. 천안함 음탐사 "적 잠수정 미식별
2척 통보…이상징후 없어"

31차 공판엔 천안함 생존 승조원 가운데 음파탐지 임무를 수행한 홍승현 음탐하사도 출석했다. 그는 사고 이틀 전 미식별 잠수함 2척이 있다는 첩보를 받아 대잠경계태세를 강화했다고 밝혔다. 앞서 김수길 전 탐장은 이 같은 첩보를 받은 일이 없다고 증언한 것과 다소 엇갈린다. 또한 홍승현 하사는 천안함 장착 소나가 적 잠수함과 어뢰를 탐지할 수 있다고 증언했다. 홍 하사뿐 아니라 사고 당일 음파탐지 근무를 했던 김기택 하사는 이상징후가 전혀 없었다고 증언했다. 그러나 그 이전에 이런 첩보를 들었다는 이는 최원일 함장과 홍 하사 등 일부인 것으로 나타났다. 일단 법정 증언은 다음과 같다.

- 변호인: "증인은 사고 전에 북한에서 연어급 잠수정, 음향항적추적 어뢰를 배치했다는 정보 전파를 받은 사실이 있나요."
- 증인(홍승현 천안함 음탐하사): "이틀 전에 연어급 잠수정, 대동브라보급 잠수정이 미식별됐다는 첩보는 받았습니다."
- 변호인: "누구로부터 받았나요."
- 증인(홍승현): "전보로 나옵니다."
- 변호인: "증인에게 직접 온 것인가요."
- 증인(홍승현): "상황실로 옵니다."
- 변호인: "상황실에서 누구로부터 전파를 받았나요."
- 증인(홍승현): "당직사관으로부터 전파받았습니다."
- 변호인: "법정에 나와서 그런 전파를 받았다는 사람은 한 명도 없었는데 증인은 받았다는 것인가요."

= 증인(홍승현): "미식별됐다는 전보가 나왔습니다."

- 변호인: "연어급 잠수함이라고 기재돼 있던가요."

= 증인(홍승현): "정확히 그것은 기억나지 않지만 미식별됐다는 첩보는 확인했습니다."

- 변호인: "북한 잠수함이 이틀 전에 미식별됐다는 정보전파를 받았다는 것인가요."

= 증인(홍승현): "날짜는 나오지 않고, 미식별 2척이 있었다고 받았습니다."

- 변호인: "누구로부터 전파받았는지 기억하나요."

= 증인(홍승현): "기억나지 않습니다. 상황실에 전보 철이 있어서 당직자가 확인을 합니다."[199]

이에 따라 대잠경계태세를 강화했다고 한다. 전보 철을 확인한 이후 조심하라는 전보는 없었느냐는 김종보 변호사의 신문에 홍 하사는 "그래서 대잠경계태세 강화를 설정했다"고 말했다. '경계태세강화를 했으나 근무 중까지 아무런 이상신호는 없었다는 것이냐'고 묻자 홍 하사는 "그렇다"고 답했다.(홍승현 증인신문조서 16쪽)

천안함 음탐기 잠수함 어뢰 제한적 탐지가능
한편 홍 하사는 천안함의 소나가 잠수함과 어뢰를 제한적이지만 탐지가 가능하다고 밝혔다.

- 변호인(김남주 변호사) : "~잠수함보다 어뢰가 소음이 더 크게 발생하나요."

= 증인(홍승현 천안함 음탐하사): "예."

- 변호인: "어뢰가 하이드로폰 이펙트가 발생해 탐지될 가능성이 높죠."

= 증인(홍승현): "그럴 가능성이 있습니다."

- 변호인: "천안함 음탐기는 제원상 잠수함과 어뢰를 모두 탐지할 수 있

죠."

= 증인(홍승현): "제한적이지만 가능합니다."

— 변호인: "제한적이라는 것은 어떤 의미인가요."

= 증인(홍승현): "지금도 전방해역에서 동형 음탐기로 경비 임무를 수행하고 있는데 군사기밀에 대해 말씀드리기 어렵습니다."

— 변호인: "국방부는 2010년 4월 5일 국방과학연구소 시뮬레이션 결과에 근거해 '북한 잠수정 침투 시 탐지 가능성 50% 미만'이라는 일각의 주장에 대해 '초계함의 수중표적 탐지거리를 계절별 해양환경 등에 따라 가변적이라고 전제한 뒤 천안함과 같은 대잠 초계함이 소나체계를 가동할 경우 사고 당일 기준 백령근해 해양환경을 대입하면 약 2km 전후에서 잠수함과 잠수정, 어뢰를 탐지할 수 있는 확률은 70% 이상이라고 밝혔는데 맞나요."

= 증인(홍승현): "이론적으로 가능합니다."

— 변호인: "천안함 소나 청음모드로 유도어뢰로 탐지가 가능한가요."

= 증인(홍승현): "유도어뢰는 잘 모르겠지만 같은 어뢰라면 제한적이지만 가능할 것으로 생각됩니다."[200]

유도어뢰의 주파수 대역도 청음모드 상태로 설정해두면 어뢰의 움직임을 감지할 수 있다고 홍 하사는 전했다. '천안함의 소나가 주로 북한의 직주어뢰를 탐지하도록 설계돼 직주어뢰가 발생시키는 음역대인 9Hz ~13KHz의 음파만 청음하게 돼 있고, 지금 현재 북한이 쓰거나 아니면 최근 어뢰들은 유도어뢰들인데 이들이 발생시키는 주파수가 3~8KHz 라서 천안함 청음모드로 들을 수 없었다'는 주장을 김남주 변호사가 소개하자 홍승현 하사는 "틀리다"고 반박했다.

오히려 홍 하사는 "그것은 화면상에 나오는 신호를 이야기하는 것 같고, 수중에서 나오는 소리는 대역대 안에서 들린다"며 "신호는 안 나오더라도 청음은 가능하다"고 밝혔다. 그는 "굳이 그 (주파수) 대역 대에 들어오지 않는다 해도 더 높다고 해도 소리로 들을 수 있다는 것"이라고 설명했다.

결국 '천안함 소나로는 스크루 소리는 듣기 어렵고, 액티브 모드로는 탐지가 제한적이지만 가능하다는 것이고, 어뢰의 스크루 소리는 천안함 소나 청음모드로 들을 수 있다는 것이냐는 김 변호사의 신문에 홍 하사는 "가능하다"고 답변했다.(증인신문조서 6, 9쪽)

이렇게 들을 수 있는 환경이었는데도 합조단은 북한 잠수함정이 전혀 들키지 않고 기습적으로 어뢰 작전을 서해앞바다에서 성공하고 돌아갔다고 발표한 것인지 의문이 들지 않을 수 없다.

32차 공판 2014년 12월 22일 전준영 당시 천안함 견시병(당시 병장) 출석

32. 천안함 견시병 "살짝 떴다는 기분 느껴"

2014년 12월 22일 열린 천안함 32차 공판에는 두 명의 천안함 생존 승조원이 출석했다. 먼저 증언대에 선 전준영 당시 견시병은 사고 순간 몸이 살짝 뜬 기분이었다고 증언했다. 또한 그는 사고 전에 시계를 봤을 때 밤 9시 16분(21시 16분)이었다고 말했다. 그는 천안함 사고 당시 병장으로 제대 1개월밖에 남기지 않은 상태였다. 그는 생존 승조원 가운데 가장 먼저 제대했다.

 — 변호인(김남주 변호사): "증인은 사고 전에 시계를 봤을 때 9시 16분경이라고 했는데 어떻게 보게 된 것인가요."
 = 증인(전준영 천안함 견시병): "눈 뜬 상태로 누워 있다가 무의식적으로 보게 됐습니다."

- 변호인: "함에 변화가 있다거나 해서 본 것은 아닌가요."

= 증인(전준영): "절대 아닙니다."

- 변호인: "소리를 들었다고 했는데 쾅 소리였나요, 쿵 소리였나요."

= 증인(전준영): "오래돼 기억나지 않지만, '쾅' 소리에 더 가까웠습니다."

- 변호인: "폭발소리 같던가요, 부딪히는 소리 같던가요."

= 증인(전준영): "정확히 모르겠습니다."

- 변호인: "소리는 한 번이었나요."

= 증인(전준영): "한 번 들었습니다."

- 변호인: "사고 순간 몸이 붕 떴나요."

= 증인(전준영): "예 떴다고 할 정도로 느꼈습니다."

- 변호인: "몸이 뜨면서 침대 윗칸에 닿았나요."

= 증인(전준영): "그것은 기억나지 않고, 살짝 떴다는 기분만 들었습니다."[201]

전준영은 사고 당시 "포술항해부 침실"에서 누워 있었다. '당일 오후 6시부터 침실에서 쉬고 있다가 9시 16분에 시계를 볼 때까지 계속 잤느냐'는 피고인 신상철 전 위원의 신문에 "자다가 그때쯤 일어났던 것 같다"고 말했다.

32차 공판 2014년 12월 22일 안재근 당시 천안함 41포R/S 포당직자 출석
32-1. 병기병 "충돌음 후 찢기는 소리"

32차 공판에는 천안함 사고순간 41포와 R/S포 당직근무를 하던 안재근 천안함 병기병이 출석했다. 안재근은 어뢰에 의해 피격됐다고 생각한다면서도 사고 순간 들었던 소리는 충돌음에 이은 찢겨지는 소리였다고 증언했다.

그는 사고 순간에 대한 검사의 신문에 "'쾅' 하는 소리가 들리면서 정전이 됐다"며 "충격 때문에 몸이 붕 떠서 몇 바퀴 구르면서 떨어졌고, 그 뒤로는 정전이 돼 앞이 보이지 않아 손전등을 켜서 상황을 파악하고 보니까 배가 완전히 넘어간 상태였다"고 묘사했다.

이어 그는 침몰 원인에 대해 "저는 병기병이었기 때문에 군사무기 교육을 받는데, 군함을 한 방에 침몰시킬 수 있는 무기는 어뢰밖에 없다고 배웠기 때문에 맞았을 때는 잘 몰랐는데, 구조활동을 하면서 생각해보니까 어뢰에 맞았다는 추측을 했다"고 주장했다.

그러나 사고 순간 그가 들었다는 소리는 쿵 하는 충돌음이었으며 찢겨지는 소리였다고 증언했다. 다음은 증언의 요지이다.

— 변호인(김종보 변호사): "증인은 매일신문과 2011년 3월 25일 인터뷰에서 '평소와 다름없이 조용했는데 갑자기 쾅 하는 소리가 나더니 몸이 튕겨져 나가더라고요'라고 말한 사실이 있는데 맞나요."

= 증인(안재근 천안함 병기병): "예. 처음에 '쾅' 하는 충돌음 소리를 듣고 그 뒤엔 선체가 찢겨지는 소리가 길게 났습니다."

— 변호인: "쾅 하는 충돌음을 들었다는데 뭔가에 충돌하는 느낌이었나요."

= 증인(안재근): "아닙니다. (충돌하는 느낌인지는 모르겠고—당시 법정에서 기록한 것) 뭐가 와서 때리는 소리였습니다."

— 변호인: "그 다음에 '끽' 하는 소리가 나면서 배가 찢어지는 느낌이었나요."

= 증인(안재근): "그랬습니다. 증인이 듣기로는 그런 소리였습니다."

— 변호인: "쾅 했을 때 몸이 어떻게 충격을 받게 됐나요."

= 증인(안재근): "저는 오른쪽으로 튕겨져 날아가고 불이 꺼져 있었기 때문에 정신을 차리고 후레시로 비춰보니 바닥하고 완전히 넘어간 상태였습니다."[202]

이 같은 증언이 나오자 검사가 곧바로 반박신문을 했다. 이건령 검사는 "'쾅' 소리가 나고 뭔가 찢어지는 소리가 났다고 했는데, 찢어지는 소리가 바닥에 긁히거나 배 옆부분이 바위에 부딪히거나 해서 흠집이 나는 좌초하는 소리였나, 아니면 배가 두 동강 나는 소리였나"라고 신문했다. 이에 안재근은 "제가 말하는 소리는 '쾅' 할 때 그 충격음 때문에 배가 부서지고 그 뒤에 남은 부분이 뜯어져 나가는 소리였고 긁히는 소리는 아니었다"고 답했다.

'증인이 배가 찢어졌을 때나 배가 바위에 부딪혀서 긁히는 것을 경험한 적이 있느냐'는 재판장 신문에 "없다"며 "제가 느꼈던 생각"이라고 답했다.

쾅 소리가 충돌음과 폭발음 가운데 어디에 가까우냐는 최행관 검사의 신문에 "그것까지 정확히 구분되지 않고 제가 들었던 소리는 쿵하는 소리였다"고 증언했다.

그러나 이 같은 증언을 두고 합조단 보고서는 '폭발음'으로 기술했던 것으로 나타났다. 합조단은 천안함 최종 보고서 122쪽에서 병기병은 "'쾅'하는 소리와 함께 함정이 우현으로 기울고 함미가 찢겨져 나가는 듯한 '쫘~앙' 소리를 청취하였다"며 폭발음을 2회 청취하였다고 진술했다고 썼다. 쾅 소리를 폭발음으로, 강철이 찢겨지는 소리를 쫘앙으로 묘사해 미묘하게 혼란을 준 것이다. 보고서에 실린 병기병의 진술요약문에도 "'쾅' 하는 소리 후 배가 기우는 동안 함미가 찢겨지는 듯한 '쫘~아앙' 하는 소리가 계속 났고"로 기재돼 있어 폭발음이라는 말은 없다.[203]

33. 천안함 CCTV 납품업체 대표
"1분 늦어진 것 복원하고야 알아"

2015년 1월 26일 열린 신상철 전 위원의 천안함 명예훼손 사건 33차 공판에는 천안함에 CCTV를 납품한 업체 '미드텍스'의 김정애 대표가 출석했다.

김 대표는 시간의 오차가 난 이유에 대해 이날 법정에서 "다른 카메라도 오차가 난다"며 "제조회사에 물어봐도 오차가 난다. 셋팅할 때 저장장치를 셋팅하는 과정에서 오차가 생긴다"고 말했다. 마지막 1분의 영상이 저장되지 않는 것에 대해 김 대표는 "1분이 될 수도 있고, 더 될 수도 있다"며 "강제로 끄면 마지막이 저장되지 않는다"고 답했다. 왜 이렇게 시간차이가 나느냐는 변호인 신문에 김 대표는 "천안함 사고가 나서 우리도 복원하다 보니 알게 된 것"이라고 답했다.

무엇보다 김 대표의 회사인 미드텍스가 사고 당시 조사과정에서 제출한 확인서의 작성 주체가 누구냐에 대한 진위 논란이 있었다. 이와 관련해 내가 당시 썼던 보도내용과 취재기록을 다시 검토해 아래와 같이 옮긴다.

천안함 선체 내에 설치된 CCTV 11대 가운데 영상기록이 남아 있는 6대의 카메라 영상 파일엔 영상 종료가 가장 늦게 된 것도 2010년 3월 26일 21시 17분 03초로 정부가 발표한 사고 발생 시각(21시 21분 58초)보다 약 5분이 빠르다. 국방부 합조단은 "카메라 각각의 시계와 통제 컴퓨터상의 시계에서 발생하는 일방적인 시간 오차가 있고, 촬영영상은 1분후 저장되는 특성과 생존자 진술을 분석한 결과 최종 촬영된 CCTV는 가스터빈실 CCTV로 21시 21분경(CCTV상 21시 17분 03초)에 작동을 멈춘 것으로 추정했다"고 설명했다. CCTV 시계 자체도 실제 시각보다 4분가량 늦을 뿐 아니라 강제 종료 시 1분 전 촬영분까지만 저장되는 장비 한계 탓이라는 것이다.

이 같은 오차 발생을 두고 검찰과 군은 CCTV 업체가 합조단에 제출한 장비기능확인서를 제시했다. 천안함 CCTV 설치업체인 (주)미드텍스가 지난 2010년 5월 14일 국방부조사본부 앞으로 보낸 공문에 첨부된 '천안함 CCTV 장비 기능 확인서'를 보면, 카메라별 설정환경(시계: 카메라별 각각의 녹화시각이 다름), 녹화시각 오차 존재(컴퓨터의 일반적인 시간 오차가 PC 및 카메라 시계에서 발생 → 복원영상 6개 화면의 시간 오차 존재 사유), 촬영영상이 임시저장 상태에서 카메라별 데이터 정리에 약 1분 소요(1분 뒤 저장) 등이 기재돼 있다.

이 확인서엔 복원 영상의 최종 화면인 가스터빈실 후부 영상(녹화시각 21:17:03)은 사건 발생 1분 전 영상으로 판단한다는 설명도 있다. 이는 합조단 보고서 내용과 동일하다. 또한 천안함 CCTV 녹화영상 편집의 가능성에 대해서도 이 확인서는 "전용 영상 저장방식과 특정 시리얼 번호 및 동글키(복제 방지용 시리얼넘버가 내장된 하드웨어)로 구동 가능한 영상 저장 프로그램을 사용하므로 타 프로그램으로 저장, 백업, 수정, 편집 불가능하다"며 "영상 데이터베이스 손상시 AVI 등의 동영상 파일로 변환이 불가능하다"고 밝혔다.

문제는 이 확인서의 작성자에 있다. 이 문서 뒷부분을 보면, 작성 주체가 '2010년 5월 13일 대한상이군경회 미디어사업소장 권영현'으로 쓰여 있고, 옆에 직인도 나온다. 그러나 이 확인서의 작성자는 (주)미드텍스 쪽에서 작성한 것으로 밝혀졌다. 김정애 미드텍스 대표는 법정에 출석해 확인서를 미드텍스에서 작성했다고 증언했다. 왜 권영현 소장 명의로 작성했는지에 대해 김 대표는 "조사단 등이 서로 '연락이 왔으니 해달라'고 해서 권씨 이름으로 공문을 쓴 것"이라며 "(이름을 넣는데) 허락을 받고 권씨 이름을 쓴 것"이라고 설명했다. 김 대표는 "상이군경이 계약자이고 (우리는) 하도급을 받았으니 (그렇게 된 것)"이라고 말했다.

그러나 권영현 대한민국 상이군경회 미디어사업소장은 재판 다음 날 (2015년 1월 27일) 나와(《미디어오늘》)와 인터뷰에서 "이는 우리 쪽에서 나간 자료가 전혀 아니며, 우리는 '대한민국 상이군경회'로 쓰지 '대한상이군경회'로 쓰지 않는다"며 "우리 쪽에서 작성했다면 문서대장에 남아있어야 하나 남아 있지 않다"고 밝혔다. 그는 "사전에 직인을 찍어달라는 요청을 받은 적도 없다"며 "직인은 우리 금고에 들어있는데, 무슨 사전 확인을 해주냐"고 말했다. 권 소장은 "우리가 내준 문서가 아니다. 법정가서 우리가 만든 문서 아니라고 확인해줄 수 있다"며 "요청받은 적도 서류 써준 적도 도장 찍어준 일도 없다"고 주장했다. 권 소장은 "합조단으로부터도 그런 문서요구를 받은 적이 없다"며 "필요하면 3자 대면이라도 하자"고 덧붙였다.

이에 대해 김정애 미드텍스 대표는 그달 27일과 30일 여러 차례 《미디어오늘》과 인터뷰에서 틀림없이 권 소장으로부터 확인도장을 받은 것이라고 반박했다. 김 대표는 "상이군경회에서 받은 확인서로, 권 소장이 오래돼서 기억이 안 난다고 하는지 모르지만 맞다"며 "평택에 갔을 때 어떤 장비가 들어갔고, 어떻게 구성됐는지를 (합조단에) 설명했더니 합조단에서 이 부분에 대한 확인서를 써달라 해서 (계약자가 상이군경회로 돼 있어) 상이군경회에다 메일을 보냈다. 그때 담당자들이 소장에게 얘기해서 소장이 도장을 찍어서 우리한테 줬다"고 말했다.

김 대표는 "사실 그대로 보탬이 없이 그대로 얘기한 것"이라며 "거짓말로 도장 찍어서 제출한 것도 없고, 있는 그대로 해서 받아서 조사단으로 보낸 것"이라고 강조했다.[204]

34. 재판부 교체 증인 신문 없었음

서울중앙지법 형사36부 재판장은 유남근 부장판사에서 이홍권 부장 판사로 교체됐다. 이에 따라 2015년 3월 23일 열린 34차 공판에서는 새 재판장과 검사 및 변호인이 증인 신문 대신 향후 남은 증인 신문과 증거 조사 일정을 협의했다.

35. 국과수 법의관 "천안함 희생자 익사 가능성·사인 미상"

2015년 4월 20일 열린 천안함 25차 공판에는 사건 이후 합조단 과학 수사분과 조사위원으로 활동하면서 시신을 검안한 김유훈 국립과학수 사연구원 법의관이 출석했다. 김 법의관은 천안함 침몰 이후 함미 인양 시 발견된 시신 36구에 대해 사인은 미상이나 익사 가능성을 고려해야 한다는 검안의견을 냈다고 밝혔다. 사인을 미상으로 본 것은 부검을 하지 않았기 때문이라고 그는 설명했다. 36구의 시신 가운데 심각한 손상이 있는 시신은 없었다고 그는 밝혔다.

김 법의관은 김영주 국과수 연구관과 함께 국과수 대표로 합조단에 파견돼 사망한 승조원 검안의 담당 팀장 역할을 하면서 총괄지휘했다고 밝혔다. 검안 당시 책임은 김 법의관 등 국과수 파견 법의학자들이 맡았다고 전했다. 이에 반해 국방부 군의관들은 4~5명 정도였으며, 6개팀 (팀당 3명가량으로 구성)이 각각 6명씩 모두 36구의 시신을 검안한 것으로 기억한고 김 법의관은 설명했다.

애초 사인 판단을 위해서는 부검을 해야 정확한 판단을 할 수 있으나 유족의 의견을 감안해 국방부가 부검을 하지 않기로 한 것으로 안다고 그는 전했다. 이에 따라 "사인을 검안으로 마치자, 부검 가지 말고" 정도로 결정했으며, 대신 우리가 '엑스레이 검사라도 해서 어느 정도 최대한 손상을 파악할 수 있도록 하자'는 의견을 내 엑스레이 촬영은 하게 됐다고 김 법의관은 설명했다.

엑스레이 촬영 등을 통해 사인을 조사한 결과에 대해 김 법의관은 "전체적으로 엑스레이상으로 아주 치명적이고 심각한 손상이 뚜렷하게 나오는 경우는 없고, 선체 안에서 발견된 시신들이기 때문에 그래서 일반적으로 아주 심각한 외상이 발견되지 않는 경우 대부분이라서 아마 '익사의 가능성' 정도로 기술해 회보를 한 것으로 기억한다"고 밝혔다. 그러나 검안보고서(검안서)엔 불명이라고 작성했다고 김 법의관은 전했다.

"아마 (검안서엔) '불명'이라고 했고요. 그 침몰 당시 상황이라는 것이 굉장히 다양하게 원인이 발생할 수 있지 않겠습니까. 그래서 물론 익사 가능성이 크다고 보이지만, 그것도 역시 인양과정에서 부패되고 조금 변화된 모습도 있기 때문에 명확한 익사의 소견이 보이지 않고, 우리가 부패되지 않으면 거품이 코와 입에서 많이 유출돼 있다거나 그런 것을 보고 이제 익사의 소견으로 확인을 하는데, 이것도 역시 시신이 잠겨 있는 동안에 그런 부분도 많이 사라져 버렸고, 그래서 익사의 소견도 보이지 않고, 또 검안이나 엑스레이를 통해 아주 심각한 돌아가실 만한 사망할 만한 외상도 명확하지 않은 단계이기 때문에 추정적으로 간 거죠. '사인은 불명이고, 검안으로는 어떻게 얘기할 수 없겠다'라는 쪽에 결론들이 많았습니다."[205]

김 법의관은 이 같은 내용으로 사체 검안서를 작성해 국방부에 보냈다고 설명했다. 또한 사망원인과 관련해 다음과 같이 설명했다.

"문서상으로 검안서를 발부해줬습니다만, … 사인은 '불명'이고, '어떤 외부적 요인에 의한 외인사라고 보이지만 익사인지 아닌지 또 손상에 의한 사망인지 알 수 없다'고 해서 '사인은 불명이다'라고 했고, 기본적으로는 좀 명확한 외상이 없으니까 상황으로 봐서 익사의 가능성을 먼저 좀 생각해봐야 하지 않겠는가 하는 의견 정도로 해서 결과를 보낸 것으로…"[206]

합조단 최종보고서에 천안함 희생자 사인 기재 내용을 두고 김 법의관은 "검안 부분의 경우 국방부 조사본부 쪽에서 저희 검안서 내용을 종합해서 의견 정리를 한 것이라는 생각이 든다"며 "누가 했는지는 모르겠지만, 그렇게 의견을 낸 것"이라고 말했다.

사망자 분석결과와 화상과 파편상, 관통상이 없다는 합조단 보고서 내용의 진위에 대해 김 법의관은 "그렇다"며 "특별히 큰 것(시신 손상)은 명확히 보이지 않고, (국방부가) 종합 정리해서 작성한 것으로 보인다"고 답했다.

'골절, 열창, 타박상, 경미한 외상 등으로 볼 때 정황상 익사로 판단한다'는 보고서 내용이 김 법의관 소견과 일치하는지에 대해 김 법의관은 "그렇다"면서도 "우리가 사인은 알 수 없다. 다만 익사 가능성을 고려하라고 얘기했던 것"이라고 말했다.

사망자들의 경우 주요 손상 부위가 우측견갑부-우상완-우측요부-우측무릎으로 이어지거나 좌측두부-좌측어깨-좌측 팔로 이어지는 등 좌우 어느 한쪽으로 방향성을 보이는 경향이 있는 경우도 있었다고 기재돼 있는 것에 대해 김 법의관은 검안한 시신 모두가 그런 것은 아니라고 말했다.

"'36구의 시신이 다 이렇다는 것은 아니고요. 어떤 한 사람은 이렇고, 어떤 한 사람은 그렇다', 한두 명 정도가 그렇다는 얘기입니다. 여기 보시면

'한 시신'은 1명의 시신이라는 거죠. 또 다른 그러니까 '2명 정도 그러한 양상을 보였다'는 얘기이고, 36명이 다 그렇다는 것은 아닙니다"[207]

이와 관련해 '외력에 의해 시신이 신체 좌우 한쪽으로 밀리거나 넘어지면서 손상이 나타났다'는 합조단 보고서 결론에 대해 김 법의관은 "이것은 해석을 그렇게 한 것"이라며 "'검안서에 나오는 손상을 보고 왼쪽으로만 있고, 어떤 경우는 오른쪽만 있기 때문에 부딪혔을 것이다'라고 생각을 하는 것"이라며 "제가 작성한 검안서에는 그렇게 기재돼 있지 않고, 검안서에 기재돼 있는 손상의 위치들을 보고 여기에 작성한 분이 해석한 것"이라고 판단했다. (김유훈 증인신문조서 11쪽)

김 법의관은 폭발 사망사고 검안 또는 부검 경험과 관련해 "일반적으로 육상에서 발생한 폭탄이나 총기 등 폭발사고 경험은 있으나 선박 폭발은 이번이 처음이었다고 볼 수 있다"면서 "함체가 부서진 위치보다 안쪽에 사망자들이 있었기 때문에 파편흔이 없지 않았나 한다"고 추정했다. 이에 반해 함수 자이로실과 절단면 등에서 발견된 4명의 시신에 대해 김 법의관은 "먼저 발견된 4명의 시신은 조사본부가 조사했는데, 손상이 더 컸던 것으로 안다"고 말했다. 그는 당시엔 검안에 참여하지 않았다고 밝혔다.

사체의 부패정도에 대한 재판장의 신문에 김 법의관은 "육안으로 얼굴 정도는 다 알아볼 수 있을 정도가 대부분이었던 것으로 기억하고 있고, 시간이 지났지만 바다 밑에 잠겨 있는 동안에는 부패 속도가 늦기 때문에, 겉으로 상처 확인하기가 어려울 정도는 아니었다"고 말했다. 절단된 사체의 존재 유무에 대해 김 법의관은 "그런 정도의 심한 외상은 없었다"고 답했다. 그는 심각한 손상의 경우 두개골이 파열된다거나 늑골이 손상되는 상처가 치명적인데, 시신들의 상태가 그렇지는 않은 것으로 기억한다고 설명했다.[208]

36. TOD 영상 등 증거 검증

36-1. 합조단 총괄장교 "내가 본 설계도에 어뢰 길이는 있어"

2015년 5월 11일 열린 제36차 천안함 공판에는 합조단의 보고서 작성을 위해 각 부서에서 올라오는 자료 등을 총괄했던 신희한 합조단 총괄팀 총괄장교(해군대령)이 출석했다.

신 대령은 북한제 CHT-02D 어뢰의 설계도를 본 적이 있으며 이 설계도에 어뢰의 길이와 같은 일부 재원도 표기돼 있었다고 증언했다. 그러나 설계도 원본이 아닌 보고서에 실린 수준의 설계도였다고 답변해 무엇을 본 것인지 불분명했다.

— 변호인(김남주 변호사): "북한 어뢰설계도를 본 적이 있나요."

= 증인(신희한 합조단 총괄담당): "예."

— 변호인: "설계도의 출처가 어디인지 알고 있습니까."

= 증인(신희한): "담당분야가 아니라 정확히 기억나지 않습니다."

— 변호인: "북한 어뢰설계도 출처가 팸플릿인지 CD인지 알고 있습니까."

= 증인(신희한): "그것까지는 모르겠습니다."

— 변호인: "어뢰설계도만 봤습니까, 아니면 북한에서 취득한 정보를 봤습니까."

= 증인(신희한): "설계도만 봤습니다."

— 변호인: "증인이 본 자료에 재원이나 이런 것도 나와 있지 않았습니까."

= 증인(신희한): "재원이라고 하면 토탈 자료를 얘기하는 건데 단순한 재원
인 길이나 이런 것들은 설계도에 나와 있었습니다."

− 변호인: "폭약량, 길이, 속도도 설계도에 나와 있었습니까."

= 증인(신희한): "길이만 제가 설계도에서 봤고, 나머지는 정확하게 기억나
지 않습니다."[209]

그러나 최행관 검사가 "천안함 보고서 197쪽에 나온 어뢰설계도 그림
인데, 증인이 봤다는 어뢰설계도가 이 자료를 봤다는 것인가요, 아니면
어뢰설계도의 원본을 봤다는 것인가요"라고 묻자 신 대령은 "지금 이 자
료(보고서)를 얘기하는 것"이라고 말했다.(신희한 증인신문조서 9쪽)

36차 공판 2015년 5월 11일 구조인양업체 알파잠수기술공사 대표 출석
36-2. 이종인 "천안함 함안정기 바닥에 긁히고 찢겨져"

이날(2014년 5월 11일) 36차 공판에는 천안함 침몰 원인이 어뢰폭발이
아닌 좌초라고 주장해온 구조인양 전문가 이종인 알파잠수기술공사 대
표가 출석했다. 특히 이 대표는 천안함이 폭발했다는 근거로 제시된 함
안정기Stabilizer의 손상 상태에 대해 "폭발이 아니라 오히려 바닥에 긁혀
찢겨지기까지 한 것"이라고 주장했다. 그는 과거 내부폭발로 침몰한 선
박을 구조인양한 자신의 경험을 들면서 당시 인양한 시신에는 목이 없
었을 정도로 처참했다고 말했다.

이 대표는 2010년 6월 22일 당시 국회 천안함 특위 이정희 의원실 관
계자와 함께 평택의 해군2함대에 천안함 선체 조사를 하러 동행했다고
말했다. 그는 이때 사고 원인을 좌초라고 판단했다며 그 이유에 대해 아

래와 같이 설명했다.

"함미 쪽에 난 메탈(금속) 스크래치 자국들, 그다음에 함선 측면에 나와 있는 절단 형태들. 중간 중간에 움푹움푹 들어간 구멍들, 프로펠러 휜 거 그 정도입니다"[210]

합조단 보고서에 실린 절단면의 형태에 대해 이 대표는 "(보고서의 절단면 사진은) 배의 내장에 해당하므로 직접 무엇에 부딪힌 것과는 관련이 없다"며 "바깥의 왼쪽에서부터 뜯어지면서 저런 식으로 늘어져 남아 있는 것"이라고 설명했다. 또한 함안정기의 부재와 부재 사이의 철판이 움푹 들어간 것을 두고 폭발 시 압력으로 발생하는 '디싱Dishing' 현상이라는 합조단의 주장에 대해 이 대표는 그렇지 않다고 반박했다. 이 대표의 증언은 다음과 같다.

 — 변호인(김종보 변호사): "함수 절단면 부근 좌측 함안정기 부분이 즉 프레임 안쪽이 움푹 들어간 것이나 절단면의 선저 외판이 프레임 안쪽이 들어간 것을 가지고 합조단에서는 폭발 시 압력에 의해 밀려 들어간 디싱 현상이라고 설명하는데, 증인이 보기에 이 현상은 어떤 것인가요."
 = 증인(이종인 알파잠수기술공사 대표): "저것은 배가 신조된 상태에서 조금만 지나면 저렇게 됩니다. 군함의 경우 건조 당시 속도 위주로 하기 때문에 두껍지 않은 박판을 씁니다. 프레임에 용접하다 보면, 철판을 양쪽으로 당기게 된다. 이렇게 자연스럽게 들어가는 현상을 제너럴 웨이브라고 얘기합니다. 함안정기는 물속에서 배가 움직이는 반대방향으로 움직이게 하기 위해 안정화시키는 것으로, 디싱 현상이 반대 압력에 의해 자연적으로 휘는 것이지 폭발로 저렇게 되는 것은 아닙니다."
 — 변호인: "폭발을 경험하지 않은 선박에서도 저렇게 움푹 들어가 있는 것

함수 함안정기 좌현(위쪽)과 우현(아래쪽). 사진=조현호 기자

을 본 적 있습니까.”

= 증인(이종인): “예. 스태빌라이저가 있는 배가 유람선 크루저가 있는데,

그것은 날개가 커요. 그것은 비행기 날개처럼 쭉 펴게 돼 있는데 그런데

도 웨이브가 저렇게 져 있습니다.”

— 변호인: "폭발의 압력이 아닌 일반적 운항에 의해 생기는 압력으로도 충분히 변형이 발생할 수 있다는 것인가요."

= 증인(이종인): "예."[211]

이 대표는 합조단 보고서에 수록된 함미 절단면 선저 중앙 및 좌현의 사진[212]을 보면서 "사진 우측 중앙 정도에 보면 빨간 선이 보이는 곳이 쏙 들어가 있고, 그 밑부분들도 들어가 있다. 이 사진은 확대해서 보면, 밑에까지 전부 바닥에다 갖다 문지른 형태가 보이는데, 그 형태가 페인트에만 나 있는 것이 아니고 쇠까지 깎여 있을 정도로 손상이 심하"며 "그후에 천안함 견학을 갔을 때엔 2010년 6월과 다르게 상태가 많이 바뀌었지만 금속이 긁혀진 메탈릭 스크래치는 변함이 없었다"고 밝혔다.

이 대표는 또 천안함 절단면 좌현과 우현을 그래픽으로 구현해놓은 합조단 보고서의 이미지[213]에 대해서도 "함미를 보면 주름이 잡혀있는데, 가운데는 부러지지만 그 부러진 옆에는 주름이 잡혀 있고, 철판이 힘을 많이 받다가 최종적으로 뜯어지는 데가 우현 쪽인데 제가 생각할 때 거기를 끝까지 붙잡고 있다가 함수를 우측으로 눕히면서 제일 나중에 부러지게 된 것인데 거기는 살이 터있는 것같이 보인다"고 설명했다.

함미 절단면을 정면에서 보고 촬영한 합조단 보고서상의 사진을 보고 이 대표는 "이 사진은 배의 선체가 힘이 아내에서 작용해서 함수, 함미의 절단면이 솟구쳐서 위로 잘라진 것처럼 보이는데, 그게 아니고, 반대로 선체의 절단면이 아랫방향으로 향하다가 끊어진 것"이라며 "그래서 배가 절단된 직후 TOD 영상을 보면, 함미가 최종적으로 좀 남아 있다가 가라앉는 것이 보인다"고 주장했다.

이 같은 절단면의 상태가 (폭발의) 압력에 의한 것이라고 생각하지 않는 이유에 대해 이 대표는 "지금 천안함에는 수제비처럼 폭발에 의한 상처가 전혀 없다"며 "잔해를 봤을 때 제가 본 폭발했던 배의 잔해가 전혀

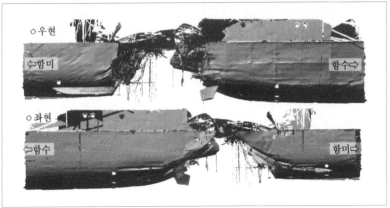

위-천안함 절단면 파괴특성 분석 결과. 사진=합조단 보고서 51쪽
아래-천안함 절단면 형상. 사진=합조단 보고서 53쪽

없었다"고 밝혔다.

그는 빌지킬Bilge Keel(배가 옆으로 흔들리는 것을 방지하기 위한 돌출재)의 손
상에 대해서도 "자연적인 어떤 형상물에 접촉한 결과 저렇게 됐다고 보
기 때문에 좌초라고 본다"고 주장했다.

프로펠러 손상에 대해 이 대표는 "바닥에 대고 문지른 것이라고 본다"
며 "배가 어딘가에 바닥에 닿으면 배를 빼려고 전후진을 하는데, 전진하면서 프로펠러가 해저에 닿으면 날개가 뒤쪽으로 휘어지고, 후진을 하면서 닿으면 반대로 휘게 되는데, 천안함 우현의 프로펠러 중 일부는 에스자 형태로 휜 것도 있다. 우측이 더 많이 (해저에) 닿았으며, 후진할 때 손상이 더 많이 간 것으로 보인다"고 주장했다.

국방부가 인양했다는 이른바 1번 어뢰의 부식 정도에 대해 이 대표는 "그것이 터진 어뢰이건 불발탄이건 간에 물속에 있었던 시간도 오래돼 있었던 것 같고, (물속에서 꺼내) 공기 중에 말린다고 바로 저런 상태가 되지 않는다"며 "공기 중으로 꺼낸 지 적어도 4~5년 정도 걸렸다고 판단했다"고 말했다.

이종인 대표는 본인 외에도 유사한 일을 하는 이들도 천안함을 보고 좌초라고 말한다고도 전했다.

- 변호인(김남주 변호사): "해난구조업에 종사하는 업계 사람은 천안함 사고 원인을 뭐라 평가합니까."
= 증인(이종인 알파잠수기술공사 대표): "글쎄 제가 만난 사람들은 좌초라고 얘기를 하죠."
- 변호인: "많은 사람들이 좌초라던가요."
= 증인(이종인): "많은 사람들을 만날 기회는 없었고, 대개 업자들이 부산에 많고, 인천에 있는 몇 군데 업자 중에 2군데가 천안함 건지는데 동원된 업체였는데, 작년에 어떤 사건 때문에 만난 사람들도 그렇고, 제가 많이 만났던 배 하는 사람들은 직접 배 밑을 자세히 견학할 기회는 없었지만 사진으로 본 프로펠러 보고는 100% 좌초라고 얘기를 하더라구요. 프로펠러는 자주 공개됐으니 그렇게 얘기합니다."[214]

이 대표는 이 같은 주장의 근거로 자신의 과거 침몰 선박 인양 경험을 들었다. 지난 2012년 1월 15일 인천 앞바다에서 유증기(잔류가스) 내부

폭발로 침몰한 두라3호의 실종자 수색작업과 관련해 이 대표는 "폭발 시 배가 반으로 쪼개지고, 시신 하나가 갈라진 가운데 있었다고 누가 얘기해서 수색작업을 벌여 시신을 찾았는데 목이 없었다"며 "폭발과 동시에 한 명이 날아갔다고 해서 우리에게 의뢰한 것인데, 찾은 것은 몸뿐이었고 목은 못 찾았다"고 전했다.

그는 "해경에서 박스 하나를 가져왔는데, 시신의 손발이 뜯어진 것을 모아왔다는 설명을 경찰로부터 들었다"며 "(경찰이) 보여줘서 그 시신을 사진으로 봤다"고 말했다.

검찰은 이 대표가 비접촉 수중폭발 선박이나 어뢰, 잠수정을 직접 봤거나 인양하지 않았으면서도 단정적으로 주장하는 것 아니냐고 반대 신문했다. '폭발의 예로 든 선박은 모두 내부폭발이냐' '내부 폭발 사고 침몰에 비춰봤을 때 천안함 사건이 폭발사고로 볼 수 없다는 것이냐'는 최행관 검사의 신문에 이 대표는 "그렇다"고 답했다. 비접촉 폭발도 본 적이 없다고 이 대표는 답변했다.

최 검사는 '시신의 상태가 온전하다는 것과 관련해 실종자 6명이 폭발여파로 산화됐거나 시체도 찾지 못했는데도 그렇게 단정한 것은 무리가 있지 않느냐' '(상태가 온전했던 시신이) 폭발과 거리가 먼 곳에서 발견됐다는 것은 아느냐'고 따지기도 했다.

이종인 대표는 "몸이 가루가 돼 (산화돼) 없어질 정도면 다른 이들이 전혀 손상 없는 것이 이해되지 않는다"고 답했다.

또한 최 검사는 "좌초가 천안함 침몰 원인이라고 하는데, 최원일 함장부터 생존장병, 다른 이들은 통상의 항로를 다녔으며, 그곳에는 암초 등 좌초의 요인이 없었다고 증언했는데 알고 있느냐, 그런데 어떻게 천안함이 갑자기 좌초가 될 수 있다고 생각하느냐"고 신문했다. 이종인 대표는 "최원일 함장의 주장이 맞다면 바위가 떠밀려왔다는 얘기밖에 안 된다"고 말했다. (이종인 증인신문조서 17, 19쪽)

스크래치와 관련해 '가라앉는 과정에서 스크래치 생길 수 있는 것 아니냐'는 검사 신문에 이 대표는 "그럴 수는 없다"며 "힘이 가해질 수 있는 것이 없기 때문"이라고 말했다.

어뢰 부식 상태와 관련해 발견 당시엔 부식 상태가 발표 때와 사뭇 다르고, 바닷속에 있다 나오면 빨리 산화되는 것 아니냐는 검사 신문에도 이 대표는 "껍질(겉부분)만 산화되는 것이지, 내부에 곰보(모양의 부식)까지 생길 수 없다"며 "제 경험에 비춰 그렇다는 것"이라고 답했다.

천안함 선저의 버블혼에 대해서도 페인트가 벗겨진 것이라며 최 검사와 법정 논박을 폈다.

- 검사(최행관): "자연침화와 상관없이 버블이 세게 부딪히면서 페인트를 벗겨낼 때 배 밑에 동글동글하게 생긴 버블혼에 대해서는 알고 있느냐."
= 증인(이종인 알파잠수기술공사 대표): "버블혼이라고 하는데, 닦고 난 것이라."
- 검사: "이 부분은 배에 전반적으로 있는 것이 아니라 침몰이 있었다고 주장하는 배 밑의 부분에서만 버블혼이 있었던 것은 알고 있습니까."
= 증인(이종인): "예. 그것은 페인트가 벗겨진 것이죠."
- 검사: "전반적으로 배에 버블혼이 있는 것이 아니라 폭발이 있었다고 추정되는 배의 밑 부분에서만 버블혼이 발견된 것에 대해서는 어떻게 생각합니까."
= 증인(이종인): "배가 전시돼 시간이 가면서 겉이 굉장히 많이 닦였습니다. 그래서 아마 속의 중도, 하도 페인트가 드러난 것의 차이라고 저는 생각합니다."[215]

폭발 선박구조와 관련한 민간인 전문가, 군 관련 전문가들이 모여서 여러 가지 실험이나 조사를 통해 결과를 발표한 것인데도 못 믿겠다는 것이냐는 신문에 이 대표는 "그걸 못 믿겠다는 것"이라며 "너무나 확연한 것을 (조사단의) 규모로 결과를 만들어서 믿으라고 하면 믿음이 가겠느냐"고 반문했다.

한편 검찰 측이 이 대표의 증언능력을 탄핵하기 위해 이종인 대표의 다이빙벨 투입 후 구조 실패 사실을 묻겠다고 나서 한때 변호인단의 반발을 사기도 했다. 재판부까지 나서서 천안함 사건과 무관하니 부적절하다고 했으나 이종인 대표가 답하겠다고 해 검찰이 신문을 이어갔다.

최행관 검사는 "세월호 사건 때 다이빙벨 투입과 관련해 구조했을 때 이 대표의 경험에 비춰 봐도 (실제와) 다를 수 있다는 것을 보여주기 위함"이라며 "세월호 침몰 사고 때 다이빙벨로 20시간 이상 수색할 수 있다면서 실제 투입했다가 별다른 성과 없이 철수한 뒤 실패를 인정한 것 맞느냐"고 신문했다. 이에 대해 이종인 대표는 "그렇다"면서도 "실제 (투입에 성공한지) 2시간 지나고 별 2개짜리가 와서 '배를 철수하라'고 해서 나왔다. 또한 유가족이 실패를 인정하라고 해서 그렇게 했다"고 답했다.[216](증인신문조서 27~28쪽)

37. 합조단 선체분과장 "폭발로 우현 프로펠러만 휘게 한 것 규명 실력 안돼"

2015년 6월 8일 열린 37차 천안함 공판에는 천안함 함미의 우현 프로펠러가 휘어진 원인을 규명했던 노인식 합동조사단 선체관리·구조분과장이 출석했다. 그는 폭발에 의해 휘어질 가능성은 있다면서도 실제로 그것을 검증할 실력은 없다고 주장했다. 그는 애초부터 프로펠러가 모두 함수방향을 향해 휘어져 있는데도 좌초는 배제하고 폭발에 의한 가능성만을 염두에 두고 조사했다고 시인했다. 폭발력이 우측 프로펠러에만 전달되고 왼쪽 프로펠러엔 전혀 전달되지 않은 것은 확인했다면서도 왜 그렇게 전달됐는지는 규명할 실력이 없다고 노 교수는 밝혔다. 그러면서 자신의 프로펠러 분석이 합조단 전체 조사결과에 중요한 영향을 준 것도 아니라고 했다.

노 교수는 천안함 함미의 우현 프로펠러 6장 중 5장이 함미에서 함수 방향으로 휘어진 것을 두 차례 시뮬레이션한 결과 첫 번째 시뮬레이션 결과는 틀리게 나왔으나 두 번째 결과는 유사하게 나왔다고 주장했다.

노 교수는 천안함 프로펠러 변형에 대해 "선체 중앙부 폭발 충격력에 의한 변형 가능성이 있다"고 주장했다.

애초 노 교수는 "천안함 보고서 마무리된 시점까지 프로펠러 변형 원인에 대해서 전혀 짐작을 못했으나 마무리될 시점에 스웨덴 조사단에서 이것을 회전 중 급정지의 가능성이 있다는 연락을 받았다"며 "그래서 제가 혼자 2함대 사령부로 올라가 스웨덴 조사단 2명과 의견 나눴고, 시나리오 중 가장 납득할 수 있는 것이었다"고 설명했다. 그는 스웨덴 측 주장에 대해 들으면서 프로펠러가 추진축으로 연결해서 엔진룸까지 걸쳐 있구나라는 생각을 이 사람들이 일깨워줬다고 극찬하기도 했다. 그러면서 곧바로 연구에 들어갔으나 급정지에 의한 관성으로 휘어졌다는 결과는 얻지 못했다고 그는 설명했다. 그 시나리오는 틀렸다는 것이다. 그런데도 그는 이런 틀린 내용으로 기자회견까지 했다.

그것이 틀린 것으로 판명나자 생각해낸 것이 "축 방향 충격"이었다는 것이다. 노 교수는 "축 끝에 엔진룸에 뭔가가 터져서 충격이 왔다면 저런 힘이 발생할 수 있다고 생각했다"며 "유일하게 전달되는 힘이 축 방향으로 미는 힘, 혹은 비틀림 충격"이라고 주장했다. 그는 "비틀린 충격이 저게 바로 스웨덴 조사단에서 제시한 그런 시나리오였고, 제가 한참 고민한 뒤에 생각한 시나리오는 축 방향 충격이라고 생각했다"며 "저것을 축 방향 충격에 대해서 시나리오대로 시뮬레이션한 결과 실제 변형과 상당

히 유사한 결과를 얻었다"고 주장했다.(노인식 증인신문조서 7~8쪽)

합조단은 천안함 피격사건 최종 보고서에서 "스웨덴 조사팀은 이와 같은 변형은 좌초로는 발생할 수 없고, 프로펠러의 급작스런 정지와 추진축의 밀림 등에 따른 관성력에 의해 발생될 수 있는 것으로 분석했다"고 썼다.

추진축 밀림 현상이 폭발로 인한 것인지에 대해 노 교수는 "직접적인 증거는 있을 수 없기 때문에 어쩔 수 없이 결과로 나타난 정황으로부터 유추할 수밖에 없다"고 검찰조사 때 진술한 것을 법정에서도 시인했다. 그러나 이런 정황으로 유추한 것의 정확도에 대해 노 교수는 "수중폭발에 의해 변형이 일어날 수 있다는 가능성을 확인한 것일 뿐 꼭 이렇다는 것은 아니다"라며 "아닐 수(도) 있다"고 답했다.

그러나 노 교수는 합조단 내 보고서를 통해서만 추진축이 밀렸다는 사실을 알았을 뿐 추진축 밀림을 실제로 확인하지 못했다고 말했다. 더구나 축 밀림이 왼쪽 프로펠러에는 없었다는 것에 대해서도 직접 확인하지 않았다는 것이다. 폭발 힘이 어떻게 영향을 미쳤는지에 대해서도 제대로 답하지 못했다. 이에 대한 변호인의 추궁이 이어졌다.

– 변호인(김남주 변호사): "…(폭발 힘에 의해) 함미 방향은 그대로 있고, 함수 방향만 힘이 작용해서 압축된 것인지, 아니면 다 같이 힘이 밀린 것인지 어떤가요."

= 증인(노인식 합동조사단 선체관리·구조분과장): "제가 대답할 수 있는 것은 아닌 것 같습니다."

– 변호인: "아니면 뒤에 있는 것이 앞으로 밀렸는지, 왜냐면 이 앞에서 함수 방향에서 밀려서 압축됐다면 뒤에 함미 방향에 클러치는 변형이 없어서 축계에 프로펠러 축으로 힘이 작용하지 않았을 텐데 증인은 그에 대해 연구는 안 해봤나요."

= 증인(노인식): "제가 구체적으로 저 원인에 대해 압축계 쪽으로 자세히 뜯어보지는 않았고요, 아까 말씀드렸다시피 다른 사람이 작성한 보고서를 참조했을 뿐입니다."

― 변호인: "그러면 폭발력에 의해 엔진 기어에서부터 발생한 충격력이 프로펠러 끝단까지 전달돼 10cm 밀림 현상이 나왔다는 전제부터가 잘못된 것 아닌가요."

= 증인(노인식): "10cm 밀린 것은 결과적으로 보였기 때문에…"

― 변호인: "그 힘이 어디에서 왔는지를 알아야만 얼마의 힘이 작용했는지 어느 속도에 작용했는지 관성력과 가속도가 어떤지 나오는 것 아닌가요."

= 증인(노인식): "폭발 원점에서부터 계속 축계를 따라 손상이 발견됐기 때문에…"

― 변호인: "그런 것을 모른다면 증인이 가정한 0.02초 동안 10m/s의 힘이 작용한다는 그런 작용은 증인이 지어낸 것 아닌가요. 합리적 근거가 없는 것 아닌가요."[217]

폭발 힘과 실제 형상이 같나 "우리 실력으로 안돼"

그러면서 노 교수는 법정 증언 내내 우리 실력으로 규명할 실력이 안된다는 말을 반복적으로 했다. 자신의 축 밀림에 의한 충격력으로 프로펠러가 휘었다는 2차 시뮬레이션 결과에 대해 폭발의 힘과 축 밀림에 얼마의 힘이 이르렀는지에 대한 규명과 검증을 했느냐는 신문에 우리 실력으로 불가능하다고 했다. 왜 우현프로펠러만 휘었고, 좌현은 휘지 않았느냐, 왜 힘이 우현에만 전달됐느냐에 대해서도 우리 실력으로 규명할수 없다고 말했다. 다음은 변호인의 신문에 대한 노 교수의 법정 증언 요지이다.

― 변호인(김남주 변호사): "이게 시뮬레이션과 유사하다는데, 실제 형상하

고 폭발에 의한 것이라고 한다면 폭발 힘과 증인의 가정이 같은지 다시
한 번 검증이 필요한 것 아닌가요."

= 증인(노인식 합동조사단 선체관리·구조분과장): "그것은 현재 우리 실력으로
는 불가능합니다."

— 변호인: "그 부분에 대한 검증이 없기 때문에 이 부분에 대한 신뢰도는
상당히 떨어지는 것 아닌가요."

= 증인(노인식): "결과만 가지고 이야기할 수 있습니다."

— 변호인: "결과와 시뮬레이션 값의 상관관계는 어느 정도 증인이 얘기하
신 것은 괜찮은데 그 외에 이 사건 발생상황, 폭발상황에 의해 변형됐다
는 논리적 연결고리로 정확히 일치하는 것은 아니죠."

= 증인(노인식): "발생할 수 있다는 가능성이 있다는 것이지 필요충분조건
은 분명히 아닙니다."[218]

앞서 검사가 '왜 좌현 프로펠러는 온전한 것이냐'는 신문에서도 이런
식의 답변을 했다. 그는 "우리들이 그것까지 원인을 규명할 만한 그런 실
력이 실제 없다"며 "왜냐하면 저기 폭발물이 터진 순간 엔진룸 부근은 완
전 아수라장이 되고, 각종 기계가 날아다니는 상태에서 어떤 이유인지
모르나 어쨌든 폭발의 결과로 우현 프로펠러 쪽으로 힘이 많이 갔고, 좌
현에는 힘이 갔다는 그런 표시가 별로 없다는 이야기"라고 말했다.

"프로펠러 손상보고서를 한번 쭉 열람했었는데, 기어박스라든지 이런
부근에 기어들이 우현 쪽은 압착돼 손상이 된 정황이 많이 발견됐고. 좌현
쪽은 멀쩡했습니다. 그리고 제일 컷던 게 프로펠러 축이 옆에서 사진을 찍
어놓은 것을 보면 우현 프로펠러 쪽은 이만큼 빠져 있습니다. 바깥에서 봐
도 우현 쪽이 약간 덜렁덜렁한 이런 상황이 보이죠. 좌현은 안 그렇습니다.
그런데 우현 프로펠러가 빠져 있는 거죠. 그러니까 우현 쪽이 어떤 원인을

우현 쪽이 더 휘어 있는 프로펠러. 사진=조현호 기자

규명하기는 쉽지 않지만, 힘을 더 받았다는 정황은 확실히 드러나 있다는 말씀을 드릴 수 있습니다"[219]

이어 법정에서 실시한 프레젠테이션에서도 노 교수는 좌현 프로펠러가 멀쩡한 부분만 나오면 실력 탓을 했다.

"…여기는 아까 질문하신 좌현 프로펠러 쪽이 왜 발생하지 않았느냐에 대한 설명인데, 원인에 대해 왜 그렇게 됐느냐는 우리가 설명할 수 없습니다. 저것을 설명할 만큼의 실력이 없습니다. 폭발 당시 무슨 일이 있었는지. 그것을 완전히 시뮬레이션할 만한 실력은 저희가 없습니다. 다만 결과적으로 우현 쪽으로 힘이 많이 작용했다는 사실만 확인할 수 있었습니다…"[220]

1차 시뮬레이션 문제 있다는 것 알면서도 발표

노 교수는 축 밀림에 의한 충격력으로 프로펠러가 휘었다는 주장을 펴고 있지만, 애초엔 급정지에 의한 관성력에 의해 프로펠러가 휘었다고 발표한 바 있다. 그러나 관성의 법칙에 따르면 프로펠러가 도는 방향(오른쪽·시계방향)으로 휘어져야지 정반대인 앞쪽(오른쪽)으로 휠 수 있느냐는 반론이 나오면서 자연스럽게 폐기됐다. 그것도 언론단체 검증위원회의 공개적인 반박이었다. 그런데 문제는 앞서 잠깐 언급한 것처럼 '급정지 후 관성론'이 틀렸거나 문제가 있었다는 것을 다 알면서도 노 교수가 발표했다는 점이다. 합조단에 보고도 하지 않았다 한다.

— 변호인(김남주 변호사): "(스크루가 휜) 방향이 틀리다는 반박이 있었는데, 처음엔 수용하지 않았죠."

= 증인(노인식 합동조사단 선체관리·구조분과장): "일절 저는 대답한 적이 없습니다. 제가 저 시뮬레이션에 자신이 없었기 때문에 어떤 반박도 듣고 가만히 있었습니다. 제가 말씀드린 바 하나도 없습니다."

— 변호인: "반박에 대해 듣고만 있었나요."

= 증인(노인식): "그렇습니다."

— 변호인: "노종면이라는 YTN 해직기자가 반박한 것인데, 법학을 전공한 사람입니다. 이런 문제점 있다는 것을 모르고 했나요, 알면서도 맞다고 했나요."

= 증인(노인식): "문제점이 전혀 없는 것은 아니지만, 시나리오 중 (급정지에 의한 관성론이) 가장 합리적이라고 판단했습니다."

— 변호인: "가장 큰 반박이 관성력으로 휜 방향이 정반대방향이었습니다. 그걸 조선공학을 공부하신 증인이 캐치하지 못하신 것인가요."

= 증인(노인식): "1차 시뮬레이션이 틀렸다고 분명히 말씀드렸습니다."

— 변호인: "처음에 틀린 것을 알 수 있었는데 왜 발표했나요."

= 증인(노인식): "휠 수 있다는 걸 말씀드렸지만, 이것이 맞다고 한 것은 아닙니다. 반박이 들어온 것에 대해서는 말하지 않은 것입니다."

— 변호인: "그러면 처음 반박이 들어왔으면 누구나 일견 알 수 있는 것을 왜 즉시 시정하지 않았나요."

= 증인(노인식): "그런데 자세히 보시면 선을 그어가면서 보면 약간 다르다는 것을 알 수 있지만 얼핏 보면 차이는 잘 안 납니다. 모르고 지나칠 수 있다…"

— 변호인: "일반인들이 모르고 지나칠 수 있으니까 그냥 그렇게 발표한 것인가요."

= 증인(노인식): "그 당시 저도 자세히 못 봤습니다. 휠 가능성만 본 것이지, 휘는 방향이 일치되지 않는다는 것을 그때 이미 말씀드렸고요. 그래서 저게 무슨 문제가 있는지는 그 뒤로 계속 연구된 것이고, 사실 발표할 당시 너무 시간에 쫓기다 보니 완성되지 않은 연구를 발표한 책임은 제게 있다고 생각합니다."

— 변호인: "이 시뮬레이션 결과에 대해 합조단에 보고했나요."

= 증인(노인식): "안 했습니다."

— 변호인: "다른 학자들에 보고도 안 하고 리뷰도 안 거쳤나요."

= 증인(노인식): "리뷰라고 하기엔 프로펠러에 대해 정확히 나보다 아는 사람이 없기 때문에 다들 그림 자체만 보고 넘어가는 그런 상황이 됐죠."[221]

좌초는 아니라고 봤다

폭발에 의한 힘이 어떻게 우측에만 축 밀림 충격력으로 프로펠러에 전달됐는지를 규명할 실력은 되지 않는다면서도 노 교수는 좌초에 의해 휘어졌을 가능성은 아예 없다고 단정했다.

처음에는 자기도 좌초인 줄 알았다는 것이다. 그런데 시계방향으로만 도는 가변피치프로펠러이기 때문에 반대로 돌다 저 방향으로 휘어졌다는 주장이 성립하지 않고, 프로펠러 표면이 매끄럽고 마찰의 흔적이 없다는 주장이다. 무엇보다 다른 선체의 손상 형태가 폭발에 의한 것이 확실했기 때문에 좌초는 아니라고 판단했다고 한다.

"처음 좌초설이 주장된 이유도 모래에서 좌초돼 추진기를 거꾸로 회전시킨 다음에 빠져나왔다는 얘기를 많이 들었습니다. 그런데 실제로 프로펠러 자체가 CPP라고 가변피치프로펠러입니다. 그래서 회전방향이 항상 고정돼 있죠. 이것은 시계방향으로밖에 안 돕니다. 그래서 그런 주장 자체가 일단 잘못됐다고 생각했고, 만일 모래에 부딪혔다고 해도 뒤에서 찍은 사진을 보면 우현 프로펠러보다 좌현 프로펠러가 유난히 반짝반짝합니다. 잘 닦인 것처럼, 그래서 멀리서 보면 사포로 간 것처럼 보입니다. 자세히 보면 만일 사포로 닦은 그런 상태라고 친다면 회전방향으로 가느다란 스크래치가 있어야 하는데 가느다란 마찰에 의한 어떤 자욱이 전혀 없었습니다. 이것이 일단 좌초는 아니라고 판단하는 가장 큰 근거가 되겠습니다. 그리고 가장 큰 근거는 워낙 선체 자체의 파괴 모양이 좌초와는 너무나 다른 워낙 수중폭발이었기 때문에 사실 다른 가능성은 전혀 생각할 수 없는 그런 입장이었고, 좌초에 대해 그 뒤에 여러 가지 조사보고도 했고, 프로펠러 자체도 좌초를 염두에 두고 조사했습니다만 그런 증거들은 전혀 발견하지 못했습니다."[222]

이를 두고 '아까는 좌초 가능성을 열어두고 조사했다더니 프로펠러 끝단이 바닥에 부딪혀서 깨진 것으로 보일 수도 있는데, 왜 좌초를 배척하느냐'는 변호인 신문에 노 교수는 "(검토하는) 단계가 있다"며 "처음엔 (좌초 가능성도) 열어두고 봤다. 저런 손상에 대해 자세히 보게 된 것이 조사가 다 마무리될 때쯤에 보게 됐기 때문"이라고 말했다. 애초에 자세히 보지 않았다는 것 아니냐는 지적에 노 교수는 "그렇다"고 답변했다.[223]

38. UDT동지회장 "해치문 완전히 열어젖혀지지 않아"

2015년 6월 22일 열린 천안함 제38차 공판에는 고 한주호 준위와 같은 곳에서 구조작업을 했다는 이헌규 전 UDT동지회장이 출석했다. 그는 지난 2011년부터 법정에서 출석요구를 했으나 계속 미뤄오다 4년여 만에 증인으로 나왔다. 이 전 회장은 이른바 '제3의 부표'에서 고 한주호 준위가 작업 중 사망했다는 것과 관련해 KBS 취재진이 인터뷰한 대상이었기 때문에 방송에서 한 얘기의 진위 여부에 큰 관심을 받았다. 그러나 국방부와 해군 측은 사실이 아니라고 반발했다. 이날 출석한 이 전 회장도 자신이 KBS 취재진에 한 얘기를 대체로 착각해서 한 것이라는 취지의 증언을 했다. 그가 작업한 곳은 한 준위가 작업하던 곳이었다고 설명했다.

다만 이 전 회장은 자신이 구조하러 들어간 수중 구조물이 천안함 함수인지 다른 것인지에 대해 모호하거나 오락가락하는 답변을 했다. 그는 자신이 물속에 들어갔을 때 해치문의 크기가 두 팔 벌리고 동그라미를 만들 정도의 해치문이었다거나, 해치문을 아래에서 위로 열었다거나, 열었을 때 문이 완전히 열어젖혀지지 않았다고 증언했다. 그러면서도 동그란 형태인지는 모르겠다고 했고, 문이 90도 각도에서 더 이상 열리지 않고 멈췄는지는 잘 모른다고 했다.

함수(장촌포구 아래쪽 바다)와 함미(연화리 아래쪽 바다) 사이에 있는 '제3의 부표'(용트림바위 앞)의 위치에 대해 그는 그곳이 기억나지 않으며 함수로 알고 있었다고 증언했다.

이 전 회장은 지난 2010년 3월 29일 백령도에 구조하러 왔다가 오전 10시가 넘은 시간부터 20~30분간 사고 해역에서 김진오와 함께 침몰된 선박 구조작업을 벌였다고 설명했다. 이 전 회장은 "생명줄을 잡고 들어가 보니 호스가 많이 있었으며, 구멍의 크기가 산소통 메고 들어갈 정도밖에 안 돼 20~30분 잠수하고 그냥 올라왔다"고 밝혔다.

당시에 자신이 함수로 알고 들어갔을 때 상황을 묘사한 2010년 3월 30일자 《노컷뉴스》 보도(〈UDT 회원 함수 진입 성공 "해치 열려 있었다"〉)에 대해 일부는 인정하고 일부는 부인했다. 《노컷뉴스》는 당시 기사에서 이헌규, 김진오가 한 조가 돼 "밧줄을 더듬어 내려가며 함수에 접근하자 '국기게양대'와 같은 기다란 봉이 만져졌다. 2m가량 내부로 진입하니 함정의 출입구인 '해치'문이 활짝 열려 있었다"고 보도했다.

이 전 회장은 법정에서 해치문을 여는 과정에 대해 "밑에서 위로 들었다"고 설명했다. 이 전 회장이 '내부 진입을 시도해 5m 정도 걸어서 들어가 보니 소방호스가 눈에 들어왔다', '사방을 둘러보니 내부 공간은 격벽에 둘러싸인 채 막혀 있는 상태였다'는 보도내용에 대해 "예"라고 시인했다. 그러나 "밧줄을 더듬어 내려가며 함수에 접근하자 '국기게양대'와 같은 기다란 봉이 만져졌다"는 기사의 표현에 대해서는 "이것은 거짓입니다"라고 밝혔다. 국기게양대는 아니라는 것이다. 다만 들어가는 문이 매우 좁은 공간이었다는 말은 분명하게 했다.

— 변호인: "그러면 어떻게 돼 있나요."

= 증인(이헌규 전 UDT동지회장): "모르겠습니다. 해치문은 모릅니다. 아래에서 위로 들은 것밖에 없습니다. 그래서 사람 몸 하나 겨우 통과해서 안에 들어갔다가 작업…"

— 변호인: "굉장히 좁았던 것이죠."

= 증인(이헌규): "좁았습니다."

— 변호인: "겨우 통과했다는 것이죠."

= 증인(이헌규): "그렇죠."

– 변호인: "증인 머리가 위에서 아래로 들어갔나요."

= 증인(이헌규): "다리부터 들어갔습니다. 서서 들어갔습니다."

– 변호인: "보통 사람이 산소통을 메고 센티를 재면 1m는 안 되지요."

= 증인(이헌규): "그렇습니다."

– 변호인: "그런데 그게 걸리적거릴 정도로 작은 문이었다는 것이죠."

= 증인(이헌규): "예."[224]

당시 함수(또는 수중 구조물)의 해치문을 열고 들어간 이후의 상황에 대해 이 전 회장은 다음과 같이 증언했다.

– 변호인: "그러면 들어가서 아래쪽으로 내려간 다음에 앞으로 진행했나요, 옆으로 진행했나요."

= 증인(이헌규 전 UDT동지회장): "앞으로도 가고, 옆으로도 가다 보니까 격벽에 막혀서 더 이상 수색해봐야 소용없고, 진전도 없고 해서 한 5~6m 하다 다시 올라왔습니다."

– 변호인: "5~6m 앞에는 막혀 있으니 나온 것이죠."

= 증인(이헌규): "그렇죠. 더 이상 진전도 없고, 분간도 못 해서 나왔습니다."

– 변호인: "그럼 증인은 2m가 아니라 대략 5m 정도 들어갔고, 그 안에 다시 출입문이 있었던 것은 아니네요."

= 증인(이헌규) : "예."

– 변호인: "그러면 기자가 상황을 잘못 알아들은 것이죠."

= 증인(이헌규): "그렇죠."[225]

사람이 손을 쭉 뻗어 동그라미 만들 정도의 구멍

이헌규 전 UDT동지회장은 《노컷뉴스》 보도 다음 날(2010년 3월 31일자) 자신이 인터뷰한 것으로 나온 《중앙일보》 기사(〈UDT전우회, "군과의 협력이 아쉽다"〉)에 나온 내용 일부에 대해 사실이라고 시인했다. 해치문 구멍의 형태에 대한 것이다. 이 기사엔 두 팔 벌려 동그라미를 만들 정도의 구멍이라고 말한 것으로 나온다.

> — 변호인: "'사람이 손을 쭉 뻗어 동그라미를 만들 정도의 구멍'이란 말을 한 사실은 있죠."
> = 증인(이헌규): "그런 얘기는 했습니다."[226]

이어 피고인 신상철 전 위원이 어떤 형태의 문이었는지 사진자료를 제시하자 둥근 형태의 문을 지목했다. 위의 사진은 둥근 형태의 해치문 이었고, 아래 것은 네모난 형태였다.

> — 피고인(신상철): "두 팔을 벌렸다면 한 이 정도 사이즈가 되는 것이 맞습니까."
> = 증인(이헌규 전 UDT동지회장): "그 정도는 더 넓습니다."
> — 피고인: (해치 사진 제시) "선박에는 동그란 해치, 또는 네모 해치 두 종류가 있는데요, 동그랗다고 하니까 동그란 해치를 대략 한번 모아봤습니다. 저 중에서 어느 것과 유사한지 한번 말씀해줄 수 있는가요."
> = 증인(이헌규): "저 위에 있는."
> — 피고인: "저런 것과 비슷합니까."
> = 증인(이헌규): "예."
> — 피고인: "저것과 비슷한 형태라는 것이죠."
> = 증인(이헌규): "예."[227]

왜 위의 것을 지목했느냐는 재판장의 신문에는 "정확하게 모르겠다"며 "아까 착각한 것 같다"고 번복하는 등 오락가락했다. 또한 자신이 열고 들어간 해당 문이 완전히 젖혀지진 않았다는 증언도 했다.

- 변호인(이강훈 변호사): "문 들어 올릴 때 무게는 어느 정도였나요. 한 손으로 들어 올렸나요."
= 증인(이헌규 전 UDT동지회장): "예."
- 변호인: "한 손으로 완전히 제껴졌냐, 아니면 옆으로 서 있는 상태였나요."
= 증인(이헌규): "완전히 제껴지진 않았습니다."
- 변호인: "그러니까 완전히 넘어가지는 않았다는 것이죠."
= 증인(이헌규): "예."[228]

그러나 곧바로 김종보 변호사가 '문이 180도 넘어갔나요, 아니면 90도 정도만 세워졌나요'라고 묻자 이 전 위원은 "그것은 잘 모르겠다"며 "조금만 열어도 사람이 들어갈 수 있기 때문에 그 정도만 열고 들어가서 완전히 문이 넘어가지 않았다"고 말해 앞서 한 답을 흐렸다.

이와 관련해 이 전 회장은 자신이 구조 탐색한 선박이 잠수함인지, 군함인지를 묻는 검찰 신문에 이 전 회장은 "군함이었다"고 답했으나 재판장이 그 이유를 묻자 "가드레일 줄에 연결돼 있고, 함수라고 해서… 군함 같이 보이고"라고 답했다. 잠수함 표면을 보면 탐지를 어렵게 하기 위한 타일이 있던지 어떤 질감이 느껴질 수 있지 않느냐는 재판장의 신문에 이 전 회장은 "그런 것을 감지할 시간이 없었다"고 말했다.

작업한 곳의 수심에 대해 이 전 회장은 "28~29m 됐다"고 말했다. 이 전 회장은 자신이 작업한 선박은 제3의 다른 구조물이 아닌 함수라고 얘기를 듣고 작업을 벌였다고 밝혔다.

이 전 회장 자신과 여러 차례 통화한 내용을 근거로 한주호 준위가 '제3의 부표' 지점에서 사망했다고 보도한 KBS의 보도에 대해 이 전 회장은 "오보"라고 주장했다. 그 이유에 대해 이 전 회장은 "우리가 정확한 위치를 몰랐다"며 "용트림 바위에서 바라본 함수의 지점을 정확하게 몰랐다"고 주장했다. 그러면 왜 황현택 KBS 기자와 통화에서 용트림 바위 앞에서 한 준위가 작업했다고 얘기했느냐는 여러 차례 신문에 이 전 회장은 "잘 모르겠다. 그렇게 얘기한 것은 기억이 잘 안 나고, 잘 모른다"고 답했다. 그는 "그땐 아마도 그 부근이 아니었나 생각한 것 같다"면서도 "함수 쪽 위치를 정확히 몰랐다"고 말했다.

용트림 바위 바로 앞이 천안함 함수라고 알고 있던 이유는 고 한주호 준위가 거기가 함수라고 말했기 때문이냐는 질의에 이 전 회장은 "한주호 준위가 얘기해서 안 것"이라며 "함수 함미가 두 동강 나서 한 준위 자기가 부표를 서베이해서 띄웠다고 얘기했다"고 말했다.

그런데 제3의 부표 위치에 대한 증언 내용과 달리 황현택 KBS 기자가 사고 당시 취재한 녹취록을 보면 이전 회장이 한 준위 사망 장소가 용트림 바위 앞이라고 분명히 지목한 대목이 나온다. 다음은 법원에 제출된 녹취록의 요약이다.

UDT 동지회원 이헌규씨 전화 녹취 (2010년 4월 6일 저녁)

— (황현택) 함수 쪽 다녀오셨잖아요?

= (이헌규) 네.

— (황현택) 함수 쪽이 용트림에서 봤을 때 추모제 지냈던 바로 앞에 있던 그 지점인가요?

= (이헌규) 네. 부표, 빨간 부표 들어가 있던 지점이었거든요.

— (황현택) 부표가 용트림바위 바로 앞에 있는 그 부표 말씀하세요?

= (이헌규) 그렇죠.

— (황현택) 실제로 들어가서서 함수를 보셨어요?

= (이헌규) 네.

— (황현택) 그 부표를 바라보는 모습을 촬영했잖아요. 그 안에 들어가서 함

수를 확인했어요?

= (이헌규) 네, 확인했어요.[229]

38-1. 합조단 대변인 "신상철에 합숙 요구" 다른 위원은 출퇴근

2015년 6월 22일 열린 38차 공판에는 당시 합동조사단 대변인을 맡았던 문병옥 예비역소장(현 한양대 국방정보공학 특임교수)이 출석했다. 문전 대변인은 피고인 신상철 전 위원이 조사기간 중 독도함에서 합숙해야 한다고 요구했으며 출퇴근은 불가하다고 전해 신 전 위원이 이를 수락하지 않았다고 증언했다. 그러나 이전에 법정에 증인으로 출석한 노인식 교수 등 다른 합조단 민간위원들은 자유롭게 출퇴근했다고 증언했다. 신 전 위원에게만 차별적인 조건을 요구했다는 정황이 있었다는 것이 확인된 것이다. 합참의장이 주관하는 회의에서도 신 전 위원에게 보안관련 왕복불가라 얘기했다는 메모가 적힌 수첩을 들고 상황 보고를 했던 것으로 밝혀지기도 했다.

문 전 대변인이 신상철 전 위원에게 전화 연락을 한 것은 2010년 4월 16일이었다. 이와 관련해 문 전 대변인은 그날 첫 번째 이뤄진 통화에서 신 전 위원에게 '민주당 추천위원으로 위촉되었으니 내일 평택 2함대로 들어오라, 일단 들어오면 '전원 합숙해야 한다'고 통보했더니 신 전 위원이 '왜 합숙을 해야 하느냐'고 반문했는지에 대한 변호인 신문 내용을 모두 인정했다. 이때 문 전 대변인은 신 전 위원에게 '조사의 보안을 유지해야 하므로 합조단이 규정을 그렇게 정했다'라고 얘기했다고 법정에서 증언했다. 이어서 내용은 다음과 같다.

= 증인(문병옥 합동조사단 대변인·현 한양대 국방정보공학 특임교수): "그 당시 기본적으로 합숙하면서 통신기 운용 불가한 것은 보안유지 때문에 그렇게 한다고 저희한테 통보됐기 때문에 그렇게 설명했습니다."

─ 변호인: "증인은 피고인에게 조사기간 동안 2함대 사령부에 정박한 독도함에서 합숙을 해야 하고, 조사 내용을 외부에 유출하지 말 것, 통신기기 운용에 제한을 받는다는 점 등의 요구사항을 전달한 사실이 있지요."

= 증인(문병옥): "그렇습니다."

─ 변호인: "피고인과 통화 시 '그러면 조사가 끝날 때까지 아무도 밖에 나가지 못하는 것이냐'라고 묻자 증인이 '그렇다'라고 답변한 사실이 있죠."

= 증인(문병옥): "그렇습니다."

[…]

─ 변호인: "이 첫 번째 통화 때 신상철 위원이 '서울에서 평택까지 차로 얼마 걸리지도 않는데 왜 합숙을 해야 하느냐? 출퇴근하면서 조사를 하면 되지 않느냐' 묻자 증인은 '규정상 그렇게는 곤란하다'라고 답한 사실이 있지요?'

= 증인(문병옥): "보안유지상 규정을 그렇게 정했다고 대답했습니다."

─ 변호인: "그러자 피고인이 '아니, 두 달이고 석 달이고 조사가 언제 끝날지도 모르는데 외부로 출입이 금지된다는 말이냐'라고 묻자 증인이 '그렇다'라고 답변한 사실이 있죠."

= 증인(문병옥): "그렇습니다."[230]

같은 날 문 전 대변인은 신 전 위원과 나눈 두 번째 전화통화 경위와 관련해 "'첫 번째 통화가 끝난 다음에 당시 합조단 군부단장 이치의 장군에게 '신상철 위원이 조사위원으로 참가할 수 없다고 한다. 그래서 국회 측에서는 신 위원이 참가불가능하다고 통보했다' 이렇게 얘기했다"며 "그러니까 이치의 장군이 '그래도 야당에서 추천한 위원인데 그냥 넘어

갈 수 있느냐, 혹시 나중에 자문위원으로 참가할 수 있는지 그것을 확인
해봐라' 그래서 두 번째로 전화했다"고 설명했다. 이때 통화 내용은 최종
조사 때 한 번만 참석해달라는 요구였다고 한다.

> — 변호인: "증인은 '합숙하지 않고 중간조사와 최종조사 때 딱 두 번만 참
>   석하는 것'이라고 말한 사실이 있지요"
> = 증인(문병옥 합동조사단 대변인·현 한양대 국방정보공학 특임교수): "중간조사
>   도 아니고 최종조사 때만 참가해달라고 그랬습니다."
> — 변호인: "이에 신상철 위원은 '좋다. 그러면 수락하겠다'라고 답변한 사
>   실이 있죠."
> = 증인(문병옥): "그렇습니다."[231]

그러나 합조단은 다른 위원들에게도 이같이 엄격한 보안규정 준수를
요구했는지 의문을 낳는다. 다른 위원들에게는 합숙을 강요하지 않았다
고 일부 위원이 증언했기 때문이다. 문 전 대변인의 이 같은 답변이 나오
자 김종보 변호사는 "지난 6월 8일 본 법정에서 열린 37차 공판에서 증
인으로 출석한 노인식 충남대 교수는 '천안함 조사를 위해 합숙을 하지
않았다'며 '자유롭게 출퇴근하면서 조사를 하였고 합조단에서 합숙을 강
요하지 않았다'고 진술했다"며 "왜 신상철 피고인에게만 자유롭게 출퇴
근할 수 있다는 사실을 알리지 않았느냐"고 따졌다. 그랬더니 문 전 대변
인은 이후의 일은 모른다고 했다.

"조사위원들이 4월 16일 평택에 내려갔을 때 그때 규정은 합숙하는 것
이었습니다. 그 이후 조사단 평택에서 일어난 일에 대해서는 세부적으로
알지 못합니다… 4월 17일부터 민간조사관들이 평택으로 갔을 겁니다. 그
러니까 그 이후에 조사단 내에서 어떤 형태로 운영했는지는 제가 알지 못

합니다. 저는 단지 4월 16일 조사관들에게 '이런 규정을 통보하라'고 해서 그 내용만 이야기했을 뿐입니다."[232]

또한 이 같은 신 전 위원의 조사활동 참여 여부를 두고 군은 합참의장 주재 회의에서 논의를 했을 뿐 아니라 문 전 대변인의 수첩에도 이 같은 내용이 기재됐던 것으로 드러났다. 이날 법정에는 문 전 대변인의 수첩 메모가 제시됐다. 이 수첩을 복사한 것을 문 전 대변인이 검찰에 제출한 것이다. 여기에 적힌 것은 2010년 4월 17일 합참의장이 서울 국방부 회의실에서 개최한 종합상황평가회의와 관련된 내용이라고 문 전 대변인은 증언했다. 이 회의에는 합참의장, 각 본부장, 국방부 차관, 합동조사단에서는 자신과 이치의 군부단장 두 사람이 참석했다고 전했다. 이 메모에는 '국회조사단 신상철 대표' '보안관련 왕복 불가' 등이 적혀 있다.

— 변호인: "위 메모는 회의 결과를 요약하여 메모한 것인가요."
= 증인(문병옥 합동조사단 대변인·현 한양대 국방정보공학 특임교수): "위의 것은 제가 보고한 내용이고요, '국회조사단 신상철 대표' 저것은 보안과 관련해서 왕복 불가능하다고 이야기했는데 참가할 수 없다고 해서 그러면 '최종보고서를 작성 검토 시 참가해달라고 요청해서 그렇게 했다' 하는 내용으로 제가 보고하기 위해서 메모한 겁니다."
— 변호인: "이 메모를 보면, "국회조사단 신상철 대표"와 관련하여 "보안관련 왕복 불가"라고 기록하고 있는데 무슨 뜻인가요."
= 증인(문병옥): "그러니까 집에서 왔다 갔다 한다고 이야기했는데 그게 안 된다는 뜻이었습니다. 그러니까 합숙을 해야 한다 그런 뜻이었습니다."
— 변호인: "어떻게 보고한 것인가요."
= 증인(문병옥): "우리가 보안과 관련해 왕복 불가하다 했는데 신상철 위원은 그렇게 참가할 수 없다고 해서 최종회의 보고서를 작성할 시에 자문

인으로 참가해달라고 해서 그렇게 수락을 받았다고 보고한 겁니다."

— 변호인: "피고인이 좌초 충돌설을 주장한 사실은 잘 알고 있죠."

= 증인(문병옥): "언론을 통해 인지하고 있습니다."[233]

이처럼 국방부 내에서는 신 전 위원의 조사활동 참여 여부가 주요 관심사였다는 것이 이 기록을 통해 나타난다. 더구나 변호인 신문처럼 당시 신 전 위원은 좌초 후 충돌 가능성을 주장하며 언론과 정치권에 주목을 받고 있을 때였다. 신 전 위원에 대한 당시 평가가 긍정적이든 부정적이든 침몰 원인이 어뢰나 기뢰의 폭발이 아닌 다른 사고 가능성을 주장한 것은 큰 이슈였다. 지나치게 거친 주장을 펴는 것 아니냐는 평가가 없지 않았으나 합조단 등 국방부로서는 불편한 대상이었음을 짐작할 수 있다.

신상철에게만 자유롭게 출퇴근 가능하다는 사실 안 알려

신 전 위원에게는 자유롭게 출퇴근이 가능하니 다시 조사활동에 적극 참여해달라는 요구를 일절 하지 않았다.

— 변호인: "대변인으로서 대외연락 담당업무를 같이했고, 그렇기 때문에 4월 16일에 전화했다고 말씀하셨는데 그 이후 천안함 합조단 내부에서 외부자문위원들이 자유롭게 출퇴근할 수 있다는 사실을 증인에게 알리지 않았다는 거죠."

= 증인(문병옥 합동조사단 대변인·현 한양대 국방정보공학 특임교수): "그렇습니다."

— 변호인: "그렇다면 합조단에서 대외연락담당에게 대외적으로 연락해달라고 요청하지 않는 것이죠."

= 증인(문병옥): "거기에서는 실제 조사단들이 이미 평택에 가 있었기 때문

에 그 내부에서 이뤄진 일이지 그 사람들이 외부에 있고, 전혀 연락이 안 된 상태에서 어떤 결정이 났든 간에 그게 통보가 안 된 상태 같으면 저희에게 연락했겠지만, 내부에서 이미 결정된 것을 갖고 굳이 추가로 연락할 필요가 뭐가 있겠습니까."

— 변호인: "내부에서 기존 운용기준과 다른 방침으로 결정한 것이죠."

= 증인(문병옥): "예."

— 변호인: "그러한 사실에 대해 증인에게 연락하지 않은 것이죠."

= 증인(문병옥): "그러니까 연락할 필요가 없었는데 왜 연락하느냐 이거죠."

— 변호인: "그러니까 증인은 피고인에게 '자유롭게 출퇴근할 수는 없고, 평택 2함대에서 조사기간이 2개월이든 3개월이든 나가지 못하고 외부와 연락이 안 된다는 규정이 있습니다'라고 안내했는데 그 규정이 천안함 합조단 내부에서 바뀐 것이라면 다시 외부인 신상철 위원에게 통지하고 '이렇게 내부운용규정이 바뀌었는데 다시 조사관으로 참여해주시겠습니까'라고 요청해달라고 증인에게 요청할 법도 한데 그런 사실은 없다는 것이죠."

= 증인(문병옥): "그렇습니다."[234]

"미군, 사람 배에 묶어놓고 폭발실험했더니 고막 손상 코피 없었다" 방송?

한편 문 전 대변인이 2010년 7월 국군방송을 통해 '천안함 피격 사건의 진실'이라는 특강을 하면서 했던 발언도 변호인들의 신문 대상이 됐다. 요는 '미 해군이 실제로 사람을 배에 묶어놓고 수중폭발 실험을 했는데도 코피나 고막에 손상이 없었다'는 내용의 발언이었다.

— 변호인(김종보): "위 특강 중 증인은 17:35초 시점에 천안함에서 고막 손상이나 코피가 난 사람이 없는 사실에 대해 설명하면서 '미 해군에서 실제로 사람을 배에다 묶어놓고 폭발실험을 하기도 했는데, 그 결과를 보

니까 주로 골절, 뼈가 부러진다거나 마찰에 의한 열창, 이런 것들밖에 안 생겼다'라고 한 사실이 있죠."

= 증인(문병옥 합동조사단 대변인·현 한양대 국방정보공학 특임교수): "그렇습니다."

— 변호인: "배 밑에서 어뢰가 터졌는데 인체 손상이 그 정도뿐이라는 것도 이해가 되지 않습니다만, 사람을 묶어놓고 폭발실험을 한 근거를 제시하실 수 있습니까."

= 증인(문병옥): "그것은 그 당시 폭발분과위원에서 미 해군에서 실험을 참관했던 분이 있습니다. 제가 이름은 기억 못 하는데 그분이 저희에게 보고해줘서 알고 있습니다… 그 당시 총괄팀에서 보고서 또는 구두로 접수했던 것으로 기억합니다."

— 변호인: "총괄팀에서 증인에게 '미 해군에서 사람을 배에 묶어놓고 실험한 결과로는 골절과 열창밖에 생기지 않는다'라고 보고받았다는 것인가요."

= 증인(문병옥): "그렇습니다."[235]

39차 공판 2015년 7월 13일 노종면 언론3단체 천안함 언론검증위 책임연구위원 출석
39. 언론검증위 대표 "합조단 모든 증거들 모순"

2015년 7월 13일 39차 공판에는 민군 합동조사단의 천안함 침몰 조사결과 발표에 몇 차례 공식적으로 의문 사항을 발표했던 언론3단체 천안함 조사결과·보도 검증위원회 책임자(책임연구위원)가 증인으로 출석했다. 해직기자 출신이기도 한 노종면 전 YTN 노조위원장이다. 그는 합조단이 결론에 이른 모든 증거가 모순이라고 주장했다.

노 전 위원은 2010년 정부 조사결과 발표 이후 천안함 TOD의 방위각을 분석한 결과 반파직후 함미의 위치가 폭발 원점보다 100m가량 북쪽에 있었으며, 이는 동력이 끊어진 선체가 남동쪽으로 흐르던 조류를 거슬러 올라간 것을 뜻한다고 밝혔다. 폭발 원점 자체가 잘못됐다는 지적이다. 또한 어뢰설계도의 출처가 A4 용지 한 장짜리 인쇄물이었으며 거기엔 설계도도 첨부돼 있지 않았다고 노 전 위원은 전했다.

노 전 위원은 합조단 발표 직후 구성된 언론3단체 천안함 조사결과·보도 검증위원회(언론검증위)에서 약 5개월간 천안함 사건 발생 장소의 정확성, 천안함 침몰 원인으로 지목된 1번 어뢰의 버블제트 폭발을 입증할 증거, 백령도 초병 증언, 천안함 함미의 프로펠러 변형이 왜 원인분석의 중요한 요인이 되지 않았는지, 천안함 선체와 어뢰 등의 백색물질이 폭발성 흡착물질인지, 어뢰설계도와 1번 어뢰 잔해의 일치 여부, 출처, 연어급 잠수정 등의 진실성에 대해 검증해 그 결과를 발표하기도 했다.

노 전 위원은 언론검증위의 검증 결과 천안함을 두 동강 낸 버블제트 폭발이 없었다고 결론을 내렸다고 밝혔다. 노 전 위원은 "정부가 제시한 근거가 잘못이지만, 폭발이 없었다고 할 수는 없다고 여전히 생각한다"면서도 "그러나 버블제트에 의해 한 번에 배를 두 동강 냈다고 내린 정부 결론에 대해서는 너무 의문이 많다"고 밝혔다.

TOD상에 나와 있는 방위각을 분석해보니 천안함이 반파된 상태에서 당시 조류(남동방향)에 거슬러 올라 북쪽에서 관측된 점을 노 전 위원은 들었다. 그는 폭발 원점은 이미 특정돼 있기 때문에 이것을 수정하면 정부 발표가 어긋나므로 정부가 발표한 폭발 원점과 정해진 위치에서 촬영한 TOD 모두 '고정상수'로 놓고 분석했다고 전했다. 천안함이 어뢰에 맞았다면 그 즉시 동력을 상실해 당시 '3노트'의 남동조류를 따라 흐를 수밖에 없는데도 TOD 영상 속의 천안함은 정부가 제시한 폭발 원점보다 100m 북서쪽에 있었다고 노 전 위원은 설명했다. 그는 "초소 기준으로 폭발 원점은 220도에 있었으나 폭발 직후 천안함은 100여m 북쪽에 등장하며 각도가 약 7.7도 정도로 컸다"며 "장비 오차 가능성을 감안해 실제 TOD초소에서 바라본 바위와 TOD 영상 속 바위를 일치시킨 뒤 다시 계산해봤지만 모두 폭발 직후 천안함이 북쪽에서 발견되는 것으로 나왔다"고 전했다.

노인식 충남대 교수의 프로펠러 손상 시뮬레이션에 대해 노 전 위원은 프로펠러가 시계방향으로 돌아가면 휘어지는 것도 시계방향으로 휘어져야 하나 실제로는 시계반대방향으로 휘어지는 결과가 나왔다고 지적했다. 관성력을 설명하는 근거가 될 수 없으므로 관성에 작용이라는 정부 발표에 동의할 수 없었다고 노 전 위원은 증언했다.

백색섬광을 관측했다는 백령도 초병의 증언과 관련해 당시 초병들이 일관되게 방위각 280도 지점, 초소 정면에서 볼 때 2~3시 방향, 두무진 돌출부라는 위치를 설명했는데도 합조단이 초병의 증언을 270도로 왜곡하고 물기둥을 보고 진술한 것처럼 작성했다는 점도 노 전 위원은 지적했다.

그는 합조단의 흡착물질 분석에 대해서도 당시 황을 주목했다고 설명했다. 노 전 위원은 "국내외 전문가들에게 의뢰해 분석한 결과 천안함 선체와 어뢰에 묻어 있는 흡착물질에는 '산소' '알루미늄' '황' '염소' 등이 나왔으며, 그 성분의 크기를 나타내는 그래프도 비슷했다"며 "과학자들은 이것이 폭발과 무관하다고 말했다"고 전했다.

양판석 캐나다 매니토바 대학교 지질과학과 분석실장은 '바스알루미나이트'로, 정기영 안동대학교 교수는 '비결정질 황산염 수산화수화물' 등으로 나온 것을 두고 노 전 위원은 "일반적으로 폭발에 의해 나타나는 그래프에선 알루미늄 비율이 산소보다 크게 높은 데(4대 1) 반해 이 그래프에선 거의 비슷한 비율(1대 1)로 나타나므로, 적어도 (폭발물질인) 산화알루미늄이 아닐 것이라는 분석"이라며 "또한 폭발실험 시 나타날 수 없다는 '황'이 나온 것 등을 고려할 때 흡착물질이 정부의 폭발을 입증하지 못한 것"이라고 증언했다.

노 전 위원은 합조단의 조사활동 전반에 대해 "조사결과는 명백히 잘못됐다"며 "결론에 이르는 증거들은 중요한 부분들의 대부분은 모순이라고 판단한다"고 밝혔다.[236]

39차 공판 김갑태 당시 합조단 과학수사분과 군측 위원 출석 "화약 나와"

39-1. 과학수사 위원 "거즈로 손에 물집 잡힐 정도로 절단면 닦아"

39차 재판에서는 합조단 과학수사분과에서 활동한 김갑태 육군39사단 헌병대장이 출석해 천안함 절단면 주위에서 미량의 화약물질을 채취한 경위를 증언했다.

김 대장은 자신이 합조단 보고서에 수록한 화약 검출 내용을 작성했다고 밝혔다. 그는 "(국방부의) 과학수사연구소 화학전문분석과가 천안함 현장 채증물에서 검출된 화학성분을 분석한 종합감정서를 제출하면 내가 종합해 작성했다"고 말했다.

김 대장은 "천안함 사건 관련 어떤 것이 증거능력 갖추고 있고, 필요한지 너무도 알고 있었기 때문에 폭약성분을 (분석)하게 됐다"며 "합조단 과학수사분과에 영국의 브룸이라는 요원이 '해상사고 시 극소량이지만 폭약성분 검출 가능성도 있다'는 희망 섞인 이야기를 한 적이 있다. 그래서 채증팀으로 편성된 인원들은 정말로 함수, 함미 절단면을 거즈로 손바닥에서 물집이 생길 정도로 닦았던 기억이 있다"고 증언했다.(김갑태 증인신문조서 2쪽)

합조단은 천안함의 함수 절단면 및 연돌, 가스터빈 덮개 등에서 HMX는 28개소에서 527.91ng, RDX는 6개소에서 70.59ng, TNT는 2개소에서 11.7ng이 검출됐다고 썼다. 이를 두고 김 대장은 "폭발 원점 주변에서 채증된 물건들을 가지고 화학분석관이 전문적으로 검출한 것을 합쳐 놓은 것을 말한다"고 설명했다.

합조단은 보고서에서 해병 6여단, 보병 포병화기 폭약에는 RDX를 주로 사용하고, 아군의 어뢰, 기뢰, 함대함 유도무기(하푼)는 서해상에서 시험하지 않았으며 각종 함포 또한 RDX를 주로 사용하는 것으로 확인했다고 기재했다. 합조단은 "아군의 사격에 의한 폭약이 아니라는 성을 확인했다"고 결론을 냈다. 그러나 폭약성분에 대해 합조단은 "국립과학연구소에서 미국, 프랑스, 캐나다, 우리나라의 폭약성분과 채증물에서 검출된 동위원소 분석을 통한 화학적 자문검사를 실시해 폭약성분의 원산지를 판단하고자 했으나 구체적으로 밝히는 것은 제한됐다"고 썼다. 결국 폭약성분 원산지 규명에 실패했다는 것이다. 이 때문에 원산지가 어디냐는 변호인의 신문에 김 대장은 북한 것이라는 답변을 하지 못했다.

— 변호인(이강훈 변호사): "우리 무기에서 나오지 않았다는 것을 어떻게 확인했다는 것이죠."

＝ 증인(김갑태 합조단 과학수사분과 군측 위원) : "그 당시 아군이 갖고 있던 해군 무기체계는 재물조사를 했는데 아무 이상이 없었어요. 터진 것도 없었고."

— 변호인: "HMX RDX TNT 등의 성분은 북한 어뢰만 사용하는 것인가요."

＝ 증인(김갑태): "서방국가나 아군이나 전부 사용하는 것으로 알고 있습니다."

— 변호인: "RDX HMX TNT 등은 어뢰나 미사일 등을 만들면 보편적으로 특별히 공산주의 권역이라든지 자유세계든지 할 것 없이 그런 무기체계들에는 그런 화약성분이 들어간다는 것이죠."

＝ 증인(김갑태): "고성능 폭약일 경우에는 그러한 성분이 들어가는 것으로 알고 있습니다."

— 변호인: "천안함에도 HMX 성분이 있는 무기체계가 있다고 했죠."

- 증인(김갑태): "예."
- 변호인: "성분분석을 통해 해당 화약성분이 어느 나라 제조 폭발물이라는 결과가 나왔나요."
- 증인(김갑태): "알아보려고 했는데, '폭약성분과 관련해 조성비율이 어떻고' 이런 것은 모든 국가가 비밀로 하기 때문에 접근은 어려웠던 것으로 기억합니다."[237]

주로 함수와 함미 절단면, 가스터빈실, 연돌에서 화약성분을 채취했다고 밝혔으나 거즈로 닦은 곳이 주로 어디였느냐는 신문에 김 대장은 주로 절단면 위주였다고 답했다. 연돌 역시 절단면과 가깝다.

- 변호인(이강훈) : "(절단면 외에) 다른 부위는 안 했나요."
- 증인(김갑태 합조단 과학수사분과 군측 위원): "일단 우선순위가 있고, 중요한 것이 그쪽이기 때문에 그런 부위 위주로 했습니다."
- 변호인: "함체 다른 부위에도 했는데 분석결과가 어땠는지 모른다는 것인가요."
- 증인(김갑태): "화약성분 검출해달라고 의뢰를 많이 했을 텐데 나온 것도 있고 안 나온 것도 있다는 거죠."
- 변호인: "천안함 포사격 등이 정기적으로 시행됐을 텐데 천안함에서 가장 화약성분이 많이 묻어 있을 것으로 추정된 함포 주변에 대해서는 화약성분 분석을 했나요."
- 증인(김갑태): "제 기억으로는 폭발 없이는 그러한 성분이 나오기 어려울 것 같고요, 재물조사했는데 아무 이상이 없었던 것으로 기억하고 있습니다."
- 변호인: "그러니까 지금 천안함 함포 주변이나 무기고, 함포, 미사일이 들어있는 곳에 대해 조사는 하지 않았다는 것이죠."

= 증인(김갑태): "함미 함수가 어떤 식으로, 그런 부위를 포함해 찢어진 것인지 잘 모르겠는데, 하여튼 거즈로 파단면 위주로 닦았습니다. 그다음에 저희는 좌현 3미터 정도에서 폭발이 이뤄졌을 것이라고 하는데 그 부위 위주로 채증했다고 보시면 됩니다."

— 변호인: "그러니까 무기고 천안함 함포 주변 등은 실제로 조사를 하지 않은 거죠."

= 증인(김갑태): "그건 모르겠습니다. 조사를 안 했다는 것은 어폐가 있습니다."

— 변호인: "처음에 그러한 논란들이 많았을 때 '우리 무기체계에서 혹시 나오는 것은 아니냐'라는 논란도 있는데 왜 그것은 쏙 빼놓고 조사했나요."

= 증인(김갑태): "과학수사분과에서 재물조사를 했는데 그런 것은 안 했다고 하지 않았습니까. 다만, 제가 들었던 얘기만 말씀드리는 겁니다."[238]

이와 관련해 수거한 어뢰추진체에서는 화약성분이 전혀 검출되지 않았다는 변호인과 피고인의 반대 신문도 많았다. 특히 피고인인 신상철 전 위원은 어뢰추진체에 폭발하고 남은 폭발재가 흡착됐다면서도 화약성분은 왜 남아 있지 않느냐고 반문했다.

— 피고인(신상철): "증인은 '어뢰추진체가 폭발 당시 뒤로 30~40m 빨리 날아가는 바람에 안 붙었을 수도 있다'고 말하는데 저것(어뢰추진체에 붙은 이른바 '흡착물질'-저자)은 화약성분, 그중에서도 알루미늄 성분을 뒤집어 쓴 것이란 말이죠, 그럼 증인이 말한 것과 다르지 않습니까."

= 증인(김갑태 합조단 과학수사분과 군측 위원): "저것은 화약제가 폭발한 분말가루다, 저기에서 반드시 100% 화약성분이 나와야 한다, 이렇게는 전제할 수 없다는 거죠."

— 피고인: "그것이 아니라 저 어뢰 자체가 화약성분과 그 안에 있는 알루미

664

뉴까지 전부 뒤집어쓴 그림인데 어떤가요."

- = 증인(김갑태): "썼든, 뭐했든 저기에서…"
- — 재판장(이흥권 부장판사): "물어보는 취지는 '산화된 알루미늄 분말가루가 어뢰추진체에서 검출됐는데 그러면 화약성분도 검출될 수 있지 않느냐는 것입니다"
- = 증인(김갑태): "제가 알기엔 (흡착물질에서) 당시 흑연성분이 나온 것으로 알고 있습니다"[239]

40. 재미학자 "합조단 수조폭발 실험 데이터 조작"

2015년 7월 22일 제40차 천안함 공판에는 재미학자 출신 해외파 학자 두 명이 방한해 법정에 증인으로 출석했다. 이승헌 미국 버지니아 대학교 물리학과 교수와 서재정 전 미국 존스홉킨스 대학교 교수(현 국제기독교대학교 교수)였다.

이승헌 교수는 1번 글씨 연소논쟁의 불을 댕겼으며 이후 합조단이 결정적 증거라며 내놓은 흡착물질 비교용 모의폭발실험 데이터 조작 의혹을 제기해 천안함의 과학적 검증의 필요성을 환기시킨 역할을 해왔다.

이 교수는 이날 법정에 나와 "합조단의 결론 가운데 두 가지 있었는데 첫째는 북한 어뢰가 천안함을 침몰시켰다는 것으로 여기엔 두 단계가 필요한데, 한 가지는 어뢰 파편이 북한제여야 하고 두 번째는 그것이 터져서 폭발을 시켰어야 하는 것"이라며 "첫 단계를 주장하기 위해 1번이라는 글씨를 내세운 것이고, 두 번째 단계를 주장하기 위해 흡착물질을 내세웠지만 둘 다 말이 안 된다"고 주장했다. 그는 "1번(글씨)은 누구나 쓸 수 있는 것이고, 주위에 페인트도 안 보이고, 성분도 솔벤트블루5라는 (상용화된) 화학성분"이라며 "이는 민주법정에서는 증거로 채택될 수가 없다"고 주장했다.

특히 흡착물질이 폭발재라는 주장에 대해 이 교수는 천안함 선체와 어뢰추진체에서 채취한 흡착물질과 비교하기 위해 모의폭발실험을 통해 검출된 백색물질의 데이터를 지적했다. 합조단이 주장하는 것처럼 산화알루미늄이 되려면 폭발 후 생긴 백색물질의 에너지분광기 분석EDS 데이터에는 산소와 알루미늄 피크peak 비율이 0.23~0.25대 1로 나타나야 하는데 거의 1대 1 수준으로 나온다는 것이다. 또한 선체 흡착물질(A)과 어뢰 흡착물질(B)의 데이터에도 산소와 알루미늄 피크 비율이 모두 1대 1 또는 0.85대 1로 나타났다. 적어도 이는 산화알루미늄이 아닌 알루미늄수화물 계열에서 나타나는 데이터라는 것이다. 그런데도 폭발실험을 했을 때 발생하는 '알루미늄산화물'에는 이 같은 데이터가 나타날 수 없는데 이런 결과가 나왔다는 것은 합조단이 데이터를 조작했다 것을 뜻한다고 법정에서 강조했다.

"(모의폭발실험 EDS 데이터를 보면) 산소와 알루미늄 피크의 비율이 0.85대 1 정도로 나오는데, 실제 산화알루미늄이라고 하면 0.23~0.25대 1쯤 됩니다. 부록에 나온 것들을 보면 오히려 1대 1을 넘어갑니다. 산소 비율이 알루미늄보다 높게 나오는 경우도 있습니다.[240]… 그러므로 수조폭발실험의 EDS 데이터는 조작된 것이라는 이야기죠."(이승헌 증인신문조서 9~10쪽)

또한 이 교수는 합조단 중간결과 발표를 한 이후 이 같은 지적을 하자 그해 9월 13일 내놓은 보고서에 합조단은 물이 들어 있어서 그렇다고 해명했다고 말했다.

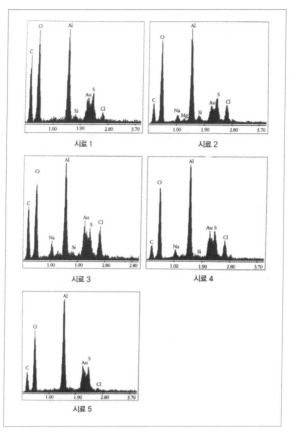

흡착물질(함미)의 에너지 분광 분석. 사진=합조단 보고서 244쪽

"그런데 9월 13일 낸 보고서에서 … '폭발실험을 한 다음 하얀 물질이 있었는데 그 물질에 물이 섞여서 그랬다, 물이 H_2O이고 산소가 있으니 물이 있어서 산소 피크가 이렇게 올라갔다고 주장했어요. 그 사람들의 주장은 EDS 데이터를 잴 때 산화알루미늄이 당연히 있죠, 거기에다 추가로 H_2O가 더 있어서 이게 올라갔다고 주장하는 거예요. 두 물질이 … 물리적으로 그냥 섞여 있다는 주장을 하는데 말이 안 되는 주장이에요. EDS 기계 같으면 진공으로 빼요, 그러니까 물이 들어갈 수가 없어요, 있다 해도 다 빠져나옵니다. 그래서 말이 안 돼요. (알루미늄 수산화물 또는 수화물에는) 물 성분이 있

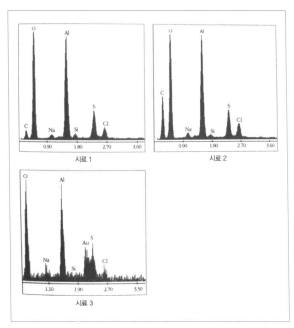

흡착물질(함수 및 연돌)의 에너지 분과 분석. 사진=합조단 보고서 249쪽

죠. 알루미늄 수산화물이라는 것은 알루미늄과 물이 화학적으로 결합하는
것인데, 합조단 주장은 산화알루미늄과 물이 화학적으로 결합이 안 되고
물리적으로 섞여 있는 것이라고 주장하는데 말이 안 되는 주장이에요."[241]

이 교수의 주장은 물리적으로 섞여서 산소의 피크가 많이 올라간 것
이 아니라 흡착물질 A(천안함 선체에서 채취)와 B(어뢰 파편에서 채취)는 원
래 화학적으로 물이 결합돼 있는 수화물이라는 것이다. 알루미늄 산화
물(산화알루미늄)과 물을 물리적으로 섞어놓는다고 이 물질의 EDS 데이
터에서 산소 피크가 높게 나타나지 않는다는 것이다. 산화물과 수화물
의 차이에 대해 이 교수는 "산화물과 수산화물(수화물)의 차이는 물이 있
느냐 없느냐, 화학적으로 결합이 되느냐 없느냐"라며 "산화알루미늄에
는 물이 없어요. Al_2O_3. H가 없잖아요. H가 있는 것들은 알루미늄수화

668

물 계열로 보는 것"이라고 말했다.(증인신문조서 11~12쪽)

200℃로 가열해도 산소 그대로 남아…물과 화학적 결합 '수화물'

특히 합조단 보고서 부록의 맨 뒷부분 '흡착물질의 열분해 특성 및 미세구조' 항목을 보면 채취한 흡착물질을 각각 200℃까지 올렸다가 30℃로 내리고, 차례로 200℃, 400℃, 600℃, 900℃까지 올렸다가 냉각시켰을 때 산소 피크 변화량이 나타나 있다. 여기 데이터들 가운데 '400℃까지 올렸을 경우'부터 산소의 피크가 떨어지기 시작한다. 그러나 200℃까지 올렸을 때의 산소 피크는 상온의 흡착물질의 산소 피크와 변화가 없다. 이를 두고 이승헌 교수는 "중요한 것은 200℃까지 올렸다가 내렸는데 아무 차이가 없다는 것"이라며 "합조단 주장처럼 물과 산화알루미늄하고 그냥 섞여 있었으면 100℃로(만) 올렸어도 물이 다 빠져나갔어야한다. 그런데 안 빠져나갔다"고 지적했다. 이는 물이 알루미늄과 화학적으로 결합된 알루미늄 수화물이라는 증거라고 주장했다. 물의 끓는점이 100℃이기 때문이다. 열처리한 흡착물질 데이터에 400℃, 500℃, 600℃에서 물이 빠져 산소 피크가 감소한 것은 화학적으로 결합됐기 때문이라는 설명이다. 이 경우엔 더 높은 온도로 가열해줘야 산소가 빠져나간다는 뜻이다. 이 같은 알루미늄 수화물과 산화물 구조를 입증하기 위해 이 교수는 수화물(수산화알루미늄)을 1000℃ 이상 가열했다 냉각하는 실험을 했더니 물이 빠져나가고 산화알루미늄이 됐다고 설명했다.

그러므로 합조단의 흡착물질 열처리 실험은 선체 채취 흡착물질(A)과 어뢰 채취 흡착물질(B) 중 하나를 갖고 실험한 것이라고 이 교수는 추정했다.

그러나 검사 측은 이 교수가 한 실험환경이 합조단의 모의 수조 폭발 실험과는 다르므로 이 교수의 실험결과로 단순 비교할 수 없다고 따졌다.

최행관 검사는 "합조단은 소형 강철 수조에 해수 4.5t을 채우고 알루미늄 함유 고성능 화약 15g의 폭약을 터뜨려 그 덮개에 있는 알루미늄 판재에 흡착된 물질을 분석한 데 반해 증인은 알루미늄 시료를 전기로에서 1100℃까지 올려 약 40분 동안 가열하고 이후 이를 상온의 찬물에 2초 정도 집어넣어 냉각시킨 후 EDS 및 XRD 분석을 했다"는 점을 들었다. 그는 "합조단과 달리 폭약이 아닌 40분간 가열을 통해 이뤄졌으며 폭약성분도 전혀 확인이 없이 단순 가열한 것으로 보이고, 냉각된 것도 천안함이나 합조단에서는 수중에서 급격하게 냉각된 것에 비해 증인의 실험은 상온에서 수중이나 해수도 아닌 수중 후 2초 이내에 냉각한 것으로 보이며, 당시 폭발상황이 3000℃ 이상, 20만 기압 이상이 생기는데 증인은 1100℃에서 통상 기압을 했기 때문에 합조단 실험, 천안함 흡착물질의 관련성에 대해서는 단순 비교하기는 어려울 것으로 보인다"고 주장했다. 이에 대해 이 교수는 "그렇게 한다고 과학적 사실이 달라지는 것은 아니다"라고 반박했다.

천안함 침몰 원인에 대해 이 교수는 "과학자로서 대답할 수 있는 부분은 합조단에서 내세운 과학적 데이터 근거가 잘못됐다고 하는 부분이고, 일부 데이터는 분명히 조작됐다는 것"이라며 "그 이상은 상식이 있는 분들께서도 비슷한 생각을 가지고 있지 않을까 싶다"고 말했다.

40차 공판 서재정 전 미국 존스홉킨스 대학교 교수도 방한 출석

40-1. 해외파 학자 "근접수중폭발 근거 없어"

이 밖에 이날 함께 출석한 서재정 일본 국제기독교대학교 교수(전 미국 존스홉킨스 대학교 교수)도 오후에 증인으로 나와 합조단 결론의 문제점에 대한 견해를 법정 증언했다. 서 교수는 근접수중폭발이라는 합동조사단의 결론과 흡착물질 데이터 등 과학적 자료에 대해 근거가 없는 결론이라고 반박했다.

서 교수는 2010년 7월 22일 오후 법정에서 '근접수중폭발' '어뢰폭발' '북한제 어뢰'라는 합조단의 보고서 핵심 주장이 모두 성립돼야 하나 증거에 의해 입증되는 것은 하나도 없다고 밝혔다. 그는 준비해온 프레젠테이션을 통해 우선 근접수중폭발론이 성립하려면 파편, 충격파, 버블효과, 물기둥, 고열 등 5가지 손상지표가 모두 남아 있어야 하지만 선체 내부, 외부에 확인된 것이 없었다고 지적했다. 파편의 경우 합조단 스스로 "천안함 사건에 사용된 어뢰의 파편이라고 단정할 수 있는 금속은 식별하지 못했다"고 밝힌 점을 들어 서 교수는 "파편은 없었다"고 밝혔다.(서재정 증인신문조서 8~9쪽)

충격파와 관련해 서 교수는 250kg의 TNT가 천안함에서 3~6m 떨어진 곳에서 폭발했을 경우 8000~1만 8000psi의 충격파가 생성되는데, 5psi의 충격파만으로도 목조가옥이 부서지며, 원거리 시뮬레이션에도 충격파로 선체 도처에 찌그러지고 우그러진 손상이 나타난다는 요지의 자료사진을 제시했다. 또한 형광등뿐 아니라 천안함 내부의 연결맵 부분이 그대로 남아 있고, 천안함 생존자에게 청각, 화상환자가 전혀 없다는 점도 들었다.

버블효과와 관련해 서 교수는 "시뮬레이션 결과에 의하면 버블효과에 의해 가운데 부분이 둥글게 밀려올라가 찢겨지는 것으로 예상효과가 (합조단 보고서에) 나오지만, 실제로는 가스터빈실 외관의 앞과 뒤가 찢어졌다"며 "보고서에 여러 편 걸쳐 자세히 실려 있다. 실제와 현격한 차이가 난다"고 지적했다. 물기둥의 경우 흔적이 없으며, 폭발 시 발생해야 하는 3000도 고열에 대해서도 서 교수는 "보고서에서도 '723도 이상의 열 이력은 없었다' '열흔적이 없는 전선의 절단' 등이 기재돼 있었다"고 설명했다.

이와 함께 서 교수는 어뢰설이 아니라 자신이 생각하고 있는 가설을 소개했다. 그는 "선체와 선저 근처에 긁힌 흔적이 많은 것은 비전문가가 봐도 분명히 긁힌 것 같다는 느낌이 들 정도"라며 "좌초의 흔적이 존재한다"고 주장했다. 좌초설과 관련해 더 확인해야 할 부분으로 함수 좌현 선저 부분에 밀려들어간 것으로 보이는 손상 흔적을 들었다. 다음과 같다.

"그동안 많이 나오지 않았지만 확인이 돼야 할 부분이 있습니다. 좌초의 또 다른 가능성을 보여주는 증거는 이 부분입니다. 함수 절단면 좌현 함저 부분이 날카롭게 밀려들어간 부분이 있습니다. 좌현 쪽에서 폭발해 버블효과로 밀려들어갔다고 얘기하고 있지만, 그것에 의해 밀려갔다면 둥글게 밀려야 하나 날카롭게 밀려들어갔습니다. 날카로운 물체에 걸렸고, 걸린 상태에서 오른쪽에서 충격이 가해졌을 때 이런 현상이 나올 가능성이 많은 것으로 보입니다. 선저가 긁렸다기 보다 무엇인가 강하게 부딪혀 선저 좌현 쪽이 깊게 밀려들어갔을 가능성도 확인돼야 한다고 봅니다."[242]

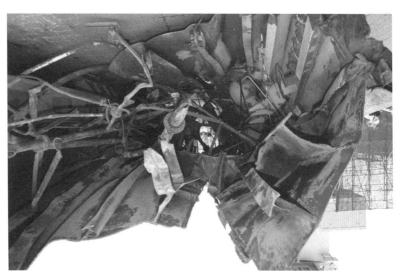

가스터빈 후면 촬영한 사진을 뒤집어놓은 것. 사진=서재정의 파워포인트

함수, 함미 절단면 형상. 사진=합조단 보고서 55쪽

원거리 수중폭발 가능성에 대해 서 교수는 "무엇이 폭발했느냐는 확인할 수 없지만, 보고서에서도 천안함의 휘핑 모멘트(굽힘 모멘트)를 분석한 부분이 있는데, TNT 200kg 정도가 수심 20m 떨어진 지점에서 폭발했을 경우 절단될 수 있다는 것을 시사한다"며 "이는 해저를 확인하면 가능할 것"이라고 말했다. 이처럼 합조단 조사결과에 비춰봤을 때도 원거리 수중폭발 가능성을 배제할 수 없다고 서 교수는 제안했다.

좌초·기뢰뿐 아니라 천안함 우현 충돌 가능성도 검증해야

충돌설에 대한 견해도 밝혔다. 그는 그동안 좌현 선저에서 우상향 방향으로 힘이 작용한 잠수함 충돌설의 전형적인 가설과 정반대 방향에서 충돌했다는 가설을 내놓았다. 함수와 함미 우현에서 무언가 밀고 들어왔을 가능성을 제시했다.

"세 번째 충돌설의 경우는 이것입니다. 제가 이번에 재판 증언을 위해 자료를 찾다가 또 한 가지 새롭게 발견한 사실이 있습니다. 천안함 우현을 찍은 사진을 찾기가 매우 어렵다는 사실입니다. 좌현을 찍은 사진들은 굉장히 많이 있습니다. 그런데 천안함 파손된 형태의 우현 모습을 찍은 사진은 확인하기가 굉장히 어려웠고, 제가 찾을 수 있는 것은 보고서에서 보여주는 이런 모형 설계도 수준이었습니다. 보고서 99쪽의 천안함 우현의 모습 봤을 때 가스터빈실이 있는 부분이 절단돼 있다고 예시를 하고 있고요. 절단면 부분이 구체적으로 어떻게 절단됐는지 함미와 함수 부분을 보여주고 있습니다. 사실 절단면 자체는 나타나고 있지 않지요. 그래서 절단면을 찾아봤습니다. 절단면은 별도의 위치에 있었습니다. 이것이 바로 가스터빈실을 싸고 있는 함미 절단 부위입니다. 여기에서 보시면 정면의 모습이고요 이것을 약간 틀어서 좌측에서 들여다보면 가스터빈실을 싸고 있는 함미의 윗부분이 위에서 아래로 깊게 밀려 내려가 있는 흔적이 있습니다. 그리고 이 사진을 더 돌려서 완전히 좌측에서 보면 함미 함체 중에서 함미가 여기 있고, 여기가 우현 쪽이 되겠지요. 우현 쪽이 무엇인가에 의해서 강한 힘에 의해서 찢긴 상태에서 깊게 밀려서 완전히 찌그러진 모습의 손상을 보이고 있지요. 그리고 이 길이를 물론 실측을 해보면 바로 정확히 알겠습니다만 함미 전체의 길이에 비춰봤을 때 한 3m 정도의 길이가 될 것으로 보이는데, 이 경우 이러한 모습으로 저희가 재구성할 수 있습니다. 천안함 우측을 봤을 때 가스터빈이 여기 있고, 연돌이 바로 여기에 있었습니다. 그런데 무슨 힘에 의해서인가, 연돌과 가스터빈실 가운데를 어떤 강한 힘이 밀고 들어갔고, 그 힘에 의해서 함체의 우현 부분이 찢어지면서 위에서 아래로 깊게 접힌 겁니다. 접힌 상태에서 가스터빈실은 밑으로 떨어져나가고 연돌은 위로 떨어져나가고, 함미와 함수가 절단된 것이죠. 다시 말해서 천안함의 손상 형태를 봤을 때 천안함은 두 동강이 아니라 함수와 함미, 연돌, 가스터빈실로 네 동강이 났습니다. 그리고 네 동강을 내주는 부분은 커다란 구멍으로 남아 있습니다. 그래서 이 구멍을 낼 만한 물체가 무엇이었겠는가 하는 것을 찾는 것이 하나의 고리가 될 것 같고요. 일단 손상부위 길이가 7.2m 정도 되기 때문에 7.2m 정도의 길이에 맞는 어떠한 물체가 강

674

가스터빈 우현. 사진=조현호 기자

하게 천안함과 충돌을 하면서 이러한 손상을 내지 않았는가 추정을 해볼 수가 있겠습니다. 역시 이 부분은 아직까지 가설입니다만 이러한 충돌설도 조금 더 엄밀한 검증이 필요하다고 생각이 됩니다."[243]

그는 이어 이런 손상을 낼 물체에 대해 "선박이거나 잠수함일 수밖에 없는데, 선박의 경우 함체 가운데 보다 앞부분이 뾰족하기 때문에 위에서 밑으로 파단형태가 나타내기 때문에 아니다"라며 "둥그런 물질이 옆에서 밀고 들어온 손상을 낼 물질은 잠수함밖에 없지 않겠는가"라고 주장했다. 그러나 그는 "잠수함이 천안함 우현과 충돌했다고 주장할 수 있는 그런 근거는 사실 없다"며 "하지만 그런 가능성을 시사하는 손상 흔적이 있기 때문에 현재까지는 가설로만 전제하지만 가설이 성립하느냐 여부는 좀 더 엄밀한 검토가 필요하다"고 덧붙였다.[244] (증인신문조서 17~18쪽)

잠수함 충돌 가능성에 대해 재판장이 자세히 견해를 묻기도 했다. 이홍권 서울중앙지법 형사36부 부장판사(재판장)는 이날 서 교수에게 '국제관계, 군사관계 전공했는데, 충돌해서 두 동강 낼 정도의 무기체계가 있는가' '어느 정도 크기의 잠수함이라 생각하는가' '(천안함을) 두 동강 냈는데 잠수함은 멀쩡할 수 있는가' 등의 신문을 했다.

서 교수는 "그 정도의 크기와 힘을 가진 물체는 잠수함 이외엔 생각하기 힘들다"라며 "손상 부분이 천안함 우현의 손상 부위가 7.2m 되는 것으로 나와 있는데, 이 정도 크기가 들어갈 정도의 (잠수함) 선폭이 있어야 한다. 예를 들어 장보고급 잠수함이 그 정도 크기에 맞지 않나 생각된다"고 주장했다. 그는 "속도는 크게 문제가 되지 않는다"라며 "속도와 질량을 곱한 양인 '모멘텀'Momentum(운동량＝질량×속도)이 중요한데, 잠수함이 워낙 무게(질량)가 크기 때문에 아주 느린 속도로 가고 있더라도 큰 모멘텀을 줄 수 있다"고 설명했다. 그는 잠수함이 온전할 수 있는지에 대해 "함정(천안함)의 옆면은 얇은 금속질로 돼 있어 쉽게 찢어지거나 구멍 날 수 있는 반면, 잠수함의 경우 그것보다 무겁고 딱딱한 물질로 돼 있다"며 "물속 충돌 사고가 있을 수 있기 때문에 특히 강한 금속으로 구성돼 잠수함은 큰 피해를 보지 않을 수 있지 않을까 한다"고 주장했다.

장보고급 잠수함에 대해 서 교수는 "장보고급은 대형 잠수함이 아니기 때문에 수심이 얕은 서해에서도 활동이 가능하다"고 주장했다. 특히 서 교수는 잠수함설이 객관적이라고 보느냐는 재판장 신문에 "잠수함 충돌 가능성에 대해 여러 사람들과 의견을 교환한 적 있다"며 "그럴 가능성에 대해 동의했다. 좀 더 객관적인 자료를 통해 확인했으면 좋겠다"고 말했다.

검찰 "공중폭발 수중폭발과 다르지 않나" 서 "기본적으로 같아"

이에 대해 검찰은 신문 과정에서 서 교수의 과학적 전문성에 의문을 제기하기도 했다. 고막파열이 없다는 것은 충격파가 존재하지 않았다는 것을 의미한다는 서 교수의 주장을 들어 최행관 검사는 "귀 손상이나 장기 손상은 공중폭발을 전제로 한 것이나, 수중폭발은 공중폭발처럼 고막

파열이 생긴다고 보기 어려운 것 같은데 어떤 의견인가"라고 반문했다. 서 교수는 "그것은 수중폭발을 완전히 잘못 이해하고 있는 것으로, 공중폭발과 수중폭발은 기본적으로 같은 현상"이라며 "지금 내가 한 말을 검사가 들을 수 있는 것은 내 목청이 울리면 공기를 진동시켜 검사의 귀를 통해 뇌가 감지하는 과정으로 전달되는 것인데, 물속에서도 충격이 주어질 때 동일하게 전달된다"고 반박했다. 서 교수는 "'수중에서는 충격파가 커지지 않는다'는 인터넷에서 하는 말은 과학적 상식이 없는 사람들이 하는 말"이라고 비판했다.[245](증인신문조서 30쪽)

41차 공판 2015년 8월 17일 송태호 카이스트 교수 출석

41. '1번 글씨 안 탄다' 카이스트 교수 "폭침 반대세력 이용당할까 국방부서 발표"?

2015년 8월 17일 열린 41차 공판에는 1번 글씨 연소논쟁의 또 다른 장본인인 송태호 카이스트 교수가 증인으로 나왔다. 그는 과거 국방부에서 기자회견했던 것과 같이 프레젠테이션을 겸해 글씨가 타지 않는다고 법정 주장을 폈다. 어뢰추진체의 샤프트 부분이 불타 녹아보이는 흔적과 관련해 1번 글씨가 안타면 이것이 가능하느냐는 변호인의 반대 신문에 논쟁을 벌이기도 했다. 또한 천안함 어뢰에 의해 물기둥이 2m밖에 뜨지 않을 것이라고 추측해서 말한 적이 있다는 답하기도 했다. 송 교수는 1번 글씨가 타지 않는다는 기자회견을 왜 국방부에서 했느냐를 두고 정치적 목적이 있는 것 아니냐는 추궁을 받기도 했다. 송 교수는 오히려 폭침에 반대하는 세력들에 이용당하는 일이 옳지 않다고 봤다고 답변했다.

송 교수가 주장하는 요지는 TNT 250kg의 어뢰가 폭발해도 어뢰 디스크전면 온도를 기껏 2~3도밖에 올리지 못한다는 것이다. 그는 3000도의 화염이 단열팽창하면서 0.1초 만에 상온까지 냉각돼 1번 글씨가 쓰인 디스크후면은 열전도가 되지 않아 0.1도의 온도상승도 없다고 주장했다.

송 교수는 "이 시나리오는 두 개로 구성돼 있다"며 "처음 가스폭발하고 나면 아직 디스크는 멀리 있으니 팽창해서 가서 닿으려면 시간이 많이 걸리니 차라리 이 어뢰 중심 부분에서 가스통로가 돼 뜨거운 가스가 직접 가서 부딪혔다, 정말 가열을 맹렬하게 시키는 것이 시나리오 1단계이며, 두 번째는 가스가 커져 디스크후면에도 버블이 가서 기체가 닿는 것이 2단계"라고 설명했다. 그는 자신의 계산이 "이 두 가지를 다 집어넣은 것"이라며 "두 번째 단계에 가면 열 전달이 너무나 적기 때문에 그것은 고려할 필요도 없을 정도이고, 초기에 매우 고온고압의 가스가 맹렬하게 디스크전면을 쳤을 때 그나마 온도가 조금 올라가서 전면이 3℃ 정도 올라간다는 말씀"이라고 주장했다.(송태호 증인신문조서 28쪽)

이에 대해 의문과 반론도 제기됐다. 송 교수의 논문에 나온 버블의 최대 반경이 TNT 250kg을 폭발시켰을 때 11.6m(0.8초에서)로 계산된 것과 관련해 김남주 변호사는 "합조단은 윌리스 공식에 의해 제시한 버블의 최대 반경은 TNT 250kg이 수중에서 폭발할 경우 9m를 넘지 않는데, 버블의 최대 반경에 관해 증인의 논문 계산과 합조단 보고서는 일치하지 않는다"고 지적했다.

송 교수는 "합조단이 어떻게 계산했는지는 모른다. 합조단의 경우 폭발 직후 충격파로 에너지의 절반가량이 사라진다고 했지만 저는 더 고온상태로 유지 가열하는 조건을 만들기 위해 그걸(충격파로 인한 에너지 감소를) 무시했다"며 "지금 9m와 11m는 오차가 약 20% 정도가 나는데, 열전달 계산에서는 ±30%의 오차를 본다. 소수점 이하까지 맞기를 원하면 엄청나게 복잡한 계산을 해야 하고 그나마도 쉽지가 않은 일"이라고 해명했다.

김 변호사는 "송 교수 논문에 의하면 250kg을 터뜨렸을 때 버블주기는 1.5초가 넘어 보이는데" "합조단 전제 버블주기 1.1초와는 큰 차이가 있지 않느냐"고 따졌다. 송 교수는 "큰 차이 아니다, 그 정도는"이라고 답했다.(증인신문조서 31쪽)

1번 글씨 그대로면 어뢰 샤프트 녹은 부분 어떻게 설명하나

어뢰추진체의 샤프트 중간에 녹이 많이 슬고 휘어져 있는 부분과 관련해 고열에 녹아서 변형됐을 가능성에 대한 논쟁도 나왔다. 1번 글씨에 1도도 열전달이 안 되는데 여기는 녹을 수 있겠느냐는 의문이다.

- 변호인: "어뢰추진체 이 부분이 휘어 있죠."
- = 증인(송태호 카이스트 교수): "버클링buckling(길이방향으로 힘을 가했을 때 옆 방향으로 변형하는 현상)이 났어요."
- 변호인: "그 부분을 확대한 사진인데요, 샤프트가 고열에 녹아서 변형된 형상이라고 하는 사람들이 있습니다. 국방부가 그렇게 발표했는데요. 그 지점은 1번 글씨로부터 적어도 1.345m보다 가까운 곳으로 추정됩니다. 증인 논문에 의하면, 어뢰추진체 샤프트가 용융된 지점의 온도는 대략 최도 13℃ 정도 상승할 뿐이라고 증인논문은 실제 인양된 어뢰추진체 샤프트가 용융된 현상을 설명할 수 없는 것 아닌가요."
- = 증인(송태호): "…녹은 것인지 그렇지 않은 것인지 저로서는 뭐라 말씀드릴 수가 없어요. 제 개인적 추측으로는 녹은 것이 아니라고 생각 들기는 했습니다. 그러나 그것을 제가 합조단의 입장을 갖다 대변하는 것처럼 저를 몰아붙이시면 곤란합니다."
- 변호인: "저 부분이 용융된 것이라면 증인 논문은 어뢰추진체 용융현상을 설명할 수 없는 것 아닌가요."
- = 증인(송태호): "그렇지 않습니다. 제가 계산했을 때에도 저렇게 디스크 가까이 있지 않아요. 아예 디스크는 지금 제가 계산한 것처럼 4점 몇 미

터 떨어져 있어요. 그런데 앞으로 와있을 때 어떻게 됐냐고 자꾸 요구를 하니까 그렇게 해서 그 경우도 계산했던 것뿐이고요. 실제로는 떨어져 있어요. 제가 우려했던 것은 뭐냐면, 앞으로 1점 몇 미터가 나와 있다 해도 1번 글씨가 안 탄다는 얘기를 하기 위해 그렇게 쓴 겁니다."

— 변호인: "1번 글씨가 안 탈 정도면 저 부분의 쇠가 녹기 어려운 것 아닌가요."

= 증인(송태호): "제가 그걸 책임질 수 없어요. 저는 저쪽에 저렇게 홈이 나 있는 거 그것도 처음 보여주셔서 본 것이지, 제가 거기에 대해 뭐라고 답변할 만한 근거가 아무것도 없습니다. 저는 저쪽으로 휜 것은 봤어요."

— 변호인: "증인은 2010년 7월 12일 국방부에서 어뢰추진체 보지 않았나요. 저런 모습은 보지 않았나요."

= 증인(송태호): "저렇게 미주알고주알 어디에 기스가 나 있고, 이것가지 어떻게 봅니까. 저는 저게 저렇게 전체적으로 휘어 있는 모양을 보고 이게 앞에서부터 충격을 받아가지고 저렇게 모양이 휘어지는 것을 전문용어로 버클링이라고 하는데요, '버클링이 났구나'라는 정도는 알았습니다. 다시 말해 폭발 시에 높은 압력이 충격파든 가스버블이든 간에 '딱' 치니까 망치로 얻어맞은 것처럼 휜 겁니다. 휜 것만은 분명한데 거기에 저렇게 약간 스크래치가 나 있는지 어땠는지 저는 제가 봤다고 말씀드릴 수는 없는 거고, 책임질 수도 없는 겁니다."[246]

물기둥 2m로 추측했다

1번 글씨 연소논쟁 외에 송태호 교수는 1번 글씨 온도계산 발표 기자회견 질의응답에서 물기둥이 2~3m밖에 오르지 않을 것이라고 주장한 적이 있다. 합조단은 보고서에서 82m 크기의 물기둥이 치솟을 것으로 계산해놓았다. 이에 대한 피고인의 신문이 이어지자 송 교수는 자꾸 질문을 그쪽으로 유도하지 말라며 불편해했다.

— 피고인(신상철): "어뢰가 터졌을 때 100m 가까이 치솟지요."

= 증인(송태호 카이스트 교수): "그렇게 막 얘기하면 안 돼요. 왜냐하면 아주 심해에서 폭발해서 천천히 버블이 (수면으로) 올라가면서도 그렇게 많이 안 올라갑니다."

— 피고인: "천안함은 심해가 아니잖습니까."

= 증인(송태호): "8m지요."

— 피고인: "그러니까요, 8m가 심해입니까. 그 물기둥이 치솟는 만큼 일을 합니다. 그만큼 폭발량이 크다는 말씀입니다."

= 증인(송태호): "아닙니다. 그렇지 않습니다. 이 물기둥을 밀어내는 것만큼…"

— 피고인: "참고로 교수님께서 주장하신 내용 중에 천안함에서 물기둥은 2m 정도가 됐을 것이라고 주장한 사실이 있죠."

= 증인(송태호): "그 기사는 수면과 버블의 인터랙션에 대해 제가 잠깐 언급을 한 것인데요, 그것은 폭발 후기에 일어나는 것이기 때문에 이 계산과 관련이 없습니다. 자꾸 그쪽으로 질문을 유도하면서 함정에 빠뜨리고 가기 때문에."

— 피고인: "아니오. 그게 아니라 2m밖에 안 됐을 것이라고 주장한 사실이 있나요, 없나요."

= 증인(송태호): "주장하지 않았습니다. 추측했습니다. 당시 분명히 이렇게 자유수면이 있을 때 아래쪽의 버블과 인터랙션은 그렇게 쉽게 계산할 수 있는 것이 아니라 슈퍼컴퓨터가 필요합니다. 이것을 국방과학연구원 사람들이 계산해서 그거보다 좀 저보다 높게 얘기를 했어요. 그런데 저는 그 계산을 알 도리가 없잖아요. 그러니까 아마도 버블이 팽창하는 속도, 그때 최대 팽창 정도에 다다랐을 때 버블이 팽창하는 속도 정도 되지 않겠느냐고 해서 '그것이 초속 한 2m 정도로 물방울로 치지 않을까라고 생각합니다'라고 말했을 뿐이지 거기에 대해 제가 책임을 지고, 이것 때

문에 1번 글씨가 탄다라는 논리를 다 바꿔야 하는 것도 아니고 아무것도 아닙니다. 자꾸 다른 데 가가지고 제가 책임지지 않을 얘기한 것을 자꾸만 질문해서 대답하게 하고서는 마치 제일 뿌리가 되는 열전달 문제, 1번 글씨가 타느냐 안 타느냐 하는 문제가 완전히 다 무너지는 것처럼 얘기하는 것은…"

- 피고인: "교수님, 질문은 간단합니다. 교수님이 물기둥이 2m 정도에 그쳤을 것이라고 말한 사실이 있습니까, 없습니까."
= 증인(송태호): "'그랬을 것이다'라고 얘기했어요."[247]

그는 실제로 지난 2010년 8월 2일 국방부에서 개최한 기자회견에서 기자의 질의에 해수면이 2~3m 올라갔을 것이라고 답변했고, 일주일 뒤 MBC 라디오 〈손석희의 시선집중〉과 인터뷰에서도 합조단의 주장이 바다에서는 안 먹힌다고 주장했다. 기자회견 일문일답을 먼저 보자.

- 기자: "물기둥도 또 논란이 됐는데, 교수님께서 하신 시뮬레이션에는 물기둥이나 이런 것들은 나타나지 않는 것으로."
= 송태호 카이스트 교수: "예습을 잘 하셨는데, 감사합니다. 제가 계산한 것은 유체역학적인 계산은 물론 했지만 거기에 깊이 관여되지는 않았어요. 유체역학적인 계산을 제대로 하려면 그 위에 있는 수면, 그것이 대기압하고 어떤 관계를 갖는지를 상세히 계산해야 합니다. 그것은 엄밀하게 말씀드리면 물론 제 자신도 할 수 있지만, 유체역학을 하는 분들이 조금 더 잘할 수 있고요. 조금 더 복잡해집니다. 그러나 큰 차이는 없어요. 제가 지금 조심스러운 것은 저는 제 계산결과에 대해서 아마도 해수면이 겨우 한 2~3m 올라갔을 것이고, 물이 튀어봐야 몇 m 안 튀었을 거라고 생각합니다. 그러나 그것은 제 계산의 초점은 아닙니다. 다른 분이 조금 더 상세히 계산하면 약간 다른 값을 얻을 거라고 생각해요. 크

게 변하지 않을 거라고 보지만, 저는 거기에 대해서 주장하지 않겠습니다. 거기 전문 분야를 가지고 계시는 분들이 있어요."²⁴⁸

(2010년 8월 2일 국방부 정례브리핑 중에서)

일주일 뒤인 그해 8월 9일 MBC 라디오 〈손석희의 시선집중〉 전화 연결에서 송 교수는 '어뢰폭발로 2m 정도의 바닷물이 상승하는데 그쳤을 것'이라는 주장이 '어뢰폭발로 100m 이상의 물길이 치솟았다'는 합조단의 발표와 또 다르다는 진행자의 지적에 대해 "이건(100m 물기둥설) 초기에는 맞지만 실제로 바닷물 가까이 가면 안 맞는다고 (합조단에) 말씀을 드렸다"면서도 "이건 논문의 제 주제하고도 좀 거리가 있고 그래서 이것은 국방과학연구원의 정교한 수치에서 코드 사용한 결과를 좀 더 믿길 바란다"고 말했다.

학자가 국방부에서 기자회견? 정치적이지 않나
"폭침세력에 이용당하지 않기 위해 발표"

한편 송 교수가 기자회견을 카이스트가 아닌 국방부에서 연 것과 관련한 비판도 제기됐다. 송 교수는 '국방부에서 발표하게 된 경위'에 대해 "이 사실이 상당히 정치적 파장이 있을 것이라는 것을 저는 알고 있었고, 사실이다"라며 "그렇기 때문에 이것을 카이스트에서 발표하게 되면 오히려 카이스트 입장이 정치적 파문에 휘말리는 결과를 낳을 수 있다고 우려했다"고 주장했다. 그래서 오히려 학교 대신 국방부를 발표 장소로 택했다는 주장이다.

송 교수는 "합조단으로 일하는 카이스트 조선해양공학과에 있는 분이 있고, 윤덕용 단장도 우리 학교 교수이자 총장을 했습니다. 그분들께 여쭤봤습니다. '이런 연구를 했는데, 어디에서 발표하는 게 좋겠습니까' 했더니 윤 교수도 제가 가진 생각하고 비슷했다"며 "그래서 제가 그 당시 조선해양과에서 계시던 합조단 일원인 교수가 한 명 또 있다. 그분에게 연락해서 국방부에서 기자회견을 하고자 하니까 사실은 그 이전에 국방부를 견학하고 싶다는 얘기부터 시작했다"고 설명했다. 이에 따라 "7월 11일 연락을 해서 12일에 가서 확인을 하게 된 것이고, 그렇게 해서 그당시 국방부 조종설 대령과 만나게 됐고, 그 결과를 국방부에서 발표하자고 서로 이야기해서 그다음에 제가 발표를 국방부에서 하게 된 것"이라고 송 교수는 증언했다.(증인신문조서 15~16쪽)

이 같은 주장을 두고 피고인인 신상철 전 위원이 어떻게 학자가 돼가지고 학교보다 국방부에서 기자회견을 하느냐, 그것이 더 정치적인 것 아니냐고 따져 묻자 송 교수는 폭침 반대세력에 정치적으로 이용되는 것이 옳지 않다고 판단했다고 답했다.

— 피고인(신상철): "카이스트에서 발표할 수도 있는데, 사건이 정치적으로 비춰질 수 있기 때문에 국방부에서 했다고 했는데, 국방부의 조종설 대령도 만나고 설명도 듣고, 국방부에서 이 결과를 발표한 것이 바깥에서 보기엔 국방부에 유리한 결과를 국방부에서 발표한 것이 오히려 더 정치적으로 보여지는데, 학자적인 입장에서 논문을 발표했거나 카이스트에서 발표했다면 더 비정치적인 것 아닌가요."

= 증인(송태호 카이스트 교수): "불행히도 1번 글씨가 탄다는 주장이 결국 어디에 영향을 미치게 되느냐면 정치적으로 천안함이 폭침됐다는 것에 반대하는 정치적인 세력에 의해 이용된다고 판단했습니다. 옳지 않죠. 이것은 학술적인 것입니다. … 국방부에서 발표하면 정치적인 파장이 있다는 것 다 압니다. 저도 그게 적었으면 좋겠어요. 그러나 그 이외의 장소가 그렇게 중요합니까. 제가 국방부에서 발표했다는 것 때문에 제 이론이 다 틀리는 것이고, 거짓을 말하는 것입니까. 또 정치적으로 이용당할 가능성이 있는 것을 발표했기 때문에 진실을 말했다 해도 잘못된 것

입니까. 제가 누누이 강조했습니다. 팩트는 정치보다 훨씬 선행합니다. 사실입니다. 진실, 그것이 정치적인 이해득실보다 훨씬 더 선행하고 그 것을 밝힐 수 있다면 그 장소는 부차적인 것입니다. 왜 그런데 부차적인 것 갖고 제가 거기에 영향력을 미쳤다고 그래서 진실을 밝히고자 하는 노력 자체를 없애는 것 아닙니까."[249]

송 교수는 난데없이 이승헌 교수 탓을 하기도 했다.

"…저는 이것을 여러 차례 이승헌 교수가 얘기해도 학술회의에 나와라, 기계학회에 나온다고 했다가 제가 나온다고 하니까 도망갔어요. 끝장토론 하자고 얘기해도 또 도망갔어요. 그다음에 또 세 번째인가 과총에서 또 사 람들 모아놓고 그 앞에서 공개토론하자. 대답도 없습니다. 제가 어디에서 발표해야 되겠습니까."[250]

학자라는 사람이 왜 외부 발표를 학교나 학회, 논문을 통해서 하지 않 고 국방부에서 했느냐는 지적에 대해 자신이 반박하려는 사람이 공개적 인 자리에 안 나와서 그랬다는 식의 주장을 펼치는 게 과연 맞는 말인지 의문이다. 더구나 이승헌 교수는 송 교수의 주장이 틀렸다는 주장을 오 히려 공개적인 자리에서 여러 차례 밝히기도 하고, 언론 기고를 하기도 했다. 그런 이 교수가 논쟁을 피했다고 주장하는 것은 송 교수의 일방적 인 주장일 뿐이다. 학자가 왜 하필 발표장소를 국방부로 택했느냐에 대 한 답이 되지도 않는다. 더구나 자신과 견해가 다르기로서니 법정에서 상대 학자에게 '도망갔다'는 표현을 쓰는 것은 적절해보이지 않는다. 어 떤 생각에서 했든 송 교수가 국방부에서 한 발표로 국방부의 입장에 힘 을 실어준 것은 부인할 수 없는 사실이다. 다만 폭침이라는 주장이 맞을 수도 있지만 그렇지 않을 수도 있다는 가능성을 열어두고 연구하는 것이 학자의 바른 태도가 아닐까 한다. 국민적인 의혹이 많은 사건일수록 오히려 정부 발표에 과학적 문제가 없는지 먼저 따져보고 그다음에 반대세력의 주장을 검증하든 말든 하는 것이 순서가 아닐까 하는 의문이 남는다. 물론 중요한 것은 그의 주장이 실제로 맞느냐 여부이다.

42차 공판 2015년 8월 31일 서강흠 당시 합조단 정보분석 분과장 출석

42. 합조단 정보분석과장 "어뢰 맞고도 조류에 거슬러 올라간다"

2015년 8월 31일 열린 천안함 42차 공판에는 TOD 동영상을 전담 분석했다는 합조단 정보분석과장(대령)이 증인으로 출석했다. 그는 천안함이 이른바 '폭발 원점'(정부 발표 사고 좌표)으로부터 약 35초 정도 이후로 추정되는 시점에 약 100m 북서쪽으로 조류를 거슬러 올라간 것으로 나타났다는 의문에 대해 "당연히 북서쪽으로 올라간다"고 주장했다.

서 대령은 "북서쪽으로 오르던 중 천안함이 피격되면 배라는 것은 물과 선체의 마찰저항이 적기 때문에 어뢰를 맞더라도 (가던 방향으로) 가려는 타력을 멈출 수가 없다"며 "천안함은 6~7노트로 가고 조류는 2.5~3노트로 내려오기 때문에 조류의 역방향으로 100미터 정도 가다가 점점 타력이 줄어들다가 TOD에 찍힌 것"이라고 주장했다. 서 전 분과장은 "그 후 조류 영향에 밀려서 후방 150미터 뒤에서 침몰한 것"이라고 덧붙였다.

당시 6.5노트(시속 10km)로 운항하던 천안함이 가다가 폭발이라는 충격을 받는데 중간에 안 선다는 것이냐는 피고인 신상철 전 위원의 신문에 서 전 분과장은 "타력이 있지 않느냐"고 답했다.

신상철 대표는 2일 《미디어오늘》과 인터뷰에서 "타력에 의해 어느 정

도 배가 전진할 수 있다고 해도 폭발에 의해 순간적으로 반파되면서 선체가 옆으로 기울어지는데 어떻게 100미터를 갈 수 있느냐"며 "함수는 옆으로 기울어지면서 선실 전체가 저항을 받는 상태에서 바로 100미터나 앞으로 진행한다는 것은 불가능하다"고 말했다. 신 대표는 "이것이 가능하려면 물리적인 힘이 있었을 것이라는 주장이 더 설득력이 있다"며 "하지만 폭발 또는 절단 순간의 영상이 없기 때문에 정확히 알 수는 없는 일"이라고 덧붙였다.

서 전 분과장은 TOD 동영상 가운데 가장 큰 의문을 낳았던 함수-함미 사이의 미상 물체의 정체에 대해 '라이프래프트'(비상구명정)로 결론을 냈다고 주장해 변호인 측과 공방을 벌였다.

이날 법정에서는 함수와 함미가 분리된 이후 그 틈새에서 미상의 물체(점)가 함수 이동방향에 거슬러 움직였거나 훨씬 느린 속도로 움직인 것으로 나타난 TOD 동영상이 다시 상영됐다. 이를 본 서 전 분과장은 "그것은 우리도 신경 써서 분석했다"며 "저것이 잠수함이었으면 굉장히 큰 증거이기 때문에 세밀한 분석을 했으나 저 점은 천안함에 탑재된 구명정(라이프래프트)이 그 지점에 있던 게 아닐까 확신했다"고 말했다. 그는 "잠수함이었으면 잠항하거나 이탈했지 저기에 계속 있었겠느냐"며 "천안함에서 이탈한 구명정이었다고 판단한다"고 주장했다.

TOD 화면상 그 폭을 1m 정도로 본다고 주장했다. 이에 반해 국내 최무선급 잠수함의 '코닝타워'(잠수함 위쪽에 튀어나온 부분)의 경우 폭이 2m 정도이며, 앞뒤로는 4m 정도라고 이날 법정에 방청한 해군본부 관계자가 발언을 했다.[251]

43. 합조단 폭발분과위원 "어뢰 흡착물질 전 세계 없는 물질"

막바지에 이르고 있는 천안함 1심 재판의 제 43차 공판은 2010년 9월 15일에 열렸다. 이날 공판에는 이근득 당시 합조단 폭발분과 위원(현 국방과학연구소 고폭 화약개발 담당 수석연구원)이 출석했다. 그는 앞서 논쟁이 됐던 이승헌 교수 등이 반박한 이른바 '흡착물질'을 폭발재로 결론 내는 과정을 총괄했다. 실제로 합조단에서도 흡착물질 분석만 총괄했다고 그는 자신을 소개했다.

그의 증언의 핵심은 흡착물질이 무슨 물질인지 합조단 내에서도 결론을 내지 못했다는 것이다. 그런데도 합조단은 당시 이 물질을 두고, 1번 어뢰가 천안함 아래에서 폭발했다는 것을 입증해주는 결정적 증거라고 자평했다.

이 연구원은 천안함 함수와 함미, 어뢰추진체에 붙어있던 백색 흡착물질의 주성분이 '비결정성 알루미늄 산화물'이라면서도 폭발재로 결론 내린 이유가 세상에 없는 물질이 선체와 어뢰추진체에 붙어 있기 때문이라고 주장했다.

이 연구원 특히 이 물질의 성분이 '비결정질(성)'이라는 것과 관련해 세상에 없는 물질이라며 다음과 같이 설명했다.

"일반적으로 '비결정질' 물질은 XRD(X레이 회절 분석)를 찍으면 분명히 '브로드한 피크'(가장 높은 성분값이 폭넓게 나타나는 현상-저자)를 나타내줘요. 그런데 이와 같이 퍼펙트한 완전한 비결정질은 이 자체만 보면 이게 뭔지를 모를 정도로 결정이 없어요. 이런 물질은 세상에 거의 없어요. … XRD(X레이 회절 분석) 방법으로 조사한 결과에서는 증거도 뭐가 될 만한 정보를 주지 않아요. 이런 경우는 거의 드물어요."[252]

(2015년 9월 16일 천안함 공판 이근득의 증인신문 중에서)

그는 변호인의 신문에서도 이 같은 발견이 처음이라는 것을 강조했다. 전 세계에서 처음이라면서도 왜 이를 검증하는 논문을 내놓지 못하느냐는 신문에는 국내에서도 30%가 믿지 않는 추세라고 말했다.

— 변호인: "이런 폭약이 수중에서 터지면 하얀 백색물질이 생긴다는 이런 연구를 해봤나요."

= 증인(이근득 합조단 폭발유형분석분과위원): "처음입니다."

— 변호인: "우리나라에서 처음인가요, 전 세계에서 처음인가요."

= 증인(이근득): "전 세계에서 처음입니다."

— 변호인: "학계 보고가 없는 이런 희한한 연구를 했다는 것인데, 그러면 이와 관련해 수십 개 논문이 나와야 할 것 같은데, 국방과학연구소나 관련 연구자들이 이를 검증하는 논문을 낸 것이 있나요."

= 증인(이근득): "없습니다."

— 변호인: "왜 그렇죠. 재현이 불가능한 것인가요."

= 증인(이근득): "그것은 확실히 모르겠고요. 우선 폭약에 관련해 일반적으로 접근하기 힘들고요, 그다음에 이런 경우 대개 현상이 바닷속에 가라앉습니다. 건져 올려서 분석한 적은 없습니다. 이런 물질을 처음 봤는데 이 물질이 뭔가를 유추하는 거죠. 어떻게 생겼는지."

— 변호인: "수중에서 알루미늄이 함유된 고폭약이 터지면 이런 물질 생긴다는 가정하에 이런 실험을 한 것은 아닌가요, 결과적으로."

= 증인(이근득): "결과적으로가 아니고, 그런 과정을 위해서 한 게 아니고요. 맨 처음에는 이 물질이 뭔가를 분석했습니다. 그래서 그 물질이 전 세계에 없는 물질이다. 그래서 정기영 박사님이나 양판석 박사님도 이

물질 뭔가를 명시하고 싶어서 애를 썼어요. 이 물질이 뭔가를 모르니까 실제 논문도 안 내는 거예요. 이 물질이 뭔지를 알아야 논문을 낼 거 아닙니까."

— 변호인: "그런데 '피어리뷰peer review라는 게 있어서 논문이 통과되느냐 아니냐는 재현 가능성, 검증이 가능하느냐로 판단하는 거잖아요. 그런 부분에 대한 평가를 받았나요. 현재 내린 결론에 대해."

= 증인(이근득): "국내에서도 30%가 안 믿는 추세인 것 같은데요."

— 변호인: "우리나라 보고서에 실은 것 아닙니까. 그 정도면 연구자들도 꽤 자신이 있다고 해서 실어놓았을 것 아닙니까. 이게 군 기밀 논문이 아니고."

= 증인(이근득): "우선 책자로 나가지 않았습니까, 내용이. 그것만으로 충분하지 않았을까요. 그래서 비판도 오고 호응도 오고 그러잖아요."[253]

수조 모의폭발실험에 대한 EDS 데이터가 조작됐다는 이승헌 교수의 주장에 대해 이근득 연구원은 항변도 했다.

"과학자로서 상대방이 연구한 내용을 확증 없이 조작했다, 사기쳤다고 어떤 잡지에 레터형식으로 올렸는데, 그건 상당히 과학자로서 인성이 문제가 됩니다. 아니면 반론을 제기하는 수준으로 해야지 거기서 이건 사기, 조작이란 말을 해선 안 되고요. 우선 그분이 왜 그런 말을 쓰게 됐느냐면 그분이 아는 지식으로는 일반적 물질의 비결정질 상태는 엑스알디에서 브로드한 피크가 나타나요. 반드시 나타나서 이게 뭐라는 것을 짐작하게 합니다. 우리가 제시한 함미 선체에서 나왔던 흡착물질의 XRD 그래프를 보면 어떤 증거도 없거든요. 그러니까 그 데이터가 다 거짓말이라는 거죠. "그 데이터가 맞다면 조작한 거다' 이렇게 얘기한 겁니다. 그래서 이 뒤에 양판석씨한테 시료가 갑니다. 실험하고 나니 이것이 사실이거든요. 사실이 되니까, 다음에 방향을 틀어서 수조실험이 거짓말이라고 방향을 바꿉니다. 그런 면에서 제가 격분을 했던 상태였습니다."[254]

그러나 이 같은 흡착물질의 성분비를 두고 산화알루미늄이려면 EDS(에너지분광기 분석) 데이터에서 산소와 알루미늄의 비율이 0.25∼0.23대 1 정도나 나와야 하는데 왜 0.9대 1의 나왔으며, 심지어 폭발실험에서 이 같은 비율이 나왔다는 것은 데이터 조작이라는 비판에 대해서는 분명한 반론을 하지 못했다. 그는 알루미늄 수산화물(수화물)이 아니라고 반박했을 뿐 알루미늄 산화물이라는 것을 입증할 수 있는 설명이나 증거를 제시하지는 못했다. 이 연구원은 "어떤 형상으로 있느냐에 따라 피크가 다르다"라며 "미국 표준연구소 프로그램'NIST DTSA-II'인데, 이걸 보면 같은 물질이다. 산화알루미늄(Al_2O_3)이다. 같은 물질인데 물질이 어떤 형상으로 있느냐에 따라 저렇게 피크가 다르다. 그런데 어떻게 한 가지로 단정을 지어서 수산화알루미늄이라고 얘기하는 것인지 이해가 안 간다"고 주장했다. 그는 "그래서 우리는 명시를 못 한다는 것"이라며 "이 물질을 명명하지 못하겠다는 것"이라고 말했다.

이 물질이 '바스알루미나이트'(양판석 캐나다 매니토바 대학교 지질과학과 분석실장), '비결정성 알루미늄 황산염 수산화수화물'(AASH·'아시'라고도 함 =정기영 안동대학교 지구환경과학과 교수)로 분석됐다는 학계의 반박에 대해 이 연구원은 알루미늄 수산화물(수화물)이 아닌 알루미늄 산화물이라고 주장했다.

— 변호인(이강훈 변호사): "저것을 수산화물이 아니라 산화물이라 어떻게 단정할 수 있나요."

= 증인(이근득 합조단 폭발유형분석분과위원): "이걸 저쪽에선 수산화물이라는 것을 입증 못 했잖아요. 왜냐면 저희는 이 물질을 모르겠다고 했거든

요. 그런데 저쪽에선 '바스알루미나이트' 또는 '아시'라고 했어요. 그러면 저쪽이 증거를 내봐야 되거든요. 저희가 증거가 못 된다는 것을 한 번 보여드리겠습니다."

— 변호인: "(저) 물질들이 조금씩 다 다르잖아요, 산소와 알루미늄의 비율이. 산소와 알루미늄의 비율이 0.9까지 그렇게 치솟는 그 물질이 무엇이냐고 하면 일반적으로 봤을 때 저 분야에 밝은 분들은 '수산화물이 될 가능성이 높다' 이렇게 판단하는데 증인은 아니라니 그 증거를 어떻게 찾았느냐는 것입니다."

= 증인(이근득): "이 물질을 분석해보니 9가지 물질이에요. 들어간 물질마다 산소를 다 끌고 있어요. 장석류나 SiO_2(이산화규소·실리카), 황산염도 있죠. 다 산소를 끌고 있는데, 알루미늄 성분을 한쪽에서 오고 산소는 여러 분야에서 오는데 어떻게 비율을 Al_2O_3(산화알루미늄)에만 맞추냐고요. 수산화물에 어떻게 맞추냐고요. 산소가 오는 출처는 산화알루미늄이나 알루미늄산화물에서만 오는데 아니라 황산염 거기서 와요. 이산화규소, 규소 있죠. 모래라고 하는 성분, 거기서도 와요. 다 오는데 비율을 자꾸 수산화알루미늄에 맞추면 안 되죠. 그 외에 산소가 더 많이 왔잖아요. 알루미늄이 갖고 있는 산소 말고도 더 왔어요. 그거 갖고 어떤 걸 정량적으로 분석을 하는 것은 뭔가 핀트가 안 맞잖아요."

— 변호인: "그것이 수산화물이 아니라는 증거는 아닌 것이네요. 적극적으로 애기를 못 하는 거잖아요."

= 증인(이근득): "수산화물이 아니라는 걸 보여드릴게요. (물(H_2O)) vs 수산기(OH): 물 vs 수산화물 제출). 이게 '에트린가이트' 황산염과 수화물이 함께 들어가 있는 겁니다. 만약에 그 안에 물이 존재한다면 이 피크가 여기서 나와요. 3450대 대부분 여기서 나옵니다. … 만약 수산화물이라고 가정하면 반드시 여기 3600~3650 정도에서 나옵니다."

— 변호인: "아래쪽 숫자는 뭘 애기하나요."

= 증인(이근득): "위의 것은 피크의 sec이고 아래가 웨이브넘버라고 하는 겁니다. 파장의 역수로 보면 됩니다. … 물(H_2O)는 3450 정도 부근에 나타나고 하이드록시는 수산화물이라고 한다면 여기서 나타납니다. 3650 정도에. 그런데 흡착물질 있잖아요. H_2O가 나와 있는 위치가 있잖아요. 여기는 OH가 나와 있는 위치가 있어요. 물이 흡착물질을 찍은 겁니다. 피크가 H_2O에 있어요. OH 피크 이쪽에는 미미한 정도에 있다고 가정해도, 무슨 뜻이냐면 OH비가 거의 없고 물만 잔뜩 들어 있다는 얘기입니다. … 결국 수화물일 가능성이 매우 적다는 얘기에요. 자꾸 알루미늄 수화물, 수화물 그러는데 그 가능성이 높아요. 바스알루미나이트도 가능성이 없다. 아시도 가능성이 없다는 얘기입니다."[255]

이 연구원은 이 같은 연구를 이미 2010년 10~12월에 했다면서도 당시엔 이를 공표하지 않았다. 보고서에 자신이 연구한 내용이 틀렸다는 학계의 비판이 쏟아질 때 하지 않은 것이다. 왜 공표하지 않았느냐는 신문에 그는 "저희도 하고 싶은데, 개인적으로 이런 건 발표를 못하게 돼 있고요. 예를 들면 국방부를 통해서나 이런 쪽을 통해서 해야 하는데 그게 좀 그 때 시기를 놓치게 되더라"고 해명했다.

그럼 지금이라도 검증해보면 되지 않느냐, 논문 쓸 만한 내용이 아니냐고 하자 그는 "우선 현재로서는 이것으로 고생을 좀 했고, 이슈화되는 게 싫어서 가능하면 이걸 잊고 살려고 했다"며 "2011년부터는 아예 이걸 정말 덮어놓고 싶었다"고 답했다.

이 박사는 '황산염 수산화 수화물'이라는 정기영 안동대 교수의 분석에 대해 "화학적 결합으로 수화물이 됐을 가능성이 낮다"며 "알루미늄과 황의 비율이 4대 1이어야 하는데, 전자투과현미경으로 찍은 결과 4.47대 1로 나왔는데 4대 1이라면서 '알루미늄 황산염 수산화 수화물'이라고 하는 것은 오차가 10% 이상이다. 화학적 결합이 존재한다는 것을 명시하지 않았는데, 그 증거를 내놔야 한다"고 주장했다. 어떤 물질인지 특정이 안 된다는 얘기라고 이 연구원은 주장했다.

이와 관련해 '진공상태에서 분석하기 때문에 수분이 섞여 있을 수가 없고, 화학적으로 결합된 것이 아니면 물이 빠져나올 수 없다' '200℃로 가열했는데도 물이 남아 있다는 건 화학적 결합의 증거'라는 이승헌 교수의 증언에 대해 "물이 거의 나노입자가 돼 가지고 서로 뭉쳐 있다"며 "물 분자들이 트렙이 돼서 못 나갑니다. 고진공을 걸어도 버틴다. 시간이 되면 빠져나간다"고 주장했다.

또한 알루미늄에서 나온 '녹(부식)'일 가능성에 대해 이 박사는 "알루미늄에 녹이 생성되려면 90년 정도 바다에 있어야 한다"며 "1년에 몇 마이크로미터밖엔 안 생긴다. 녹이 잘 슬면 절대 알루미늄을 배로 안 쓴다"고 주장하기도 했다.

침전물이라는 주장에 대해 이 박사는 "바다의 침전물 중 알루미늄이 그렇게 많이 들어간 침전물이 없으며, 바스알루미나이트 역시 실험실에서조차 만들기 어렵다"며 "산에서 광물질로 존재한다"고 주장했다.

또한 폭약이 폭발할 경우 폭약에 섞여 있던 알루미늄 100% 모두 비결정질로 변한다는 선행 연구결과가 있었는지에 대해서도 이 연구원은 "따로 채집한 적은 없다"고 말했다. 100% 비결정질로 바뀌는 것에 많은 학자가 동의를 못 하고 있다는 비판에 대해 그는 "알루미늄 판재에 소량이 붙어 있기 때문에 XRD에 일부 (결정성 알루미늄 산화물이) 나왔다. 이것 때문에 제가 혼이 났다"며 "그래서 고성능 '마이크로 XRD' 분석기를 들여왔다. 이 분석기로는 흡착물질 알갱이 하나도 촬영할 수 있다. 수조 폭발실험 때 나온 흡착물질을 걸어낸 알갱이를 찍었다. 그랬더니 '(알루미늄 산화물) 피크'가 하나도 없었다"고 주장했다.

알갱이 하나 갖고 실험했다는 얘기를 일반화하기도 어려울 뿐 아니라, 왜 당시엔 반박을 안 하다 이제 와서 그런 주장을 하느냐는 지적이 나오자 이 연구원은 "이런 물질을 만들어낼 수 있는 사람이 있으면 나와 보라고 하라"고 주장했다.

그는 특히 "함미와 함수에 있는 흡착물질이 XRD(X선 회절 분석) EDS (에너지분광기 분석) 데이터 두 가지가 다 동일하다는 것인데, 약 7.4km 떨어진 곳에서 인양된 뒤에 같은 성분의 물질이 있으니 이해가 가지 않는다는 것"이라고 주장했다.[256]

이 연구원의 결론은 이 물질의 실체를 모른다는 것이다. 세상에 없는 물질이기 때문에 실체에 대한 판단과 명명도 못 하고, 그 기원은 더더욱 알 수 없다. 그런데도 합조단은 서로 멀리 떨어져 있는 선체와 어뢰에 붙어 있으니 폭발재로 결론을 낸 것이다. 모의 수조폭발실험 데이터나 해당 흡착물질을 공개하라는 요구에는 아직도 응하지 않고 있다.

폭발 시 알루미늄황산염수화물은 안 나와

이근득 연구원은 그해 10월 12일 열린 44차 공판에도 출석해 추가 증인신문을 받았다. 이 자리에서 그는 알루미늄이 함유된 폭약의 폭발 시 알루미늄황산염수화물은 나오지 않는다고 증언했다. 또한 2010년 당시에 합조단이 폭발재로 결론 내린 흡착물질이 '비결정질 알루미늄황산염수화물'일 것으로 예측했으며, 이 물질일 것으로 고민해보기도 했다고 말했다.

이 같은 의문이 있을 때 재조사를 할 필요가 있지 않느냐는 지적에 대해 그는 알루미늄황산염수화물이라는 '반대쪽' 사람들의 주장을 받아들일 증거가 없다고 주장했다. 다음은 이 연구원의 두 번째 출석 당시 증언 일부를 간추렸다.

— 변호인(이강훈 변호사): "증인은 KBS 취재진과 인터뷰 과정에서 '알루미늄황산염수산화물이라고 하는 것은 저희가 예측했던 것 중의 하나입니

다'라고 답변한 바 있습니다. 그런데 비결정질 산화알루미늄이라는 합조단 결론과는 의견이 배치될 수도 있는 듯한 발언을 했는데요. 어떤 의미로…"

= 증인(이근득 합조단 폭발유형분석분과위원): "여러 가지 고려를 다 해봤습니다. 그런 물질도 고민을 해봤는데 열분석 결과 데이터가 그런 쪽으로 맞지를 않습니다. 최종적으로는 저희가 그래서 이게 황산염도 확실히 구분이 안 가고 그래서 황 또는 황화합물, 수분 그리고 알루미늄산화물이 혼재돼 있는 물질로 보인다고 했습니다."

— 변호인: "KBS 심인보 기자가 '폭발에 대한 레퍼런스 중 폭발이 있으면 알루미늄황산염수화물이 나온다는 참고문헌이 있습니까'라는 질문하자 인터뷰에 응했던 한 사람이 '레퍼런스 없습니다'라고 답변했어요. 폭발이 있었으면 알루미늄황산염수화물이 나오나요."

= 증인(이근득): "안 나옵니다."

— 변호인: "수중폭발에서 알루미늄황산염수화물이 나온다는 선행연구가 없는데 만약 저 물질이 알루미늄황산염수화물이라면 백색물질을 폭발재라고 한 결론은 보류하고 다시 재조사를 해야 하는 것이죠."

= 증인(이근득): "지금 아니라고 얘기했습니다."

— 변호인: "아니라고 얘기하는데 알루미늄황산염수화물이라고 결론이 나오면 백색물질에 대한 결론은 다 보류하고 새로 이게 왜 그렇게 생겼는지에 대해 연구해야 하는 것 아닌가요."

= 증인(이근득): "저희가 확인한 바로는 저거는 반대쪽에서 주장하는 바스알루미나이트나 AASH(아시)라고 하는 것을 따를 이유가 하나도 없습니다."

— 재판장(이흥권 부장판사): "알루미늄황산염수화물이 나왔나요."

= 증인(이근득): "안 나왔습니다."

— 변호인: "그런데 그게 황산염수화물로 밝혀지면 어떻게 되나요. 이 연구결과 전체 결론에 어떤 영향을 미치나요."

= 증인(이근득): "저희로서는 지금 그런 증거를 가지고 있지 못합니다."[257]

44. 합조단장 "호주군함 폭발 절단면과 천안함 비슷"

천안함 1심 재판 증인 신문의 거의 막바지에 왔다. 2015년 10월 12일 열린 재판엔 앞서 이근득 연구원의 추가 신문 외에 공동 합조단장이었던 윤덕용 전 카이스트 총장이 출석했다.

윤 전 단장은 미리 준비해온 프레젠테이션을 통해 천안함이 어뢰폭침일 수밖에 없다는 설명을 장시간에 걸쳐 발표했다. 이른바 흡착물질에 흑연 성분이 들어있으므로 폭발재인 알루미늄 산화물이라는 주장, 절단면 주변에 보이는 디싱 현상, 시뮬레이션 결과, 지진파 공중음파, 어뢰추진체의 상태, 어뢰추진체 정밀사진에 일부 보이는 페인트 조각 등을 들었다.

특히 윤 전 단장은 호주 군함 폭발실험 동영상에서 등장하는 함수 절단면과, 천안함의 함미 절단면 상태가 비슷하다고 주장했다. 그러나 자세히 보면 절단면 상태나 찢겨진 형상에 있어 차이가 크다. 윤 전 단장의 프레젠테이션 도중 해당 발언 요지는 다음과 같다.

"오스트레일리아가 실험을 했는데요. 어뢰 실험을 한 것입니다. 물론 천안함보다 좀 더 큰 배였는데요. 구축함이었는데, 천안함 하고 우리가 상상할 수 있는 그런 비슷한 상황입니다. 함미가 먼저 이렇게 침몰하고요, 여기 보시면 함수는 그대로 있는데 함미는 그냥 솟구쳐서 내려갔고요. 함수만 남아 있는 사진입니다. 함수의 사진을 조금 잘 보면 변형 상태가 손상 상태가 천안함하고 비슷한 그런 상황입니다. 물론 아주 정밀하게 저희가 비교할 수는 없지만 우선 모양으로 봐서는 천안함과 비슷한 그런 모양이라고 생각할 수 있습니다. 이것은 동영상이었는데 그 실험을 다른 각도에서 찍은 건데 여기 보시면 아까 말씀드렸던 것처럼 여기에 버블이 있었는데 버블이 생겨서 올라가기 시작하면서 절단이 되기 시작하는 것을 좀 더 확실하게 보여주고 있습니다. 그러니까 이것은 내려오면서 절단이 지금 시작돼 있고요, 그래서 제가 생각한 가능성은 '아 이것은 과거의 실험 결과 등으로 볼 때 천안함은 좌편 쪽으로 변형이나 또는 손상 상태를 볼 때 비접촉으로 수중에서 폭발이 일어나서 이런 손상이 있었을 거다' 그런 생각을 했습니다."[258]

해당 호주 군함은 토렌스함이다. 앞서 3장에 언급했던 것처럼 동영상의 토렌스함이 절단된 이후 나타난 절단면을 보면 천안함 함미와 완전히 다르다. 해당 동영상을 보면 어뢰폭발 시 수면 아래서 두 차례의 진동과 폭발을 일으킨 직후 150미터에 가까운 물기둥이 솟구쳐 오른 뒤 함수와 함미가 끊어진다. 함수 절단면의 형태는 거의 뭉그러져 있다고 할 만큼 손상이 크다. 더구나 갑판 쪽은 완전히 180도 뒤집어져 있다. 검게 그을린 흔적도 보인다. 반면 천안함은 열흔적이 없다. 실제로 둘러봐도 어디에 불탄 모습을 찾기 어렵다. 호주 토렌스함의 재원은 2700톤급 구축함으로 천안함의 두 배 이상인 반면 폭발에 사용된 Mark-48 어뢰는 폭약량이 이른바 북한제 어뢰 CHT-02D보다 비슷하거나 많을 수 있다. 에클스 미 군측 단장의 발표자료에는 폭약량이 TNT 295kg 규모로 기록돼 있으나 'powershow.com'에 올라온 파워포인트 자료에는 TNT 1200pound(파운드)로 kg으로 환산하면 544.3kg로 나온다. Mark-48 어뢰는 미국이 개발한 어뢰인데 미군 장성의 자료와 인터넷 자료의 폭약량 규모가 다소 차이가 있다.[259] 여하간 토렌스함을 절단한 어뢰와 천안함을 반파한 어뢰의 폭발 효과는 엄청난 차이가 있다. 폭발 순간 발생한 엄청난 높이의 물기둥과 폭발강도, 섬광, 주변에 널브러진 폭발 잔해와 부유물 등은 천안함 절단 순간과는 전혀 다르다. 천안함에선 물기둥이나 섬광 부유물 등 모든 것을 아무도 목격하지 못했다.

이와 함께 윤 전 단장은 이날 프레젠테이션을 통해 시뮬레이션 실시 경위를 설명하는 과정에서 TNT 규모 300kg의 폭발물이 수중 20m 수심에서만 폭발해도 천안함 절단이 시작될 수 있겠다는 판단을 했다고 밝혔다. 시뮬레이션 결과 윤 전 단장은 "TNT 300kg 정도 되면 20m 수중에서 폭발이 돼도 어느 정도는 절단이 시작될 수는 있다는 결론을 내렸다"며 "좀 더 정밀하게 시뮬레이션해보니 버블이 생겨서⋯ 이렇게 들어올리기 시작할 때 하얀 부분이 절단이 일어나기 시작했다"고 밝혔다. 그는 "절단이 될 때까지 시뮬레이션이 된 것"이라며 "시뮬레이션이 굉장히 시간이 많이 걸리기 때문에 이 정도 조건에서 완전히 절단이 될 수 있을 것이라는 결론을 내렸다"고 설명했다. 그러나 그 이후 상황 특히 수중폭발의 마지막 단계인 버블붕괴로 인한 워터제트가 분사되면서 물기둥이 치솟는 현상에 대해서는 구현하지 못했다고 시인했다. 그는 "사실 컴퓨터로도 워터제트까지 정밀하게 시뮬레이션 하는 것은 너무나 복잡하기 때문에 불가능하고 어렵다"며 "수심 7m에서 360kg TNT 경우에 이렇게 절단이 확실하게 된다는 것을 보여줬다"고 주장했다.(윤덕용 증인신문조서 6~7쪽)

이 밖에도 윤덕용 전 단장은 과거에 하지 않았던 일부 주장을 폈다. 그는 1번 어뢰를 애초 전쟁기념관에 전시했을 때 촬영했던 사진들을 제시하면서 "(북한의) 어뢰에 칠해진 페인트 색이 빨강, 초록, 검은색 등 여러 가지"라며 "사진을 찍었는데, 굉장히 작은 조각이 있다. 손상된 날개에도 초록색이 묻은 흔적이 나타난다. 파란색이 페인트 조각같이 보인다"고 주장했다. 그는 "벌건색과 파란색의 이 어뢰 사진은 북한 것이 맞으며 (어뢰추진체의) 검은색과 흰 부분은 알루미늄이 벗겨진 부분이며, 페인트의 작은 조각들이 남아서 붙은 것이 아닌가 개인적으로 추측했다"고 말했다.

어뢰설계도면에 대해 그는 영어로 프린트된 내용을 봤고, 한글이 아니어서 보는데 고생했다고 말했다. 민감하기 때문에 영문으로 된 카피를 공개하지 않은 것 같다고 그는 추측했다.

어뢰추진체의 부식 기간 검사를 하지 않은 이유에 대해 윤 전 단장은 "정밀검사 생각도 했으나 의미가 없다고 판단했다"며 "강철 재질이 열처리 조건마다 다르고, 절대적인 부식 정도로 어느 기간 동안 부식이 진행됐느냐 하는 것은 결정하기가 굉장히 어려운 면이 있다"고 주장했다.[260]

어뢰추진체 설계도 크기 다른 것 알고 있었다

이 밖에도 윤 전 단장은 천안함 마지막 공판(제45차 공판)이 열린 2015년 11월 13일 한 차례 더 출석해 변호인의 반대 신문을 받았다. 이날은 한 달여 전(10월 26일) 2차 천안함 선체 현장검증 및 어뢰 증거조사를 실시한 뒤 열린 공판이기도 했다. 특히 어뢰추진체의 크기를 변호인단-검사측-재판부가 공동으로 실측한 데이터를 갖고 있었다.

합조단 보고서에 실린 어뢰추진체가 실물 측정치와 다르다는 것을 알고 있었다고 시인했다. 다음은 2015년 10월 26일 어뢰 증거조사 때 어뢰추진체의 치수를 실측한 결과이다.

"모터 직경 29cm, 모터 최장 부분: 34.5cm, 모터 부분: 32.5cm, 모터단자부분 포함 길이: 43cm, 프로펠러 끝~샤프트 뭉치 뒤 길이: 125.5cm, 샤프트 끝~샤프트 뭉치 뒤 길이: 128cm, 샤프트 길이: 67cm, 추진후부 길이: 27cm, 뒤 프로펠러 폭: 9.5cm, 앞 프로펠러 폭: 8.5cm, 프로펠러 전체 길이: 20.4cm"[261]

합조단은 프로펠러부터 샤프트까지 112cm라고 썼으나 실제 재어보니 적게는 13.5cm에서 샤프트 뭉치까지 포함하면 16cm까지 차이가 나는 것이다.

어떻게 이렇게 치수에 큰 차이가 나는데 정확히 일치했다고 결론을 내렸는지 신문하자 윤 전 단장은 "크기와 특성, 날개의 수와 구멍의 수도 일치하는데, 치수에 대해서는 실수가 있었다, 맞지 않는다"며 이 같은 오류를 알고 있었다고 시인했다. 언제 알았는지에 대해 윤 전 단장은 "발표할 때는 몰랐는데, 책자가 나온 (2010년 9월 13일) 다음에 수치가 틀렸다는 것 알았다"며 "여러 논의하다가 누가 지적이 있었는지, 자체적으로 인지한 것인지는 정확히 기억은 안 나지만 (보고서 작성 후 틀린 것을) 확인했다"고 해명했다.

윤 전 단장은 "그냥 봐도 틀리게 나온다. 어딘가는 틀렸다는 것이 확실하다. 그림 자체에서부터 잘못됐던 것으로 모순이었다"며 "그림은 대략 맞는데 치수는 틀렸다"고 주장했다.

프로펠러부도 보고서엔 19cm로 돼 있으나 실제로 재보니 20cm였으며, 다른 부분도 다 디테일하게는 숫자가 틀린데, 중간조사결과 발표나 최종 보고서 작성 전에 이를 토론해본 적도 없다는 것이냐는 변호인 신문에 윤 전 단장은 "그때는 전문적으로 다루는 근거가 있었기 때문에 대체로 보기에도 일치하는 것 같아서 동의했다"고 말했다.

결정적인 근거라면서 크기조차 허술했다면 신뢰를 얻기 힘들지 않느냐는 지적에 윤 전 단장은 "그렇다"며 "하지만 도면에서 길이를 어디서부터 어디까지 나타나느냐에 따라 다르고, 쭈그러지고 변형될 수 있다는 점에서 틀리다는 것은 무리이다. 도면 (크기) 그대로 (어뢰를) 생산할 수는 없을 것"이라고 해명했다. 윤 전 단장은 "나중에 저걸 보고 지적을 했다"고 밝혔다.

모터부의 경우 눈대중으로만 봐도 치수가 확연히 안 맞는데, 아무 논란이 없었다는 것이냐는 신문에 윤 전 단장은 "(사전에 논란은) 없었다. 이 정도면 맞다고 봤다"고 주장했다.

왜 그렇게 발표를 서둘렀나

합조단이 2010년 5월 20일 중간조사결과를 발표하기 하루 전 어뢰에 가장 가까이서 폭발충격을 받았다는 '가스터빈'을 인양해놓고도 왜 발표를 서둘렀느냐는 지적도 나왔다. 이를 두고 윤 전 단장은 "가스터빈을 조사하면 며칠이 더 지연될 수 있었다"며 "사실상 최종 결과 발표여서 되도록 빨리 하는 게 좋겠다고 판단했다"고 설명했다.

그는 "다른 군 출신 인사들도 본래 역할이 있었는데 풀타임으로 조사에만 참여하고 있었고, 외국 조사단도 지쳐 있었다"며 "(어뢰 발견 이후) '이 정도면 끝날 수 있었다, 이젠 끝난 것 아니냐, 더 이상 끌 수 없다, 비밀 유지 문제다, 어뢰추진체 수거된 소식을 외국 전문가가 본국에 보고해 뉴스가 거꾸로 들어오는 상황이 있을 수 있으니 끝내는 것이 낫겠다'는 판단에 따라 발표했다"고 말했다. 그러나 윤 전 단장은 "몇 년씩 끌고 하면 훨씬 완벽할 수 있었겠죠"라고 시인했다.

두 차례 폭발이 있었다는 증거로 공중음파의 버블주기 1.1초를 제시한 것도 잘못됐다는 지적이 나왔다. '버블주기를 계산할 때는 공중음파가 아니라 지진파 주파수의 파동을 분석해서 주기를 계산하는 것이지 음파로는 잴 수 없다'는 김종보 변호사의 지적에 윤 전 단장은 "그것(공중음파로 버블주기 산출)은 미국에서 온 전문가들이 한 얘기"라고 답했다. 1.1초 버블주기가 실제 보고서 내용과도 다르다고 지적하자 윤 전 단장은 "그냥 경험식이며 1.1초는 오차범위에 있다"며 "이는 큰 문제는 아니다. 이 식이 실제 상황과 맞는지는 의문이 있다"고 말했다.[262]

45. 흡착물질 분석 교수 "흡착물질은 자연에서 만들어진 물질"

천안함 1심 재판의 마지막 공판이 열렸다. 45차 공판이었다. 제1차 공판 개시(2011년 8월) 이후 4년 3개월 만이다. 공소장 접수부터 1심 판결까지 5년 6개월이 걸렸다. 이날 공판에는 앞서 흡착물질 분석결과 폭발재(알루미늄 산화물)였다는 합조단의 결론과 달리 비결정질 알루미늄 황산염 수산화수화물AASH이라고 결론을 내놓았던 정기영 안동대 지구환경과학과 교수가 출석했다. 그는 2010년 11월 KBS 〈추적60분〉팀과 《한겨레21》 팀의 의뢰를 받아 연구결과를 공개함으로써 과학적 조사결과 발표였다고 주장했던 합조단의 '과학적 한계'를 드러냈다는 평가를 받았다.

정 교수는 자신이 지난 2011년 자신이 재판부(신상철 재판)에 제출한 '천안함 흡착물질 분석결과'를 통해 상세히 설명했다. 그는 1만 5000배 확대한 고성능주사전자현미경으로 분석한 결과 '동글동글한 비정형(비결정질) 물질'이 나타났으며, 미세한 조직을 보기 위해 이 물질을 절단한 뒤 조사해보니 '다공성'이었다고 말했다. EPMA(전자빔미세분석법)으로 정량분석을 한 결과 산소와 같은 수분이 많다는 것을 발견했다. 수십만 배에서 백만 배까지 확대한 투과전자현미경으로 분석해도 동그랗고 균질한 비정질 물질이었다고 정 교수는 설명했다.

그는 "TEM(투과전자현미경)을 관찰하면서 그 입자에 대해 EDS(에너지분광기) 화학분석을 한 결과 마찬가지로 알루미늄, 산소, 황으로 구성됐다는 것을 알 수 있다"며 "여기 나트륨이나 염소도 나오는데 이들은 물론 바닷물에서 침전됐다고 해석할 수 있겠다"고 설명했다. 특히 '황(S)'에 관심이 가 이것이 어디서 왔는지 동위원소 분석을 한 결과 그 값이 선체 흡착물질(21.8)과 어뢰 프로펠러(20.8)로 측정돼 바닷물의 동위원소 조성과 일치했다고 설명했다. 그는 황은 바닷물에서 온 것을 확인할 수 있었다. 그는 또한 열분석을 통해 황 성분의 함량과 수분의 양이 EPMA 분석결과와 일치했다고 전했다.

정 교수는 "흡착물질의 다면적 분석방법 적용해 분석한 결과를 토대로 종합적으로 해석한 결과 '알루미늄 황산염 수산화 수화물'이라는 결론을 낼 수 있었다"며 "이는 자연계에서 인간의 컨트롤을 벗어나 만들어진 물질"이라고 밝혔다. 그는 "조성의 약간의 변화는 있다"며 "조성 자체가 광물 자체는 균질하지만, 비정질(비결정질)의 경우 약간의 변화는 있다"고 설명했다. 바스알루미나이트와 조성식은 비슷하지만 이것이 결정질인 반면 흡착물질은 비결정질이라는 점에서 다르다는 것이다.

이번 조사결과의 의미에 대해 그는 '흡착물질이 과연 무엇이냐'에 대한 것으로, '캐릭터라이즈'(실체규명)의 작업이었으며, 이 물질이 '어떻게 해서 만들어졌느냐'라는 '제네시스'(기원)에 대한 연구가 향후 필요하다고 과제를 남겼다.

> — 변호인(김종보 변호사): "여기서 '…흡착물질 가운데 성긴 부분의 경우 수십 수백 나노미터 크기의 더 작은 구형 입자들이 연속적으로 자란 것으로 관찰할 수 있었다'고 썼는데 '연속적으로 자란다'는 뜻을 구체적으로 설명해주세요."
> = 증인(정기영 안동대교수): "이런 물질이 갑자기 북 생기지는 않겠죠. 다 바다에서 수중에서의 환경이기 때문에 이런 것들이 생긴다면 뭔가 어느 한 지점부터 생기기 시작해 사방으로 점점 더 크게 커지면서 자라나겠죠. 우리 몸의 결석이 점점 커지듯이 자라겠죠."[263]

이와 관련해 자연계에서 생성되고 자랐다는 본인 말에 대해 정 교수는 "백령도 앞바다인가요, 어딘가에서 일어났는데 거기의 자연환경"이라며 "공학자와 화학자는 실험실에서 물질을 만들어서 분석하는 반면, 이 물질은 거기 백령도 앞에서 인간의 컨트롤을 떠나서 자연환경에서 만들어진 것이다. 그런 의미"라고 말했다.

특히 '정 교수나 양판석 박사 모두 흡착물질에 대해 정확히 어떤 물질인지 모른 것 아니냐'는 검사 신문에 정 교수는 "여러 분석방법을 동원해 결과가 정합적으로 도출 결론적으로 그런 물질이라고 생각한다"고 밝혔다.

다만 이 같은 물질이 기존에 확인된 바 없는 처음 물질인지에 대해 정 교수는 "그런 보고가 드물다"며 "조성비가 조금 유동적이다. 어느 분석에나 오차가 있다. 광물조성이라는 것이 이상적인 것이 없다. 합성물질은 일정하지만 자연계 광물은 자연계에서 만들어지는 것은 불균질하고 다양하기 때문에 자연계 조성 변화가 어느 정도 범위에 있는 것은 자연스러운 현상"이라고 말했다.

또한 비결정질 알루미늄 황산염 수산화 수화물의 생성원리와 관련해 알루미늄 클로라이드 성분으로 바닷물에 바로 실험해보니 유사한 물질이 생겼다고도 정 교수는 전했다.

"제가 추적60분 팀이랑 (조사)할 때 산이 아니고 시약을 써가지고 비슷한 물질을 만들었습니다. 그게 알루미늄 클로라이드, $AlCl_3$라는 화약시약이 있습니다. 알루미늄과 염소 세 개를 결합한 것으로, 제가 영덕 앞바다에 가서 바닷물 떠와가지고 거기다가 이 시약을 넣었습니다. 클로라이드는 원래 물에서 잘 분해되죠. 알루미늄클로라이드도 물속에 집어넣으면 알루미늄 이온과 염소로 분해가 잘 되죠. 그 목적은 알루미늄 이온화를 바닷물에 넣어주면 어떻게 생기느냐 알아보게 한 거죠. 그래서 알루미늄클로라이드 시약을 바닷물 떠와서 집어넣으니까 농도 조절해서 하니까 하얀 침전물이 가라앉더라는 거죠. 그래서 그 물질을 분리해서 몇 가지 분석해보니 아까 말한 그런 비정형 알루미늄 수산화 수화물과 같은 물질이 생성되더라는 겁니다. 이런 물질이 강산성 환경만 생기는 것이 아니라 물속에 알루미늄이 어떻게 공급되면 어쨌든 간에 유사한 비정질 물질이 생길 수 있다는 것을 확인했죠."[264]

'인위적 폭발이 아니라는 것이냐'는 검찰 신문에 정 교수는 "검사가 오해한 것 같은데, 백령도 앞바다에서의 해도의 흐름, 당시 함체의 위치 등은 우리가 실험 조건을 준 것이 아니다"라고 답했다. 다만 정 교수는 이 물질이 폭발로 바닷물 속에서 식어서 나타난 것인지, 저절로 생겼는지 단정하기엔 무리라며 굉장히 복잡하고 많은 시간과 돈이 필요하다고 덧붙였다. (정기영 증인신문조서 34~35쪽)

알루미늄과 관계없는 망사케이블이나 포신, 플라스틱 병, 고무재질에서도 뿌려져 있는 것이 확인됐다는 검사 신문에 정 교수는 "케이블에 흡착된 것은 본 적이 있으며, 제가 좀 이상하게 생각했다"며 "캐릭터라이제이션(실체분석)에 집중했기 때문에 만들어지는 환경에 대해 자신 있게 얘기할 만큼 고민을 더 하지 못했고, 자료도 부족하기 때문에 답하기가 어렵다"고 말했다.

함수와 함미가 7.8km 떨어져 있고, 어뢰도 떨어져 있었는데 여기에도 동일한 성분이 발견됐으므로 어뢰폭발로 생긴 폭발재라는 결과가 합리적이라는 검찰 신문에 대해 정 교수는 "선체 또는 어뢰, 연돌 그런 위치는 대충 있었는데 시료자체를 얼마 되지 않았기 때문에 위치 이런 분포에 대해 얘기하기 어렵다"고 말했다.

그러나 정 교수는 다시 분석해도 동일한 결론 나올 것이라고 강조했다.

― 피고인(신상철 전 위원): "이러한 많은 첨단장비와 방법을 동원해 분석을 했을 때 산화알루미늄과 수산화알루미늄이다라는 의견 대립이 과연 가능한가요."

= 증인(정기영): "그렇게 여러 방법을 써서 분석한 것은 워낙 중요한 물질화이기 때문에 제가 아는 모든 방법 동원해서 분석한 것이고, 그 결과는 정합적으로 아귀가 맞아 들어가더라는 겁니다. 여러 가지 방법을 통해 분석했지만, 그 결과에 대해 아귀가 맞아 들어가면서 아름답게 결론 내려진 것입니다. 그래서 거기에 대해 다른 결론을 내리기 어렵지 않나 저는 지금도 생각하고 있고, 비슷한 연구하시는 분이 봐도 그렇지 않을까 생각합니다."[265]

이와 함께 합조단 분석의 문제점도 도마에 올랐다. 정 교수는 합조단 분석을 두고 "에너지분광기EDS 분석의 경우 알루미늄 피크와 함께 황도 크게 나왔는데도 알루미늄과 황의 관련성을 배제하고 마치 '이물질'인 것처럼 넘어가고 알루미늄만 언급하면서 알루미늄 산화물이라고 결론을 낸 것은 의아했다"며 "황이 적은 양도 아닌데 어떻게 간과할 수 있느냐. 또한 정량분석도 없었다"고 비판했다.

'시료가 조성에 따라 불균일하기 때문에 EPMA 분석으로도 정량분석이 불가능하고 그 정확성을 보장받을 수 없다'는 합조단의 이근득 ADD(국방과학연구소) 연구원의 법정 주장에 대해 정 교수는 "이해하기 어렵다"며 "보고서엔 정량분석 자체가 없다. EPMA 분석도 하지 않았으면서 어떻게 그런 지적을 할 수 있는 지 이해가 안 간다"고 지적했다. 민감한 시료에 대한 조사하는 방법 자체에 문제가 있었다는 지적도 나왔다. 또한 '물과 황이 증발해 물과 황이 화학적으로 결합하지 않았다'는 이근득 연구원의 주장에 대해 정 교수는 "내가 보기에 (실험할 때) 소금NaCl이 있다. 이는 전형적인 광물로, 소금 입자를 투과전자현미경TEM으로 보면 금방 날아가거나 증발한다"며 "소금이 대표적인 이온결합 광물질이며, 이런 광물이 대부분 이온 결정이 되는데, 이 물질은 전자현미경에 약하다. 전자가 이 이온 결정에 쏘이면 광물질 전하의 균형이 깨져 파괴된다. 그래서 다 날아가는 것으로 흔히 관찰되는 일"이라고 반박했다. 전자현미경의 전자빔의 강도를 약하게 한다든지 분석시간을 줄인다든지 하는 조건에서 해야 분석이 가능하다고 정 교수는 지적했다. 합조단은 그렇게 하지 않았으니 저런 결과를 얻었다는 것이다.

그는 어뢰추진체에 붙어 있는 흡착물질이 부식일 가능성과 관련해 "여러 의견이 있지만, 부식이냐 아니냐 등은 흡착물질이 붙어 있는 함체 전체를 떼어내 벽체와 흡착물질 단면을 잘라내 관찰해야 볼 수 있는 것" 이라며 "그 단면을 보면 좀 더 많은 정보를 얻을 수 있다"고 밝혔다.

현재 선체에 붙어 있던 흡착물질은 이미 다 닦이고 매끈하게 칠해져 있는 것과 관련해 정 교수는 "선체를 닦아낸 것은 아쉽다"며 "어뢰추진체에 붙어 있으면 추가실험을 해볼 수 있을 것"이라고 말했다.[266] 연구장비와 역량은 합조단이나 ADD가 아니라 국내 최고를 넘어 세계 최고 수준이라고 생각한다고 정 교수는 확신했다.

공판 기록 편 정리
5년 6개월의 천안함 진실 찾기

이로써 천안함 사건 발생 후 신상철 전 합조단 민간조사위원이 검찰에 기소(2010년 8월)된 후 그 이듬해인 2011년 8월부터 시작해 2015년 11월까지 4년여 동안 진행된 명예훼손 1심 재판의 45차례의 공판기록을 거의 다 정리했다. 천안함 사건에 관심을 두고 본 독자들은 여기서 다룬 거의 모든 내용이 내가 쓴 기사로《미디어오늘》이라는 매체에서 보도된 것으로 기억할 수도 있겠다. 하지만 45회(검증기일 2회를 포함하면 47회)의 공판에 출석한 증인 50여 명의 주요 법정 증언을 최대한 상세히 기술하고, 그들의 증언을 통해 의문을 포착하고자 했다는 점에서 그간 써온 기사와도 차별점이 있다고 하겠다. 그동안 취재, 보도하지 못한 내용도 많다는 것을 이번 작업을 하면서 새삼 깨달았다. 놓치고 지나간 기록도 상당했다. 가급적 그런 기록을 모두 담고자 노력했다. 특히 내가 재판 현장에서 꼼꼼히 기록한 내용을 증인신문조서 전체와 일일이 비교해 기존에 썼던 기사 내용보다 훨씬 자세하고 생생한 현장감을 느낄 수 있게끔 재구성했다. 다만 증인 대다수가 검찰 측 증인이었을 뿐 아니라 이들이 합조단의 발표 내용의 틀 안에서 증언하려는 경향이 뚜렷했기 때문에 주요 증언 가운데 의문점과 쟁점이 될 만한 내용을 위주로 선별해서 소개했음을 밝혀둔다.

천안함 침몰 소식을 듣고 출동한 유종철 해경 501부함장이 이동 중에 해군으로부터 '좌초' 전문을 받았다는 증언을 시작으로 지난 5년 6개월간 이뤄진 재판에서 많은 의문점이 더욱 분명해졌다. 일부 해소된 의문도 있었으나 대체로 처음에 제기된 의문이 그대로 굳어졌다. 큰 틀에서 보자면 재판 취재와 기록의 방향은 자연스레 정부 발표의 진실 여부에 대한 검증이 됐다. 해작사 작전처장이 사고 시각을 9시 15분으로 합참에 보고했다는 것은 사건의 진실을 밝히는 것 자체가 처음부터 많이 어긋나 있음을 느낄 수 있는 지점이었다. 그것이 아니라면 얼마나 정부가 천안함 사건의 실체를 명확히 파악하지 못했음이 드러난다.

법정에서 이뤄진 증언을 종합하면 최초 보고가 좌초였고 그 보고가 청와대까지 올라갔는데 정작 그 보고를 한 천안함 포술장(해군 대위)은 경황이 없었다는 선에서 이를 넘기고 말았다. 충실한 신문이나 답변이 이뤄졌다고 보기 어려운 대목이다. 사고 해역 수심이 20m 내외였다(박연수 작전관·당직사관)는 증언, 10m 이상이었다(이광희 중사·부직사관)는 모호한 증언도 천안함 반파 전까지 어떤 상황이었는지 어디에 있었는지에 대해 깔끔하게 의문을 해소시켜주지 못했다.

무엇보다 오랜 법정 공방을 통해 KNTDS와 TOD 동영상 등 시간과 장소를 특정할 수 있는 객관적인 데이터를 놓고 투명하게 검토할 필요가 있음이 제기됐다. 천안함 사건 관련 교신기록도 조사할 필요성이 있다.

심승섭 해작사 작전처장, 최원일 함장, 홍승현 음탐사 등의 증언을 보면 북한 잠수정과 어뢰를 전혀 탐지하지 못한 이유가 어디에 있었는지, 소나 작동이 정상이었는지, 어뢰는 탐지할 수 있는지 없는지 등을 분명하게 확인할 수 있었다. 최원일 함장은 천안함 소나와 어뢰의 주파수 대역이 달랐기 때문에 탐지할 수 없었다고 했지만 홍승현 음탐사(하사)는 수중에서 나오는 소리는 주파수 대역대 안에서 청음할 수 있다고 증언했다. 서로 말이 미묘하게 엇갈린다. 사고 순간까지 음탐당직 근무를 맡았던 김기택 음탐하사는 음탐상 특이사항, 이상징후가 없었다고 증언했다.

또 최원일 함장과 홍승현 음탐사는 북한 잠수함정 2척이 미식별 됐다는 전보를 확인했다고 증언했음에도 경계태세를 상향시킬 일이 아니었다고 증언했다. '강도가 집밖으로 나와서 집 앞에서 담배를 피운다'는 정도의 문자 및 전보였으므로 '평상상태'라는 취지의 정보였다고 파악했다. 그러나 홍 하사는 대잠경계태세를 강화하라고 했다고 다르게 증언했다.

심지어 홍 하사는 사고 이틀 전에 '연어급 잠수정, 대동브라보급 잠수정이 미식별 됐다'는 첩보를 받았다고 증언했다. 조심하라는 전보가 없었느냐는 신문에 대잠경계태세를 강화했다는 것이다. 함장은 경계태세를 강화할 일이 아니라고 봤다 하고, 음탐하사는 대잠경계태세를 강화했다니 대체 무엇이 맞는 말인가. 한편 김수길 전탐장은 잠수함정 미식별 전보나 어뢰 배치 동향을 전혀 듣지 못했다고 증언했다. 그 밖에 법정에 나온 모든 장병은 특이동향 전보를 받은 적이 없거나 알지 못한다고 말했다.

5년 6개월간의 재판 기록을 검토하면서 든 가장 큰 의문은 엄청난 폭발이 일어났는데 생존자들이 그만큼의 충격을 받았다고 할 수 있느냐

하는 것이었다. 천안함 실외에서 경계근무를 하고 있던 좌현 견시병 황보상준은 몸이 떴다가 떨어지면서 분무기로 얼굴에 물을 뿌린 느낌을 받았다고 증언했다. 물기둥을 보지 못했다는 증언도 그렇지만 100m에 이르는 물기둥이 생길 충격이 있었다면 과연 좌현 견시대에 그가 붙어 있는 게 가능한 일인지 고개를 갸웃하게 된다. 반면 전준영 견시병은 충격 후 살짝 몸이 뜬 기분만 들었다고 증언했다. 천안함에 가장 가까이 있었던 김수길 전탐장은 '퉁' 하고 뭐가 부딪히는 기분이었고, 그다지 큰 충격은 아니었다고 증언했다. 김기택 음탐사는 사고 순간 옆에서 차에 박은 듯했고, 넘어질 정도는 아니었으며 옆으로 의자에서 튕겼나갔다고 증언했다.

검안의 또는 법의관들은 시신의 사인에 대해 익사로 추정되지만 미상(불상)으로 보고서를 작성했다고 증언했다. 폭발 충격으로 인한 외상 또는 파편상 총상 화상 등은 없었거니와 이 같은 이유로 사망에 이른 이는 없었다고 증언했다.

김진황 해난구조대장, 최영순 SSU 소령, 심승섭 준장 등의 증언을 보면 멀쩡히 떠 있는 함수를 보면서도 좌표 자체를 놓쳐 가라앉고 나서야 찾았으니, 초기 구조 상황에 얼마나 많은 문제가 있었던 것인지 처음부터 다시 조사해야 할 필요성도 느끼게 한다.

최원일 천안함장이 상부의 지시를 받고 대원들의 휴대폰을 회수하는 등 함구령을 내렸다는 사실이 법정 증언으로 나왔다. 그는 사고 직후 어뢰피격이라고 보고했다면서 왜 유가족 앞 기자회견에서는 '충돌음'이라고 했을까. 안재근 병기병도 충돌음 이후 찢겨지는 소리를 들었다고 증언했다. 유일하게 소리를 두 번 들었다는 김수길 전탐장도 '쿵~쾅' 하는 소리가 모두 동급 함정과 부딪히는 소리인줄 알았다고 묘사했다. 그런데도 이들은 모두 침몰 원인에 대해서는 어뢰로 침몰한 것으로 생각한다고 입을 모아 말했다.

이 밖에도 합조단 위원들은 시뮬레이션과 천안함 실제 손상 상태의 불일치, 폭약량 규모의 불일치, 버블주기와 실체 폭약량 수심과 불일치 등, 애초 자신들이 자신 있게 내세운 데이터들이 서로 맞아떨어지지 않는다는 사실을 법정에서 시인할 수밖에 없었다. 이들의 일치된 답변은 "기술상의 한계"였다는 것이다.

한편 함미 우현 프로펠러가 앞쪽 방향으로 휘어지고, 오른쪽 프로펠러는 휘어지지 않은 이유에 대해 이를 규명할 실력이 되지 않는다는 다소 황당한 증언도 있었다. 노인식 교수는 폭발로 인한 기어박스 손상과 축 밀림에 따른 충격력으로 프로펠러를 앞쪽으로 휘게 한 원리에 대해서 설명하지 못했다. 왜 하필 왼쪽만 휘었느냐를 설명하는 것 역시 실력이 안된다는 대답이었다. 오른쪽(시계방향)으로 돌아가는 프로펠러가 정작 왼쪽(앞쪽) 방향으로 휘어진 것은 관성의 법칙에 반하는 것 아니냐는 비판에 대해서도 노 교수는 잘못 분석한 것은 자신의 책임이라고 시인했다. 그러면서도 그는 좌초는 절대 아니라고 했다.

어뢰추진체와 관련해서는 2010년 5월 15일 첫 발견 과정부터 증인들의 기억이 다 달랐다. 합조단 보고서에는 선원이 그물 속에 이상한 물체가 들어 있다고 말했다고 했으나 법정에 나온 증인들은 서로 다른 얘기를 했다. 김남식 쌍끌이어선 대평11호 선장은 '항해사'가 발견한 직후 '어뢰다'라고 소리쳤다고 증언했다. 같은 대평11호에 동승했던 채종찬 상사(과학수사분과)는 '기관사'가 '어 저기 올라오네'라면서 어뢰를 발견했다고 증언했다. 또 함께 동승한 권영대 UDT 대대장은 지난 2016년 3월 낸 책에서 '갑판장'이 '또 발전기 같은 것이 올라왔네'라고 했다고 썼다.

어뢰 발견 당일 대평11호에 동승했다는 탐색인양전단장(또는 제5전단장·해군준장)이 실제로는 이 배에 타지 않았다는 증언도 있었다. 채종찬 상사의 증언이었다. 반면 김남식 선장의 증언과 권영대 대대장의 책에서는 탔다고 한다. 채 상사만 아니라고 부인한 것이다.

천안함 사건의 핵심 물증인 이른바 '1번 어뢰'의 설계도와 실물 크기의 치수가 다른 문제점도 발견됐다. 법적 공방 중에 실사를 한 결과 13cm 이상 차이가 난다는 사실이 드러났다.

천안함 함수, 함미, 연돌 등 선체에 붙은 흡착물질과 어뢰추진체에 붙은 흡착물질의 정체는 끝내 일치를 보지 못했으나 폭발로 생성될 수 없는 물질이라는 반대 실험 결과가 분명히 제시돼 있다. 합조단과 국방부가 이를 수용하건 안하건 이것이 결정적 증거라는 주장은 철회해야 함이 분명하다. 이는 가장 확실한 재조사의 명분이다.

긴 공판 기록을 꼼꼼히 읽은 독자들이라면 천안함 사건과 맞물린 의문의 실상이 훤히 보일 것이다. 이 같은 의문이 분명해지기까지 언론의 역할이 컸다. 또한 끝까지 진실을 파헤치고자 한 숨은 추적자들의 역할 또한 컸다. 다음 장에서 이들의 이야기를 간략히 돌이켜보겠다.

6

—

언론은 천안함 사건을
어떻게 다뤄왔나?

천안함 사건에서 드러난 군의 미숙한 초기 대응, 사고 발생 시간과 장소의 잦은 번복, 북한의 특이동향이 없었다는 발표 뒤집기 등은 군 스스로도 인정할 수밖에 없는 문제였다. 당시 모든 언론이 가리지 않고 일제히 이를 비판했기 때문이다.

어뢰설이 등장하기 전부터 좌초, 충돌, 기뢰, 피로파괴 등 다양한 원인이 제기된 것도 바로 언론이 돌아가면서 사고 원인에 대한 가설을 적극적으로 보도했기 때문이다.

'제3의 부표'라는 말이 잠수함충돌설을 떠올리는 코드가 된 것도 이같은 다양한 원인 분석 보도를 언론에서 끊임없이 펼쳤기 때문이다.

그 후로 7년, 지금 대부분의 언론은 천안함 '침몰 사건'이라는 말조차도 쓰지 않고 '폭침' '북한의 어뢰 도발' 같은 용어를 철두철미하게 구사한다. 그리곤 천안함 사고 원인에 대한 정부 발표의 의문점이나 다른 가설의 가능성을 따지거나 취재하려 하지 않는다. 더 이상 새로울 것이 없다고 생각할 수도 있다. 지난 5년 6개월 동안 이뤄진 신상철 전 민군합동조사단 조사위원의 천안함 관련 명예훼손 1심 재판에서도 기자나 PD 등 언론인은 찾아보기 어려웠다. 어떻게 보면 천안함 사고 원인에 대한 진위 검증과 논쟁이 연장된 현장이 법정이었는데도 언론의 관심은 여기까지는 미치지 못했다.

처음엔 모든 의혹 언론이 제기했다

천안함 사건의 최초 보도는 YTN의 긴급속보였다. 당시 야근을 하던 김문경 YTN 기자는 천안함 침몰 제1보로 한국언론대상까지 받았다. YTN의 최초 보도 요지는 천안함이 무언가에 충돌했다는 것이다. 김 기자는 2010년 3월 26일 밤 10시 42분 YTN 뉴스특보에서 "사고와 관련해 군 당국으로부터 간접적으로 확인한 바에 의하면, 이 해군 초계함이 '뭔가에 충돌한 뒤에 뭔가에 부딪힌 뒤에 충돌'한 것으로 군 관계자가 전하고 있습니다"라며 "뭔가에 충돌한 부분이 바위에 충돌했는지 아니면 다른 무엇에 충돌했는지는 아직까지 알려지지 않고 있습니다"라고 전했다.

또한 《이투데이》 역시 3월 27일 새벽 1시 30분에 송고된 기사에서 "군소식통에 따르면 정확한 사고원인은 알 수 없지만 '무언가에 충돌한 뒤 침몰하기 시작했다'고 전했다"고 보도했다.

《중앙일보》는 3월 27일자 3면 머리기사 〈배 밑바닥 구멍…북한군 도발이냐 함정 결함이냐〉에서 "합동참모본부에 따르면 천안함은 이날 오후 9시 45분쯤 임무 수행 중 갑자기 함정의 밑바닥에 구멍이 나면서 침몰하기 시작했다"며 "천안함 승조원들은 배 밑바닥에 생긴 구멍을 막으려 했지만 수습하지 못했다고 해군 관계자는 전했다"고 보도했다. 《경향신문》은 3월 26일 1면 머리기사 〈해군 초계함 서해 침몰〉에서 이기식 합참 정보작전처장이 이날 브리핑을 통해 "백령도 서남방 해상에서 임무수행 중이던 우리 함정의 선저(바다)에 구멍이 뚫려 침몰했다"며 "작전 중에 초계함 레이더상에 미상 물체가 포착돼 76mm 함포로 경고사격을 했으나 새 떼로 추정되고 있다"고 밝혔다고 전했다. 경향은 특히 "사고 후 선미(함미) 쪽부터 침수하기 시작한 천안함은 1시간 만에 선체가 기울었으며 이날 밤 12시를 넘기며 선체가 거의 가라앉은 것으로 전해졌다"고 보도했다. 이기식 처장은 "사고 원인을 모르기 때문에 북한이 했다고 단정을 못 하고 있다"며 "이른 시간 내 원인 규명을 해서 적절한 조치를 할 것"이라고 말했다고 이 신문은 전했다.

사고 원인과 관련해 최원일 천안함장이 함구령을 내렸다는 소식도 언론보도에 의해 처음 알려졌다. 《국민일보》는 29일 저녁에 출고한 〈[해군 천안함 침몰 사고] 해군, 잘못된 정보전달에 함구령 의혹도〉에서 56명(생존자는 58명―필자 주)이 구조된 직후 천안함 생존자 전원이 해경 구조정 식당에 모였고 최원일 함장이 30분가량 지시사항을 전달했는데, 식당 문밖에 있던 여러 명의 해경들은 '함구하라'는 말을 들었다고 전했다. 이 신문은 한 생존자 가족의 말을 빌려 "가족은 나가 있으라고 하더니 오후 3시 30분부터 한 시간 동안 아들을 조사했다"며 "어떤 조사인지, 무엇을 물어봤는지에 대해 아들 역시 가족에게 전혀 입을 열지 않았다"고 전했다.

KBS는 "당시 상황을 가장 잘 알고 있는 함장도 '폭발'이 아닌 '충돌'을 침몰 원인으로 거론했다"고 보도했다. KBS는 "군내 폭탄감식 전문가들도 오늘 천안함의 침몰 원인이 해상무기에 의한 폭발로 확증하기는 어렵다는 의견을 국방부에 전달했다"며 "폭발 가능성에 의문을 제기하는 전문가들의 분석이 잇따르면서 암초 충돌에 의한 침몰 가능성에도 힘이 실리고 있다"고 보도했다.

함미 절단면이 칼로 자른 듯 매끈했다는 것도 언론에서 처음 보도됐다. SBS는 3월 30일 〈8뉴스〉의 '절단면 깨끗'이라는 뉴스에서 "'물속에서 손으로 더듬어 확인한 천안함의 절단면은 깨끗했다' 잠수사들은 뻘속에 박힌 함수쪽 절단면을 탐지한 결과 깨끗하게 수직으로 잘려 있다며 이렇게 전했다"고 보도했다. SBS는 "전문가들은 절단면이 깨끗하고 절단 지점이 중앙에 가깝다면 기뢰든, 어뢰든, 폭발체가 함체에 닿지 않고 배 아래 수중에서 폭발했을 가능성이 높다고 분석한다"면서도 "그러나 수중 기뢰는 강한 물대포가 만들어져 갑판 위 승조원들이 물에 젖는 게 보통인데 구조된 승조원 대부분이 물에 젖지 않았다는 점 때문에 폭발원 인으로 단정 짓기에는 이르다는 반론도 제기되고 있다"고 방송했다.

이렇게 절단면이 매끈하게 잘려 있다는 잠수사들의 증언이 나오자 폭발보다는 오히려 피로파괴에 가깝다는 분석이 나왔다. 《경향신문》 4월 1일자 5면 머리기사 〈함수 함미 절단면 매끈… '피로파괴' 새롭게 부상〉에서 "천안함 침몰사고 원인으로 어뢰나 기뢰 등 외부에서 가해진 폭발이 아니라 용접 부위에 누적된 균열로 인해 급작스레 파손됐을 것이라는 이른바 '피로 파괴fatigue failure' 가능성이 제기되고 있다"며 "파손 정황이 폭발 사고로 보기에 석연치 않은 데다 함수와 함미 사이의 절단면이 칼로 자른 듯 매끈한 형태를 보이는 등 '피로 파괴'의 일반적 특성과 들어맞는다는 것이 근거"라고 보도했다.

천안함이 어뢰나 기뢰 등 외부로부터 가해진 폭발로 인해 침몰한 것으로 보고 있다는 군 당국의 시각에 대해 《경향신문》은 "폭발에 따른 파손으로 보기에는 석연치 않은 점이 많다"며 "선체를 두 동강 낼 정도의 강력한 폭발이 있었다면 커다란 폭발음이 들려야 정상인데 그렇지 않았다는 점이다. 백령도 인근 주민들에 따르면 지난 26일 밤 사고 발생 당시 해군이 조명탄을 쏘는 소리 외에 다른 폭발음은 들리지 않았다"고 전했다. 《경향신문》은 "사고현장을 목격한 해병대 초병은 천안함이 사고를 당할 때 청취한 소리를 '평소 들었던 포 소리 수준' '마치 철판이 찢어지는 듯한 소리'로 묘사했다"고 보도했다. 언론에서 해병대 초병이 이 같은 말을 했다는 것이 보도됐을 뿐 법정에 출석했던 박일석, 김승창 초병이 이런 증언을 하지는 않았다. 같은 초병의 말에 혼선이 빚어진 것일 수도 있겠지만, 반대로 현장을 목격하거나 청취한 다른 초병이 있었을 가능성을 배제할 수 없다.

사고 원인이 폭발이라고 하기에는 의문이 많다는 보도가 KBS와 같은 공영방송사에서도 나왔다. KBS는 3월 30일 〈뉴스9〉 '폭발설 4가지 의문'이라는 뉴스에서 화상 환자가 없고, 대량 부유물이 없으며, 화약 냄새도 없을 뿐 아니라, 함장 증언은 '폭발'이 아닌 '충돌'이었다는 점을 제시했다. KBS는 "배가 두 동강 날 정도의 폭발력이라면 화상 등의 부상자가 속출해야 하지만 화상 환자는 1명도 없고, 함수 부분에서 구조된 58명도 대부분이 타박상과 일부가 골절상"이라며 "배에서 폭발이 일어나면 통상 파손된 함체와 배 안에 있던 물건 등이 대량으로 주변 바다에 흩어지지만 천안함의 경우 부유물이 없었고 일부 수거한 것도 불에 탄 흔적이 없다"고 설명했다.

4장 1절 시간의 의문 편에서 소개한 것처럼 해경이 9시 15분 좌초라고 통보를 받았다는 내용도 MBC와 KBS가 나란히 보도했다. KBS는 2010년 3월 31일 〈뉴스9〉 7번째 리포트 '군, 사고 직후 해경에 '좌초' 통보'에서 "KBS가 입수한 해경 문건에 따르면 해경은 해군 2함대로부터 '천안함, 밤 9시 30분쯤 좌초되었다'는 통보를 받은 것으로 드러났다"고 보도했다. KBS는 "해군이 당시 암초에 충돌했을 가능성을 시사하는 좌초라는 표현을 왜 썼는지가 의문"이라며 "실제 사고가 발생한 백령도 남

2010년 3월 30일 KBS 〈뉴스9〉는 천안함 사건과 관련해 화상 환자가 없고, 대량 부유물이 없으며, 화약 냄새도 없을 뿐 아니라, 함장 증언은 '폭발'이 아닌 '충돌'이었다는 점을 제시했다. 사진=KBS 〈뉴스9〉 갈무리

쪽 해역에는 곳곳에 암초가 존재하고 있지만 군은 당시 교신 내용이나 사고 지점 좌표를 정확하게 밝히지 않고 있어 의혹을 키우고 있다"고 밝혔다.

특히 MBC의 경우 사고 당일 밤 9시 15분에 '최초상황 발생'이라고 기재된 문건을 입수해 처음 보도했다. MBC는 2010년 4월 3일 〈뉴스데스크〉 '밤 9시 15분에 상황 발생'에서 "군 당국의 최초 상황 일지를 단독 입수했다"며 "사고 시각이 군의 발표와는 달리 최초 상황 발생을 당일 밤 9시 15분에 보고받은 것으로 돼 있다"고 폭로했다.

국방부가 사고 발생 시각을 45분 → 33분 → 30분 등으로 계속 앞당겨오다 9시 22분으로까지 앞당겼던 상황이었기 때문에 9시 15분이 어떤 의미를 갖는지 의문이 커지게 된 결정적인 뉴스였다.

MBC는 천안함이 사고 당일 저녁 6시 59분부터 7시까지 1분여 동안 2함대와 통신감도가 양호한지 일상적으로 보이는 통신을 주고받다가 2시간이 지난 밤 9시 15분, 천안함 소속 2함대 사령부가 최초 상황 발생을 해군작전사령부에 보고했다며 "함대사령관과 작전처장이 직접 통화한 사실도 확인됐다"고 보도했다. MBC의 상황일지 문건을 보면 곧이어 9시 16분엔 백령도에 있는 방공 33진지에서는 폭음을 감지했으며, 이후 9시 20분 백령도 해안초병이 폭발을 들었다고 보고했으며 백령도 지진관측소는 9시 21분에 규모 1.5의 지진파를 탐지했다고 기록돼 있다.

9시 22분에는 KNTDS(한국형 해군전술 지휘통제체계) 위에서 천안함이 사라지기 시작하고 해상작전 위성통신체계에서도 천안함의 신호가 두절됐다고 MBC는 전했다.

MBC는 이어진 8번째 리포트 '6분간 무슨 일이'에서 이 문건에는 당시 어떤 상황이 발생했는지는 나와 있지 않다면서도 "그러나 해경은 9시 15분 물이 샌다는 상황보고를 받은 것으로 알려졌다"고 의문을 제기했다. 배 안에 있던 실종자 휴대전화 문자메시지와 전화가 끊긴 시간도 바로 이

때이며 당시 천안함에서 7, 8km 떨어진 백령도 군기지에서도 폭음이 들렸다고 병사가 진술했다는 내용도 MBC는 함께 제시했다.

또한 KBS는 그해 4월 7일엔 한주호 준위가 작업하다 사망한 장소가 정부 발표 위치와 달리 제3의 부표가 있었던 지점이었다고 보도해 큰 파문을 일으켰다. 그러나 이 뉴스는 해군이 강력히 부인하면서 다음 날 반론보도까지 방송하면서 온라인뉴스에서마저 삭제됐다.

MBC는 4월 17일 〈뉴스데스크〉에서 '어뢰에 무게 기뢰 가능성도' 리포트에서 우리 측(아군) 기뢰 가능성에 대해 "일각에서는 70년대 중반 이후 우리 측이 폭뢰를 개량해 백령도 연화리 앞바다에 설치했던 전기식 기뢰가 천안함이 연안에 근접하자 바닥에서 솟아올라 터졌을 가능성을 제기하고 있다"고 보도했다. MBC는 지난 2001년 연화리 앞바다에서 부표를 설치하는 작업을 했던 한 전역 장병의 증언을 빌려 "15~20m 깊이에 30~50m 간격으로 기뢰가 설치돼 있었고, 어구나 로프에 감겨 있어 위험해 보였다"고 전했다.

이후에도 TOD 동영상 은폐 의혹을 포함해 정부가 조사결과를 북한 어뢰에 의한 공격으로 침몰했다고 발표한 이후에도 의문이 이어졌다. 어뢰추진체 1번 글씨의 의문, 어뢰추진체 속의 가리비 존재에 대한 의문, 흡착물질 분석의 오류 논쟁에 대한 의문 등은 모두 기존의 언론사들이 적극적으로 보도한 내용이었다.

조중동 KBS 중심의 북한 어뢰설 보도

이에 반해 조중동 등의 주류 언론은 초기부터 북한 소행에 무게를 두고 보도를 했다. 무엇보다 인간어뢰설은 대표적인 과장 보도였다. 김상균 전 MBC PD(현 다큐멘터리(주) 대표 PD)는 지난 2015년 8월 성균관대 박사학위 논문 〈보수언론의 천안함 침몰 사건의 보도에 관한 사례연구〉에 조중동의 보도 가운데 대표적인 '인간어뢰설' 사례를 분석했다. 이 기사의 공통점은 취재 소스가 탈북자로, 그의 주장이 어디까지가 사실인지 확인할 수 없다는 데 있었다.

《동아일보》의 2010년 3월 29일자 6면 〈"북, 자폭임무 '인간어뢰'부대 있다"〉 기사의 취재원인 탈북시인 장진성의 주장이었다. 이튿날인 3월 30일 《조선일보》는 5면 기사 〈북 해상저격부대 소행 가능성 제기〉에서 고위탈북자들이 "기뢰 매단 2인용 잠수 어뢰정 타고 침투 땐 감지 안 된다"고 보도했다. 《조선일보》는 4월 22일자 기사 〈'북 인간어뢰' 바닷속 자살폭탄〉에서도 탈북시인 장진성을 통해 "북한의 인간어뢰부대는 잠수함 승조원들보다 우대받고 있으며 모든 훈련이 자폭위주로 돼 있다"고 보도했다.

김 PD는 2010년 3월 26일 이후 2015년 4월 30일까지 천안함 침몰 사건에 관해 보도한 보수언론의 전 기사를 대상으로 분석한 결과, 조중동도 초기엔 어뢰보다 기뢰의 가능성을 높게 보고 보도한 것으로 나타났다고 분석했다. 사고 해역 수심도 20여m~24m였다는 기사도 있었다. 김 PD가 논문에서 분석한 결과 2010년 3월 27일부터 4월 3일까지 천안함 보도 중 어뢰, 좌초, 기뢰를 사용한 빈도의 추이를 살펴보면, 3월 29일엔 어뢰의 경우 총 25회(조선 10, 중앙 9, 동아 6－한겨레 4), 기뢰의 경우 27회(조선 11, 중앙 9, 동아 7－한겨레 7)였고, 30일엔 어뢰 15회(조선 7, 중앙 6, 동아 2－한겨레 1) 기뢰 30회(조선 11, 중앙 8, 동아 10－한겨레 5)였다. 31일의 경우 어뢰 11회(조선 6 중앙 2 동아 3－한겨레 2) 기뢰 17회(조선 8, 중앙 4, 동아 5－한겨레 5)였다. 사흘에 걸쳐 연이어 어뢰보다는 기뢰가 천안함 외부 공격설의 수단으로 언급됐다. 그러나 이후 그해 4월 들어서부턴 어뢰의 잔해를 찾아야 한다는 기사가 쏟아졌다. 아이서퍼로 검색한 결과 천안함 보도 중 '파편'이라는 키워드를 지닌 기사 수가 4월 2일부터 5월 14일까지 조중동에서 120개에 이르렀다고 김 PD는 전했다.

　김 PD는 논문에서 보수언론이 '적대적 공생관계론'과 '안보상업주의'에 의해 '북한 소행설'을 천안함 침몰 사건의 원인 프레임으로 추정·예단하고 확정했으며 여기엔 주요 정보원으로서 탈북자의 미확인 정보가 아주 중요한 역할을 해왔음을 기술했다고 분석했다.

　김 PD는 "천안함 사건 발생 초기에 이미 '북한 소행설'을 추측하고 예단하며 선택하고 강조해왔다"며 "보도초기인 제1차 국면에서 '어뢰'란 키워드를 '좌초'나 '기뢰'보다 더 많이 보도해왔다"고 전했다. 그는 "침몰 당시 '북한, 특이 동향은 포착되지 않았다'는 한미 정보자산의 보고에도 보수언론은 북한의 어뢰 공격설을 주창하고 예단했다"고 판단했다. 또한 보수언론은 서재정, 이승헌 등 해외파 학자들의 문제제기나 신상철 전 합조단 위원의 좌초 충돌설, 러시아 보고서의 좌초후 기뢰설, 어뢰가능성이 희박하다는 안수명 박사의 문제제기 등은 축소 왜곡하거나 보도하지 않았다고 김 PD는 분석했다. "북한 소행설 외의 가설은 거의 보도하지 않는 방식으로 북한 소행설을 지배적 프레임으로 고착화했다"는 것이다.

　그러나 《조선일보》는 합조단의 최종 보고서가 발표된 다음 날엔 재조사를 하자는 취지의 주장을 펴기도 해 눈길을 끌었다. 조선은 2010년 9월 14일자 사설에서 "정부의 초기 접근이 정치적으로 무신경했고, 군의 세부사항에 대한 잇단 발표 실수가 의혹을 확대 재생산한 탓이 크다"고 비판했다. 《조선일보》는 "이 난삽한 내용을 국민에게 날것으로 내놓기 전에 각 분야의 전문가들에게 검증하도록 하는 신뢰 보강 절차를 밟아야 했다"며 "두 번 열리고 활동을 마감한 국회 천안함조사특위를 즉시 재가동해 국정조사에 버금가는 강도로 이 최종보고서에 대해 토론하고 검증하는 것도 방법"이라고 주장했다.

　KBS는 규모 1.5의 지진파가 감지됐다고 발표한 이후 4월부터는 북한 소행과 어뢰가능성을 가정하는 보도를 지속적으로 쏟아냈다. KBS〈뉴스9〉의 경우 4월 1일부터 합조단 중간조사결과 발표 전인 5월 18일까지 '어뢰 공격'의 가능성이 높다는 뉴스만 34건을 방송했다. 북한 소행으로 추측하는 뉴스 역시 16건이었다. 50건이 어뢰 아니면 북한 뉴스였던 셈이다. 이 기간 중 KBS 보도에 등장한 어뢰는 '직격 어뢰' '감응식 어뢰' '중어뢰' '음향어뢰 근접 폭발' '근접신관어뢰' 등이었다.

앞서 좌초, 제3의 부표 가능성 등을 보도했던 것과는 크게 다른 논점의 변화가 아닐 수 없다. 또한 KBS는 PD 등이 제작한 탐사보도 프로그램에서는 합조단의 보고서 발표 이후에도 이를 반박하는 프로그램을 방송해 저녁 메인뉴스의 보도 관점과는 또 다른 접근을 하기도 했다.

언론보도가 왜 이랬을까

언론보도 특히 방송사의 탐사보도 프로그램도 2010년 11월 17일 〈추적 60분〉의 '천안함 의문, 논쟁은 끝났나' 편을 끝으로 종적을 감췄다. 이를 두고 김상균 PD와 한희정 국민대학교 교수는 《한국언론정보학보》 2014년 여름호에 실린 〈천안함 침몰 사건과 미디어 통제: 탐사보도 프로그램 생산자 연구〉에서 그 원인을 분석했다.

우선 방송사 PD들은 군 자체의 기밀주의와 정보의 독점을 꼽았다. 새롭게 증거로 확인하기가 쉽지 않다는 것이다.

"1차 정보의 독점. 그 정보가 잘못된 것이라면 거기서 나오는 결론도 왜곡될 수밖에 없을 텐데 무엇이 순수한 사실인지 확인할 수 없다는 것이 어려운 부분이었습니다. 모든 정보는 국방부가 갖고 있죠. 언론이나 국회를 통해 공개된 것이 다는 아닐 거다. 맞서야 하는 상대는 모든 사실을 손에

쥐고 있는데, 우리는 몇 개의 던져진 사실 중 추론을 해야 한다는 것이 굉장히 위험하다고 느꼈다"[1]

(모지상파 PD, C씨, 김상균 한희정과 2014년 12월 14일 인터뷰)

"합조단에 의한 정부 발표가 석연치 않은 부분이 있고 반론이 제기됐지만 더 이상 다루진 못했습니다. 새로운 게 안 나왔습니다. 미디어오늘이나 오마이뉴스에서 계속 보도됐지만 TV적으로 어떻게 다룰까 정확한 정보를 잡기가 어려웠습니다. 정권이 주시하고 있는데 어설프게 다룰 수는 없고 발표에 공감하지 않지만 확실한 증거를 찾기 어려웠습니다."[2]

(모지상파 PD, G씨, 김상균 한희정과 2013년 12월 5일 인터뷰)

이 밖에 방송사 조직의 외부 압력과 같은 외적인 요인도 천안함과 같은 주제를 방송하기 어렵게 했다는 분석이었다. 김상균 PD와 한희정 교수는 논문에서 "방송사 탐사프로그램 중 천안함 문제를 유일하게 두 번 방송한 곳은 KBS '추적60분'(5월 4일 '천안함 무엇을 남겼나', 11월 17일 '의문의 천안함, 논쟁은 끝났나')"이라며 "사건 발생 후 몇 달간 집중적으로 방송됐던 타 방송사의 일련의 탐사보도 프로그램에 힘입은 바가 컸다"고 평가했다. 이들은 "사고 발생 후 방송 3사 중 북한 도발설을 가장 주도적으로 보도해온 KBS는 4월 16일부터 18일까지 〈특별생방송 천안함의 영웅들〉 시리즈를 방송했다"며 기획제작국, 예능국, 보도제작국, 교양제작국이 총동원돼 당시 사고의 원인도 밝혀지지 않은 상황에서 실종자들을 '영웅'이라 칭하고 성금모금까지 했다고 전했다. KBS PD는 이들과 인터뷰에서 아래와 같이 털어놨다.

"천안함 의혹은 당시 보수 매체에서도 다룰 때였어요. 당시 관리자들도 저널리스트로서 해야 할 만한 사건이라는 데는 크게 이의 안 달았어요. 다만 상황 논리였어요. 굳이 정치적으로 꼭 해야 하느냐, 당시 추적60분이 위기였거든요. 추적60분이 보도본부로 옮겨가느냐 마느냐 하는 위기였어요. 하지만 내부에선 비판도 드셨습니다. 이것 못하게 하면 추적60분 문 닫아야 한다. 천안함은 무엇을 남겼나. 남긴 게 무엇인지는 우리가 알 수 있잖느냐."[3]

(KBS PD, B씨, 김상균 한희정과 2013년 1월 15일 인터뷰)

그 뒤 천안함 관련 보도가 주류 언론에서 사라졌다. 두 번째 천안함 관련 방송 〈추적 60분〉 '의문의 천안함, 논쟁은 끝났나'(11월 17일 방송)는 기획, 제작, 방송까지 방송사 내부에 좀 더 거센 압력과 함께 우여곡절을 겪었다. 방송통신심의위원회(방송통신위원회)가 경고라는 중징계를 내린 것이다. 제작진이 재심청구도 했으나 받아들여지지 않아 결국 법정 싸움으로 가게 됐다. KBS 〈추적 60분〉 제작진(원고는 KBS임)이 정부(방송통신위원회)를 상대로 제기한 행정소송은 2011년부터 시작돼 2015년 대법원 확정판결이 났다. 방통위의 제재 내용 전체를 취소하라는 판결이었다. 천안함 정부 발표에 대한 당시 방송사의 의혹 보도가 공익적이며 합리적 의문에 기초한 것이라는 판단이었다.

개별 기자나 PD들이 제 역할을 못 하는 상황에서 언론인 단체라도 검증에 나서야 한다는 분위기도 나타났다고 한 PD는 전했다.

"정부의 발표를 검증도 없이 무조건 앵무새처럼 받아 그대로 보도하는 것은 큰 잘못이다…언론사들이 제 기능을 못 하고 있기 때문에 언론인 단체라도 대신해야 한다는 거죠. 왜냐면 지자체 선거를 앞두고 있어서 더욱 필요하다. 당시 정부조사 결과 발표를 믿지 못하는 것 자체가 종북, 반국가적 행태…지금 박근혜 정부가 보여주는 종북몰이 현상이 그때부터였다고 봐요. 언론이 죽었다고 하지만, 합리적인 검증철차…기록을 남겨야 합니다."[4]

(모지상파 PD, D씨, 2014년 2월 4일)

현직 언론인들의 추적-
천안함 과학논쟁 오철우 기자

현직 언론인이 천안함 과학논쟁을 분석해 서울대에서 박사학위를 취득한 논문을 발표하기도 했다.

오철우《한겨레》기자(삶과행복팀 부장·한겨레 사이언스온 운영)는 〈천안함 '과학 논쟁'의 성격과 구조-민군 합동조사단JIG의 증거와 실행에 대한 논쟁을 중심으로〉 제하의 박사학위 논문을 서울대학교 대학원(협동과정 과학사 및 과학철학 전공)에 제출했다.[5] 2016년 2월 말 이 논문은 최종 통과됐다.

오 기자는 논문에서 천안함 사건에 대해 가장 풍부한 내용과 증거를 갖추고 논쟁을 주도한 합동조사단이 오히려 논란을 더 불러일으켰다며 그 구조와 배경을 살폈다.

우선 그는 증거가 나오기도 전에 이미 결론에 이른 이들의 '비과학적 태도'를 지적했다. 일부 언론과 합조단, 여당 정치인들은 초기부터 이른바 '가설적 추론'의 방식으로 수중폭발 → 어뢰폭발 → 북한소행이라는 방향으로 나아갔다는 것.

합조단과 공동 조사를 벌인 미국 측 조사단 역시 조사결과보다 일찌감치 수중폭발 결론을 내놓았다. 2010년 7월 30일 주한미군합동정보작전센터에서 발표된 것으로 돼 있는 토머스 에클스 미군 측 조사단장 명의의 프레젠테이션 자료(발표자는 미상)를 보면 이런 정황이 드러난다. 오 기자는 미군 조사단이 이미 4월 30일 무렵에 비접촉 수중폭발에 의해 천안함이 침몰했으며, 침몰을 일으킨 것은 어뢰 또는 기뢰라는 결론을 내려놓았다고 전했다.

합조단이 사용한 과학적 방법이 한계를 드러냈다. 오 기자는 합조단이 과학적 기법으로 시뮬레이션을 사용하고 많은 이미지를 보고서에 수록했지만 실제 손상 상태를 구현하지 못했다고 지적했다. 제대로 된 시뮬레이션을 할 시간적 여유가 없었기 때문이라는 설명이다. 미국 조사팀 → 합조단 폭발유형분과 → 선체구조분과로 이어지는 시뮬레이션 작업의 흐름이 매우 촉박하게 이뤄졌다는 것이다. 이와 관련해 나는 앞서 살펴본 바와 같이 공판 기록 정리를 통해 황을하 국방과학연구소 연구원, 정정훈 기계연구원 책임연구원 등이 법정에서 증언한 대목 일부를 소개하기도 했다.

어뢰추진체도 논쟁을 더 크게 불러일으켰다고 오 기자는 분석했다. 고열에 1번 글씨가 타지 않을 수 있느냐는 의문과 어뢰의 극심한 부식상태, 가리비의 존재 등이 그 대상이었다. 어뢰 스크루 구멍에서 발견된 가리비 껍데기와 관련해 오 기자는 "가리비에 붙어 있던 백색물질이 어뢰의 수중폭발시 생성된 것이라면, 조개껍질이 먼저 어뢰 스크루 구멍에 들어간 다음 폭발 잔재인 흡착물질이 달라붙었다는 것은 논리적으로 모순되며, 그 물질은 폭발재가 아닌 부유물질이 가라앉아 생긴 침전물일 것이라는 반박이 나왔다"고 전했다.

또한 1번 어뢰의 결정적 증거능력을 설명해줄 '설계도면'의 경우 그 출처와 원본의 성격에 대한 검증이 제대로 이뤄지지 않았다는 점도 논문에서 지적됐다.

이른바 버블주기 1.1초를 공중음파에서 검출한 것에 대한 과학적 반박도 나왔다. 실제로 김소구 지진연구소장 등은 공중음파가 아닌 지진파로는 당시 버블주기를 0.990초로 도출한 연구결과를 내놓기도 했다. 지진파 버블주기로는 폭발량이 더 작다. 김소구 소장과 기터만 박사가 공동 발표한 논문에서 지진파의 파형 분석을 통해 버블주기가 0.990초가 먼저 도출됐으며 이에 따른 폭발규모는 TNT 136kg이며 수심은 8m였다고 분석했다.

오 기자는 논문에서 "합조단 조사결과가 논쟁의 종결이 아닌 논란의 대상이 된 것"이라며 "(이 과정에서) 논쟁을 해소할 수 있는 지점을 드러낸 계기가 되기도 했다"고 평가했다.

이 밖에도 강태호《한겨레》기자는 미 잠수함 전문가인 안수명 박사와 첫 인터뷰를 통해 이른바 '1번 어뢰'가 천안함 선체 아래에서 정확하게 폭발할 가능성이 없다는 주장을 소개했다. 강 기자는 2012년 6월 23일자 토요판 기사에서 안수명 박사와 김광섭 박사와 나눈 인터뷰를 상세하게 보도했다. 안 박사는 백령도와 같은 서해 인근 해상의 조건에서는 탐지음파 대 소음Signal to Noise ratio의 차이를 모르기에 음향에 수중탐지나 추적은 거의 (수학적으로) 불가능하다며 "영화에서 많이 봤기 때문에 어뢰의 공격 성공률이 높은 것으로 착각하는데 현실과는 거리가 있다"고 분석했다고《한겨레》는 전했다.

무엇보다 천안함 아래 3~6m(수심 6~9m), 가스터빈실 아래(프레임 75), 천안함 중앙(용골) 부근 약 3m 지점에서 어뢰가 버블제트 폭발로 두 동강 났다는 합조단 분석에 대해 안 박사는 천안함 선폭(가로)은 10m, 어뢰의 속도를 30노트kts로 보면 초당 15.3m인데, 어뢰가 천안함 선체에 머물 수 있는 시간은 약 0.6초라며 "그 순간에 합조단이 파악한 버블 지점을 찾아가 터져야 한다"고 반박했다고 이 신문은 전했다.

안 박사는 서해바다라는 현실의 조건과 잠수정의 공격능력, 어뢰가 목표물을 탐지해 찾아가는 음향신호 처리의 관점에서 보면 그 확률은 소수점이 얼마가 되든 0.0000001% 수준으로 거의 제로에 가깝다고 봐야 한다고 결론을 내렸다고《한겨레》는 전했다.

이와 함께 미국 퍼듀 대학교 화학공학 박사로 알루미늄 촉매·부식 및 폭약전문가인 김광섭 박사는 지난 4월 25~27일 제주 서귀포에서 열린 한국화학공학회 총회 분과 학술강연에 초청받았으나 강연 직전 '정치적 영향'을 이유로 돌연 김 박사 강연이 취소된 것으로 밝혀졌다고《한겨레》는 전했다.

김 박사의 논문은 〈천안함 침몰사건-흡착물과 1번 글씨에 근거한 어뢰설을 검증하기 위한 버블의 온도계산〉으로, 김 박사는 강연 발표문에서 천안함 합조단의 알루미늄 흡착물질 분석이 잘못됐다는 점과, 1번 어뢰의 인양 장소가 '1번 어뢰설'을 증명하지 못한다는 사실을 지적했더니 발표가 취소됐다고 《한겨레》와 전화 및 이메일 인터뷰에서 밝혔다.

이 발표 논문에서 김 박사는 합조단이 주장한 흡착물질의 성분이라는 '비결정성 알루미늄산화물AlxOx'과는 근본적으로 다른 '흡착성을 갖는(젤라티노스)' 황산화알루미늄수산화물SaGAHs로 제시했다. 흡착물질과 관련한 김 박사의 주장 가운데 또 다른 핵심적인 논거는 이 흡착물질이 폭발로만 형성되는 게 아니며 따라서 하나가 아니라, 알루미늄 판재들이 철과 전기적으로 연결되면 이른바 갤바닉Galvanic 부식현상에 의해 흡착물질이 형성된다는 것이다. 김 박사가 이 같은 내용을 강연하려던 한국화학공학회에서 돌연 주최 측이 강연을 취소했다고 밝혔다고 《한겨레》는 전했다.

두 박사의 연구 의미에 대해 강태호 《한겨레》 기자는 그해 6월 25일 나 《미디어오늘》와 나눈 인터뷰에서 "(두 박사의 연구를 통해) 지금까지 합조단 보고서로는 북한이 천안함을 공격했다는 것을 입증할 수 없다는 것을 보여준다"며 "북한이 범인이 아니라고 확언할 수도 없지만, 합조단이 내놓은 보고서는 과학적 증거를 제시하지 못했거나, 잘못된 과학을 들이대 스스로를 부정하는 결과를 낳은 것"이라고 평가했다.

강 기자는 천안함 검증과 추적에 언론이 무심하다는 지적에 대해 "언론이 책임을 방기하고 있다"고 비판했다. 그는 "여러 문제가 있다 보니 파고 들어봐야 결론을 낼 수 없다는 '불가지론'적 한계에 대한 인식, 정부가 조작까지 하겠느냐는 인식, 남북관계가 적대적인 상황에서 북한이 했을 개연성이 높다는 인식, 이 정부가 천안함 의혹 제기자들을 빨갱이로 몰아가고 있는 상황 등 때문"이라며 "재판에서까지 많은 의혹이 나오는

데, 《한겨레》를 포함한 언론이 제 역할을 다하고 있는지에 대해선 의문을 제기하지 않을 수 없다"고 자기비판도 했다.

정보공개의 한계…천안함과 세월호의 차이점은

천안함 사건에 대한 언론의 의문이 계속 이어지지 못한 데에는 정보공개의 한계라는 문제도 있다. 세월호 사건 역시 충분한 정보가 공개돼 있지 않지만, 천안함 사건보다는 다양한 필수 데이터가 공개돼 적어도 그 정보의 진위를 가리는 일은 가능하다.

천안함의 경우 군사기밀이라는 이유로 KNTDS와 교신기록 일체가 공개돼 있지 않아 사건 당시 어디로 이동했는지(항적), 무슨 조치를 했는지(내부상황)에 대해 따져볼 수 있는 객관적인 데이터가 없다.

이에 반해 세월호의 경우 해수부가 발표한 AIS와 해군의 KNTDS 공개 자료가 있으며, 각 관제소와 해경뿐 아니라 청와대 담당자가 전화통화한 내역까지 공개돼 있다. 다만 세월호의 항적은 공개된 내용의 신뢰도에 대한 의혹이 해소되지 않은 문제가 있다. 그렇더라도 일단 배가 어디서 어디로 가다 사고가 났다는 기초 데이터가 있기 때문에 사고 원인을 따져보는 데 훨씬 더 용이하다.

천안함 사건의 정부 발표에 대한 불신이 지금까지 해소되지 않는 이유가 바로 이런 근본적인 정보통제에 대한 반감 탓이다. 군사기밀이라는 이유로 기본 데이터를 묶어놓은 채 제한적으로만 열람하는 수준으로는 투명한 조사를 통한 원인 진단이 영영 어려워질 수 있다.

세월호 사고 직후 출동한 해군 군함, 해경정, 어업지도선, 어선의 구조 상황 등에 대해서는 해경 초계기가 촬영한 영상, 해경이 촬영한 영상, 전남 어업지도선이 촬영한 영상 등 다양한 영상이 있었다. 그에 비해 천안함은 사고 18분 전에 잠깐 보였다가 사고 수십 초 이후로 보이는 모습, 몇 분 뒤 절단된 모습이 촬영된 TOD 동영상이 공개된 것의 전부이다. 세월호 관련 영상보다는 천안함 TOD 영상이 사고 순간에 더 근접한 것이라고 볼 수는 있으나 이 영상에도 천안함이 갈라지는 순간은 보이지 않는다.

국방부가 설명하는 것처럼 천안함 사고가 한미합동훈련과 무관한 것인지를 보다 분명하게 해소할 필요도 있다. 당시 현장과 주변에 선박이 정말 한 척도 없었는지, 만약 있었다면 어느 위치에 무슨 선박이 있었는지 확실한 판단을 하려면 레이더 영상이나 KNTDS 영상을 확인하지 않고서는 어려운 일이다.

이런 문제점들을 명쾌히 해소하지 않고, 그저 믿으라고만 하니 오히려 불신이 더 생기는 것이다. 천안함 사건 당시 사고 원인 규명뿐 아니라 구조과정에서 함수 좌표(위치부이) 소실, 함미 위치 소실 등 기본적인 정보 파악도 하지 못한 군, 관련 기관, 정부의 대응이 어떻게 보면 세월호 참사 때 해경의 부실한 구조로 이어진 것은 아닌가 하는 의문이 든다. 세월호 사고 당시 해경 123정장 등은 승객에게 탈출하라고 충분히 알릴 수 있었음에도 이를 하지 않았다. 이에 따라 과실치사죄로 징역 3년 형이 확정됐다. 천안함 사고의 경우 함수에서 58명이 구출됐지만, 함수 자이로실에서 고 박성균 하사가 시신으로 발견됐다. 하지만 해군은 함수가 완전히 가라앉고 나서 좌표도 놓쳤다. 사건 이틀 뒤(2010년 3월 28일)에야 함수 위치를 찾았다. 구조과정의 허술하고 미숙한 대응이 세월호 참사로 다시 한 번 끔찍하게 재현된 것이 아니라고 부인할 수 있을까.

사고 원인 역시 마찬가지다. 천안함 사건에 대한 정부 발표 이후 언론이 더 이상 검증의 역할을 하지 않으면서 점차 잊혀갔다. 철저한 조사와 진실 규명은 언론이 나서서 촉구할 수밖에 없다. 그렇지 않으면 대형 참사는 또다시 잊힌다.

7

천안함 의문을 제기했던 사람들

천안함 사건이 발생한 지 7년째에 접어들지만 아직까지도 진실을 위해 싸우는 이들이 있다. 7년째 재판을 벌이고 있는 신상철 전 위원은 대표적인 사례이다. 그는 천안함 사고 직후 구조과정의 문제점과 침몰 원인에 대한 정부의 발표 내용에 의혹을 제기했다가 정보통신망법상 허위사실에 의한 명예훼손 혐의로 검찰에 기소됐다. 신 전 위원만이 아니다. 이와 유사한 방식으로 검찰 수사를 받거나 재판에 회부됐던 이들이 꽤 있다.

이정희 전 민주노동당 의원
"TOD 천안함 분리 순간 목격" 무혐의

이정희 전 통합진보당 대표는 천안함 국회 특위 소속이던 2010년 5월 민주노동당 국회의원 시절 천안함이 침몰하는 과정에서 함수와 함미가 분리되는 TOD 동영상을 목격한 합참 관계자들이 있다고 밝혔다가 고소를 당했다. 그는 당시 국회 본회의 발언에서 "국방부가 없다고 주장하는 천안함 함수와 함미가 분리되는 장면이 담긴 TOD 동영상을 합참 고위 관계자들이 봤다"고 밝혔다. 이 때문에 합참 소속 대령들이 이 전 대표를 고소했다. 사건을 수사한 서울중앙지검 형사1부(부장검사 신유철)는 합동참모본부 대령 7명으로부터 명예훼손 혐의로 고소된 이 대표를 불기소 처분했다고 2011년 7월 24일 밝혔다. 검찰은 해당 TOD 동영상이 존재하지 않는 등 이 대표의 발언이 사실과 부합하지 않는다고 결론을 내렸지만, 발언 당시 허위사실로 명백히 인식했다고 볼 증거가 부족하다고 밝혔다.

이정희 당시 민주노동당 대표는 그 이튿날인 7월 25일 오전 나(《미디어오늘》)와의 국제전화에서 "당연한 결론"이라며 "이는 국방부가 시키지 않았으면 현역 군인들이 집단으로 고소할 수 없는 문제였다"고 밝혔다.[1] 이 전 대표는 "무리하게 고소고발을 통해 천안함 의혹 제기를 막고자 했음이 드러난 것이며, 당시 천안함 특위 위원이기도 한 나를 고소한 목적은 아마도 누구에게 '침몰 순간(함수, 함미 분리) 동영상이 있다'는 얘기를 들었는지를 캐내기 위함인 것으로 판단된다"고 말했다. 검찰이 '함수와 함미가 분리되는 장면을 담은 TOD 동영상이 존재한다'는 이 대표의 발언이 사실과 부합하지 않으며 그 동영상은 존재하지 않는다고 밝힌 데 대해 이 전 대표는 "내가 했던 발언이 틀리지 않았다"고 반박했다. 그는 "국회에서 발언했던 것은 '함수와 함미가 분리되는 순간'이라고 얘기한 것이고, 이후 합조단에서 의원실로 찾아와 제게 보여준 TOD 동영상에서도 분리되는 순간으로 보이는 장면이 있었다"며 "당시 합조단 관계자들도 '분리되는 순간인지, 분리된 것인지 명확하지 않다'고 했었다. 공개된 영상을 분석한 것과 조사단의 설명에 비춰봤을 때 내 말이 틀린 것이 아니라고 본다"고 밝혔다.

이 대표실 관계자도 이날 "이 대표가 국회에서 발언한 지 얼마 뒤에 합조단에서 의원실로 TOD 동영상을 들고 찾아와 3시간짜리 영상을 보여줬다. 그 동영상엔 천안함이 피격됐다는 시점으로부터 32초 이후 8초 동안의 장면이 있었는데, 굵은 점으로 보이는 함수와 함미가 분리되는 장면이었다"며 "국방부는 이를 두고 이미 천안함이 분리되고 난 이후의 장면이라고 주장했고, 우리가 볼 땐 분리되는 순간의 장면이었다고 본 것"이라고 밝혔다.

그는 "어뢰피격 시 큰 물기둥과 즉시 두 동강 나는 통상의 사례와는 매우 달랐을 뿐 아니라 함수와 함미로 보이는 굵은 점의 간격이 붙어 있다고 할 수 있을 정도로 매우 작았기 때문"이라며 "우리의 의혹제기에 합조단은 반론도 않고 그냥 뭉개고 넘어갔던 사안"이라고 설명했다.

그는 "진실을 밝혀야 한다는 점에서 국방부와 합조단이 사고 순간의 TOD 동영상을 좀 더 정밀 분석해야 하지만 아직도 동영상 자체에 대한 분석이 잘돼 있지 않은 상황"이라고 지적했다.

이 전 대표와 그 보좌관이 말하는 장면은 앞서 TOD 영상에서 살펴봤던 사고 직후 35초 후 천안함 모습으로 보이는 검은 물체가 약 8~10초 동안 시야에 잡힌 것을 말한다. 이것을 천안함으로 본다면 적어도 함수와 함미가 확연히 분리됐는지 확인되지는 않는다. 다만 어떤 사고가 발생했다면 반파되기 직전 상태로 유추할 수 있다. 천안함의 마스트와 같이 수직으로 튀어나온 부분이 영상에서 보이지 않기 때문이다.

이 전 대표가 무혐의를 받으면서 사실상 형사재판을 받는 사람은 신상철 전 위원만 남게 됐다.

박선원 "미군이 정보 제공을 하지 않는다" 김태영 장관이 고소

박선원 전 청와대 안보전략비서관도 천안함 사건과 관련한 의혹을 제기했다가 현직 국방부장관에게 고소당하는 수난을 겪었다.

그는 지난 2010년 4월 22일 MBC 라디오 〈손석희의 시선집중〉 등과 인터뷰에서 "한국 정부와 군이 공개하지 않은 자료를 미국이 갖고 있다" "크롤리 미 공보차관보가 '선체의 결함 이외에 다른 침몰 원인을 알지 못한다'고 말했다"고 밝힌 바 있다.[2]

그는 당시 북한 개입 가능성이 없다던 미국이 입장을 바꾼 것이 아니라는 근거가 어디 있느냐는 손석희 당시 진행자의 질문에 "3월 29일 크롤리 공보차관이 말한 표현, '우리는 선체의 결함 이외에 다른 침몰의 요인을 알지 못한다', 이런 건 굉장히 구체적으로 문제를 짚어준 것"이라며 "또 한 가지는 4월 1일날 커트 캠벨 차관보가 서울에 와서 청와대와 외교부 당국자를 만났다. 그때 그 방문 목적이 천안함 사건에 대한 한국 정부의 입장을 듣고 군사적 행동 부분에 대해서 신중을 기하라는 메시지를 전하러 온 것"이라고 주장했다.

박 전 비서관은 "그 일이 발생했던 시점에 주한미군사령관은 워싱턴에 있지 않았습니까? 그러니까 이 상황은 적어도 미국 입장에서 보면 그것이 북한의 피격에 의해서 된 거든 아니면 실제로 사고에 불과한 것이든지 간에 이 흐름 자체가 굉장히 불안한 한반도 상황과 군사적 충돌 가능성을 노출한 것으로 보는 것"이라며 "아직 확증이 없는 것 아니냐, 또 만약에 했다고 한다면 그건 극도로 능수능란한 공작에 의한 것이다, 그런 것에 대한 사전 징후는 없지 않았느냐, 그러니까 차분해지자, 이런 메시지를 전한 것"이라고 분석했다.

특히 박 전 비서관은 '천안함 사건과 관련해 우리가 갖고 있지 않은 정보를 미국 쪽에서 갖고 있다는 분위기가 있느냐'는 손 진행자의 질문에 "확실한 것은 한국 정부가 갖고 있으면서 국민들에게 공개하지 않은 자료, 이것은 미국이 다 갖고 있다"며 "그러니까 사고가 났다고 하는 9시 15분부터 22분, 이런 사이에 천안함이 어디서 어디로 이동하고 있는지 속도는 얼마였는지 하는 정확한 정보, 항적 정보를 공개하고 있지 않다"고 지적했다. 박 전 비서관은 "그런데 이건 군사기밀이라고 볼 수도 없다"며 "그다음에 교신기록에 대해서도 많이 공개하라고 요구하지 않았느냐. 적어도 사고 직전 30분 직후 30분이면 이미 이 사건의 성격이 다 드러난다. 그런데 안 하고 있다. 이 모든 걸 미국은 알고 있는 정보"라고 주장했다.

박 전 비서관은 이어 "우리 한국정부와 우리 군 당국이 가지고 있는 정보, 이것은 주한미군이 다 갖고 있다고 보면 된다"며 "한국 정부가 국민들한테 공개하지 않은 정보들 아니냐. 국민들에게 공개를 안 했지만 미군은 알고 있는 것"이라고 말했다.

이 같은 주장 가운데 '선체 결함 외에 다른 원인을 알지 못한다'고 했다는 크롤리 차관보의 발언을 옮긴 것과 미군이 아는 정보를 국민들에게 공개를 하지 않고 있다는 발언을 김태영 장관이 문제 삼은 것이다.

그러나 서울중앙지검 공안1부(이진한 부장검사)는 2010년 10월 5일 박 전 비서관의 허위사실 유포에 의한 명예훼손 고소사건을 무혐의 처분했다. 검찰은 박 전 비서관의 발언이 정부가 천안함 사태의 조사결과를 발표하기 전 북한의 소행임을 단정할 수 없는 시점에 이뤄졌으며, "선체가 침몰한 것 외에 다른 원인을 알지 못한다"는 크롤리 차관보 발언을 '배 자체의 결함으로 침몰했다'는 취지로 번역한 것은 오해의 소지는 있으나, 의도적으로 허위사실을 얘기하려고 했던 것은 아니라고 판단해 무혐의 처분을 내렸다고 《오마이뉴스》 등은 전했다.[3]

그는 2012년 7월 16일 《미디어오늘》과 인터뷰에서 '사고 지점 수심이 20m였다'는 박연수 천안함 작전관의 법정 증언에 대해 "'수심 20m' 지점이라는 것이 법정 증언에서 확보됐고, '폭발'의 경우 지진파가 그것을 충족시켜준다"며 "'수심 20m'에서 폭발했다는 것은 합조단 최종보고서 안에 있는 고정형 기뢰(육상조종기뢰)가 입증하는 것"이라고 주장하기도 했다.[4]

김용옥 "천안함 조사결과 0.0001%도 못 믿겠다" 무혐의

정부의 천안함 사건 조사결과에 대해 의문을 제기했던 도올 김용옥 교수(당시 원광대 석좌교수)도 보수단체로부터 국가보안법·선거법 위반 혐의로 고발됐다.

김 교수는 지난 2010년 5월 23일 서울 삼성동 봉은사에서 열린 초청 강연에서 "천안함 발표를 열심히 들여다봤지만 나는 0.0001%도 설득이 안 된다"고 말했다. 김 교수는 "부하들을 다 죽인 장성들이 하는 말을 어떻게 믿을 수 있느냐"면서 "패잔병들이 개선장군처럼 당당하게 앉아서 국민들에게 겁주면서 발표하는 게 구역질이 났다"고 비판했다.[5]

김 교수는 "계급장이나 떼고 나오든지 할 일이지 일본 사무라이 같으면 할복이라도 할 일"이라고 지적했다. 김 교수는 또 "천안함 발표는 가설적 추론의 세계에 머물러 있다"면서 "연루된 사람들은 모조리 정보를 차단하고 있고 휴대폰도 다 수거하고 둘둘 말아서 건지고 밑에서 나온 것(어뢰추진체) 갖고 북한의 공격이라고 말하지만 그걸 어떻게 믿을 수 있느냐"고 반문했다.

김 교수는 "정보를 그 사람들이 다 장악하고 있기 때문에 우리는 반증을 할 수가 없다"면서 "언론에서조차 이걸 시비를 걸지 못한다"고 지적했다. "발표 닷새 전에 쌍끌이어선 선장이 어뢰추진체를 인양해 '천운이 올시다'라고 했는데 그 천운이 생기기 전에는 아무것도 없는 개판이었던 것 아니냐"고 반문했다.

이후 이 사건은 라이트코리아 등 보수단체가 국가보안법 등의 혐의로 고발해 검찰이 수사에 착수했다. 그러나 검찰은 무혐의 처분했다.

이 사건을 수사했던 서울중앙지검 형사1부(부장검사 신유철)는 법률적으로 문제 삼기 어렵다고 판단하고 그달 중순께 무혐의 각하 처분했다고 2010년 9월 27일 밝혔다.

신유철 서울중앙지검 형사1부장은 "김용옥 선생이 천안함 사건 믿을 수 없다고 법회에서 한 발언이 국가보안법과 공직선거법을 위반했다고 고발된 사건인데, 김 선생의 두 시간 넘어가는 분량의 강연 내용을 읽어보면 북한 정권을 찬양하려 했거나 자유민주질서를 위태롭게 할 목적, 선거에 영향을 미치려는 의도가 보이지 않는다"며 "법률에 적용될 위법적 사항이 나타난다고 하긴 어렵다고 판단해 무혐의 처리했다"고 설명했다.[6]

천안함 사건이 북한 어뢰에 의한 것이라는 주장을 풍자하면서 못 믿겠다고 하면 검찰까지 갈 수밖에 없던 현실이었다. 바로 얼마 전까지의 일이었다. 과연 지금은 달라졌을까.

이태호 참여연대 처장 천안함 서한

참여연대 평화군축센터는 2010년 6월 11일 유엔안전보장이사회 이사국 15개국, 유엔 사무총장실, 유엔한국대표부에 '천안함 침몰에 관한 참여연대 입장The PSPD's Stance on the Naval Vessel Cheonan Sinking'을 이메일 등을 통해 전달했다.

참여연대는 국내에서 발표된 천안함 이슈리포트 보고서의 번역본을 서한을 통해 유엔 안보리 이사국들에게 전달하면서, 천안함 사건 규명을 위해서는 조사가 더 필요하다고 지적했다. 참여연대는 또한 보고서를 포함 모든 근거를 고려해 공평하고 합리적인 결정을 내리길 희망하며, 한반도 평화를 최우선으로 고려할 것을 요청했다고 밝혔다.

이를 두고 어느 나라 사회단체냐는 정부와 보수언론의 비난이 쏟아졌다. 급기야 보수단체의 고발로 이태호 당시 참여연대 사무처장(현 정책위원장)은 검찰 수사까지 받았다. 검찰 수사 결과 2011년 8월 무혐의 처분을 받았다. 그러나 검찰 수사가 2010년 12월에 다 끝났는데도 무혐의 결정이 나온 것이 다음 해 8월이라는 점에서 늑장 발표 아니냐는 반발을 샀다.

이 위원장은 2010년 8월 16일 나(《미디어오늘》)와 나눈 인터뷰에서 검찰의 무혐의 판단에 대해 "당연한 결론이지만, 판단이 너무 늦었다"며 "1년 전 고발된 사건으로, 우리에 대한 조사는 작년 12월에 다 끝냈는데, 발표를 8월에 한다는 것이 납득하기 힘들다"고 비판했다. 이 위원장은 "사실은 발표 일주일 전에 우리가 항의성 전화를 했었다"며 "항의 전화했을 때도 검찰은 '아직 조사 중'이라고 주장했는데, 이런 식으로 수사를 지연시킨 것은 검찰이 국민들의 의사표현의 자유를 심각히 제약하는 결과를 의도한 것 아니냐는 비판을 받을 수 있다"고 지적했다.

이 위원장은 검찰 수사 자체에 대해서도 "시민사회단체가 늘 하는 일상적인 의사표현의 하나를 입건해 수사에 들어간 것은 우리 검찰의 수준을 보여주는 것"이라고 혹평하면서 "누가 봐도 보수단체의 무리한 고소고발 남발에 검찰권이 부화뇌동한 것"이라고 지적했다.[7]

이 위원장에 대한 수사도 터무니없는 일이지만, 당시 정부가 유엔 안보리로 가져갔던 천안함 외교는 사실상 실패였다. '북한' 소행으로 결론을 내지 못한 채 주어가 빠진 '공격을 규탄한다'는 성명을 내는 데 그쳤다.

조용환 변호사 헌법재판관서 낙마

헌법재판관 후보로 지명된 조용환 변호사가 천안함 사건의 정부 발표를 확신할 정도로 믿지는 못하겠다는 취지의 언급을 했다가 헌법재판관 인준이 부결되는 일이 발생했다. 양심에 따른 발언을 공직 인선의 잣대로 삼은 것이다. 공직 후보자가 낙마한 케이스 가운데 이런 사례는 전무할 것이다.

조 변호사는 후보자로 지명된 후 2011년 6월 28일 국회 인사청문회에서 '천안함 북한 폭침에 어떤 의견이냐'는 홍일표 한나라당 의원의 질의에 대해 "그랬을 가능성이 대단히 높다고 생각한다"면서도 "사회적으로 논란이 굉장히 많이 있었는데… '정부 발표 자료가 정말로 정확한 것이냐'는 의문을 제기하는 사람들에 대해 친절하게 설명하고, 국회가 개입을 좀 더 해서 그런 것을 대화를 통해 설득을 하는 과정이 미흡하지 않았나 아쉬움을 가지고 있다"고 답했다.

'천안함 폭침을 누가 했는지 본인의 확신을 말해달라'는 박선영 자유선진당 의원의 추궁에 조 후보자는 "정부(발표)를 불신해서가 아니라 '확신'이라는 표현을 쓸 수"는 없다고 답했다. 그는 6.25 전쟁은 남침이라고 생각하면서 왜 천안함 폭침은 확신할 수 없다는 거냐고 거듭 박 의원의 추궁이 이어지자 "역사적 사실을 믿는지 여부는 가변적일 수 있다"며 "표현을 확신이라 하든 믿는다(신뢰한다)고 하든 경험하지 않고 알 수 없는 것을 여러 환경을 통해" 받아들이는 것이라고 답했다.

이후부터 한나라당과 《조선일보》《중앙일보》 등은 색깔론 공세를 펴기 시작했다. 2011년 6월 30일에 박영아 당시 한나라당 비상대책위원은 "헌법재판관이기 이전에 법률과 실증적 증거, 그리고 경험칙, 합리적 사고에 의해서 판단해야 하는 법관으로서의 자격조차도 가지고 있지 않다"며 "종북주의자도 그와 같은 자세를 유지해왔는데, 조 후보의 이러한 발언은 자유민주주의라고 하는 대한민국의 가치를 존중하고 있는지에 대한 그의 국가관을 의심하지 않을 수가 없다"고 주장했다.

《조선일보》는 이날 사설에서 "전 세계가 인정한 천안함 폭침의 진실을 온갖 말장난으로 외면하려는 좌파의 어투 그대로"라며 "조 후보자가 '직접 보지 않아 확신할 수 없다'고 한 것은 스스로 법관 자격이 없음을 실토한 것이나 같다"고 주장했다.

《중앙일보》도 "북한 소행이란 사실을 믿을 수 없다는 뜻 아닌가. 명명백백히 밝혀진 사실을 직접 보지 않아 확신할 수가 없다니 이 무슨 해괴한 논리인가"라며 "마치 맹목적 반정부주의자나 몇몇 종북주의자가 내세우는 주장과 비슷하다. '신뢰하지만, 확신할 수 없다'는 표현도 '기교사법'의 냄새를 풍기는 수사"라고 비난했다.

조 후보자는 해를 넘겨 2012년 2월 9일 오후 열린 국회 본회의에서 헌법재판관(조용환) 선출안이 찬성 115, 반대 129, 기권 8명으로 부결돼 결국 8개월 만에 낙마하고 말았다.

'천안함 북한 어뢰 폭침 믿습니까'라는 질문에 답을 안 하거나 못 하거나 명확히 답하지 않으면 공직 진출을 못하는 첫 케이스였다.

신상철 7년째 재판 1심 패소, 암투병에도 분투

앞서 많이 거론한 신상철 전 위원은 지금까지 천안함 사건의 진실을 찾아 법정에서 분투하고 있다. 지난 2010년 3월 26일 천안함 침몰 사고 직후 국방부가 구성한 '천안함 민군합동조사단'에 민주당 추천을 받아 민간조사위원으로 조사활동을 벌였다. 그는 천안함 첫 조사를 위한 회의가 열린 그해 4월 30일 평택 2함대에 갔으나 국방부를 비롯한 미국과 영국 조사단이 사실상 폭발로 결론을 정해놓은 것을 보고 의문을 품기 시작했다고 밝혔다. 그는 함미 선저에 스크래치를 들어 '좌초에 대한 언급은 왜 없느냐'고 따지자 현장에 있던 한 해군준장으로부터 '좌초는 검토 대상이 아니다'라는 답변을 들었다고 주장했다. 그 회의 이후 신 대표는 더 이상 합조단 회의에 참석하지 않았다. 신 대표는 군이 사고 원인을 조작, 은폐할 가능성이 있다고 의혹을 제기했다. 한편 그는 선체의 절단된 상태를 둘러본 결과 좌초 후 무언가에 충돌했을 가능성이 있다는 분석도 내놓았다.

그러나 이후 군 장성과 장교들이 신 대표를 고소고발한 데 이어 검찰이 8월 26일 명예훼손 혐의로 불구속기소했다. 신 대표는 그로부터 7년째 재판을 받고 있다. 2013년 직장암 판정으로 두 차례 수술을 받기도 했으나 어느 정도 완쾌돼 지금까지 재판에 참석하고 있다. 그는 재판 6년 가까이 된 시점인 지난 2016년 1월 25일 일부 유죄판결을 받았다. 서울중앙지법 형사36부(재판장 이홍권 부장판사)는 신 대표의 공소혐의사실 34건 가운데 32건을 무죄, 2건만 유죄로 인정해 징역 8월에 집행유예 2년을 선고했다. 그 두 건은 '해군이 구조를 고의로 지연하는 것 아니냐'고 비판한 글과 '함미 스크래치 증거를 김태영 장관이 인멸했다'고 주장한 글이다. 신 대표는 1심 판결에 항소해 2017년 3월 현재 서울고법 형사5부(재판장 윤준 부장판사)의 지휘로 항소심 재판을 받고 있다.

이 재판은 명예훼손 재판이지만 천안함 사건의 정부 발표에 대한 의문을 검증하는 논의의 장이 됐다. 진실을 밝히거나 의문을 해소하는 이 재판은 아직 끝나지 않았다.

이종인 "천안함은 좌초 가능성도 아니고 그냥 좌초"

이종인 알파잠수기술공사 대표는 20년간 해상사고 현장에서 구조인양을 벌인 해난 전문가이다. 그는 천안함 사고 직후 북한 어뢰에 맞은 것이라고 주장했으나 4월 15일 인양된 함미를 보고 "폭발이 아닌 좌초"라고 결론을 내렸다. 그는 2015년 3월 19일 나(《미디어오늘》)와 인터뷰에서 절단면의 형태가 폭발로 나타난 결과로 볼 수 없으며, 함미 선저 일부에 고르게 나타난 메탈(철) 스크래치와 가스터빈실의 작은 '파공'은 좌초의 흔적이라고 주장했다. 그는 가능성도 아니고 그냥 좌초라고 늘 주장해왔다. 무엇보다 좌초, 충돌, 내부폭발 사고 선박과 생존자 및 시신 구조인양을 해온 경험에 비추어, 폭발사고가 났을 때 시신이 온전할 수 없다는 것이 그가 내린 1차적 결론이다. 실제로 천안함 생존자와 시신에서 화상이나 파편상과 같은 상처는 발견되지 않았다. 이에 따라 이 대표는 적어도 폭발은 없었다고 주장한다.

이 대표는 2010년 6월 22일 최문순 당시 민주당 천안함 특위 위원과 함께 백령도 해역을 탐사한 결과 근해 홍합여(암초) 바닥이 뭔가에 긁힌 흔적을 발견하기도 했다. 이 같은 내용을 촬영한 영상이 영화 〈천안함 프로젝트〉에 상영되기도 했다.

또한 그해 8월엔 나를 비롯한 현장 취재진과 함께 백령도 사고 해역 탐사를 통해 천안함 함미 침몰 지점에 미상의 침선이 있다는 사실을 확인했다. 함미를 발견했다는 선장 어선의 어군탐지기에 붉은 선박이 놓여 있었던 것을 확인한 것이다. 국방부는 당시까지만 해도 이런 사실을 밝힌 적이 없었다. 최초의 확인이었다. 이후 해당 지역을 수중 탐사한 결과 다소 오래된 선박이었다는 사실을 동영상으로 촬영했다. 천안함 사고 원인 파악을 위해 그는 폐선을 놓고 폭발실험을 해보면 쉽게 결론을 낼 수 있다고 주장한다.

강윤기, 천안함 의혹 방송 징계 맞서 4년째 법정투쟁 승리

강윤기 KBS PD는 지난 2010년 5월과 11월 두 차례에 걸쳐 〈추적 60분〉에서 천안함 사건에 대해 의문을 제기했다. 정권에 장악됐다는 평가를 받은 당시 KBS에서 이런 의혹을 제기하는 것은 쉬운 일이 아니었다. 실제로 11월 '의문의 천안함, 논쟁은 끝났나' 편이 방송되는 과정에서는 불방될 뻔한 위기도 있었다. 우여곡절 끝에 '1번 어뢰에 붙은 가리비 조각' 대목을 삭제한 채 방송됐다. 방송된 내용만으로도 반향을 일으켰다. 당시 〈추적 60분〉에서는 합조단이 폭발물질이라고 결론을 내린 흡착물질이 해수에서 기인한 수산화물(비결정질 황산염 수산화수화물)이었다는 분석 결과, 사고 당시 백령도 다른 초소에서도 어떠한 상황보고도 없었다는 확인 내용, 휘어진 함미 스크루 분석은 사실 스웨덴 조사단이 한 것이 아니라는 점 등을 밝혀냈다. 강 PD는 앞서 그해 5월 〈추적 60분〉에서도 해군이 실종자 가족들에게 좌초라고 설명했다는 실종자가족 인터뷰를 처음 방송하기도 했다.

그러나 이 같은 의혹 방송은 이명박 정부의 방송통신위원회로부터 중징계에 해당하는 경고 처분을 받았다. 강 PD는 부당한 징계라며 징계처분취소를 청구하는 행정소송을 4년째 벌인 끝에 대법원에서도 승소했다. 2015년 7월 9일, 징계를 취소하라는 확정판결을 받은 것이다.

당시 항소심 재판부(서울고법 행정1부-재판장 곽종훈 부장판사)는 판결문에서 천안함 의혹 방송이 충분한 노력을 통해 언론사로서 제기할 수 있는 내용을 방송한 것으로 판단했다.

'북한 소행이라는 정부 발표에 북한정권의 허위변명에 빌미를 주는 보도방식'이라는 일각의 주장에 대해 재판부는 "이런 방송이 극히 우려스럽게 여겨질 수 있다"면서도 미국의 설리번 판결을 제시하기도 했다.

"우리 헌법이 보장하는 자유민주주의 기본질서 하에서는 미국 설리번 판결에서 제시된 것처럼 '공적인 토의는 우리 정부의 본질적인 원칙이자 정치적 의무이며, 이런 토의는 정부나 공직자에 대한 격렬하고 신랄하며 가끔은 불쾌할 정도의 날카로운 공격이 포함된다고 할지라도 결코 억제돼서는 안되며 가급적 광범위하고 활발하게 전개되도록 보장돼야 할 것이다."[8]

재판부는 "개방된 정치체제와 언론자유의 보장이야말로 오늘날 지구촌에서 우리나라가 누릴 국가안보를 위한 최고의 방책"이라고도 평가했다.

이에 대해 강윤기 PD는 2015년 3월 6일 나(《미디어오늘》)와 인터뷰에서 "오류가 없어야할 대한민국의 정부 천안함 보고서에 오류가 나타났다면 계속 수정보완을 통해 명쾌하게 해명해야 한다"며 "하지만 정부는 과학적 이론을 담은 보고서에 오류와 의혹이 끊이지 않는데도 왜 재조사 및 검증을 거부하고 열린 자세를 보이지 않는지 안타깝다"고 지적했다.

그는 "합조단이 자신의 주장을 증명할 수 있는 쉬운 방법이 있었다"며 "객관적 정보인 KNTDS와 교신기록, 항적 등 당시 벌어진 모든 자료를 제시했다면 의혹을 일거에 종결시킬 수 있었으나 하지 않았다. 이런 태도가 더 비과학적이었다"고 비판했다.

강 PD는 흡착물질 분석을 비롯해 보고서가 잘못 작성된 것에 대해 "왜 이렇게 당시 사실과 다르게 작성했는지는 그 책임자들이 반드시 책임져야 할 것"이라고 강조했다.[9]

결국 대법원은 2015년 7월 9일 항소심 판결문을 그대로 인정하고 피고(방송통신위원회)의 상고를 기각한다고 선고했다.

백령도 초소 취재 심인보,
이젠 《뉴스타파》 기자로 천안함 추적

심인보 기자는 강윤기 PD와 함께 KBS에서 〈추적 60분〉 천안함 편을 제작했다. 그는 사고 당시 근무했던 또 다른 백령도 초소를 발견해 현장 취재를 통해 '당시 아무런 폭발음을 듣거나 불빛, 물기둥을 보지 못했다'

는 증언을 방송했다.

그러던 심 기자는 최근 KBS의 기자생활을 접고 《뉴스타파》로 자리를 옮겼다. 본인 스스로를 더욱 긴장시키며 살아야겠다는 판단으로 회사를 옮겼다고 한다.

심 기자는 《뉴스타파》로 옮긴 다음에도 천안함의 진실을 밝혀내기 위해 추적보도를 했다. 《뉴스타파》에서 그는 어뢰추진체의 설계도를 국정원이 제공해줬다는 점, 어뢰추진체 부식실험을 한다고 해놓고 하지 않은점 등을 밝혀냈다. 천안함 사건 5주기 때 방송이었다.

특히 심 기자는 KBS 재직 시절인 2010년 11월 17일 강윤기 KBS PD와 함께 〈추적 60분〉 '천안함 의문, 논쟁은 끝났나' 편을 제작하는 과정에서 KBS 퇴사 를 마음먹게 됐다고 했다. 방통위의 징계를 취소하라는 대법원에서 확정판결을 받고 난 뒤 2015년 7월 29일 《미디어오늘》(나)과 인터뷰에서 "천안함 의혹 자체에 대한 정부조사결과를 의심할 수 있는 언론의 권리에 대해 (존중하는) 판결을 한 것"이라며 "나아가 '천안함에 대한 정부조사결론이 완전하지 않다, 의심의 여지가 없는 것이 아니다'라는 점을 법원이 인정한 것"이라고 평가했다.

정부의 태도에 대해 심 기자는 "정부가 그동안 합리적 의혹제기에 대해 내놨던 반응들이 언론자유가 보장된 민주공화국과는 어울리지 않는 행태였음을 보여준 것"이라며 "프로그램 하나의 문제제기에 대한 정당성을 인정받은 것에서 그치지 않고, 시민들의 정당한 문제제기에 대해 정부가 과도한 행정력을 동원해 억압할 것이 아니라 '대답'을 해야 한다는 의미"라고 밝혔다.

KBS라는 직장을 버리고, 《뉴스타파》로 이직한 것에 대해 심 기자는 "천안함 방송이 언론인으로서의 내 진로에 분수령이 됐다"며 "천안함 방송 이후 '요건만 갖추면 기사로 방송될 수 있다'는 믿음이 약해져 이 같은 논리로 평가받을 수 있는 근무환경을 찾다 직장을 옮기게 된 것"이라고

털어났다.[10]

이후 천안함 의혹이 규명되기 위해서는 보다 투명한 정보의 공개가 필요하다고도 그는 강조했다.

향후 규명돼야 할 천안함 의혹에 대해 심 기자는 "국정원 해킹사건에서도 나타나듯이 국정원이 정보를 독점하고 자신의 주장을 뒷받침할 수 있는 것만 선별적으로 공개해왔던 것처럼 1번 어뢰도 마찬가지"라며 "1번 어뢰가 처음 공개됐을 때 의문점이 많았고, 국방부의 자기모순도 있었으나 정부는 투명하게 정보를 공개하지 않고, 감춰왔다"고 지적했다.

KBS라는 안정된 직장 대신 《뉴스타파》로 옮길 만큼 언론자유를 추구하는 심 기자의 도전정신은 천안함 사건의 진실을 드러내는 데 기여할 것이다.

안수명, 4년간 미 해군과 정보공개 소송…
2000쪽 자료 얻어내

합조단이 천안함 선체와 어뢰추진체에 붙은 흡착물질 분석을 삭제하거나 부록으로 빼라는 요구를 토머스 에클스 전 미군 측 조사단장의 이메일과, 러시아조사단의 보고서에 대한 미군 측 입장이 반영된 이메일 내용이 공개돼 미국에서조차 합조단 보고서의 문제점을 지적했다는 사실이 알려지게 됐다. 이는 모두 미 잠수함 전문가로 알려진 안수명 전 안테크 대표가 미 해군을 상대로 정보공개 소송을 통해 얻은 자료에 수록된 내용이다. 안 전 대표는 미국 샌디에이고에 거주하는 교민으로 잠수함과 크루즈 미사일 등에 들어가는 신호처리 및 관리 분야의 전문가이다. 그는 우리 정부가 천안함 침몰 원인을 북한 어뢰라고 결론 내리자 미 정보자유법에 근거해 미 해군을 상대로 천안함 조사를 벌인 미군 측 조사단의 조사활동 자료를 요구하며 소송을 벌였다. 안 전 대표는 4년간의 소송전 끝에 2014년 9월 미군 측 조사단장이었던 토머스 에클스 제독의 이메일 등 2000여 쪽 분량의 자료를 공개하라는 결정에 따라 이를 얻게 됐다.

그는 이 소송에 자신의 사재 100만 달러(10억 원)를 들였다고 밝히기도 했다. 그러나 그는 지난 2013년 국내에 들어오려다 입국이 불허되는 수난을 당했다.

안 전 대표는 합조단의 보고서에 대해 시종일관 비과학성과 비양심성을 드러냈다며 이를 바로잡기 위해 미 해군자료 정보 소송을 했다고 설명했다.

이승헌, 합조단 흡착물질 데이터 첫 문제제기…《조선일보》와 격돌

이승헌 미 버지니아 대학교 교수는 합조단이 수거한 어뢰 잔해에 쓰인 '1번'이라는 매직 글씨가 폭발로 남아 있을 수 없다는 의문을 가장 먼저 제기했다. 특히 이 교수는 합조단의 중간조사결과 발표자료에 포함된 흡착물 분석 데이터 가운데 '수조폭발실험' 데이터가 조작됐다고 처음 주장하면서 파문을 일으켰다. 이에 따라 과학적 조사결과라고 자평하던 합조단의 천안함 침몰 원인 조사결과는 진짜 '과학 사건'이 됐다. 좀더 자세히 말하면 '과학 논쟁'을 불러일으킨 정부 발표가 된 것이다. 이때부터 천안함 사건에 의문을 제기하는 과학자가 등장하기 시작했다.

이 교수는 《조선일보》(《조선닷컴》)의 왜곡보도에 맞서 손해배상청구 소송을 제기하기도 했다. 소송 결과는 일부 승소였다. 지난 2012년 4월 3일 《조선닷컴》에 실린 〈나꼼수, 천안함 합조단 보고서 왜곡해 '폭침' 부인〉이라는 기사에 대해 이 교수는 손해배상 청구소송을 제기했다. 항소심까지 갔으나 2013년 10월 이 교수의 일부 승소가 확정됐다. 서울고법 민사13부(재판장 안철상 부장판사)는 그해 10월 18일 판결문에서 "이 교수의 주장 자체를 왜곡하는 정도에 이르고 사실과 다른 기사를 통해 명예 훼손에 의한 불법행위가 구성된다"고 밝혔다.

서재정, 수중폭발 충격파는 없었다고 과학으로 입증

서재정 국제기독교대학교 교수는 천안함 사건 당시에는 미국의 존스홉킨스 대학교에 있었다. 그는 합조단이 폭발의 증거라고 주장한 천안함 함미와 함수 절단면과 가스터빈실 외판의 손상 상태에 대해 폭발로 보기 어렵다며 반론을 제기했다. 수중폭발로 인한 충격파로 볼 때 천안함 함미처럼 깨끗할 수 없다는 의문이었다. 서 교수는 천안함 1주기인 2011년 3월 토론회와 2015년 신상철 전 위원의 천안함 관련 명예훼손 재판 증인으로 출석했을 때 합조단 보고서 데이터만으로도 천안함에 폭발이 없었음을 입증한다고 분석했다.

서재정 교수와 이승헌 교수는 공동으로 2013년 국제학술지《사회속 과학의 국제저널》*The International Journal of Science in Society* 4권에 〈천안함 침몰을 북한에 연관시키려던 한국정부의 실패-과학 데이터의 부정확한 추론과 조작〉South Korean Government's Failure to Link the Cheonan's Sinking to North Korea: Incorrect Inference and Fabrication of Scientific Data이라는 연구논문을 발표했다.

두 교수 논문의 그래프와 공식 계산 결과를 보면, 합조단이 제시한 윌리스 공식에 대입했을 때 유일한 계측치였다는 '버블주기 1.1초'와 시뮬레이션 결과 가장 천안함 손상상태를 잘 구현한 조건이라는 'TNT 360kg

-수심 7m'의 요소를 대입했을 때 결과가 전혀 일치하지 않는 것으로 나타났다고 분석했다. 더구나 합조단이 쓴 공식과 에클스 미 조사단장이 사용한 공식이 서로 달랐다. 이 때문에 합조단 공식에 'TNT 360kg-수심 7m'를 대입할 경우 버블주기 1.4초가 나오고, 에클스 공식에 같은 값을 대입하면 버블주기 0.87초가 나온다. 실제 관측된 버블펄스의 주기 '1.1초'와 맞아떨어지지 않는다는 것이다. 반대로 버블주기 1.1초와 TNT 360kg라는 값을 대입할 경우 수심이 맞지 않았다. 이 두 값(버블주기 1.1초와 TNT 360kg)을 합조단 공식에 대입하면 수심이 13m가 나오는 반면 에클스의 공식에 대입하면 수심이 2.8m가 나온다. 천안함 선체와 아주 멀리 떨어진 곳에서 폭발했거나 천안함 내부에서 폭발했다는 얘기가 되는 것이다. 이는 자신들의 발표와도 맞지 않는 분석결과이며 실제 천안함의 손상·변형 정도와도 전혀 맞지 않는 결과라고 두 교수는 분석했다.

서재정 교수는 미 존스홉킨스 대학교 재직 시절 천안함 의혹을 제기했다는 이유로 미국 내 보수단체와 한국 정부로부터 유무형의 압박을 받았다고 법정에서 증언하기도 했다. 그는 2015년 7월 22일 신상철 전 위원 1심 재판에 증인으로 출석해 이 같은 경험담을 소개했다.

서 교수는 2007년 9월부터 존스홉킨스 대학교 국제정치대학원 부교수로 2013년까지 근무하다가 그만뒀다. 학교 측과의 계약이 해지된 것으로 알려졌다. 이후 서 교수는 우드로윌슨 연구센터로 옮겨 펠로우로 지내다가 지난해부터 일본 동경 국제기독교대학교에서 장급 부교수Senior Proffesor(수석교수)직을 맡고 있다고 법정에서 밝혔다.

서 교수는 법정에서 "존스홉킨스 대학 앞에서 저를 종북인사로 하는 1인시위가 있었다"고 전했다. 또한 그는 "천안함 사건이 있었을 당시 한국의 국책연구소와 공동으로 진행하는 프로젝트가 있었다"며 "담당자들이 '저와 하는 것은 어렵겠다'고 해서 제가 책임자 자리에서 이름을 빼야 하는 상황이 발생했다"고 밝혔다. 서 교수는 "또 다른 프로젝트의 경우는 국내에서 책임을 지는 사람이 상관으로부터 어려움을 겪는 경우도 있고 해서, 유형·무형으로 압박을 받았다"고 말했다. 서 교수는 "워싱턴의 한국 정부 공무원이 우리 학교 관계자에게 와서 '저를 학교에서 쫓아내지 않은 것은 저의 주장을 학교에서 지지하는 것이다'라는 이상한 논리를 펴면서 저를 쫓아내야 하지 않느냐는 듯한 그런 주장을 한 상황도 있었다"고 소개했다. 이런 직간접 압박 때문에 학교를 그만둔 것이냐는 변호인 신문에 서 교수는 "꼭 그것 때문에 그만둔 것(만)은 아니지만, 그러한 것들이 영향을 끼쳤을 것으로 믿는다"고 밝혔다.[11]

서 교수는 "국책연구소 중 한 곳의 책임자가 2010년 여름 긴급히 요청을 한 사항"이라며 "당시 진행 중이던 연구프로젝트의 책임자로 제가 있는 것에 곤란함을 표시해서, 제가 빠지기로 했다"고 설명했다.

그는 존스홉킨스대에서 그만두도록 종용했던 공무원에 대해 "제가 언급한 한국 공무원의 신원을 알고는 있지만 공개하지는 않겠다"며 "제가 그의 발언 내용을 알게 된 것은 2010년 가을쯤으로 기억한다. 존스홉킨스대학 관계자들로부터 확인한 내용"이라고 증언했다.

서 교수도 천안함 논쟁의 중심에 섰다가 학교를 옮길 수밖에 없는 일을 겪었다. 보이지 않는 손길은 어디든 미친다.

양판석, "합조단은 과학이란 말, 상대에 윽박지르는 데 사용"

천안함 침몰 원인이 어뢰폭발이라는 증거로 제시된 선체와 1번 어뢰의 흡착물질 성분이 폭발재가 아닌 수산화물이라는 분석을 가장 먼저 내놓은 이는 캐나다에 거주하는 학자였다.

양판석 캐나다 매니토바 대학교 지구과학과 분석실장은 2010년 이정희 당시 천안함 특위 위원이 확보한 흡착물질을 분석한 결과 고온의 폭발로 나타나는 물질이 아닌 수산화물이라고 분석했다. 바스알루미나이트라는 물질로 분석했다. 이 부분에 대해서는 앞서 법정 기록을 검토한 것처럼 합조단과 견해 차이가 존재한다. 다만 합조단은 무슨 물질인지 모른다면서 폭발해서 나온 것이라고 진단했다. 양 박사뿐 아니라 정기영 안동대 교수도 합조단이 분석한 물질과 다른 성분의 물질이라고 지적하는 등 지질학자들의 반박이 계속됐다.

양판석 박사는 2015년 3월 17일 《미디어오늘》과 이메일 인터뷰에서 이와 관련해 "애초 '어뢰 흡착물=함미 흡착물=함수 흡착물'이라는 합조단 논리대로라면 분초를 다투는 와중에 굳이 시간을 더 투자해서 폭발실험까지 할 필요가 있었겠느냐"며 "가장 자연스러운 이유는 그들 스스로도 폭발에서 생성된 물질이라 확신하기 힘들어서였을 것"이라고 분석했다.

과학적 결론이라는 합조단 주장에 대해 양 박사는 "과학적이란 말을 상대방을 윽박지르고 위협하기 위해 사용했으며 (오히려) 자신들의 주장이 비과학적이란 점을 드러낸 것"이라며 "합조단은 과학이란 용어를 사용할 자격이 없다"고 지적했다.[12]

김황수, 잠수함 충돌설을 유언비어에서 학설로 끌어올려

김황수 경성대 명예교수(물리학과)는 천안함 사고 원인 가운데 가장 금기시됐던 잠수함 충돌론을 과학적 논증을 통해 하나의 가설로 확립했다. 다만 잠수함 충돌설은 부딪혔다면 남아 있어야 할 잠수함이나 그 흔적이 밝혀진 바가 없다는 점에서 여전히 가설단계이다.

김 교수는 2014년 11월 2일 캠브리지 대학교 머로 카레스타 연구원과 함께 국제학술지 《음향학과 진동학의 진전》에 게재된 〈천안함 침몰의 진짜 원인은 무엇인가?〉라는 논문을 통해 천안함 사고발생 시 나타난 지진파의 스펙트럼이 8.5Hz 대역에서 강한 피크의 진폭과 조화주파수가 나타난다고 밝혔다. 김 교수와 카레스타 연구원은 "천안함 사고 순간 발생한 지진파가 113m 길이의 잠수함에서 나오는 진동의 고유주파수와 일치한다"고 설명했다.

김 교수는 지난 1월엔 어뢰 잔해 수거 지역을 분석한 결과 1번 어뢰가 천안함 침몰 위치에서 최소 90m 이상 떨어졌을 가능성을 제기하기도 했다. 또한 그는 TOD 동영상에 나타난 천안함 함수가 200도 이상 회전한 이유에 대해 분석한 글을 자신의 블로그에 올리기도 했다.

김원식 "미군 백령도 북핵개발 감시장치 데이터 공개 안 돼"

김원식 《민중의소리》 국제관계 전문기자는 애초 '뉴요코리안'이란 필명으로 인터넷 정치웹진 《서프라이즈》 등에서 천안함 사고 원인 분석을 해온 블로거로 잘 알려져 있었다. 그는 잠수함 충돌 가능성, 지진파의 허점, TOD 시간의 문제점을 분석했다. 뉴욕에 거주하다 지난 2015년에 귀국했다. 그는 뉴욕에 있으면서 《서울신문》 《시사저널》 《오마이뉴스》 통신원으로 국제관계 기사를 작성했다.

그는 천안함 5주기를 맞아 진실을 밝힐 수 있는 전기를 마련하려면 정보가 필요하다며 "이를 위해 적극적인 정보공개 청구작업을 벌이겠다"고 밝혔다.

김 기자는 2015년 3월 16일 《미디어오늘》과 인터뷰에서 가장 풀리지 않는 의문점에 대해 "북한산 1번 어뢰 소행에 대해 안수명 박사가 최근 받은 미 해군 자료를 보면, 미 해군도 1번 어뢰에 대한 버블제트, 흡착물질 등에 대해 스스로 의문을 제기했다"며 "그런데도 당시 발생 시점에 대한 공중음파 등 주요 자료들이 하나도 공개되지 않고 있다"고 지적했다. 그는 특히 미군이 국제핵협상 방지조약에 의해 당시 백령도상에도 러시아 중국 북한의 핵개발을 감시할 장치를 보유하고 있으나 현재 하나도 공개되지 않고 있다고 주장했다. 그는 무엇보다 "이 사건이 일반적 사건이 아닌 한미훈련 중 있었던 사건인데도 훈련과 관련이 있는지에 대해서는 여전히 밝혀진 것이 전혀 없다"고 말했다.[13]

백승우 감독, 〈천안함 프로젝트〉 메가박스 상영 중단 수난

천안함 사건이 관심에서 멀어져가던 2012년 이 사건에 대한 침몰 원인을 분석한 다큐멘터리 영화가 제작되고 있었다. 김지영 감독이 제작자로 나선 이 영화의 연출은 백승우 감독이 맡았다. 이 영화는 2013년 4월 전주국제영화제에 상영되면서 언론의 관심을 받았다. 북한 어뢰폭발에 대한 반론을 제시하고, 좌초와 충돌 가능성을 조명하는 내용이었다. 백령도 연안에 있는 암초를 이종인 알파잠수기술공사 대표 탐사팀이 수중 촬영한 결과 굴 껍데기가 뭉개진 영상이 방영되기도 했다. 또한 신상철 1심 재판 초기 증인신문 때 부실한 구조과정에 대한 질문 답변 과정을 재현하기도 했다.

이후 메가박스 등 멀티플렉스 영화관 상영 과정에서 난관에 봉착했다. 영화 개봉을 앞두고 천안함 사고 당시 해군 장교와 희생자 유족 등 5명이 상영금지 가처분신청을 냈다. 국방부의 반론을 받아주지 않았다는 것이다. 그러나 재판부는 가처분신청을 기각했다. 재판부는 "영화제작 또는 상영은 헌법상 표현의 자유에 의해 보장된다"며 "영화 천안함 프로젝트는 합동조사단의 보고서와 다른 주장을 표현했을 뿐 허위사실로 인한 신청인들의 명예를 훼손했다고 보기는 어렵다"고 밝혔다.

이에 따라 다행히 영화 상영이 가능한가 싶었다. 2013년 9월 5일, 〈천안함 프로젝트〉(연출 백승우 감독)가 개봉됐다. 전국 메가박스 영화관 34곳에서 개봉했다. 그러나 개봉한 지 이틀 만에 상영이 중단됐다. 영화 제작사인 정상민 아우리픽쳐스 대표는 그해 9월 9일 기자회견에서 "메가박스 측이 그날(6일) 밤 9시에 유선으로 연락이 와서 '관객 안전상의 이유로, 일부 단체들이 극장서 시위할 것으로 예상되고 충돌이 우려되니 상영 중단할 수밖에 없다'고 전했다"고 전했다.

결국 외압에 의해 영화가 중단된 초유의 사태가 발생한 것이다. 이런 정치적 탄압에 대해 백승우 감독은 김상균 다큐멘터리 PD(전 MBC PD)와 한희정 국민대 교수와 인터뷰에서 이렇게 기억했다.

"첫날 다양성 영화 1위였어요. 30개관으로…왕가위 일대종사가 120개관에 걸렸는데, 그 때 그것을 이겼어요. 둘째날 코엑스 메가박스 무대인사를 갔는데 스텝이 손님이 많이 들어서 영화관 늘릴 거라고…잘됐다…그런데 그날 밤 전국 0시를 기해 전국의 메가박스에서 영화 내린다고 통고를 받은 거지요. 우리가 극장에서 내렸을 때 2만 명 좀 넘었을 거예요. 독립영화관은 하루 한 관에 2회만 돌리는데 2만 명이 들어왔다는 것은 사실 많은 것을 얘기해주는 거지요. 사람들이 열 받아서…해도 너무 하네…이 정도가 어때서? 하는 반응이었어요."[14]

(〈천안함 침몰사건과 미디어통제〉, 《언론정보학보》, 2014년 여름호 논문 중에서)

블로거·네티즌들의 끈질긴 추적

앞서 언급한 이들뿐 아니라 자신의 생업이 있는데도 천안함 의혹을 파헤쳐온 이들도 적지 않다. 블로거와 네티즌들이다.

이들의 활동 공간은 주로 언론사 토론방 수준이다. 이들이 정밀한 분석이나 논거를 제시해도 '종북' '반합조단' '선동꾼'으로 매도당하기 십상이다. 그런데도 이들은 아직도 활발히 활동하고 있다. 그들은 2013년 《미디어오늘》과 인터뷰에서 천안함 진실 규명이 이뤄지지 않으면 정부에 대한 불신과 분열이 더욱 해소되기 어렵기 때문에 이런 작업을 벌이고 있다고 설명했다.

지금까지 가장 활발한 천안함 논쟁이 벌어지고 있는 곳은 정치웹진 사이트 《서프라이즈》의 천안함 토론방과 '브릭(생물학연구정보센터)'의 커뮤니티카페 '과학의 눈으로 바라본 천안함 사고의 원인' 등이다. 전자는 주로 정부 발표의 오류를 지적하는 목소리가 다수인 데 반해 후자엔 오히려 의혹을 제기하는 사람들의 주장이 잘못됐다는 글이 주로 올라왔다.

이곳에서 대표적으로 정밀 사진촬영을 통한 분석을 내놓고 있는 이는 닉네임 '가을밤'(《서프라이즈》)의 박중성이다. 그는 지난 2010년 전쟁기념관에 천안함을 피격했다는 '1번 어뢰'를 전시했을 때 '접사'(근접촬영)로 어뢰의 구멍에 붙어 있던 가리비 조각을 발견해 어뢰가 진본이 아니라는 의혹의 근거를 제시했던 인물이다.

그는 그 이후에도 어뢰에 붙어 있는 '흡착물질'이 폭발재가 아니라 어뢰 스크루에서 나온 부식(녹)물질이라는 분석을 내놓는 한편 천안함 함미의 스크루가 휘어진 현상으로 논문을 낸 노인식 충남대 교수의 시뮬레이션의 오류를 지적하며 교육과학기술부, 국방부, 대한조선학회에 연구진실성조사를 요구하는 공문을 주고받는 등 가장 적극적으로 활동하고 있다.

이 밖에도 엘리시안필드(이세범), 내가 꿈꾸는 그곳(장유근), 철이21, KDK, 안개 등의 닉네임을 가진 이들이 《서프라이즈》 토론방에서 꾸준히 다양한 가설을 내놓으며 논쟁을 벌였다. 이에 반해 이들의 주장에 답글 또는 댓글을 게시하면서 정부 발표를 신뢰해야 한다고 적극적인 반론을 펼치는 닉네임 '벌초' '백수' 'kuks'와 같은 이도 있다. 합조단 발표가 옳다고 믿는 이들은 자세한 데이터를 제시하고, 정밀한 계산 결과를 제시하기도 한다.

2013년 이들과 인터뷰한 내용을 모아 내가 속한 《미디어오늘》에서 보도한 내용 일부를 소개하면 아래와 같다.

'가을밤' 박중성씨는 2013년 3월 25일 밤 미디어오늘과 인터뷰에서 천안함 사건의 진실에 대해 "진실규명에 거의 이르지 못했다"며 "신뢰할 수 없는 정부 발표 외엔 확인된 것이 없기 때문"이라고 밝혔다. 박씨는 합조단의 천안함 최종보고서 내용 대다수는 인정할 수 있으나 1번 어뢰, 스크루에 대한 설명은 거짓에 가깝다고 비판하고 있다. 그는 함미 우측 스크루를 정밀 촬영한 결과 찍혀 있는 자국을 발견했다며 이는 해저 바닥에 충돌한 흔적으로 천안함이 언제 어느 곳에서 바닥에 긁혔는지 규명돼야 한다고 강조했다. 박씨는 "이런 오류를 밝히는 것부터 재조사를 이어가야 한다"며 "다만, 천안함 밑바닥(선저)에 나타나는 디싱현상(움푹 들어간)은 폭발 외에는 설명할 수 없다는 점은 인정하고 넘어가야 한다"고 밝혔다. 그는 이어 "합조단 발표의 모든 것을 다 못 믿겠다고 할 수는 없는 것"이라며 "증거를 들이대도 학계에서는 '좌초나 잠수함을 주장하려는 것이냐'는 핑계를 대며 외면하고 있기 때문"이라고 설명했다.

신상철 서프라이즈 대표와 함께 합조단에서 민간위원으로 활동한 김동형씨는 과거 자신이 매설했던 백령도 해안가의 육상조종기뢰의 폭발이 천안함 사고의 원인이라고 주장하고 있다. 그는 3월 26일 미디어오늘과 인터뷰에서 "백령도에서 1979년 10월 (박정희 사망 직전) 기뢰설치 경험이 있으며 당시 오폭사고도 발생했으나 쉬쉬하고 넘어갔다"며 "현재 아직 수거되지 않은 기뢰를 다 회수해야 한다"고 밝혔다. 그는 "배가 들어갈 수 없는 구역에 천안함이 들어갔다가 스크루에 그물에 걸렸을 가능성에 대해 국방부가 다시 조사해야 한다"고 밝혔다.

서프라이즈에서 1번 어뢰 출처의혹을 등을 제기했던 닉네임 '엘리시안 필드' 이세범(회사원)씨도 이날 미디어오늘과 인터뷰에서 "천안함 사건의 경우 정부 발표에 국민이 받아들일 자세가 돼 있지 않다"며 "의심부터 할 수밖에 없는 상황에 내몰려 있기 때문"이라고 평가했다.

현재의 진실규명에 대해 이씨는 "누리꾼이나 블로거들이 심도 있게 분석하고 가설을 제시하지만 크게 볼 때 정부 발표를 신뢰하기 어렵다는 데엔 의견이 모아진 것 같다"면서도 "문제는 그 이상을 뛰어넘어 진실을 밝히는 데엔 정보부족의 문제 때문에 한계가 있다"고 평가했다. 이씨는 정부발표 가운데 1번 어뢰의 실체뿐 아니라 사고 지점과 사고 시간이 여전히 확정되지 않고 있다고 제기했다. 닉네임 '내가꿈꾸는 그곳' 장유근씨는 "북한이 어떻게 했다 여부를 떠나 한미연합훈련 중 백령도 코앞까지 들어왔다가 천안함을 폭침시키고 유유히 북으로 갔다는 것은 불가능한 일"이라며 "이를 입증하지도 못하지 않았느냐"고 지적했다.[15]

이밖에도 《서프라이즈》 천안함 토론방에서는 7주기를 앞둔 최근까지도 '竹雪' '장촌포구' '正추구' '진상규명' 등이 자신들만의 논리와 분석기법으로 천안함 사건을 분석하고 있다. 이들이 있었기에 천안함 정부 발표의 허점과 오류가 더욱 분명해졌다. 의문을 해소하지 않고 넘어가게 되면 이런 블로거와 네티즌들이 더 오랜 시간이 지나도 계속 이런 노력을 기울일지도 모른다.

이제부터 시작하는 천안함 진실 찾기

천안함 사건과 의문의 흔적을 다시 기록하기 위해 보낸 1년 가까운 시간은 고통의 연속이었다. 진실이 무엇인지 찾기 어려웠기 때문이다. 7년의 기록을 샅샅이 뒤져도 나오는 결론은 잘 모르겠다는 것이다. 다만 정부 발표를 믿느냐고 묻는다면 나의 대답은 못 믿겠다는 것이다. 7년 전당시 제기됐던 의문들에 정부가 명쾌한 해답을 내놓지 못한 탓이다. 다른 그 누구도 아직 진실을 답하기에는 충분치 않다.

7년째 진행 중인 천안함 관련 재판에서도 그 해답은 분명하게 드러나지 않았다. 정부 측 증인들조차 분명한 답을 내놓지 못했다. 보고서에 쓰여 있는 내용을 반복해서 주장할 뿐, 의문을 해소하는 답은 아니었다. 결론은 오직 하나, 7년이 된 지금까지 의문이 남아 있다는 것이다.

맨 처음 어뢰폭발이라는 발표에 대해 '시신과 생존자의 상태를 비춰봤을 때 선뜻 납득하기 어렵다'고 제기한 의문은 지극히 합리적이었다. 합리적 의문의 출발은 여기서부터였다. 최초 보고가 좌초였다는 것 역시 뒤따르는 의문이었다. 사건의 시각이나 장소는 분명한 데이터에 근거한 것이었다고 하지만, 이를 좀 더 투명하게 검증해야 한다는 목소리역시 외면할 문제는 아니다. 반면에 1200톤짜리 군함을 그렇게 짧은 시간에 두 동강 낼 수 있는 것이 폭발 외에 무엇이 있느냐는 주장 역시 무시할 수만은 없었다. 이 때문에 폭발의 힘이 어떤 형태와 규모로 어디에서 나타났는지를 따지는 일이 법정에서도 이어졌다. 지난한 과정이었다. 그래프에 있는 곡선에 대응하는 값을 일일이 검증할 정도로 세부적인 논쟁도 있었다. 앞뒤가 맞지 않는 증언도 많았다. 어뢰설계도가 'hwp' 파일로 저장돼 있었다는 것이나, 함미 우현 프로펠러가 앞으로 휘어진 원인이 폭발에 의한 축밀림이라는 설명, 멀쩡한 형광등, 물기둥이 솟구쳤는데도 물방울이 조금 튀었다는 증언, 어뢰추진체 구멍에 있던 가리비, 어뢰의 부식상태, 어뢰추진체에 흡착된 물질의 정체 등 납득하기 어려운 증거도 많이 남겼다. 그러나 1심 재판부는 북한 어뢰가 범인이라고 판결했다. 무성의할 뿐 아니라 겸손하지 못한 판결이 아닐 수 없다. 재판부 역시 재판을 통해 모르는 것이 나타났을 땐 모른다고 인정해야 한다. 다시 진행되는 항소심에서는 이런 의문점을 재조사할 수 있는 전기를 마련하길 기대한다.

그런 면에서 7년간의 기록을 정리한 이 작업은 미완의 결과물이다. 이 책에 담긴 내용이 천안함 사건의 진실을 다 보여준다고 할 수도 없다. 그러므로 이 책의 성격은 진실의 기록이라기보다는 의문의 기록에 가깝다. 숱한 증언과 증거를 토대로 쓴 것이지만 말이다. 의문만 잔뜩 던져놓고 진실은 모른다는 건 무책임하지 않으냐고 할 수 있겠지만, 모르는 것은 모른다고 하는 수밖에 없다.

언론사에 속해 있지만 결국 이를 기록하는 건 개인인 나 자신이었다. 혼자서 천안함 사건의 진실을 밝혀내는 데엔 여러모로 한계가 있었다. 7년을 취재한 기자조차도 천안함 사건의 진실을 모른다는 것은 역설적으로 애초 정부 발표가 국민을 설득하기에 충분하지 못했다는 의미이기도 하다. 천안함을 둘러싼 의문을 담고 5년 6개월간 이어진 숱한 법정 증언을 정리한 이번 작업이 아직 드러나지 않은 진실을 밝혀보자는 재조사의 분위기를 환기하는 의미였으면 한다. 진실을 다투는 과정에서 명쾌하지 않게 남아 있는 의문점을 해소할 역사적 책무가 우리에게 있다.

마침 사상 초유의 대통령 탄핵으로 조기에 새로운 정권이 탄생할 가능성이 높다. 세월호 참사와 같은 크나큰 슬픔을 안겨준 사건의 진실도 처음부터 다시 조사해야 한다. 그 이전에 일어난 천안함 사건도 마찬가지이다. 어차피 이명박 정부와 박근혜 정부를 잇는 시기에 발생한 대형 사건이자 의혹 사건이다. 정부가 과학적 조사결과를 내놓았기 때문에 사건의 진실에 더 이상 의문을 제기하지 말라고 해서는 안 될 일이다. 정부 발표가 진실하지 않다며 법정에서 7년째 재판을 받고 있는 사람도 있다. 그 재판이 열린 한 곳에서조차 숱한 의문이 제기됐다. 우리는 진실 앞에 겸손해야 한다. 특히 정부는 국민이 제기하는 물음과 의문 앞에 더욱 겸손해야 한다. 성실하게 답하고 진실 규명에 필요한 자료를 공개해야 한다. 권력을 지니고 있다고 해서 의문을 제기하는 사람들의 입을 틀어막으려 한다거나 명예훼손 소송을 남발하고 비방을 일삼는 것은 온당하지 않다. 그런 행위를 하면 할수록 의문과 불신은 눈덩이처럼 불어날 뿐이다. 진실로 가는 길도 요원하게 할 뿐이다.

또한 앞서 의문을 제기했다가 수난을 겪은 이들을 소개했지만, 그에 비해 나는 지난 7년 동안 천안함 사건을 취재하고 보도하면서 특별히 어려움을 겪은 일은 없었다. 다만 지난 2015년 7월 국정원이 이탈리아 해킹 프로그램에 내 이름을 사칭해 나와 《미디어오늘》이 국정원의 불법행위에 활용된 일이 있다. 마치 내가 해외의 어느 박사에게 천안함 관련 문의를 한 것처럼 작성한 파일이 들어 있던 것으로 밝혀진 기막힌 일이었다. 당시 《오마이뉴스》 기자에게 전화 한 통을 받았다. 《미디어오늘》의 조현호(내 이름)가 아니라 '조현우' 기자 명의로 돼 있는 A4 한 장짜리 MS 워드 문서가 이탈리아 스파이웨어 업체 해킹팀 첨부파일로 들어 있다는 요지였다.

그 파일엔 내가 '지난 2013년 10월 4일(문서파일이 해킹팀에 첨부된 날짜) 천안함 1번 어뢰의 부식 사진을 문서에 첨부한 채 성명 불상의 박사(천안함 전문가)에게 당시 1번 어뢰의 글씨가 거의 지워진 것에 대해 어떤 견해인지 회신해달라'고 글을 쓴 것으로 돼 있었다. 내가 쓴 질의서가 아니었다. 이메일의 첨부파일에는 토머스 에클스 국제조사단 미국조사단장이 "어뢰 폭발의 열기에도 어떻게 글씨가 없어지지 않는지 의문"이라고 의견을 피력했다는 발언 일부를 소개하면서 '최근에 촬영된 사진에서 1번 글씨가 완전히 없어졌으며'라고 물어보는 대목이 나온다. 이 글이 허위인 이유는 에클스가 저 발언을 하지 않았기 때문이다. 그것은 에클스가 내놓은 의견이 아니라 2010년 8월 5일 미국 언론과 나눈 간담회에서 미국 신문 기자의 질문에 들어 있던 문장이다. 당시 한 미국 신문 기자는 '조사단이 말하는 어뢰의 글씨handwriting가 어뢰 폭발의 열기에도 어떻게 없어지지 않았느냐'(안수명 박사가 받은 미 해군 자료)고 질문한 것으로 쓰여 있다. 당시 에클스 단장의 대답은 "내가 여러분을 설득시키는 데 있어 그것(1번 글씨)이 있든 없든 꼭 필요하지 않다. 나는 그 글씨에 의존하지 않았다"였다. 정리하자면 한마디로 내가 에클스의 발언마저 조작해서 옮긴 것처럼 뒤집어씌운 것이다. 이 파일을 열면 컴퓨터를 감청하는 해킹 프로그램이 자동으로 깔리는 것으로 알려져 있다.

국방부는 내가 작성한 수많은 천안함 기사에 대해 단 한 차례의 항의나 정정 요구조차 한 적이 없다. 오히려 내가 쓴 기사의 사실을 시인하고 해명했을 뿐《미디어오늘》보도가 틀렸다며 법적 도의적 책임을 물은 적이 없었다. 그런데 국정원이 뒤에서 내 이름을 사칭해 누군지도 모를 천안함 전문가에게 메일 폭탄을 던진 것이다. 섬뜩한 일이다. 국정원의 범죄행위에 내 의사와 무관하게 내 이름이 동원된 것이니 말이다. 이에 대해 국정원은 어떠한 사과나 유감 표명도 하지 않았다. 그사이 나는 기자로서 명예와 인격을 유린당했다. 이런 불법을 저지른 이가 언젠가는 대가를 치르도록 해야 한다. 제대로 된 국가라면 말이다. 그렇지 않다면 얼마나 많은 사람이 피해를 볼까 생각만 해도 끔찍하다.

내 이름이 도용된 일을 겪은 당시 이런 내용의 소회를 담은 기사(기자 수첩 형식)를 쓴 일이 있다. 그렇다고 의문을 추적하고 취재하는데 위축되지 않고 분발하겠다는 내용이었다. 앞으로도 의문이 해소되지 않은 천안함 사건의 진실을 흔들리지 않고 추적할 것이다.

그럼에도 7년이라는 세월은 긴 시간이다. 속칭 '이명박근혜' 정권을 관통하는 상징적인 시기이기도 했다. 그사이 벌어진 대형 참사의 각종 의혹을 그냥 남겨두고 넘어갈 수는 없다. 이 책으로 진실을 밝히지는 못하더라도 누군가 진실을 밝힐 수 있도록 하는 징검다리 역할을 하는 것으로 족하다. 여기에 담은 온갖 의문을 해소하고자 한다면 정부가 재조사에 나서야 한다. 피의자 신분이어야 할 군이 아닌 독립적인 곳에서, 아니면 의문을 제기했던 사람들이 천안함 조사결과를 새롭게 검증하고, 진짜 원인이 있는지 살펴볼 필요가 있다. 새 정부가 들어서면 반드시 이전 조사결과를 재검토해야 한다는 것이 이 글의 또 다른 결론이다.

2_ 정부의 발표와 결론

1. 대한민국 국방부, 《천안함 피격사건 합동조사결과 보고서》, 2010년 9월 10일, 38쪽.
2. 대한민국 국방부, 《천안함 피격사건 합동조사결과 보고서》, 2010년 9월 10일, 26~31쪽.
3. 신상철 전 천안함 민군합동조사단 민간조사위원이 천안함 침몰 원인 발표 내용에 의혹을 제기했다가 군 장성들에 대한 명예훼손 혐의로 기소돼 2010년부터 현재까지 재판을 받고 있다. 1심 재판에서 서울중앙지법 형사36부(재판장 이흥권 부장판사)는 2016년 1월 25일 공소사실 34건 가운데 32건을 무죄, 2건을 유죄로 판단해 신 전 위원에게 징역 8월에 집행유예 2년을 선고했다.
4. 대한민국 국방부, 《천안함 피격사건 합동조사결과 보고서》, 2010년 9월 10일, 28~29쪽.

3_ 천안함 사건의 합리적 의문들

1. 대한민국 국방부, 《천안함 피격사건 합동조사결과 보고서》, 2010년 9월, 97쪽.
2. Rear Admiral Tom Eccles, USN Chief Engineer, Naval Sea Systems Command and Senior US Representative to the ROK JIG, 'Loss of ROKS CHEONAN', 27 May 2010, 1~3쪽.
3. 자세한 내용은 아래 주소로 들어가면 확인할 수 있다. 2017년 3월 5일 오후 접속.
   http://www.powershow.com/view1/1c555c-ZDc1Z/Mark-48_Torpedo_War_-_Shot_powerpoint_ppt_presentation
4. 이 주소로 들어가면 'Type 12 Singkings'라는 제목의 홈페이지를 찾을 수 있다. 작성자는 미상이나 에클스 미 조사단장이 소개한 출처인 '위키피디아'는 바로 이 사이트를 출처로 하고 있다.
   https://web.archive.org/web/20061212183255/http://www.btinternet.com/~warship/Feature/sink/sink.htm
   다음 사이트 주소는 위키피디아의 군함 타깃 폭발실험을 나타낸 페이지이다.
   https://en.wikipedia.org/wiki/Target_ship
   간략한 내용은 다음과 같다.(번역은 저자)

The Royal Australian Navy (RAN) sunk HMAS Torrens on June 14th 1999 with a single Mk48 wire guided torpedo fired from the Collins Class submarine Farncomb. Torrens was the last of six Australian 'River Class' Type 12 Destroyer-Escort, the others (Derwent, Parramatta, Stuart, Swan and Yarra) having been of disposed previously. Before the sinking Torrens had been thoroughly cleaned of all fuels, oils and potentially environmentally harmful substances. Her gun turret was donated to the South Western City of Albany. Torrens was then towed from Fleet Base West (HMAS Stirling) 90km out to sea, west of Perth. The submarine Farncomb fired the torpedo at the stationary target from a submerged position over the horizon .

호주의 해군은 1999년 6월 14일 HMAS 토렌스함을 콜린스급 잠수함 판콤함에서 발사한 유선유도어뢰 마크48(MK48) 한 발로 침몰시켰다. 토렌스함은 호주의 여섯 번째 '리버'급 타입의 호위구축함으로, 나머지(데어웬트, 파라마타, 스튜어트, 스완, 야라 등)는 이전에 폐선됐다. 침몰 전에 토렌스함은 모든 연료와 기름, 잠재적으로 환경에 유해한 물질들을 완전히 제거했다. 그 배의 포탑은 올버니의 사우스웨스턴 시에 기증됐다. 그러고나서 토렌스함은 퍼스 서부의 바다 90km 떨어진 서부함대 기지로 견인됐다. 잠수함 판콤함은 수평선 너머 잠수 중인 위치에서 정지된 타깃에 어뢰를 발사했다.

The sinking of the Torrens had been an awesome display of firepower and provided some much needed positive publicity for the Collins Class Submarines, plagued by numerous technical problems and critisized over troubles with the combat system and noise reduction. Ric Shalders, commander of the Submarine Squadron said "the requirement of new submarine trials, the new need to test war-stock and the availability of the Torrens all came together to produce a very satisfactory result".

토렌스함의 침몰은 어마어마한 화력을 드러냈고, 콜린스급 잠수함들에 대한 많은 긍정적 관심을 제공했으나 수많은 기술적 문제에 시달렸을 뿐 아니라 전투체계와 소음 축소 등의 어려움에 대해 비판을 받았다. 잠수함 함대 사령관 릭 샐더스는 "새로운 잠수함 실험들에서의 요건과 새로운 전쟁장비를 테스트하는 데 필요한 새로운 것들, 토렌스의 효용성은 아주 만족스러운 결과를 함께 제공했다"고 말했다.

Torrens is hit by the torpedo roughly amidships. Her back breaks and a plume of dirty smoke shoots out of her funnel.

(사진 설명임) 토렌스함의 선체 중앙 부분쯤에서 어뢰가 터지는 모습. 군함의 허리가 파괴되면서 연돌 바깥으로 매연 기둥이 솟

아나온다.

Torrens' superstructure is engulfed in an 150 metre high cloud of water, dust and debris. There have been suggestions that explosives may have been added to the hulk for a more effective explosion.

토렌스함의 상부구조는 물과 먼지 잔해들로 된 150미터 높이의 먹구름 기둥에 휩싸였다. 폭발이 선체에 더 효과적인 폭발력을 가하게 했을지도 모른다는 것을 시사했다.

After she broke her back, Torrens' stern rolled the opposite way from her bow. The stern is seen here entering the water vertically.

토렌스함의 허리가 파괴된 후 토렌스함의 함미는 함수로부터 반대방향으로 돌아갔다. 함미는 수직방향으로 물속에 들어가고 있는 모습이 보인다.

5. 유튜브 사이트엔 다음과 같은 주소뿐 아니라 여러 개의 동일한 영상을 찾을 수 있다. 개별적으로 편집한 내용도 많고, 내셔널지오그래픽에서 인용 방송한 동영상이 편집돼 있는 것도 찾을 수 있다.

    https://www.youtube.com/watch?v=5Bgn1BFtN2M
    https://www.youtube.com/watch?v=7vaImLvZbPw

6. 이수경 저, 《가스폭발방지공학》, 도서출판 아진, 2009년, 17쪽.

7. 김창홍 등 저, 《화학대사전 9》, 세화, 2001년, 831쪽.

8. 이수경 저, 《가스폭발방지공학》, 도서출판 아진, 2009년, 145쪽.

9. 조지 가모브, 로베르트 외르터 편, 곽영직 역, 《조지 가모브의 즐거운 물리학》, 2007년

10. 대한민국 국방부, 《천안함 피격사건 합동조사결과 보고서》, 2010년 9월, 212쪽

11. Warren D. Reid, The Response of Surface Ships to Underwater Explosions, 1996.

12. 대한민국 국방부, 《천안함 피격사건 합동조사결과 보고서》, 2010년 9월, 216쪽

13. 서재정, 〈결정적 증거, 결정적 의문〉, 《창작과 비평》, 2010년 가을호.

14. 《중앙선데이》, 〈(② 어뢰 충격과 있었나) Q:배 산산조각 안 났으니 어뢰 충격 없었다는 주장 있다/A:웬만한 충격 견디게 설계, 충격 가해진 시간도 수천분의 1〉, 2010년 8월 22일자 10면.

15. 대한민국 국방부, 《천안함 피격사건 합동조사결과 보고서》, 2010년 9월 10일, 150~151쪽, 주21)도 참조.

16. 서울중앙지법 형사36부(재판장 이홍권 부장판사), '서울중앙지법 2010 고합 1201 신상철 명예훼손 사건 판결문', 2016년 1월 25일.

17. 정정훈 박사는 천안함 침몰 원인 조사과정에서 폭발 시 선체 충격해석 시뮬레이션을 담당했다. 그는 합조단 보고서에 수중폭발 시뮬레이션 연구결과를 수록한 이후 6년 만에 민간인으로서 해군으로부터 원스타(준장)로 임명됐다. 해군본부는 지난 2016년

7월 25일 한국기계연구원 기계시스템안전연구본부의 정정훈 책임연구원을 명예해군 준장으로 임명했다. 그의 수여 이유는 어뢰나 기뢰의 수중폭발 시 충격에 잘 견디는 선체를 만드는 '함정 안정성 연구'를 해온 이력 때문이다. 특히 천안함 조사결과 시 정부가 어뢰의 수중폭발이라는 결론을 내는 데 기여한 것과도 무관치 않았을 것으로 보인다. 권예슬 기자, 〈정정훈 기계硏 연구원, 함정 안정성 외길 연구로 명예 준장 위촉/해양 과학자가 '해군 명예준장'이 된 까닭〉, 《동아사이언스》, 2016년 9월 5일(온라인뉴스). http://www.dongascience.com/news/view/13711&arubalp=2e2dc655-14ab-4cd7-b60d-8ec9918473 - 2016년 11월 27일 접속.

18. 또한 서 교수는 시뮬레이션이 천안함과 같이 함미의 85번 프레임부터 일직선으로 통째로 깨끗하게 절단되는 모습과 함수 67번 프레임에서 선체가 좌에서 우까지 절단되는 모습을 보여주지 못했다고도 지적했다. 서재정, 〈결정적 증거, 결정적 의문〉, 《창작과 비평》, 2010년 가을호.

19. 대한민국 국방부, 《천안함 피격사건 합동조사결과 보고서》, 2010년 9월, 86쪽.

20. 대한민국 국방부, 《천안함 피격사건 합동조사결과 보고서》, 2010년 9월, 57쪽, 72~74쪽, 77쪽, 84쪽.

21. 당시 당직사관이자 작전관이었던 박연수 대위는 천안함 침몰 이후 가장 출동한 해군 고속정으로 옮겨가는 과정에서 물에 빠졌다가 구조됐다. 대한민국 국방부, 《천안함 피격사건 백서》, 2011년.

22. 대한민국 국방부, '천안함 절단면 형광등에 대한 국방부 입장입니다', 포털 사이트 다음 '아고라' 정치토론방, 2010년 6월 10일 오전(2016년 11월 28일 접속). http://bbs1.agora.media.daum.net/gaia/do/debate/read?bbsId=D101&articleId=2837696

23. 이재혁 팀장은 지난 2010년 3월부터 그해 9월까지 합조단 선체구조관리분과 위원으로 활동했다고 당시 법정에서 밝혔다. 조현호, 〈천안함 의문 '멀쩡한 형광등'…군장교 "풍선들고 타도 안터져"〉, 《미디어오늘》 온라인판, 2014년 2월 12일자.

24. 대한민국 국방부, 《천안함 피격사건 합동조사결과 보고서》, 2010년 9월, 27, 50쪽.

25. 대한민국 국방부, 《천안함 피격사건 합동조사결과 보고서》, 2010년 9월, 62쪽.

26. 2010년 4월 16일 《미디어오늘》 조현호 기자(필자)와 신상철 서프라이즈 대표(민군합동조사단 민간조사위원), 김치관 통일뉴스 편집국장, 블로거 김경석(블로거 닉네임 '지수바라기') 등 4명이 해군본부의 협조를 얻어 실시한 경기도 평택 해군제2함대 천안함 선체 현장견학에서 가스터빈 외판 잔해의 선저 중앙에 가로 약 13cm, 세로 약 10~13cm의 마름모꼴(타원형) 파공이 있는 것을 발견했다.

27. 가스터빈보다 위에서 가스터빈 바닥 전체를 촬영했다.

28. 침몰 당시 청와대에 근무했던 이종헌 전 행정관은 2015년 3월 집필한 《스모킹건》이라는 천안함 비망록에서 "21시51분 청와대 위기상황센터상황 담당이었던 공군 김아무개 중령은…해작사 지휘통제실 상황장교에게 전화를 걸어 '천안함이 파공되고 침몰하고

있다'는 보고를 들었다"며 "청와대 위기상황센터는 합참 지휘통제실로부터 '21시45분 서풍1 발령, 천안함 선저 파공으로 침수 중'이라는 2차 보고를 접수했다"고 전했다. 그는 "21시45분 합참의 지휘통제반장은 2함대사령부로부터 '원인 미상 선저 파공으로 침수중'이라는 상황 보고를 접수한 뒤 상황 파악을 더 하다가 합참의장에게는 22시11분, 국방부장관에게는 22시14분에 휴대폰으로 보고했다"며 "군 최고 지휘부에 대한 최초 보고는 합참의장과 국방장관에게는 '파공으로 침몰'로, 대통령에게는 1차 '서해에서 초계함이 침수', 2분 뒤 2차 보고에는 '천안함, 파공으로 침몰 중'이란 내용으로 각각 보고 됐다"고 상세히 기록했다. 조현호, 〈천안함 가스터빈 가운데에 10cm 크기 파공 확인〉, 《미디어오늘》, 2015년 4월 18일 온라인 기사.

http://www.mediatoday.co.kr/?mod=news&act=articleView&idxno=122759&sc_code=&page=&total=#csidx06fbf77975e2e2786acded1ff5cd8d9

29. 좌용주 저, 《리히터가 들려주는 지진이야기》, (주)자음과모음, 2006년, 83~95쪽.

30. 하지만 리히터 규모는 지반의 진동 레벨로만 이뤄져 있기 때문에 아주 큰 지진의 규모를 표현할 때는 바람직하지 않다. (사)한국지반공학회, '상호검증시험(Round Robin Test)을 통한 지진 지반응답해석 이해-지반공학 특별간행물 제3호', 구미서관, 2010년.

31. Tae-Kyung Hong, "Seismic Investigation of the 26 March 2010 Sinking of the South Korean Naval Vessel Cheonanham", *Bulletin of the Seismological Society of America*, Vol. 101(4), 2011, 1554~1562쪽.

32. 기상청 지진화산감시과가 2016년 4월 29일 네이버 지식인에 올라온 '[지진화산] 지진 규모의 종류에 대해 알고 싶습니다'라는 질의에 대해 '기상청 답변입니다'라고 설명한 글에서 인용.

http://kin.naver.com/qna/detail.nhn?d1id=6&dirId=60105&docId=251303838&qb=TUwg6rec66qo&enc=utf8&section=kin&rank=1&search_sort=0&spq=0

33. MARVIN S. WEINSTEIN, 'Spectra of Acoustic and Seismic Signals Generated by Underwater Explosions during Chase Experiment', *JOURNAL OF GEOPHYSICAL RESEARCH* VOL.3(15), 1968.

34. 김소구, 《실용지진학: 천안함 침몰원인의 심층분석》, 기전연구사, 2011, 209~212쪽.

35. SO GU KIM, YEFIM GITTERMAN, 'Underwater Explosion (UWE) Analysis of the ROKS Cheonan Incident', *Pure and Applied Geophysics*, 2012.

36. 배명진, '그날 백령도 초병이 과연 무엇을 보았을까?', '소리공학연구소' 홈페이지, 2011, 2월 27일(2016년 12월 16일 접속).

http://www.sorilab.com/zb41pl4/bbs/view.php?id=service_02&page=1&sn1=&divpage=1&sn=off&ss=off&sc=on&keyword=%C3%B5%BE%C8%C7%D4&select_arrange=headnum&desc=asc&no=25

37. 배명진, '여기는 천안함!', '소리공학연구소' 홈페이지, 2012년 3월 26일(2016년 12월 16일 접속).

http://www.sorilab.com/zb41pl4/bbs/view.php?id=service_02&page=1&sn1=&
divpage=1&sn=off&ss=off&sc=on&keyword=%C3%B5%BE%C8%C7%D4&select_
arrange=headnum&desc=asc&no=40

38. 배명진, '과연 천안함에서 발생한 공중 음파가 맞는지 묻고 싶습니다!', '소리공학연구
소' 홈페이지, 2012년 10월 1일(2016년 12월 16일 접속)
http://www.sorilab.com/zb41pl4/bbs/view.php?id=service_02&page=1&sn1=&
divpage=1&sn=off&ss=off&sc=on&keyword=%C3%B5%BE%C8%C7%D4&select_
arrange=headnum&desc=asc&no=62

39. Hwang Su Kim and Mauro Caresta, 'What Really Caused the ROKS Cheonan
Warship Sinking?', *Advances in Acoustics and Vibration*, 2014, 1~11쪽.

4_ 사건의 재구성

1. 대한민국 국방부, 《천안함 피격사건 합동조사결과 보고서》, 2010년 9월, 34~35쪽.
2. 대한민국 국회, '제288회국회임시회 1차 국방위원회 회의록', 2010년 3월 27일, 2쪽.
3. 대한민국 국방부, '천안함 침몰 관련 언론브리핑 내용', 2010년 3월 28일 오후 4시, 6~
7쪽.
4. 대한민국 국회, '제288회국회임시회 2차 국방위원회 회의록', 2010년 3월 29일, 8쪽.
5. 대한민국 국회, '제288회국회임시회 2차 국방위원회 회의록', 2010년 3월 29일, 19,
21쪽. 여기 나오는 포술장은 김광보 대위(진급예정자)이다. 김 대위는 21시 26~28분
휴대폰으로 2함대사령부 지휘통제실 상황장교 ○○○ 대위와 전화통화로 최초 보고를
했다. "여기 천안인데, 좌초다" "좌초되었나" 등의 대화와 함께 빨리 구조를 요청하는
구조연락이었다. 《천안함 피격사건 합동조사결과 보고서》.
6. 대한민국 국방부, '천안함 침몰 관련 언론브리핑 내용', 2010년 3월 30일, 16쪽.
7. 대한민국 국방부, '천안함 침몰 관련 국방부 입장', 2010년 4월 1일, 1쪽.
8. 대한민국 국방부, '천안함 침몰 관련 언론브리핑 내용 속기록', 2010년 4월 1일 16시,
14쪽(정부 e브리핑 동영상 참조)
9. 이경미 기자, 〈실종 차 하사 「9시16분」 문자 중단〉, 《한겨레》, 2010년 3월 30일자 3면.
10. 김귀수 기자, 〈국방부 '오락가락 발표' 의혹 증폭〉, KBS 뉴스9, 2010년 3월 31일
11. 대한민국 국회, '제288회국회임시회 2차 국방위원회 회의록', 2010년 3월 29일, 30~31쪽.
12. 강정규 기자, 〈[해군초계함침몰] 이종걸 의원 "사고 발생 시점 이의 있다"〉, 《아시아경
제》 홈페이지, 2010년 3월 29일.
13. 정영철 기자, 〈이종걸 '천안함 '긴급상황'으로 백령도 출동"〉, CBS 《노컷뉴스》 홈페이
지, 2010년 3월 30일.
14. 이경미 기자, 〈실종 차 하사 「9시16분」 문자 중단〉, 《한겨레》, 2010년 3월 30일자 3면.

15. 배선영 기자, 〈밤 9시 15분에 상황발생〉, MBC 뉴스데스크, 2010년 4월 3일.

16. 대한민국 국방부, '천안함 침몰 관련 국방부 입장', 2010년 4월 1일, 7쪽.

17. 대한민국 국방부, '천안함 침몰 관련 언론브리핑 내용 속기록', 2010년 4월 1일 16시. (정부 e브리핑)

18. 대한민국 국방부, '천안함 침몰 관련 언론브리핑 내용', 2010년 4월 4일, 93쪽(정부 e브리핑)

19. 대한민국 국방부, '천안함 침몰 관련 언론브리핑 내용 속기록', 2010년 4월 4일, 11쪽 (정부 e브리핑 동영상 참조)

20. 손근필 박 철 권민철 유창수 문효선 민경남, 〈김현정의 뉴스쇼〉 - '4/13(화) 인터뷰전문 보기: 이정국 천안함가족대표 "9시 16분 긴급통화, 분명 있었다"', CBS 라디오, 2010년 4월 13일.

21. 국방부 검찰단이 당시 징계 의뢰한 핵심은 북한 반잠수정 침투 추정 보고(속초함장 → 2함대사령관)를 누락하고, 새 떼로 단정해 해군작전사령부까지 보고가 이뤄지지 않았다는 점에서 김동식 2함대사령관에 대해서도 검찰고발 또는 징계를 요구했다. 대체로 북한 도발의 경계에 미흡한 책임을 물은 내용이었다. 다만 사고 발생 시각 왜곡과 보고 시간 지연도 문책 대상에 포함됐다. 감사원 감사결과도 마찬가지였다. 국방부 검찰단, 천안함 피격사건 수사결과, 2010년 11월 3일. 감사원 행정안보감사국 제5과, '천안함 침몰사건 대응실태 감사결과'(중간발표), "감사원 보도자료", 6월 10일.

22. 대한민국 정부, 《천안함 피격사건 백서》, 2011년, 41쪽.

23. 서울중앙지법, '심승섭 등 증인신문조서', "신상철 2010고합1201 정보통신망이용촉진 및정보보호등에관한법률위반(명예훼손) 사건", 2011년 9월 19일. 26~27쪽.

24. 대한민국 국방부, 《천안함 피격사건 합동조사결과 보고서》, 2010년 9월, 210쪽.

25. 이용인·손원제 기자, 〈러시아, 천안함 침몰원인 '기뢰' 추정〉, 《한겨레》, 2010년 7월 27일자 1면.

26. 미해군 자료, Document_6(7.1-8.2 1785-2435), 001838, 001866~001877.

27. 대한민국 국방부, '천안함 침몰 관련 언론브리핑 내용 속기록', 2010년 3월 28일. (정부 e브리핑)

28. 대한민국 국방부, '천안함 침몰 관련 언론브리핑 내용 속기록', 2010년 3월 31일. (정부 e브리핑)

29. 대한민국 국방부, '천안함 침몰 관련 언론브리핑 내용 속기록', 2010년 4월 1일. (정부 e 브리핑)

30. 대한민국 국방부, '천안함 침몰 관련 언론브리핑 내용 속기록', 2010년 4월 8일. (정부 e 브리핑)

31. 이종헌, 《스모킹 건-천안함전쟁실록》, 맥스미디어, 2015년 3월, 25~26쪽.

32. 대한민국 국방부, '천안함 침몰 관련 언론브리핑 내용 속기록', 2010년 4월 8일, 17~18쪽.

33. 조현호, 〈천안함 미국 조사단장 "사고 날짜는 3월24일"〉, 《미디어오늘》 온라인, 2012년

7월 21일.

34. 조현호, 〈미 해군 기밀문서에 드러난 천안함의 의문〉, 《미디어오늘》 온라인, 2015년 3월 13일.

35. 대한민국 국방부, 《천안함 피격사건 합동조사결과 보고서》, 2010년 9월, 34쪽.

36. 대한민국 국방부, 《천안함 피격사건 합동조사결과 보고서》, 2010년 9월, 52쪽.

37. 대한민국 정부, 《천안함 피격사건 백서》, 2011년 3월, 39~40쪽.

38. 대한민국 국회, '제288회국회임시회 1차 국방위원회 회의록', 2010년 3월 27일, 2쪽.

39. 대한민국 국회, '제288회국회임시회 1차 국방위원회 회의록', 2010년 3월 27일, 12쪽.

40. 대한민국 국회, '제288회국회임시회 1차 국방위원회 회의록', 2010년 3월 27일, 27~28쪽.

41. 대한민국 국회, '제288회국회임시회 2차 국방위원회 회의록', 2010년 3월 29일, 6쪽.

42. 대한민국 국회, '제288회국회임시회 2차 국방위원회 회의록', 2010년 3월 29일, 8쪽.

43. 대한민국 국방부, 《천안함 피격사건 합동조사결과 보고서》, 2010년 9월, 52쪽.

44. 조현호 기자, 〈충격 증언, 천안함 작전관이 말한 사고 지점은 달랐다〉, 《미디어오늘》, 2012년 7월 9일. 서울중앙지법 공판조서, '박연수 증인신문조서', "서울중앙지법 2010고합1201 정보통신망이용촉진및정보보호등에관한법률위반(명예훼손) 등", 2012년 7월 9일, 3, 6, 24~25쪽. (법정 현장 취재)

45. 이지선 기자, 〈시간·장소 보고 제각각〉, MBC 뉴스데스크, 2010년 4월 3일.

46. 서울중앙지방법원 공판조서, '유종철 증인신문조서', "신상철 2010고합1201 정보통신망이용촉진및정보보호등에관한 법률(명예훼손) 등", 2011년 8월 22일, 공판 현장 취재. 이날 공판에서 유종철 부함장은 해경상황실로부터 △정부 최종 발표 지점, 백령도 서방 2.5km(북위 37도 55분 42초, 동경 124도 36분 02초) △해경이 최초로 천안함 상황 접수를 받았던 대청도 서쪽 해상이자 백령도 남서쪽 방향 6.5마일 해상(북위 37도 50분, 동경 124도 36분) △3월 26일 국방부가 발표한 지점 백령도 서남방 1.8km 지점인 북위 37도 55분, 동경 124도 37분 중 어디를 전달받았느냐고 묻자 첫 번째라고 답했다.

47. 서울중앙지방법원 공판조서, '이병일 증인신문조서(제19회 공판조서의 일부)', "신상철 2010고합1201 정보통신망이용촉진및정보보호등에관한 법률(명예훼손) 등", 2013년 12월 9일, 5~6쪽(법정 현장 취재)

48. 대한민국 국방부, '천안함 침몰 관련 언론브리핑 내용 속기록', 2010년 4월 11일, 7~8쪽.

49. 이희일, 〈3월 26일 해군 초계함 침몰과 관련된 공중음파 신호 분석 결과〉, 지질자원연구원 지진연구센터, 2010년 3월 27일.

50. 대한민국 국회, '제290회 1차 천안함침몰사건진상조사특별위원회 회의록', 2010년 5월 24일, 31~33쪽.

51. 대한민국 정부, 《천안함 피격사건 백서》, 2011년 3월, 39쪽.

52. 대한민국 국방부, '천안함 침몰 관련 언론브리핑 내용', 2010년 4월 8일, 9쪽.

53. 대한민국 국방부, '천안함 침몰 관련 언론브리핑 내용', 2010년 4월 9일, 4쪽.

54. 대한민국 국방부, '천안함 침몰 관련 언론브리핑 내용', 2010년 4월 11일, 9~10쪽.

55. 대한민국 국회, '제289회 국회임시회 1차 국방위원회 회의록', 2010년 4월 14일, 11~12쪽.

56. 대한민국 국회, '제289회 국회임시회 1차 국방위원회 회의록', 2010년 4월 14일, 18쪽.

57. 대한민국 국회, '제289회 국회임시회 1차 국방위원회 회의록', 2010년 4월 14일, 33~34쪽.

58. 대한민국 국회, '제289회 국회임시회 3차 국방위원회 회의록', 2010년 4월 30일, 30~31쪽.

59. 대한민국 국회, '제290회 2차 천안함침몰사건진상조사특별위원회 회의록', 2010년 5월 28일, 4~5쪽.

60. 대한민국 국방부, '천안함 침몰 관련 언론브리핑 내용', 3월 28일 오후, 9~12쪽.

61. 대한민국 국방부, '천안함 침몰 관련 언론브리핑 내용', 3월 29일 오후, 10~11쪽.

62. 대한민국 국회, '제288회 국회임시회 2차 국방위원회 회의록', 2010년 3월 29일, 37쪽.

63. 대한민국 국회, '제288회 국회임시회 2차 국방위원회 회의록', 2010년 3월 29일, 41쪽.

64. 대한민국 국회, '제288회 국회임시회 2차 국방위원회 회의록', 2010년 3월 29일, 42쪽.

65. 대한민국 국회, '제289회 국회임시회 1차 본회의 회의록', 2010면 4월 2일, 33쪽.

66. 대한민국 국회, '제288회 국회임시회 2차 국방위원회 회의록', 2010년 3월 29일, 29쪽.

67. 대한민국 국회, '제294회 국회 2010년도 국정감사 법제사법위원회 회의록(피감기관 군사법원)', 2010년 10월 15일, 14~15쪽.

68. 대한민국 국회, '제294회 국회 2010년도 국정감사 법제사법위원회 회의록(피감기관 군사법원)', 2010년 10월 15일, 39~40쪽.

69. 이 얘기는 어떤 측면에서는 일리가 있고, 그럴듯하지만, 현재까지 적어도 분명한 증거가 없기 때문에 암흑 속에 묻혀 있는 것과 같다는 의미에서 떠올려본 표현이다. 어떤 편견이나 단정적 판단이 개입된 것은 아니다. 암흑물질, 암흑에너지 등 현대 우주물리학에서도 뭔가 있는 것은 분명하지만 그 실체나 증거를 제시할 수 없을 때 '암흑'이란 말을 쓴다. 영어로는 "dark". 모른다는 뜻으로 사용되곤 한다.

70. 조현호 기자, 〈천안함 사고장소에서 2천톤급 선박 침몰 확인〉, 《미디어오늘》 온라인, 2010년 8월 5일.

71. 이정환 기자, 〈"천안함 인근 침몰선박은 일제시대 상선"〉, 《미디어오늘》 온라인, 2010년 8월 5일.

72. 조현호·이치열 기자, 〈국방부, 침몰선박 천안함 사고 직후 알고도 '침묵'〉, 《미디어오늘》 온라인, 2010년 8월 5일.

73. 조현호 기자, 〈천안함 인근 침몰선 촬영 성공〉, 《미디어오늘》 온라인, 2010년 8월 7일.

74. 대한민국 국방부, 《천안함 피격사건 합동조사결과 보고서》, 2010년 9월, 178~180쪽.

75. 서울중앙지방법원 공판조서, '박일석 증인신문조서', "신상철 2010고합1201 정보통·신망이용촉진및정보보호등에관한 법률(명예훼손) 등", 2012년 12월 17일. 공판 현장 취재.

76. 서울중앙지방법원 공판조서, '김승창 증인신문조서', "신상철 2010고합1201 정보통·신망

이용촉진및정보보호등에관한 법률(명예훼손) 등", 2012년 11월 26일, 3쪽.

77. 대한민국 국방부, 박일석 상병의 '백령도 ○○초소 초병 진술서', 국회요구자료, 2010년 3월 28일.

75. 김승창 증인신문조서, 앞의 자료.

79. 서울고법 행정1부, '한국방송공사, 2014누5912 제재조치처분취소사건 판결문', 2015년 2월 10일, 25~26쪽.

80. 대한민국 국방부, 《천안함 피격사건 합동조사결과 보고서》, 2010년 9월, 190~191쪽.

81. 대한민국 국방부, 《천안함 피격사건 합동조사결과 보고서》, 2010년 9월, 192쪽.

82. 대한민국 국방부, 《천안함 피격사건 합동조사결과 보고서》, 2010년 9월, 195쪽.

83. 서울중앙지방법원 공판조서, '김남식 증인신문조서', "형사36부 신상철 2010고합 1201", 2014년 7월 21일, 27~28쪽, 29~31쪽, 공판 현장 취재.

84. 권영대, 《폭침 어뢰를 찾다!》, 조갑제닷컴, 2016년 3월, 188~190쪽.

85. 권영대, 《폭침 어뢰를 찾다!》, 조갑제닷컴, 2016년 3월, 190~191쪽.

86. Multi-beam echo souder(다중빔 정밀 음향측심기): 배가 이동하면서 다중음향신호를 발사하고 이를 다시 수신함으로써 수심과 해저 지형을 동시에 관측 기록하는 측심기로서 해저 횡단면 전체를 측정할 수 있으며, 실시간 등심도 또는 지형도를 컬러 그래픽으로 작성하는 장비이다. 대한민국 국방부, 《천안함 피격사건 합동조사결과 보고서》, 2010년 9월, 179쪽.

87. Side scan sonar(해저면탐사소나): 초음파송수신기가 탑재된 소나로 해저면의 요철을 계측해 해저 지형도를 얻을 수 있는 고성능 장비. 대한민국 국방부, 《천안함 피격사건 합동조사결과 보고서》, 2010년 9월, 178쪽.

88. 조현호 기자, 〈천안함 어뢰 발견 미스터리…해군·해양연구원 못찾아 왜?〉, 《미디어오늘》 온라인, 2014년 7월 24일. 직접 취재.

89. 서울중앙지법원 공판조서, '김남식 증인신문조서', "형사36부 신상철 2010 고합 1201", 2014년 7월 21일, 13~16쪽. 공판 현장 취재.

90. 대한민국 국회, '제290회 1차 천안함침몰사건진상조사특별위원회 회의록', 2010년 5월 24일, 52~53쪽.

91. 대한민국 국방부. 천안함 침몰사건 민군합동조사단 조사결과 발표 기자회견 영상 및 속기록, 2010년 5월 20일, 13~14쪽.

92. 서울중앙지방법원 공판조서, '김남식 증인신문조서', "형사36부 신상철 2010고합 1201", 2014년 7월21일, 20~22쪽, 공판 현장 취재.

93. 조현호 기자, 〈합조단 군측단장 "천안함 작전실패 물었어야"〉, 《미디어오늘》 온라인, 2015년 4월 4일.

94. 서울중앙지방법원 공판조서, '김남식 증인신문조서', 위의 자료, 31~32쪽.

95. 서울중앙지방법원 공판조서, '김남식 증인신문조서', 위의 자료, 33~34쪽.

96. 서울중앙지방법원 공판조서, '김남식 증인신문조서', 위의 자료. 공판 현장 취재.

97. 권영대, 《폭침 어뢰를 찾다!》, 조갑제닷컴, 2016년 3월, 123쪽.

98. 권영대, 위의 책, 124쪽.

99. 권영대, 위의 책, 191쪽.

100. 조현호 기자, 〈[단독] 천안함 어뢰추진체에 감겨있던 의문의 철사뭉치〉, 《미디어오늘》 온라인, 2015년 7월 11일.

101. 서울중앙지방법원 판결문, '형사36부 2010 고합 1201 신상철 명예훼손 등 사건', 2016년 1월 25일, 64쪽.

102. 대한민국 국방부, 《천안함 피격사건 합동조사결과 보고서》, 2010년 9월, 198쪽.

103. 서재정·이승헌, 〈(기고) '1번'에 대한 과학적 의혹을 제기한다〉, 《경향신문》, 2010년 6월 1일자 35면.

104. 송태호, 〈천안함 어뢰 "1번" 글씨 부위 온도계산〉, 2010년 7월 26일. 국방부 보도자료 는 2010년 8월 2일.

105. 대한민국 국방부, 《천안함 피격사건 합동조사결과 보고서》, 2010년 9월, 200쪽.

106. 권민석 기자, 〈[단독] 천안함 어뢰 추진체 훼손...핵심 물증 '1번' 지워져〉, YTN 온라인, 2015년 12월 23일 5시 1분.

107. 조현호 기자, 〈천안함 어뢰 '1번' 글씨 미스터리〉, 《미디어오늘》 온라인, 2015년 12월 28일.

108. 대한민국 국방부, 《천안함 피격사건 합동조사결과 보고서》, 2010년 9월, 199쪽.

109. 대한민국 국방부, '국방부 일일브리핑' 동영상 및 속기록, "e브리핑 오늘의 브리핑 보기" 2010년 9월 13일, 23쪽, 26~27쪽.

110. 대한민국 국회, '제291회 3차 천안함침몰사건진상조사특별위원회 회의록', 2010년 6월 11일, 78쪽.

111. 심인보 기자, 〈부실조사로 얼룩진 결정적 증거〉, 《뉴스타파》, 2015년 3월 25일.

112. 조현호 기자, 〈어뢰금속 실험결과 거의 녹 안슬어〉, 《미디어오늘》 온라인, 2010년 7월 13일.

113. 서울중앙지방법원 판결문, '형사36부 2010 고합 1201 신상철 명예훼손 등 사건', 2016 년 1월 25일, 69쪽.

114. 조현호 기자, 〈국과수, 천안함 흡착물질 분석 의뢰하고 결과 함구〉, 《미디어오늘》 온라 인, 2015년 9월 21일.

115. 대한민국 국방부. 천안함 침몰사건 민군합동조사단 조사결과 발표 기자회견 영상 및 속기록, 2010년 5월 20일, 18~20쪽.

116. http://arxiv.org/ftp/arxiv/papers/1006/1006.0680.pdf

117. 하어영 기자, 〈"어뢰 폭발물질은 없다"〉, 《한겨레21》 815호, 2010년 6월 16일.

118. 대한민국 국회, '제291회 3차 천안함침몰사건진상조사특별위원회 회의록', 2010년 6월 11일, 62~64쪽. (당시 실시간 인터넷의사중계 시청)

119. 대한민국 국방부, 《천안함 피격사건 합동조사결과 보고서》, 2010년 9월, 265쪽.

120. 조현호 기자, 〈합조단 위원 "천안함 흡착물질 세상에 없는 물질"〉, 《미디어오늘》 2015년 9월 16일.

121. 서울고등법원 판결, 행정1부 한국방송공사 2014누5912 제재조치처분취소 사건, 2015년 2월 10일.

122. 미해군 자료, Document_6(7.1-8.2 1785-2435), 002212.

123. 대한민국 국회, '제291회 3차 천안함침몰사건진상조사특별위원회 회의록', 2010년 6월 11일, 72~73쪽. (당시 실시간 인터넷의사중계 시청)

124. 대한민국 국방부, '국방부 일일브리핑' 동영상 및 속기록, "e브리핑 오늘의 브리핑보기" 2010년 9월 13일, 21~23쪽.

125. 대한민국 국방부, 천안함 침몰사건 민군합동조사단 조사결과 발표 기자회견 영상 및 속기록, 2010년 5월 20일, 15쪽.

126. 대한민국 국방부, 천안함 침몰사건 민군합동조사단 조사결과 발표 기자회견 영상 및 속기록, 2010년 5월 20일, 15~16쪽.

127. Scott Creighton, 'The Sinking of the Cheonan: We Are Being Lied To', "willyloman" post, 2010년 5월 24일.
https://willyloman.wordpress.com/2010/05/24/the-sinking-of-the-cheonan-we-are-being-lied-to/

128. 조현호 기자, 〈"소리 듣고 물기둥 봤다? 물리적으로 불가능"〉, 《미디어오늘》 온라인, 2010년 6월 4일.

129. 이정환 기자 〈"지난번 어뢰설계도는 실수"〉, 《미디어오늘》 온라인, 2010년 6월 29일.

130. 윤종성, 《천안함 사건의 진실-전 국방부 조사본부장 윤종성 장군이 들려주는》, 한국과 미국, 2011년 1월, 56쪽.

131. 대한민국 국회, '제291회 3차 천안함침몰사건진상조사특별위원회 회의록', 2010년 6월 11일, 63~64쪽. (당시 실시간 인터넷의사중계 시청)

132. 대한민국 국회, '제291회 3차 천안함침몰사건진상조사특별위원회 회의록', 2010년 6월 11일, 78쪽.

133. 대한민국 국방부, 《천안함 피격사건 합동조사결과 보고서》, 2010년 9월, 28, 39, 197쪽.

134. 대한민국 국방부, 이승헌·서재정 교수, 박선원 연구원의 기자간담회 관련 보도자료 세부입장, 2010년 10월 12일, 9쪽.

135. 조현호 기자, 〈합조단 군측단장 "천안함 작전실패 물었어야"〉, 《미디어오늘》 온라인, 2015년 4월 4일.

136. 서울중앙지방법원 판결문, '형사36부 2010 고합 1201 신상철 명예훼손 등 사건', 2016년 1월 25일, 56쪽.

137. 조현호 기자, 〈합조단 군측 단장 "천안함 작전실패 책임 물었어야"〉, 《미디어오늘》 온라인, 2015년 4월 4일.

138. 대한민국 국방부, 《천안함 피격사건 합동조사결과 보고서》, 2010년 9월, 197~198쪽.

139. 서울중앙지방법원 공판조서, 형사36부 신상철 2010고합1201 명예훼손 사건 검증조서 (국방부, 해군2함대), 2015년 10월 26일, 11~12쪽.

140. 조현호 기자, 〈합조단, 천안함 1번어뢰-설계도 크기 다른 것 알고 있었다〉, 《미디어오늘》 온라인, 2015년 11월 14일. 서울중앙지방법원 공판조서, '윤덕용 증인 증인신문조서', "형사69부 2010고합1201 신상철 명예훼손 사건", 2015년 11월 13일, 20쪽, 24~25쪽.

141. 대한민국 국방부, 《천안함 피격사건 합동조사결과 보고서》, 2010년 9월, 177쪽. "〈그림 3장-7-2〉 북한 잠수함정 예상 침투로" 참조.

142. 대한민국 국방부, 《천안함 피격사건 합동조사결과 보고서》, 2010년 9월, 185~190쪽.

143. 대한민국 국방부 '천안함 관련 설명자료(2)', 2010년 4월 5일(월), 12쪽.

144. 대한민국 국회, '제288회 국회임시회 1차 국방위원회 회의록', 2010년 3월 27일, 8쪽.

145. 대한민국 국회, '제288회 국회임시회 1차 국방위원회 회의록', 2010년 3월 27일, 21~22쪽.

146. 대한민국 국회, '제288회 국회임시회 2차 국방위원회 회의록', 2010년 3월 29일, 16쪽.

147. 대한민국 국회, '제288회 국회임시회 2차 국방위원회 회의록', 2010년 3월 29일, 25~26쪽.

148. 대한민국 국회, '제288회 국회임시회 2차 국방위원회 회의록', 2010년 3월 29일, 29쪽.

149. 대한민국 국방부, '천안함 침몰 관련 언론브리핑 내용', 2010년 3월 30일, 15~16쪽.

150. 대한민국 국방부, '천안함 침몰 관련 언론브리핑 내용', 2010년 3월 31일, 19~20쪽.

151. 대한민국 국방부, '천안함 침몰 관련 언론브리핑 내용', 2010년 4월 1일, 12쪽.

152. 대한민국 국방부, '천안함 침몰 관련 언론브리핑 내용', 2010년 4월 4일, 7쪽.

153. 대한민국 국회, '제289회 1차 국회본회의 회의록', 2010년 4월 2일, 28쪽.

154. 대한민국 국회, '제289회 1차 국회본회의 회의록', 2010년 4월 2일, 33~34쪽.

155. 대한민국 국회, '제289회 1차 국회본회의 회의록', 2010년 4월 2일, 5~6쪽.

156. 나기천 기자, 〈"북서해함대, 대청해전 보복 결의했었다"〉, 《세계일보》, 2010년 4월 14일.

157. 대한민국 국회, '제289회 1차 국회본회의 회의록', 2010년 4월 2일, 4쪽

158. 대한민국 국회, '제290회 1차 천안함침몰사건진상조사특별위원회 회의록', 2010년 5월 24일, 45쪽.

159. 대한민국 국회, '제290회 3차 천안함침몰사건진상조사특별위원회 회의록', 2010년 6월 11일, 54쪽.

160. 대한민국 국회, '제289회 1차 국회본회의 회의록', 2010년 4월 2일, 41~42쪽.

161. 대한민국 국회, '제289회국회임시회 2차 국방위원회 회의록', 2010년 4월 19일, 26쪽.

162. 대한민국 국방부, '천안함 관련 설명자료(2)', 2010년 4월 5일(월), 18쪽.

163. 대한민국 국회, '제290회 1차 천안함침몰사건진상조사특별위원회 회의록', 2010년 5월 24일, 21~22쪽.

164. 대한민국 국회, '제290회 1차 천안함침몰사건진상조사특별위원회 회의록', 2010년 5월 24일, 27~28쪽.

165. 대한민국 국회, '제290회 1차 천안함침몰사건진상조사특별위원회 회의록', 2010년 5월 24일, 28~29쪽.

166. 대한민국 국회, '제290회 1차 천안함침몰사건진상조사특별위원회 회의록', 2010년 5월 24일, 44쪽.

167. 정하석 기자, 〈"북 정찰총국이 주도"〉, SBS 8뉴스, 2010년 5월 21일

168. 대한민국 국방부, 《천안함 피격사건 합동조사결과 보고서》, 2010년 9월, 87쪽.

169. 대한민국 국방부, 《천안함 피격사건 합동조사결과 보고서》, 2010년 9월, 87~93쪽.

170. 한겨레, 〈[원문] 러시아 해군 전문가그룹의 천안함 검토 결과 자료〉, 한겨레 온라인, 2010년 7월 27일.
http://www.hani.co.kr/arti/politics/defense/432224.html#csidx50873151a3a2329
96c7f7de5440537a

171. 대한민국 국회, '제294회 국회 2010년도 국정감사 법제사법위원회 회의록(피감기관 군사법원)', 2010년 10월 15일, 38쪽.

172. 김정수 기자, 〈[해군초계함침몰] "남편은 천안함 작전 때마다 물샌다고 했다"(종합)〉, 《아시아경제》 온라인 기사, 3월 28일 01시 38분 기사입력.
http://www.asiae.co.kr/news/view.htm?idxno=2010032800494137650

173. 김정규·강정규 기자, 〈"아직 삶의 끈을 놓지 말아다오"〉, 《아시아경제》, 3월 29일자 23면.

174. 김도균 기자, 〈천안함 '절단면' 미스터리…'피로파괴'?〉, 《오마이뉴스》 온라인, 3월 31일 12시 58분 기사입력.
http://www.ohmynews.com/NWS_Web/View/at_pg.aspx?CNTN_CD=A0001355109

175. 대한민국 국회, '제288회국회임시회 1차 국방위원회 회의록', 2010년 3월 27일, 10쪽, 18~19쪽.

176. 김세진 기자, '암초충돌? 피로파괴?', MBC 〈뉴스데스크〉, 3월 31일 방송.

177. 신승근 기자, 〈이 대통령 "북개입 증거 아직 없다"〉, 《한겨레》, 2010년 4월 2일자 6면.

178. 대한민국 국방부, '천안함 관련 설명자료(2)', 2010년 4월 5일(월), 14쪽.

179. 천정인 기자, 〈천안함 '피로파괴' 발언 국정원 간부 징계처분 '부당'〉, 《뉴시스》 온라인, 2012년 6월 4일 20시 7분 기사입력.

180. 대한민국 국방부, 《천안함 피격사건 합동조사결과 보고서》, 2010년 9월, 127쪽.

181. 대한민국 국방부, 《천안함 피격사건 합동조사결과 보고서》, 2010년 9월, 127쪽.

182. 대한민국 국방부, 《천안함 피격사건 합동조사결과 보고서》, 2010년 9월, 127쪽.

183. 대한민국 국방부, '천안함 비상 상황발생 대응 매뉴얼 및 함장의 사고관련 진술서', "국회 요구자료", 2010년 6월, 2~8쪽.

184. 대한민국 국방부, '천안함 침몰사건 상황 발표', "국방부 보도자료", 2010년 4월 7일, 13~14쪽.

185. 대한민국 국회, '제290회 3차 천안함침몰사건진상조사특별위원회 회의록', 2010년 6월 11일, 23쪽.

186. 서울중앙지방법원 공판조서, '김광보의 증인신문조서', "형사36부 2010고합1201 신상철 명예훼손 사건", 2012년 12월 17일, 6~7쪽.

187. 서울중앙지방법원 공판조서, '김광보의 증인신문조서', "형사36부 2010고합1201 신상철 명예훼손 사건", 2012년 12 월17일, 8쪽.

188. 서울중앙지방법원 공판조서, '김광보의 증인신문조서', "형사36부 2010고합1201 신상철 명예훼손 사건", 2012년 12월 17일, 10쪽.

189. 서울중앙지방법원 공판조서, '김광보의 증인신문조서', "형사36부 2010고합1201 신상철 명예훼손 사건", 2012년 12 월17일, 5~6쪽.

190. 대한민국 국회, '제289회 1차 국회본회의 회의록', 2010년 4월 2일, 7~8쪽.

191. 대한민국 국회, '제289회 1차 국회본회의 회의록', 2010년 4월 2일, 34~35쪽.

192. 대한민국 국회, '제289회 1차 국회본회의 회의록', 2010년 4월 2일, 51쪽.

193. 대한민국 국회, '제290회 1차 천안함침몰사건진상조사특별위원회 회의록', 2010년 5월 24일, 75~76쪽.

194. 조현호 기자, 〈천안함 함미 바닥 심하게 긁힌 자국 확인〉, 《미디어오늘》 온라인, 2010년 5월 4일.

195. 대한민국 국방부, 《천안함 피격사건 합동조사결과 보고서》, 2010년 9월, 48쪽.

196. 대한민국 국방부, 《천안함 피격사건 합동조사결과 보고서》, 2010년 9월, 49~50쪽.

197. 대한민국 국방부, 《천안함 피격사건 합동조사결과 보고서》, 2010년 9월, 51쪽.

198. 대한민국 국회, '제290회 1차 천안함침몰사건진상조사특별위원회 회의록', 2010년 5월 24일, 76쪽.

199. 대한민국 국회, '제290회 1차 천안함침몰사건진상조사특별위원회 회의록', 2010년 5월 24일, 76~77쪽.

200. 대한민국 국회, '제290회 1차 천안함침몰사건진상조사특별위원회 회의록', 2010년 5월 24일, 87~88쪽.

201. 대한민국 국방부, '국방부 일일브리핑' 동영상, "e브리핑 오늘의 브리핑보기" 2010년 9월 13일.

202. 대한민국 국회, '제290회 3차 천안함침몰사건진상조사특별위원회 회의록', 2010년 6월 11일, 52~53쪽.

203. 조현호 기자, 〈천안함 영화상영으로 다시 떠오른 '좌초 충돌' 가능성〉, 《미디어오늘》 온라인, 2013년 5월 1일.

204. 대한민국 국방부, '천안함 침몰 관련 언론브리핑 내용', 2010년 4월 8일.

205. 대한민국 국방부, '천안함 침몰 관련 언론브리핑 내용', 2010년 4월 8일.

206. 대한민국 국회, '제290회 1차 천안함침몰사건진상조사특별위원회 회의록', 2010년 5월 24일, 31~32쪽.

207. 대한민국 국회, '제290회 3차 천안함침몰사건진상조사특별위원회 회의록', 2010년 6월 11일, 61쪽.

208. 조현호 기자, 〈천안함 제3부표 미스터리와 잠수함 충돌설〉, 《미디어오늘》 온라인,
    2010년 7월 2일.

5_ 천안함 끝나지 않은 재판

1. 김범현·안용수 기자, 〈국정원, 천안함 침몰 北연루설에 신중〉, 《연합뉴스》, 2010년 4월
    6일 20시 42분.
2. 신승근·고나무 기자, 〈국정원장, 북한 연계 가능성 부인〉, 《한겨레》, 2010년 4월 7일자
    1면 머리기사.
3. 서울중앙지방법원 공판조서, '유종철 증인신문조서', "형사36부 2010고합1201 신상철
    명예훼손 사건", 2011년 8월 22일, 2~3쪽. 공판 현장 취재.
4. 서울중앙지방법원 공판조서, '유종철 증인신문조서', "형사36부 2010고합1201 신상철
    명예훼손 사건", 2011년 8월 22일, 8~9쪽, 공판 현장 취재.
5. 서울중앙지방법원 공판조서, '유종철 증인신문조서', "형사36부 2010고합1201 신상철
    명예훼손 사건", 2011년 8월 22일, 27쪽, 공판 현장 취재.
6. 서울중앙지방법원 공판조서, '유종철 증인신문조서', "형사36부 2010고합1201 신상철
    명예훼손 사건", 2011년 8월 22일, 16~17쪽, 공판 현장 취재.
7. 서울중앙지방법원 공판조서, '유종철 증인신문조서', "형사36부 2010고합1201 신상철
    명예훼손 사건", 2011년 8월 22일, 22쪽, 공판 현장 취재.
8. 서울중앙지방법원 공판조서, '심승섭 증인신문조서', "형사36부 2010고합1201 신상철
    명예훼손 사건", 2011년 9월 19일, 25~27쪽, 29쪽. 공판 현장 취재. 조현호 기자, 〈해
    작사 작전처장 "천안함 '9시15분 좌초'라 보고했다"〉, 《미디어오늘》 온라인, 2011년 9월
    20일.
9. 서울중앙지방법원 공판조서, '심승섭 증인신문조서', "형사36부 2010고합1201 신상철
    명예훼손 사건", 2011년 9월 19일, 11~12쪽. 공판 현장 취재.
10. 서울중앙지방법원 공판조서, '심승섭 증인신문조서', "형사36부 2010고합1201 신상철
    명예훼손 사건", 2011년 9월 19일, 21쪽. 공판 현장 취재.
11. 서울중앙지방법원 공판조서, '심승섭 증인신문조서', "형사36부 2010고합1201 신상철
    명예훼손 사건", 2011년 9월 19일, 22~23쪽. 공판 현장 취재.
12. 서울중앙지방법원 공판조서, '심승섭 증인신문조서', "형사36부 2010고합1201 신상철
    명예훼손 사건", 2011년 9월 19일, 17쪽. 공판 현장 취재.
13. 서울중앙지방법원 공판조서, '심승섭 증인신문조서', "형사36부 2010고합1201 신상철
    명예훼손 사건", 2011년 9월 19일, 13쪽. 공판 현장 취재.
14. 서울중앙지방법원 공판조서, '심승섭 증인신문조서', "형사36부 2010고합1201 신상철
    명예훼손 사건", 2011년 9월 19일, 31~34쪽. 공판 현장 취재.

15. 서울중앙지방법원 공판조서, '심승섭 증인신문조서', "형사36부 2010고합1201 신상철 명예훼손 사건", 2011년 9월 19일, 18~20쪽. 공판 현장 취재. 조현호 기자, 〈천안함 잠수정 보고누락' 감사원 감사 뒤집히나〉, 《미디어오늘》 온라인, 2011년 9월 22일.

16. 서울중앙지방법원 공판조서, '심승섭 증인신문조서', "형사36부 2010고합1201 신상철 명예훼손 사건", 2011년 9월 19일, 40~41쪽, 42쪽, 44~45쪽. 공판 현장 취재.

17. 서울중앙지방법원 공판조서, '최영순 증인신문조서', "형사36부 2010고합1201 신상철 명예훼손 사건", 2011년 9월 19일, 13~14쪽. 공판 현장 취재.

18. 서울중앙지방법원 공판조서, '최영순 증인신문조서', "형사36부 2010고합1201 신상철 명예훼손 사건", 2011년 9월 19일, 21~24쪽. 공판 현장 취재.

19. 서울중앙지방법원 공판조서, '최영순 증인신문조서', "형사36부 2010고합1201 신상철 명예훼손 사건", 2011년 9월 19일, 33~35쪽. 공판 현장 취재.

20. 조현호 기자, 〈검찰, 천안함 허위발표 군대변인 증인거부 왜?〉, 《미디어오늘》 온라인, 2011년 10월 17일.

21. 서울중앙지방법원 공판조서, '김진황 증인신문조서', "형사36부 2010고합1201 신상철 명예훼손 사건", 2011년 11월 14일, 22~23쪽. 공판 현장 취재.

22. 서울중앙지방법원 공판조서, '김진황 증인신문조서', "형사36부 2010고합1201 신상철 명예훼손 사건", 2011년 11월 14일, 26~30쪽. 공판 현장 취재.

23. 조현호 기자, 〈가라앉기 전 천안함 발견하고도 방치했다〉, 《미디어오늘》 온라인, 2011년 11월 15일.

24. 서울중앙지방법원 공판조서, '김진황 증인신문조서', "형사36부 2010고합1201 신상철 명예훼손 사건", 2011년 11월 14일, 6~7쪽. 공판 현장 취재.

25. 조현호 기자, 〈천안함 69시간 생존설, '희망고문'이었나〉, 《미디어오늘》 온라인, 2011년 11월 18일.

26. 조현호 기자, 〈천안함 인양 직전 사흘 동안 무슨 일 있었나〉, 《미디어오늘》 온라인, 2012년 1월 9일. 공판 현장 취재.

27. 서울중앙지방법원 공판조서, '박형준 증인신문조서', "형사36부 2010고합1201 신상철 명예훼손 사건", 2012년 4월 23일, 4, 6쪽. 공판 현장 취재.

28. 서울중앙지방법원 공판조서, '박형준 증인신문조서', "형사36부 2010고합1201 신상철 명예훼손 사건", 2012년 4월 23일, 7~8쪽. 공판 현장 취재.

29. 서울중앙지방법원 공판조서, '박형준 증인신문조서', "형사36부 2010고합1201 신상철 명예훼손 사건", 2012년 4월 23일, 9~10쪽. 공판 현장 취재.

30. 서울중앙지방법원 공판조서, '이원보 증인신문조서', "형사36부 2010고합1201 신상철 명예훼손 사건", 2012년 4월 23일, 23~24쪽, 26~27쪽, 28쪽. 공판 현장 취재.

31. 조현호 기자, 〈천안함 유가족 "해군 최초 좌초 언급한 것은 사실"〉, 《미디어오늘》 온라인, 2012년 4월 24일.

32. 서울중앙지방법원 공판조서, '이원보 증인신문조서', "형사36부 2010고합1201 신상철

명예훼손 사건", 2012년 4월 23일, 14~15쪽, 20쪽. 공판 현장 취재.

변호인의 신문에 이원보 전대장의 답변이 실제 조서 내용과 일부 다르게 표현된 부분은 필자가 당시 현장에서 취재한 노트와 보도한 기사를 종합해 수정·보완한 것이다. 실제 증인의 발언을 조서에 기록하는 과정에서 '칠흑 같은' 등 일부 표현이 누락된 경우가 있다. 단순한 미사여구에 불과하다 해도 필자의 기록과 기억을 가급적 되살려 반영했다.

33. 서울중앙지방법원 공판조서, '이원보 증인신문조서', "형사36부 2010고합1201 신상철 명예훼손 사건", 2012년 4월 23일, 11쪽. 공판 현장 취재.

34. 대한민국 국방부,《천안함 피격사건 합동조사결과 보고서》, 2010년 9월, 34쪽.

35. 서울중앙지방법원 공판조서, '김태호 증인신문조서', "형사36부 2010고합1201 신상철 명예훼손 사건", 2012년 4월 23일, 27~28쪽. 공판 현장 취재.

36. 서울중앙지방법원 공판조서, '김태호 증인신문조서', "형사36부 2010고합1201 신상철 명예훼손 사건", 2012년 4월 23일, 28~30쪽. 공판 현장 취재.

37. 서울중앙지방법원 공판조서, '평택2함대사령부 내 천안함 전시장소 검증조서', "형사36부 2010고합1201 신상철 명예훼손 사건", 2012년 5월 11일, 1~26쪽. 공판 현장 취재. 이재진·조현호 기자, 〈"천안함 가스터빈 외판에도 10m 스크래치"〉,《미디어오늘》온라인, 2012년 5월 11일.

38. 서울중앙지방법원 공판조서, '최원일 증인신문조서', "형사36부 2010고합1201 신상철 명예훼손 사건", 2012년 6월 11일, 9쪽. 공판 현장 취재.

39. 서울중앙지방법원 공판조서, '최원일 증인신문조서', "형사36부 2010고합1201 신상철 명예훼손 사건", 2012년 6월 11일, 14쪽. 공판 현장 취재.

40. 서울중앙지방법원 공판조서, '최원일 증인신문조서', "형사36부 2010고합1201 신상철 명예훼손 사건", 2012년 6월 11일, 32쪽. 공판 현장 취재.

41. 서울중앙지방법원 공판조서, '최원일 증인신문조서', "형사36부 2010고합1201 신상철 명예훼손 사건", 2012년 6월 11일, 27~28쪽. 공판 현장 취재.

42. 서울중앙지방법원 공판조서, '최원일 증인신문조서', "형사36부 2010고합1201 신상철 명예훼손 사건", 2012년 6월 11일, 21쪽. 공판 현장 취재.

43. 서울중앙지방법원 공판조서, '최원일 증인신문조서', "형사36부 2010고합1201 신상철 명예훼손 사건", 2012년 6월 11일, 15~16쪽. 공판 현장 취재.

44. 서울중앙지방법원 공판조서, '최원일 증인신문조서', "형사36부 2010고합1201 신상철 명예훼손 사건", 2012년 6월 11일, 5쪽, 12쪽. 공판 현장 취재.

45. 서울중앙지방법원 공판조서, '최원일 증인신문조서', "형사36부 2010고합1201 신상철 명예훼손 사건", 2012년 6월 11일, 30~31쪽. 공판 현장 취재.

46. 서울중앙지방법원 공판조서, '최원일 증인신문조서', "형사36부 2010고합1201 신상철 명예훼손 사건", 2012년 6월 11일, 24~26쪽. 공판 현장 취재.

47. 서울중앙지방법원 공판조서, '최원일 증인신문조서', "형사36부 2010고합1201 신상철

명예훼손 사건", 2012년 6월 11일, 34~36쪽. 공판 현장 취재.

48. 서울중앙지방법원 공판조서, '최원일 증인신문조서', "형사36부 2010고합1201 신상철 명예훼손 사건", 2012년 6월 11일, 37쪽. 공판 현장 취재.

49. 서울중앙지방법원 공판조서, '최원일 증인신문조서', "형사36부 2010고합1201 신상철 명예훼손 사건", 2012년 6월 11일, 32~33쪽. 공판 현장 취재.

50. 조현호 기자, 〈천안함장 "맡은 바 임무 다했다… 경계실패 책임 없다"〉, 《미디어오늘》 온라인, 2012년 6월 12일.

51. 서울중앙지방법원 공판조서, '이용기 증인신문조서', "형사36부 2010고합1201 신상철 명예훼손 사건", 2012년 6월 11일, 4~7쪽. 공판 현장 취재.

52. 서울중앙지방법원 공판조서, '이용기 증인신문조서', "형사36부 2010고합1201 신상철 명예훼손 사건", 2012년 6월 11일, 7~11쪽. 공판 현장 취재.

53. 서울중앙지방법원 공판조서, '공창표 증인신문조서', "형사36부 2010고합1201 신상철 명예훼손 사건", 2012년 7월 9일, 9~11쪽. 공판 현장 취재.

54. 서울중앙지방법원 공판조서, '박연수 증인신문조서', "형사36부 2010고합1201 신상철 명예훼손 사건", 2012년 7월 9일, 6쪽. 공판 현장 취재.

55. 서울중앙지방법원 공판조서, '박연수 증인신문조서', "형사36부 2010고합1201 신상철 명예훼손 사건", 2012년 7월 9일, 24~25쪽. 공판 현장 취재.

56. 서울중앙지방법원 공판조서, '박연수 증인신문조서', "형사36부 2010고합1201 신상철 명예훼손 사건", 2012년 7월 9일, 9~10쪽. 공판 현장 취재.

57. 서울중앙지방법원 공판조서, '박연수 증인신문조서', "형사36부 2010고합1201 신상철 명예훼손 사건", 2012년 7월 9일, 11~12쪽, 21~22쪽. 공판 현장 취재.

58. 서울중앙지방법원 공판조서, '박연수 증인신문조서', "형사36부 2010고합1201 신상철 명예훼손 사건", 2012년 7월 9일, 16쪽. 공판 현장 취재.

59. 서울중앙지방법원 공판조서, '박연수 증인신문조서', "형사36부 2010고합1201 신상철 명예훼손 사건", 2012년 7월 9일, 17쪽, 33쪽. 공판 현장 취재.

60. 서울중앙지방법원 공판조서, '박연수 증인신문조서', "형사36부 2010고합1201 신상철 명예훼손 사건", 2012년 7월 9일, 20~21쪽. 공판 현장 취재.

61. 서울중앙지방법원 공판조서, '황보상준 증인신문조서', "형사36부 2010고합1201 신상철 명예훼손 사건", 2012년 8월 27일, 6~7쪽. 공판 현장 취재.

62. 서울중앙지방법원 공판조서, '황보상준 증인신문조서', "형사36부 2010고합1201 신상철 명예훼손 사건", 2012년 8월 27일, 8~9쪽. 공판 현장 취재.

63. 서울중앙지방법원 공판조서, '황보상준 증인신문조서', "형사36부 2010고합1201 신상철 명예훼손 사건", 2012년 8월 27일, 18~20쪽, 21쪽. 공판 현장 취재.

64. 서울중앙지방법원 공판조서, '황보상준 증인신문조서', "형사36부 2010고합1201 신상철 명예훼손 사건", 2012년 8월 27일, 20쪽. 공판 현장 취재.

65. 서울중앙지방법원 공판조서, '황보상준 증인신문조서', "형사36부 2010고합1201 신상

철 명예훼손 사건", 2012년 8월 27일, 26쪽. 공판 현장 취재.

66. 서울중앙지방법원 공판조서, '황보상준 증인신문조서', "형사36부 2010고합1201 신상
철 명예훼손 사건", 2012년 8월 27일, 8, 10쪽. 공판 현장 취재.

67. 서울중앙지방법원 공판조서, '황보상준 증인신문조서', "형사36부 2010고합1201 신상
철 명예훼손 사건", 2012년 8월 27일, 21~22쪽. 공판 현장 취재.

68. 서울중앙지방법원 공판조서, '황보상준 증인신문조서', "형사36부 2010고합1201 신상
철 명예훼손 사건", 2012년 8월 27일, 23쪽. 공판 현장 취재.

69. 서울중앙지방법원 공판조서, '황보상준 증인신문조서', "형사36부 2010고합1201 신상
철 명예훼손 사건", 2012년 8월 27일, 5쪽. 공판 현장 취재.

70. 서울중앙지방법원 공판조서, '황보상준 증인신문조서', "형사36부 2010고합1201 신상
철 명예훼손 사건", 2012년 8월 27일, 23, 30쪽. 공판 현장 취재.

71. 서울중앙지방법원 공판조서, '황보상준 증인신문조서', "형사36부 2010고합1201 신상
철 명예훼손 사건", 2012년 8월 27일, 26~27쪽. 공판 현장 취재.

72. 서울중앙지방법원 공판조서, '허순행 증인신문조서', "형사36부 2010고합1201 신상철
명예훼손 사건", 2012년 8월 27일, 5쪽.

73. 서울중앙지방법원 공판조서, '허순행 증인신문조서', "형사36부 2010고합1201 신상철
명예훼손 사건", 2012년 8월 27일, 15~18쪽. 공판 현장 취재.

74. 조현호 기자, 〈천안함 통신장 "어뢰로 보고하란 지시 받았다"〉, 《미디어오늘》 온라인,
2012년 8월 28일.

75. 서울중앙지방법원 공판조서, '허순행 증인신문조서', "형사36부 2010고합1201 신상철
명예훼손 사건", 2012년 8월 27일, 28쪽. 공판 현장 취재.

76. 서울중앙지방법원 공판조서, '허순행 증인신문조서', "형사36부 2010고합1201 신상철
명예훼손 사건", 2012년 8월 27일, 11~12쪽. 공판 현장 취재.

77. 서울중앙지방법원 공판조서, '김옥년 증인신문조서', "형사36부 2010고합1201 신상철
명예훼손 사건", 2012년 9월 24일, 15~16쪽. 공판 현장 취재.

78. 조현호 기자, 〈"천안함 CCTV 11개 시간 모두 달랐다"〉, 《미디어오늘》 온라인, 2012년
9월 26일. 서울중앙지방법원 공판조서, '김옥년 증인신문조서', "형사36부 2010고합
1201 신상철 명예훼손 사건", 2012년 8월 27일, 16~17쪽, 21~22쪽 참조. 공판 현장
취재.

79. 서울중앙지방법원 공판조서, '이정국 증인신문조서', "형사36부 2010고합1201 신상철
명예훼손 사건", 2012년 10월 22일, 4~5쪽. 공판 현장 취재.

80. 서울중앙지방법원 공판조서, '이정국 증인신문조서', "형사36부 2010고합1201 신상철
명예훼손 사건", 2012년 10월 22일, 6쪽. 공판 현장 취재.

81. 서울중앙지방법원 공판조서, '이정국 증인신문조서', "형사36부 2010고합1201 신상철
명예훼손 사건", 2012년 10월 22일, 8~9쪽. 공판 현장 취재.

82. 서울중앙지방법원 공판조서, '김승창 증인신문조서', "형사36부 2010고합1201 신상철

명예훼손 사건", 2012년 11월 26일, 3~5쪽. 공판 현장 취재.

83. 서울중앙지방법원 공판조서, '김승창 증인신문조서', "형사36부 2010고합1201 신상철 명예훼손 사건", 2012년 11월 26일, 7쪽, 9쪽. 공판 현장 취재.

84. 서울중앙지방법원 공판조서, '김승창 증인신문조서', "형사36부 2010고합1201 신상철 명예훼손 사건", 2012년 11월 26일, 10쪽. 공판 현장 취재.

85. 서울중앙지방법원 공판조서, '박일석 증인신문조서', "형사36부 2010고합1201 신상철 명예훼손 사건", 2012년 12월 17일, 3~4쪽. 공판 현장 취재.

86. 서울중앙지방법원 공판조서, '박일석 증인신문조서', "형사36부 2010고합1201 신상철 명예훼손 사건", 2012년 12월 17일, 7쪽. 공판 현장 취재.

87. 서울중앙지방법원 공판조서, '박일석 증인신문조서', "형사36부 2010고합1201 신상철 명예훼손 사건", 2012년 12월 17일, 10쪽. 공판 현장 취재.

88. 서울중앙지방법원 공판조서, '박일석 증인신문조서', "형사36부 2010고합1201 신상철 명예훼손 사건", 2012년 12월 17일, 5쪽. 공판 현장 취재.

89. 서울중앙지방법원 공판조서, '박일석 증인신문조서', "형사36부 2010고합1201 신상철 명예훼손 사건", 2012년 12월 17일, 12쪽. 공판 현장 취재.

90. 서울중앙지방법원 공판조서, '박일석 증인신문조서', "형사36부 2010고합1201 신상철 명예훼손 사건", 2012년 12월 17일, 12쪽. 공판 현장 취재.

91. 서울중앙지방법원 공판조서, '김광보 증인신문조서', "형사36부 2010고합1201 신상철 명예훼손 사건", 2012년 12월 17일, 4쪽. 공판 현장 취재.

92. 서울중앙지방법원 공판조서, '김광보 증인신문조서', "형사36부 2010고합1201 신상철 명예훼손 사건", 2012년 12월 17일, 5~6쪽.

93. 서울중앙지방법원 공판조서, '김광보 증인신문조서', "형사36부 2010고합1201 신상철 명예훼손 사건", 2012년 12월 17일, 10쪽.

94. 조현호 기자, 〈천안함 재판 3년간 군 조사목록도 제출안했다〉, 《미디어오늘》 온라인, 2013년 11월 12일.

95. 서울중앙지방법원 공판조서, '김기택 증인신문조서', "형사36부 2010고합1201 신상철 명예훼손 사건", 2013년 12월 9일, 11쪽. 공판 현장 취재.

96. 서울중앙지방법원 공판조서, '김기택 증인신문조서', "형사36부 2010고합1201 신상철 명예훼손 사건", 2013년 12월 9일, 6쪽. 공판 현장 취재.

97. 서울중앙지방법원 공판조서, '김기택 증인신문조서', "형사36부 2010고합1201 신상철 명예훼손 사건", 2013년 12월 9일, 13~14쪽. 공판 현장 취재.

98. 조현호 기자, 〈천안함 음탐사 "사고순간 이상신호 감지된 것 없었다"〉, 《미디어오늘》 온라인, 2013년 12월 10일.

99. 서울중앙지방법원 공판조서, '이병일 증인신문조서', "형사36부 2010고합1201 신상철 명예훼손 사건", 2013년 12월 9일, 7쪽. 공판 현장 취재.

100. 서울중앙지방법원 공판조서, '이병일 증인신문조서', "형사36부 2010고합1201 신상철

명예훼손 사건", 2013년 12월 9일, 7~8쪽. 공판 현장 취재.

101. 서울중앙지방법원 공판조서, '이병일 증인신문조서', "형사36부 2010고합1201 신상철 명예훼손 사건", 2013년 12월 9일, 13~14쪽. 공판 현장 취재.

102. 서울중앙지방법원 공판조서, '이병일 증인신문조서', "형사36부 2010고합1201 신상철 명예훼손 사건", 2013년 12월 9일, 14~15쪽. 공판 현장 취재.

103. 서울중앙지방법원 공판조서, '이광희 증인신문조서', "형사36부 2010고합1201 신상철 명예훼손 사건", 2014년 1월 13일, 2~4. 공판 현장 취재.

104. 서울중앙지방법원 공판조서, '이광희 증인신문조서', "형사36부 2010고합1201 신상철 명예훼손 사건", 2014년 1월 13일, 6~8쪽. 공판 현장 취재.

105. 서울중앙지방법원 공판조서, '이광희 증인신문조서', "형사36부 2010고합1201 신상철 명예훼손 사건", 2014년 1월 13일, 19쪽. 공판 현장 취재.

106. 서울중앙지방법원 공판조서, '이광희 증인신문조서', "형사36부 2010고합1201 신상철 명예훼손 사건", 2014년 1월 13일, 18쪽, 21쪽.

107. 서울중앙지방법원 공판조서, '박정수 증인신문조서', "형사36부 2010고합1201 신상철 명예훼손 사건", 2014년 1월 13일, 20쪽, 22쪽. 공판 현장 취재.

108. 서울중앙지방법원 공판조서, '박정수 증인신문조서', "형사36부 2010고합1201 신상철 명예훼손 사건", 2014년 1월 13일, 28~30쪽. 공판 현장 취재.

109. 서울중앙지방법원 공판조서, '박정수 증인신문조서', "형사36부 2010고합1201 신상철 명예훼손 사건", 2014년 1월 13일, 27쪽, 30~32쪽. 공판 현장 취재.

110. 서울중앙지방법원 공판조서, '박정수 증인신문조서', "형사36부 2010고합1201 신상철 명예훼손 사건", 2014년 1월 13일, 22쪽, 36~37쪽. 공판 현장 취재.

111. 서울중앙지방법원 공판조서, '박정수 증인신문조서', "형사36부 2010고합1201 신상철 명예훼손 사건", 2014년 1월 13일, 43쪽. 공판 현장 취재.

112. 서울중앙지방법원 공판조서, '박정수 증인신문조서', "형사36부 2010고합1201 신상철 명예훼손 사건", 2014년 1월 13일, 53쪽. 공판 현장 취재.

113. 서울중앙지방법원 공판조서, '박정수 증인신문조서', "형사36부 2010고합1201 신상철 명예훼손 사건", 2014년 1월 13일, 27쪽, 54~55쪽. 공판 현장 취재.

114. 조현호·강성원 기자, 〈천안함 3년 넘게 해외조사단 정체도 오리무중〉, 《미디어오늘》 온라인, 2014년 1월 14일.

115. 서울중앙지방법원 공판조서, '이재혁 증인신문조서', "형사36부 2010고합1201 신상철 명예훼손 사건", 2014년 2월 10일, 53쪽. 공판 현장 취재.

116. 조현호 기자, 〈천안함 의문 '멀쩡한 형광등'…군장교 "풍선들고 타도 안터져"〉, 〈미디어 오늘〉 온라인, 2014년 2월 12일.

117. 서울중앙지방법원 공판조서, '이재혁 증인신문조서', "형사36부 2010고합1201 신상철 명예훼손 사건", 2014년 4월 28일, 54~55쪽.

118. 서울중앙지방법원 공판조서, '이재혁 증인신문조서', "형사36부 2010고합1201 신상철

명예훼손 사건", 2014년 4월 28일, 42~43쪽.

119. 서울중앙지방법원 공판조서, '이재혁 증인신문조서', "형사36부 2010고합1201 신상철 명예훼손 사건", 2014년 4월 28일, 44~45쪽.

120. 서울중앙지방법원 공판조서, '정정훈 증인신문조서', "형사36부 2010고합1201 신상철 명예훼손 사건", 2014년 4월 28일, 35~36쪽.

121. 서울중앙지방법원 공판조서, '정정훈 증인신문조서', "형사36부 2010고합1201 신상철 명예훼손 사건", 2014년 4월 28일, 41쪽.

122. 서울중앙지방법원 공판조서, '정정훈 증인신문조서', "형사36부 2010고합1201 신상철 명예훼손 사건", 2014년 4월 28일, 49쪽.

123. 서울중앙지방법원 공판조서, '정정훈 증인신문조서', "형사36부 2010고합1201 신상철 명예훼손 사건", 2014년 4월 28일, 44~45쪽.

124. 서울중앙지방법원 공판조서, '정정훈 증인신문조서', "형사36부 2010고합1201 신상철 명예훼손 사건", 2014년 4월 28일, 40쪽.

125. 서울중앙지방법원 공판조서, '정정훈 증인신문조서', "형사36부 2010고합1201 신상철 명예훼손 사건", 2014년 4월 28일, 43쪽.

126. 서울중앙지방법원 공판조서, '정정훈 증인신문조서', "형사36부 2010고합1201 신상철 명예훼손 사건", 2014년 4월 28일, 38쪽.

127. 서울중앙지방법원 공판조서, '정정훈 증인신문조서', "형사36부 2010고합1201 신상철 명예훼손 사건", 2014년 4월 28일, 18~19쪽.

128. 서울중앙지방법원 공판조서, '정정훈 증인신문조서', "형사36부 2010고합1201 신상철 명예훼손 사건", 2014년 4월 28일, 22쪽.

129. 서울중앙지방법원 공판조서, '정정훈 증인신문조서', "형사36부 2010고합1201 신상철 명예훼손 사건", 2014년 4월 28일, 24쪽.

130. 서울중앙지방법원 공판조서, '정정훈 증인신문조서', "형사36부 2010고합1201 신상철 명예훼손 사건", 2014년 4월 28일, 30~31쪽.

131. 서울중앙지방법원 공판조서, '정정훈 증인신문조서', "형사36부 2010고합1201 신상철 명예훼손 사건", 2014년 4월 28일, 27~28쪽.

132. 서울중앙지방법원 공판조서, '송광남 증인신문조서', "형사36부 2010고합1201 신상철 명예훼손 사건", 2014년 5월 26일, 8~9쪽. 공판 현장 취재.

133. 서울중앙지방법원 공판조서, '송광남 증인신문조서', "형사36부 2010고합1201 신상철 명예훼손 사건", 2014년 5월 26일, 9~10쪽. 공판 현장 취재.

134. 조현호 기자, 〈군법무관 "천안함 신상철 고소 윗선 지침에 따른 것"〉, 2014년 5월 27일.

135. 서울중앙지방법원 공판조서, '손광익 증인신문조서', "형사36부 2010고합1201 신상철 명예훼손 사건", 2014년 5월 26일, 6쪽. 공판 현장 취재.

136. 서울중앙지방법원 공판조서, '권태석 증인신문조서', "형사36부 2010고합1201 신상철 명예훼손 사건", 2014년 6월 23일, 63~64쪽.

137. 서울중앙지방법원 공판조서, '권태석 증인신문조서', "형사36부 2010고합1201 신상철 명예훼손 사건", 2014년 6월 23일, 64~65쪽.

138. 서울중앙지방법원 공판조서, '권태석 증인신문조서', "형사36부 2010고합1201 신상철 명예훼손 사건", 2014년 6월 23일, 72쪽.

139. 서울중앙지방법원 공판조서, '권태석 증인신문조서', "형사36부 2010고합1201 신상철 명예훼손 사건", 2014년 6월 23일, 53쪽, 55쪽

140. 서울중앙지방법원 공판조서, '권태석 증인신문조서', "형사36부 2010고합1201 신상철 명예훼손 사건", 2014년 6월 23일, 39~41쪽.

141. 서울중앙지방법원 공판조서, '권태석 증인신문조서', "형사36부 2010고합1201 신상철 명예훼손 사건", 2014년 6월 23일, 41쪽.

142. 서울중앙지방법원 공판조서, '권태석 증인신문조서', "형사36부 2010고합1201 신상철 명예훼손 사건", 2014년 6월 23일, 45~46쪽.

143. 서울중앙지방법원 공판조서, '김인주 증인신문조서', "형사36부 2010고합1201 신상철 명예훼손 사건", 2014년 7월 21일, 4~5쪽. 공판 현장 취재.

144. 서울중앙지방법원 공판조서, '김인주 증인신문조서', "형사36부 2010고합1201 신상철 명예훼손 사건", 2014년 7월 21일, 6~7쪽. 공판 현장 취재.

145. 서울중앙지방법원 공판조서, '김인주 증인신문조서', "형사36부 2010고합1201 신상철 명예훼손 사건", 2014년 7월 21일, 32쪽. 공판 현장 취재.

146. 서울중앙지방법원 공판조서, '김인주 증인신문조서', "형사36부 2010고합1201 신상철 명예훼손 사건", 2014년 7월 21일, 37쪽. 공판 현장 취재.

147. 서울중앙지방법원 공판조서, '김인주 증인신문조서', "형사36부 2010고합1201 신상철 명예훼손 사건", 2014년 7월 21일, 48쪽. 공판 현장 취재.

148. 서울중앙지방법원 공판조서, '김남식 증인신문조서', "형사36부 2010고합1201 신상철 명예훼손 사건", 2014년 7월 21일, 13~16쪽. 공판 현장 취재.

149. 서울중앙지방법원 공판조서, '김남식 증인신문조서', "형사36부 2010고합1201 신상철 명예훼손 사건", 2014년 7월 21일, 20~21쪽. 공판 현장 취재.

150. 서울중앙지방법원 공판조서, '김남식 증인신문조서', "형사36부 2010고합1201 신상철 명예훼손 사건", 2014년 7월 21일, 24~25쪽. 공판 현장 취재.

151. 서울중앙지방법원 공판조서, '김남식 증인신문조서', "형사36부 2010고합1201 신상철 명예훼손 사건", 2014년 7월 21일, 27~28쪽. 공판 현장 취재.

152. 서울중앙지방법원 공판조서, '김남식 증인신문조서', "형사36부 2010고합1201 신상철 명예훼손 사건", 2014년 7월 21일, 30~31쪽. 공판 현장 취재.

153. 서울중앙지방법원 공판조서, '김남식 증인신문조서', "형사36부 2010고합1201 신상철 명예훼손 사건", 2014년 7월 21일, 31~32쪽. 공판 현장 취재.

154. 서울중앙지방법원 공판조서, '김남식 증인신문조서', "형사36부 2010고합1201 신상철 명예훼손 사건", 2014년 7월 21일, 42~43쪽. 공판 현장 취재.

155. 서울중앙지방법원 공판조서, '채종찬 증인신문조서', "형사36부 2010고합1201 신상철 명예훼손 사건", 2014년 7월 21일, 2쪽. 공판 현장 취재

156. 서울중앙지방법원 공판조서, '채종찬 증인신문조서', "형사36부 2010고합1201 신상철 명예훼손 사건", 2014년 7월 21일, 5쪽. 공판 현장 취재.

157. 서울중앙지방법원 공판조서, '채종찬 증인신문조서', "형사36부 2010고합1201 신상철 명예훼손 사건", 2014년 7월 21일, 5~6쪽. 공판 현장 취재.

158. 국방부가 검찰을 통해 법정에 제출한 어뢰추진체 인양 후 장면이 촬영된 동영상 파일은 모두 3개이다. 각각 3분 50초, 1분 17초, 1분 32초 길이로 구성돼 있다.

159. 서울중앙지방법원 공판조서, '채종찬 증인신문조서', "형사36부 2010고합1201 신상철 명예훼손 사건", 2014년 7월 21일, 6~7쪽. 공판 현장 취재.

160. 권영대, 《폭침 어뢰를 찾다!》, 조갑제닷컴, 188~189쪽.

161. 서울중앙지방법원 공판조서, '채종찬 증인신문조서', "형사36부 2010고합1201 신상철 명예훼손 사건", 2014년 7월 21일, 9~10쪽. 공판 현장 취재.

162. 서울중앙지방법원 공판조서, '채종찬 증인신문조서', "형사36부 2010고합1201 신상철 명예훼손 사건", 2014년 7월 21일, 12~13쪽. 공판 현장 취재.

163. 서울중앙지방법원 공판조서, '채종찬 증인신문조서', "형사36부 2010고합1201 신상철 명예훼손 사건", 2014년 7월 21일, 18쪽. 공판 현장 취재.

164. 서울중앙지방법원 공판조서, '이재홍 증인신문조서', "형사36부 2010고합1201 신상철 명예훼손 사건", 2014년 9월 15일, 2~3쪽. 공판 현장 취재.

165. 서울중앙지방법원 공판조서, '이재홍 증인신문조서', "형사36부 2010고합1201 신상철 명예훼손 사건", 2014년 9월 15일, 5쪽. 공판 현장 취재.

166. 서울중앙지방법원 공판조서, '이재홍 증인신문조서', "형사36부 2010고합1201 신상철 명예훼손 사건", 2014년 9월 15일, 4쪽, 6~7쪽. 공판 현장 취재.

167. 서울중앙지방법원 공판조서, '이재홍 증인신문조서', "형사36부 2010고합1201 신상철 명예훼손 사건", 2014년 9월 15일, 11~12쪽. 공판 현장 취재.

168. 서울중앙지방법원 공판조서, '이재홍 증인신문조서', "형사36부 2010고합1201 신상철 명예훼손 사건", 2014년 9월 15일, 17~18쪽. 공판 현장 취재.

169. 서울중앙지방법원 공판조서, '조오근 증인신문조서', "형사36부 2010고합1201 신상철 명예훼손 사건", 2014년 9월 15일, 5~6쪽, 18쪽. 공판 현장 취재.

170. 서울중앙지방법원 공판조서, '조오근 증인신문조서', "형사36부 2010고합1201 신상철 명예훼손 사건", 2014년 9월 15일, 8~9쪽, 18쪽. 공판 현장 취재.

171. 조현호 기자, 〈1분40초 늦다던 천안함 TOD…초병 "손목시계에 맞췄다"〉, 《미디어오늘》 온라인, 2014년 10월 11일.

172. 서울중앙지방법원 공판조서, '이재홍 증인신문조서', "형사36부 2010고합1201 신상철 명예훼손 사건", 2014년 9월 15일, 16쪽. 공판 현장 취재.

173. 조현호 기자, 〈[영상] 천안함 TOD 반파직후 '미상의 점(물체)' 존재 확인〉, 《미디어오

늘》온라인, 2014년 9월 18일.

174. 서울중앙지방법원 공판조서, '이재명 증인신문조서', "형사36부 2010고합1201 신상철 명예훼손 사건", 2014년 9월 15일, 13쪽.

175. 서울중앙지방법원 공판조서, '이재명 증인신문조서', "형사36부 2010고합1201 신상철 명예훼손 사건", 2014년 9월 15일, 14~15쪽.

176. 서울중앙지방법원 공판조서, '이재명 증인신문조서', "형사36부 2010고합1201 신상철 명예훼손 사건", 2014년 9월 15일, 21쪽.

177. 서울중앙지방법원 공판조서, '이재명 증인신문조서', "형사36부 2010고합1201 신상철 명예훼손 사건", 2014년 9월 15일, 22쪽.

178. 서울중앙지방법원 공판조서, '이재명 증인신문조서', "형사36부 2010고합1201 신상철 명예훼손 사건", 2014년 9월 15일, 24쪽.

179. 서울중앙지방법원 공판조서, '이재명 증인신문조서', "형사36부 2010고합1201 신상철 명예훼손 사건", 2014년 9월 15일, 25쪽.

180. 서울중앙지방법원 공판조서, '황을하 증인신문조서', "형사36부 2010고합1201 신상철 명예훼손 사건", 2014년 9월 29일, 11~12쪽. 공판 현장 취재.

181. 서울중앙지방법원 공판조서, '황을하 증인신문조서', "형사36부 2010고합1201 신상철 명예훼손 사건", 2014년 9월 29일, 21~23쪽. 공판 현장 취재.

182. 서울중앙지방법원 공판조서, '황을하 증인신문조서', "형사36부 2010고합1201 신상철 명예훼손 사건", 2014년 9월 29일, 33~34쪽. 공판 현장 취재.

183. 서울중앙지방법원 공판조서, '황을하 증인신문조서', "형사36부 2010고합1201 신상철 명예훼손 사건", 2014년 9월 29일, 48쪽. 공판 현장 취재.

184. 서울중앙지방법원 공판조서, '황을하 증인신문조서', "형사36부 2010고합1201 신상철 명예훼손 사건", 2014년 9월 29일, 28~29쪽. 공판 현장 취재.

185. 서울중앙지방법원 공판조서, '황을하 증인신문조서', "형사36부 2010고합1201 신상철 명예훼손 사건", 2014년 9월 29일, 34~36쪽. 공판 현장 취재.

186. 조현호 기자, '천안함 폭발분과위원 "북한어뢰 폭약량 크기 모른다"', 《미디어오늘》온 라인, 2014년 9월 30일.

187. 조현호 기자, 〈천안함 전탐장 "'쿵~쾅' 다른 함정과 부딪힌 소리로 알았다"〉, 《미디어 오늘》온라인, 2014년 10월 28일.

188. 서울중앙지방법원 공판조서, '김수길 증인신문조서', "형사36부 2010고합1201 신상철 명예훼손 사건", 2014년 10월27일, 2쪽. 필자의 공판 현장취재

184. 서울중앙지방법원 공판조서, '김수길 증인신문조서', "형사36부 2010고합1201 신상철 명예훼손 사건", 2014년 10월 27일, 6쪽. 공판 현장 취재.

190. 서울중앙지방법원 공판조서, '김수길 증인신문조서', "형사36부 2010고합1201 신상철 명예훼손 사건", 2014년 10월 27일, 9~10쪽. 공판 현장 취재.

191. 서울중앙지방법원 공판조서, '김수길 증인신문조서', "형사36부 2010고합1201 신상철

명예훼손 사건", 2014년 10월 27일, 12쪽. 공판 현장 취재.

192. 서울중앙지방법원 공판조서, '김수길 증인신문조서', "형사36부 2010고합1201 신상철 명예훼손 사건", 2014년 10월 27일, 3~4쪽, 6쪽. 공판 현장 취재.

193. 서울중앙지방법원 공판조서, '김수길 증인신문조서', "형사36부 2010고합1201 신상철 명예훼손 사건", 2014년 10월 27일, 26쪽, 6쪽. 공판 현장 취재.

194. 서울중앙지방법원 공판조서, '김수길 증인신문조서', "형사36부 2010고합1201 신상철 명예훼손 사건", 2014년 10월 27일, 29~30쪽. 공판 현장 취재.

195. 서울중앙지방법원 공판조서, '정영호 증인신문조서', "형사36부 2010고합1201 신상철 명예훼손 사건", 2014년 11월 24일, 3쪽. 공판 현장 취재.

196. 서울중앙지방법원 공판조서, '성기룡 증인신문조서', "형사36부 2010고합1201 신상철 명예훼손 사건", 2014년 11월 24일, 3쪽. 공판 현장 취재.

197. 서울중앙지방법원 공판조서, '성기룡 증인신문조서', "형사36부 2010고합1201 신상철 명예훼손 사건", 2014년 11월 24일, 6~7쪽. 공판 현장 취재.

198. 조현호 기자, 〈천안함 의무대장 "희생자 사인은 미상으로 작성했다"〉, 《미디어오늘》 온라인, 2014년 11월 25일.

199. 서울중앙지방법원 공판조서, '홍승현 증인신문조서', "형사36부 2010고합1201 신상철 명예훼손 사건", 2014년 11월 24일, 14~15쪽. 공판 현장 취재.

200. 서울중앙지방법원 공판조서, '홍승현 증인신문조서', "형사36부 2010고합1201 신상철 명예훼손 사건", 2014년 11월 24일, 4~5쪽. 공판 현장 취재.

201. 서울중앙지방법원 공판조서, '전준영 증인신문조서', "형사36부 2010고합1201 신상철 명예훼손 사건", 2014년 12월 22일, 6쪽. 공판 현장 취재.

202. 서울중앙지방법원 공판조서, '안재근 증인신문조서', "형사36부 2010고합1201 신상철 명예훼손 사건", 2014년 12월 22일, 7~8쪽. 공판 현장 취재.

203. 조현호 기자, 〈천안함 병기병 "사고순간 '충돌음, 길게 찢기는 소리' 들었다"〉, 《미디어오늘》 온라인, 2014년 12월 23일.

204. 조현호 기자, 〈천안함 CCTV 기능확인서-미드텍스와 상이군경회 진위 논란〉, 《미디어오늘》 온라인, 2015년 2월 1일.

205. 서울중앙지방법원 공판조서, '김유훈 증인신문조서', "형사36부 2010고합1201 신상철 명예훼손 사건", 2015년 4월 20일, 6쪽. 공판 현장 취재.

206. 서울중앙지방법원 공판조서, '김유훈 증인신문조서', "형사36부 2010고합1201 신상철 명예훼손 사건", 2015년 4월 20일, 8쪽. 공판 현장 취재.

207. 서울중앙지방법원 공판조서, '김유훈 증인신문조서', "형사36부 2010고합1201 신상철 명예훼손 사건", 2015년 4월 20일, 10쪽. 공판 현장 취재.

208. 조현호 기자, 〈국과수 법의관 "천안함 시신 36명 사인 미상, 익사 추정"〉, "미디어오늘" 온라인, 2015년 4월 21일.

209. 서울중앙지방법원 공판조서, '신희한 증인신문조서', "형사36부 2010고합1201 신상철

명예훼손 사건", 2015년 5월 11일, 8쪽. 공판 현장 취재.

210. 서울중앙지방법원 공판조서, '이종인 증인신문조서', "형사36부 2010고합1201 신상철 명예훼손 사건", 2015년 5월 11일, 8~9쪽. 공판 현장 취재.

211. 서울중앙지방법원 공판조서, '이종인 증인신문조서', "형사36부 2010고합1201 신상철 명예훼손 사건", 2015년 5월 11일, 9쪽. 공판 현장 취재.

212. 대한민국 국방부, '합조단 피격사건 합동조사결과 보고서', 2010년 9월, 51쪽, 그림 2장-1-6 '천안함 절단면 파괴특성 분석 결과.

213. 대한민국 국방부, '합조단 피격사건 합동조사결과 보고서', 2010년 9월, 53쪽, 그림 2장-1-9 '천안함 절단면 형상'.

214. 서울중앙지방법원 공판조서, '이종인 증인신문조서', "형사36부 2010고합1201 신상철 명예훼손 사건", 2015년 5월 11일, 15쪽. 공판 현장 취재.

215. 서울중앙지방법원 공판조서, '이종인 증인신문조서', "형사36부 2010고합1201 신상철 명예훼손 사건", 2015년 5월 11일, 19~20쪽. 공판 현장 취재.

216. 조현호 기자, 〈이종인 법정증언 "천안함 함안정기, 폭발 아닌 좌초 흔적"〉, 《미디어오늘》 온라인, 2015년 5월 13일.

217. 서울중앙지방법원 공판조서, '노인식 증인신문조서', "형사36부 2010고합1201 신상철 명예훼손 사건", 2015년 6월 8일, 39쪽. 공판 현장 취재.

218. 서울중앙지방법원 공판조서, '노인식 증인신문조서', "형사36부 2010고합1201 신상철 명예훼손 사건", 2015년 6월 8일, 44~45쪽. 공판 현장 취재.

219. 서울중앙지방법원 공판조서, '노인식 증인신문조서', "형사36부 2010고합1201 신상철 명예훼손 사건", 2015년 6월8일, 10~11쪽. 필자의 공판 현장취재

220. 서울중앙지방법원 공판조서, '노인식 증인신문조서', "형사36부 2010고합1201 신상철 명예훼손 사건", 2015년 6월 8일, 12쪽. 공판 현장 취재.

221. 서울중앙지방법원 공판조서, '노인식 증인신문조서', "형사36부 2010고합1201 신상철 명예훼손 사건", 2015년 6월 8일, 22~24쪽. 공판 현장 취재.

222. 서울중앙지방법원 공판조서, '노인식 증인신문조서', "형사36부 2010고합1201 신상철 명예훼손 사건", 2015년 6월 8일, 6~7쪽. 공판 현장 취재.

223. 조현호 기자, 〈"폭발로 천안함 프로펠러 손상, 규명할 실력 안돼"〉, 《미디어오늘》 온라인, 2015년 6월 9일.

224. 서울중앙지방법원 공판조서, '이헌규 증인신문조서', "형사36부 2010고합1201 신상철 명예훼손 사건", 2015년 6월 8일, 13~14쪽.

225. 서울중앙지방법원 공판조서, '이헌규 증인신문조서', "형사36부 2010고합1201 신상철 명예훼손 사건", 2015년 6월 8일, 15쪽.

226. 서울중앙지방법원 공판조서, '이헌규 증인신문조서', "형사36부 2010고합1201 신상철 명예훼손 사건", 2015년 6월 8일, 16쪽.

227. 서울중앙지방법원 공판조서, '이헌규 증인신문조서', "형사36부 2010고합1201 신상철

명예훼손 사건", 2015년 6월 8일, 35쪽.

228. 서울중앙지방법원 공판조서, '이헌규 증인신문조서', "형사36부 2010고합1201 신상철 명예훼손 사건", 2015년 6월 8일, 49쪽.

229. 조현호 기자, 〈제3의 부표 UDT동지회장이 연 해치문 정체는〉, 《미디어오늘》 온라인, 2015년 6월 24일.

230. 서울중앙지방법원 공판조서, '문병옥 증인신문조서', "형사36부 2010고합1201 신상철 명예훼손 사건", 2015년 6월 8일, 12~14쪽.

231. 서울중앙지방법원 공판조서, '문병옥 증인신문조서', "형사36부 2010고합1201 신상철 명예훼손 사건", 2015년 6월 8일, 15쪽.

232. 서울중앙지방법원 공판조서, '문병옥 증인신문조서', "형사36부 2010고합1201 신상철 명예훼손 사건", 2015년 6월 8일, 15~16쪽.

233. 서울중앙지방법원 공판조서, '문병옥 증인신문조서', "형사36부 2010고합1201 신상철 명예훼손 사건", 2015년 6월 8일, 16~17쪽.

234. 서울중앙지방법원 공판조서, '문병옥 증인신문조서', "형사36부 2010고합1201 신상철 명예훼손 사건", 2015년 6월 8일, 26~27쪽.

235. 서울중앙지방법원 공판조서, '문병옥 증인신문조서', "형사36부 2010고합1201 신상철 명예훼손 사건", 2015년 6월 8일, 17~18쪽.

236. 조현호 기자, 〈노종면 전 국민TV 국장, "합조단 제시한 모든 증거가 모순"〉, 《미디어오늘》 온라인, 2015년 7월 20일. 서울중앙지방법원 공판조서, '노종면 증인신문조서', "형사36부 2010고합1201 신상철 명예훼손 사건", 2015년 7월 13일 조서내용 전체 참조. 공판 현장 취재.

237. 서울중앙지방법원 공판조서, '김갑태 증인신문조서', "형사36부 2010고합1201 신상철 명예훼손 사건", 2015년 7월 13일, 10~11쪽.

238. 서울중앙지방법원 공판조서, '김갑태 증인신문조서', "형사36부 2010고합1201 신상철 명예훼손 사건", 2015년 7월 13일, 12~13쪽.

239. 서울중앙지방법원 공판조서, '김갑태 증인신문조서', "형사36부 2010고합1201 신상철 명예훼손 사건", 2015년 7월 13일, 20~21쪽.

240. 대한민국 국방부, 《천안함 피격사건 합동조사결과 보고서》, 2010년 9월, 244쪽-함미의 경우 시료 1은 거의 1대 1임(그림부록 Ⅴ-2-3). 같은 보고서 249쪽-함수와 연돌에서 나온 시료1의 경우 1.1대 1 정도까지 나옴(그림부록 Ⅴ-3-2).

241. 서울중앙지방법원 공판조서, '이승헌 증인신문조서', "형사36부 2010고합1201 신상철 명예훼손 사건", 2015년 7월 22일, 11쪽.

242. 서울중앙지방법원 공판조서, '서재정 증인신문조서', "형사36부 2010고합1201 신상철 명예훼손 사건", 2015년 7월 22일, 15쪽.

243. 서울중앙지방법원 공판조서, '서재정 증인신문조서', "형사36부 2010고합1201 신상철 명예훼손 사건", 2015년 7월 22일, 16~17쪽.

244. 조현호 기자, 〈서재정 교수 "천안함 둥그런 손상, 잠수함 충돌 밖에 설명 안돼"〉, 《미디어오늘》 온라인, 2015년 7월 24일.

245. 조현호 기자, 〈"천안함 의혹 제기했더니 대학에 쫓아내라 압박"〉, 《미디어오늘》 온라인, 2015년 7월 27일.

246. 서울중앙지방법원 공판조서, '송태호 증인신문조서', "형사36부 2010고합1201 신상철 명예훼손 사건", 2015년 8월 17일, 31~33쪽.

247. 서울중앙지방법원 공판조서, '송태호 증인신문조서', "형사36부 2010고합1201 신상철 명예훼손 사건", 2015년 8월 17일, 26~27쪽.

248. 대한민국 국방부, '국방부 일일 브리핑' 속기자료, 2010년 8월 2일, 23쪽.

249. 서울중앙지방법원 공판조서, '송태호 증인신문조서', "형사36부 2010고합1201 신상철 명예훼손 사건", 2015년 8월 17일, 41~42쪽.

250. 서울중앙지방법원 공판조서, '송태호 증인신문조서', "형사36부 2010고합1201 신상철 명예훼손 사건", 2015년 8월 17일, 41쪽.

251. 조현호 기자, 〈어뢰 맞았다는 천안함 100m나 떠내려간 이유는〉, 《미디어오늘》 온라인, 2010년 9월 3일.

252. 서울중앙지방법원 공판조서, '이근득 증인신문조서', "형사36부 2010고합1201 신상철 명예훼손 사건", 2015년 9월 16일, 5쪽, 필자의 공판 현장취재.

253. 서울중앙지방법원 공판조서, '이근득 증인신문조서', "형사36부 2010고합1201 신상철 명예훼손 사건", 2015년 9월 16일, 30~32쪽, 공판 현장 취재.

254. 서울중앙지방법원 공판조서, '이근득 증인신문조서', "형사36부 2010고합1201 신상철 명예훼손 사건", 2015년 9월 16일, 6~7쪽, 공판 현장 취재.

255. 서울중앙지방법원 공판조서, '이근득 증인신문조서', "형사36부 2010고합1201 신상철 명예훼손 사건", 2015년 9월 16일, 38~41쪽, 공판 현장 취재.

256. 조현호 기자, 〈합조단 위원 "천안함 흡착물질은 세상에 없는 물질"〉, 《미디어오늘》 온라인, 2015년 9월 16일. 서울중앙지방법원 공판조서, '이근득 증인신문조서', "형사36부 2010고합1201 신상철 명예훼손 사건", 2015년 9월 16일. 공판 현장 취재.

257. 서울중앙지방법원 공판조서, '이근득 증인신문조서', "형사36부 2010고합1201 신상철 명예훼손 사건", 2015년 10월 12일, 31~33쪽. 공판 현장 취재.

258. 서울중앙지방법원 공판조서, '윤덕용 증인신문조서', "형사36부 2010고합1201 신상철 명예훼손 사건", 2015년 10월 12일. 6쪽. 공판 현장 취재.

259. 자세한 영문자료는 아래 홈페이지 주소로 들어가면 확인할 수 있다. 2017년 3월 5일 오후 접속.
http://www.powershow.com/view1/1c555c-ZDc1Z/Mark-48_Torpedo_War_-_Shot_powerpoint_ppt_presentation

260. 조현호 기자, 〈합조단장, "호주 군함 폭발 절단면과 천안함이 비슷"〉, 《미디어오늘》 온라인, 2015년 10월 14일.

261. 서울중앙지방법원 공판조서, 형사36부 신상철 2010고합1201 명예훼손 사건 검증조서 (국방부, 해군2함대), 2015년 10월 26일, 11~12쪽.

262. 조현호 기자, 〈합조단, 천안함 1번어뢰·설계도 크기 다른 것 알고있었다〉, 《미디어오 늘》 온라인, 2015년 11월 14일.

263. 서울중앙지방법원 공판조서, '정기영 증인신문조서', "형사36부 2010고합1201 신상철 명예훼손 사건", 2015년 11월 13일. 9쪽. 공판 현장 취재.

264. 서울중앙지방법원 공판조서, '정기영 증인신문조서', "형사36부 2010고합1201 신상철 명예훼손 사건", 2015년 11월 13일. 31~32쪽. 공판 현장 취재.

265. 서울중앙지방법원 공판조서, '정기영 증인신문조서', "형사36부 2010고합1201 신상철 명예훼손 사건", 2015년 11월 13일. 23~24쪽. 공판 현장 취재.

266. 조현호 기자, 〈"천안함 흡착 유사한 물질, 실험실에서 생성 가능"〉, 《미디어오늘》 온라 인, 2015년 11월 16일.

6_ 언론은 천안함 사건을 어떻게 다뤄왔나?

1. 김상균·한희정, 〈천안함 침몰 사건과 미디어 통제: 탐사보도 프로그램 생산자 연구〉, 《한국언론정보학보》, 사단법인 한국언론정보학회, 2014 여름 통권 66호, 254쪽.

2. 김상균·한희정, 〈천안함 침몰 사건과 미디어 통제: 탐사보도 프로그램 생산자 연구〉, 《한국언론정보학보》, 사단법인 한국언론정보학회, 2014 여름 통권 66호, 255쪽.

3. 김상균·한희정, 〈천안함 침몰 사건과 미디어 통제: 탐사보도 프로그램 생산자 연구〉, 《한국언론정보학보》, 사단법인 한국언론정보학회, 2014 여름 통권 66호, 257쪽

4. 김상균·한희정, 〈천안함 침몰 사건과 미디어 통제: 탐사보도 프로그램 생산자 연구〉, 《한국언론정보학보》, 사단법인 한국언론정보학회, 2014 여름 통권 66호, 263쪽

5. 오철우, 〈천안함 '과학 논쟁'의 성격과 구조-민군 합동조사단JIG의 증거와 실행에 대한 논쟁을 중심으로〉, 서울대학교 대학원 협동과정 과학사 및 과학철학 전공 이학박사논 문, 2016년.

7_ 천안함 의문을 제기했던 사람들

1. 조현호 기자, 〈이정희 "천안함 분리순간 TOD영상 존재 사실"〉, 《미디어오늘》 온라인, 2011년 7월 25일.

2. 손석희, '손석희의 시선집중-천안함 사태를 바라보는 미국의 시각-워싱턴 브루킹스 연 구소 박선원 초빙연구원' 인터뷰 전문보기, "MBC 라디오" 홈페이지, 2010년 4월 22일.

3. 황방열 기자, 〈김태영 장관이 고소한 박선원 전 비서관 무혐의〉, 《오마이뉴스》, 2010년

10월 5일.

4. 조현호 기자, 〈"천안함 수심 20미터서 아군기뢰 폭발 가능성"〉, 《미디어오늘》 온라인, 2012년 7월 16일.

5. 이정환 기자, 〈김용옥 "천안함 발표, 0.001%도 설득 안 돼"〉, 《미디어오늘》 온라인, 2010년 5월 23일.

6. 조현호 기자, 〈"천안함 못믿겠다" 도올 김용옥 무혐의〉, 《미디어오늘》 온라인, 2010년 9월 27일.

7. 조현호 기자, 〈"천안함 고소사건 '무혐의' 늑장발표 의문"〉, 《미디어오늘》 온라인, 2011년 8월 17일.

8. 곽종훈 재판장, '2014누5912 KBS의 제재조치처분 취소 판결', "서울고법 행정1부", 2015년 2월 10일, 14~15쪽.

9. 조현호 기자, 〈법원이 인정한 천안함의 진실, "합조단 보고서 사실 아닐 수도"〉, 《미디어오늘》 온라인, 2015년 3월 9일.

10. 조현호 기자, 〈"천안함 의혹제기 정당성 회복… 이젠 진실찾고 싶다"〉, 《미디어오늘》 온라인, 2015년 7월 29일.

11. 조현호 기자, 〈"천안함 의혹 제기했더니 대학에 쫓아내라 압박"〉, 《미디어오늘》 온라인, 2015년 7월 27일. 서울중앙지방법원 공판조서, '서재정 증인신문조서', "형사36부 2010고합1201 신상철 명예훼손 사건", 2015년 7월 22일.

12. 조현호 기자, 〈천안함 5년, 진실을 추적하는 사람들〉, 《미디어오늘》 온라인, 2015년 3월 26일.

13. 조현호 기자, 〈"한미훈련 중 생긴 천안함 사고, 진실과 멀어졌다"〉, 《미디어오늘》 온라인, 2015년 3월 22일.

14. 김상균·한희정, 〈천안함 침몰 사건과 미디어 통제: 탐사보도 프로그램 생산자 연구〉, 《한국언론정보학보》, 사단법인 한국언론정보학회, 2014 여름 통권 66호, 258쪽.

15. 조현호·이재진·정상근 기자, 〈"천안함 정부 조사결과 못믿어… 끝장을 볼 것"〉, 《미디어오늘》 온라인, 2013년 4월 1일.

천안함 7년, 의문의 기록

초판 1쇄 인쇄 | 2017년 3월 20일
초판 1쇄 발행 | 2017년 3월 26일

지은이 조현호
책임편집 손성실
편집 조성우
마케팅 이동준
디자인 권월화
용지 월드페이퍼
제작 성광인쇄㈜
펴낸곳 생각비행
등록일 2010년 3월 29일 | 등록번호 제2010-000092호
주소 서울시 마포구 월드컵북로 132, 402호
전화 02) 3141-0485
팩스 02) 3141-0486
이메일 ideas0419@hanmail.net
블로그 www.ideas0419.com